立人天地

大师馆

来自天堂的诗人：

威廉·卡洛斯·威廉斯传

"Something Urgent I Have to Say to You": The Life and Works of WILLIAM CARLOS WILLIAMS

【美】赫伯特·莱博维茨 著

Herbert Leibowitz / 李玉良 付爱玲 译

黑龙江出版集团

黑龙江教育出版社

版权登记号：08-2017-111

图书在版编目（CIP）数据

来自天堂的诗人：威廉·卡洛斯·威廉斯传 /（美）赫伯特·莱博维茨（Herbert Leibowitz）著；李玉良，付爱玲译.
— 哈尔滨：黑龙江教育出版社，2017. 9
ISBN 978-7-5316-9612-4

Ⅰ. ①来… Ⅱ. ①赫… ②李… ③付… Ⅲ. ①威廉·卡洛斯·威廉斯—传记
Ⅳ. ①K837.125.6

中国版本图书馆CIP数据核字（2017）第233701号

来自天堂的诗人：威廉·卡洛斯·威廉斯传
LAIZI TIANTANG DE SHIREN：WEILIAN·KALUOSI·WEILIANSI ZHUAN

丛书策划 宋舒白
作　　者 ［美］赫伯特·莱博维茨（Herbert Leibowitz）著
译　　者 李玉良 付爱玲 译
选题策划 吴　迪
责任编辑 宋舒白 杨佳君
营销推广 李珊慧
装帧设计 冯军辉
责任校对 张爱华

出版发行 黑龙江教育出版社（哈尔滨市南岗区花园街158号）
印　　刷 北京鹏润伟业印刷有限公司
新浪微博 http://weibo.com/longjiaoshe
公众微信 heilongjiangjiaoyu
天 猫 店 https://hljjycbsts.tmall.com
E-mail heilongjiangjiaoyu@126.com
电　　话 010—64187564

开　　本 700 × 1000　1/16
印　　张 30.5
字　　数 515千
版　　次 2017年10月第1版　2017年10月第1次印刷
书　　号 ISBN 978-7-5316-9612-4
定　　价 68.00元

献给加布（Gabe）、弗朗西斯卡（Francesca）和朱利安（Julian）
并以此纪念詹姆斯·朗弗林（James Launghlin）

“有件紧急的事情，我必须告诉你。”

目录

Contents

序言

Williams

1

我们都知道，兰德尔·贾雷尔是一位比较苛刻的评论家。他把威廉·卡洛斯·威廉斯称作“最具美国特色的诗人”①。这一桂冠，一般只是为沃尔特·惠特曼准备的。威廉斯天性复杂、充满矛盾，却没有惠特曼身上洋溢的那种自我满足感。他继承了先辈们谈论经验时的慷慨与直率，但从来不会夸口说“我多才多艺”。有时，威廉斯不同意外界把自己和惠特曼都看成自由体诗的实践者，但完全理解为什么这位年长的诗人要在《草叶集》中强调“语言实验”的重要性。他这么做，无非是想摆脱“诗歌之父”沃尔特对他的影响罢了。惠特曼的诗歌语言，有一部分来自《圣经》，尤其是《圣咏集》。通过坚定而声情并茂地表达异见，这些语言恰如其分地表现了19世纪的美国民主。威廉斯写道：“《草叶集》从一个崭新的、反叛的、美国人的角度，对整个诗歌概念提出了挑战。从一开始，这部诗集就开宗明义地阐述了一个惊人的事实：从民主的角度来说，如果一个人有足够的才能，那么，人们的共同之处就是他所要处理的诗歌资源。”因此，惠特曼想要表达的内容非常丰富，从欢乐的圣歌、低声的耳语、粗野的叫喊到历史的挽歌（阿拉莫之战、自相残杀之战的恐惧、被追赶的奴隶）以及破除性禁忌，等等。威廉斯的目标是改革20世纪的诗歌形式，倡导一种具有话语韵律的独特美国诗学。在阿伦群岛，爱尔兰剧作家约翰·米林顿·辛格曾经把耳朵贴到房间的地板上，试图把街坊邻里的嬉笑怒骂都移植到自己作品的人物口中。威廉斯对无意中听到的各种各样的生活俗语也非常敏感。他四处走访病人，以获取灵感。他走路

①《诗选》（*Selected Poems*），第9页。

时会停下来，与一个因为把自己房前的人行道打扫得很干净而踌躇满志的老年黑人说说话儿；在新泽西州卢瑟福城（Rutherford）的一家便利店，一位药剂师向朋友们讲述一个男孩鼓足勇气、满脸通红地央求避孕套的趣事，药剂师犀利的话锋吸引了他；一位从意大利移民到美国的女士，丈夫得了肺炎，她用结结巴巴的洋泾浜英语表达着自己的担心；著名摄影师阿尔弗雷德·史蒂格利兹在曼哈顿有一座叫作"美国之地"的美术馆，这里通常是艺术家云集的地方，文人雅士们经常在这里对立体主义或约翰·马林的画作进行辩论，这里的交谈总是让他流连忘返。所有这些语言特色，都在威廉斯的诗歌和故事中生了根、发了芽。威廉斯一直苦苦思索的一个问题是，"我怎样才能描绘出我周围那丰富多彩的美国生活呢？"

威廉斯的雄心壮志、他为解决这个难题而遭受的长期的折磨以及为了获得他所渴望的荣誉和人们的尊重而付出的努力，构成了这本传记的主题。刚开始的时候，困难重重，这可能会吓退一些意志没有他这么顽强的诗人。他早期的创作大都缺乏新意，索然无味。他写的多是不合时宜的维多利亚时代的抒情诗。把这些诗收录到《帕尔格雷夫的金色宝库》一书中，应该是非常合适的。在卢瑟福城帕塞伊克大街131号的会客厅，他的父亲经常会从这本诗集里挑几首诗读给家人听。埃兹拉·庞德（Ezra Pound）很有先见之明，他注意到，威廉斯"比较迟缓的思维过程"意味着他的诗歌创作道路不会很平坦，并且他的影响力也只有在以后才能被人们察觉。庞德的预言是正确的。评论家R.W.弗林特这样评论威廉斯的事业：

> 在短期内，他可能缺乏风格上的一致性，但从长期来看，毫无疑问，他拥有创作的活力和稳定性。他有时名声扫地，有时又出人意料地反叛一切；作为迎着现代主义微风弹奏的风弦琴，他具有同样的忍耐力和敏感性，同时又掺杂着一些不自信。这种敏感性是维多利亚时代伟大诗人的标志。[①]

对于那种"出乎意料的反叛"，人们意见不一。这使威廉斯在当时甚至现在都饱受争议。这惹恼了他的诋毁者。他们将其看成一个语言陈腐、技术拙

① R.W.弗林特（R.W.Flint）：《最具美国特色的诗人》（*America of Poets*），第164页，《诗坛：诗歌评论3》（*Parnassus: Poetry in Review 3*），第2期，1976年。

劣的诗人，一个把无数年轻诗人引向歧途的怪诞骗子，或者一个骄傲自大的破坏者，因为他把英文抒情诗的荣耀——抑扬格五音部，看得一文不值。（极具讽刺意味的是，庞德在《诗章》第81首中回忆道："打破五音部，那是首要之举。"）指责威廉斯是完全错误的。他并没有把自己看成摩西，要带领美国诗人冲破抑扬格的阻碍，穿越荒野，到达本国乐土的边界。在觉得抑扬格五音部适合自己的创作时，他就会毅然使用这种韵律。他晚些时候创作的3本诗集——《沙漠音乐》《走向爱的旅程》《布鲁盖尔的画作》更是如此。约翰·贝里曼把这些诗集称赞为"晚期的、神秘的卓越之作、诗歌实验所能达到的顶峰、我们真正想要的诗歌"[①]。威廉斯不迷信体系及教条，包括他自己临时拼凑的那些。他用罗伯特·洛威尔所说的"生硬的、神经质的、世俗的知识"[②]来剖析它们。然而，他的批评家们看到的并不是"知识"，而是胡思乱想和愚蠢的口号（"没有观点，除非在事物中"被视为最严重的冒犯）以及对新奇形式的迷恋，这暴露了他是一位基础诗体学不合格的诗人。

对威廉斯诗歌进行的最猛烈的抨击来自英国。1986年，诗人唐纳德·戴维在对《诗选》第一卷所做的一则著名——或者说臭名昭著的——评论中，不断地攻击着威廉斯："他是最让人尴尬的英语诗人，是一头闷不作声的公牛，是反知识的，没有能力连贯地思考。"[③]他"在诗歌方面的实践和他姗姗来迟的声誉贬低了诗歌创作的尊严"[④]。除了3首诗，其他诗歌都被戴维看成垃圾。在这位前权威人士激烈的评判中，有一部分几乎是病态的、让人恐惧的。《只能这么说了》是一首欢快的小诗，是诗集编者的最爱，却很难成为威廉斯的代表作。戴维误读了这首诗，他说："威廉斯无意识地承认了他的诗歌体现出一种乡村生活风格，无论它可能是什么。"肯尼斯·科赫则嘲讽了诗中因为偷了冰箱里的李子而进行的朴实的道歉：

我砍倒了你的房子
这本是你留着明年度夏用的

---

①约翰·贝里曼（John Berryman）：《梦之歌》（*The Dream Songs*）中的第324首《致威廉·卡洛斯·威廉斯这个可爱之人的挽歌》（*An Elegy for W.C.W.*），第246页，纽约：法勒、斯特劳斯和吉劳克斯出版社，1969年。

②罗伯特·洛威尔（Robert Lowell）：《散文集》（*Collected Prose*）中的《威廉斯医生》（*Dr. Williams*），第41页，罗伯特·吉鲁（Robert Giroux）编，纽约：法勒、斯特劳斯和吉劳克斯出版社，1987年。

③唐纳德·戴维（Donald Davie）：《惠特曼的两种方法》（*Two Ways out of Whitman*）中的《一则异议》（*A Demurral*），第64—67页，英国曼彻斯特：卡卡奈特出版社，2000年。

④同上，第69页。

很抱歉，但在早上，我
无事可做
而它的木梁那么诱人。

如果戴维做足了功课，他一定会知道，对于卢瑟福之类的郊区所具有的那种庸俗的乡土观念，威廉斯是极其清醒并持批评态度的（这个小镇不乏戴维可能愿意与之交流的有教养的人）。

戴维并不总是这么绝对地讨厌威廉斯的诗歌。在《惠特曼的两种方法》中，威廉斯并不是一个可悲的、"头脑简单""写诗不严谨且没有章法"[①]的乡下诗人（约翰逊博士对亚伯拉罕·考利的诗歌所做的批评之一），而是一个四海为家、"苦心经营、老练的诗歌理论家"，尽管他依然被戴维评价为一个有缺陷的二流诗人。人们经常断言，居住在岛国的英国人的耳朵很难理解美国人的韵律，因此，他们都觉得威廉斯的诗歌是"令人厌恶的"。1925年，《美国性情中》在凤凰城重印。D.H.劳伦斯对它进行了评论。通过这则评论，查尔斯·汤姆林森接触到了威廉斯的作品。他希望他"是能正确理解你的第二个英国人"。他承认："三层韵律是属于你的，其他人在使用的时候马上就会感觉出技术上的无能为力。"[②]威廉斯的语言并没有根据传统的方法标出格律，对汤姆林森来说，适应这些随心所欲的句式，聆听他无法仿效的节奏，毫不费力。

威廉斯具有完美主义的倾向。每过10年，他对那些写砸了或者写得磕磕绊绊的诗歌就会感到非常不满意。比起那些评论家，他对自己的要求更加苛刻一些。他撇弃失败的构思，重新开始，想方设法把创作推向新的方向（对于这一过程，他偏爱"即兴创作"）：在一句诗中把玩词语的排列，以打破直白僵化的形式；布置印刷格式和空白，让每页纸看上去都很清新；拉长或压缩句子以避免冗杂；利用分行符号、跨行连续以及标点，尤其是破折号，来切分韵律，消除单调。如果一首诗读上去呼哧作响，威廉斯就为它打开通风口；如果太聒噪或太柔和，他就会调试音质，或删除蹩脚的重复（谢默思·希尼在一次采访中评论道，威廉斯有"非常微妙的听觉"[③]，事实也的

①塞缪尔·约翰逊：《诗人的生活》（*The Lives of the Poets*）中的《考利的生活》（*The Life of Cowley*），约翰·H.米登多夫（John H.Middendorf）编，第1卷，第63页，康涅狄格州纽黑文市：耶鲁大学出版社，2010年。

②麦吉迪（Magid）、威特梅耶（Witemeyer）：《威廉斯和汤姆林森》（*Williams and Tomlinson*），第2页。

③谢默思·希尼（Seamus Heaney）：《敲门砖》（*Stepping Stones*）中的《元音及历史：在外过冬》（*Vowels and History: Wintering Out*），第145页，纽约：法勒、斯特劳斯和吉劳克斯出版社，2008年。

确如此）。威廉斯非常注意写诗的技巧，这让他的诗歌表现出活泼多变的风格。大西洋两岸的一些诗人和读者曾经对这种多样性感到很困惑。其他人，比如贾雷尔则惊叹道：“哎呀，他什么都说啊！”只要他觉得是真的。经过反思，威廉斯有时觉得自己的诗歌非常拙劣又缺乏力量，他就会把写的诗撕成碎片（对大多数诗人来说，这是比较典型的做法）。对贾雷尔来说，威廉斯和威廉·詹姆斯一样，是一位实用主义者，事实而非形而上学，是他们信仰的基础。贾雷尔不会忽略那些普通或者不完整的诗歌；它们同样值得一读，因为从这些诗歌中可以看出威廉斯是如何驾驭他的想象力的。正如科学家所做的关于脑部异常的实验研究一样，在一种新的治疗方法被认为可行或不可行之前，最初观察到的现象，可能正显示了那些必须要克服的障碍。

戴维声称，威廉斯自由发挥得太多，这表明他并不清楚诗歌的发展方向。读者有时能观察到威廉斯在黑暗中摸索着诗歌的结构，把词语和情感融合到一起，并用一种整齐的形式表现出来（大多数诗人都会经历这种挣扎）。和其他诗人不同，他能够坦然承认自己的失败。在1925年，威廉斯经常处于恐惧之中。这种恐惧是由他的朋友肯尼斯·伯克引起的。伯克总是表扬T.S.艾略特的诗歌，糟糕的是，他对威廉斯发表在《纽约先驱论坛报》上的《美国性情中》的评价却非常冷静。伯克曾经指责威廉斯书写“主观的历史”，威廉斯通过插入相关的历史文献来努力地避免这种指责（伯克也没有挑出散文来对其进行表扬）。威廉斯感到闷闷不乐，还有一种不被欣赏的落寞。在读一名年轻工程师的来信时，他又重新振作起来。这位工程师名叫约翰·赖尔登，他曾经仔细拜读了威廉斯的诗歌，他自己也怀有文学的抱负。赖尔登请威廉斯来定义什么是现代主义。威廉斯却指出了什么不是现代主义，即他的老对头T.S.艾略特的诗歌，这是“一位浪漫爱情的品尝师”，拥有他所憎恶的“绝望的烙印”。伯克曾建议这位朋友阐释一下他的诗歌理论，但对威廉斯来说，他写的那些诗歌就是一种阐释。“作品真正落在纸上是一种非常复杂的机制”，这需要避开陈腐的程式。在写给一位年轻人的信中，他概括了自己的困惑：“我活着，是无所不吃的，我接触的食物都是不完整的，直到我能够吞咽、消化、使它们成为我身体的一部分……但我不能总用一种模式写作——一种具有积极意义的罪过——这成就了我的优点。我不能在一种模式内写作，因为我找不到一种可以容纳我的模式。”尽管威廉斯揶揄地承认了这种“带有积极意义的罪过”，承认了他“没能在一种模式内写作”，但并没有吹嘘说由于自己的天赋和野心太大以至于没有既定的规则能够评判他的诗歌。由于他写诗的方向不固定又充满变化，他拥有一种怪诞的快乐，这种快乐是现代主义诗人在逾越规范、警示和公认为正确的观点时获得的。对新形式的尝试引发了自由，也让威廉斯陶醉其中，就好像开着福特或别克车在公路上疾驰一样。然而，他也慢慢地意识到，形式和想象力并不冲突。

2

威廉斯的作家生涯和他生活了一辈子的卢瑟福紧密相关。1882年，他父母移民到这里，并在这里扎根。第二年，威廉斯出生。他的生活也和他的近亲、他漫长又成功的行医生涯（主要作为产科医生和儿科医生），更重要的是，和一些震惊和改造了美国的重大事件相连：两次世界大战、流感大流行、充满经济泡沫的20世纪20年代，随之而来的大萧条、战后的"红色恐怖"、对少数族裔的镇压、禁酒令以及妇女拥有选举权。威廉斯是唯一一位政治倾向偏左的现代主义诗人。戴着单片眼镜的花花公子和高洁的基督教老太太从不会出现在他的诗歌和小说里。他所描写的都是普通人：帕特森举行罢工的建筑工人、护士和妓女、警察和宗教狂热分子、农夫和鱼贩、醉鬼、小偷和杀人犯、蓝调歌手和理发师、母亲、父亲和孩子。他很少给那些被认为生活在美国社会边缘的人们抹上浪漫的色彩。通过密切接触他们身体上或情感上的痛苦，他了解了他们的优点和不足。同样地，他也知道，没有被公开承认的阶级制度产生的不公平待遇，让穷苦人民生活在肮脏的贫民窟里，并挣扎着活下去。同时，他也了解在帕塞伊克和帕特森肮脏的工业景象的每个角落，黑色的煤烟从烟囱里冒出来，工厂排出的废渣被投放到被污染了的帕塞伊克河。他为普通人诊断损害其身体和精神的一些疾病，如肺病、心脏病和肝病等，但并没有把他们归为"草民"。

在整个成年时代，威廉斯一直沉迷于定义作为美国人意味着什么（他同意亨利·詹姆斯的观点，这是"一种复杂的命运"）。他竭尽全力来发现美国人的语言。这些语言或温柔，或粗糙，但足以表达他经常感到绝望的这个国家功能失调的、自负的、自相矛盾又无与伦比的结构和品位。然而他固执地相信，尽管困难重重，这个国家也能产生伟大的艺术。威廉斯辛苦耕耘30余年写成长诗《帕特森》，试图编撰一套囊括当地（新泽西）历史、地理、经济和风俗的百科全书。在《帕特森》中，诗人俨然是一位人类学家，他详细查阅了各种资料——城记、地质勘查、旧报纸——来了解美国人如何生活和思考，如何心怀崇拜又虚度光阴，如何谋生，如何争论宗教和公共道德，如何寻求刺激和一夜暴富，如何求爱和结婚。但他也是一位游吟诗人，混在公园的人流里，显得有些遗世独立，他在了解人们的梦想、迷信和性探索。尽管威廉斯赞美美国民主的多元化，他依然对这个国家的肮脏和暴力、缺少指引的混乱感到惊讶。在他几乎所有的20世纪20年代的实验主义作品中，美国，或隐或显的是其创作的主题。

威廉斯于1883年9月17日出生于新泽西州的卢瑟福城，并于1963年3月4日在里奇路9号的家中去世。如果不去评估卢瑟福对威廉斯意味着日常的生活和一种隐喻，我们就无法理解他复杂性格的演变、他诗歌的日益成熟以及他成了一名怎样的医生。在威廉斯出生的前一年，父母从布鲁克林搬到这个郊区小镇，当时镇上的人口只有5 000人。卢瑟福在政治和习俗方面都非常保守。多年来，它发展成一个中产阶级的聚集地，吸引了很多家庭在此处养育子女。同时，由于它靠近纽约市，也便于养家的男主人下班后回家吃晚饭。在1883年，比起郊区城镇来，卢瑟福更像是一个乡村。在一个安静的小山村扎根的想法可能非常吸引威廉·乔治·威廉斯，因为从5岁起他就和母亲一起从伦敦辗转到加勒比海的普拉塔港。作为纽约一家香水制造商的销售员，他经常出差，最终，他把卢瑟福当成了自己的安身之地。

在1951年的《自传》里，威廉斯深情地回忆起这个小镇，觉得它是一个非常淳朴的地方：

> 没有排水沟，没有供水系统，甚至没有煤气。当然也没有电，没有电话，甚至没有一辆有轨电车。人行道是木头铺成的，一些横木被钉成四寸宽、两尺厚的木板，平铺在地面上；黄蜂在木板中间的裂缝里筑巢，当我们从上面走过时，它们会蜂拥而出。大多数地方的街道没有铺设路面；一条小石子路，就会让人们觉得新奇。

没有自来水，大家都使用户外厕所。因为没有活水，需要用手工来抽取雨水，收集并储存起来。这种辛苦的工作能持续一个钟头。埃德加和比尔[①]每个星期都做一次这样的工作，然后获得1角钱的报酬。这样，一家人就有水来洗衣做饭了。这种条件没有让小比尔·威廉斯觉得麻烦或受到了约束。

---

①比尔是威廉·卡洛斯·威廉斯的小名。——编者注

他尽可能地在户外活动。农田从小镇的郊区向周边扩散开去。帕塞伊克河和哈肯萨克河滋养着大片的沼泽地。这里被称为世外桃源。它的周边就是这个地区生态系统的枢纽。鹭鸶在香蒲丛中筑巢。从加拿大迁徙过来的野鹅发现这片郁郁葱葱的芦苇林正是它们做窝和猎食的好地方。一排一排的香柏树点缀着这片沼泽地。慢慢地，工业开始侵占这片领地，吞噬了大块的土地，毁掉了香柏树和香蒲丛，并且污染了河流。这里的风景成为威廉斯诗歌和小说中永久的场景，就像出现在17世纪荷兰油画中的风车、教堂和农民那样。

在卢瑟福，破坏性的变化来得比较缓慢。“越过后面的篱笆”[①]就是基普的树林，“这是我们的野地。”威廉斯回忆道。对于他、埃德加以及朋友吉姆·希斯洛普来说，这是一片神圣的草地，是田园诗一样的乐园。在这里，男孩子们可以奔跑、嬉闹、钓鱼、用弹弓射松鼠或者折磨老基普。威廉斯坚称他们完全没有恶意。正是在基普的树林里，威廉斯获得了影响他一生的宝贵财富：对于大自然和物质世界的无限好奇和热爱。从很小的时候，他就非常喜爱花朵、树木、动物、飞禽，并且练就了一副好眼力，能够准确地分辨它们。从这些杂乱的经历中，他找到了一种有些难为情的快乐。《采坚果》和《序曲》中所描述的少年时代的经历对形成华兹华斯的敏感、职业和道德品行非常重要，同样，它们也是威廉斯道德和诗歌教育中重要的一部分：

> 我了解了苔藓如何从树根周围长出来；正在生长的山茱萸和铁木是什么样子的；腐败的叶子如何压成一个洞——以及翻过来时它们的味道——树林中的每一块地都有自己的特点，潮湿或者干燥。我开始了解箱龟、火蜥蜴和它们身上的斑点，还有当前者被惹恼时如何发出嘶嘶声。

当威廉斯和他的朋友——“昆虫学家”吉姆·希斯洛普在花圃和灌木丛中四处搜寻的时候，他知道了并且呢喃着各种花草的名字：“石蚕花、野老鹳草、雪割草。”在数百首描写大自然的诗歌中，威廉斯实现了自己想成为一名护林人的梦想；我们可以看出，早期的耳濡目染对他以后的文学创作产生了重要的影响。

威廉斯把他的少年时代称为“抒情诗一样的时光”。从很多方面来说，这

① 《威廉·卡洛斯·威廉斯自传》（*The Autobiography of William Carlos Williams*），第19页，纽约：兰登书屋，1951年。为方便阅读，正文中统一简写为《自传》，后同，不再赘述。

段时光又是非常典型的：入学、看书、玩游戏、运动、恶作剧。但是，有一些像哈克·费恩一样的冒险经常因为接触到死亡和疯狂，而变得阴森恐怖。他看到一只羊羔被割破了喉咙，一只兔子被残忍的猎人剥了皮，一只松鼠从树上跌落，马上就被狗咬死。尽管对看到的景象感到恶心，但他并没有移开自己的视线。这种敏感和观察力混合在一起，让他成为一名医生和诗人。

威廉斯的家族和这个家族的历史，即我第二章的主题，绝非传统。他的家族有精神病史，主要表现在和他有一半血缘关系的叔叔戈德温身上。这让威廉斯非常不安。他担心这是基因问题，可能会遗传到自己身上。戈德温很容易暴怒，之后就会攻击比尔和埃德加，或者威胁多德夫人——他们的母亲埃琳娜的知心好友，据说是因为她像盯着一个疯子一样盯着他。埃德加举着手枪以防戈德温闯进屋子，但是戈德温却后退了。后来，他的精神状况恶化，被关到了莫里斯平原的精神病院，直到去世。这样的情节反复出现在小比尔的生活中。6岁前他一直抱着奶瓶，表现出情感上深深的不安全感。在他和祖母去康涅狄格州西黑文市旅行的小船上，他决心戒掉这个习惯，只是因为害怕被大家羞辱为一个长得过大的婴儿。

威廉斯对戈德温的感情很深，他觉得是戈德温极大地启发了自己的想象力，他那里有各种稀奇古怪的民间传说、打油诗以及恶作剧。这些恶作剧的对象——容易受骗的比尔，再次像哈克·费恩一样，认真地检验着它们的真实性：

> 在场院里，戈德温用一根针刺破一个刚下的鸡蛋，让我吸里面的东西。也是他告诉我，如果把一根马鬃放到场院井边的水槽里，第二天早上它就会变成一条黄鳝。我跑过去看，真的发现几条细长的黑虫子在水槽底下蠕动。①

威廉斯在《自传》中煞费苦心把童年描述为一种寻常的状态：一个热衷于运动和游戏，达到放纵甚至是疯狂程度的小屁孩儿；一个偶尔撒谎，或者从手推车上偷水果的捣蛋鬼；一个在沙地上和兄弟埃德加玩垒球的运动员；一个想了解女孩，见到她们又觉得尴尬，最终陷入“悲伤和孤单”中的腼腆的小男孩。然而，这并没有阻止他把一些半裸的女人画像带到四年级的课堂上

---

①《威廉·卡洛斯·威廉斯自传》，第7页。

（他从没说出自己是从哪儿得到的这些画像；校长为此让他停课一天）。

这座位于帕塞伊克大街131号的房子，是比尔和埃德加成长的地方。这里并不是一个与墙外喧嚣的世界相隔绝的精神病人的藏身之地。姑姑姨妈、叔叔伯伯、堂兄表妹、父母的朋友和祖父母经常光顾这里。有时候，因为他们待的时间过长，都有些不受欢迎了。家庭聚会是一番真实又热闹的景象，空气中回荡着笑声、刺耳的争吵以及时消时长的恩恩怨怨。聚餐时，孩子们争相回忆来自波多黎各、马提尼克、伦敦和普拉塔港的先辈们的故事，以引起大人们的注意。大家七嘴八舌地使用着各种语言，但还是西班牙语占了上风。威廉斯的房子成了一座舞台，每天上演着奇闻逸事、家长里短、家庭矛盾、玩笑、独白、对话以及由每天的新闻而引起的骚动。可能是因为在这种令人兴奋的场景中待久了，威廉斯开始爱上了剧院。

3

1902—1920年，威廉斯有过两次学徒经历，第一次是学习医学；第二次是学习诗歌。虽然成绩起起伏伏，但他还是通过了很有难度的入学考试，从贺拉斯曼中学直升到宾夕法尼亚大学医学院，并在1906年从该校毕业。在这个总共有120名学生的班级中，威廉斯的年龄排倒数第二。他学习勤奋而且成绩优异。他知道，远在卢瑟福的父母一直在关注着他的成长，并且担心他一个人会经不住诱惑，周日不去教堂，过度自由，或者改不掉坏毛病。卢瑟福的来信充满了唠里唠叨的说教以及对如何做人的指示，威廉斯对此感到非常厌烦。从下面这封信中，我们可以看出成年的威廉斯是多么桀骜不驯。他采用了被动攻击的策略来捍卫自己的行为，先发一通脾气，在下一句又可怜兮兮地道歉。从1904年他写给母亲的一封信的节选中，我们可以看出他的语气里充满了抵触和指责：

> 对我来说，是您和爸爸需要忠告，而不是我。这听上去虽然很滑稽，但我经过了冷静的判断。你们告诉我很多事情，它们让我感觉非常糟糕，而且你们觉得，有很多事情直到你们提起时我才会去考虑……我知道我总是错的，但是，妈妈，您还是要因为我有一定的判断力而表扬我。您和爸爸好像总觉得我在做不该做的事儿……
>
> （他的信条）：首先，我从来没有做过，将来也不会去做一件早有预

谋的坏事。同时，对您和爸爸，除了最纯洁、最高尚、最好的想法之外，我从来没有，将来也不会有其他的想法。如果有人胆敢说出有悖于你们的希望和崇高理想的一个字，我一定会把他们揍趴下。我一直努力地做您和爸爸希望我做的事儿。很多时候，我违背了自己的想法，只是因为你们希望我这么做。但是，亲爱的妈妈，我知道您是对的，而我是错的。不要觉得我对您有片刻的责备，我没有，但是我的感情会。

这听上去可能有些残忍，但我并不是说它应该如此。我努力地去做正确的事儿，但之后还是被责备做错了。那个时候，我真的很难高兴起来。①

写这封信的时候，威廉斯是一个21岁的小伙子，拘谨、认真而又自以为是：写信的语气出自一位愤愤不平、被误解了的青年之口，充满真切的焦虑。他的语言是那么抽象，就像是用只有他们母子二人才能破译的密码写成的。他都不需要列举让自己感觉可怕和不被信任的具体事例。威利——他在信中的落款，承认了错误，但立即又予以否认。很感激父母能够为自己支付学费，他不想让他们失望。然而，需要注意的是，他希望能够挣脱把自己和母亲绑在一起的那种让人感到窒息的联系。他在困境中挣扎着，发誓要成为一名美德的楷模。虽然想要摆脱父母的规则，并品尝自由的禁果，但他一直控制着这种欲望。父母的道德准则被他很好地吸收内化，以至于获得独立之后，他依然没有减弱或者抑制自己的道德感。

尽管如此，威廉斯遮遮掩掩又小心表露着的喜欢社交的个性，不久就完全显现出来。他不是一个刻苦用功的学生。费城不是一个名利场，却是一个热闹又文明的城市，给了他充分呼吸的空间。尽管非常慎重，威廉斯还是非常愉快地感受到了费城给他带来的快乐。他偷偷溜进戏剧《皆大欢喜》的户外表演现场，见到了一位新朋友、诗人埃兹拉·庞德。作为欧里庇得斯的戏剧《奥里斯的伊菲格涅亚》合唱队的成员（毫不逊色地用希腊语进行表演），他戴着吓人的假发，滑稽又装腔作势地表演着。他疯狂地挥舞着胳膊，厚重的胸脯一起一伏。尽管庞德天真又青涩，他绝妙的谈话还是吸引了威廉斯。但威廉斯依然对庞德进行了非常敏锐的评价。他在宿舍给母亲埃琳娜写了一封信，在信中提到，庞德坚信自己能够在文学上取得非凡的成就，同时也提到

① 《威廉·卡洛斯·威廉斯书信选》（*The Selected Letters of William Carlos Williams*），第7页，约翰·C.瑟尔沃尔（John C.Thirlwall）编，纽约：麦克道尔，奥伯伦斯基，1957年。

了他非常明显的“虚假的骄傲”以及“虚伪的礼貌”；他“自高自大而又矫揉造作”。大部分人都很讨厌庞德，认为他是一个“非常可笑的粗人”。但是，对威廉斯来说，这些缺点都不算什么。这位出生于爱达荷州黑利市的“扫帚星”，以其惊人的能力让威廉斯看到了文学的奇迹。与庞德进行讲究的对话，并不是他固定的节目。他享受着普通的大学课余生活：足球、垒球、聚会、乐队音乐会；同时，对大歌剧也表现出一种最初的激情。威廉斯给先在卢瑟福、之后去了波士顿的弟弟写了很多信，记录了他的快乐以及逃课不做医学院作业的事情，那次作业是要背诵肌肉名称的——他练习剑术、在合唱团唱歌、摔跤、表演戏剧。偶尔，他也会评论一下医学课程（细菌学饶有趣味却有些单调）。他写信的风格一板一眼，尤其在给埃德加出主意来对付爸爸的时候。他们的爸爸不喜欢被反驳，墨守成规，拒绝改变。威廉斯建议弟弟“要一直让着他”。表演《市井圣人》这部戏剧让威廉斯变得爱说教，他经常会说出一些格言。弟弟喜欢社交，能够游刃有余地在女人中间周旋；他向弟弟吐露“我宁愿被大家觉得很自负，也不愿被认为很愚蠢”。他梦想成为伟大的、世界上最好的医生。为此，他宣称：“即使有人建议你放弃，并且每个人都说你疯了，也要坚持你的理想。”这句话帮助威廉斯坚持了自己的诗歌原则，并使他能够坦然面对反对他的那些评论家的嘲笑。

女孩们让他紧张，也唤起了他的好奇心和幻想。关于女孩的话题，毫无经验的威廉斯武断地表示——追求女孩是极其正常的，因为连格兰特将军都这么做了——或者至少听上去像一位玩世不恭的女性杀手。他向埃德加保证：不要“认真地和任何女孩交往，只是玩玩就好。如果你觉得有点儿要忘记自己的理想，就选择和女孩分手吧。这有点儿卑鄙但是很有必要。这个想法总能及时地纠正我，而你却总能发现它不合适的地方”。我们不能严厉地评判威廉斯。他纯洁得像一只羔羊。他正在从济慈所说的“婴儿或无思想厅”进入“处女思想厅”[①]。刚开始，这个厅被一束耀眼的光线照耀，除了令人愉悦的奇观，人们什么都看不见，但是不久，这个新思想家就会发现“这个世界充满悲惨、心碎、痛苦、病态和压抑”，这是威廉斯终其一生要完成的使命。那个世界以及它的兴衰变迁，对于威廉斯的成熟来说是一个严峻的考验。

在宾夕法尼亚大学，生性敏感的威廉斯先后恋上了几位在茶会、舞会

---

①约翰·济慈写给乔舒亚·雷诺兹的信，《约翰·济慈书信集，1814—1821年》(*The Letters of John Keats, 1814—1821*)，第280—281页，海德尔·罗林斯(Hyder Rollins)编，马萨诸塞州，剑桥：哈佛大学出版社，1958年。

及排演戏剧时遇到的女性。庞德把他介绍给布林莫尔学院的一个学生希尔达·杜利特(Hilda Doolittle);她迷住了威廉斯,并让他神魂颠倒。这是他遇到的第一位女诗人。威廉斯回忆道:她似乎总是生活在唯美的狂喜中——脚趾从不踩触草地——凝望着深邃的星空(她父亲是一位著名的天文学家,也是宾夕法尼亚大学天文台的负责人)。威廉斯深情地记起和她一起走了很长的路到乡下去;他就像在护送一位林中女神一样。她是威廉斯除家人之外交往的第一位女性,具有神秘感、创造力和塞缪尔·约翰逊所说的"创作的多产"①。在《自传》中,他的简单描述强调了她唯美的一面。"她让我着迷,不是因为她的美丽(尽管奇异,但她的美丽对我的感觉来说是没有什么争议的),而是因为她对于我喜欢的规则和秩序表现出一种挑衅和漠视。"他比自己所说的还要迷恋她,虽然她有一种本事能让他在其面前感觉窘迫、粗俗和无知,他也曾希望自己能够取代庞德成为她的男友。1906年,他开始在位于纽约市犯罪高发区的法国医院实习。他承认,自己对女人知之甚少,但不久就修了一门速成课。这门课不仅关于女性解剖学疾病,关于让女性怀孕和生产处于危险的诸种风险,也与社会病理学有关,如私生子、被皮条客或丈夫暴打的女人、吸毒或嗜酒的母亲、营养不良、易患霍乱、伤寒或者白喉的母亲和孩子。他甚至要去劝解粗鲁女人之间激烈的争吵,她们锋利的手指足以抓出血痕,或者挖出眼球。威廉斯的工作时间很长,从心脏内科到儿科连轴转。有几个晚上,他累得站着就睡着了,却又被摇醒去救治临产的女人或者受了枪伤的男人。每天都在检验着自己处理紧急事件的技巧,这让威廉斯很高兴;但是当他看到一个女人死于产后大出血,或者刚从子宫里取出的婴儿得了脊柱裂时,又会感觉手足无措。在法国医院和儿童医院,他内心里面生出对女性的同情以及对贫苦劳动人民的尊重,这种情感持续了他的一生。在病房里,远离希尔达·杜利特优雅的女性气质,他摆脱了很多天真,这份天真曾经保护他免受生活残忍又不公正的待遇。他在那里受到的这些教育被镌刻在他的思维中,并最终印刻在他的作品里。

即便获得了医学学士学位,威廉斯也没有立即踏上通往成功的坦途。不义之财的铜臭味让他感到恶心,他没有选择去参加派克大街的实习,反而决定回卢瑟福。这里没有人欢呼着迎接他的归来,也没有稳定的病人找他做私人医生。他只好凑合着当了一名校医,这是同行中最低档的工作了。几年之

①塞缪尔·约翰逊:《考利的生活》,第47页。

后，这个小镇终于解除了对威廉斯的怀疑，开始相信他的才智，但即便如此，他也很少被显赫的家族选中来为他们治疗病痛。对于他们的势利，威廉斯不屑一顾。“世界上最好的医生”渴望经验，渴望完善自己的医术。他通过照顾林德赫斯特和加菲尔德新来的意大利人、希腊人和波兰人实现了自己的想法。在这些社区里，英语是一门外语，威廉斯对此并不在意。最重要的是，由于被允许走进他们的生活，他从美国人日常生活的精神创伤中，从移民过来的女人和体面又努力的男人身上体现出来的自我牺牲精神中受到了深刻的教育。尽管威廉斯中产阶级的父母并没有选择成为美国公民，他们也积极地参与卢瑟福的生活，比如，他们帮助成立了万灵唯一神教堂。工人阶级的移民要想完全融入这个令人困惑的美国社会，就得面对各种障碍。美国社会通常把他们及其孩子诽谤为不受欢迎的外国“其他人”，认为他们不配进入“特殊阶层”的队伍。威廉斯从来没有停止欣赏这些普通大众的勇气和他们从西西里岛或者波兰带到这个新世界的旧世界礼仪。在禁酒令期间，一位意大利人把他种的葡萄带到里奇路9号，在地下室里把它们揉碎，装入瓶子，非常自然地献给威廉斯，作为他上门照料自己亲属的回报。这是他能够做到的一切了。这些事充满并丰富了威廉斯的诗歌和散文。

4

1909年，威廉斯对于诗歌的学习依然处于萌芽状态；相较于熟练的诗人，他更像一位打油诗人。《诗选》——他第一部诗集的通用名字——是他爸爸宠溺儿子文学抱负的礼物；虽然他曾经很严厉地批评比尔的诗歌极其蹩脚、过时，但还是自己掏钱支付了出版费（他对这本诗集的编辑并不能掩盖比尔诗歌的业余性）。这本书只卖出了区区几本，预示着在接下来的30年里，威廉斯可能只会吸引少数的读者，尽管当时的他并不知情。对于惨败，他并没有感到吃惊或气馁。他意识到，把自己变成一位受尊敬的诗人尚需数年。在1910年到1920年这10年间，他彻底修正了自己的风格，有时是因为借助庞德实用主义的建议和诋毁性的评价，更多的是因为他接触了现代主义的绘画和雕塑。最引人注意的是，在1913年的军械库展览会上，毕加索、布拉克、克莱、马蒂斯、杜尚、康定斯基、布朗库斯的突破性创新像一记耳光狠狠地扇在威廉斯的脸上，让他认识到，一名艺术家——引申来说，一名作曲家、小说家或者一位诗人——能够很轻松地把他所钟爱的一本正经的语言击成碎片。这些运动的名称——未来主义、立体主义、野兽派——并没有大胆创作的画家的胆量重要。威廉斯又重新去过几次军械库展览会，好像为了吸入展厅里赋予生命的氧气流。在此期间，他经历了一连串的顿悟，第一次感受到想象力上帝般的力量，就像在一幅他不能忽视的《天使报喜图》中，看到了呈现在眼前的“美好事物”一样。

威廉斯一下子就领悟到一幅毕加索的画作或者布拉克的静物画与《美国性情中》（1913年）里面的诗歌的差别——庞德曾经帮他在伦敦出版了该诗集。前者具有狂放不羁的艺术性，后者则显得胆怯、迟钝、松散又平庸。威廉斯不能立即就修正它粗糙断裂的行文。进步总是缓慢而又稳定地进行着，事实也正是如此。在1917年出版的诗集《给想要它的人！》中，他承诺最终会找到自己的声音。他没有因为过于自负而不去寻找那些可能促进自己掌握灵活技巧的导师。非常幸运的是，在哈得孙河的对岸，纽约的艺术景象是躁动不安的。先锋派的指挥部是阿尔弗雷德·斯蒂格利茨的291号画廊。他颇具影响力的杂志《摄影作品》是在军械库展览会之前摄影师们宣传新艺术的试验地。斯蒂格利茨老练的眼睛像一架强大的望远镜，巡视着欧洲上空以寻找最新的星辰，比如胡安·格里斯，或者一场运动，比如恶搞的、颠覆性的达达主义等，同时扫视地平线来寻找新兴的美国艺术家，比如查尔斯·德穆斯（Charles Demuth）以及马斯登·哈特雷。画廊的墙上悬挂着大量的画作和照片，故意摆在那里以震撼自鸣得意的传统和艺术能做及该做的领域。在新艺术所鼓吹的这些突破面前，没有什么是神圣的或不受影响的。所有能够从查房和上班中节省下来的时间，威廉斯都用来凝视康定斯基的抽象画，或者一尊布朗库斯的雕塑，这让他感觉既兴奋又茫然。他想用一种类似的、令人震惊的现代主义手法来重塑诗歌界，这种野心可能就是在他欣赏从巴黎进口的艺术品的那几个小时里形成的。为了迎接挑战，他不得不迎头赶上，并重新改造作为诗人的自己。正如他在《自传》中所回忆的那样：我的机遇来了，这就是我所知道的一切。我们匆忙地前行，每个人都在思考着自己的想法，推动着实现自我目标的方案，在某个地方一定会有突破。幸运的是，那些刊登实验性文学作品的非商业小杂志却充满了重要的思想以及不停息的对话和辩论，关于艺术、变化、从艺术展新搬来的作品、餐馆聚会和富有赞助人的画室，比如沃尔特·阿伦斯伯格、梅布尔·道奇·卢汉等。威廉斯觉得自己是文学团体中的一份子。这一团体经常处于变动之中，有时由于争执和因忌妒而引起的对抗被迫解散，但同时也思想活跃，并支持革新。十年如一日，通过不断的尝试、犯错，威廉斯逐渐掌握了写诗的技巧。他即兴创作的诗歌集《地狱里的科拉》第一次向读者展示了他结出的丰硕成果。威廉斯不能说出，他是在通往地狱的途中还是乘着月光进入了现代主义的天堂。他知道，无论去哪儿，自己都会进入一条崭新的轨道。这部关键的作品在1920年把威廉斯带入了最多产和践行实验主义的10年。

5

在20世纪的第一个10年里，威廉斯的私人生活同样充满了重大变化。很多变化都与他和女人的复杂关系有关。对于这个话题，他既愿意谈及又有些拐弯抹角。写写女人，他有可能变得浪漫、粗鲁、充满爱慕、下流、有保护欲、无礼或者矛盾重重，这要看当时是什么念头控制了他的情绪。女人们常常被他吸引：他长着一张偶像般的英俊面庞，气宇轩昂、魅力非凡，同时作为一名人道主义医生，对于坐在对面的女人的话语，他总能保持专注又坦率的兴趣。女人会唠叨着她不想再生孩子了，或者她的祖父极其憎恶犹太人和黑人，或者她打算成为一名解剖学家，或者她觉得某某医生不怎么样，因为他对病人脾气极差。但同时，威廉斯也有偷偷摸摸的一面。这被他有意无意打着虚构的幌子暴露在几十首诗歌、一些信件和回忆录里的随意评论中。通常，这一主题就是他的婚姻及其拐弯抹角暴露出来的婚外情。威廉斯矛盾又痛苦的女性观的中心就是他的妻子。他们的婚姻经历了数次坎坷，却持续了51年。威廉斯把弗洛斯描述为得力的助手、忠诚的妻子、两个孩子的模范母亲。他欣赏她在紧要关头表现出来的能力；因为她经常是他诗歌和小说的第一位读者，他信任她对每首新诗所做的评价。拥有进入他创作生活的特权，她倍感高兴。然而，在她喜欢的诗歌中，丈夫把她描绘成一位乏味的性伴侣，或者说他自己就像被小人国绑架的格列佛，掉进了婚姻的陷阱中，他向往自由，想要摆脱婚床，从另一个女人身上寻找期望中的让自己振奋的激情。作为一个保守的女人，多数时候她压抑着自己的愤怒，然而，当威廉斯感到不满并贬低她时，偶尔也会让弗洛斯倾吐一下对这个拈花惹草的丈夫的鄙视。然而，她知道，大多数时候，他以自己笨拙的方式爱着她。她总担心他们的婚姻会以可怕的离婚而告终，儿子们受到伤害，自己被永久流放到可耻的境地，成为一名被抛弃的女人。但他总会回到她的怀抱，这让她感觉有些安慰。在20世纪50年代早期，经历了两次中风之后，威廉斯觉得自己随时都可能死掉。向弗洛斯坦白了自己的不忠，他迫切需要忏悔自己的良心。但他从来没有想过，如果她非常清楚地了解了这件事会对她产生什么严重的影响。他曾经非常自然地指望她的原谅，现在她又怎么能做出不同的反应呢？但他的确判断错了：这一次，她非常震惊，并觉得屈辱和沮丧。最终，她从他们婚姻生活的低潮中恢复过来，并在威廉斯疾病恶化的最后12年里，稳定地操控着婚姻这艘大船。在《梦之歌》里面的《致威廉·卡洛斯·威廉斯这个可爱之人的挽歌》中，贝里曼说"你拥有很多女人，你的人生很圆满；你爱着你唯一的妻子"，这是对威廉斯的一种轻率的评价。如果他们的婚姻没有精神上的痛苦以及英格玛·伯格曼的电影中那种惨淡的状况，那么，从中我们可以看到威廉斯的生活和诗歌相互交织的状态。

6

在威廉斯漫长的诗歌生涯中，他几乎遇到了所有大大小小的诗人，他们为现代主义在艺术方面的发展做出了卓越的贡献。文学上的友谊和敌意是创造性活动特有的组成部分。如果诗人和画家认为这能推进事业，他们也不能免于敌意和忌妒，或者诽谤和造谣。正在流行的东西可能会引起另外一个审美派别的诗人们原则性的异议，或者像政治团体那样突然变得敌对并引发不可协调的矛盾。在关于未来主义、达达主义和超现实主义的激烈辩论中，相互对立的派别借助了关于战争的诸多隐喻，这并不意外：人们会听到诸如小规模战斗和大型战役、重型武器和死伤人数、盟友和叛军等词语。威廉斯也不例外。在自传中，威廉斯把艾略特的《荒原》对他诗歌的影响比作投在广岛的原子弹。这绝不是夸张。

进入宾夕法尼亚大学不久，他就遇到了埃兹拉·庞德，他成为威廉斯一生的朋友。庞德是传记作家钟爱的诗人，是一位让人惊叹的名人。从1902年起，他就出现在威廉斯生命中的每一个阶段，扮演着无数的角色：鞭子、良师益友、杂耍的主要喜剧演员、杂志编辑、赞助人、满腹牢骚的人、喜欢判绞刑的法官。他驾驭着100种声音、几种语言和方言。很显然，他荒唐又有趣；说话妙语连珠，都可以被他人引用；他就像伊丽莎白时代怪诞的四大幽默人物的化身。威廉斯认为"埃兹利"极具吸引力又令人讨厌。但他只能容忍这个男人兼诗人的很少一部分癖性。在庞德进入的每一个房间，他总是消耗着里面90%的氧气。无论庞德在宣言中多么尖锐和专横，他都是一个不能忽视的人物。他曾数百次因为威廉斯固执得像“六头牛”而生他的气（在信函中，他的称呼通常是“亲爱的布尔”，公牛的谐音）。当威廉斯拒绝拥护庞德最新的诗歌主张时，庞德的侮辱和自视优越让他深受打击。威廉斯认为他能在美国的荒漠中找到纯净的水源，或者使用自己后院的材料创造出一首世界一流的诗歌，而庞德却对这种“荒唐的”想法嗤之以鼻。对庞德来说，那是在追求一种幻觉——既浪费时间也浪费精力。当威廉斯无法再接受庞德的一派胡言时，他对这位难缠的朋友大为光火。然而，尽管他和詹姆斯·劳克林一样没有被埃兹大学录取，但是他从美国的函授课程里学到了很多：他愿意仔细思考庞德最古怪的理论，以便当他和对手斗智斗勇时，自己才智的刀刃能够锋利无比并把对方刺出血来。有时候庞德处心积虑地想要抢威廉斯的风头，更多时候，他是一个讨厌鬼。威廉斯知道什么时候应该忽略庞德的严厉谴责，什么时候应该继续进攻，并指责他朋友的自以为是。通过庞德介绍以及自己主动结交，他和米娜·洛伊（Mina Loy）、玛丽安·穆尔（Marianne Moore）、华莱士·史蒂文斯（Wallace Stevens）、路易斯·佐考夫斯基（Louis Zukofsky）、乔治·欧佩、查尔斯·列兹尼科夫斯基、查尔斯·奥尔森，还有其他数不过来的诗人成了朋友。

7

在威廉斯生命的最后15年里，他不断地被病痛折磨。他患有心脏病，经历了数次中风、精神失常和一次直肠癌手术。在最后几年里，他甚至得了严重的失语症。那些在他和橡树一样充满活力时认识他的人，看到他佝偻的身躯，听到他不连贯的话语（他经常因为觉得尴尬而不说话），感到惊讶不已。他虽然经受住了所有这些打击，但是他的自我意识却蒙受了巨大的损失。他不得不依赖弗洛斯来获得安慰，弗洛斯也慷慨地给予了他。让人惊讶的是，他的想象力却完好无损，并长出了崭新的绿叶。寒来暑往，不知怎么回事儿，他又写出了出色的新诗。《沙漠音乐》和《走向爱的旅程》中下降的三行体诗可能是他不得已口述完成的——因为他使用的是“一指禅”的打字方式——但它们是他精心创作的革新之作，和以前不同，里面有很多空白，因而没有局促的感觉。在“冬日雄狮”这一章，我探究了他疾病恶化、充满痛苦的晚年以及他最后的诗歌创作情况。

在威廉斯的一生中，他有幸成为一个受人爱戴的人。他对年轻诗人的慷慨帮助更是受人传颂。他去世之后，涌现出大量的挽歌和散文回忆录，有些像宗教的祈福，这证实了人们对威廉斯这个人及这位诗人的喜爱。自然而然地，一些异议的声音也从合唱席上传出来，主要谴责他缺乏基本的写诗技巧或对于形式的理解，他是一个伤感主义者和肤浅的思想家，最严重的是，他对于建立在话语基础之上的独特的美国诗歌的追求是愚蠢的，是注定要失败的：他曾伸手去拿一个圣杯，但这个圣杯却是一个赝品，或者是一处幻火。如今，这些谴责在形式主义圈子里和一些学术机构中依然存在。在1958年，即《帕特森》第五部出版的那一年，罗伯特·洛威尔在写给威廉斯的信中说："你现在很有名气，但我一直在想，大多数受人欢迎或者优秀的批评家对你大半辈子的评价是多么愚蠢。运用超常的创造力、清醒的头脑和美创作的东西，被忽视、被指责、被居高临下地看待，那是多么可怕啊。"威廉斯对这些否定不屑一顾。毫无疑问，在其生前和死后，他对不同创作风格的诗人都产生了一定的影响。主要包括罗伯特·邓肯、罗伯特·克里力、丹尼斯·莱维托夫、詹姆斯·莱特、罗伯特·洛威尔、艾伦·金斯堡、弗兰克·奥哈拉、乔纳森·威廉斯、A.R.安蒙斯、西奥多·魏斯和罗伯特·平斯基等。理查德·威尔伯开玩笑地说，威廉斯觉得任何一位写十四行诗的美国诗人都是在向伊丽莎白一世献殷勤，但是，威尔伯好像决心要反驳关于威廉斯是一位没有章法的诗人的指责。他观察到，威廉斯是用描写性的眼光、质疑的思维以及渴望一致的个性来看待这个世界的。他注意到，在《游艇》中，威廉斯使用了标准的格律，但在其他地方，比起格律，他更关注重音。威尔伯尊敬威廉斯的终极标志就是，他把威廉斯比作塞尚："一位身体力行的大师，深深地沉浸在自己的作品中，以至于不能像批评家一样思考。"

当诗人们赞扬威廉斯时，他们钦佩他与众不同的品质。对贝里曼来说，这种品质就是这个稍微上了年纪的人的耳朵："安息吧，努力工作的人，制造了悦耳声音的人/不间断地，持续多年/你的狂欢愉悦了大陆和我们的耳朵。"洛威尔专门指出威廉斯的"短诗，通常是四行诗，在诗行的分隔方面非常果断，对于第一次读他这种散文体诗歌的人来说，往往很难猜测到这些分隔"。[1]如果一首诗没有被轻易地标出格律，美国诗人们不会觉得恐慌；这并不一定是笨拙、声调听障的标志，或者是亵渎。1964年，洛威尔写道："没有几个诗人能比得上他用词的极度清晰和十足贴切，还有他几乎是亚历山大派

①《威廉·卡洛斯·威廉斯书信选》，第616页。

的抑扬顿挫。”[①]威廉斯应该特别高兴，洛威尔认识到了他诗歌中词语的清晰以及他捕捉丰富的美国话语的能力。对于路易斯·佐考夫斯基来说，威廉斯像比利小子一样，是一个射击精准的亡命之徒，但最让他难忘的是“他的/思维的/开阔”。肯尼斯·雷克思罗斯忙着把威廉斯比作温柔慈爱的圣人圣弗朗西斯和朱尼伯兄弟，“他忍受着/所有的侮辱和荣耀/像温和的傻瓜一样憨笑”。如果说他是个傻瓜，那他就是拥有“所有智慧和美丽”的那个。雷克思罗斯专门评价了威廉斯内心那种无比的沉静以及他在诗歌中创造的那种“神圣的关系”。奥克塔维奥·帕斯在1955年造访了里奇路9号，威廉斯曾经翻译了他的《废墟上的赞美诗》，他觉得翻译得非常精彩。他评论道：“我从来没有遇到一个不被他的诗歌感动的人。恰恰相反。大家都为他的诗歌而着迷，而不是因为他诗人的角色。”这些评价只是沧海一粟，并非虚情假意的悼词，而是一个诗人对另一个诗人的赞美。

传记作者有时会有一种傲慢的想法，即他觉得自己了解写作对象，甚于写作对象了解他或她自己。与威廉·卡洛斯·威廉斯和他大量的作品相处了很长时间，我努力克制着一些危险的冲动，它们可能引发不公平的道德评价，或导致主人公神圣化。威廉斯既不是圣人，也不是恶魔，他是一位受人爱戴、富有同情心的医生、诗人和朋友，有些时候他可能有点冰冷、超脱而又无情。他写过马斯登·哈特雷，欣赏他的画作，“他是我所知道的最落魄的一个人……一个悲剧人物。我非常喜欢这个人，但我们不能一直和睦相处，除非我们之间有一些距离。”[②]威廉斯最与众不同的地方在于，他努力把自己打造成一位大师级的美国诗人。就像他通过病人对病症的描述来诊断病情一样，他也把同样的才智放在了那项极其艰巨的任务上。在《水仙，那朵绿色的花》的开头，威廉斯对弗洛斯说：“有件紧急的事情，我必须告诉你。”那种同样的紧迫感——以及对想象力不同寻常的信仰——他把它们带给了他所接触的一切。我不怎么喜欢他某些性格上的缺陷，也不怎么喜欢他的部分诗歌，因为有些诗歌晦涩难懂，还有一些，尽管读了很多遍，依然感觉散漫和不完整。但这些都没有减少我对威廉斯的喜爱，或者降低我对他作品的尊重。就像很多他的同龄人一样，我感觉有他的陪伴是一种快乐和荣幸，即使在他极其激动时会有一些不好的情节发生。他的声音长久地萦绕在我的脑海

---

① 罗伯特·洛威尔：《散文集》，第41页。
② 《威廉·卡洛斯·威廉斯自传》，第171页。

中。威廉斯作为诗人的发展历程，其高峰和低谷以及他对美国习语的发现，并不是一帆风顺的。他走过一些弯路，这些弯路当然需要纠正，像大多数诗人一样，他熬过了灵感枯竭和痛苦的自我怀疑阶段，但他把庞德最好的建议记在心上，并把它当成自己的指导原则："记住，一个人所做的实际的工作，在于他准备做什么，而不是他做过什么。"威廉斯的生活和他的文学志向及成就相互交织。不去参考另一面，我们就很难理解这一面。

第一章
作为传记依据的诗歌

1

在诗歌阅读方面，新批评主义的领袖们教导拥护者，要把诗歌技巧——韵律的调整、语气的微妙变化、句法的灵巧转换，还有那些隐藏在生动的独白中、稍后就会爆发的反语——提升到一种不同寻常的高度。批评家们解释了诗人是如何工作的，就像化学家解释元素周期表里的元素一样：哪些单词能引起催化反应，哪个熵或者哪些混合物是不稳定的，哪些是惰性的。根据这一观点，诗人有权建立自己的法规。这些法规通常都自以为是、啰啰唆唆，甚至让人迷惑。它的内涵与表象往往不同：最无辜的一行可能藏匿着一个叛徒，他想要推翻常规的秩序，或者在他的位置上设置歧义。批评家的工作就是要找出散布在诗歌表面或深层的语言线索，通过细致的分析，把线路重新连接起来。为了完成这个任务，诗人的传记——他无忧无虑的童年或深受毒害的成长过程，他为摆脱贫困、种族偏见、宗教的严厉，甚至是高贵的出身而进行的挣扎——要么被认为毫不相关，要么被看作像煤渣一样要被储存起来或者处理掉的原材料。传记被看作诗歌创作的副产品。

新批评主义认为，诗人都不是生来平等的。约翰·多恩和理查德·克拉肖功成名就，他们像老练的剑客一样，宣扬着风趣又似是而非的观点。他们的诗歌需要仔细阅读，需要和下棋一样集中精力。据说，浪漫主义诗人，如雪莱和华兹华斯，他们对自己说话过多或者过分情绪化而感到内疚。他们通常被诋毁为拙劣的诗人和言过其实的理想主义者，喜欢字斟句酌。在极乐世界体育场，他们被指定坐在离舞台又高又远的位置。

我们不能否认新批评派教会了两代人更加用心地阅读诗歌，并尊重诗歌精巧的构思、形式和结构。人们通常觉得，这一流派中的诗人像造物主一样进行创作，之后在批评家剖析或清理其作品时，他就退回到场边，变成一名观众。如果不是诗人的经历，他的意图、动机，与他精心制作的陶瓮（指他的作品）上的条纹、釉彩和裂纹相比，作用微乎其微。传记让读者不再只关注诗歌结构是否完整，或者诗句是否有瑕疵。沉湎于诗人的日常生活会导致感情用事，或者一种马马虎虎的印象主义，这样就会破坏和贬低这项工作。克林斯·布鲁克斯或者理查德·布莱克默，在解读多恩的《跳蚤》时，可能会顺便提及让他锒铛入狱的年轻时的出轨行为，但即便是这种关键性的事件，也没有引发读者太多的评论。一种特别的偏见让他们看不到紊乱中蕴藏的和谐。约翰逊博士将它定义为"不同意象的组合，或是对明显相异的事物之间隐秘的相似性的发现"。它有可能存在于玄学派诗人的性格或写作风格中。夸张的词句和狂妄的诗意是诗人留在诗歌上的精神烙印，值得我们研究和思考。让人感到奇怪的是，新批评派热衷分析的反语和双关，却类似于口误和梦境。弗洛伊德把梦境系统地解释为无意识的动机、冲突、性格缺陷和不稳定的发展模式。

有些传记作者敢于调查这些著名的诗人以及他们与诗歌和小说的关系。传记作者通常会在很多方面产生强烈的敌意。心理治疗师和文学分析家亚当·菲利普斯质问，如果某位诗人拥有"深藏不露的自我意识"[①]，传记作者如何能够"刺探海明威或者埃兹拉·庞德的内心生活"？莱斯利·斯蒂芬的回答"带有很多臆测"[②]，它只能刺激历史学家和理论学家中的怀疑论者，他们将其视为一种神秘的力量或不正当的方法，关于诗人性幻想的随意的假想代替了精确的书面证据。几年前，在《纽约书评杂志》的一篇随笔中，乔伊斯·卡罗尔·欧茨因为传记作家心理分析的沃尔玛版本而严厉地谴责他们。她将其称为病史，这是一个获得了广泛传播的不光彩的术语。欧茨觉得传记作者的工作华而不实，有时会抹杀事实，是他们神经衰弱的反映。他们无意识地安排了无助的写作对象的生活。把海明威和庞德反动地放在分析家的诊疗台上是徒劳的，也是冒昧的，因为没有哪位传记作家能够准确地知道另外一个人在想什么。难怪约翰逊博士在他的《考利的生活》中说道："行为是可见的，而动机是隐秘的。"艾米莉·狄金森尖刻地评论了托马斯·温特沃斯·希金森："传记，首先让我们相信了其写作对象的消失。"[③]的确如此，

---

①亚当·菲利普斯（Adam Phillips）：《论亲吻、挠痒痒和无聊》（*On Kissing, Tickling, and Being Bored*），第8页，马萨诸塞州，剑桥：哈佛大学出版社，1993年。

②莱斯利·斯蒂芬（Leslie Stephen）：《一位传记作家的研究》（*Studies of a Biographer*），第3卷，第40页，伦敦：达克沃斯出版社，1902年。

③《信件》（*Letters*），第2卷，第864页，艾米莉·狄金森（Emily Dickinson）写给托马斯·温特沃斯·希金森（Thomas Wentworth Higginson）的信，1885年2月。

有些诽谤玷污了对诗人行为的解读，而死去的他们对此却不能反驳。尽管如此，传记不是对病情的记录，也不是专门还原心理呓语的幻想。

与欧茨不同，约翰·厄普代克并不想为传记主持一场追悼会，但在对这一体裁的鉴赏方面，他还能赢得一些掌声。他认为，传记作家陷入了柏拉图的洞穴，两度逃离现实，所以，他们只能模糊地描述作家的生活。偶尔，传记也在从事一项很有用处的工作，尽管这工作是衍生出来的。就像皮耶罗·德拉·弗朗西斯卡的那些助手，他们的工作是填补壁画背景上的补丁，然而在背景的衬托之下，大师富有感染力的人物才得以突显。大多数情况下，传记表现得就像《维多利亚时代四名人传》里笨拙的利顿·斯特雷奇一样，“嘲笑并诽谤着他的写作对象”（这种判断有些奇怪，因为斯特雷奇钦佩主教纽曼和弗洛伦斯·南丁格尔，并为他们画了生动复杂又匀称的画像）。

最初，厄普代克对待传记的态度，就像保镖把粗野的醉汉从上等酒馆里扔出去那样厌恶和不屑。后来，他决定改变一下。当在传记中发现一个有趣又鲜为人知的事实时——比如，纳博科夫在3×5英寸的卡片上写作，他是非常高兴的。尽管担心一帮粗俗的传记作者会在自己的房子和书桌周围窥探、踩点并伺机侵犯他的隐私、盗窃他的宝藏包括声誉，厄普代克还是做出了慷慨的让步，虽然有些勉强。精神分析学的补偿理论和爱德蒙·威尔逊关于《菲罗克忒忒斯：伤与剑》的感人随笔，已经“提醒过传记作家，创造力与其他地方才能不足的关系”或者“（艺术家）情感生活的神秘之处”。厄普代克暗示，传记作家可能是一位不屈不挠的、热爱真理和追求真理的人，因此，他恢复了传记在文学家族中的地位。“观察我们读过其作品的那些作家的私生活是令人兴奋的。”厄普代克说道。在随笔的末尾，他还说：“作家生活的外部还存在着另外一种生活。它给人们提供了一个机会，来研究精神和身体、内部和外部、梦想和现实，并将二者合为一体。”

因为自己本身就是作家，厄普代克能够区分质量上乘的文学传记，比如鲍斯韦尔的《约翰逊的生活》或者乔治·D.佩因特的《马塞尔·普鲁斯特》，和一本罗列事实、将它们打包存储，然后用盘存员的沉闷语气将其叙述出来的传记。我们都读过并谴责过那些充满事实的传记，它们就像患了强迫性饮食失调一样，变得异常肥胖。面面俱到是值得表扬的，样子难看就有点可悲了。赫歇尔·帕克写了两部关于梅尔维尔的宏伟传记，虽然它们非常方便人们引用，但在人物描绘和阐释方面却是不成功的。传记作者们被事实压得喘不过气儿来。我们需要知道福克纳、约翰·贝里曼和詹姆斯·迪基喝了多少瓶波本威士忌吗？一点儿都没必要，尽管酗酒对他们的性情、人际关系，尤其是他们的工作产生了怎样的影响，与传记作者的工作密切相关。如果说威廉·卡洛斯·威廉斯有时沉溺女色，他把多少女人带上床很重要吗？然而，评估这种行为对他的婚姻和诗歌所产生的影响，却非常重要。在《自传》的前言中，威廉斯很谨慎地警告传记作者："我们总是试图隐藏生活中的秘密，不让大家看到。那些被隐藏的生活的核心，不会被轻易地破解；即使我说了，就像在这儿一样，那也只是表面的一些情况。"这就是传记作者所面临的挑战：穿越雷区，到达"被隐藏的核心"地带；一旦安全地抵达那里，又拒绝对写作主体的行为进行粗糙或刻板的描写。

我们都知道，传记作者不能只关注写作对象的私生活，而对其他事情漠不关心。毕竟，他们的个人生活和时代大事是不可避免地交织在一起的。让人难以置信的是，叶芝的诗歌却与爱尔兰复杂的政治、历史相分离，而纪尧姆·阿波利奈尔、艾萨克·罗斯伯格、威尔弗雷德·欧文斯的散文却与第一次世界大战的杀戮有着不可分割的联系。威廉·兰格在给美国历史协会做的主席报告中，提出了他对心理传记的担忧。他提醒听众，如果传记没有把主角放在历史背景之中，没有令人信服的理论来解释大的团体及机构——改革者、军队、公司、州议员、无政府主义者——和那些心怀抱负的或者被生活压垮的男人和女人，那么，这本传记在叙事结构方面就存在漏洞。兰格的担心不无道理，它适用于安娜·阿赫马托娃、贝托尔特·布雷赫特及尤瑟夫·科曼亚卡等诗人。他们陷入历史这部机器的齿轮中，忍受着痛苦和伤害，分别看着丈夫的谋杀、爱子的锒铛入狱、让人痛苦的逃亡和战争的暴行（无辜的越南农民遭到凝固汽油弹的袭击，一位好友在军营里死亡）。有些诗人，通过重新追求艺术来转移对历史的愤怒，但是在暴行强大的破坏力面前，他们依旧无处藏身。作家普里莫·莱维被赶出化学实验室，发配到集中营，他因为运气和机灵而在那儿存活下来。而匈牙利诗人米克罗斯却和一大群普通市民一起被处死了。威廉·卡洛斯·威廉斯经历了两次世界大战、经济萧条、种族灭绝及政治迫害等诸多天灾人祸。他并没有逃脱身体上的伤害，但这些事件提升了他的社会意识，有时他会在诗歌中强调这些"外部的情况"，另外一些时候，他又意味深长地把它们放到背景里，这样，它们就像康斯特布尔的风景画里从远处看到的教堂。

新批评派无视这些告诫，依然坚持诗歌创作的自主性，对传记作家来说，这是一个有益的警告。十四行诗可能是对某个陈旧主题的自言自语——

比如及时行乐——但它并不一定是一种难以理解的自传式的陈述。很多人想要调查莎士比亚的性取向或他的性伙伴，而他的十四行诗却打消了这些人的念头。其他的诗歌，如《失乐园》，也阻挠了很多传记作者。这些人在莎士比亚的英雄诗里从容地搜索，想要发现作家在里面进行了什么样的自我揭露。曾让17世纪的英国四分五裂的宗派分裂和政治骚乱——弑君、内战、流放、宗教迫害——被巧妙地糅合在宏大的神剧《人类的堕落》中。由于史诗不是影射小说或者寓意深刻的寓言，我们不能给它编造一些牵强的关联——上帝等同于奥利弗·克伦威尔，彼列代表查理二世——虽然这么做会让读者很感兴趣。

布莱克有一则著名的论断，他认为弥尔顿在不知不觉中成为"魔鬼聚会"的成员。撒旦拥有超凡的雄辩力和冷静的领导力，他热爱冒险，足智多谋，无所畏惧。我们觉得，这些品质让他在史诗的亲属关系中成了奥德修斯的堂兄弟。但是，那些戏剧性的特质与弥尔顿书呆子的性格并不完全相称。当撒旦第一次瞥见亚当和夏娃时，他曾经发誓要毁掉他俩来报仇雪恨。弥尔顿描绘了一个让人难忘的埃古的形象，他"看到/并使所有的快乐都变成阴郁"。这是一种无意识的自画像，是对性压抑的嘲笑，对忌妒的谴责，还是一个窥淫狂的身份？弥尔顿在多大程度上认同反叛呢？弥尔顿的传记必须要解决这些问题，而不能只给出简单的答案。《失乐园》每一页上的生动叙述无不体现着诗人渊博的学识，传记作者因此就能获得关于很多话题的有价值的数据：弥尔顿对于表达自由的拥护、对于女人的厌恶、对于神学辩论的立场、对于激烈辩论的期待，等等。只有追根溯源，传记作者才能比较全面地了解弥尔顿强大的内心以及《失乐园》产生的现实土壤，而不是撒旦与弥尔顿心理的有限的关联。

此处还有一个障碍，我们把它称为"诗人的基因构成"。弥尔顿基本上执行了他的诗歌计划，而没有考虑他糟乱的生活或其周围的政治环境。作为自封的荷马以及维吉尔的继承人和对手，他明确地鼓吹自己掌握了史诗规范，并想创造一位基督徒伊利亚特。他精心布置并使用了大量的逗号、分号和冒号。弥尔顿让人费解的拉丁文句法，推动着熟悉的《圣经》情节从容地向前发展。他在无韵诗音节和韵律方面的精湛技艺让人叹服，那些觉得他的诗歌冷淡、浮夸的批评者们也不得不这么承认。弥尔顿的句子刚健、客观、傲慢、复杂，像蛇一样盘旋、跳跃、踌躇、沉思、偏离方向以及前进。按照基督教的教义，夏娃这一顺从的女性形象是不朽的。尽管弥尔顿曾一度沉迷在夏娃慵懒的性感中，但我们却无法通过他迷宫一样复杂的语法来剖析他的性格或好色的本性（“他只为上帝，她则为他心中的上帝”）。因为《失乐园》回避了情感而具有了史诗的风格，弥尔顿的传记作者必须要认真解释，史诗的规则和局限是如何通过多种途径改变我们对诗人的看法的。

2

那么，传记和诗歌，这两片仅由一条狭窄地带相连的大陆，经常被淹没并无法逾越吗？是，也不是。就拿20世纪最著名的诗歌《荒原》来说吧。尽管艾略特把该诗说成“一种个人的、毫无意义的、对生活的抱怨”，它的评论者却无视他的话。他们像一群米格鲁猎犬一样，四散开去，搜寻并猛扑向每一个暗示，从《金枝》、但丁、韦达经典、斯宾塞、詹姆士一世时期的戏剧，到瓦格纳的《特里斯坦与伊索尔德》（艾略特的注释使这项工作变得简单）。批评家们并没有评论《对弈》里让人厌倦的精致生活，也没有研究《火诫》中一脸粉刺的职员以及打字员庸俗的耦合如何暗示了他与海格失败的婚姻。通过整理诗人信件里的一些事实、思想和朋友的回忆录里的逸事，通过采访，艾略特的传记作者能够证明，当诗人的婚姻破裂，当他精神崩溃需要到瑞士疗养院治疗时，他内心的那种绝望。《荒原》的语气是宗教式的，对主题非常重视，里面还有无数的典故，它证实了我们所怀疑的事情，即性厌恶和恐惧是植根在诗人的灵魂中的。《对弈》中简洁的对话和一连串的问题，就像华丽的洛可可式的舞台背景，突出了一段即将解体的婚姻在情感上的疏离。妻子的痛苦没有什么好避讳的，她被丈夫的冷淡和礼貌弄得心神不宁，变得歇斯底里；她穷乏的词汇，断断续续的节奏，苦苦哀求的问题，能让人得到一些启示：

> 今晚我的精神很差。是的，很差。陪着我。
> 和我说话。你为什么从不开口？说话呀。
> 你在想什么？想什么？什么？
> 我从来不知道你在想什么。想。

生活与艺术的关系很好地帮助了传记作家。

诗人们经常告诫读者，不要把他们笔下的人物和他们混为一谈：勃朗宁不是安德烈亚·德尔·萨尔托或者布兰格莱姆主教，艾略特不是普鲁弗洛克，约翰·贝里曼也不是亨利，即《梦之歌》里面那个受过教育的小丑。贝里曼在一则序言中愤怒地宣称，亨利是“一个想象出来的人物（不是诗人，不是我）”。这一告诫是有道理的。由于诗人和他的小说创作之间并无直接的心理关联，传记作者就不能忽视诗人把他们的情感无意识地投射到角色身上的例子。这些例子有时很明显，有时则遮遮掩掩。在庞德早期创作的诗歌《六节诗：阿尔塔佛特》中，有一个疯狂自负的演讲者伯特兰·德·波诺。我觉得，从这位演讲者残忍的尖叫中就能看出庞德的异常。从庞德在20世纪30年代进行的法西斯宣传，从法西斯的种族歧视和浮夸又不切实际的教育里，这些异常的症状得以爆发。但是传记作者也必须分析庞德完美的乐感，它操控着六节诗的重复以及模仿时一些形式上的约束，同时也暴露出伯特兰的得意扬扬与不和谐的尚武论调。

庞德的传记作者，是如何小心翼翼地透过《诗章》来判断他酝酿了40年的构思的呢？如果他感觉自己踉踉跄跄地走在了一处陌生的旧石器遗址上，是可以被理解的。通过挖掘，他会发现神奇的遗迹、似乎是政府文件的莎草纸碎屑、硬币、小玩意儿、写在一篇娟秀书法里的表意文字、庞德最喜欢的名人名言（这首诗的一个全面的摘抄簿），那些描绘孔子、马拉泰斯塔、杰斐逊和谦逊的工匠的章节、来自政治家指南的引言以及教会理事会的账目。这种可爱又碎片化的意象大杂烩在人类历史的鼎盛和衰退时期都曾唤醒了文明。在诗歌中，博学的学者型诗人强制性地把这些碎片从异质文化中解救出来，然后把它们做成粘贴画。读者有时可能会觉得这是某位富有创造力、精神错乱的名人的作品（庞德的疯狂是有道理的，并且有些迂腐）。

《诗章》记录了第二次世界大战结束时庞德在监狱中的幽闭生活，先前，他撰写了反对犹太人的文章并代表墨索里尼法西斯政府进行宣传，后来，他慢慢认识到自己的罪恶。除此之外，这首内容繁杂的长诗还描述了数十年间他忙乱生活中一些珍贵的片段——他与桃乐茜·莎士比亚和奥尔加·里奇的三角恋爱关系，或者他与济慈、艾略特和威廉斯的友谊。如果《诗章》注定要吸引传记作者来为庞德的冲动行为建设一种理论，那么他最好记得，诗歌总是比创作它们的诗人还要充满智慧。庞德的狂妄自大被他的想象力中和，他想象着自己能够进入某些人的内心，去触摸他们的情感，比如一位富有的伦敦中年业余爱好者、一位害羞的17岁的中国妻子以及一位饱经风霜的盎格鲁-撒克逊老船员。他诗歌中所用的语气，让人降压：在 首诗中是讥讽的，下一首是柔和的，再下一首就是粗鲁伶俐的。李白的诗歌《长干行》，笔触微妙淡然，在任何时期都是最美丽的爱情诗之一，它也是庞德在艺术上的自我约束，他一次都没有说出过"爱"这个字。在第116首告别诗中，庞德这个不喜欢谦虚的人，承认他的"羊皮书"是一个想要创造和谐宇宙的笨拙的企图，"我不能使其连贯。"然而，他的骄傲并没有让其痛快地接受这种评价。他立即用一种他一直期待的自我辩白向读者挑战：

我已带来极好的水晶球；
谁能把它举起？
你能进入伟大的光之橡子吗？
但美丽不是疯狂。
尽管我的错误和失败就在身边。
但我不是英雄。

几行之后，他又改变主意，引出一个有些牵强的优点："它前后贯通。即使我的注释不那么连贯。"

生活与工作的分离让传记作者的任务变得复杂。二者不会是两条平行线——在很多地方它们相互交叉或回转——但是把诗歌作为大事记，或者用来测试敏感和性格特质，二者是存在巨大差别的。就像画家一样，传记作者必须选择一个合适的视角。来听听《诗篇1》开头的几行：

之后走向船只
把龙骨推向海浪，推到神圣的海上，
我们竖起桅杆，并且在那艘黝黑的船上航行，
船上载着羊，并且我们的身体也
因哭泣而沉重，
载着我们，从船尾吹来的风将风帆鼓起，
这是瑟茜的手艺，那位戴着整齐头巾的女神。

这一引人入胜的诗篇，超越了对史诗的模仿。这要归功于庞德对节奏、力量和声音极好的掌控。那两个精妙放置的"并且"以及"从船尾吹来的风"让诗行变得饱满，好像它们也在航行。女巫瑟茜努力教给他巫术。当他美化

墨索里尼并为希特勒的掌权而欢呼时，卑鄙的名声随之而来。当庞德的思想理论变成病态的癖好时，《诗篇1》中拥有稳定旋律的规矩和协调便弃他而去。缺少哪一个都是对庞德重要的一半生命的扭曲。

这首忏悔诗，向传记作者提出了一些棘手的问题。乍一看，它似乎能满足传记作者最狂野的幻想。毕竟，他的写作对象——不管是罗伯特·洛威尔、西尔维娅·普拉斯还是安妮·塞克斯顿——带着孩子般的喜悦，随口就说出了他们想说的一切，比如通奸、自杀企图、对父母和配偶的厌恶、手足之争、阳痿和醉酒——所有闺房里不可告人的秘密和为了向公众公开而延期召开的精神病会议。你也许会说，天底下没有什么新鲜的事情，除了一个心照不宣的假设，即假设展示伤疤、记录轻率和自我毁灭的行为并不可耻——实际上是安慰或骄傲。普拉斯发展了一种绝妙的技巧，把她的诗歌从老掉牙的对话中解脱出来。然而，到目前为止，她的传记作者们却没有给其足够的赞誉。普拉斯内心很困惑，她通过对诗歌形式的大胆实验，来发现道德秩序，以超越内心的绝望。如果传记作者忽视了这些文学创作，就有可能把普拉斯贬低为一个单纯的精神病临床标本。

另一方面，有些诗人如伊丽莎白·毕晓普，他们努力捍卫着自己的隐私、秘密和情感，即使在去世之后。毕晓普选择追求作品的完美，而不是生活的完美。她的传记作者梳理着她的诗歌，试图寻找一些线索，比如同性恋、酗酒或者由于母亲的疯病和巴西情人的自杀而导致她情绪失控等。她把他们看成狗仔队，但并没有吓跑他们。然而，毕晓普吝啬的比喻和保守的语气，并没有成为带刺的铁栅栏围起她的情感，也没有引发她与读者的亲密关系。对毕晓普来说，诗歌的升华造成了艺术的损失。她讨厌忏悔诗，这一点不足为奇。当罗伯特·洛威尔抢来妻子伊丽莎白·哈德维克的信件，在未经允许的情况下，把她的话语嫁接到自己的诗歌里时，毕晓普对她朋友的做法感到震惊和尴尬。她认为这种冒犯是道德重罪，并抗议道，为了创作一首好诗而不择手段是不正当的。

通过承认自己的弱点并请求文学法庭的宽恕(这是他最在意的权威部门)，洛威尔希望自己能放下内心的恶魔，能够被原谅，并且能享受打破禁忌的快感。通常，他用华丽的语言隐藏起生活对他的折磨——并寻找到一些安慰，就像他是一个生活在现代的乔布或者阿伽门农一样：

诸神，困扰和惩罚男人们的诸神啊，

是你们无暇估量那些微小的差异，
是你们的粗心导致了这致命的伤害。

他拥有非凡的语言天赋（有时候，这种天赋是一个诅咒，一种口头上的絮絮叨叨，以免有人和他坐在一起时他沉默不语），能在最好的诗歌里勇敢或冷漠地看待自己的躁狂症。他经常会因为患抑郁症而住进精神病院。唯独想象力把他从自己的困境里拯救出来。

洛威尔在《生活研究》上发表的十四行诗《谈及婚姻的悲哀》，能够证明他把艺术和生活混杂在一起了。该诗的开头是叔本华的题词：

"未来的一代将被迫以浮华的情感和精神的幻想泡沫为生。"

炎热的夜晚让我们把卧室的窗子打开。
我们的木兰开花了。生命开始出现。
我暴跳如雷的丈夫扔下家庭的争吵，
冲到街上四处寻找妓女，
沿着剃刀边缘自由地游走。
这个怪人可能会杀死他的老婆，然后发誓戒酒。
哦，他的欲望单调而卑鄙……
这是无理取闹……他真不讲理——
威士忌让他盲目，五点钟才大摇大摆地回家。
我想的只是如何活下来。
他到底想要干什么？现在我每晚
在大腿上绑上十美元和他的车钥匙……
欲望的更年期戳伤了他，
他停在我身上，像一头大象。

作为诗人的洛威尔是如何描绘洛威尔这个人的呢？非常巧妙。在理解这首诗之前，读者必须要跨越两道障碍。第一道是诗歌的题目，这是来自《坎特伯雷故事集》中《巴斯太太的序言》的诗句。那位婚姻的行家——她经历了5次婚姻，是洛威尔的两倍还多——的确说过悲哀可以摧毁婚姻，但是她也以温和有趣、富有经验、絮絮叨叨的方式，思量过婚姻能够带来的快乐（她的5位伴侣中的3位都是杰出人物——一种名人堂的击中率)。巴斯太太并不害怕呈现或者揭露圣保罗，因此，把叙事和引用混在一起是有先例的。

叔本华的箴言把我们的注意力从悲哀引向了高兴，就像洛威尔的辩护律师(或者良心)建议他请求无罪一样。如果性欲来自自然及超自然的力量，按照推理，冲动减轻了洛威尔对自己行为的责任感。但是，气泡破裂了：当四处寻找妓女时，他并没有考虑“后代”，而仅仅为了一时的痛快。

通过假设读者在诗歌中无意间听到了伊丽莎白·哈德维克的独白(她是说给自己听还是向某位朋友吐露心声?)，洛威尔间接地承认，她从他那些荒唐的行为中挺过来了，并因此获得了一枚英勇十字勋章。但是，即使是一首十四行诗，也没有太多控诉的空间，洛威尔把这种局限转化成有利条件，为自己和长期受气的妻子抓拍了一张双重心理的特写。

诗歌非常随意地开始。在一种娇弱、色情、容易让人想起《欲望号街车》的氛围里，“生命开始发生。”第二行到第四行里急促的头韵及爆破音，巧妙地传达出丈夫的冲动。就像一位黑森佣兵或者帮派成员，他指望“沿着剃刀边缘”来一场激战，这些没有新意的表达描述了波士顿下流的东区和洛威尔不计后果的心态。第六行里悲伤却深情的情绪，赶走了由洛威尔的鲁莽带来的威胁。但是恼人的事情又来了。就像巴斯太太一样，说话者“用尽了仁慈”。省略号加强了她汹涌起伏的愤怒，而且，她还把自我辩白的代词“它”变成了指责别人的“他”。在性方面撞上好运气的士兵“大摇大摆地”回来了，酩酊大醉。他一点儿都不知道自己的卑劣行径导致了怎样痛苦的后果。好像被自己想要保护这个成年婴儿的母性折磨得很疲惫，她迂腐地问道：“是什么让他变成了这样?”她并没有回答这个问题，而是分享了对付他这种古怪行为的办法：在自己的大腿上绑上10美元(私房钱)和车钥匙(不是吊袜带)，她希望要么不让他去找女人鬼混，要么准备逃跑。我们对洛威尔和这段荒唐婚姻的看法，跟随着最后两句，以一个古怪又可怕的意象结束。这位曾经四处寻花问柳，被比作公牛和大象的诗人，被暗示为一辆旧汽车，因为日渐衰退的性能力，这辆汽车抛锚了。在这种失败中，有一些可耻又尖锐的东西，尤其当我们期待短语“被戳伤”被“我”而不是“他”来修饰时。洛威尔并没有掩饰自己的缺点。

如果说洛威尔的欲望是单调的，那么，被他夸大了变化的十四行诗却并不单调。诗歌的语言从口语化的“暴跳如雷”轻松地过渡到临床用语“更年期”，对句避免了明显而又刺耳的押韵，然而，节奏却随着句子的或长或短而或升或降。这里有一个矛盾值得我们细细揣摩：正在洛威尔要把自己的性格展示于恶劣的公众面前时，这位诗人凭借自己的文学才能，挽回了一点点自尊。《谈及婚姻的悲哀》让洛威尔的传记作者对这位诗人的婚姻和他是软弱男人的判断变得复杂起来，诗人不能接受具有伤害性的行为给自己和他人带来的后果。

3

《粉色的蝗虫》是1955年出版的诗集《走向爱的旅程》里的一首诗。在这首诗中，70多岁的威廉·卡洛斯·威廉斯对可能的传记作者提出了温和的警告：

这将
很过分
如果公众
从细枝末节中窥视
我们的私事
并非
我们有什么要隐瞒
但是他们能
忍受它吗？当然
这个世界将很满意地
发现
我们出了什么洋相
问题是
他们会
宽容地对待我们——
正如我们曾
这样对待他人？

在威廉斯写作生涯的大部分时间里，他一直在密切关注自己在同僚中的声望（喜欢弗罗斯特诗歌的读者不会喜欢威廉斯的诗歌）。尽管对自己不受欢迎这件事感到闷闷不乐，他还是坚持走下去。在高中，他曾经是一名长跑队员，因此他有毅力跑完全程。然而，尽管在晚年赢得了很多荣誉，并被年轻诗人尊为一位慷慨的家长和典范，在内心深处，他还是反复地思量着自己在诗歌界的地位，并推测着自己死后的声望。对于前者，他采用了一种自我保护式的谦逊态度：

我知道，
在诗人的行列
我不是，
一枝玫瑰，
但是谁，在其他人中
会否认我
我的地位。

在诗歌界，他想成为莎士比亚的同行，这种强烈的抱负曾在1923年的《春天及一切》中充斥他的内心，而现在已经消退。如今，他满足于自己被看成一颗渺小的星辰：一种值得尊敬的身份。但是他担心，传记作者或者那些低级趣味的读者会打探自己的某些私事，并且攻击他的性格和诗歌。威廉斯知道这些下流的八卦对某些读者来说是流血娱乐，他们很乐意看到诗人像个傻子似的被愚弄、被推倒。因此，他拿不准自己的错误是否会被宽容地对待。就像奥赛罗一样，他要求自己被"没有怨恨地"记住。但是，当威廉斯在一句诗里轻描淡写地说"倒不是我们有什么要隐藏"时，传记作者非常谨慎地笑了。威廉斯并不想否认自己在漫长婚姻中有偶尔的背叛，以此来掩盖逃脱妻子和镇民审查的通奸行为，但他知道，传记作者可能会在他的壁橱里翻出几块骨骼。然而，他的遗嘱并没有指示遗产执行人，即他的妻子或者朋友必须烧毁那些"让他受到牵连的"、关于他的绯闻的信件，或者毁掉那些可能让家人感觉不安的手稿（出于对弗洛斯和儿子艾瑞克·威廉斯情感的担忧，一些信件和一本日记在他死后的20年里被宣布为禁区，但是禁令被解除之后，那些读了这些作品的人并没有找到有损他形象的新发现）。威廉斯没有试图控制死后大家对自己的看法。

他的想法没有错。可以肯定的是，形式主义者曾经谴责或者质疑威廉斯关于美国话语模式的实验，他们认为这种实验愚蠢而又粗糙，容易让人误入歧途，觉得他对英语诗歌传统的韵律充耳不闻。斯坦利·普伦利俏皮地把这种传统的韵律称为“美国式的：对歌狂叫的语言”。1997年，英语诗人泰德·休斯把威廉斯称为一个天才、一个叫卖着骗人的诗论和极端口号的江湖医生。

没有哪个阵营充分地关注过威廉斯的工作和生活之间的联系。因为他活到了80岁，在写作方面也很多产，从他的诗歌中收集证据来阐释他的生活，或者反向为之，都是让人疲惫的。但是诗人并没有料到，有些诗歌通常能够给读者一些启示。以《走向爱的旅程》中受人欢迎的《水仙，那朵绿色的花》为例，这首诗受到了一些诗人的钟爱。这些诗人在风格和品位上与W.H.奥登、艾德丽安·里奇、罗伯特·邓肯、杰姆斯·劳克林截然不同。在1951年的《自传》中，威廉斯自嘲地说，每位丈夫都需要一个宾夕法尼亚车站那么大的忏悔室。当轮到他来打造自己的忏悔室的时候，《水仙，那朵绿色的花》这一结果既不让人印象深刻，也不值得纪念。“水仙”四处蔓生、飞掠水面。因为威廉斯必须为自己的不忠而向妻子弗洛斯道歉，这让他得了糟糕的神经过敏——也削弱了他对诗歌的驾驭能力。

首先，我们来看一些背景知识。促使威廉斯进行自我揭露的有两种情况——一种是个人的；一种是公众的——二者合在一起损害着他的健康。1952年夏天，当威廉斯在纽约州北部度假时，他第二次罹患中风，这严重削弱了他的语言能力，右边的身体和胳膊也瘫痪了。在很长一段时间里，要不是他左手的一根手指，他甚至都不能写出或打出诗歌。死亡，是他害怕的，它就像炸弹一样嘀嗒作响，并已在他的头脑中引爆。那可能就是原子弹主题以及《水仙，那朵绿色的花》中那朵具有破坏性、让威廉斯担心、让每个人都爱慕的恶之花的心理根源。

此外，麦肯锡政治迫害的咆哮声已经到达了卢瑟福：威廉斯因为不忠而受到了攻击。他犯了什么罪？在20世纪20年代，他曾写过一首诗来赞颂年轻的布尔什维克政权，并签署了左派请愿书。这种行为阻止了他被任命为美国国会图书馆的诗歌顾问，他甚至都没有在这个职位上任过一天职（后面关于这个职位有更多信息）。与垂涎已久的公众荣誉失之交臂，他觉得很沮丧，但又没有力量去抗争。由于这两个打击，威廉斯在1953年得了抑郁症，并住进了纽约皇后区的山坡医院，进行为期8周的治疗。幸运的是，这种落入地狱的生活虽然压抑，他的身体却得以逐渐康复。

在这一危机中，威廉斯婚姻的力量对比发生了变化：比尔现在需要依靠弗洛斯的照料来恢复健康，并监管他在文学方面的事务。或许，因为与死神擦肩而过，因为感激妻子的照料，他开始清理自己的良心并进行赎罪——写下了《水仙，那朵绿色的花》。但是，坦白是一块难以衡量的巨大石壁。作为医生，威廉斯习惯了诚实：向病人宣布致命的癌症或患唐氏综合征婴儿的消息时，他表现得非常柔和、直接而又充满同情。但是在情感和性的事情上，尽管他赞扬坦白，却经常含糊其辞，就像他的作品，从《地狱里的科拉》(1917—1920)到《水仙，那朵绿色的花》、戏剧《很多爱》以及《爱之梦》所证实的那样。

弗洛斯是如何察觉到他的婚外情的？她根本就没有预见这件事，还是她在故意隐瞒证据？这让人非常费解。罗德里·琼斯在他的诗歌里睿智地解释道，威廉斯"乞求得到原谅"，并强迫弗洛斯"记录/关于他的小过错，一件不能原谅的事情，一个错误/像所有对原谅的乞求一样"，是出于负罪感及相信"了解详情将会减轻她的痛苦/关于她一定已经猜到和所默许之事的详情"。威廉斯可能已经迷恋上了这种偷偷摸摸的行为，但是作为一名老练的伪君子，他的演技已经不能完全表达出他的油滑。弗洛斯读过丈夫的所有作品，知道他习惯性地把她描述为一个无趣的女人，而把他圈子里的米娜·洛伊们视为阿佛洛狄忒(爱与美之女神)的女儿们。拿《地狱里的科拉》中的这一篇来说吧，他们在1992年结婚，8年之后："再也不是他充当这个女人美丽双脚的垫子的时光了，这个女人曾两度为人母，不再触碰婚姻亲密关系的稀薄的花粉。"这种轻蔑的语言只能让弗洛斯感到沮丧——并且对她进行贬低的诗歌在数量上远远超过了向她示爱的诗歌。

如果说弗洛斯很能干，那么她真的就是一位没有情调、土里土气的妻子和母亲吗？慢慢地，希尔达·杜利特就开始讨厌威廉斯夫妇了；她刻薄地把他俩描绘成土包子，在巴黎俗气的波希米亚人的沙龙里愚弄着自己。1924年1月10日，希尔达·杜利特给威廉斯和弗洛斯结婚前的老情人维奥拉·巴克斯特·乔丹(Viola Baxter Jordan)写了一封信。在信中，她愤恨地说道：

> 顺便说一下，我觉得威廉斯太平庸了。不要告诉他这些，而且，我们都觉得弗洛斯太傻了。她就像电影里的荡妇一样，一直在坚持着，但这并不适合她，背后有个丈夫，做再多都是白费力气。我们觉得他俩都渴望一段"婚外情"。但是没有人从他俩身上得到过什么。我觉得威廉斯非常平凡、普通并且迂腐。不要把这些告诉任何人。我不想树敌。但是真的，他们真的有缺陷。

希尔达·杜利特是敌对和虚伪的证人，她充满蔑视地在巴黎人中间散布着绯闻。即使只有一部分是真的，也促使我们重新思考和修正对弗洛斯的看法。按照希尔达·杜利特的说法，弗洛斯并不是一个胆怯、狭隘的妻子，而是一个颇有志向的希妲·芭拉。看到威廉斯夫妇在玩危险的暧昧游戏，希尔达·杜利特把他们看成笨拙的业余演员不予理会，并把他们轰下舞台。希尔达·杜利特希望自己能够四处散播谣言，并在说坏话时不被逮住，这难免有些虚伪。但是，如果她是正确的，也就是说弗洛斯和比尔都在巴黎寻找"婚外情"，那么，她就暴露了他们婚姻紧张的事实。当比尔先生拈花惹草，享受着巴黎宽松的性道德准则时，弗洛斯会被动地坐着并忍气吞声吗？从和他们一起在巴黎待过的很多朋友和爱说闲话的人那里，并没有得到确凿的证据能够证明夫妻一方曾出演过希尔达·杜利特所创作的戏剧。

《水仙，那朵绿色的花》可以让我们比较充分地了解威廉斯的婚姻以及这位诗人对它模棱两可的反应。读者首先会注意到下降的三行联句。在《走向爱的旅程》中，每一首诗都在遵循这种格式。这种形式的魅力在于它的流畅和速度以及宽广。它坚实的路基可以承受任何形式的文字交通，从通俗的到严肃的（上了年纪的诗人总能把看上去互不相容的模式自由地混合在一起）。它非常民主地允许叙事、奇闻、沉思、总结、审美思索、警句、自然观和政治观（比如，埃塞尔和朱利叶斯·罗森堡所贯彻的），甚至类似幻觉（一次完全想象的与他父亲在地铁的相遇）的存在。尽管高速公路上到处都是句号和逗号，威廉斯还是经常闯红灯。如果不能忍受因自己的失误而带来的耻辱，他就会避开这个话题。这时，他会猛拉刹车，从匝道驶向一处公众参考、一条历史引证、一则诗歌警句、一条艺术评论以及回忆大杂烩。罗森伯格夫妇、哥伦比亚、达尔文、乔叟、韦罗基奥、塞尚以及他的父亲，就像露天表演中的演员，短暂地出现在舞台上。这种像海藻一样，随语言之潮浮上来的故事情节，大多是社会化的，而非个人的。威廉斯和其他艺术家——比如马斯登·哈特雷——的关系，要比他和弗洛斯的关系更能相互体谅、充满友爱。

在《水仙，那朵绿色的花》里，他没有确认过自己的宣言，即他对弗洛斯的爱"可能/让（他）飞向月球"。即使在回忆时，他也没有了性欲的冲动。他把她称作"你的亲爱的自己""我的宝贝"以及"我的爱的女王/直到永远"，这些亲密的称呼听上去很空洞，并不是发自肺腑的。威廉斯曾经给路易斯·佐考夫斯基在1943年写的爱情诗提出过合理的建议和赞扬，但他自己并没有遵循这些。“当无话可说的时候，他们不会勉强去说什么。他们试图在语言中表达爱意，并以此向对方示爱。”[1]《水仙，那朵绿色的花》的语言是失败的，这让威廉斯的道歉变得不可信。我们不必担任美国的义务警员，去挑剔威廉斯对古语词刻板的使用，比如“挚爱的”“恩赐”，等等。这些虽是小失误，但也使《水仙，那朵绿色的花》这首抒情诗变得不那么纯正，缺少了诗人所倡导的充满力量的旋律。

事实上，威廉斯的用词在不断地迫使我们去质疑他的爱情宣言的真诚。举个例子来说：

> 这是关于爱情的爱
> 这爱淹没所有
> 一种令人愉悦的爱
> 一种关于自然、人类
> 动物的爱
> 这爱引发
> 温柔和善意
> 让我感动
> 且从你身上可见
> 事实不是花朵
> 花朵不是事实
> 或者诗歌之花
> 或者所有想象之作品
> 可以相互转换吗？
> 这证实
> 爱
> 统领一切，这样
> 你将成为我的女王
> 我的爱的女王

---

① 威廉·卡洛斯·威廉斯:《诗歌新季刊》(*New Quarterly of Poetry*)，第2期，第8—16页，《一句新诗就是一项新举措：路易斯·佐考夫斯基的新论》(*A New Line is a New Measure: Louis Zukofsky's Anew*)，1947—1948年冬。

直到永远

这一段读上去很像一首甜蜜通俗、不讲究押韵的抒情诗。就像爱默生说过的，这些花朵不是美丽的物体或者精神层面的东西，它们不释放任何香味（由于威廉斯写过数百首关于花朵的诗歌，他知道如何用散发着香味的花朵来编织花环）。而在《水仙，那朵绿色的花》中，夸张的构思、陈旧的主题、对爱情“永远”的保证，就像是一位青少年笨拙地表达出来的情感。这首现代主义爱情诗，本是向威廉斯敬佩的伊丽莎白一世时代的医生诗人托马斯·坎皮恩致敬的，现在却变成一首打油诗和一段似是而非的“证明完毕”。

为什么在《常青藤王冠》《麻雀》《国王》《画家的颂歌》和《走向爱的旅程》里的诗歌中，威廉斯的想象力是那么柔软、轻盈和优雅，而在《水仙，那朵绿色的花》中却衰退了？其语言的表面和内心的潜台词里都隐藏着很多暗示：因为内心的善良，他想要去道歉，又发现这非常困难。就像他在《常青藤王冠》中所做的那样，他不能承认“爱情是残忍的/是自私的/并且是迟钝的——”他在支支吾吾地拖延时间；他口出狂言；他沉入冥想；他仓促地转变话题，或者回想共同经历的过去，就像一家保险公司的口号：“我们已经站立/一年又一年/在我们生活的景象面前/手拉着手/暴风雨一览无余。”怀旧的诗人不放过任何一条线索，回忆起他和心爱的人一起读过某本严肃的书，一起看过少女峰的面容。这些平淡的诗句和无趣的内容很相配。

可以理解，威廉斯并不希望自己像乞丐一样在妻子面前卑躬屈膝。自尊心不允许他这么做。有时候，他假装他们是平等的；有时候，他又扮演一位谦逊的请愿者，只为在和她说话时，能像无所不知的上帝对凡人说话那样：“爱/对此你也应膜拜/和我一起。”诗句中夹杂着预言、命令和恳求。在罕见的坦白时刻，他也会承认他们之间存在裂缝：“我的身体在冒汗/我不能向你哭诉/在当场。”但多数时候，威廉斯的话语充满训诫、责备，还有些絮絮叨叨。他在思考一个能够让他摆脱困境的词语。

在第三部中，威廉斯对道歉时机的把握似乎更加蹩脚。在“脸颊瘦削的”忏悔者注视着他的妻子——一位正在为花儿干透的根部浇水的尽职的园丁——之后，他想象着她温柔地对待自己。他温和地邀请她，“宝贝，快到我的臂弯里来。”但很快他又加了一句，“我请求你/就像我请求自己/原谅所有女人/那些曾冒犯过你的。”期待受伤的弗洛斯大方地原谅他睡过或调戏过的所有女人，是不合逻辑并且非常幼稚的，然而他又不敢直接请求原谅。他似乎并不知道自己的请求可能会撕开她的伤口。

威廉斯正在毁掉他公开宣布的赎罪的愿望以及能让他“在床上平静死去”的和解，然而，他自己并没有意识到。在第二部的结尾，他对弗洛斯进行了无礼的贬低，因为轻率而更加具有侮辱性：“因为你的笑容/和其他类似的琐事/我的秘密生活/得以成就……”单词“琐事”跃于读者眼前，表明在描写弗洛斯时，威廉斯很少能完全控制自己的情绪。这是非常残酷的。在一次不同寻常的认罪求情中，他再次没有表现出悔意：“想象着你看到/一个由女人组成的场地/都是银白色的身体/你该如何做/除了去爱她们/（谴责的）风暴爆发/或者消退！这不是世界的末日。”这种无所谓的态度，恐怕不是弗洛斯希望从道歉的丈夫那里得到的。

《水仙，那朵绿色的花》让弗洛斯觉得安慰吗？尽管威廉斯赞美她属于“内心聪慧优雅”的那类女人——事实上，在他们的婚姻中，威廉斯才是海伦——但这个赞美却有点儿迟了，并且诗人想以此让弗洛斯感激自己。诗人不得不为自己开脱。在诗歌结束前，弗洛斯一直在固执地保持沉默，满是责备地关闭了“她注意力的阀门，像石头一般”，此处借用了艾米莉·狄金森冰冷的诗句。威廉斯急着想要填补内心的空虚，他说“你已原谅我/让我再次重生”。但是这些单调的、伪诗学的叙说和《水仙，那朵绿色的花》中没有关系的语言片段，并没有让读者相信他道歉的真诚，而这一点在弗洛斯身上更加明显。威廉斯的诗句似乎一直在说服她来赦免他——或者让他来赦免自己。诗页上漂浮着一种不诚实、又有些讨厌的气味。

他想要对弗洛斯坦白自己的不忠，这样的冲动并不是第一次。1948年，威廉斯写过一部戏剧《爱之梦》，它以《水仙，那朵绿色的花》缺乏的那种完全的坦白和诚实审视了他的婚姻。它描绘了一对夫妻之间的裂缝，有时风趣幽默、充满柔情，有时又过于直白。他这边几乎得了厌女症，她那边又成了忧郁和冷嘲热讽的受虐狂。这部戏剧的情节非常简单：威廉斯的代替者道格·瑟伯（他引用了威廉斯的几首诗），去纽约和他的情人约会，做爱之后死于心脏病，好像涅墨西斯（复仇女神）要因他的不忠而置他于死地一样。那只是表面上的原因。在怪异的情节发展中，道格，这个最强壮的鬼魂，回到人间为自己的外遇辩解，并且公开向迈拉（原型为弗洛斯）示爱。迈拉被相互冲突的情感震撼：对这种背叛她感到伤心、愤怒，甚至陷入了一种无法抚慰和悲伤的半昏迷状态，但她依然坚持着对他的爱。威廉斯对弗洛斯进行了虚构又显然是自传式的描写。他对她的刻画非常细致、适度而又真实。她深刻地意识到丈夫的性格存在缺陷，他就像婴儿或者男孩一样不成熟，更严重的是，他沉溺女色。当她问他“亲爱的，如果没有这些女人，你会做什么呢”？他回答道：“我会去某个地方的树上找一个。”对此，她滑稽又幽默地说道：“你肯定会的，并且会拽着头发把她拽下来（就像一个穴居人）——如果她没有从一根低枝掉入你怀里的话。我不介意——只要我拥有自己的花园。真的，丹。我已经完全厌倦了这种日常生活。同样的事情，同样的事情，一遍一遍又一遍。”[①]

他肯定恨不得摆脱她，以做他喜欢的事，这让她的内心充满怨恨和怒气。“我从未拥有过你。”她哀伤地说。尽管他有很多次不忠，她可能依然“愚蠢地”爱着他，赞美着他，却无法再信任他。结婚之前，她问他是否爱自己：“爱你？不，见鬼。我想娶你。”（在威廉斯的《自传》中，重现了几乎相同的措辞）她悲伤地引用他的回答，这个回答已深深地嵌入了她的脑海。对丈夫来说，“爱和意愿有关，纯粹而简单”；对妻子来说，他不履行丈夫的义务让她觉得痛苦、缺乏安全感、“孤独以及被忽视”。孩子们长大后，她变得“没有用处”。作为一位中年家庭主妇和母亲，很显然，她不存幻想：“谁会要我这样一个女人呢？”

强迫性的性欲、权力欲和不屈服的性别角色，能够损害或者毁掉一桩婚姻。感觉受到了限制并且有些焦躁不安，这位无聊的医生渴望摆脱资产阶级的锁链自由地生活，然而他又不想结束他们之间长期的关系。当他把迈拉描述为“一位了不起的女人，有时我分外欣赏，紧急情况下经常会指望她，总是爱着她——并且保护着她”[②]。即使她把他叫作骗子，他也没有那么虚伪，他的爱情宣言中有一部分是真的。当听说他死于某个“昂贵的、乏味的/不正当恋情的/房间”后，她几近疯狂地想要从情妇那里打探出所有冒犯她的细节。遭到挫败之后，她回到自己的房间，似乎要和整个世界决裂。

在最后一场，道格像一位巧舌如簧的演说家，迷住了迈拉，当时他还拥有情妇多蒂。她低声说：“我喜欢你说的任何话——你一直如此美妙地滔滔不绝。”在威廉斯的强词夺理中，他抓住不放的话就是“让我们的爱情重新散发光彩，烧掉旧巢，露出它的优秀，为你而燃烧”！他不得不抓住任何一次与性有关的机会。在后来的作品中，威廉斯经常说，“那是一件和性有关的

①《威廉·卡洛斯·威廉斯自传》，第117页。
②同上，第124页。

事儿——当你戒了它，你就永远不会幸福。”[1]但是，在一次次的演讲中，道格回忆起他饱受折磨的内心。他认为自己的风流韵事，是多年来缺乏性爱的一种补偿。满足他的需求“与你何干”。道格辩解道：“她（多蒂）长得好看，像猎犬一样性感。她确实需要我去爱她。如果错失这样的机会，我肯定是疯了。很自然地，我占有了她……”[2]出轨加深了他对迈拉的爱，但是，当迈拉提出一个假设性的问题“假如你在这样的情况下遇到了我”[3]时，他用一种自命不凡的大男子主义来取笑她：“你不会处于这样的情况。你已经俘获了我！”她愤怒地扇了他一耳光，之后，就把他叫作“肮脏的、说谎的、损人利己的家伙”。在最后一幕，在宾馆房间上演了引诱和死亡，并把舞台变成遭遇爆炸的战场之后，迈拉重新镇定下来。作为一个寡妇，她变回了以前平静又能干的自己。

《爱之梦》和《水仙，那朵绿色的花》的创作时间相隔3年，但是，在描述弗洛斯和威廉斯的婚姻状况方面，二者是截然不同的。《水仙，那朵绿色的花》里漫不经心而又夸张的开场白，向传记作者暴露了威廉斯无意识的自欺欺人和自我保护。当威廉斯与女人，尤其是与弗洛斯的冲突缠住他的时候，他就会变成这样。如果病态的心理能够被治愈，威廉斯在《水仙，那朵绿色的花》中向我们保证，“意志可以把一段每况愈下的婚姻变成鲜花盛开的花园。”在他从宾夕法尼亚大学医学院（1903—1905年）寄给弟弟埃德加的信中，威廉斯一遍遍地强调，意志对于塑造医生和诗人的性格起着关键的作用。在《水仙，那朵绿色的花》中，意志在一段持久的婚姻里，被提升到超出想象的地位。但是，当意志弯曲时，医生都不能治愈自己，诗人也一样。这是一颗永远有效的万能药，能够带来内心渴望的安宁。在结尾处，《水仙，那朵绿色的花》就像一块被美丽的鲜花和蔓生的野草覆盖着的土地，被心不在焉的园丁打理着。人们会记起济慈犀利的语言，“修辞是一种意志，也能体现想象力。”具有讽刺意味的是，奥登（《水仙，那朵绿色的花》的热情粉丝）写了两句诗——“人啊，把你睡着的头/放在我不忠的胳膊上”——威廉斯在诗歌中希望被宽恕。从这两句诗中，我们能够提炼出就这个蹩脚的请求他想要表达的一切。

弗洛伊德在1930年说道：“用精神分析法来剖析歌德是很困难的，在谈

①《威廉·卡洛斯·威廉斯自传》，第206页。
②同上，第208页。
③同上，第209页。

论这些困难时，你也体会到了。这是因为歌德不仅是一位诗人、一位伟大的自我揭露者，同时他也是一位谨慎的掩盖者，虽然他写了大量的自传。”在记录威廉斯的生活时，我主要依赖他的诗歌。虽然这种宝藏非常丰富，但必须以图书馆档案室的记录以及与他交往过的人们的回忆作为补充。信件、自传、采访、小说和戏剧能够纠正或者修改诗歌里明确说明或者没有明说的事情。在漫长的创作生涯中，威廉斯毫无保留地写下了他的观点。但是和歌德一样，他也揭露和掩盖了自己的“内心生活”。传记作者必须筛选书面记录，对比不同的版本，决定哪些词语能够表达威廉斯最深沉的情感，哪些是自私的，或者是轻率的。由于威廉斯经常改变想法，这个任务就变得更加复杂了，比如他向弗洛斯求婚这件事，对此，我将在下一章进行详述。他在诗歌、戏剧、三部曲小说以及《自传》里，都描绘了她——这些都是零零星星的、有价值的证据。在1909年他去莱比锡城之前和期间，也就是在求婚被接受之后，他和弗洛斯的通信因为起伏不定的情感而更加吸引人。在一封信里，他听上去像一位求婚者，企图说服未来的新娘自己是真心的，他将会证明自己是一位令人满意的丈夫；在第二封信里，他又有些紧张，思索着是否应该说出来；在第三封信中，他从具有伤害性的侮辱转向调侃那些坚定又忠诚的誓言。由于弗洛斯很年轻，对男人缺乏经验，她被他征服了，但还是不太确定自己的感情。他的冷嘲热讽气得她脸颊通红，她几乎随时想要中断婚约。之后，她又变得温和，开始幻想他们一起生活的样子。两人都被卷入了情感的旋涡，似乎很有可能在下一刻失控，并导致分手。但他们的婚姻并没有解体。

4

传记作者经常担心，当不去描述诗人的生活转而谈论诗歌时，他们会危险地篡改大事年表，并且会打破协会尊重客观事实的神圣誓言。有些传记作者，比如创作《哈特·克莱恩》的克莱夫·费希尔，就放弃了对诗歌进行文学分析。我觉得，这是一个策略性的错误。没有诗歌和信件，克莱恩就是一个饱受折磨、自行结束生命的酒鬼。文学批评是传记作者口袋里不可或缺的听诊器。在威廉·卡洛斯·威廉斯80年的人生中，有60年他在写诗。那种对艺术的苛求使他对诗歌拥有最深沉的忠诚。他的生活并不像玛丽娜·茨维塔耶娃那样充满大事。历史并没有让他觉得苦恼。在选择了医生这一职业后，他就不可避免地要按照它的节奏去生活，并屈服于它的压力。所有这些他都在小说、回忆录和诗歌中进行了充分的描述。传记作者不必跟随威廉斯进行年复一年的查房以全面了解他的工作。大家都说，他是一位超级能干的医生——因为一直在不断地解释它给自己带来的回报、满足感和压力（以及它所要求的身体及心理的代价），另外，最重要的是，它是如何塑造他的艺术的。

医学很少能引起他内心情感的波动，而女人可以。所以，威廉斯关于女人和欲望的诗歌对传记作者来说是价值无法估量的宝藏。它们不是记录他坦白婚外情、挣扎、征服和失望的日记，而像一部系列成长小说。我们从中可以看到这种“无拘无束的顺风而行”（使用哈特·克莱恩建议的词语）。在此期间，威廉斯形成了复杂的个性和诗风。从1903年到1963年他去世，很多作品都取材于他所处的街区、世界历史、意义重大又让人不安的心理事件。同时，这些作品还反映了他尝试采用不同方法来解决问题的开放性（无论这是一首结尾把他难倒还是臀位分娩的诗歌）。此外，这些作品也表现了他对权威的质疑，如果前提被证明是错的，他就不会去理会。更让人难忘的是，他的作品对不同种族、阶级、年龄、职业、外貌和道德品质的人都进行了描绘——在威廉斯千变万化的诗歌中都能找到这些人的影子。因此，传记作者有责任熟悉威廉斯的节奏和充满变化的换行、他在美国英语和排版方面进行的实验、他对句法随意、呆板的使用。传记作者也有责任了解他让读者参与创作的能力，就像急着和他最珍惜或者最不屑的朋友一起探讨一首诗的字面意义和弦外之音一样。传记作者也有责任理解，医生查房肯定是单调和乏味的。通过耐心研究这一庞大、重要以及与外部事实一样有用的诗学卷宗，传记作者可以把孤立的人体部位拼成一幅复杂的艺术家画像。

第二章
历代威廉斯

1

在美国，很多孩子的父母是从文化相对古老的国家移民到这里的。和这些孩子一样，威廉·卡洛斯·威廉斯也很介意自己的出身，还有父母不愿意接受新世界习俗的做法。尽管父亲在美国生活了35年之久，但他从来都没想过要取得美国公民身份。他说，去中美洲出差，携带英国护照更方便一些。这样的解释出自一位相当理性的人士之口，恐怕不完全是真的。威廉斯一眼就看出，尽管爸爸没有反对儿子们成为美国人，但是对于这个定居了的、速成又年轻的共和国，他并不想尽什么义务。

威廉斯家里有3个大人——操伦敦腔的祖母艾米莉·狄金森·韦尔科姆，名字似乎预示着她的职业；父亲威廉·乔治·威廉斯，像他的签名一样沉稳大气又受人尊敬；母亲拉克尔·埃琳娜·露丝·威廉斯，这个华丽又悦耳的名字很符合她混血的身份和夸张的个性。在搬到美国之前，他们一直过着漂泊的生活。对每个人来说，新泽西州的卢瑟福市从来都不是一个让人满意的伊萨卡岛[1]。对于敏感的小威廉斯来说，在这些家庭旅行和祖祖辈辈传下来的故事里，存在着诗一样的魔法、秘密和危险。他经常在里面翻找，以发现能证明自己身份的线索。

威廉斯最终选择了一条和父母不同的道路：除了在欧洲漫游过几次之外，其他时间，他都深深地扎根于他的出生地——新泽西州的郊区，即使艺术家朋友们有时会嘲笑他害怕纽约的浮华和世界主义。当威廉斯被庞德嘲笑为一个不懂“真正”美国的乡巴佬时，他依靠自尊倔强地忍受着愚弄。但是，他真的很生气，发誓最终会证明庞德是错的（他做到了）。对威廉斯来

---

①希腊西部爱奥尼亚海中的群岛之一。

说，跻身于美国艺术家的行列是非常重要的。他从家族的漂泊经历中搜集着诗歌习语，这表明，他属于民主的辩论家和革新者。就像惠特曼、H.L.门肯一样，威廉斯也钟爱美式英语那种时髦又独特的韵律。在成长的过程中，他经常在家里听到有人说西班牙语——祖母韦尔科姆说的是“颠三倒四的西班牙语”；母亲说法语、西班牙语和结结巴巴的英语；父亲说标准的英语和西班牙语——所以他会有意识地去听美式英语。他的诗歌里经常会出现在街上或病房里听到的人们谈话的片段。

出身让他着迷。在诗歌、回忆录和信件里，他不断地回归到父母和祖母的生活及人物这一主题(在《美国性情中》里，满画廊都是奠基人物们普鲁塔卡式的画像，从列夫·艾瑞克森、哥伦布到林肯和波，这就把他那种兴趣延伸到国家政治和精神开始的领域)。父母与美国的疏离让他感到尴尬和苦恼：大多数孩子都想从父辈那里学到一些社会常规行为，觉得这可以让他们看上去不那么“与众不同”。

威廉斯尤其渴望这种正常的生活，因为他的母亲和祖母都是唯心主义者。他复述了小时候看过的召灵会的事儿。在会上，埃琳娜变成一个疯婆子，她的脸涨红着，很不正常，头像犯了癫痫病一样剧烈地摇晃。当埃琳娜陷入精神恍惚时，威廉斯和埃德加就会感到“非常可怕和窘迫”。这种事儿在很多年里一直频繁地发生。更糟糕的是，她“认不出他”，这让他害怕得浑身发抖。他感觉自己被抛弃了，与母亲脱离关系了。他像个孤儿一样没有了安全感。他不确定她还能不能或者在什么时候能恢复到做母亲的正常状态。这种紧张让他难以忍受。通常比较理性的父亲也“确信……死人的灵魂附在她身上了，并且真的想要和我们对话”。对于这个浑身颤抖的小男孩来说，这些话莫名其妙：为什么死去的人要回应他母亲那些让人听不懂的召唤？祖母协助埃琳娜对神秘学进行了严重的篡改。韦尔科姆夫人相信通灵者的力量，她觉得通灵者能够召唤死者的灵魂，因此，她允许埃琳娜和自己的女儿罗西塔对话。只有埃琳娜可以作为一个中间人，让这个死去的女孩和她母亲对话。祖母一直放不下自己那个死去的女儿。她年纪渐渐大了，脾气变得暴躁和古怪。她一直相信活着的人能够与冥界建立某种联系。甚至，她那精神错乱、有可能精神分裂的大儿子戈德温说，他听到了“邪恶的灵魂”，也没能动摇召灵会在她心中的地位。

威廉斯的家人从来都不会登上诺曼·洛克威尔的杂志封面。直到生命的最后，他对于家人的各种描述，也都充满了情绪化和矛盾。他就像被困在了汹涌的情感逆流上，不得不奋力求生。拥有这样的祖辈，难怪威廉斯会选择中产阶级生活给他带来的安全感。门户微开，容许他在性方面有一些背叛，可以去寻找激情，并成为特立独行的诗人。这种冲突，在他生命的所有阶段一直存在，直到最后也没有完全解决。

我们来思考一下威廉斯对祖母韦尔科姆态度的转变。《没错，威廉斯夫人》(1959年)是他回忆母亲的非正式的档案资料。为了回应亨利·亚当斯，在这本书的引言中，他不祥地宣称"意志坚强的女人支配了我的命运"。他祖母就属于这种精力充沛、意志坚强的女人。逃离一段失败的婚姻，她带着5岁的儿子，投奔了她并不了解的乔治·威廉斯。她勇敢地横渡大西洋，并从在火烧岛搁浅的船上活了下来。在纽约，她遇到了来自圣托马斯的流浪摄影师，不久就嫁给了他。之后和他搬到维尔京群岛，再后来就到了普拉塔港，威廉·乔治在这儿慢慢长大。后来，她又生了另外3个孩子：戈德温、欧文、罗西塔。其中罗西塔患有癫痫症，夭折了(普拉塔港是《亚当》的热带背景，在这首写于1936年的诗歌中，威廉斯不无嘲讽地剖析了他父亲的性格)。理解了守口如瓶的韦尔科姆夫人神秘的暗示，即她是在"戈德温"家被抚养大的——临终之时，她强迫儿子发誓他将永远都不会透露生父的秘密(他发誓了)——威廉斯在其《自传》中推断，有可能是著名的激进分子威廉·戈德温一家收留了她，后来又把她赶出家门。

威廉斯习惯于说是祖母而不是母亲把他抚养大：这是对埃琳娜对自己疏于照料的含蓄批评。这两个任性的女人为了争夺威廉斯而不断斗争，这引起了他的兴趣。他愉快地回忆道："祖母接管了我，或者试图接管。但是有一次母亲大发脾气，扇了祖母的脸，把这个老人赶出去了。"

说起唤醒他的想象力这件事时，祖母韦尔科姆的作用不容忽视，这种作用一直持续到1920年她去世。在威廉斯的艺术成熟时期，他写了一首关键的诗歌，名字是《流浪者：洛可可式的研究》(早期版本出现在1914年3月的文学杂志《利己主义者》上面。修改版出现在1917年的《给想要它的人！》中)。这些怪异的诗行充满审美的宗教性，所使用的语言也是仿《圣经》式的。第一部分《基督降临节》描述的不是基督的降临，而是威廉斯诗歌的"见习期"。他的"半神话的"祖母承担着很多角色：一只教幼鸟如何飞翔的雌鸟；提出谜一般问题的斯芬克斯(威廉斯思索着"我如何能够反映这种现代性？")；一个"走偏僻小路、急于乞讨的高级流浪者"。但她也向他展示了这个世界的美丽，就像他创作第一天结束时，这个世界看上去的那样。最后，她把自己伪装成一位“了不起的老女王”，变成干瘪的缪斯，就像一位想要重返青春、脸上抹了胭脂、衣衫褴褛的妓女。

祖母韦尔科姆激励这位热情的青年来观察和感叹自然，并了解社会不公和经济剥削是如何蹂躏穷人生活的。因此，他描绘了在救济队伍中耐心等待的罢工的帕特森丝绸工人，他们体格健壮，像赫拉克勒斯（大力神）一样能够轻易地举起“牛肉”和木桶。威廉斯的内心被看到的景象触动了，他开始在诗歌中尝试一种粗糙、形象化的风格，很像20世纪30年代出现在《大众》里面的卡通画：

扁平的头颅覆盖着蓬乱的黑色或金色的头发
年轻女孩难看的双腿，活塞
相对于敏感来说过于强大！
女人的手腕，男人的胳膊通红
习惯了冷热，来抛起四等份切开的牛肉
木桶、牛奶罐和盛水果的板条箱！

表面疙疙瘩瘩如橡树的瘤
紧抓着，猪鼻子的，厚嘴唇的，
下垂的乳房和凸起的肚子
刺耳的声音，使用双手的肮脏习惯。

《漫游者》实际上是各种风格的实验田。在有趣夸张的言辞（以大量的感叹号为标志）、诚恳的预言（通常在朴素的言辞里面）和让读者感到窘迫、充满激励和浪漫的情绪之间，威廉斯不断地进行着转换。

认识！我的人民，你心中
绿色的枝杈，满是成熟的果子！
认识多种多样的委陵菜
在你思想摆动的草丛里！
认识小鸟的巢
在你精神的屋檐下！

正如这两段节选内容所示，除了少量难懂的语言，这首诗就像它的副标题那样，看上去并不是洛可可式的，甚至想象力也有些蹩脚。威廉斯创作了很多写花的诗歌——《蓝鸢尾》《雏菊》《野胡萝卜花》——都可以被归为洛可可一类，但是在《漫游者》中却没有任何精美或充满讽刺的东西。祖母韦尔科姆集卡利俄佩（雄辩和叙事诗的女神）和衣衫褴褛的老太太于一身——“不吉利、年老、浓妆艳抹——/浓艳的唇、犹太人的眼/可能束着紧身衣/以显年轻……”她像一幅多愁善感的讽刺画。在性情和艺术方面，威廉斯无法克制对浪漫主义陈词滥调的喜爱——它存在于大脑边缘——得益于医学训练，他不得不勇敢地面对那些可怕的事实，之后沿着偏僻的小路抵达客观的诗歌现实主义。

这是一首独特的长诗，诗歌的高潮是诗人在帕塞伊克河浊水中的洗礼浸泡。在这场仪式中，韦尔科姆夫人承担着多种角色：“诗人的化身”、以前是侍祭诗人的干瘪的女牧师、一位将河堤变成神圣的树林和鸟类避难所的女神。所有这些都强调了祖母和她的拥护者孙子之间的密切关系。韦尔科姆夫人把孙子作为供品献给河神，以换回一位没有提到名字的“我的狂欢的老友”。她的动作、语言和唱诵都像一位癫狂的奶奶在催促被监护人尝试一场奇怪的仪式：“年轻人，进入这片汪洋！河流，进入这个年轻人的身体！”威廉斯对于这种启蒙的记录，就像一个让他困惑的梦境。在梦里，各种自然的力量猛烈地袭击他，几乎要把他杀死。像亚伯拉罕和以撒的故事一样，献祭的爱人是不允许腐烂，也不允许在关键时候被营救的：

之后河流开始进入我的心脏
旋转着冰凉而又清澈
流回到日子纯净的开端。
但又回旋着跳跃向前：
浑浊的，然后变黑、萎缩
直到我感觉到它腐烂的、彻底的深度
下降时邪恶的宽度
垂下头意识到这就是此刻的我。

但她将我举起，河水把新潮
再次带入略旧的经历，

因此，忽前忽后
它在我的内心折磨自己
直到时间最终被冲洗
河流找到了它的水平
它最后的流动停止
我明白了一切——它变成了我

我十分确定地明白
因为在那儿，发着白光的，我看到了自己
在水下游离
我本能够大喊出我的苦痛
在看到自己离开的时候
永远——但我克制着绝望
因为她将眼睛移开
由此我知道她在想什么——
因此，真正的我被带走

为了让他的诗歌能有些价值，精明的祖母教育他：必须探索堕落的深渊，即使冒着被淹死的危险；也要探求最初的理想，不管它可能变得多么模糊。对河神两个特质的接受，折磨着威廉斯，但是这种挣扎也有可取之处：这是一种可以让人振奋的认识："我明白了一切——它变成了我。"

威廉斯承认，《漫游者》是失败的。它的情节发展很缓慢，有些类似神秘主义的经验。以"和"字开头的七行诗让叙述变得平淡。语言缺少吸引力、才华和欣喜，就像伊丽莎白·毕晓普的民俗诗歌《水手》中的那种欣喜。事后，威廉斯解释道："《漫游者》是一个'失望的、被打败的人——我自己'。尽管如此，在34岁就要结束时，他在这些凌乱的诗歌中结束了自己漫长的学徒生涯。对于发愤图强的威廉斯来说，稳定是单调乏味的，变化，则孕育着欲望和可能性。新事物的优点在于它能刺激他的感觉、想象力和决心，能把他的诗歌从平淡的押韵、松散的形式和没有生气的词语中解放出来。"

《祖母的临终遗言》有两个版本，第一版和修订版。在完成《漫游者》7年后，威廉斯写了第一版。在1939年的修订版中，他又给题目加上了一个形容词"英国的"，并删掉了诗歌的前10节。这10节主要刻画了一个脸上长满粉刺、无耻又自负的19岁男孩。虽然从表面上来看，寄宿者是他的堂兄弟，但他的描述似乎是自传性的：

她留下来在
人们扑向她海边
小屋的那个夏天
之后，一个老女人

很难相处
除非你对她和她的东西
不理不睬——他们当中
年轻的孙子，19岁

她抚养大的。
他忍受着她因为
他懒得干活
懒得思考并且

喜欢她
在他欢快的心里，连同
一捋胡须，一个女孩，
来自这个老女人的
床和三餐

他面前的大海
和一把尤克里里——两人
一直保持这种状态
进入寒冷的天气

感恩节那天
丰盛的晚餐之后
在一位好邻居的餐桌上

死神触摸了这位老女人

的头——她必须回
家，扶着这男孩
他把她放在床上
给她需要的东西——

水，和艾迪妈妈的
科学和健康学，以及
让她忘记其他事儿
但深夜她开始胡言乱语

早上给她煎了个
鸡蛋之后
他梳了梳小胡子
挤破了脸上的粉刺

并忙着发
一封求助电报——
给我些吃的
给我些吃的

我要饿死了
他们要把我饿死了
我的一切都来自
这个昏迷的老太婆

威廉斯充满讽刺地描述了这个一身纨绔习气的海滩迷。他和这个老太婆之间的鸿沟似乎很深。在长岛湾的一所棚屋里，韦尔科姆像一位疯癫的隐士，打发着生命中最后的时光，每日陪伴她的是基督教科学派的传单、一些零星又珍贵的记忆和囤积的古董。集充满抱负的卡萨诺瓦、无冕王子和无用的乞丐于一身，这个年轻人“游手好闲，并请求他的灵魂”去借用惠特曼的语言。他是通过余光真正注意到祖母的。她几乎没有表现出需要他人照料的样子。然而，他又是一位温和的自恋狂，被“愉快的内心”救赎。

当“死神触摸了这位老女人/的头”——那个精练的句子所宣告的变化，让他的自满化成碎片。他慢慢领悟到，发生在祖母身上的灾难也将带走他在尤克里里琴上，也就是这个可怜年轻人的那把蓝吉他上随意弹奏的那些伤感的梦想。像公子哥博·布伦美一样，他仔细整理着早上的妆容，然后坐下来，像写情书一样郑重其事地写了“一封求助电报”。

但是，在威廉斯的诗歌里，事实总会驱散幻想的迷雾。在《祖母的临终遗言》中，埃米莉的胡言乱语，通俗又缺少风雅，从中我们可以看出她疲惫的精神、歇斯底里的要求和贪婪的欲望。她游刃有余地主宰了诗歌的后半部分。威廉斯只充当感叹、抗议，或者念舞台说明的角色：

几个脏盘子
一杯牛奶
在她旁边的小桌上
靠近她发出恶臭的床

满脸皱纹，几乎失明
躺在床上，打着呼噜
她努力地喊叫
语气中带着恼怒

他们要把我饿死——
你不要挪动我
我很好——我不会去
医院。不，不，不

给我些吃的！——
让我带你
去医院，我说，
在你好了之后

你可以做你想做的事——
她挤出老旧的笑容：
是的，你先做你想做的事
之后我可以做我想做的——

哦，哦，哦，她哭喊着
当救护人员把她抬到
地面的担架上——
那就是你所说的

让我舒服吗？——
此刻她思维清晰
哦，你们觉得自己非常
聪明，你们这些年轻人，

她说，但我将告诉你们
你们不明白
任何事——之后我们出发了。
在路上

我们经过一长排的
榆树，她望着
长时间地，透过
救护车的窗户，说——

外面那些
模糊的东西是什么？
是树吗？好吧，我
看厌了它们。

被拉到医院时，她混沌的思维稍微清晰了一会儿。让人注意的是，祖母韦尔科姆总是那么爱抱怨：三个"哦"字恰当地回应了之前她抗议自己被从家里拉出去时说的几个“不”字。她用习惯性的蔑视，使出最后的力气虚弱地抨击着年轻人，之后就陷入了冷漠。这种冷漠又被她关于榆树的问题——“模糊的”，因为她近乎失明，并且意识不那么清晰——以及她任性的告别打破——“是树吗？好吧，我/看厌了它们”。

为什么19岁的威廉斯把这首诗的前10节给删掉了？也许就像《序曲》（1950年）中平庸的华兹华斯一样，他希望与先前傲慢的自己撇开关系。也许他意识到了，在1924年的版本中，他抢了临终祖母的风头，这已经分散了读者的注意力。作为一名医生，他目睹了很多死亡的场景，并曾违反病人的意愿让他们去住院。这使他能够准确并满怀同情地描述老祖母深深的疲惫感。在《英国祖母的临终遗言》中，他镇定而又直率地展现着自己。医生记录与分析病症和病因的叙述方式被他巧妙地进行了调整和缩减。但是，当威廉斯对某些道德行为感到尴尬或防卫时，他就与读者玩起了恶作剧。他会把线索悄悄放进一个模糊的意象或一堆句子中。

这首诗的高潮是对祖母韦尔科姆进行的第三次扩展性的描写。威廉斯把它作为第二部分插入1927年创作的作品《来自：一栋折叠的摩天大厦》中。该作品一共4部分（其顺序最早出现在保罗·罗森菲尔德的诗选《美国大篷车》里）。第一部分是一首诗，题目很尖刻，《被囚禁的男人》。威廉斯在诗中这样美化约翰·瑟尔沃尔：“我取笑所有反对下流形象的人。我会写一首关于任何主题的诗。我会努力去挑战女性。”“下流形象”？《警察公报》会因为它们不够骇人听闻或刻意奉承而加以拒绝的。诗中唯一隐晦地提到性的地方是“黑沙”。威廉斯说，这代表阴毛，暗示这是艺术，而不是挑逗。在这首滑稽的诗歌中，“被囚禁的男人”指的是一位“可怜的乔治”。他是当地学校的门卫，在手术中被切除了脑下垂体和输精管，他最喜欢的沙龙也被关闭了。诗歌中最明显的女性是基督教妇女禁酒联合会的成员，她们在为“静脉曲张”编织“弹力袜”。（命运三女神从宇宙宝座上摔下来，摔得有多远啊！）命运之河淹没了可怜的乔治，还有他的男性世界。诗人用嘲笑的口吻和诗歌告别，回到家中，对于和他一样被囚禁的男人来说，这里是地狱的边缘。简洁的第三部分《风》，引起了一场飓风，这风把树皮从树上、把道德尺度从内心、把丈夫从妻子身边剥离。

这些诗歌是对艾米莉·韦尔科姆非正式的散文式颂词——挽歌。在一些讨人喜欢的癫狂品性中，这些挽歌并没有考虑孝敬这种品质。在诗中，她是一位飞扬跋扈的老隐士，完全不理会那些吃惊的邻居的赞叹和亲属的不安。

她像贫穷而邋遢的女人一样过活：用不干净的餐具盛饭；60岁了还骑自行车，甚至还因此受伤；80岁的时候，还在海滩上躺很长时间，最后不得不挣扎着站起来。这些都让她的亲人们感到不安。威廉斯知道，她深深地影响着他在这个世界上的生活方式。当注意到“城市让她窒息，她迫不及待地想要拥抱春天”时，他也可能是在写自己。他很欣赏她身上表现出来的那种尖锐的矛盾性：“她不喜欢社会，不喜欢游荡”，然而“说话是她最好的武器”，她会向你摆出钢栅栏一样无懈可击的观点，你可能需要一天或者一周，甚至直到世界末日，才有可能攻破它，那时她依然会嘲笑你。或者，“她承认自己的唯一过错就是缺乏自信”，尽管“当搬到一个新社区后，她就会走出去，以如簧巧舌把社区居民摆平。她把他们都打败，包括男人和女人”。威廉斯通常也会在这两个极端中左右摇摆。他可能会因为想用“干净的洗碗布”而和她吵嘴，语气欢快，充满好斗性。但是，在创作《地狱里的科拉》之前，肮脏就吸引了他的想象力。“在人类身体的坐骨直肠洞穴里，这名医生诗人发现了有价值的真理，即那些人们不想看见的纯粹的东西是被他们抑制的。”

“当想起祖母是如何和我打情骂俏的时候，我经常思考为什么自己没有被她那种类型的女人吸引。如果世上有魔鬼，那么，她就是一个。”威廉斯就这样开始了第二部分。事实上，他被“魔鬼似的”女人吸引了，或者至少内心被打动了。尽管艾米莉·韦尔科姆让威廉斯感觉不安和失望，但她确确实实养育了他。然而，她并没有养育在他思维里沉睡的恶魔。令人高兴的是，他深深地爱着她，爱着她的缺点和一切。

2

根据诗歌协会的内部规则，《水仙，那朵绿色的花》被做了跳跃剪辑。在第三部分中，威廉斯乘地铁去参加一个医学会议。坐在对面一个留胡子的男人吸引了他的注意力：“由于某种/我不了解的原因/我不能/把视线从他身上移开。”威廉斯从头到脚地打量着这个陌生人，就像在做一次体检。他记下了以下细节：“一把用旧了的有很多凸起的手杖/在他的双膝之间/适合于/把狗赶走”“一顶棕色的毡帽/颜色浅于他的皮肤”“睿智的双眼大睁着/但目光躲闪又温和”“行头破旧但不失文雅”。突然，在梦境慌乱的节奏里，威廉斯意识到，这个男人让他想起了父亲——“一些广告牌的/表面/像/一面反射镜。它是/我自己的。”他劝自己去和这个男人搭讪，因为“他/知道秘密”。但是，威廉斯犹豫不决，最后，这个男人在人群中消失。诗人很遗憾自己错失了良机。之后，他转而去评论梅尔维尔在夏威夷大加赞扬的一朵性感的兰花，而并没有说明他父亲衰退的性欲（“用旧了的有很多凸起的手杖/在他的双膝之间”）和他自己类似的困境（他曾经被心脏病和中风折磨得虚弱不堪）之间的关系。

威廉斯·乔治按照祖母韦尔科姆的要求，严守生父的秘密。在地铁与父亲幻象的偶遇，暗示着威廉斯在68岁时，依然被父亲纠缠，但他却不愿直接面对这些情感。或许他们之间并没有说过一些重要的、表达赞许或爱的话，因此没能建立起一种可以拉近彼此距离的亲密关系。

后来，在与沃尔特·萨顿的一次访谈中，威廉斯把威廉斯·乔治拒绝成为美国公民和艾略特抛弃祖国的行为相提并论。这是张冠李戴的一个经典例子：

> ……我疯狂地忌妒艾略特，他比我更有修养，而我对英语文学一窍不通。但是当我得知他的事情，我一点儿都不喜欢。他放弃了美国。我父亲是个英国人，他从来都没成为一个美国公民，也许我对父亲的依恋影响了我。因为我——你知道，父子之间的俄狄浦斯情结——恨他是个英国人而不是美国人。①

自从1918年他父亲死于癌症以来，40年已经过去了。如果说儿子对父亲怀有这么坚定的憎恨似乎很奇怪，那么，那些复杂汹涌的情感却印证了爸爸是如何深刻地影响了比尔。比尔害怕爸爸会像艾略特一样鄙视他的诗歌。

威廉·乔治·威廉斯是个什么样的人呢？他的儿子试图解开这个谜团，而且也整理出了一些稀疏的线索。其中一个就是爸爸送给威廉斯的最后的礼物：一个受人尊敬的圣人——孔子的雕像。孔子的神情威严又凝重，他教育人们要克制自己，提升德行。爸爸谨慎的行为准则可以用儒家格言“三思而后行”来总结。他的行为准则影响了比尔的一生，尽管偶尔会有反叛发生。爸爸性格安静，拥有稳定的习惯，是中产阶级男人的典范。他是兰曼和凯普纽约公司的广告经理和旅行推销员，推销佛罗里达香水，经常一次出去数

---

①《威廉·卡洛斯·威廉斯访谈录》（*Interviews with William Carlos Williams*），第47页，琳达·威尔斯莫·瓦格纳（Linda Welsheimer Wagner）编，纽约：新方向出版社，1976年。

月。1897年，在比尔14岁的时候，威廉·乔治，这名受公司信任的员工，被派到布宜诺斯艾利斯去监管佛罗里达香水工厂的建造，时间为整整1年。

威廉斯的父母决定在威廉·乔治待在阿根廷的这一年，把比尔和埃德加安置在靠近瑞士日内瓦的一所国际学校里。这个计划有两个明显的好处：这让埃琳娜能够重温在巴黎最后的风流时光（在那里，她曾对波希米亚的自由品味了3年），然而又能离儿子们足够近，以监视他们在新环境的自我调整情况和课堂表现。在青春期开始的时候，这个举措能把他们从卢瑟福的狭隘中拯救出来。对于他们的天真来说，这可能是一种损失，但结果却是令人满意的。“我们是纯粹的婴儿，比这里其他62个男孩中的大多数要年轻几百岁。”① 威廉斯在其《自传》中回忆道。学校拥有来自12个国家的学生。对比尔（他没有提埃德加的名字，可能因为他的弟弟比伙伴更让他讨厌，也可能因为他有自己的朋友）来说，这是一所田园诗一般的学校。如果没人欺负他的话，比尔过着淘气男生的快乐生活，玩恶作剧，比如把“纸做的水”弹到一个英国男孩的头上；爬到树上去掏喜鹊窝；挖一个通往体育馆的洞，只为体验挑战权威的单纯的快乐；他甚至避开了一位外表文雅的老瑞士鸡奸者，那个人曾骚扰过他两次。同时，他储存起关于水仙和“紫罗兰气味”的记忆。在威廉斯对这一年的描述里，在《自传》一半的描写中，最引人注意的是，他在思考离父亲监视的眼睛究竟多远他的内心才能放松下来。再也没有像华兹华斯的《前奏》中，当年轻的诗人偷了一条小船，周围的山峰像复仇的诸神一般那么可怕的时刻了。像本杰明·富兰克林一样，威廉斯心满意足地回味着自己年轻时“普遍的恶行”②。这次出国的记忆对威廉斯来说具有积极的意义，当孩子们长到13岁的时候，他也把他们送到了这所学校。

礼节、秩序、纪律和适度是威廉斯家族的家训，爸爸是它们忠实的守护人。在家里，他决定关于教育和孩子抚养等最重要的事情，比如送比尔和埃德加去贺拉斯曼读高中。从卢瑟福到晨边高地然后返回，坐渡轮和有轨电车需要3个小时，这意味着他们一大清早就要起床。比尔和埃德加并没有拒绝每天斯巴达式的生活方式。男孩们知道，爸爸希望儿子们能够树立崇高的目标，在学习方面出类拔萃（埃德加是优秀学生，比尔不是）。威廉斯接受了父亲的训诫，并把它作为自己追求卓越的动力，但这种努力也唤醒了另外一种

---

①《威廉·卡洛斯·威廉斯自传》，第29页。

②同上，第30页。

本能，即通过选择不完美来逃避道德准则的负担。他的诗歌偶尔也会炫耀一下他们的小叛逆，这反映出他对秩序的怀疑。

爸爸受过教育，甚至有些书生气。文化，是均衡教育不可缺少的一部分。“他喜欢读书，把它放在其他事情之前，甚至放在了在花园工作之前。”[①]威廉斯回忆道，“他说话总是使用精心选择的词语”。当威廉·乔治读莎士比亚的戏剧或者《帕尔格雷夫的金色宝库》时，家人们都聚到客厅。《帕尔格雷夫的金色宝库》和家里的椅套一样，都属于维多利亚时代。这本诗集被当成英国诗歌的珠宝箱而受到人们的喜爱。毫无疑问，在这些阅读时间里，威廉斯第一次迷上了抒情诗，尤其是济慈的诗歌。在他的整个创作生涯中，他既荣幸又傲慢地公开宣称，他不喜欢，而且要颠覆这种傲慢的英语诗歌传统。

1998年，在威廉·乔治最后一次生病时，他和儿子比尔合作翻译了危地马拉作家拉斐尔·阿雷瓦洛·马丁内斯的小说《像马一样的男人》。在这几个小时的时间里，父子俩努力对付棘手的原文，尊重彼此的意见。比尔让父亲暂时忘却了病痛。爸爸从不惮于表达他对诗歌或散文的看法。有一次，埃兹拉·庞德来到卢瑟福，大声朗读着他写的一首诗歌，爸爸突然批评说，它并没有精确地表达出埃兹拉公开承认的东西。威廉斯说，这是一个教训，埃兹拉对此耿耿于怀。但是对一位父亲来说，批评孩子的作品更容易让孩子不高兴。这个时候，爸爸也毫不犹豫。我们知道，在1909年，他帮助威廉斯出版了他第一本“灾难性的”书（实际上是一本小册子）。这本书“通篇带有爸爸做的修改和建议的痕迹——绝大多数的改动我都予以采纳。可怜的爸爸，他是如何忍受这一切的”[②]。

诗人对父亲的评价很敏感，甚至有些不安，这可以从父亲死后他做的噩梦中得到验证：

> ……我看到他沿着没有遮掩、又很特别的一段台阶走下来，我觉得这些台阶就是某些著名油画里出现的本丢·彼拉多讲台前的台阶。但这里是爸爸的办公室，它位于纽约的一座办公楼中。他光着头，拿着几封业务上的信函，下台阶的时候，他的注意力也还在这几封信上。我一看到他就高兴地喊起来，“爸爸！原来你没有死！”但他只是从右边转过头

①《没错，威廉斯夫人》（*Yes, Mrs. Williams*），第7页，纽约：麦克道尔，奥伯伦斯基，1959年。

②《威廉·卡洛斯·威廉斯自传》，第107页。

看着我，严厉地说："你知道你写的那些诗。嗯，它们一点儿都不好。"我一时语塞，醒来浑身发抖。后来，我再也没有梦见过他。①

这是父子之间一次令人伤心的见面，他们的交流从私下的批评发展为公开的羞辱。爸爸扮演着本丢·彼拉多的双重角色：本丢一方面是罗马当局的一个人物，因其在耶稣受难中的角色而受到唾骂；另一方面他又是一个很有城府的商人。当父亲对儿子的诗歌做出评价——"嗯，它们一点儿都不好"时，威廉斯愉快的问候都没能说出口。这句简单的话一点儿都不受人欢迎。在这短暂又朴素的场景中，威廉斯内心崩溃，几近失语。一句看似轻描淡写的陈述"后来，我再也没有梦见过他"，表达了他情感上的崩溃，却又显得虚弱无力，甚至像象征性的弑父。

很显然，这道伤口永远都不会愈合，因为在1951年，即爸爸死后第35年撰写的《自传》中，威廉斯对这个梦进行了详细的描述。在回忆中，威廉·乔治的肖像就像一幅不完整的拼贴画，画家把事实、逸事和流言蜚语的碎片都粘贴到画布上。从这些细节上，读者能够大体辨认出一个家长的形象。他非常大方——从不在孩子的教育上节省——但又非常顽固。比如，当爸爸不同意比尔在帕塞伊克大街131号设立办公室时，威廉斯非常愤怒，步行了数公里到乡下去，然后又折回来。他想以此来平息自己的怒气（爸爸和男孩子们经常步行几公里到新泽西的郊区去，好像为了增强他们的体力和男人气概）。然而，我们不可能通过某一章节来详尽地了解父亲的性格。

威廉斯在1936年创作了诗歌《亚当》，这是《夏娃》的姊妹诗。在《夏娃》中，威廉斯仔细剖析了他和母亲的关系（《夏娃》是先被创作出来的）。这两首诗出现在威廉斯最尖刻的一本书《亚当、夏娃与城市》中。几首短诗，还有对西班牙5首歌曲的翻译，像华丽的花边一样，包围着4首稍长的诗歌：前面提到的《亚当》和《夏娃》《深红色仙客来》（一首让人激动的挽歌，以此来悼念他的朋友、著名画家查尔斯·德穆斯）以及《无穷动：城市》（一首节奏轻快的尾诗，在这首诗中，爱和欲、艺术和调情、分隔和融合的动机陷入善变却可以识别的模式中，同时，威廉斯也在揣摩他的婚姻）。

在《亚当》中，诗人评价了父亲的过去，并对在热带地区度过的青年时代是如何塑造和扭曲了他的性格进行了推断。这首诗几乎不能让读者感觉到丝毫

①《威廉·卡洛斯·威廉斯自传》，第14页。

的怜悯和喜爱。语气时而冷静客观，时而讥讽嘲弄，有时也是准《圣经》式的：

从此他被驱赶——
出天堂——去品味
责任（duty）带来的死亡（death）
那么可口（daintily），那么装腔作势
带着这么一种高贵的样子——
此后奴役其
一生——

一滴毒液渗入了威廉斯的笔尖。"驱赶"后面的破折号迫使读者去思量爸爸这种根深蒂固的个性，去回味这种驱逐。押头韵的d和非常整齐的第四行诗增加了对父亲所受的惩罚进行挖苦的快感。威廉·乔治的原罪不是偷吃了智慧之树的果实，而是在肉体的感官享受和热带的美丽面前畏缩不前。他从来都不是一个自然人。因此，责任，打着高尚和自我牺牲的幌子，是奴役的一种可鄙的形式。

在《亚当》的通篇中，威廉斯提起父亲时用的都是第三人称，这就正式地拉开了与父亲的距离。关于爸爸成年的删减版诗歌，以一种非常直接的方式开始：

他在海边长大
在一个炎热的岛上
被黑人占据——主要地
在那儿他给自己建了
一艘小船和一个单间
靠近海水
为了一架他练习的钢琴——
通过完全的坚持不懈
和实现目标的决心
努力
像一个英国人一样
尽力赶上他的西班牙朋友

和偶像——天气！

并且在那儿他学会了
吹笛子——不怎么熟练——

伊甸园和戏剧《人类堕落》的背景被转移到加勒比海一个“炎热的”小岛上。在这里，“热情的”拉丁女郎和黑人妇女扮成性引诱者。女诱惑者们准备勾引年轻英俊的英国男子，就像后来向威廉斯点头致意的纽约北部的美女那样。威廉斯承认，爸爸被热带地区夜晚“隐秘的低语”、贝壳里大海的咆哮、“气味/声音和斜视的表情”以及闷热的、不可预料的暴风雨天气吸引了。亚当对埃琳娜之外的一切事物都保持着顽强的意志，一副“玫瑰色的钢盔甲”，使他免受塞壬的诱惑。

按照儿子的说法，威廉·乔治外表冷漠、内心火热。他不是潘这样的好色之徒，也不是俄耳甫斯那样引人入胜的音乐家，甚至都不能像他的朋友卡洛斯，也就是埃琳娜的亲兄弟那样熟练地吹奏长笛。在这座孤零零的小岛上，他觉得孤单无助，就开始在这片异域的土地上重建英语文明：“不怎么熟练”地弹钢琴、吹长笛。爱情，作为一个解放自我的想法，被锁进他的内心，但他却弄丢了钥匙。

在《亚当》中，威廉身担双重角色：一个是案件公诉人，依靠长时间积累的详尽资料来指控爸爸；一个是辩护律师，说话时没有把“拉丁人”和英国人区别不开的文化误读障碍（这些诗句通常以“但是”开头）。威廉斯对父亲提出了3条控诉。他是一个丑陋的酒色之徒，他的

职责已经标出
为了特意提及——
它自己的一个热带
以及它自己的有着沉重翅膀的飞鸟
还有吐艳的花朵
在午夜——

让人惊讶的动词“吐”，形容词“沉重翅膀的”和双关“飞鸟”（邪恶的）暗示着一种不自然的美、一种伪装的喜爱。下面的7行诗是用来进行辩护和反

驳这种指控的：

> 但是拉丁人已经将浪漫
> 变成了一个目的，和冰一样冷
> 他从没有
> 或很少见过
> 有什么把亚当的膝盖融化
> 成果冻和绝望——并且
> 将它们庄严地举起。

威廉斯承认，拉丁人对感觉的认知从核心上来说是堕落的。由于他蓄意利用了性欲、浪漫，就像在薄情的引诱中一样突然消失，又被倦怠取代。和亚当一样，他从不轻易怀疑自己。亚当对性爱不乏热情，因为欲望“融化”了他，即使融化成了害怕和绝望。但是这种防御变成了另一条严重的罪状：亚当就像普鲁弗洛克一样，渴望彰显自己，但又因为胆小而缺乏勇气。“庄严地”这个词，出人意料地和“见过”及“膝盖”押韵，意味着一个人必须要恪守禁欲和一套严厉的规则，否则就会失控。

威廉斯的第三条罪状，与其说是一个指控，不如说是一则声明。它往爸爸的自尊里戳了一根棍子：

> 在木筏上赤裸着
> 他能看到梭鱼
> 等待着阉割他
> 话是这么说——
> 实际需要更长时间——

即便在父亲卸下盔甲、光着身子躺下时，这种自由自在的姿势，不一会儿就让他和在险恶的海水中游泳的黑人男孩成了好朋友。他的男子气概受到了威胁（“话是这么说”将这几行诗从个人观点提升到岛民的判断），但威廉斯说，尽管爸爸逃避着在普拉塔港可能受到的阉割，他却屈服于这种日复一日、缓慢又令人毛骨悚然的阉割。这些冷峻的诗句似乎反映出一种想要阉割父亲的俄狄浦斯情结。

证据在下一诗节中展开，这一节是威廉斯对整个事件的总结。他用平淡的语气说服陪审团，这些事实是无法驳倒的，也没有被主观偏见玷污。把父亲暴露在陌生人的注视之下，他并没有觉得踌躇和羞愧。他也没有隐藏自己对父亲平和性情的蔑视(在所有的作品中，他记得爸爸只生过一次气)：

但是作为一个英国人
尽管打5岁起
他就没在英国生活过
他从没回头
却总是冷眼
看着不可避免的尽头
从不退缩——从不屈服——
上帝的勤杂工
安静地走入地狱之口
为了一纸证明
为子孙后代取水
一本英国护照
总放在他的口袋中
在骡背上越过哥斯达黎加
吃掉黑蚂蚁的头……

威廉·乔治不是英雄人物，他下地狱既不是为了带回欧律狄刻，也不是像奥德修斯和埃涅阿斯那样与死人谈心，而是要找到“一纸证明”。作为一个勤杂工，他“为子孙后代取水”——这是一种艰难而又卑微的命运。

爸爸在哥斯达黎加“吃掉黑蚂蚁的头”，这种奇特的冒险经历吸引了比尔，但在描写爸爸时，他依然使用了非常刻薄的语气。“亚当”用他坚定沉着和北方男人含蓄又贫乏的想象力，发泄了威廉斯对殖民地英国人的怒气。威廉斯觉得，英国人狭隘的优越感阻碍了他成为一个被完全认可的、重要的美国诗人。他屡次将此归咎于英国人。

他只有这一个家
盯着他目光

冷酷
还带着耐心——
没有一声低语，寂寂地
一种绝望的，持久的沉默
直到不慌不忙的最后

在这里，耐心是一种令人压抑的美德。在最后两行有几个形容词——“绝望的”“持久的”“不慌不忙的”——当爸爸沉默地走向他的奴役生活和死亡时，这些词像丧钟一样鸣响，标志着爸爸厄运的到来。

在《亚当》中，威廉斯对父亲的定义几乎完全是通过一连串的否定来完成的——“从不”一词重复出现了8次。爸爸从来不知道自己的生父是谁，别人的施舍缓解了他的沉默，也减少了他做父亲时所犯的过错，而威廉斯忽略了这一点。在《亚当》中，诗人冰冷而无情。而且，他忘记了当自己成为一名父亲时，行医和写诗这两件事要比做父亲重要得多，尽管他出现在儿子们面前的次数要比威廉·乔治出现在他面前的次数多一些。

为什么憎恶如此汹涌澎湃？是威廉斯需要抑制自己因为继承了父亲的品性而产生的不安吗？——比如“绝对的顽强”以及总是相信钢铁般的自制力？后者困扰着威廉斯，让他的内心失去了安宁，尤其是在它与纠缠不休的性欲相互冲突时。当威廉斯铤而走险，时不时在一些风流韵事中表现出这些欲望时，他绝不是不负责任的唐璜。证据非常有力地表明，放任能够导致情感上的冲突：爸爸的警告毫无征兆地在他的内心响起。

在《亚当》中，威廉斯最不喜欢父亲的自我否认和他对责任的承担。“天使（迈克尔）/手里拿着鞭子”，把亚当和夏娃逐出伊甸园。然而，医生感觉责任的鞭子几乎每天都在抽打他的后背。他从不怀疑为病人服务是最重要的——当然这也是一种烦恼，尤其在因为行医而无法写作的时候，但他并不觉得这是一种牺牲。

1959年，也就是他去世前第四年，威廉斯出版了《没错，威廉斯夫人》，副标题是《我母亲的个人档案》。这是《自传》的一个非正式的附录，很有吸引力。随着年龄的增长，加上生了几次病，威廉斯变得圆融通达。在诗歌中，他比较温和地刻画了父亲的形象，很像父亲在1899年拍的一张全家福中的样子：亲切的笑容、杂乱的胡须，看上去他在担任父亲这一角色时是非常从容的。虽然在两则回忆录中爸爸都有些外人的感觉，但在卢瑟福社区，他却是一个受人尊敬的典范。威廉斯回忆道，他是“一个恪守原则的人”[①]，“如果觉得我能理解，他就不会有什么隐瞒”[②]。在他身上也有一种自由思考和非正统的倾向。他是亨利·乔治单一税运动的拥护者，也是一名进化论者。如果比尔读《物种起源》和《人类的由来》，他就给他1美元……[③]比尔照做了。在伟大的现代主义诗人中——济慈、弗罗斯特、庞德、艾略特、摩尔、史蒂文斯——唯有威廉斯在政治上是一个顽固的自由主义者。爸爸的思想带有社会主义色彩，待人亲切、处事灵活。无疑，这对威廉斯的政治倾向产生了重要影响。

那么，一神论主日学校的负责人，一位神智异常清醒的男人，怎么会相信在召灵会上，“死者的灵魂能够通过(埃琳娜的惊厥)现身，并且试图和我们交流？”[④]这是他对自我克制这种习惯的一种不自觉的解脱吗？怕老婆？求知欲？无论是什么解释，这些神神道道的东西吓到了比尔，甚至在威廉·乔治试图缓和儿子的焦虑时，它们也没有消失。威廉斯渴望放纵，以此来进行情绪的宣泄，但他也开始讨厌那些可能失控的情形，因为它触及了由恍惚而引发的伤痛以及在他家族中遗传的“庞大的精神错乱”。他进行了一系列的努力，来对抗失去自我的危险，这些努力差点就成功了。

威廉斯对1918年圣诞节父亲去世的描写是凄美的。虽然扩散的癌细胞让爸爸变得憔悴，他依然保持着自己根深蒂固的有条理的天性。他把圣诞节礼物一一摆出来(所有的礼物都贴着标签)。对于威廉斯“不正当推入”直肠的那一针管灌肠剂所带来的痛苦折磨，他也毫无怨言地忍受着。威廉斯非常懊悔，他在思忖这种治疗是否等同于虐待，是否引发了致命的脑损伤。他在父亲病榻前的最后时光象征着他们的关系变得令人担忧。

> “他走了。”我说。但是，他的头却缓缓地左右摇晃着。这是在父亲面前我最不想说的事儿。它是灾难性的。

当时，他被叫去给一个婴儿接生，所以父亲去世的时候，他不在跟前。写于1955年的《麻雀》，是威廉斯献给父亲的一首欢快的抒情诗。在诗

---

①《威廉·卡洛斯·威廉斯自传》，第103页。
②《没错，威廉斯夫人》，第9页。
③《威廉·卡洛斯·威廉斯自传》，第15页。
④同上，第17页。

中，威廉斯对父亲的描写异常温柔，还有一种让人忍俊不禁的幽默。那些刻画麻雀的措辞——他“戴上/发自内心的/他的盔甲”；它吱吱的叫声是“持续的”；他显示出一种“普通的好战”——只有一半符合威廉·乔治沉默的个性。然而，麻雀和父亲结合起来，就构成了这首诗的主题。踩在麻雀支离破碎的身体上，威廉斯吟唱着动人的说教，像是要给一群哀悼者听：

战斗到最后，
这是关于他存在的
一首诗
最终
大获全胜；
一束羽毛
平贴着人行道
翅膀对称地伸展
好像在飞翔，
头不见了，
胸部的黑色铭牌
不可辨认，
一只麻雀的雕像，
只是一块变干的薄片
留着诉说
它说它
没有冒犯
异常美丽；
这就是我，
一只麻雀
我尽了最大的努力；
永别了。

在诗歌的最后，爸爸留下一个“不可辨认”的秘密。但在这首表示和解的诗歌中，威廉斯更加靠近了爸爸的心灵。

3

在去世之前，爸爸告诉威廉斯，“有件事我很抱歉，就是我把她留给了你。你会发现她很难相处。”比尔知道母亲是一个特别苛刻的女人，他了解她的巴洛克风格和任性的性情。埃琳娜可被比作一位贵妇、吉卜赛的通灵者、爱莲诺拉·杜丝、一个被废黜又被流放到某省郊区并在那里自暴自弃的女王。在漫长的余生中（她死于1949年，享年102岁），她很少在观众面前表演。时而孤僻，时而专横，时而忧郁，时而挑剔。她让儿子非常气恼，但儿子也很理解，丈夫的去世让她完全没有做好一个人生活的准备。

在丈夫死后的3年里，埃琳娜依然怀有深切的哀悼，不能接受这个事实。从心理方面来说，《寡妇的春愁》是威廉斯最敏锐、最凄切的抒情诗之一。在这首诗中，他让母亲说出了她的悲伤，语气平静、绝望又压抑。在大多数的独白中，她并没有装腔作势。她吐露道，“35年/我与丈夫共同度过”，这个数字足以解释她无法慰藉的悲痛。周围旺盛生长的生命更加突显了她的孤独。自从威廉·乔治去世后，她感觉有一团“凄冷的火”“包围着”她，大自然变换的颜色不能让她感觉温暖。她披着送葬寡妇的丧服，从肆意美丽的场景中转身离去。当她快乐地迎接春天到来的时候，能回想起某些往事，而这只能嘲讽她目前的绝望和空虚。

作为一个深爱着母亲的儿子，威廉斯在诗歌中出现了一小会儿。他通知埃琳娜，自己在远处的树林里发现了一些“开着白花的树”。他不知道报告这件事会让她发狂，一般来说这会让她感到高兴：

> 我觉得我想要
> 去那里
> 倒在那些花儿里面
> 沉入它们近旁的泥沼中。

埃琳娜的希望可以被诠释为一种对毁灭的渴望。她“有些爱上了安逸的死亡”，这是一个结束痛苦的办法。她已不能再继续忍受这种痛苦。在这几行诗之前出现的情感逻辑和少量的语言让读者感到，她的不幸遭遇以及命运对她的无情打击，让她感到绝望。然而，诸多动词却讲述了一个略微不同的故事：她没有像奥菲莉娅一样，去哀悼父亲的死亡，那只是一纸“悲伤的公文”[①]。埃琳娜曾经采取了一系列的措施来结束孤单，虽然有些犹豫却又充满决心。但她并没有死。实际上，她又活了30多年。她求生的意志非常强烈。

埃琳娜长期易怒的性格在很大程度上缘于她没有实现自己的抱负。她梦想有一份像画家一样光鲜的职业，为此，她曾在巴黎的法国美术学院学习。但是，由于需要自己抚养两个男孩，还需要调整在国外的生活方式，她被迫放弃了喜欢的艺术。对于那些渴求艺术人生的美国女性来说，这条路同样充满了坎坷和阻碍。除了天赋之外，她们还需要拥有强大的动力，能经受住批评，并拥有足够的勇气和坚强的意志来打败所面对的偏见和嘲讽。而埃琳娜并不具备这些素质。她去世之后，威廉斯从壁橱里翻出几幅胡乱卷着的她的画作。她都没有勇气把它们挂到家里的墙上，或者扔到垃圾桶里。

威廉斯在《没错，威廉斯夫人》的结尾，一段见解深刻的诗中写道：“男人！成就大事的男人才是她的理想。”她的父亲所罗门，是一位忙碌的商人。他从欧洲进口食物和服装，然后在西印度群岛卖掉。他是纪律和温和权威的化身：如果被她的餐桌礼仪惹恼，他就会用一条折好的餐巾抽打她的双手。但从总体上来说，他还算是一位温和的家长。郝赫柏家是腓力斯人或者无聊绯闻的避难所。路易斯·莫罗·戈特沙尔克曾在那儿弹奏家里的立式钢琴。所罗门因为舞跳得好而远近闻名。但在埃琳娜8岁时，她父亲就去世了。在她心中，成功男人的典范就是哥哥卡洛斯，他是一名外科医生和优秀的音乐家。母亲去世以后（埃琳娜刚过15岁），他代替父母承担起养家的责任，并且极其宠溺地把埃琳娜养大。为了表达感激之情，埃琳娜给儿子起了个和哥哥一样的名字。

埃琳娜深情地回忆起自己的母亲：她不是一个满足于相夫教子、拥有庞大朋友圈的漂亮女人，而是一位战士、一位有两个孩子需要抚养的寡妇。她被丈夫的德国同伴克鲁格欺骗，这个人声称死者欠他的钱。心无城府的玛琳·伯拉德卖掉了一个庄园来偿还这笔无中生有的债务，之后，她勇敢地创办了一个小型企业。这个企业把家人都笼络到一块儿，还让她有能力给在巴黎的儿子卡洛斯寄钱，这样他就能在那里继续学医。

威廉斯解释道：让人惊讶的是，埃琳娜“看不起女人，尤其是现代的自由女性”[②]。她永远不会理解这种女人的勇敢、她们对男女平等的呼吁和坚决的

---

①《哈姆雷特》，4.5.173.。

②《没错，威廉斯夫人》，第141页。

拥护。她会说，看看男人能做的事情，“女人却做不了这些。”埃琳娜的态度反映出，威廉斯所说的她的“充满遗憾的怨恨”是缘于她没有“按自己的意愿生活”。她能够，也的确是通过感受儿子们的成就来生活的，但这并没有弥补她内心的遗憾。

埃琳娜觉得艺术的召唤是高贵的，她已经做好回应它的准备了，但却败在了不合时宜上。成年以后，她一直在郁闷地思考那个“被破坏了的”证明自己的机会。对于骄傲的、内心充满防御的埃琳娜来说，卢瑟福，甚至是美国，都应该被谴责。如果待在巴黎，根据她的观点，她有可能成为贝尔特·莫里索和玛丽·卡萨特的同行。当威廉斯写这段的时候，他不能“散发她的芬芳——或许缺少芬芳——到周围的空气里”[①]。尽管在巴黎（1876—1879年）的培训只是单纯学术上的，她也全然不知塞尚、莫奈及德加的作品都是原创性的。然而这些都不重要。她在巴黎美术学院获得的最高奖和金牌，都证明了她具有不同寻常的天赋。她把它们放在阁楼的一个大衣箱里。这是她梦想生锈的象征。在卢瑟福，埃琳娜像乌龟一样把头缩进壳里。她并没有从生动的美国艺术中获益，甚至也没有把它当作巴黎艺术的一个临时的代替。也许她正忍受着强烈的挫败感：她被迫抛弃高贵的梦想，只能为人妻母，对此她充满了怨恨，并且一直不能与这种怨恨达成和解。毫无疑问，在家庭聚会上弹钢琴成为她艺术职业一个可怜的补偿。不过，作为女主人，在帕塞伊克大街这所亲朋满座的房子里主持热闹的社交生活，并不能与在盛哲曼大街的咖啡屋里品酒和争论美学观点相提并论。然而，埃琳娜并不喜欢被动，她积聚起各种力量来“打破她指间的生活”，这让威廉斯钦佩不已。在心灵的圣坛上，一块面包也是食物和圣餐。虽然诗人知道她性情易怒，但又觉得她非常迷人。他为她写了比爸爸还要多的诗歌。诗中的她时而好斗，时而温柔。

在生命的最后时光，她成了一位足不出户的病人。威廉斯承担了采访者兼抄写员的工作，来记录埃琳娜的回忆和话语，并对它们进行注释。这种两人间的私密对话把她从迟钝和沮丧中唤醒。他会从她记忆的大仓库中，引诱出很多往事，比如生动的西印度群岛的名人、非洲舞蹈家、向女士们求爱的勇敢的西班牙士兵们——以及女孩时候的她贪吃番石榴和杧果的情景：她的

①《没错，威廉斯夫人》，第33页。

整张脸“一直到(她的)眼睛那里，都因果汁而变黄”[①]。《没错，威廉斯夫人》就这样诞生了，其形式就是凌乱的传记兼席间漫谈。“我不想让你写我的传记。”她说，“我的生活太混乱。”[②]威廉斯并没有理睬她的反对。他说，他需要轻轻倒出她过去的这杯葡萄酒，并闻一下那些沉淀物，以发现在自己的生命中，什么是好的——并以此让她开心。

埃琳娜混血的身份决定了她的大胆和主动，这激发了儿子的想象力。她的法国外祖父是一名成功的船老板，为出海贸易提供船只。她的母亲玛琳·伯拉德(她的姓氏是巴斯克语)，来自马提尼克，是家中3个女儿里面最小的一个。她的父亲所罗门·郝赫柏是荷兰人。在定居于阿姆斯特丹之前，他们住在西班牙——他有部分的西班牙犹太人血统。郝赫柏出身贫寒，但是作为一个进出口贸易商人，他积累了适度的财富，得以在这个世界飞黄腾达。埃琳娜记得在父母的房间里挂着一幅穿荷兰服饰的公民油画像。所罗门同母异父的兄弟来自母亲的第二次婚姻，那时母亲嫁给了一个被叫作昂里凯和恩里克斯的男人。在家族历史上，这个男人扮演着害虫和寄生虫的神秘角色。“他们当中有多少代人住在波多黎各，又是如何与西班牙人通婚的，这些都无据可考。”[③]威廉斯说。但是，埃琳娜相信她是三代人中的最后一代。

威廉斯充满赞许地说道，“地球上所有的人种都聚集在西印度群岛”[④]，并且“通婚……把自己的技能传授给他人，忘记阐释古代和中世纪观点的正教”[⑤]。尽管埃琳娜家里有奴隶，但威廉斯把它叫作一次“情感和智力的革命”[⑥]，开始缓解“陈腐的僵化”以及偏见的传统。在这种开明、宽容的氛围中，“太可爱以至于不能活很久”的埃琳娜出生并且长大。作为一个大熔炉的产物，埃琳娜将要在北美忍受另外一个大熔炉。

有时候，埃琳娜就像养老院里一位上了年纪的主角，主宰着一切。她幸福地翻阅相册，辨认着上面的面孔。她尤其喜欢回忆在波多黎各马亚圭斯成长的时光。她在1847年的圣诞节前夜出生。“孩童般的想象力的旋风”[⑦]在她模糊的双眼前舞动，让她感到高兴。最后，这想象力却让她脾气暴躁、

①《没错，威廉斯夫人》，第65页。
②同上，第27页。
③同上，第53页。
④同上，第35页。
⑤同上，第30页。
⑥同上，第35页。
⑦同上，第59页。

自怨自艾。威廉斯意识到，他们这种会话很仓促。“当我们在翻译弗朗西斯科·德·戈维多的流浪汉小说《狗与狂热》时”[①]，他想出了一个并无恶意的计策，企图说服母亲告诉自己她的生活，但之后又突然放弃了。他给几个条目都编上了日期，但是当埃琳娜开口说话时，一点儿都不连贯。说出来的话可能是关于一位老妇人放屁的下流段子，或者是关于小孩受了惊吓，蜷缩在母亲身边寻求安慰却被“残忍地”送回床上的记忆。

《没错，威廉斯夫人》巧妙地引出了19世纪中叶在西班牙殖民统治下的波多黎各的生活百态：女士们隐蔽的洗浴之地、一次地震、母亲求上帝拯救他们的祈祷、歌曲和诗歌、民间谚语——比如，“把自己弄成蜜一样甜，注定会被蚂蚁吃掉”——一份在波多黎各生长的多肉果的清单、7岁的埃琳娜做鬼脸时孩子们延时发出的笑声以及文化人类学家关于在该地区收集到某些习俗的报道：“在波多黎各这个国家，他们把蛋白放到一杯清水里，第二天早上——它是否变成一艘船或一副棺材的形状——他们相信这样的事情（亡灵节）。”[②]

在埃琳娜缠纱线的时候，威廉斯经常会专注地坐在一边；当她含含糊糊地讲话的时候，他会参与其中，问几个问题，或者用一些关于当地或家族历史的有趣片段来推动故事往前发展。他会纠正一些记录，或者反复地体会和分析某些给人启示的事件，比如，埃琳娜在威廉斯和朋友们创建的多面体俱乐部——卢瑟福学校的负责人是其成员——集会上的表演，以此来“缓解我们（郊区）生活偶尔的单调”[③]。使用多种语言慷慨激昂地朗读诗歌，是聚会的高潮：有一次，埃德加朗诵了一首来自但丁《地狱》的诗歌，让人印象非常深刻。埃琳娜基本上是一位听众。但是有一个晚上，在里奇路9号，她从侧厅走上了舞台，就像一位业余的歌剧女主角一样，抓住了她一直渴望的聚光灯。下面是威廉斯的回忆：

> ……她患有白内障，几近失明，但是，当我请她朗诵的时候，房间里的所有人都在聚精会神地倾听，大家都在期待即将发生的事情。我们只能听到自己的呼吸声。她不慌不忙地用法语做了一个来自高乃依的演讲——《我最终憎恶的罗马》。这个演讲以一个著名的诅咒结束。她的表现让我们目瞪口呆。她所有的轻蔑乃至这些年我们在这个国家所遭受的

---

① 《没错，威廉斯夫人》，第28页。
② 同上，第49页。
③ 同上，第17页。

> 敌意全都包含在了那个诅咒里。她发泄完了，但憎恶又从她的灵魂深处狠狠地生长出来。她坐回去，面颊通红。听众们都入了迷。高乃依的演讲像一根火柴，点燃了她积聚已久的对美国的憎恨，她觉得这是一种恶劣又可怕的文化。[①]

> 威廉斯说，她觉得卑微、紧张、被轻视，就像巨人阵中的格列佛一样。这更加重了她对波多黎各和巴黎的怀念之情（我们没法想象沉默寡言的父亲会同样露骨地表达他的成见）。

在这几个小时宝贵的亲密相处中，威廉斯忘记了母亲的虚荣和固执。她不再是那个干瘪的老太太——“一个矮小的妇人，白发稀疏，双手笨拙，跛脚，听力很差，刚刚从白内障摘除手术中恢复”——摇身一变，成了谢赫拉莎德。难怪她令弗洛斯，即另一个威廉斯夫人相形见绌。弗洛斯已经沦为一个跑龙套的角色了。埃琳娜，不是弗洛斯，几乎成为里奇路9号的缪斯，因为她拥有一种想象力，即使被关在笼子里也会使劲地敲打铁栅栏。为了解释母亲这种放纵的性格，威廉斯经常要借助矛盾修饰法。在《地狱里的科拉》的序言中，他向她表达了让人感动的敬意：“她（生活在）一个贫困的、被蹂躏的，但是又和想象力一样无法被摧毁的伊甸园。”在热闹的场面中，她会假扮成一个被光环包围的巫婆。从她身上看不到任何平庸的地方。想象力是上帝补偿给她的一种恩惠。

埃琳娜把很多品性都传给了她的诗人儿子——没有耐心、不安定、炽热的激情、混乱的理想主义——但是想象力这种天赋却具有不可估量的价值。为了艺术，他需要它，但同时，他也慢慢理解了，因为“在这个轮到我们把它推到身后去发生战斗或者微笑的现代世界，她浪漫的想法曾经欺骗了她和我”[②]。威廉斯振臂疾呼：正统思想阻碍了通往本土诗歌的道路。他对惠特曼的美国诗歌宣言进行了一些改动，并试图去打破“禁止新世界的精神”生根发芽的传统。想象力成为他应对这一领域变化的首选武器。

在最后几年里，埃琳娜髋骨骨折，这让她行动极为不便。失聪和失明又让她的心灵在脆弱的躯壳里分外孤独。弗洛斯、比尔以及雇用的保姆都试

①《没错，威廉斯夫人》，第18、94页。
②同上，第20页。

图把她从昏睡和忧郁中摇醒。他们的努力可以从《沙漠音乐》(1954年)里的《艺术家》一诗中窥见一斑:

T先生
光着头
穿着脏汗衫
头发直竖
朝各个方向
用脚尖站立
脚后跟并拢
胳膊优雅地
只有片刻
环绕他的头。
然后他旋转着
跳到
空中
随着一个完美完成的
空中交叉跳跃
完成了这个造型。
我的母亲
被震惊到了
她坐在
病人的轮椅里
说不出话来
好极了!最后她喊道
还拍着手。
这个男人的妻子
从厨房出来:
这儿发生什么事了?她问。
但表演结束了。

这首诗发生在一家由英国夫妇哈利和安妮·泰勒开的私人疗养院里。哈利是一位富裕银行家的儿子。他曾经因为将要成为一名银行家而苦恼。他想在舞台上跳舞，为此秘密地学习芭蕾。第一次世界大战期间，他在英国海军部队待了一段时间，之后就到了美国西海岸。在那儿，他遇到了未来的妻子，一名护士，然后娶了她，并和她一起漫游美国东部。

作为一名遭遇挫折的艺术家，T先生砍断了一根不讨人喜欢的手指。他的名字很奇特，听上去就像从招募穿插表演的畸形人而张贴的马戏团海报里借来的。肮脏的制服和蓬乱的头发让人联想起一个劳力的形象，而不是一个穿着天鹅绒西装和紧身衣的独舞者。但是，毫不夸张地说，经常喝醉的T先生却位列芭蕾舞演员第一名。这首诗的第一部分以他泰然自若的空中翻飞结束。

旋转着，积攒力量，然后起飞。T先生“跳”到空中。这个抑扬格动词模仿了这次跳跃。“到空中”如此轻飘，读者感觉舞者悬浮在一种失重的状态中。但是，除非他完美地完成了空中交叉跳跃，否则效果就会大打折扣。在这一跳跃中他必须交叉双脚多次。T先生优美地“完成了这个造型”，又流畅地回到了起点。他的空中交叉跳跃——这一法语的技术术语，是这首诗中唯一一个不普通的词语。这个词非常文雅，它引出了后面平淡的措辞——是完美无瑕的艺术。T先生的表演很自然，让人振奋，并给人一种新鲜感。而且，它让人感叹，如果没有正规训练，一切将没有可能。

T先生的外表预示着他将表演一部滑稽作品，但他的外表又具有欺骗性：他成就了艺术的最高标准。威廉斯的画外音记录了一位粉丝的溢美之词，但是对于T先生的表演，他并不是一位上心的观众。但埃琳娜是。所以，这首诗拉近镜头，给固定地坐在“病人的轮椅”上的她来了一个特写。尽管不能走路，更别说跳舞了，但对于“完成了这个造型”来说，她的作用不可或缺。埃琳娜被T先生的高超技艺迷住了，以至于说不出话来：在做出反应之前，她的想象力必须把他破旧的衣服和扮演女护士的普通角色转换成《天鹅湖》里齐格菲王子的装束和举止。作为一个病人，她不能为T先生起立致敬，但是她能大喊“好极了”，并且鼓掌。这首关于动作的诗歌抓住了她的注意力，被她不停地重复“好极了”“好极了”（她因为狂热失去了自制力。后来，她怂恿威廉斯请T先生再表演一次，而他拒绝了）。

威廉斯原本可以使用第三和第四个句子来结束《艺术家》。但他很精明地又加上了一个结尾。扮演“这个男人的妻子”这一小角色的泰勒夫人被掌声吸引，要看看发生了什么。没有人回答她的问题。这场表演是不可复制的。已经谢幕，她就错失了一部好戏。威廉斯非常巧妙地设计了这首诗歌。他使用了词语、韵律、换行符和长短句——下降的3行押韵诗句，上升然后下降，滑行然后停止，就像在一段舞蹈中那样——来吸引读者。

《艺术家》透露着爱意，但威廉斯不会长久地保持这种轻松的情绪。他像钟摆一样左右摇晃。他先列举出母亲的缺点，似乎又不能接受作为子女的这种不敬，之后就对她大唱赞歌。首先，是缺点。“她总是不能从利益或者灾难中学到什么……她迷失了方向或者与声名狼藉的人交往”[①]；“她受制于一些黑暗又怪异的转折”—— 她灵魂粗俗，性情好斗，声音里有一种烦躁和悲伤，她问：“我为什么活着？没有人知道我想要什么。我一事无成。我什么都没留住。我是个废物。”[②]之后，就是值得肯定的地方：威廉斯透过埃琳娜爆发的伤感，看到了其中隐藏的信息。这些是他的解读：

> 那是一场失败的罗曼史。它绝不是一幅真实的图景。在她的生命中，意志消沉、气馁、绝望，这些都很强烈又具有周期性。在它们下面，隐藏着真实的生活。尽管痛苦，却不能被打败；内心如指甲般坚硬；缺少慈爱，容易被误认为是动物的自私。她自己也没有意识到，美德就在她身上——呐喊着要释放，释放她自己，这个最难对付的动物。我从来不知道她会长时间陷入深深的抑郁，但总会看到她最终再次恢复过来，并且比以前更加坚强——她一直坚不可摧。[③]

威廉斯赞颂母亲的坚韧、弹性以及她战胜逆境的意志。在这一诗篇中，他没有被激怒，也不想辩解。他忽视了埃琳娜吝啬的母性，虽然这让他的情感很受伤害(她的玩忽职守与父亲的忠诚履职形成了鲜明的对比)。埃琳娜缺少父亲身上正直的清教徒精神，威廉斯就把注意力放在了这上面：她能够理解不完美，这就允许了威廉斯在达不成目标时，能够自我疗伤。她“因为热情地生活在当下，并锻炼了敏锐的洞察力”而赢得了更多的赞誉。他赞许地评价道：“无论她面对的是什么，就其本身而言都是极其重要的。”[④]无论是一首西班牙语诗歌，还是这个小镇的下层人。这些都与埃琳娜有关——也是他

①《想象力》(*Imaginations*)中的《地狱里的科拉》(*Kora in Hell*)，第7—8页，韦伯斯特·绍特(Webster Schott)编，纽约：新方向出版社，1976年。

②《没错，威廉斯夫人》，第33页。

③同上，第33—44页。

④同上，第7页。

诗论的关键因素。

在1895年她客串的那个角色像一位妇女参政论者或者一位罗马皇后，拥有不屈不挠的意志和一份傲慢。她经历过无数挫折，却一直冷淡而又勇敢地面对着这个世界。天线一样的大耳朵和审视的双眼一直在为她报警。“别惹我。谁都不是傻子。我已经品尝了流亡的风尘，感受了背叛的带毒的剧痛。所以离我远点儿。我不会轻易被你精明的奉承和背弃的诺言欺骗。”时间没有缓和她的个性，也没有让她的性情变温和。没有成就感不断折磨着她。她没有优雅地老去并不让人感到吃惊。丈夫死后，她在自己家生活了8年，很是自给自足。但是这种状况后来发生了变化。威廉斯警告她不要出去冒险，不要横穿结冰的小路。她执意不听，结果滑倒了，导致髋骨骨折。由于这次病痛，她瘸了。她开始对一切漠不关心，并且变得越来越不高兴。她的要求也有些孩子气。毫不夸张地说，她成了一个负担：威廉斯有时候不得不把她抱到楼下来吃饭。照顾她的责任完全落到了他和弗洛斯身上。埃德加似乎被豁免了，除非有急事发生，否则他几乎不怎么登门。对弗洛斯来说，她原本能够以打扰他们的婚姻为由反对婆婆搬进来，也可以说服比尔把埃琳娜送到疗养院，但因为她比较谦和，就亲自照顾她。尽管对于一些小小的善行，比如从花园里摘一束花送给她以让她高兴，她很少收到或者根本就收不到来自埃琳娜的感激之情。与公公一样，责任也是弗洛斯的老习惯。

在1936年威廉斯写《夏娃》的时候，埃琳娜已经快90岁了。她的身体已经成了一具空壳，但她求生的意志依然强烈。“威尔”（她对儿子的爱称）和弗洛斯不再让她待在他们家了。有一段时间，她就和泰勒夫妇住在一起。他们怀着同情，非常耐心地为她治疗，就像她曾是他们的母亲，尽管她不停地抱怨。这种安排对比尔和弗洛斯来说是非常理想的。但是《夏娃》，这风格迥异的双联画中的第二块画板，表现出威廉斯已经束手无策了：《亚当》里有条不紊的节奏已经不见，烦乱的情绪支配了全诗。威廉斯回顾了他与埃琳娜之间的战斗，细数着每一次伤亡、每一次惨败、每一个反抗的情节。对于这场长期耗费精力的战争，他无法驱散它腐臭的气息。作为老对手，他们深刻地了解彼此的佯攻、冲刺和计谋。但是这场谈话，只有威廉斯一个人在说，因为埃琳娜因中风引起的肌肉僵化给了她一张“典型的无表情的脸”：《夏娃》是一首粗糙的独白。

难得的是，威廉斯试图做到不偏不倚，并想要从她心中看清他们之间的关系。毫无疑问，他那些内疚的表达都是真诚的，悔恨也是真实的。套上刚毛衬衫，这种材料，正如它的名字一样，让他很不舒服。然而在下一刻，因为无法忍受这种不舒服，他又像一个快速换装的演员一样把它脱掉。他非常愤怒，就像一头看到红披风就冲过去的公牛。威廉斯决心变得平静从容，但希望破灭了。侮辱不加控制地出现了。一阵无边无际的愤怒的波涛，激起泡沫，形成浪峰，慢慢退却，又再次汹涌。在开头的这11行诗里，他是那么激动，好像并没有注意到自己滑稽的“之”字形运动：

宽恕我的伤害
现在你老了——
原谅我的笨拙
我的急躁
还有简短的回应——
有时我从你的脸上发觉
对我莫名的怜悯

你的儿子——
我从未靠近你
多数是你自己的错；
因为我很像你。

在诗歌开头，儿子用慎重的语气请求母亲原谅他的冒犯。但是，当他被她“莫名的怜悯”所困扰，并感到心烦时，先前的语气戛然而止。这种想法让他愤怒。他转换了一下角色，让自己成为一名受害者。然而，威廉斯在《夏娃》中的艺术特色明显地表现出他对她无法改变的亲密情感。这首诗的韵律非常巧妙，并不是流畅的、线型的。每隔几个短语坦白就转换成分析，或者突然停止，产生高低不平的节奏。平淡的句法努力阻止着他情感的爆发。破折号间隔出现，好像在完成一个句子或说完一个观点时，他亟须喘一口气。简洁的言辞不屈不挠地钻进他们精神的甲壳，说谎时又被巧妙地加以回避。

这种对母亲的认同让威廉斯感到恐慌，因为对于他独立的身份来说，这是一个威胁。然而，他却不能摆脱把母亲视为女神的感觉，“一个俯视/我——没有/用他们会描述成/骄傲的目光但是同样的东西/在我身上； 种/羞耻这世界/应该像我看你一样看你，一种有些幼稚的生物——”这一诗篇，在耻辱和幼稚方面，把威廉斯和埃琳娜联系起来，迫使我们去思考威廉斯性格的核心。

他的反对者总是认为，因为不够成熟，他的诗歌才缺乏乐感和复杂性。它们没有计划地四处蔓延，少有思考或深沉的情感。那种自创的形式显得结构混乱，或者有些烦琐，就像在一些短行诗歌中，需要下拉整页纸才能看到全部内容。他对美国诗歌方言的追求，不过是自欺欺人的谎话。这些谴责的确包含了一些真实的成分。《亚当》和《夏娃》表明，在53岁时，威廉斯依然没有解决他与爸爸及埃琳娜之间的冲突。在行医生涯中，他一直是一个沉着镇定的成年人。他的医术和处理紧急事件时的冷静让他信心十足。就像在诗歌中一样，在情感和性方面，他似乎也需要依赖摩擦和冲突来激发创造力。在潜意识里，他开始相信，没有成为一个全面发展的自己，反而让他成了一位诗人；痛苦的情感反而激发了他的想象力。

我们可以理解为什么威廉斯有些厌恶母亲的“幼稚症”、她想要引起别人注意的喊叫、她的自我中心、她的脆弱了。父亲内心充满防御的地方，埃琳娜却是“毫无防备的”；她被利用了，尤其是被她的儿子。儿子打着保护她的旗号，成为她的狱监。就这样，他控制了她。一只狂野的动物，“盲目地踢打”医院病床的金属框架，直到精疲力竭。“一个魔鬼，为火而战/它需要呼吸/以再次醒来”并夺回它的自由。他后悔自己同情她的疯狂反抗：他也希望“逃离和跳进混乱/（在那儿时间还/没有开始”）。在这些引人注意的诗行中——混乱是《创世记》第一章第一部分的混沌，即无差别的物质，上帝以此创造了宇宙——威廉斯几乎失去了控制，愉快地跳入这种创世前的自由。

在下一节里，当他再次得知埃琳娜想要“与死人交流”的想法时，他又感受到了先前的刺激和熟悉的憎恨。如我们所见，医生和理性主义者不相信女巫和超自然的实验。当她进入恍惚状态，伸手去够“加给自己的空虚”时，他带着厌恶，描绘了她精神错乱的状态：

颤抖着，呜咽着
并抓住一双无用的手
直到一个念头不再受欢迎
看着你——并且飞速离开
不喜欢喃喃自语

没有什么被
清楚地说出

让他更加厌恶的是，他不能阻止她愚弄自己：那些“自然的面孔”凝视着她扭曲的身体。作为一个男孩，他可以指望爸爸从中干预，给他安慰，并引导被蒙蔽了心灵的巫婆重回现实；然而，她没有能力保护自己——“我也是”，威廉斯溜进去顺便说了一句。在1936年，作为儿子和医生，他经过了专门训练来判断和治疗那些能破坏身体健康的疾病，他知道自己是唯一的“桥梁，联系着她和夜晚天空的虚空，那种令人害怕的非实体的空虚”[①]。但是，作为一个男人，他不再被她的古怪行为吓倒，但也无法阻止她的抽搐及其与鬼魂对话。她居住在非现实的领域里，而这正是他要抵抗的。然而，他憎恶她的喃喃自语和巫术——那棵树上的果实不能诱惑他——他感觉那些女人拥有他和大多数男人所缺乏的力量。

威廉斯再次与母亲交换角色。这一次，他把自己贬低为两个人中最傻的那个，并请求她的原谅。然而，在4个短行中，恳求者变成一位诗人，拥有神一样的力量，让她不朽并把她的困惑塑造成艺术：“将写一本关于你的书——让你活（在一本书里）/……不可原谅的。”尽管以前他很生气，但这是一个大方的姿态——诗人很少写他母亲的传记——他希望两人能够停止战斗，尽管他知道在她昏迷的状态里，她无法对休战条款进行磋商。作为她的医生，他承诺给她一杯白兰地或者葡萄酒，因为酒精“振奋/你的思维和感觉/让你的脸色红润”。酒，就像一剂神奇的药水，产生了强大的效果，也催化了威廉斯的诗歌：

——来点燃那对于平常人来说
太粗俗的生命
那狡猾的淫秽
那深沉的黑暗
在其中激情相伴——
反射
创造的闪电

①《没错，威廉斯夫人》，第94页。

和月亮——
“无情的老年
到来了！”

对于儿子来说，埃琳娜依然象征着克瑞斯——一个生育女神。他把性和创造力明确地等同于“狡猾的淫秽”和“深沉的黑暗”。激情是一种危险却令人兴奋的力量，就像闪电和在传统意义上总是与女性相关的多变的月亮。忽视激情或者认为其“粗俗的”诗人，会把他的诗歌置于危险之中。一句关于老年无情到来的法语格言，证明威廉斯已经接受了生物学法则。然而，埃琳娜却无法与时间之神达成和解，反而像一只走投无路的猫一样，对它又抓又挠。“受到惊吓/在深夜——尖叫/不情愿地，没有缓和/并且不知羞耻——”（关节炎让她的手指严重变形，看上去就像猫爪子）。猫的这种叫声让他吃惊。

《夏娃》的最后一节是该诗的精华。当威廉斯坐在床边，打量着她衰弱的身体和“被毁掉的脸”时，他陷入了沉思。他又一次思考她不可战胜的意志，向上帝或时间之神提出了一个问题：

他可能不会带走
那用过的躯壳，跛脚的
畸形的，那张被毁掉的脸
看不见，又聋的——
没有颜色——似乎
总在倾听、监视、等待
仅惭愧于
那唯一的最后一次
堕落——

时间之神的回答他已然知晓——“不。从不。”继续争辩此事是没有意义的。所以，该诗由第一人称转换成了第二人称：

毫无防备地
你依然会保留
他出借的

每一件衣服
直到它被你
抓破，最后的紧握
来自那些
拿不住刀子
割肉的手指，但是
在一阵催眠了的狂喜中
能够扭伤一只伸向你的
手，我们的骨头裂开
在这种不同寻常的压力下

一直到生命结束，埃琳娜都面临着一个矛盾：一个毫无防备的老妇人，却拥有超自然的力量，能够扭伤一个人的手并把他的骨头弄裂。和爸爸不同，她能够因为一阵“催眠了的狂喜”而神魂颠倒。这狂喜，仅短短一刻，就把她带入她梦想过、居住过、失去过、哀悼过的天堂。

这最后的13行，是一句没有被破折号、问号、圆括号打断，也没有被删减的完整的话。它们在强烈的抒情中制造了一个高潮。这高潮里有一种追寻已久的恩赐：对埃琳娜和他自己的宽恕。在她最后的戏剧角色中，埃琳娜以精湛的技艺，表演了让人惊讶的临终一幕：当死神撕碎她的衣服时，她紧紧地抱住了它们。在最后一个感人的动作中，这个可怜的、被蹂躏的灵魂几乎拧断了儿子伸向她的手——还有观众的心。“好极了！”我们大喊着，鼓着掌。威廉斯也是如此。

就像一位宣布从舞台上退出，又唱了多年告别音乐会的歌剧演员一样，埃琳娜又活了13年。1949年的时候，她的身体几乎不能移动，又聋又瞎，卧床不起，时而清醒，时而恍惚。她在家里休养，得到了哈利和安妮·泰勒的悉心照料。这对夫妇习惯了她的坏脾气，对她非常和善又充满耐心。不像威廉斯那样。正如泰勒夫人所说，有时，埃琳娜对威廉斯来说是“世界上的奇迹之一”。另外一些时候，他又无法克制累积起来的愤怒和敌意，这是他们母子关系的长期特点。即使在她奄奄一息的时候，他也没有表现出和解的意思；由于她患有老年痴呆症，他觉得这样的努力都是徒劳的。然而，她很气派又出人意料地从昏迷中醒过来，这让他觉得惊讶。正如《马秀》的第一节所讲述的：

不断地靠近你，我从未在我整个的
64年里像昨天这么充分地了解你
或者有一半地充分。我们交谈。你从未
这么头脑清晰，这么脱离地点和时间的
紧急状况。我们谈了我们自己
亲密地，我们之间从未听过的一件事。
我们等了多久？差不多一个世纪。

对于他们之间迟到的亲密，他感到高兴。因为不能完全控制，他心里还有一丝讥讽。然而，埃琳娜又一次退回到他不能抵达或者拥抱的神灵的世界。她出现了幻觉，眼前出现了“幻象”。大多是一些险恶的形象，比如与美国进行想象之战的墨西哥士兵。她“清清楚楚地”看到了这些不真实的形象，并且就像和威廉斯说话一样，她非常自然地和他们对话。这让威廉斯感到困惑，因为它让他想起了她发光的双眼和催眠的表情。而且，她就像生活在银河系中某个遥远的地方一样，已经认不出她的儿子了。当她坦白总是忘不掉关于他小时候的记忆时，他沉默不语。但是，当她神志清醒地请求他说一下马秀的事时，他称她为“亲爱的妈妈”，并且解释了自己为什么错过了这件事。这首诗7行一节，非常整齐，给他的情感也增加了一种秩序；他没有抱怨她，就像在《夏娃》中那样。

1949年，威廉斯很清楚埃琳娜剩下的时间不多了。在《一对耳坠》这首优美的诗歌中，“埃琳娜就要死去”这句话被不断地重复。这句话把第二部分和第一部分分隔开来。第一部分把诗人观察到的景象作为题词：“清晨的细节要比夜晚模糊的影像更让人向往。”威廉斯叙述了一个奇怪的梦，这个梦是埃琳娜死亡的前奏，就像关于爸爸的梦是威廉·乔治去世的终曲一样。在这个梦里，一只受伤的老虎与饲养员进行了一场血腥的战斗。之后，它躺在平台上休息。饲养员伤势严重，趴在了邮局前面的地上（威廉斯的弟弟曾经设计了卢瑟福邮局）。目睹了这场战斗的镇民们，紧挨着彼此，倍感恐慌，沉默不语。因为曾经被派去救治从高处跌落的训练员，威廉斯本能地开始了他的善意之举。他的感觉很灵敏，听到了老虎在喘着粗气，训练员在叹息和呻吟。在穿越广场的时候，他注意到老虎在后面悄悄地跟踪自己。如果这畜生扑过来，他手无寸铁，根本就没有能力战胜它。威廉斯谨慎地走回到人群中，询问他们是否报了警。

这个梦的气氛是不吉利的。威廉斯充满不祥的预感。那些模糊的夜间的影像，比如埃琳娜与鬼魂的会晤，在他的脑海中盘旋。他知道自己不能战胜死亡，所以临时采纳了福斯塔夫的信条："谨慎即大勇。"他没有不顾危险地去诊断那个受伤的男人，威廉斯对此并不感到羞愧和内疚。这个受伤的男人可能象征着他自己不能有力地掌控生活。他对埃琳娜死亡的焦虑已经转化为对自己死亡的焦虑了。母亲去世后，就该轮到他去供养贪婪的死神了。一年以前，他从一场近乎致命的心脏病中活了下来；他可以推算下一次会在什么时候。他不怎么赞同母亲信仰唯灵论，但这让她感觉是一种慰藉：死后的生活对她来说像现世的存在一样真实。威廉斯可能渴望超然存在，但由于性情和过分坚强的意志，他不认可母亲的幻觉。他觉得"没有来生，只有现世"。作为一名医生，他曾合上过病人的眼睛，所以，无论诗歌的修辞在审美上会让人多么愉快，他永远也不会说"死亡是美丽之母"——不是在他为临终母亲守夜的时候。在朗诵梦魇时，威廉斯运用的词汇是平实、麻木并且不连贯的。就像梦境通常的样子，没有复活或者康复的迹象。

随着诗歌的继续，威廉斯醒来，在家里待着。梦魇的阴郁开始消散。这天是复活节，庆祝耶稣复活的日子，他透过窗户望向院子，"清晨的细节"让他感到无比喜悦。春天重返地球，这位经验丰富的园丁诗人，用他并不精确的眼力观察和命名着早早出现的花儿：长春花，云一样的白花（将"稍后让位于红莓/称为花楸树"）、"丛生的玫瑰"、一棵棠棣。阳光闪烁。威廉斯一家没有参加复活节弥撒，他们更喜欢这些不久将压弯枝杈的花朵。这里有一种世俗而又文艺的庆祝大自然的活动：威廉斯为弗洛斯和威廉·艾瑞克读杜德雷·费茨对柏拉图《为潘的雕像所作的铭文》的译诗。这是一首田园诗，其中居于山林水泽的仙女们，正和着潘的管乐器的节拍，"踩着欢快的步子"跳舞。然而，威廉斯却依然沉浸在梦魇里，心情忧郁。威廉斯把母亲即将到来的死亡和美国衰弱又危险的状态结合起来，进行了简短而悲凉的抨击兼布道：

你怎能允许自己
那样被欺骗——你被带走的
所得和你，铬
在你的内脏（鼠毒）
直到你变得浮肿

难以想象
不是回归
原始人为我们保留的理想
我们的社会
可以治愈自己和它的弊病

他写不出清除鼠毒、加快治愈的处方；甚至他接过生的母亲和女儿们也“感到极度痛苦”。新妈妈们抓着他，抽泣着，泪眼婆娑中露出勇敢的笑容。他很骄傲，对她们来说他是一个有用的、能带来新生命的人物。然而，他却无法摆脱失败和厌倦的感觉。他把自己的想法首先比作“一个孩子遥远的微笑/它将（不会）成为一个美丽的女人”，之后又比作类似的“一个女人遥远的微笑/她会说/只为留住你一刻/长一些。哦，我知道我很讨人厌——”。他会在谁的耳朵上放上第一只摇晃的耳坠？这首诗没有指定可信的人选。

《第二只耳坠》，副标题为《埃琳娜》。这是用4种不同的语气写成的赋格曲。在对白中，每一种语气都和其他的有所不同，非常巧妙地从抒情转到对话，再到哀悼，从大调到小调；正式地讲，这首诗给人的感觉非常开阔，在升降方面也非常对位，这样相对紧张的诗节就可以紧跟松散的诗节。因为在埃琳娜的房间里有3个人，每个人都在评论她的临界状态和病症。这首诗因为这些交谈而出现了停顿。身担3种角色——儿子、医生、诗人——整首诗歌都在不停地重复“埃琳娜要死了”，并试图让自己为这个结局做好准备，尽管不能猜测它什么时候发生，也不知道他会感受到什么。非常恰当的是，这首诗是开放式的，容易让人联想。它陈述着观点，是一个不停旋转的环。邋遢而又可爱的哈利·泰勒对埃琳娜身体状况的判断是幽默乐观的。“她不会死的。”他认为，“她将/大吵大闹，寻找她的食物/一如往常。”他当护士的妻子，被埃琳娜好斗的性格折磨得疲惫不堪：“你无法让她安静。”“食物”这个词提示威廉斯，他需要提一下遇到的某个男人奇异又昂贵的杂货清单。这个清单包括绿头鸭、松鸡和珍宝蟹等。这个结论非常巧妙，让人联想到埃琳娜贪婪的胃口以及她对牡蛎的消费。没有人理解这个明显不当的结论，也无法定义“食物”。有人问：“那是什么呢？”但威廉斯已经匆忙地去想象她的葬礼了。与《哈姆雷特》中的奥菲莉娅相呼应，他进行了祷告：

柳树和梨树

坚硬的树枝
盛开花朵
陪她在路上

在埃尔西诺的丹麦法庭上，即使是残忍的克劳迪亚斯，也被奥菲莉娅的疯狂和溺水所打动，禁不住泪眼婆娑，威廉斯却不能为母亲的困境哭泣。一家报纸报道，圣母马利亚的一尊雕像流泪了，成群的信徒蜂拥而至，来见证这一伪造的奇迹。圣安妮为孙子耶稣的受难而哭，埃琳娜也哭了。威廉斯的眼睛却是一处干涸的水池。埃琳娜患有痴呆症，总把泰勒先生和她的哥哥弄混。但是，对于无情的儿子来说，那并不是一个可以原谅她的充分理由：

神志不清时，她说了
一件可怕的事

你是谁？现在！
我，我，我，我结结巴巴地说，我
是你儿子。

精神病人的胡言乱语，威廉斯已听过数百次。他们对挚爱的家人说的话既粗暴又充满伤害。她患病的大脑崩溃了，他不能责怪她提出了尖刻的问题。在4个简洁的词语和大写的“现在”所提出的霸道挑战中，她读懂了他的心思：他曾仔细考虑过自己是谁，他们之间的脐带联系意味着什么。然而，诗中的几个“我”却非常明显地强调了威廉斯脱离母子关系的苦恼。它们也告诉我们，威廉斯非常震惊。可以说，甚至在她的火葬现场，排斥母亲的主旋律也突然响起。

威廉斯决定摆脱深深的沮丧，积攒力量以承担起工作上的责任和孝敬的义务。他过来时带着礼物，一瓶赫雷斯雪莉酒，好像要通过饮酒来平息女神的愤怒（她像婴儿似的抱着酒瓶，好像是对母爱的残忍扭曲；在诗里面，她没能认出儿子，后面紧跟着的就是这种哑剧表演）。为了让她高兴，他给她擦了擦眼镜，还给她讲来自里奇路9号的零星消息。他告诉她，弟媳（埃德加的妻子）赫尔达从威廉·乔治的老园子里拔了青蒜。他们之间的情感难题在一次生硬的交流中体现出来。埃琳娜问：

你就不能给我点儿
什么让我彻底
消失，她呜咽着说——但又
彻底地！
他回答道：
不，我不能那么做
亲爱的（我心里想你这该死的
让人看不起的傻瓜）

“亲爱的”和“该死的”放在一起意味着一阵憎恶从他的内心深处升起。尽管如此，威廉斯的诗歌艺术还是把埃琳娜神化了。她是一个让人难忘的女人，也是文学创作的产物。

在这首赋格曲以词语“再见”结束前，威廉斯唱出了大提琴上的一个悲凉曲调。这间接地表达和评估了他想与埃琳娜的飞扬跋扈达成妥协并从中解放自己要付出的痛苦代价——这是问题的核心：

所以我的这一年结束了。明天
就是4月了，荣光难寻
硬线条的光线已逝。如果
不是为了我心中的3月，
这冷日的强光，我
不能忍受这反对
即将到来，但又来得太迟的
重量和繁荣的缓慢时光。我已在
障碍间游泳，那多角的
轮廓。我已然把
这一年过完

这不是苦行僧式的道歉。威廉斯深入自己的内心。他站在法庭上陈述了负疚感，考问了在处理母亲挑剔的性格时自己的行为。

关于总结的诗句既紧凑又简洁，既全面又让人厌烦，好像适合于一个检查复杂病例的医生。辨别力使他平稳地免于治疗不当的罪过。3月是威廉斯最喜欢的月份。它标志着冬天的荒芜已转变为春天的丰盈。但是它的“荣光难寻”和“硬线条的光线”吸引了威廉斯，因为它相当于一种精神的强健。他在“障碍间”和“多角的轮廓”中游泳，在那里，暗流险恶，要把他拖入水底，他需要这种强健。某种内在的顽强帮助他抵制死亡，并将死亡安全地拖到岸上。另一种审判可能很快就会等着他。然而，自相矛盾的是，“冷日的强光”已经使他能够忍受和战胜埃琳娜不屈不挠的存在了。

哈利·泰勒的预言非常准确，当埃琳娜去世时，“她将像一束光一样消失。”威廉斯告诉麦卡蒙，在死亡的时候，她让他想起了“躺在棺材里的地中海女王”。他向路易斯·佐考夫斯基吐露，“在棺材里，她的容貌令人惊骇，好像一位埃及王妃。”她并没有像克利欧佩特拉那样死去，但是对威廉斯来说，她配得上那带坠儿的耳环，以证明她高贵的血统和“悲惨过去的/轰隆作响，一次脆弱的/挫败——对于神秘的/生动模仿”。然而，他也这样对佐考夫斯基谈论她的死亡：“她那么古怪的小东西，只是简单地睡着了。我是否应该在一周之前给她注射盘尼西林来‘挽救’她，是她死之后我在心里一直琢磨的事儿。所以，实际上是我‘杀死’了她。”为什么他这么苛刻地责怪自己？父亲死后，威廉斯怀疑他是否遵照了正确的治疗流程；他的内疚和自责是可以理解的，因为他给临死父亲硬生生地实施了灌肠而强加给他一些不必要的痛苦。相比之下，指责自己“杀死”了母亲，其实并没有什么事实依据；没有哪个医疗卫生委员会曾谴责威廉斯没有给埃琳娜注射盘尼西林。因为她年事已高，已无法救治。某些其他的动机肯定曾折磨过他的内心。可能他认清了，由于她的死亡，他和埃琳娜关系的缓和再也没有什么意义了。他从来没有透露过关于父亲身份的秘密，而现在，直到他生命结束，他的母亲也一直是一个谜。

威廉斯从来没有直接地说，他冷静的父亲与冲动又浪漫的母亲的结合——在写给T.C.威尔逊的信中，他称她为“严厉的、无聊的”，一对奇怪的形容词——是不合适的；这或许不是他能决定的。当然，威廉斯家不是武装营地。诗人实事求是地说：“我们一直是紧紧联系在一起的家人，在关键的时候彼此依靠。”[①]他并不怀疑埃琳娜在内心是爱她的孩子们的。然而，威廉斯并没有试图隐藏或者审查他对母亲进行谋杀的冲动：“有一种来自弱者和

①《没错，威廉斯夫人》，第16页。

无防御能力者的刺激，驱使着我们”[1]，极度地想要侮辱或者杀死他们。“孩子们没完没了地念叨着对父母的抱怨，或者为自己不断变化的身份寻找着空间。这并不是什么了不起的事情。在这方面，威廉斯也不例外。但是，很多诗歌和回忆录证实，威廉斯对父母的不满也是慢慢增加的，尽管还没到中断关系的程度。在1912年12月12日结婚之后，他和弗洛斯没有钱来建立自己的家庭，就搬到了帕塞伊克大街的这所大房子里。这就好像坐在了一个火药桶上。为了每个人在家里的安宁，他们不得不搬出去。

作为父母在“可繁殖的黑暗”里交媾的产物，威廉斯以一种怪异混杂的方式，集该隐和亚伯的特点于一身：好斗而顺从；害怕实话实说，又害怕不这么做。背叛了“情感和信仰”总是让威廉斯对自己感到不满。被压抑的感觉会不请自来。为了获得作为一名诗人的荣誉，他会像父亲一样“工作，工作，工作”，并且像母亲一样，努力“打败命运，获得自由”。

①《没错，威廉斯夫人》，第35—36页。

第三章
“通往地狱的途中”:《地狱里的科拉》

1

《地狱里的科拉》是威廉斯的“忧愁之书”，也是他最喜爱的孩子。创作这本书的3年间发生了很多事情，家庭方面的和公众方面的，这把他逼到了绝境。事情接二连三地发生：美国在1917年对德国宣战；他的岳父巴·赫尔曼，被指控支持和拥护德国，他站出来为其辩护，导致一些卢瑟福镇民呼吁抵制崭露头角的威廉斯行医；流感爆发；威廉斯的父亲在1918年的圣诞节去世；保罗，也就是弗洛斯的弟弟，在一次枪击事件中被杀；祖母韦尔科姆去世。两个年少的儿子和一场紧张的婚姻更加重了他的负担。威廉斯在《自传》中回忆，他就像“进入冥界和地狱的珀尔塞福涅。科拉是一年中的春天；我的这一年，我自己，却被杀戮了”[①]。

与世界大战中的大屠杀相契合，当“被杀戮”被用于个人情况时，听上去就有些表演的意味了。这个短语很清楚地表明，他正不停地在挫败感中挣扎。让人不解的是，身心疲惫的医生却认同科拉(又名珀尔塞福涅)。这是一位少女，当她在草地上无忧无虑地采花时，被地狱之神掳去做王后。在最普通的神话版本中，科拉愤怒而又悲伤的母亲得墨忒耳，请求宙斯保护女儿回家。赫耳墨斯受宙斯的派遣，把科拉带回。但在此之前，哈德斯诱骗她吃下一些石榴籽，逼迫她每个秋天和冬天都要返回地狱。

为什么这个神话如此强烈地吸引了威廉斯？毕竟，他本可以选择赫拉克勒斯、奥德修斯、埃涅阿斯或者其他经典人物作为原型的：那些好战或精明的、承担着高贵使命的英雄们。他们与命运抗争，被判了缓刑，贬入地狱。当把希腊诸神和英雄们移植到美国的土壤中时，他就让他们效仿民主(变化是他特别尊崇的调子)。他们是“堕落的众神”“充满猥亵和无知”。在《地狱

---

①《威廉·卡洛斯·威廉斯自传》，第158页。

里的科拉》第十六章的即兴创作中，威廉斯把自己变成了追逐林中仙女的好色之徒，之后又变成宙斯及“一个不喜欢硬币响声的乡村医生”，然而弗洛斯却扮演了“拥有一个残忍的丈夫，喜欢唠叨的赫柏——她的母亲大脑发育不全”（这是一种嘲讽，可能会让任何一位妻子产生复仇的欲望）。赫拉克勒斯出现了两次：一次在哈克特斯镇上；一次在贝里溪的船上，他是一个肌肉发达的农场男孩。这一章里不羁的性欲舞蹈——维纳斯是一个“优柔寡断”、淫乱的女孩，是《美国的纯产物》中埃尔希的早期模型，被“冥王星警察主管”逮捕——与威廉斯的情绪很相配。他的情绪由快乐变成了嘲笑、荒唐和遗憾；他无法判断性欲是否是一种罪恶、一种快乐、一种“不纯的琼浆玉液”、一种对于纯真的侵害，或是一种能引起内疚的背叛。

在家庭生活中，威廉斯的内心很不安分。就像奥德修斯一样，他曾一有机会就和塞丝待在一起，要么就去和卡吕普索幽会。在《地狱里的科拉》中，他描述了与一个轻佻女人跳舞的情形；“系带的靴子”轻微摇晃时发出的嚓嚓吱吱的声音、“靴子上面的丝带”和女人“光滑的腿”将他唤醒。本指望这是一场生动冒险的舞蹈，它却扑通一声戛然而止：彼此并不能协调一致，他们“仓皇地下来”3次。优雅和快乐被无聊取代，“演出已经结束了”。第十三章里暴躁失望的语气，到了第十八章，就变成对六七年之久的婚姻状况的谨慎评价。这种被拉长了的独白，可能发生在里奇路9号的厨房里。弗洛斯是他入了迷的听众。威廉斯非常诚恳地摆出自己的立场：

> 我们是如此娴熟地克制着对彼此的爱。这不是一种像猫跳过矮栅栏那样的特技。你曾经——如果知道真相——只爱过一个男人，并且在认识我之前。你从未想过或者想要去想曾经的他。在他的完满中，你是完美的。在其他事物中，你也同样完美。你向我呈现了大理石朦胧的表面。我们会说，我也在认识你之前爱过。相当下流地来说/我也有我的完美。所以，我们在此裸身相对。我们造成了什么后果？比如，我们一起变老了一些，我们还生了几个孩子。简言之，我们和这个世界一样兴旺发达。我们已经证明我们的生育能力很强。很明显，孩子们身体都很健康。他们其中一个有些古怪，一个拥有超常的记忆力和敏锐的眼光。但是，并不是我们没有感觉到地球的轰鸣和骚动。问题是，这意味着什么呢？你的初恋和我的初恋是不同的类型。只有一种解决的办法。对我来说，就是拾起我语言的篮筐；对你来讲，就是坐在钢琴边，直到我的

举手投足都像他。如果是那样的话，好运会光顾我，并和我进行一场精明的交易，通过过度地改变自我，来取代他在你记忆里的杰出地位，而这是不可能的。埃尔戈，我是一个恶棍。

在提要的前半部分，威廉斯解释了为什么他与弗洛斯之间的距离变远了。“我们是如此娴熟地克制着对彼此的爱”以一种茫然的语气说出，并将其作为一个不争的事实。他的分析听上去是弗洛伊德式的，又是让人惊讶的：威廉斯称，弗洛斯把她的父亲理想化了，对他无比崇拜，这种依恋从根源上阻止了她和丈夫之间的亲密关系。他永远也打不过巴·赫尔曼。

通过把她比作闪亮又朦胧的大理石，我们可以看出，她从内心是排斥他的。威廉斯似乎在责怪，是她引起了他们夫妻生活的裂缝。他用极具破坏性的语言总结了他们的婚姻：经历了性兴奋的最初阶段，之后这种兴奋很快消失，两人慢慢地疏远，失去了激情。深思熟虑之后，他有两条路可以选择：成为一名成功的诗人，这样弗洛斯将被他编织“语言篮筐”的才华打动，由此顶替父亲在其记忆中的杰出地位；或者向她解释，他需要去别的地方寻欢作乐，因为他像科拉一样，是地狱里的囚犯，欲望没有得到满足。这种即兴表达随着哈德斯糟糕的逻辑向前推进，而没有跟随他想成为的好色之徒的转弯和跳跃，直到最后一个句子，他断定自己是一个“恶棍”。

对他来说，打破规则并不容易；他被培养成了一位品德优良的医生。他在医学院写给弟弟和父母的拘谨的信件可以证明这一点。威廉斯先生的漫游和他长期的心不在焉，证明他似乎在断断续续地逃离生活。那使得威廉斯，这位郊区的忒勒马科斯，明白了如何解决欲望和责任相互矛盾的诉求。他一直不会挖掘这种情感和诗歌方面的材料，直到在《地狱里的科拉》中设计了一个大体的思路。

责任感主宰着威廉斯，就像它主宰着埃涅阿斯一样。诗人本想挣脱黛朵的怀抱，来把一个婴儿带到世上，或者来治疗一位因突发心脏病而摔倒的病人，但他拒绝接受诸神要建造一座城市的指令。如果说他曾经幻想过这种光荣的命运，威廉斯真实的自我却阻止了它。他选择住在绿树成荫的卢瑟福，而不是纽约这个“血红的”、在《地狱里的科拉》里从远处隐现的城市、一个为情节剧，或者更准确地说，心理剧而设置的舞台——那部心理剧可能被叫作《巴比伦的奢华生活》。在剧中，现代主义者塞壬召唤他来拥抱她；威廉斯被深深地诱惑了，他开始调情，刚开始有些犹豫，后来就屈服了；之后他觉得有些遗憾，最后又着手掩盖出轨的痕迹。那个女妖在现实中有对应的人物，正如我们即将看到的：男爵夫人埃尔莎·文·弗赖塔格–洛林齐霍芬（Elsa von Freytag-Loringhoven），但他无法把她想象成爱的女神。

威廉斯很少在写作中提到俄耳甫斯这位完美的抒情诗人。对俄耳甫斯来说，婚姻和诗歌并没有产生什么不和谐的旋律。威廉斯没有那么迷恋他的欧律狄刻以至于会与诸神谈判，把她从地狱接回。直到《水仙，那朵绿色的花》，威廉斯才为他的七弦竖琴调音，并且敷衍地宣布：

我不能说
我曾去过地狱
为了你的爱
但是经常
发现自己
在你的追求那儿

在艺术方面，威廉斯一直漂泊在波涛汹涌的大海上。在军械库展览会及受到埃兹拉·庞德的诸多刺激之后，他甩掉了浪漫主义的诸多包袱，这使他早期的诗歌像十五六世纪的西班牙大型帆船一样，显得土里土气。一个简短的例子可以证明威廉斯年轻时汹涌的情感：

爱情成对儿的，而非单个
金与银混合为一
激情与痛苦交织
灿烂又消解

这种模仿济慈、单调又陈腐的押韵在1809年是过时的。尽管意象主义在诗歌的简明性方面教给他一些有用的东西，他依然使用不准确的指南针来引导他到达未知的目的地——以及可能发生的惨败。

然而，在现实生活中，医学却把威廉斯固定住了。在行医的早些年里，无论多么低级的工作他都找不到，这有失身份。《给想要它的人！》里满是下流或充满同情的描绘，比如一个心肠很坏的年轻男子、一个被带到他办公室接种疫苗的小女孩、一个爱发牢骚的妓女等。威廉斯知道，这首诗的内容要优于它的语言，但《一月的早晨》又指向了一种新的诗歌类型。

写于1917年的优美组诗《一月的早晨》，在其视觉即时性方面，就像一套即兴拍摄的照片；在其音乐的熟练度方面，就如巴赫或者库伯兰的大提琴组曲的舞蹈动作。在这首诗的15个短动作里，威廉斯以急促又生动的笔触描绘了当地世界的生活。威霍肯的保禄会教堂不是罗马的圣彼得大教堂，但是在雾气缭绕的黎明，它的圆顶能让人产生愉悦的战栗和精神上的期待。在《一月的早晨》中，似乎正在查房的威廉斯，背着手持相机。在“奇怪的时间里”在卢瑟福镇或周边四处活动时，他对着冬日的景色和场所拉近镜头拍摄，然后又把照片打印出来。每张照片都被配上一节诗，有几张用“和”字连接了起来。这种结构是有逻辑可言的：“那些高个儿实习生（在医院实习）/穿着黄褐色的制服/匆忙地吃着早餐”，与那些出现在“车库入口/精心打理过头发的中年绅士/蓄着整齐的胡须并/穿着洗得干净的外套”的医生形成对比。第五部分和第六部分这种粗略的意象正好可以装入布鲁盖尔的版画中，如果真有这么一幅的话：

五
——一匹披着绿棉被的小马
在肩隆上摆动它的头：
牙齿掉光了，朝空中喷气！

六
——半圈尘土色的男人
围着一团火爆发于一只旧
垃圾桶

这些意象足够了。这些物体被清晰地呈现出来。诗人没有必要再进行评论。

《一月的早晨》中充沛的情感来自一位颇有天赋的年轻诗人，他把对这些对象的敏锐理解和准确类比结合起来。尽管使用了第三人称和标新立异的形容词—名词的组合（比如，“凝结了的藤壶”），威廉斯的主观性还是不可避免地渗透其中：

年轻的医生在欢乐地舞蹈
在阳光闪烁的风中，一个人
在渡轮的船头！他注意到
凝结了的藤壶和破裂的冰壳
被低潮冲向停泊水域的底部
想起了夏天以及绿色的
表面粗糙的礁岩在
翠绿的蔓草间

他将再次像摄影师一样，蹲伏在某个不舒服的位置，为了从一个新的角度来观察他的目标——比如，“向上凝望在/你的小衣橱底下/看它弯曲的椴木做的底部”。甚至一艘名为“雅顿”的“摇晃的渡轮”，让想象力按照他喜欢的样子，自由地创造了一次异想天开的航行。在这次航行中，莎士比亚笔下的小丑驾驶着亨利·哈得孙的船只：

给我一位塔奇斯通
来掌舵，白色的鸥鸟，我们将
跟随《半月》里的鬼魂
抵达西北航道——并穿越！
（奥尔巴尼）尽管如此！

《一月的早晨》以一种令人惊讶的调子结束。威廉斯返回里奇路9号，告诉足不出户的母亲他“想写一首诗”，一首她能理解的诗。他劝告她，作为诗人与读者合约的一部分，“你必须努力”。他感受到了孩子般的快乐，这种感觉久久不曾消退：他把自己这种轻浮的心境比作在“他们应该上床睡觉的时间”还在卢瑟福的派克大街上“咯咯笑着奔跑的”小女孩。打破规则是令人愉快的，虽然《一月的早晨》并没有违反意象派的原则。

除了自律，威廉斯开始推崇创新。在1917年，医学就像诗歌的场景一样，处于不断的变动当中。尽管威廉斯像《米德尔马契》中的利德盖特一样，并不想成为一名颠覆陈旧观念的医生，但他经常会浏览医学杂志来寻找医学研究和药物方面的最新进展以及流行病学的统计数据。他总结道：没有什么灵丹妙药，只有仔细的观察、对事实的不断积累、推测、关于人体的实际知识——以及想象力，有时想象力会把每件事都联系到一起。

这些也是威廉斯在艺术方面判定变化的方法。他没有觉得杜尚的小便池是一个顽皮的恶作剧而不予理会，也没有被立体主义激怒。毕加索和布拉克吸引了他的兴趣，因为他们冷静而又权威地颠覆了公认的想法。他们的经历鼓励他去相信，他能够拓展美国诗歌的疆域。他的耐心和多变不可预测，相互混杂，渲染了《地狱里的科拉》的每一页。

那么，为什么在他生活和艺术的交叉路口，威廉斯会选择科拉这个神话呢？他从没有明确地说过。相反地，他散布了一些相互矛盾的线索。有可能是在庞德的鼓动下，他读了奥维德和布尔芬奇的故事。神话里的诗歌情趣及《金枝》像一丝浓重的味道在空气里飘荡。但那仅仅描述了氛围。更重要的是，威廉斯像科拉一样年轻又没有经验，他从一种危险的纯真、死神给予的虚假的安全感以及一种让他感觉眩晕、突然又难以缓和的冒犯中醒来。

然而，神话里关于四季更替的描述让他感到安慰。如果科拉映射出他分裂的自我，她也会断言，他的信仰经历了冬天的荒芜，会带来春天的繁荣：他的命运将会复苏。这就是威廉斯的《诗选》中会有几百首田园诗的原因。它们用植物学的精确视角记录了发芽或者被暴雪压弯了腰的树木、树枝、叶子、或开或败的花；他的心情随自然而变动。或者，他把心情放入《地狱里的科拉》的第十五章：“通常，当下降非常明显的时候，会有微妙的上升主宰它，这样，在最后，当下降被完全预知，这个人就已经出现在一个小山顶了。”

科拉（希腊语中意为“少女”），通常被称为珀尔塞福涅，她是得墨忒耳的女儿，也是象征生育的女神。有一天，在她采花的时候，地下的神灵发现了她。在宙斯的默许下，他把她掳到地下做王后。吃下石榴子之后，她与哈德斯就有了不可逆转的关系。她的母亲为女儿的失踪感到伤心，四处寻找，却毫无结果。得墨忒耳给大地带来了饥荒，后来，宙斯想出一个折中的办法，条件是科拉可以在春天和夏天升到人间，然而要在地下的黑暗中度过秋天和冬天。这个神话提出了一些与性欲有关的棘手问题。性欲这种力量，让作为医生的威廉斯凝神静气，有时也让作为男人的威廉斯心慌意乱。科拉是哈德斯野蛮的男子气概的无辜受害者吗？或者她不知不觉地策划了自己的囚禁？吃下石榴子暗示着，也许她和夏娃一样，曾经被她觉得可怕和不好的东西诱惑过。作为一个接生的医生，他对女人非常熟悉，纯洁和猥亵的想法并不矛盾。在那种职业背景下，他对自己的权威深信不疑。然而，在其情感生活中，女人却让他感到迷惑。他不能很好地驾驭两性之间善变的关系。他不断地被放荡不羁或具有艺术气质的女性吸引，比如维奥拉·巴克斯特·乔丹、米娜·洛伊，还有被生活摧残的伯爵夫人。毫无疑问，她们不属于科拉那种类型，她们被塑造成独特的、有艺术才能的他母亲的样子。在《地狱里的科拉》的序言中，他赞扬母亲对常规的蔑视：

> 看待事情时，没有经过前思后想，只凭借强烈的感觉，这样，我母亲就迷失了方向，或者结识了某个声名狼藉的人，或者调动了一种黑暗的情绪。她具有伟大的想象力，可以说这是她保留的唯一品质。她是一个被剥夺了才能、被蜕了皮的、生活在社会底层的人，但是凭借想象力这种力量，她依然能够打破手指间的平淡生活。

威廉斯羡慕她的特性：热情、富有想象力，更准确地说，还有她过度的理性控制——她是一位艺人，类似于他那些敏感又无赖的来自不同种族的病人，而不是他在教堂里看到的卢瑟福社会的栋梁。即使是一个年老的女性，她有时候也表现出得墨忒耳的力量。

但是，与性经验丰富的女人在一起，威廉斯要么不能理解她们的暗示，要么行为拘谨，好像害怕陷入她们布下的网。关于维奥拉·巴克斯特·乔丹，他苦苦思索要不要委身于她。他是一个奇怪的人，是被动与自信的混合体，尽管有人觉得他是在等待特洛伊的海伦来诱惑他。由于威廉斯实际上有点儿耍手段，所以我并不想把他刻画成一个笨手笨脚的花花公子形象。

在失望之际，他娶了弗洛斯，一位科拉一样的人物。他习惯于在很多话题上编造托词，但是在《地狱里的科拉》及1951年的《自传》中，他对她近乎残忍地坦白：她没有点燃他情欲的想象力。在《地狱里的科拉》的第十五章中，他像一位恩人一样评价道："她漂亮紧致的脸是一首单调的曲子，但是现在，它呈现出一种少女的特征。"尽管他痛骂"理查德·瓦格纳，作为一个'愚蠢的伤感主义者'，多年来一直致力于攻克下降的韵律"，威廉斯像唐怀瑟一样，更喜欢维纳斯堡优美的音乐，而不是伊丽莎白纯洁的祈祷。这就好像是哈德斯，发现科拉的"完美"让人厌烦，马上就厌倦了她，之后就很愉快地把她交还他的岳母。这样每年有6个月的时间，他可以自由地"舞蹈"和调戏女人。

1912年，在威廉斯结婚后几个月，他给维奥拉写了一封信，想要寻求一种性联系。吃惊的乔丹尖锐地指责他这种不道德的行为；他感觉自己像个流氓，就退回到文学友谊这种比较高尚的关系上去。威廉斯把这种不正当的欲望，隐藏在《地狱里的科拉》的字里行间，并估量着可能被发现的东西，尽管对于经常被指责和忙乱的创作来说，那可能是一个过于整齐的意象。

2

1910年到1920年，威廉斯积极地参与并观察着纽约的文化状况。正如我们已经看到的，他记得1913年的军械库展览会是“一个精彩的时刻”，给他的艺术观念以令人振奋的一击。在这一时期，他开始对诗歌进行实验，研究如何“将意象展现于纸上，抛弃韵律，在每一行开头不用大写字母”[①]。他支持由沃尔特·阿伦斯伯格和阿尔佛雷德·克莱姆伯格创办的小杂志《其他》，并为其贡献了一些资金、时间、诗歌和建议。《其他》杂志的智囊团在里奇路9号的院子里拍了一张著名的聚会时的照片，里面有曼·雷和微笑着的马歇尔·杜尚，杜尚的胳膊正挽着赞助人阿伦斯伯格的胳膊。威廉斯坐在前排，耳朵像洞穴巨人的那么大，他抱着一只猫，谨慎地盯着镜头。所有的男人都穿西服打领带，好像在大学聚会上一样（在一张类似的照片里，妻子们站立着，就像妇女辅助会的成员。很显然，弗洛斯是一位年轻的姑娘，双手插在羊毛衫口袋里，毫不害怕地盯着照相机）。威廉斯与克莱姆伯格的友谊及合作持续了6年。1919年，克莱姆伯格指责威廉斯蓄意破坏《其他》杂志，两人的关系到此结束。

这一指责很明显是错误的。但是，威廉斯越来越感觉到，他的创作已经超越了这份杂志主打的不温不火的意象派诗歌。尽管如此，他还是通过在克莱姆伯格的诗歌《花生豆》中找到创新性的节奏，来努力掩盖自己的缺陷：

我们没有餐具
来吃我们的食物
我们没有餐具
来吃我们的食物
因为我们没有餐具
来吃我们的食物

①《威廉·卡洛斯·威廉斯自传》，第138页。

我们不需要餐具
来吃我们的食物
我们有手指
来吃我们的食物

这些幼稚而又单调的诗行缺少营养，即使是一碟花生豆，也能在很大程度上满足饥饿的读者。很难相信，威廉斯能够忍受克莱姆伯格诗歌的那种乏味的重复。他知道，正在崛起的现代主义者——他觉得自己是其中的一员——已经超越了克莱姆伯格。威廉斯曾对米娜·洛伊的《乔安妮之歌》里面的那种粗糙和新鲜感感到兴奋，这首诗打破了禁忌，并混杂着性的直白（猪丘比特它粉色的猪鼻子/根深蒂固的情欲垃圾）和抽象奇特的词汇（“徒劳的冲动”“青春期的成就”）。当洛伊写道：

我们可能已经交媾
在卧床垄断的一刻
或者已揉碎彼此的肉体
在亵渎的圣餐桌上
葡萄酒溅到淫乱的嘴唇上

她听上去就像一位恶作剧的牧师，出于世俗的目的而使用了宗教的语言。这种露骨的即兴重复段——两位意大利未来主义诗人的情妇洛伊吸取了他们不和谐的教训——预示着达达主义艺术家和超现实主义者不久将给予令人振奋的冲击。在把威廉斯的诗句从陈腐的节奏和拘谨中解放出来方面，这些影响发挥了重要的作用。

在庞德的催促下，威廉斯向哈里特·门罗的《诗集》提交诗歌。从天性来说，他慷慨大方；从医学修养上来讲，他感同身受，又很有方法；但在诗歌和责任方面，他却不能很快地下定决心。在《地狱里的科拉》序言中，他是否应该全身心地加入现代主义者的队伍这一问题，引发了他与自己和别人的辩论。该序言写于1920年，也就是在他完成对即兴创作的修改之后。它包含一系列喜剧小品，主题是如何回应涌现的新诗以及像《给想要它的人！》这样的旧诗。

威廉斯就像一位谨慎的报社记者，一本正经地盘问着阿伦斯伯格，是什么使立体主义者具有现代性。阿伦斯伯格回答说："人区别于其他动物的唯一之处在于他能即兴创作小说。"威廉斯的一丝微笑打破了他故意保持的中立立场。他回忆起阿伦斯伯格热衷于做一名老波士顿隐士，他"被令人生畏的女房东监视（很显然靠他的租金过活），在手指上画类似雪茄烟盒上的那种人体油画，把从廉价商店买的带玻璃宝石的戒指戴到手上"。威廉斯赞成高雅艺术和批量生产的人工产品之间没有区别吗？人们会如此期待，因为这是"即兴创作的小说"，是威廉斯钟爱的打破旧习的姿态。他还在《地狱里的科拉》中对此进行了尝试。在阿伦斯伯格赞助的工作室里，艺术生产商面临着一个有可能是杜尚设计的骗局。阿伦斯伯格的教训没有对威廉斯产生作用；很显然，他的奇思异想吸引了他，使其产生了一个奇怪的策划展览的想法。他提议成立一个小型的"被拒绝作品沙龙"，展出"没有大师或方法指导的男人或女人失败的画作；在创作初期，他们可能已经完成两种或三种非同一般的作品"。这样的一幅画作，一幅由英国女性A.P.克尔创作的静物画，就挂在威廉斯父母的房子里，后来挪到了里奇路9号。威廉斯认为，如果这些业余画家沿袭了史前岩石画家的风格（一个令人吃惊的出处），他们的作品就不能被嘲笑为旧货商店扔掉的东西，而可以将其称为粗劣之作。出于某些无意识的、自我保护的考虑，威廉斯不愿意放弃他诗歌创作的业余身份并投身于文体实验。

然而，他浸濡于现代主义又是另外一回事了。在军械库展览会上，他看到了一幅画作，是瓦西里·康定斯基的《即兴创作27：爱的花园》。斯蒂格利茨购买了这幅画，并把它悬挂在他的291号画廊里。这幅画及康定斯基的某些言论和散文诗，给威廉斯留下了深刻的印象。马斯登·哈特雷可能向威廉斯推荐了康定斯基的《论艺术的精神》（1911年）和《回忆录》（1913年），并和他一起讨论过这些书。那位俄国画家曾搬到德国，是蓝色骑士圈的重要成员。他在1911年写信给阿诺德·勋伯格表扬这位作家"与常规写作结构的决裂"，而这正是威廉斯在其诗歌中孜孜以求的目标。阅读康定斯基《回忆录》中的宏伟教条，让威廉斯把他的诗歌从濒死的形式中勇敢地解放出来："每部作品都和宇宙一样，凭借灾难形成……艺术作品的创造就是世界的创造。"威廉斯还没有准备好按照普罗米修斯的方式来审视自己和诗歌——直到1923年的《春天及一切》的开篇——但是康定斯基坚持认为，艺术家应该基于"内心的需要"进行创作。这引起了威廉斯的共鸣。他能看到，在《即兴创作27：

爱的花园》中，康定斯基勇敢地推翻了传统的表现手法和自然主义主题，虽然这是分阶段进行的。当康定斯基更加推崇抽象时，他就让颜色消解了形式。《即兴创作6》中的人物是通过帽子和衣服可以辨认出的非洲人，但他们失去了面部特征。在《即兴创作14》（1910年）中，树和坐在长凳上的人都被极端风格化了。哈特雷可能给威廉斯看了康定斯基的《克兰格》，这是一首散文诗，旨在创造一种富有音乐性、艺术性和诗性的语言。

无须跟随康定斯基进入激进的抽象主义，威廉斯就能从他的自由中获得愉悦感。威廉斯相信，诗歌不能没有一个可以辨认的主题。但是在《地狱里的科拉：即兴创作》的序言中，非常明显，他很熟悉康定斯基关于即兴创作的定义，即“对内在品行、自然界非物质的一种无意识和自发的表达”。艺术历史学家盖尔·莱文指出，“威廉斯后来演绎了康定斯基的‘艺术家的公理’”：

> 每一位艺术家必须表达他自己。
> 每一位艺术家都必须表达他的时代。
> 每一位艺术家都必须为所有人的艺术
> 表达纯洁又永恒的品质。

威廉斯之后就上述言论进行了评论：“我们有鱼和诱饵，但是最后的规则可以让我们一下子抓住三个鱼钩——然而，却不是为了鱼。”康定斯基的观点也得到了庞德的赞许，它允许威廉斯在《地狱里的科拉》中进行语言实验：结构不必预先设计，它应该在匆忙中被即兴创作出来。

这种写作模式游弋到现代主义的诱饵处，又谨慎地摆脱它。当他把诗歌拿到桌面上，与玛丽安·穆尔、埃兹拉·庞德、希尔达·杜利特、华莱士·史蒂文斯等一比高下并由他们做出评判的时候，这种模式在序言中反复出现。正当威廉斯努力要获得一种非衍生的诗歌的声音时，他们已经选定了一种让人满意的创作方法，并且因为精通诗歌而赢得了声望。引人注意的是，威廉斯愿意公开地把他的诗歌暴露于同伴的挖苦、辱骂和误解之中，并被他们看成一位新手。在被告席上，他坦承，自己的诗歌被不合适的语言破坏了，观点也不够明确。然而，他并不是他人观点的牺牲品。有时他被这些检察官们逗笑，有时被激怒。他机智而又针锋相对地对“敏感的墨守成规者”艾略特进行了冒犯性的反击。他认为艾略特“满足于大师的称谓”以及一种“衰减的智力”。威廉斯非常精明，一方面膜拜着艾略特精湛的写诗技艺；

另一方面又旁敲侧击地说那是“略加修改的老作品”。威廉斯用一个医学术语总结道：“出于他们已经局部麻痹（瘫痪的）的假设，即除了老一套之外并无别的，他们（艾略特和其仰慕者）应该被关到地狱里。”

因此，他在诗歌界寻找着可能的盟友。他非常尊重玛丽安·穆尔，并因为她“描述的新鲜感、新颖和自由，摒弃陈词滥调”而赞扬她（还有米娜·洛伊，她们俩经常被相提并论）：这正是他要努力达到的目标。但是对威廉斯来说，穆尔太像一只刺猬了。她的诗歌理想像清教徒一样具有排他性。无论是作为医生还是作为诗人，威廉斯对此都不能接受。他引用她在《利未记》中说的话：“我的作品总共只有一种风格：我将不会触及或必须处理我不喜欢的主题。”由于喜欢创作的自由和多样性，威廉斯不能只选择一种风格并坚持它。

相比之下，庞德——人马怪、残酷贪婪的鸟身女妖、博学的势利小人（尽管出生于爱达荷州）及一位打开门又把它关上的通俗的滑稽剧演员，集多种角色于一身的能干的宣传者——彻底地羞辱了威廉斯的无知和想要使用独特的美国诗歌习语的野心。下面几个主要段落摘自庞德的一封长信，我们能感觉到它辛辣的味道：

> ……美国？你这个年轻的外国人对这个地方究竟了解什么。你的父亲只进入了边缘，你从没去过北达比以西，或者莫赫·琼克“之”字形路。
>
> 草原之风在内衣里打转的希尔达，或者维里莱·桑德伯格能认为你，一个衰老的东方人，是一位真正的美国人吗？不可思议!!!!!
>
> 我亲爱的孩子，你从没有感受过内华达雪乐山巍然耸立的山峰，你能了解这个国家吗？
>
> 你拥有克莱尔郡移民的天真和轻信。但是我（伟大的我）的血液里携带病毒和这块土地上的细菌，这几乎有3个世纪了。（血腥的势利小人，给他一块砖头!!!）
>
> 感谢上帝，你已经得到足够的西班牙血液来污浊你的思想，并且阻止当前的美国思维像坏了的滤锅一样被穿透。
>
> 成就你作品的东西是模糊，你不要忘记它。模糊不是一种美国的品性。活力、时髦、喋喋不休、啰啰唆唆，这些才是地道的美国特征。

这一评价非常敏锐。威廉斯容易“天真和轻信”；他只见过德拉瓦河谷附近的肯尼斯·伯克农场以西的很少一部分美国。但是庞德那些居高临下的话语，并没有切中要害。就像坐在肯辛顿宝座上的一位仁慈的独裁者，庞德把美国视为广阔诗歌王国的野蛮殖民地，他通过在出版业的关系对此加以控制。他发送指令，质问美国“粗鲁的机械师们”，并嘲笑他们的诗学丑态，好像他们在无知又一本正经地表演荒诞喜剧《皮拉缪斯和忒斯彼》。庞德免费给他们提供建议以对他们进行教化。对庞德来说，教育那些几乎没有什么天赋的粗野人尽管必要，却让人厌烦。美国语言的未来，就像威廉斯一样，无法引起他的兴趣，也和他没有什么关系。庞德把注意力转向了从中国搜索文化宝藏，并把它们带到普罗旺斯。

然而，面对庞德的攻击，威廉斯并没有崩溃（他们争吵了近60年）。费诺罗萨对于威廉斯的重要性还比不上茴香。我认为他忌妒他的朋友能够自由、自信地表达观点。这位朋友的感叹号就像宙斯的雷电一样有力，他能写出玄妙的声明，能使用3种语言和伦敦方言（活力、时髦、喋喋不休、啰啰唆唆）侃侃而谈。威廉斯容忍了庞德的嘲笑，因为他不知道多大程度的深思熟虑和混乱模糊才会对他的诗歌有好处；他们让他对局限、传统、标准——及抵制进行了思考。既然庞德在另一封信里恳求威廉斯将《地狱里的科拉》的意图揭露得更清楚一些，那么，他对于模糊的认可不是虚伪的吗？作为一名自由职业者，庞德可以随便出入图书馆，在任何时候都可以阅读和写作；而这位年轻的医生仅仅能够挤出1个小时匆忙地为一首新诗写上几行。关于希尔达·杜利特对其诗歌的批评，他就没有那么高尚了。她追求的美，是“一种平淡的希腊风格的完美忧伤”。她代表了唯美主义的矫揉造作。相比之下，他就像一个白痴：“我和她在一起时”，他告诉我们，“总是感觉我的双脚紧贴地面，而她则是在草茎上行走。”艺术圣殿里的任何奉承都让威廉斯觉得恶心，让他想要骂人。在修改了他的诗歌《三月》之后，希尔达·杜利特为她的行为辩护，依据是“这些美丽的诗行非常漂亮——你的《终曲》曲调和精神也是如此（对我来说，一位胜利女神屹立在你的诗歌中，至高无上）。我觉着这儿有真正的美——真正的美在这一代是稀有而且神圣的——在所有的金字塔，在亚述巴尼帕，在菲耶索莱，最后在风中”。在这种浮夸的赞美中，她把伤人的话对准了他的弱点：“在阅读你的诗歌时，我总感觉它们是衍生出来的，对我来说，这不是你——不是真正的你自己。似乎你对自己的精神和灵感感到羞愧！——好像你在嘲笑自己的诗歌。嘲笑自己很好——但嘲笑你的灵感则是一种精神上的罪恶。”

由于威廉斯根本不知道那个“真正的自我”，希尔达·杜利特对他的谴责无疑是冒昧的，只是逞一时的口舌之快。他自然非常愤怒。“关于文学，没有什么是神圣的。”他以最好的弗朗索瓦·维庸式的态度来反驳，“它该死地从一个极端走向另一个极端。除了变化，文学一无所有，但变化是拙劣的模仿。我想写什么就写什么，想怎么写就怎么写，如果语言上有真正的变化，那将是很好的。”希尔达·杜利特关于“真正的”观点——一位亚述国王、胜利女神、金字塔、菲耶索莱——似乎很遥远，就像一场在布帘后面进行的历史表演，她似乎不能直面最近结束的第一次世界大战。对威廉斯来说，这次大战的杀戮现场让她为艺术而艺术的文字看上去在逃避现实。在诗歌的战场上，想象力是“错误价值观”的受害者，比如希尔达·杜利特所拥护的古典现代主义和威廉斯所批判的浪漫主义。然而，通常威廉斯也会接受几处修改意见。

威廉斯不喜欢“固定性”，因为他将其等同于“定局”（在序言中，他把它称为“行走的魔鬼”）。因为他的诗歌是流动的，他担心在自己有机会去勘测坐标并测试想象力之前，固定性会将其束缚在一种风格上面。他重印了华莱士·史蒂文斯评论他的《给想要它的人！》的信件。考虑到史蒂文斯在上流社会的权威地位，他使用文雅又充满讽刺的语言对信件做了注释。史蒂文斯不赞成威廉斯混杂的品位，因为他觉得这会招致混乱，而那是他深恶痛绝的：

> ……如果一个固定的观点，现实主义的、意象主义的或者你会想出的其他观点，所有的一切都在调整自己以适应这个观点。调整的过程是不断变化的，对诗人来说，它应该如此。但是，摆弄这些观点会导致新的开始，不间断的新开始则将导致内容贫乏。
>
> （这听上去像罗杰·德·科弗利先生的论调）
>
> 一种态度或完全成熟并被利用的心情，是那么新鲜的东西等。

所有的证据都表明，作为医生，威廉斯眼光锐利、受过训练；然而作为诗人，他却烦躁不安，整个写作生涯都在摆弄自己的风格。他对史蒂文斯男校长的讲座充满敬意，频繁地求助于“新的开始”，但这并没有导致他的诗歌内容贫乏。

3

威廉斯在《地狱里的科拉》的第二十四章里宣布：“心灵的无忧无虑是一种美德，就像星星的微光。”与其说这是一句关于情感的格言，不如说它在刺探他所信任的诗学。由于没有实现目标的可靠途径，他决定走“某条这种意图的小路”。如他坦言，这意味着，他可能拐错弯儿、迷路、问路。然而，就像他在罗马的母亲一样，“让自己摆脱每一次展望的陌生感，并找到一个可以导航的地标”。威廉斯寻找的是一把钥匙，能够从生锈的形式镣铐中释放他的想象力。他偶然发现，即兴创作是一种灵活的技巧，可以帮助他回避阻碍诗歌发展的“有害的僵化”。威廉斯一生都钟爱戏剧。在医学院，他喜欢看业余演员表演的滑稽剧；在普罗温斯顿剧院，他与米娜·洛伊一起表演；在里奇路9号的后院，他搭建了一个舞台；他写戏剧和歌剧脚本。即兴创作让他有机会尝试不同的角色，却无须对这些角色承担什么责任。

在即兴创作中，诗人从一个观点或情形、一个韵律、一个单词，或者一个人的手势开始，从被抛弃的或飘过的无论什么东西中，冒险创造出一个角色和结构，就像哈克贝利·费恩和吉姆建造了他们的木筏一样。“即兴创作总是需要一个计划”[①]，奥克塔维奥·帕斯在《双重火焰》中说：“它有可能只是一分钟之前才被做出来，或者比较模糊，或者是示意图：但它依然是一个计划。”帕斯的言论既微妙又很有条理，但对威廉斯来说，即兴创作的关键和吸引力恰恰在于它缺少事先考虑，在于自由联想能够带来惊奇。演员可以让思维跟随它自己的脉动，不被形式既定的规则约束。如果想进行一个谋杀者思维两面性的对话，她可以；如果她选择5分钟的沉默，那也是被允许的。即兴创作是一种抵达目标的方法，不是目标本身；演员寻求的是一种技巧而不是答案。伪装真相可能会碰壁，并且让演员陷入愚弄自己的危险境地中：“傻子们有大子宫”是《地狱里的科拉》的开场白。尽管如此，演员依然沉浸在这一可怕又让人愉快的过程中，希望能将某个时刻具体化，能让某种感觉更清晰，或者能够打破一种内在的屏障而进入新的领域。

对于受到阻碍的威廉斯来说，这一创作模式是意外收获。在探访病人的漫漫长夜之后，他回到家里，疲乏又焦躁，但思维仍处于一种奇怪的活跃状

---

①奥克塔维奥·帕斯（Octavio Paz）：《双重火焰》（*The Double Flame*），第240页，海伦·莱恩（Helen Lane）译，圣地亚哥：哈考特·布雷斯出版社，1996年。

态。他走上阁楼工作室，开始写作。意志力睡着了，他就一头扎进自己的潜意识，打捞出海藻、垃圾和珍珠。他能取回的东西是不确定的，这正是这个游戏的乐趣所在。能逃离他的身份几个小时，是让人欣慰的。即兴创作为他探索想象力开辟了新的途径。

然而，这一过程并不是随意的。他研制出临时指示牌，他可以在中途按照指示行驶或者把它抛弃。无意识涌现的词语或声音能够被有意识地塑造。即兴创作最终需要做出艰难的选择：把这些词语清除掉；把那些连缀起来。因此，在《地狱里的科拉》中，至少有一半的即兴创作读上去像是有目的的自由联想：

> 在中年的时候结婚，把年轻姑娘带回家。在这一年的最后，忘掉最坏的事情。心情不怎么变化，这很奇怪。做得更糟——直到你的思维转弯，然后一头扎进悔恨中。当钟声敲响的时候，姑娘变成了英雄。
>
> 在这里，竖琴弹奏了一段短暂的华彩。新大教堂后面的日落和紫色河水的泡沫涌向大海。汽车停在门口。今晚我不想一个人走。我会付你很多钱。这是国王的邪恶。加速！加速！太阳本身是西方的下疳。哈，大房子闪着耀眼的光——看在以前的分上！待售！待售！城镇已经变成另一个样子。但我不会轻易被愚弄。待售！待售！如果你能读正确。美的头颅在枕头上面，一位裸体的马哈！或阿尔巴女公爵！阿尔巴女公爵！在纽瓦克市的街道上从来没有这么下流的奇迹！打开窗户——但是所有的窗户都被木板封住了。和你们一起出去，你们这些困倦的医生和律师——天空在燃烧，加略山教堂上像蜗牛一样的触角，高耸入云，嗅着黎明的气息——窗户开反了。吹起喇叭吧！所有的乐器！整个世界都在归途。

这一段像一个语言的跳蚤市场，里面所有的东西都在出售。威廉斯叫卖着高雅的艺术（戈雅和莎士比亚），并操着4种语言，好像在与庞德的教育学和对文化复调的喜爱进行竞争——或模仿。叙述者以竖琴上一个“短暂的华彩”开始了第二段，并以嘟嘟作响的喇叭和全员演奏的管弦乐队结束。你会觉得他在宣读《末日经》，但这不过是他的镇民在一天结束时回家的场景。在视觉上，威廉斯把他精辟的话语放在了两张明信片里。第一个是完美纪念品店的粗劣作品：新人教堂后面的日落，一条紫色的河流涌向大海（泡沫是威廉斯用花体装饰的标志）；第二个是对于黎明的描写，运用了相同的色调，但又没有太过华丽，因为里面有一个可爱的形象：他把教堂尖塔比作了蜗牛的触角，在嗅着黎明的气息。在这种具有艺术气息的景象中，一辆神秘的汽车出现了。在门口偶然间会听到几声短暂又模糊的恳求。我们很快得知，这是一个老朋友，“由于梅毒感染，他的大脑慢慢产生病变”。他希望威廉斯陪自己去趟纽约市。比尔答应了。在镇上外出的这一晚，威廉斯的内心产生了一种古怪而又典型的自我保护心理：他咆哮着“这个城市趋于愚蠢”，并“轻视了他朋友的不幸”。也许，他从这一“旅程”中得到的一个有用的教训就是，“下流的奇迹”的报偿就是梅毒：待售！无论如何，诗学的奇迹产生了美。作为“国王的邪恶”的梅毒和被喻为太阳光的下疳可能取自《一报还一报》。但是几个部分之后，医生和诗人合作来界定什么是梅毒，并表明它产生了一种花一样的美，配得上波德莱尔——及沉思：“准确地说，病理学是一个花园。梅毒用橙红色的花瓣覆盖了人体。医学研究是一种反向的园艺。”这一切体现了关于疾病的哲学，这是一种坚定的舞蹈。如果威廉斯没有麻烦自己去分析那种哲学，那是因为，在1917年，他谈论美学要比谈论麻醉剂更合适。

在对词语进行的自觉把玩中，这一篇章比较了威廉斯“破碎的风格”与戈雅或伦布兰特所获得的完美之间的差别。威廉斯的句子疯狂地倾斜，就好像在遵守“加速”“加速”的命令，突然又踩在刹车上，然后再次歪歪扭扭地向前。为了让汽车在路上行驶，他会尝试各种办法。如果一个双关“待售”不起作用，他就抛出一个“哈！”，或者一声大吼（哈——！），或者在页面上分布一些感叹号。当灵感走进死胡同时，他就会停下来，这里通常会有一个破折号作为标志；之后他又转入一个新的方向，倒退，或者来一个“U”形转弯。让人好奇的是，当不知道自己要驶向何方时，他就使用了命令的语气。我们可以想象，当一个即兴创作失败时，他会耸起肩：这个失败并不应该让他脸红，或觉得可耻，因为他已经从中获得了娴熟的技巧和宝贵的经验。

《地狱里的科拉》是为两种其他类型的即兴创作而快速完成的作品。当莫扎特这个神童在欧洲贵族的宫殿里演奏时，宫廷作曲家一般会给他一个任务，让他从一首已经完成的曲子里挑选一个主题进行即兴创作。在接下来的变奏曲中，该主题会经历眼花缭乱的变化和点缀，有时会消失很长一段时间，有时又被一个听得见的线索救活。在《地狱里的科拉》的好几章里，威廉斯大概也采取了这样的创作方法。主要的词语和意象——例如，舞蹈、完美、曲调、爱抚——有时代表一个清晰的整体，其组合方式会呈现出来，如果真是这样，也会是在最后得以呈现。那就是过渡很突然或者完全下降的原因。但是，尽管威廉斯在摸索着寻找坚实的诗歌基础，《地狱里的科拉》并不是自动写作的代表作。以第五章里的这首幻想曲为例：

> 实际上是夜晚的白色又美丽的尸体！死亡的西北风竟像大山一样柔和！所有不安的星辰现在都被安放在床上：来自妻子之手的三颗子弹没有一颗是更温和的：一颗在花冠，一颗在颈背，一颗在颈背稍下：三个星星似的洞分布在百万个毛孔和你的嘴的月亮间：金星、木星、火星，和所有星星，在验尸桌上，立刻融化成一道美好的光——思想保守的蛾子逆着光拍打着翅膀——除了这儿有两只之外。但是，最甜蜜的还是乡村医生的爱抚，可能有一点儿笨拙——但是！——检察官彼得·沃鲁兹和其他人员，和着拾荒者铃铛的叮当声，挥舞着枫树的绿枝。另外——有点儿麻木的双手，有些粗糙的声音，那么令人安慰，那么超然，又与主题完全没有关系。那声音语气平稳，喋喋不休，说着如何、在哪儿、为什么以及夜晚结束了，昨天的绿色边缘已经说了它所能说的一切。

威廉斯在解剖尸体的时候出现，这让他很悲伤。通常，我们一般会觉得作为医生，他看待死亡会很冷漠。他并不喜欢添加死亡原因和时间等日常事务。他陷入了某种恍惚中。其中，尸体，无论是莽汉还是敬业教师的，成为一个浪漫的意象。死亡的恶臭被一阵风吹走，子弹孔“就像星星一样”。威廉斯可能正在幻想，他是妻子凶残和愤怒的受害者。射向腹股沟的第三颗子弹暗示着，乡村医生玩弄女性的行为（那些虽然笨拙却很甜蜜的爱抚）理应遭到报应。“但是”一词打断了他的思路，就像从行星和星星上来的宇宙之光，变幻成“验尸桌上的惨白的光”。尽管这种即兴写作的结尾不够典型，但它的主题在《地狱里的科拉》的其他地方被重复。

还有第三种样本，也与《地狱里的科拉》有关。当我们发现自己处于紧急情况时，如果找不到常见的物力，就会临时想一个办法。战场上，外科医生砍断了一个战士的腿，因为没有麻醉药，他必须立即想出一个代替品；在海拔较高的落基山脉，一群徒步旅行者在暴风雪中迷路，他们必须草草地搭建一个住的地方。绝望是发明创造之母。威廉斯在《地狱里的科拉》中可怜地把自己称为“半个诗人”，他在内心记住了那句格言，这么说并不牵强。这是威廉斯最讨人喜欢的特质：他既能嘲笑自己“愚蠢”的错误，也能扮演沙士比亚式的傻瓜，一本正经地插科打诨。

威廉斯放弃了大多数的诗歌遗产——他劝告自己要“推翻先贤”——野心勃勃地重新开始。没有计划，只有一些新信念的碎片在支撑着他：“一首诗可以来自任何东西”“被想象力点拨的任何事物，都会变成别的”。他拥有“注意力的灵活性，它为了享受某种特权而解放了思维”。对自己不成熟的作品感到不满，他就抓住了这根稻草：“通常一首诗会因为某一行或者一个值得称赞的词语而可圈可点。所以，它拼命地攀附着树干，但依然很稳固，这棵树不愿意放开它。”因此，《地狱里的科拉》是威廉斯与自己和诗歌传统进行辩论的文字记录，里面充满斜体的术语。他感到很失败，因为他的词语只是断断续续地“随着听到的音乐用脚尖旋转”；然而，有时他对于这种分裂和战胜分裂的可能性感到得意：想象着自己成为两个人，他把负担放在一个人身上来放松自己的思维，然而另一个却带走了在他面前的快乐。

如果说在这些即兴创作中有一个英勇的救世主，那么它就是想象力。对它来说，《地狱里的科拉》是一首被扩展了的支离破碎的赞美诗。无疑，威廉斯首先学会了赞美想象力这个术语。它来自济慈，是浪漫主义诗学中的一个关键词。在现代诗歌中，在敬重想象力和过度谈论它的方面，只有史蒂文斯能与威廉斯相媲美。感受和唤醒它的能量是一回事，就像威廉斯在《地狱里的科拉》的每一页所做的；而在诗歌中驾驭它，就是另外一件更加困难的事儿了。如何协调包容的诗学和“一种形式的点金术，把经过酝酿的语言灵巧地装瓶”（正如威廉斯在第二十三章中所做的），向诗人提出了一个谜题。这个谜题让他在整个写作生涯中都没有解决。在《地狱里的科拉》中，诗歌的想象力像哥伦布一样，开始去发现新世界，克服骚动、绝望以及不知驶向何方的茫然。

在《地狱里的科拉》结尾处，威廉斯在一段迷人又朴素的诗篇中，制定了一种实验性的诗学教义：

> 小儿子的即兴之作超过了我的；对他来说，一块圆石头就是一条面包，或者“这只母鸡能够下一打儿金蛋”。鸟儿在他的床架上盘旋；巨人们张着饥饿的大嘴靠在他身上；夏天到来之前，熊在农场漫步，一念之间被杀死并被砍成四块。吃饭时间会有冗长的故事，充满奇怪的想象力和真实怪异的东西。在讲述过程中，猪变成了狗，牛能唱歌，公鸡变成了山，海水仅有一汤匙那么多。有呻吟和咆哮，微暗的云和阳光混杂

在巨大的幻景之中，这幻景在白天发生的微不足道的小事里展开。除此之外，他有音乐，而我没有。他的调子不遵循标准和韵律——那随笔中的心情，伴随着创造的艰苦，一次又一次地高涨，除了某些显著的飞行之外，它升得很高，超出了它的能力。在第一次拜访基督教周日学校之后，他的创作里就包含了一些类似于赞美诗的内容，我从来没有见过另外一些作品能让人如此叹服。

我们支持浪漫主义诗人的神话，它们具有孩子般炽热的想象力。“监狱的阴影”并没有包围诗人的儿子；“普通一天的光芒”也就是威廉斯所说的“白天的微不足道的小开始”充满了隐喻和变形：“当孩子们从险恶的地方来到高兴的地方，从海洋来到与奇迹毗邻的当地(3岁的威廉·艾瑞克可以把石头变成面包)，他们有一种特别的规模感和自然的放松。”“小男演员默记”的很多部分，就像威廉斯在《地狱里的科拉》中那样，不同之处就在于诗人有时会带着怀疑的眼光，认为“随笔”缺乏“创造的艰苦”。(通常，下一刻威廉斯会变得讨厌：“尖叫着的小屁孩是一只咩咩叫的羊！”不是所有的变形都是对等的——后来，内心怀有孩子般想象力的诗人，清除了一些多余又荒谬的押韵：“当老太婆们挖蛤蜊的时候，它们的肥肉乱颤……”)

威廉斯宣称，他最讨厌固执的观念。为了避免这一做法，他采用零敲碎打的解决办法，被显贵的华莱士·史蒂文斯批评为太过随意。威廉斯在序言中引用的一封信里，史蒂文斯告诉他的朋友“就我个人而言，我很讨厌混杂”。但是，对于这个阶段的威廉斯来说，即兴创作所允许的混杂、零碎也有可取之处。这让他可以自由地选择哪条路能够缓缓地下降，哪条路通向死胡同，哪条通向大道。但是，首先他会尝试强加至少一个临时的网格。梅塔斯塔西奥是18世纪伟大的词作者，曾经为格鲁克和莫扎特填词。威廉斯借鉴了他的风格。之后，其创作方法就是这样的：把每一章都分成3个非对称的部分，其中的段落或长或短；这几个部分或者相互关联，或者各自独立，取决于他对这一主题有多少兴趣。有时，威廉斯慢慢消失，有时又急躁地变速。句子间相互猛烈地推挤，分解崩溃并将读者搁浅在无人之地。在其他时候，当想象力很充分时，这些段落穿越小节线，“从头到尾都保持着完整的状态”，就像在中世纪的音乐中一样。散落在这些段落之间的是一些斜体的评注——让人困惑的、清晰的、古怪的、讽刺的——一些编了号的片段要么出现在评注之前，要么提出相反的审美意图；对它们进行分析通常会变成陈词滥调或加重神秘感。在这些评注中，威廉斯扮演极度紧张的戏剧导演。他不停地打断演员的表演，建议他们对台词进行更微妙的理解，或者他对剧作家的潜台词做出一些解释。

庞德向威廉斯抱怨，即兴创作是“完全语无伦次的、非美国的诗歌”。他是错误的。《地狱里的科拉》可能是模糊的、不整齐的、凌乱的，并且在某些方面是一知半解的，但它并不是不连贯的。我建议通过两条途径来理解《地狱里的科拉》不稳定的艺术特色。第一条，再次借助戏剧性的暗喻：27章组成了诗歌声音的试听和按体裁分类的节目单，能够听到独奏、齐奏，还有奇异的组合。因此，一个微妙的抒情的句子——“看，那里它（城市）从沼泽中拔地而起，迷雾已经吹响它们催人入睡的风笛。”——可能跟随着一篇杂乱的演讲，这演讲是埃德加和愚人在《李尔王》中使用的；它似乎是由疯子说出的一连串不连贯的隐喻：“需要适应的东西；太大以至于公牛都拉不动、很快就要炸裂的石头。选择它周围的道路，或者——擦掉，擦掉：一座山已经被灰尘埋没！娶一个囊地鼠来帮助你！带她进来！沿着点燃的牧草走下去！下去，下去！这儿是特诺奇蒂特兰！这儿是奇怪的达连湾，这儿的虫子是王子。”威廉斯几乎尝试了所有的东西：喜剧、祈祷、滑稽表演、勃朗宁的独白、对话、讽刺文章、神话故事，甚至一位自学成才者的训诫。这一分钟他是一位美娜德，陶醉在文学实验中；下一分钟他又成了有些书呆子气的诗人，引用着他最喜欢的诗句，或取笑着伟大的诗歌传统，从但丁、莎士比亚和维庸到惠特曼、艾略特、希尔达·杜利特和庞德；之后，他又变成自然爱好者，欣赏着鸟儿或描画着云朵的形状。在思想的剧院中，形式不可避免地肆意蔓延，并且“既没有开始也没有结束”，但他并没有迷失方向。斯图尔特·戴维斯为《地狱里的科拉》做了一幅独创的卷首插画，上面有“一个人体卵细胞，被黑色和白色的精子包围”。对于漫不经心、高风险的目标来说，这似乎是一个恰当的意象。威廉斯孤注一掷地想要创作一首新诗，即使它是富有音乐性的、散文式的。

在《地狱里的科拉》的开始，威廉斯讲了关于罗尔德·阿蒙森的一则简短的逸事。这是一位南极探险家，他总是闲不下来也不爱说话，曾经被一个乡村女孩抛弃。威廉斯说“人们知道为什么极地这么吸引他”。由于对立性主宰了威廉斯的思维和行为，它搅动了《地狱里的科拉》的每一页。以第十八章中的这段文字为例：

经过30年对一个真正短语的凝视，他发现，它的反义词也是真的。因为抓住了一个强烈的自嘲，几个星期里他一直都在笑。失去了他依赖的错误信仰，他东倒西歪地在他的活动场地里四处滚动，直到一个新方向出现在他崩溃的思维中。被骗得严肃起来，是多么愚蠢啊。心软的，心硬的……

威廉斯对自己在鉴别真伪时表现出来的迟钝表示自嘲。他没有说出是谁劝他相信，是严肃而不是醉酒，或者轻浮，能够揭示他为自己的诗歌苦苦追寻的“新方向”。威廉斯并没有试图推翻他的对立性，因为它们很好地服务于他“崩溃的内心”。《地狱里的科拉》中占支配地位的对立性名单很长，包括很多内容：天堂和地狱、纯洁和肮脏、完美和缺陷（或破碎）、乡村和城市、崇高和粗野、固定和移动（或者是带着强迫性伪装的舞蹈）、上和下。尽管有缺陷——令人恼火的晦涩、笨拙的舞蹈、模糊的调子、严重伪装的自传——《地狱里的科拉》依然是一部奇异的、幽默的、充满想象力的作品。通过降到“通往地狱的途中”，并不再前行，威廉斯实现了自己的目标：像一个巡回演出的演员一样，他选择了走偏僻的小路来触摸这个世界，之后又畏缩不前。《地狱里的科拉》是未来伟大诗歌严肃又吵闹的预演——也是“对世界的认识”。

第四章
威廉斯和女人：青春期的幻梦

在《亨利·亚当斯的教育》中，亨利·亚当斯以一种强烈又时髦的骑士精神宣称，他欠一个女人的债，这个女人把一个粗鲁的婆罗门年轻人培养成文明的样子。他对女性优点的赞美，混合了辩论家的技巧、情感上的信仰、宠爱妻子的习惯和狡猾的调情。他以调侃的态度提出了一个严肃的问题：为什么美国女人的行动范围如此有限？为什么她们的精力大都浪费在了文化消费主义上？美国男人又是如何支持这种浪费的？为了证明他的理论，对于上层社会女性，亚当斯保留了证据，比如他的妻子克洛弗和他柏拉图式的情人伊丽莎白·卡梅伦，也没有提及简·亚当斯、爱丽丝·汉密尔顿、伊丽莎白·布莱克威尔、琼斯夫人，或任何拒绝接受这种镀金生活、反对极不均等的机会、拿起武器反抗社会不公的女人。

借助于历史学家的敏感，亚当斯把性从国民心态的埋葬地中挖掘出来，利用自己的机灵和爱好，继续对它进行分析。“在美国，”他断言，“不是维纳斯，也不是圣母马利亚，曾经是一种有价值的力量——她们至多是一种情感。”①

“没有哪个美国人曾经真正害怕其中一个。”当然，内战之后，那些努力赚钱的男人并不关心维纳斯或者圣母马利亚。他们的想象力被市场上的诱惑，被“金钱至上的争夺”迷住了。他们在想象力方面挥霍着天分和创造力。亚当斯满是羡慕地观察到，“典型的美国男人”“把手放在控制杆上，盯着路上的弯道……他不会轻易地承认情绪、焦虑或者下意识的干扰，更不会承认酗酒或吸毒。他不能经营机器，也不能经营女人。他必须离开她，即使那是他的妻子，好让她找到自己的生活方式”。男人都是马马虎虎的礼拜者，他们把宗教委托给自己的女人，在文化方面也是：当他们陪伴妻子和女儿去看特里斯坦或者唐怀瑟的演出时，多数情况下，是女人对世俗的音乐感

---

①亨利·亚当斯：《亨利·亚当斯的教育》（*The Education of Henry Adams*），第383页。

到激动。这些银行家和实业家结婚了，当然，有时会有情妇，但几乎毫无例外，对他们来说，性是一种消遣或止痛剂，就像经济繁荣的战利品、海岛掠夺的赃物对欧洲富豪的意义一样。

根据一项对美国文学进行的调查，亚当斯认为只有一位作家，对他而言，性是一种力量和一种充满活力的存在：沃尔特·惠特曼（在亚当斯的朋友亨利·詹姆斯的小说中，性是一种让人不安的隐秘力量，掩藏在高雅或微妙的委婉语里）。托马斯·比尔在《淡紫色的十年》中，带着恶意的快感指出，亚当斯是一位清教徒贵族，不再信仰圣母马利亚，这间接地促成了他想成为"女提坦"的目标。"女提坦"是比尔创造的一个术语，指那些一本正经地保卫社会并提防着惠特曼这种放纵流氓的卫道士。

亚当斯，在其摘要而不是生活中，承认了维纳斯的力量。他意识到对性的恐惧会妨碍美国的艺术和文学。安东尼·康斯托克对恶习、裸体油画、印第安人生育舞蹈及"淫荡"小说斗志昂扬的讨伐，吸引了众多热情的追随者——牧师、节欲倡导者、俱乐部的女士们、为自己谋利的政治家——他们熟练地恫吓公职官员、疲倦的报纸编辑，要求对"不道德的"书籍进行审查，并通过神职人员进行宣传。就像美国历史上关于价值观的文化冲突一样，这一冲突在法律和公众观点的法庭上进行对抗，结果混杂难辨。康斯托克声称，最顽固的清教主义的回归，有利于保护灵魂免受玷污、社会远离放纵和冲动。尽管有这次运动，妓院还是吸引了成群的男人，读者们抢购了多份详细描述性丑闻的小报，比如伊夫林·内斯比特心怀忌妒的丈夫哈利·陶谋杀了斯坦福·怀特，或者维多利亚·伍德赫尔对布鲁克林牧师亨利·沃德·比彻进行了耸人听闻的指控，说他与几个女教友通奸等。

1900年，即惠特曼死后8年，他在《自我之歌》中勇敢地宣称结束对性的"躲避和反对""身体的诗人"和"灵魂的诗人"实际上已被他的国民们忽视。惠特曼在《自我之歌》中炫耀着"渴望的、粗野的、神秘的、裸体的"性，但公众却觉得窘迫、厌烦或者迷惑，并对此不屑一顾。惠特曼自封"被禁止的声音"的通道，他喜欢改变中产阶级的观点，喜欢打破规则。"沉迷于接触"，他挑衅地拥抱和爱抚着男人、女人、自己及任何他双手能触到的人——至少在想象中。最重要的是，惠特曼用坦诚又世俗的语言，赋予了性一种超自然的力量：

有个我看不见的东西举起它情欲的尖角，

那光明汁液的海洋充满了天空。

在17岁时，威廉斯经历了正常又闭塞的青春期的痛苦。他对惠特曼、性或者女人知之甚少，所有这一切都深刻地影响了他和他的诗歌。就像亚当斯一样，威廉斯经常宣称是女人塑造了他的命运。在信函、诗歌、小说、散文和回忆录中，威廉斯留下了大量的记录来阐释这种影响和他笨拙的企图：他想要了解她们复杂的天性，并抛弃“女人不是处女就是娼妇”的传统男性观点。在《床上女人的画像》(1917年)中，他尝试了一个女性角色。他既依赖那种过时的结构，又把它折成新的形状。他画了一幅邋遢的波兰乡下人罗比扎夫人的画像，赢得了人们的赞赏。罗比扎夫人是一位暴躁而又目中无人的厨师。她想要抛弃孩子们，让其自谋生路，或者让社会来照顾他们。威廉斯在这首诗中的意图，是“把她暴露给这个小镇。娼妇要比我的镇民们好”。把理想化了的娼妇和虚伪的市民进行对比，其陈词滥调之下，隐藏着他对与社会格格不入之人和丑闻制造者的钟爱。尽管威廉斯并没有粉饰无情的母亲，他却认同那些让人生气和讨厌的人。他们坦率地说出了他母亲的心思，并且向这个“乡村医生”和镇上企图驱赶她的“穷人的监工”愤慨地说了5遍“麻烦”——“我不会干/我没有得到现金。对此/你想做什么？”威廉斯对桀骜不驯的罗比扎心生敬意，因为她那种自在的生活状态是威廉斯无法体验的。这首诗既不抒情，也不微妙——它是出自一位波兰母亲——罗比扎夫人之口的粗糙的话语。她是男爵夫人埃尔莎·文·弗赖塔格-洛林齐霍芬的第一份素描，是对礼仪的嘲讽。罗比扎夫人让他高兴并感到震惊。在书中，她是一个让人难忘的形象。

根据心情和处境，威廉斯把词语“干净的”和“肮脏的”与女人的性欲——及他自己的欲望联系起来。他渴望沉浸在充满激情的性行为(或者放荡)中，然而又担心任何一个都会让自己失去身份。为了摆脱心灵的困境，他的做法与大多数作家无异：在诗歌中解决了他的性冲动和情感上的困惑，但在现实中却无法回避它们。它们遮蔽了他的诗歌以及他为建立一种自己能信奉、承认并一直坚持的诗论而付出的卓绝努力。有时，威廉斯梦想着能颠覆传承下来的诗歌传统，所以希望能够反叛谨慎的自我。这不是一项轻松的任务，因为父母曾经教育他要尊重美德。当“完美的”一词在他的诗歌和散文中出现时，它通常是宣礼员在召唤理想或自我压抑的行为。相比之下，“不完美的”一词则是一剂毒药，削弱了他的意志力，这样的话，威廉斯就可以享受——或者探索，只是在幻想里——被禁止的快乐，比如说，与迷人的米娜·洛伊或者其他在纽约向他招手的品性随意的女人进行性的狂欢。

然而，即使有时威廉斯只是单纯地向往着这种自由自在的田园诗般的生活，但是之后就会感到一阵阵的愧疚。他变得易怒，又充满防卫。他责备自己没有经受住诱惑。他想象着对自己进行极端的惩罚。之后，他就停止了这种轻率的行为，因为它们可能危害到他的行医和婚姻。之后，一种相对的反应就出现了：他感觉自己像一个“被囚禁的男人”，开始密谋再次越狱。这种生活模式并不仅限于青年时代，而是持续了他的一生。如我们所见，威廉斯晚年创作的戏剧《爱之梦》里的那位医生，到纽约幽会，在情妇的房间里突发致命的心脏病。死后，他回到了妻子身边，想为此道歉，并为自己的行为寻找借口。

威廉斯对女人是什么感觉呢？他把线索散布在作品的每个角落。根据一项对这些线索的研究，我们可以看出，他经常涂抹证据，让自己（及他的读者）不明白它的含义，不确定怎么去征服他难以驾驭的欲望。让我们来回顾一下他的《自传》。在里面，他把自己描述成一位彭罗德，欢快地度过了一个普通男孩健全的童年，这意味着他并没有去关注女孩，在她们身边也没有觉得尴尬。另外一个时刻，当他向七年级的女同学吹嘘自己“鲁莽的性冒险”时，他狡猾地眨着眼睛，并无恶意地编造着关于自己性能力的故事。或者，他采用了西西弗斯的残酷方式，不停地将贞洁之石推向山顶。即使这些描述都不可信——自我揭露不是威廉斯的强项——它们也表明，关于和女人在一起应该做什么，不该做什么，他从来就没有圆满地解决内心的辩论。

然而，所有的记录都没有被虚构和故意混淆所玷污。在一连串复杂的隐喻、紧张的诗歌韵律以及信件里任性的自白中，当他阐释（或脱口而出）自己的观点，并为自己的行为和对女人的态度进行辩护的时候，我们可以对威廉斯做出评价。这些女人通常是女病人，或者是那些和他建立某种关系的女人，这种关系可能是长期的，可能很特别，可能困难重重，也可能较为随意。其中，他的妻子弗洛斯、朋友维奥拉·巴克斯特·乔丹以及男爵夫人埃尔莎·文·弗赖塔格-洛林齐霍芬，这几个女人比较突出。

威廉斯在生活中和艺术上对女人的态度，是如何形成的？迂回曲折但又有迹可循。如我们所见，对于年轻的威廉斯来说，两个最强大的女人就是他的母亲埃琳娜和祖母韦尔科姆，两人都进入过一种全新的文化，都拥有情感上的苦恼，但都勇敢地活了下来。作为一位被搁浅在郊区闭塞之地的女冒险家和画家，埃琳娜与现实有点儿格格不入，她曾经告诉自己要调整期待。从表面上来看，她可能已经符合了小镇的气质——比如，去教堂、做家务——但她也在追求一种黑暗又秘密的生活。有时，她的忧虑和罗比扎的一样不可靠。威廉斯从父亲那里遗传了足够的理性，不会让埃琳娜的性格连累到自己。然而，他与女人的行为表明，如果面临一种反复的性挑衅，他会像芒特·佩琉斯或者他母亲那样，随时都可能燃烧，并导致情感上的灾难。威廉斯非常幸运，因为他经常坦言，与其说弗洛斯的性情和埃琳娜相似，还不如说和威廉斯·乔治相似。他欣赏弗洛斯面对危机时表现出来的沉稳和冷静，但又不可避免地把她看成一个忍受着丈夫在外面拈花惹草的乏味的妻子。慢慢地，他开始意识到，在他们的婚姻中，他是薄情的一方，他的不忠对弗洛斯来说是残忍的，并极具伤害性。

然而，22岁的威廉斯是一个讨人喜欢、循规蹈矩的年轻人。他从中学直接跳到了医学院，这在20世纪初期是很常见的。除了偶尔想家之外，他在过渡方面并没有什么困难。根据他自己的描述，虽然他不是葛擂梗，但也"忙得晕头转向"。威廉斯在1905—1906年写给在麻省理工学院学建筑的"小"弟弟埃德加的信函中，记录了他典型的大学生活：他像一匹"年轻的役用马"一样坚持不懈地学习；为宾夕法尼亚大学和哈佛大学的足球赛喝彩，击剑，跳舞，参加面具和假发表演，当然还包括评价女生（他向埃德加吐露"希尔达·杜利特当然是一个很出色的女孩，虽然她不是优雅的典范"）。威廉斯在这一阶段写的信件，喜欢使用啦啦队的说话风格（"天哪"）和友好的嘲讽。就像弗兰克·卡普拉电影中的詹姆斯·斯图尔特一样，他习惯了"模糊却高尚的"[①]劝告。他被灌输了一种过于活跃的思想和道德倾向。"野心勃勃的比尔"，他在一封信中的署名，敦促埃德加要尊重自己做完美男人的理想。他把理性贬低为无用的东西，却赞扬耐心、勇气、信念以及它们的回报。"因此，我们必须做那些能持续到永远的事情。""真相，永不失败。它们总会在合适的季节长出果实。""我们在周日坐下来，双手交叉，悠闲，悠闲地放任一天，这一天，我们去发现某些大自然美丽的奥秘。"我们的工作就是要研究这个男人，他是有形的，因此我们的感觉能够把握住他。"就像普尔·理查德一样，威廉斯撰写了追求成功圣杯的陈词滥调。（这种习惯在《特拉克特》和其他诗歌中得以继续。在这些诗歌中，他高谈阔论卢瑟福

①《威廉·卡洛斯·威廉斯自传》，第53页。

市民的失败。威廉斯在其《自传》中解释道，“我想要告诉人们，告诉他们很多。”“在这种高谈阔论中有一种心酸的快乐，心酸是因为我本能地知道，没有人会听我说很多。”[1]他总是把自己放进诉讼记录里，放在他谴责的那些人旁边，这样，别人就不会指控他的愚昧无知和盛气凌人了。）

医学院的学业枷锁让他恼火，“忧郁”也让其无法忍受，他开始从浪漫的幻想中寻找消遣。在1906年1月14日的一封信中，他告诉埃德加，他见了一个法国女孩，她是第一个“我看着她的眼睛，忘记了周围的一切”的女孩。费城的蒲菲罗，在这些“沉迷的”时刻中创作了平淡的作品，比如模仿《圣爱格尼斯前夜》而作的诗歌。他把它随信寄给埃德加，寻求他的赞许：

昨晚我坐在一个
耀眼的大厅
饮用来自少女眼中
的欣喜
戴珠宝的客人走过
当窗体唤起
梦中的魅力
在困乏的夜里尽管
我回想不起
名字和面孔
那些眼睛那些眼睛我的
爱存在于
它们的深处超出了
回忆的叫喊
就像装饰的环儿一样困惑，还有
秋天的冷，无畏地
我向前，这种没有脉动的健康的爱
阻止了我。

只是惊鸿一瞥，诗人就屈服于少女的魅力，但这种欣喜的状态并没有持

①《威廉·卡洛斯·威廉斯自传》，第49页。

续下去。就像在济慈的诗歌中一样，寒冷让兴奋变得麻木，让说话者孤独地处于一种急躁不安的幻想里。恋人无法唤醒沉睡的美人，并从她眼中看到自己的命运，因为她的眼睑是闭着的。如果她醒来读了他的诗，这位法国女人会觉得这个害相思病的情郎是什么人呢？对此我们只能猜测，因为她像幽灵一样消失了。在另外一首姊妹诗中，他抱怨“寿衣”“黑流苏的/云彩”以及“有失身份的尘埃”，可能是他涤罪和“浮夸的痴迷”的例证。①人们很容易嘲笑威廉斯在写作初期创作的关于爱和女人的作品，因为他并不在意自己使用了叮叮当当的押韵、悲哀的韵律（只有几个逗号打断了悠扬的旋律），被不断重复的词语“深处”，也不在意自己使用了可笑的矛盾修辞法，如“没有脉动的健康的”。因模仿而声名狼藉的年轻诗人清了清嗓子，准备寻找自己非凡的声音。这种追求能持续很长一段时间——罗特克和贝里曼可以证明，他们直到40岁才摆脱从济慈、艾略特、奥登那里学来的写作风格和习惯。威廉斯花费了好几年的时间进行辛苦又笨拙的实验，来发展他在青春期对诗歌的迷恋和济慈式的“狂热”。像多数美国男人一样，他成熟得很慢。

威廉斯最初的两本书——《诗选》（1909年）及《美国性情中》（1913年），都带有新手诗人的痕迹：东拼西凑。尤其是角色分配不当的费斯特唱出的爱情抒情诗，不出所料，它们都是由其他诗人的作品拼凑而成的，并带着济慈或者拉斐尔前派艺术家的热情来崇拜美，或者模仿莎士比亚风格来唱歌：“愉快地歌唱，真理：我努力将/真理放入牢笼！/嗨！在笼子里的真相！”《最初的赞美》是一首蹩脚的田园诗，语气呆板、生硬，容易被误认为是一首坦尼森的诗歌（如果这些颠簸起伏的诗句能够平滑一些）：

暮光森林的堡垒夫人
你的艺术我的夫人
我已知晓那脆裂的树叶是你曾踩过的，
白皙纤细的身躯跑过绿色的树林；
我曾躺在你身旁，在棕色的森林地面上
在你身旁，我的夫人。

遍布石头的河流夫人，

① 《威廉·卡洛斯·威廉斯自传》，第53页。

只有你有这样的艺术我的夫人。
那几千股洪流拥挤着入海如农民赶集。
通体透亮，因远离世间而狂野。
白色的胳膊拥挤着冲下扎满帐篷的大道
赞美着我的夫人。

农民对于弗洛斯的敬意通过一些平常而又浪漫的闲聊表达出来，就像中世纪的比赛一样不真实，卡茨基尔山区是《最初的赞美》的场景（威廉斯在《美国的纯产物》中注解道，美国的农民传统非常淡薄）。他努力争取的不是狂野，而是对句法和诗节模式的驾驭，由此产生了一种呆板的抒情形式和一个缺少身体的“我”。在《自传》中，威廉斯慷慨地原谅了那个匆忙发表了《诗选1909》的年轻诗人：“在这本小薄书中，没有什么是有价值的——除了意图。”

从语言或风景、英雄或动植物中，很少能看到或听到具有美国特色的东西。“尔”和“汝”充斥着文章，就像在一个贵格会会堂里。很明显，这里缺少威廉斯自己的经验，好像他不信任或者故意阻止了它，因为他知道自己的经验是多么肤浅（关于爱，他是一名新手）。他浑身上下充满了书生气。像成千上万个有抱负的诗人一样，威廉斯书写着平淡又真诚的诗歌。在十四行诗《诗歌的用途》中，他和妻子在一条迷人的小船上漂流，滑过“很多绿树成荫的海湾/隐藏在激流中，那里有光滑的黑翅膀的蜉蝣/随意地嬉戏玩耍……”这些诗句是从济慈，而不是兰波那里获得了意象，因为兰波的诗作他还没有读过。几年之后，威廉斯才抛弃这些舞台背景，代之以布满沼泽的哈肯萨克草地，那里有他熟悉的青灰色的天空、植物和鸟鸣。《诗歌的用途》的尾声遵照着浪漫主义的写作原则：“我们将拉开光的拴门绳/并关上感觉之门，然后满足地坐/在诗歌转变的巨大翅膀上/飞向遥远的世界，那里的果实能缓解痛苦。”这些诗句都属于庞德主张摒弃的那种。

这种落后没有什么让人惊讶的。毕竟，威廉斯不是一个乡下的花花公子，也不是司汤达式的专家，或者惠特曼的“恋爱”的门徒。除了在解剖课上或者对希尔达·杜利特断断续续的追求中学到的之外，他对女人知之甚少。他觉得女人是遥不可及的女神，准备为她们的圣坛戴上花环。

1906年夏，威廉斯开始在法国医院实习，这家医院由信奉天主教的慈善修女们经营，位于第九大道和第十大道中间的西三十四街。在《自传》中，他说当他到达这个十字路口的时候，表现得像一个性无知者：

> 在完全明白以前被叫作“爱”的那种神秘的情感时，我二十三四岁的样子。我记得马丁博士在做关于这个话题的讲座时说：“课堂上的每一个人都在手淫，包括你现在的老师——不要过分想着它的重要性。”那时，我还暗自在想，不知道他说这番话是什么意思。①

这仅仅是一位老人出错的回忆，想要抹掉他年轻时的劣迹，还是一个谨慎的捏造？或者只是拿他的天真开玩笑？可能兼而有之。但是他非常热心。在医院工作4个月之后，威廉斯给弟弟写了一封很紧张的信，试图解释为什么他在主动禁欲：

> ……做我打算做的事情，成为我必须成为的人，以满足我自己，我必须约束我的感情，直到合适的时机到来。不去喜欢别人，除了你，埃德加，和我最亲近的家人。从天性上来讲，埃德加，只要牵涉到激情，我就有一个弱点。不管我多么理性，也不管我能多么清楚地看到与欲望妥协的可怕后果，如果某些情况出现，我最好不要因为没有控制住自己，就一下子得出一个结论。因此，为了保护我自己，我必须这么做，女孩们不能和我做朋友。②

虽然有这些告诫，但威廉斯的性欲和任何25岁的男人一样正常。在医院里，他很容易地受到了一位爱尔兰少女的诱惑，“她的皮肤紧致诱人。”同时他还提到了一次不法行为，他和一个朋友溜到护士宿舍，“她们穿着睡袍，我们穿着睡衣裤”，但在偷袭被发现之前，他们逃走了。“对于这样的快乐来说，(我的)生活太一成不变了。”他说，好像崇高的职业目标让他没有时间进行粗俗的恶作剧一样。然而，他却享受着与那些待嫁的护士们的友情以及与其他实习生之间热烈的交流和争论，更重要的是，他所护理的那些病人进行的不停息的戏剧表演。然而，他告诉埃德加，他很吃惊，自己对于失控的恐惧非常强烈，就像一个酒鬼被警告身体太虚弱已承受不起另一次酗酒，然而他

---

①《威廉·卡洛斯·威廉斯自传》，第53页。

②《威廉·卡洛斯·威廉斯书信选》，第14页。

却不加重视，发誓要和伟人看齐（他甚至以拿破仑为例）。

从1951年的《自传》那玫瑰色的透镜看过去，1907年的年轻的威廉斯是一位可爱的新手。据他自己描述，他“几乎不了解女人，对她们很柔和”。即使他实习的两所医院都在犯罪率很高的社区，对于那些被带到急诊室的女性受害者所遭受的肆意又残忍的虐待，他在心理上并没有做好准备，感到很害怕。他写道，一位被皮条客或者男友暴打的年轻妓女，“她的胸脯被划破了，没有人能看到深深嵌到肉里的牙印，好像有什么动物要撕裂她的肌肉组织”[①]。对于穷人或者被虐待者，他表现出了真诚、勇敢和朴素的利他主义。在医院里，尽管要工作很长时间，并一直处于压力之中，而对于医院所在的这座城市的热闹生活，他的想象力异常活跃：从拖成一团的群众，到私生子，到受伤的建筑工人在体检中被发现穿着女人的内衣。这种隐秘的生活总让他着迷。

《春天及一切》（1923年）中的第九首诗，长时间地回顾了1907年他在法国医院和一名护士的罗曼史。这首诗是威廉斯的一幅独特的自画像。当诗人放下警惕，那些关于激情的破碎又生动的记忆以及让人心酸的后果喷涌而出。慢慢地，威廉斯借一位审查实情的焦躁的护民官之口，不情愿地责备着自己无礼的行为。从记忆中他找不到一丁点儿的快乐。甚至，它们又有了新的冲突：强烈的性渴望（医生不由自主地好色）促使他抛弃已经植根于大脑的压抑的清教徒思想。这种冲突在不断地折磨着他。在某些闪点，红灯亮起来，他或者让自己振作起来，或者逃离。

很显然，威廉斯并没有艾略特在《荒原》中表达出的性厌恶。打字员和长粉刺的办事员的麻木的耦合，《对弈》中有钱的已婚夫妇令人苦闷的隔阂，都暗示着对身体的不信任和嫌恶。对艾略特来说，性不过是情欲和强奸，是一种机械运动；对威廉斯来说，性，则是一场吸引人的盛宴，是他渴望但又不敢从树上摘取的禁果。当自言自语的时候，他内心的斗争在跳跃的诗歌韵律中留下了烙印。

第九首诗围绕着3个问题展开。第一个问题“这一作品是关于什么的？”连同虚拟的省略号和一个180度的大转弯：“哦，琦琦！/哦，玛格丽特，玛格丽特·贾维斯小姐/后手翻”开始了他的小短剧。琦琦，这个在蒙帕纳斯臭名昭著的模特兼荡妇，还有玛格丽特·贾维斯（珀维斯），他15年前虚构的纯洁

①《威廉·卡洛斯·威廉斯自传》，第81页。

的护士，说明威廉斯并没有动摇他的圣母马利亚/荡妇情结。之后，他从嘲讽自己是一个纯洁天真之人的记忆（3个“干净的”强调了他不是一个放荡的人），转向嘲讽幻想和创造奇妙结合而成的作品。在纽约，任何品位的东西都能找到：艺术、先锋派建筑、医药、广告、色情。

我：干净的
干净的
干净的：是的……纽约

箭牌、阑尾炎、约翰·梅林：
摩天大楼之汤

要么那个，要么一颗子弹！

最后一句话既是对谋杀和自杀的一种戏剧性的威胁，也是一种性暗示。说话者故意没有把话说清楚，因为威廉斯把达达主义的清单，还有古怪的标点——冒号、省略号、破折号、感叹号——都赶下了台：

曾经
任何事都可能发生
你放松地躺在我的双膝上
星光闪烁的夜晚
在医院的上空铺展
温暖而又黑暗

呸

这个神话故事的背景看上去舒适又广阔，就像丘比特在保护着他的情人和他们无边的梦境一样，但是，词语“呸”，像一滴酸液，驱散了浪漫的气氛：“它并不清楚/也没有直接的标记”，之后，在一段简短的超现实主义的篇章中，威廉斯陷入了被动——他没有破坏这个场景，反而是这个场景吞噬了他。欲望是危险的；他假装自己很清白：

在我的生活中，家具吞食了我

椅子，地板
墙面
听到了你的啜泣
饮掉我的情感——
唯有它们知道这一切

并在早上告发了我们——

威廉斯的语调是幽默的——情人的秘密被喜欢说长道短的家具出卖了——但却不能掩饰他对玛格丽特·贾维斯小姐啜泣的漠然，他无视她的大声叫喊。

第二章开始的一个朴素问题“想要什么”，萦绕着威廉斯的一生。布莱克的回答“少于不能满足人类的一切”，可能迎合了威廉斯内心对浪漫不可救药的幻想，但是与病人待在一起的一天又把他从幻觉中拉出来。如果他赋予了诗歌乐感，这将是一首让人激动的诙谐曲：

喝醉了酒我们往前走着，当然
不是我

床、床、床
电梯、水果、床头柜
可见的乳房，白色的和蓝色的——
握在手里，喷射

这不是洋葱汤
你的啜泣浸透了墙
把医院震成碎片

所有的一切

——窗户、椅子
下流地醉了，旋转着——
白色、蓝色、橙色
——因我们的激情而火热

狂野的眼泪、绝望的回答
我的腿，在空中
上上下下，
慢慢转动

尽管不是禁酒主义者——他会在晚餐前享用一杯高杯酒和葡萄酒——但威廉斯从不跻身于狄俄尼索斯的酒神伴侣之列。然而，在这一场景中，他是微醺的，他的句子也带上了醉酒的样态。也许因为饮酒，这对夫妇才有胆量更加完全地释放性欲，这远远超出了他们的预想。威廉斯记得，即使在医院巡房的时候，他也处于一种性兴奋的状态。对于年轻又缺乏经验的实习生来说，在检查中握住女人的乳房（“喷射”可能指一位乳房喷乳的新妈妈）和做爱时爱抚乳房之间的界限是模糊的。他非常清楚，自己不能驱赶那种激情而又生动的记忆，在记忆中，恋人和房间都处于“精致而又狂放的翻滚”中。威廉斯上下颠倒。在一个可怕的意象中，她的啜泣像一道残忍的伤口，鲜血渗透了墙体；她的尖叫是那样猛烈，简直要把医院（和威廉斯）震成碎片。

15年之后，当威廉斯回忆起这件事时，责备和自我辩白的闸门被第三个问题打开——半是困惑，半是恼怒——“但是你会拥有什么呢？”

我所说的是：
那儿，你看，它是破的
长袜、鞋子、发卡
你的床，我裹着自己在你身边——

我观察着。

你啜泣着，拍打着枕头
你撕着头发

把指甲嵌入身体

我是你的睡袍
我观察着！

唯有他是清白的
在他之后，流出
城市的碎片——
四散开去由他处理

但我只是
好奇地爱抚你

十五年前，你依然
在城市闲逛，他们说
修补学子的心灵

为了抵御贾维斯对自己不明所以的指责，威廉斯使用了一种冷淡的语气，这和她歇斯底里的哭泣形成了鲜明的对比。他冷静的、几乎是临床式的坦白“我观察着”，很可能会激怒她。对于她婆娑的泪眼和自责，他的反驳“我是你的睡袍”意味着“我与你亲密无间”，或者“当我们被发现时，我给你的裸体盖上了东西”。“我观察着”在5行之后被挪到了右边，因为威廉斯想要为回顾过去寻找一个新的位置。对这句话的重复强化了他的窥淫癖，或者他对自己冰冷的行为所表现出来的惊愕（感叹号需要再读一遍）。

然而，随后这种浮夸、倒装的结构，又使威廉斯免于犯错，他从破碎的城市返回到安全的郊区（很正常，女人对于整体性的直觉点燃了威廉斯心中的赞美和忌妒，在第九首诗中，它完全消失了）。在把这些散乱的线索串起来之前，他不能克制自己做出最后一个残酷的评论：“但我只是好奇地爱抚你。”这种情感的消失在威廉斯的诗歌中很常见，这使他能毫发无伤地脱身而逃。贾维斯也活了下来：仁慈可以修补已经破碎的东西，她也以此修补了自己的内心，还有学校的学生们——这让诗人充满痛苦的回忆得到了一丝安慰。总的来说，第九首诗是一幅艺术家的画像，他是一位年轻又充满困惑的恶棍。

1908—1909年充满危机和一闪而过的希望。尽管威廉斯很喜欢在幼儿园和儿童医院小儿科的住院实习生活，但由于一次关于管理伦理的争论，他辞掉了这个岗位。威廉斯不顾资深医生及导师克利先生的劝告，拒绝在医院对州政府呈交的月度报告上签字。克利先生在他办公室为其保留了一个赚钱的职位，这可以确保他作为“纽约专家”这一平稳的职业（结果，奥尔巴尼扣发了根据这些数据计算的财政支持）。这不是一个含糊其词的问题；在这一道德事件中，威廉斯的表现令人钦佩。他曾被父母教导要成为一个“坚守原则的人”①，“在这一事件中我别无选择。”他谦逊地回忆道。

威廉斯发现董事会主席曾经与医院管理者马尔扎赫尔女士有过秘密交易，这笔肮脏的钱被她据为己有，但这并没有动摇威廉斯的决定。没有任何一位资深医生站出来支持他，他就回到了卢瑟福的父母家，来抚慰自己受伤的自尊，理清性与伦理之间腐败的关系，并思考以后在医学方面的发展。

然而，坏运气却如影随形，他向卢瑟福最合适的美女夏洛特·赫尔曼（Charlotte Herman）的求婚没成功。夏洛特曾经在莱比锡音乐学院学习，是一位很有修养的钢琴家。作为一位迷人的女性，她非常引人注目，求婚者都挤破了门。在大约1908年，即威廉斯兄弟追求她时拍摄的一张照片中，夏洛特就像乔治·罗姆尼画作里轮廓优美的女士一样，她能觉察到自己的美丽和时装的优雅。她用鲜花装饰的帽子挡住了眉毛，帽子的阴影下是她有些迷离的双眼，闪烁着自信的光芒和一抹倨傲的神情。看上去她准备要去海德公园骑马道的小路上散步，以征服风月场，并享受富有的贵族公子拜倒在自己石榴裙下的场面。

卢瑟福却没有给她提供这种社交和婚姻的机会。但是，夏洛特比威廉斯曾交往过的护士们更文雅。她的艺术气质吸引了他，这可能让他想起了母亲的这种气质。他最大的情敌是自己的弟弟，但并没有被这一尴尬的事实吓退。他被夏洛特的魅力征服了。他给她读自己写的诗，和她一起在派对音乐会上弹奏钢琴二重奏，陪她去音乐会，让她去参观医院。这些好像都是为了让她了解他在艺术和实际生活中的才华。这种求婚的方式可以从奥森·威尔斯的电影《安伯森情史》中看出来。电影中，一对儿年轻的恋人，在一个湿润的夏夜，坐在走廊的秋千里，他们喝着柠檬水，随意地闲聊着。对比尔来说，不幸的是，夏洛特的母亲不同意他们的婚事。她母亲似乎把他看成了一

①《威廉·卡洛斯·威廉斯自传》，第102—130页。

个梦想家，很难用夏洛特习惯了的方式来养活她。另外，他缺乏自信也可能让夏洛特对他有些不信任。

> 无论是什么原因，威廉斯在这场戏剧中丢掉了丈夫这个角色。她对他的求婚不屑一顾，更糟糕的是，她却接受了埃德加的求婚。对于威廉斯一生中的这一关键时刻，我们缺乏可靠的信息：我们能从信件中获得不连贯的推论，从《斯特克三部曲》的第三部小说《建造》中获得一些线索，但他并没有在诗歌里面公开或者分析被夏洛特拒绝的悲伤（当时，他缺少必要的技术和超脱来处理那种英勇的行为）。保罗·马里亚尼对91岁的夏洛特进行了采访，问她是否爱过比尔。夏洛特有些害羞地回答："也许。"她选择记住的是一个"专注于自己事务的""自负的"年轻人。这种评价并不符合比尔没有成形的性格和他的不自信：一个25岁的年轻小伙子，没能问问女士最喜欢兄弟俩中的哪一个，他忍受着对自己的反感和它所带来的不好的结局的害羞，至少在爱情这件事上。35年后，在《建造》中，威廉斯平静地看待着"自己情感的激烈反应以及它可能导致的崩溃"。当埃德加把这个坏消息告诉哥哥比尔时，比尔很害怕，他预见了自己写在墙上的字，"挥动着搂着弟弟脖子的双臂，发疯了""控制不住地啜泣、啜泣。他咬着牙，忍着失去理智的泪水"，然后回到他的房间，就像回到修道士的监舍，在里面进行了为期三天的禁食、自责和思考。他可能说过"我自己就是地狱"①。这位小说家，不能指责弟弟的行为，只好用一种让人惊讶、自怨自艾的语气说："然而，有些事结束了。这要比他以后在生命中感受到的伤害，更深一些。它是深不见底的。"

在这种情况下，威廉斯只能保持冷静。实际上，他与埃德加之间的亲密感也有所减少，尽管还不至于决裂。由于两个男孩在年龄上只差1岁，兄弟俩做任何事情都是分不开的伙伴。从青春期开始，埃德加在身材、成绩、体育和追女孩方面都比威廉斯强一些。女人们觉得埃德加比较绅士，并且自信，连麻省理工学院的教授们都被他的才华打动。对于威廉斯家族来说，埃德加毕业后获得了在建筑界竞争极其激烈的罗马奖是不足为奇的（之后，他设计了位于现代艺术博物馆对面的唐奈图书馆）。

---

①弥尔顿：《失乐园》中的《撒旦之口》，第259页。

第五章
威廉斯和女人：弗洛斯——求婚与结婚

1

夏洛特的回绝让威廉斯做出了一个影响深远的决定：向她的妹妹弗洛斯求婚，尽管他对她一点儿都不了解，甚至都没怎么注意过她。虽然他发誓要克制自己，他还是鲁莽地想要扳回一局，以让自己从不幸中摆脱出来：追求弗洛斯作为他的替补妻子（此处没有莎士比亚式的床上把戏）。这个突然又近乎离奇的想法，非常清楚地表明他是"因失望而结婚"的。我们可以看出威廉斯是多么绝望。在此后的一系列行为中，一个几乎是在精神错乱时做的决定、"那些盲目的/情感"，充斥着他的内心。他把"幼稚的"弗洛斯逼到了绝境，又很清楚地表示，尽管他想娶她为妻，但并不爱她。爱情会到来，如果真是这样，也会是在他们一起生活之后。非常明显，他们之间没有任何浪漫的激情或者理想化的情感——弗洛斯不是芬妮·勃劳恩；诗人的意志会消解任何想象出来的忧虑。事实上，很难为一段关系设想一个更加不祥的开始。威廉斯的自尊心受到了伤害，他首先必须面对败在夏洛特和埃德加手中的事实，并克服自己不良的心理反应（"失败"这个词，对威廉斯来说总是带有一种特别的共鸣，并促使他寻找一种补偿性的行为）。任何可能把他拉出不幸的方法都值得尝试：因此，他向弗洛斯求婚了。

选她作妻子，这场赌博胜算不大。就像霍桑一样，威廉斯更喜欢头发上别着海棠花的撩人的泽诺比阿，而不是拘谨的普里西拉和菲比们。但是，每当有自信而性感的女人陪伴时，他就显得有些拘谨，很难做到温文尔雅。1958年，他回忆起年轻时的自己，觉得在性方面就是一个傻瓜："事实上，对于生活我一无所知，完全处于懵懂的状态。"[①]这不是油滑的自谦或者虚伪。

---

①《我想写一首诗：诗人作品自传》（*I Wanted to Write a Poem: The Autobiography of the Works of a Poet*），第33页，伊迪丝·希尔（Edith Heal）编，波士顿：比肯出版社，1958年。

就像他在诗歌方面的摸索一样，在与女人的关系方面，他比其他人起步要晚，不得不奋起直追。夏洛特的拒绝只能证明，他不知道自己怎样才能成为一个有魅力的男人。[①]通过选择毫无经验的弗洛斯作妻子，威廉斯就可以在很大范围内保护自己免受情欲的折磨，因为弗洛斯大概不会对他的阳刚之气提出可怕的要求。

弗洛斯有条件地接受了他的求婚，这是出于什么目的呢？我们能找出答案吗？对这个青涩的18岁女孩来说，比尔的注意让她既欢喜又困惑。在艺术天分和漂亮方面，她无法和姐姐相媲美。在一张拍摄于1907年的全家福中，弗洛斯面对镜头羞涩地笑着，就像《小妇人》中热心又可靠的贝丝——不漂亮，也不性感，却有一副讨人喜欢的干净的面孔。与世故圆滑的姐姐不一样，弗洛斯过着备受呵护的生活。捡起姐姐丢弃的稻穗她有没有觉得不安？作为威廉斯的第二选择，她痛苦吗？在她决定是否要接受他的求婚时，很难相信这种冷酷的事实不会让她心烦。她在偷偷迷恋着姐姐的求婚者，在青少年当中，这是一种很常见的情愫。因此，她为自己捕获了一个优秀的战利品：一位帅气的医生，另外，那个吸引人的坏蛋还是一位诗人，她会觉得骄傲吗？难道她算计过这段婚姻可以给她提供一个逃离家庭束缚的好机会？因为弗洛斯并没有在日记里，或者在写给朋友的信里记录她内心的挣扎，我们只能推测是什么让她接受了威廉斯的求婚。弗洛斯被事情的迅速发展弄得慌里慌张，可能多少也有点儿战战兢兢。1909年7月，当他去欧洲打工度假时，她长舒了一口气。在儿童医院的骚乱期间，爸爸因为比尔的道德行为而送给他的这个礼物，让弗洛斯有足够的时间来梳理这段复杂关系里的紊乱线索。每天都有一点儿时间不用见到比尔，对她来说是一种解脱；她可以不用那么着急就决定是否要嫁给他。

弗洛斯犹犹豫豫地接受了他的求婚，这完全在他的意料之中。威廉斯也欢迎这种距离。他们秘密地约会，怕引起赫尔曼夫人的怀疑和反对，但是不久之后，还是被她发现了。威廉斯绝不是那个准备在帐篷里长时间生闷气的阿喀琉斯。孤注一掷多少安抚了他对于夏洛特的绝望心情，但是他写给弗洛斯的信和他坐船去安特卫普之前的行为，是那么唐突和冷漠，就像一位恋人后悔了自己做出的承诺，并寻找借口来抛弃这个未婚妻一样。26岁的威廉

① 罗伯特·阿尔蒙（Robert McAlmon），听上去像一个很有男子气概的海明威式的人物。在与威廉斯的友谊消退并结束文学合作后，他对威廉斯的男子气概进行了诽谤。

斯，并不是特别成熟或擅于内省。据他承认，他需要一点儿空间来检验他的求婚和之后出现的凌乱的情感。一种无法克制的忧虑猛烈地回归他的内心。他写给弗洛斯的信里满是尖刻责备的话语。由于只在意自己的感觉，只有在弗洛斯痛得大喊大叫，威胁要解除婚约时，他才拔出刀来。

威廉斯在写给她的第一封信中告诉她，受变幻无常的夏夜之月的影响，他与一个叫凯特的女孩亲吻了，并祈求弗洛斯的原谅。在弗洛斯看不到的时候，这样一次公然的背叛说明了什么？从一方面来说，是想要检验和证明，在性方面他无法拒绝其他女人；从另一方面来说，这又是一种担忧，他担心自己稀里糊涂的选择以及陷入无爱婚姻之后带来的痛苦。很早的时候，他就建立起了这样一种模式，恶意和(战术上的)悔悟轮流交替，断断续续地持续了他们整个婚姻生活：打着说出真相的幌子，他会坦承自己的不忠，并耐心等待弗洛斯的反应；尽管丢脸让他有些痛苦，但他几乎可以肯定，她会原谅他。

如果威廉斯在信件、诗歌、戏剧和小说以及日记中记录了他对弗洛斯的所有评论，不管是蓄意的，还是即兴的，那么，他需要用一个特大号的公文包才能装下它们。大部分评论都是咄咄逼人、以恩人自居的辱骂。弗洛斯觉得非常恐惧和惊慌，经常没有勇气去读。威廉斯说，这样的话她就不免去想，她把自己抵押给了一个什么样的男人。即使他们都结婚40年了，说起她时，威廉斯的语气还是非常刻薄的。就像《自传》里的这段话所说的："我的思维总是反叛不安的。这是我的准妻子，其他人都不在我的考虑范围之内。人们如何能够忍受或者理解？然而，我有弗洛斯，而不是米洛斯的维纳斯。当然——弗洛斯，从某种程度上来说拥有铁石心肠，谢天谢地。她不得不这样。"[①]他是怎么平息内心的反叛的？一个办法就是让出口的门大开着。另一个就是变得左右摇摆，一只手奉上赞美，另一只手又猛地夺回；或者，按照老习惯，进行颠倒事实的辩白，并为自己的多情寻找借口。在此期间，他希望能想出一个临时的对策，让他既可以自由地和其他女性交往，又与弗洛斯保持稳定的关系。

威廉斯对弗洛斯进行了最初的表白，这骑士般的表白让他非常苦恼。之后，威廉斯向未婚妻详细描述了自己满是缺陷的性格，并警告她，自己将是一位不可靠的、薄情的丈夫："有时候，我显得有些孩子气，有时又很虚弱无

①《威廉·卡洛斯·威廉斯自传》，第130页。

力。当我被伤害时，我会回到你身边，请求你赞同你觉得很愚蠢的事情。我全心全意地信任着你。有时我会咆哮，并迷失在虚无的梦里。”随后，他给她提了一个建议，在赫尔曼一家度夏的海边，如果能遇到心仪的年轻男子，她就可以退出这段关系(这也可以让他摆脱困境)。然而，当她提到有几个年轻男子追求她的时候，威廉斯变得忌妒又痛苦；他不想被另一个赫尔曼姐妹拒绝。然而，尽管他大谈特谈忠诚与真相，却不能让自己受制于任何严格的一夫一妻制。他对弗洛斯的警告暴露出，在他的性格中，有一丝不易察觉的软弱。即使他是一个没有经验的恋人，他的傲慢，甚至他追求女人的粗糙方式，都反映出他既自高自大，又不相信自己。

威廉斯希望，目的地莱比锡城能把他从婚约引起的冲突里解脱出来；门德尔松的《婚礼进行曲》即将在他的耳边响起，审判日就要到来；很多事情会发生，会改变他的命运。尽管欧洲不是一个推进他文学生涯的地方，但是作为一首潜在的、充满浪漫的田园诗，欧洲复杂的魅力在召唤着他。威廉斯把莱比锡城选作自己的大本营，这让庞德很恼火，他嘲笑这里是文化的一池死水。为什么不在伦敦开业？庞德抗议道，伦敦才是英语诗人骚动的中心。但实际上，对于自己的诗歌会走向何方，他一点儿头绪都没有。威廉斯不想在埃兹拉国王的宫廷里做一个尾随其后的卑微侍从。在他的一生中，威廉斯都看不起并强烈谴责那些逃往海外的文人，他一心想让自己的诗歌扎根在美国的土壤里。

莱比锡是偏僻的。1909年8月，威廉斯到这里不久就给埃德加寄了一封信。信中详细描述了他对这个城市的印象："这里的生活就是一幅关于经济、专门化、漫长又严格的系统化的工作和一种安静的/坚持不懈的图画……人们辛勤地工作、爱家、爱喝啤酒……他们缺少自发的情感，或者一种类似于纯真和快乐的东西。"[①]他敏锐地发现"东卢瑟福的精神和德国次中产阶级的精神是那么相似"[②]。女人们臀部肥大，步伐缓慢，然而市民们却平淡乏味，缺少魅力，他忍不住要把这种诗学的讽刺对象转移到新泽西市民身上。最终来到一个比卢瑟福稍大一点儿的地方，并没有让他觉得尴尬。他知道他并没有准备好要在一个大都会中心来检验自己的诗歌。

尽管承受着严重的孤独——事实上他不认识任何人——袭上心头的阵阵

①《威廉·卡洛斯·威廉斯书信选》，第18页。
②同上。

乡愁和结结巴巴的德语，威廉斯并没有觉得莱比锡是一所残忍的监狱。带着陌生人特有的性情，他并没有着急加入那些在啤酒花园把啤酒杯重重地放在桌子上，唱着响亮而又伤感的血谊兄弟小调的学生。德国因其在小儿科研究领域的中心地位而闻名，所以在莱比锡大学注册几门科学课程是非常明智的。但是像之前的亨利·亚当斯一样，威廉斯发现德国社会比较沉闷，以死记硬背为主的教学法单调又乏味：尽管他按时上课，但这种科学课程并不能够激发这位爱做梦、刚订婚、在性爱方面飘忽不定的诗人。没有人，包括比尔自己，会觉得他是焦躁不安的浮士德，流连于酒馆，并准备好接受靡菲斯特的提议，即用至高无上的自然知识和形而上学换取智者骄傲的灵魂——最多，他可能暂时沉迷在与玛格丽特的风流韵事里。他在莱比锡稀少的性经历可以从他的喜歌剧中看出来：他曾试图去勾搭一名妓女，但她不久就弃他而去，投向一桌子南美富商的怀抱，由此守住了这位美国老实人的贞操。他天生有一种本领，笨手笨脚地陷入这样的窘境，又被保护老实人的天使拯救。

在文化事务方面，保守的莱比锡城并不狭隘。在这座城市生活的几个月里，他参加了易卜生的《玩偶之家》和《雁》的创作，听过瓦格纳的《众神的黄昏》和理查德·施特劳斯的歌剧《厄勒克特拉》，这对依然沉浸在诗歌的浪漫和芬芳里，刚刚崭露头角的诗人来说，听上去是那么现代。在巴赫城逗留也有情感方面的原因。因为夏洛特在这里上过学，他像朝圣者一样急切地想要在失去的爱情的祭坛上放一束花。德国也是一个精明的选择，因为他住在这里有可能让未来的岳父喜欢上自己——他是其老家的忠实信徒。

无论学习多么无聊，威廉斯最终还是适应了莱比锡的乏味生活——他想要成功；他没有浪费任何一个让自己走在世界前列的好机会——交几个朋友，甚至尽情放松来体验这座城市的夜生活。但是3月过后，他很高兴自己逃到了更有活力的城市中心。穿过英吉利海峡，他到达了伦敦。在此，他和庞德待了一个星期（待在庞德位于肯辛顿教堂路的狭仄的住所里）。埃兹拉带他这个朋友去看书、听讲座、参观美术馆，并把他介绍给自己的密友奥利维亚·莎士比亚和她的女儿桃乐茜，也就是庞德未来的妻子以及他崇拜的诗人威廉·巴特勒·叶芝。威廉斯曾听过这位爱尔兰诗人在一小圈儿美学家面前读诗，在阿德尔菲俱乐部做关于《凯尔特人的薄暮》的讲座。在《自传》中，威廉斯对这个场景进行了杜米埃式的精彩描绘：当时，叶芝正在晚会上解释为什么被忽视的19世纪90年代的诗人——道森、王尔德、莱昂内尔·约翰逊（庞德曾在《休·赛尔温·毛伯利》为他作挽歌吊祭）——变得“醉酒、淫荡或者不道德”，保守的主持人埃德蒙·戈斯无礼地打断了他：

> 叶芝没有继续讲下去，因为那一刻，埃德蒙先生把右手掌“啪”的一声拍在了旁边的桌子上，四座皆惊。叶芝被吓了一跳，但是稍微犹豫之后，他还是试图继续他的演讲。埃德蒙先生再次无礼地敲响了他的铃铛——叶芝再次想要继续。到第三次的时候，戈斯和叶芝都涨红了脸，这位诗人被迫坐下，讲座到此结束。我自己的脸也变得通红，太阳穴几乎要爆裂，但我并没有起身反抗。①

威廉斯想要跳起来反抗这位愚昧的贝克梅瑟对叶芝的打击——让在座的一些女性朋友吃惊的是，喜欢争吵的庞德却保持着非同寻常的沉默——不是因为他特别钦佩英国“颓废者”，而是因为戈斯无礼的市侩习气像极了美国艺术的矫揉造作。由于缺乏自信，威廉斯忍住想要说话的冲动，并且“再一次后退到无名之辈的行列”②。在伦敦，无论这种文学上的争论多么激烈并让人激动，它们都对威廉斯造成了干扰；他不想被狮子们吃掉。他觉得自己离一个真正的世界公民是那么遥远；他不能与庞德的博学及其时髦的声明一争高下。威廉斯就像艺术圣殿里的一位异教徒，主教的华服、助手们、燃烧的蜡烛、香气和诵唱，“都和我想要的东西完全不同”③。他“很高兴逃离”④。

在巴黎短暂逗留之后，威廉斯来到了米兰。在这里，他和埃德加见了面，开始对意大利的博物馆和历史古迹进行为期7天的参观。他首先拜访了威尼斯和佛罗伦萨；之后在罗马度过了兴奋的一周；最后南下，到达帕埃斯图姆、庞贝和那不勒斯。由于在艺术和建筑方面受过教育，埃德加是一位非常理想的导游。他已经很容易地适应了欧洲的文化生活，就像庞德一样——埃德加的性格要比心高气傲的庞德或者自大的比尔更加圆滑——他能滔滔不绝又比较权威地讲述布鲁内莱斯基大教堂、米开朗琪罗对劳伦图书馆的设计，或者罗马地下墓穴的历史。在埃德加面前，比尔再次感觉自己像一位学徒。兄弟俩之间的紧张关系已经得到了缓解，但并没有完全消失。埃德加一心想要在学业结束后回到卢瑟福迎娶夏洛特，然而比尔却面临着与弗洛斯间

①《威廉·卡洛斯·威廉斯自传》，第115页。
②同上，第116页。
③同上，第117页。
④同上。

题重重的婚姻。弗洛斯是第二选择，这让他感到羞辱。他将坐船驶回不确定的状态，这段婚姻也透露出这样的信息。

1910年6月4日，这位漫游者在霍博肯上陆，弗洛斯并没有来码头迎接，这让他有点儿生气。距离并没有给他们的关系增添一丝魅力。由于实际上他们还是陌生人，没有什么物质基础来编织让人感动的梦想；他们也没有忘乎所以地恋爱。事实恰恰相反。他们互通的书信言语尖酸刻薄。比尔对弗洛斯信里的内容横加指责。他并不知道自己想要从一位羞怯又天真的少女的信里得到什么样的奇迹。每当她的信迟到几天，他就会责备她的漫不经心。他问她要一张照片以摆在梳妆柜上，她设法满足了这个要求。这时，他又很生气地批评她在照片里的姿势，怪她模仿夏洛特那样的时髦美女，而没有表现出自己的娇小可爱。他不喜欢她希望自己引人注目并显得世故的想法。接二连三的指责让弗洛斯感到痛苦和为难，她再次想要中断婚约了。

从欧洲度假回来不久，威廉斯就挂出招牌，为行医打广告。虽然他是当地人的儿子，生意上却发展得比较缓慢，因为镇民们都觉得他是一个无名小辈。办公室没有设在小镇的繁华地带，也让大家觉得他不够可靠。更重要的是，他对自己没有信心，“我的思维是狂野的——我觉得，其他人肯定已经看出来了。”①他很有耐心地打造着人们对他的能力的信任（为了收支平衡，他接了一份校医的兼职，检查孩子们的口腔，看看有没有蛀牙或者扁桃体发炎的症状）。推迟与弗洛斯的团聚是很愚蠢的。他忙不迭地想要赢回她的青睐，这是他再次求婚之后要设法完成的事情。两年半之后，他和弗洛斯结婚了（他漫不经心地提到，是在1912年12月12日）。这一漫长的求婚（在当时是不常见的），对威廉斯来说是一种痛苦的折磨，因为它延迟了他的性满足。但是，这也使他与弗洛斯在一起度过了充足的时光。这样的话，睡在婚床上，他们就不会像完全的陌生人一样。他在《自传》中坦白，“我不得不做很多事情来缓和婚姻。弗洛斯和我不断地摸索着我们的情感。我想，那段长时间的磨合，使我们以后的婚姻能够经受住诸多考验。”

2

威廉斯的诗歌充分证实了他对弗洛斯摇摆不定的感情。在这场差强人

①《威廉·卡洛斯·威廉斯自传》，第127页。

意的婚姻中，偶尔他会祈求某些迷人的时刻。在《田园诗》中，“是为人父母的喜悦——威廉·艾瑞克于1914年1月7日出生；保罗·赫尔曼于1916年9月13日出生——而不是渴望的激情，将夫妻俩联系在一起。”只有在《冠状物》中，威廉斯才像一个内心充满爱慕的情人一样说出：“银莲花从她压过的地方蹿出/水芹菜/在微薄的水源处绽绿——”《爱之歌》一共有3首诗，在第二首中，他邀请弗洛斯享受一个明媚的春日和他开阔的心境：

把房子打扫干净，
挂上新帘子
在窗上
穿上新裙子
和我一起！
榆树从白色的天空
撒播带着甜味的
小饼儿

谁会听说我们
在未来的时候？
让他说这里有
一股骤然的清香
来自黑色的枝杈。

弗洛斯被比作一个专注于家务的快乐精灵。受外界的邀请，她分享了和他在一起的珍贵一刻［“小饼儿”（Loaves）看上去像是“树叶”（Leaves）的错误拼写，还有一种对爱情羞涩的同意］。威廉斯没有使用马洛那种华丽而又夸张的语气：“过来和我一起住，做我的爱人/我们会体验所有的快乐。”这种毫不害羞的声明会让他紧张，会让一段还没有被牢牢拴在爱情或习惯里的关系变得岌岌可危。此外，威廉斯并不是追求爱情的激情牧羊人。“一股骤然的清香/来自黑色的枝杈”是一种含蓄的回忆。多年之后，在威廉斯给这首诗进行注释时，只是轻描淡写地说，他“意识到我的女友弗洛斯在场”。

《爱之歌》里的第一首诗更加模糊：

雏菊碎了
花瓣是白天的消息
茎伸到草丛顶端
它们钩住鞋子
在中间断开
留下根叶安然无恙

黑色枝杈
带着方形的叶子
伸到树梢
它们紧紧抓住
轰然裂开
露出白色！

你的情绪缓慢
叶子的飘落
必然
于5月回归！
我们漫步
在你父亲的小树林
看到庞大的橡树
横躺在地
根从地下拔起

除了题目，威廉斯并没有在其他地方提到过爱情。暴风雨过后，这对年轻的夫妇在小树林里漫步，检查着大风带来的破坏：雏菊花受损的时候，它们让根和叶安然无恙。白色枝杈断裂的时候，是一种神奇的向上的推力，类似于性推动，把叶子带到"树梢"。作为季节的组成部分，在这里它们"紧紧抓住"，然后"轰然"剧烈地断裂（在一首本来安静的诗歌里，出现了一种令人吃惊的兴奋的响声），剥落了白色的花朵。刚刚表现出的旺盛生命力只是自然的一部分。雄伟的橡树被极具破坏力的大风连根拔起，暴露出它黑暗的底部。在与弗洛斯直接相关的这一节里，读者注意到，她的情绪有些迟钝（这似乎是一个中性的评价)。但秋天的叶落并不是最终的结局，因为它们将在春天回归。结婚5年了，在这首《爱之歌》中，威廉斯思忖着在他内心相互抗衡的安全感以及与弗洛斯决裂的想法。

然而，早在1917年，威廉斯就把弗洛斯描绘成“反反复复的灰色”。最明显的是在《格雷斯的画像》中：

> 把你和你的灰色分开
> 将是永远不可能的吗？
> 你一定总是要往后沉入
> 你灰褐色的风景——树木
> 总是在远处，总是以
> 灰色的天空为背景？
>
> 我必须总是
> 与你反向而行吗？没有地方
> 我们可以和平相处
> 我们分离的想法
> 要完全占据内心吗？
>
> 我看到我自己
> 站在你的肩膀上触摸
> 灰色又破碎的天空——
> 但是你，与我一起往下沉
> 然后抓着我的脚踝——吃力地
> 前行
> 在平坦又没有被色彩干扰的地方。

4个急躁的问题——其实是生气的斥责——以及它的绝对性(“完全”“总是”“不可能”)让这首阴郁的诗歌散发出婚姻不幸的腐臭味道。威廉斯为弗洛斯准备的调色板都是一样的沉闷；风景和天空、令人压抑的灰暗，恰当地描绘了一对夫妇“相互分离”的气氛。威廉斯并没有直接回答自己的问题。相反地，似乎他和弗洛斯接触的唯一方式就是他站在她身上，就像骑手坐在驮兽身上，或者主人骑在他的奴仆身上一样(这种位置没有任何性的成分)。在她的肩膀上，他伸手去够一种卓越的东西，但是能触到的只是“灰色又破碎的天空”。相比之下，世俗的她，抓住他的脚踝，把他固定在自己身边，防止他走失，之后又沉重而缓慢地往前走。“吃力地”这个词描绘了她缓慢的步伐：他们的关系是一出关于婚姻乐趣或性满足的糟糕闹剧。威廉斯在《地狱里的科拉》中抱怨“床有责任”，非常明显地暗示着，俄耳甫斯这位不够温存的无聊丈夫不可能降到地狱里去迎接他的欧律狄刻。然而他依恋并依赖着弗洛斯，在51年的婚姻中一直如此。威廉斯通往情感的路线总是那么不可靠，然而人们已经习惯了他善变的欲望以及对没有获得全部乐趣就委顿的恐惧。在《地狱里的科拉》中，当好色之徒在灌木丛里“追求一位白皮肤的森林女神”时，他邀请读者跟随他的脚步；当“饱满的情感上的愉悦，即便如此，因为一个嘲笑而变得阴暗”时，他邀请读者来观察；当被懊悔刺痛退回到藏身之处，在此原谅自己，为自己的行为道歉，并思考下一步该怎么办时，他请求得到读者的同情。在他不安定的情感生活中，“暴力产生了和平，和平在烦乱中飘走”①。

3

威廉斯与希尔达·杜利特和维奥拉·巴克斯特·乔丹的关系是有先兆的，她俩都是埃兹拉·庞德的朋友，但他并不想好好地了解她俩。当庞德对诗学观点和实验的热情消退时，有时他就会把她们硬塞给威廉斯。威廉斯对庞德的自信充满了敬畏，他认真采纳了这位朋友大多数的附带意见(和慷慨)，并且逐一进行检验。但是，在20世纪30年代中期以前，他总是要比这位伙伴和对手慢两三步。在埃兹拉转向旋涡主义之后很久，比尔才投身意象派。事实上，尽管他和庞德都不是训练有素的纵欲者，但他也很忌妒神气活现的庞德，这个人大肆吹嘘自己对女人的吸引力。在宾夕法尼亚大学，庞德是希尔达·杜利特的男友，他陪她去看戏剧表演，把他的诗学理论像对徒弟一样传授给她。1903年，庞德把她介绍给比尔，比尔发现自己迷上了她精致的容貌和风趣的语言。他从来都没有遇到过像她这样的年轻女子。当他们在上达比周边的乡村漫步时，他认真地倾听着她那些疯癫的想法。如果庞德不

①《地狱里的科拉：即兴创作》(*Kora in Hell: Improvisations*)，第32页，波士顿：四海出版社，1920年。

要她，他就会把她看成自己未来的女友。她身材高挑，长着一张中性的脸，既不美丽，也不普通。作为一个任性、有时又有些做作的年轻女子，她经常会被审美的热情和狂喜冲昏头脑。在新泽西州波因特普莱森海滩的一个聚会上，她像涅瑞伊得斯一样，跑向汹涌的海浪，要不是房东鲍勃·兰波顿将其从海浪中拉出来，她就会溺水昏厥。这种古怪的行为让威廉斯感到困扰，它只能让他想起自己母亲的行为。希尔达·杜利特是活泼的，但她超凡的天性和对诗歌的偏爱——她是一名新生的唯美主义者——让他渐渐明白，这些对他并不合适。在任何情况下，如果威廉斯有任何想要向希尔达·杜利特献殷勤的想法，庞德就会很快地予以镇压。他并不怎么指责比尔想要偷走他的女友，但他非常敏感，而且占有欲极强。庞德曾与希尔达·杜利特订婚，但这两个人的婚姻将会和她与威廉斯的婚姻一样是一次惨败。比尔后退了，几年里，他和她的友谊恶化成强烈的反感。

对维奥拉·巴克斯特·乔丹，他却没有这种消极的感觉。维奥拉是庞德在汉密尔顿大学时结交的朋友，当时19岁，住在纽约。1907年，庞德作为介绍人逼着比尔去拜访她，并向比尔保证她漂亮活泼，又有艺术气质，至少，她的陪伴会让他从疲惫的医院巡房生活中获得一些乐趣。在威廉斯与维奥拉首次约会的前一年，1906年11月12日，他从法国医院给埃德加写了一封信，在信中，他说自己对激情带来的危险非常敏感——危险是因为它会干扰他“敢于追随梦想”、成就大事，并且“自我满足”的目标。

威廉斯很严肃地承认了自己的恐惧，他害怕性欲会毁掉野心勃勃的计划。在人生这个大舞台上，为了成功他可以与他人竞争，他相信自己不是一个“被困难吓跑的哭泣的懦夫”。但是关于性，听上去他就像一位清教徒牧师在警告他的教友们，如果不能克制自己的欲望，他们的罪恶会使其受到地狱之火永恒的责罚。威廉斯的训诫为他树立自我形象提供了一些启示：性冲动会剥夺他的自制力，因此必须驯服内心的野兽。他最好谨慎行事。

这也是他对维奥拉·巴克斯特·乔丹所做的。古板的威廉斯搞砸了和她的第一次约会。他怀着紧张又好奇的心情，乘坐捷运去了她在纽约东部贫民区的住处。德国女房东给他开了门，并领他到了三楼阳面的房间。他胆怯地敲门。他在一封信里告诉埃德加：门被一个“高大的女人打开，她开始亲切地和我攀谈，然而在她后面，我看到一位美丽的少女，很显然穿着睡衣坐在沙发上”。当女监护人把门“砰”的一声关上的时候，对济慈式美女撩人的一瞥也消失了。他非常尴尬地折回去，回到在医院的房间。随后他给她寄了一张便笺，为自己在不合适的时间造访这一无礼行为致歉，还邀请维奥拉在第二天晚上一起观看宾夕法尼亚大学和哥伦比亚大学的篮球比赛（一个安全又中性的地点）。球赛期间，他开始了自己犹犹豫豫的约会，时间很长，中间不时地被沉默打断。威廉斯不能确定他是否要和维奥拉开始一段亲密的关系。几年里，他会靠近她，然后又撤退，一直在郁闷地思考着一个两全之策。

威廉斯写给维奥拉的诗歌和信件内容很丰富，从对心灵困境的尴尬坦白——“那么费劲地成为我必须成为的人，是不可能的事情”——到诸如《致维奥拉：论味道》这种具有骑士精神的诗歌：

亲爱的你是
鱼子酱中的极品
所有的品种中我最钟爱你
哦我的日本燕窝

没有来自挪威的鲱鱼
能比得上你的味道。不
西班牙甜椒
就如空搁板一样平淡
与你的辛辣相比
哦我依赖的温柏

威廉斯从来没有为弗洛斯使用过这种有趣的语气和轻快的押韵，也从未将其叫作“吃了炸药的海达”。他假装很害怕她矜持傲慢、难以捉摸的样子。维奥拉拥有“魔鬼般最讨人喜欢的感觉”，她激发了他的灵感，让他拼凑出一份可口的菜单——奇特的诗歌。他在莱比锡沉思：“你身上有一些神奇的东西，并不完全是童话般的。它惹怒了我，并且，坦白地说，让我更多地想起顽童而不是天使。即使这样，你也无人可以取代。”[①]

即将迎娶弗洛斯的时候，威廉斯还是不能把这个“顽童”从他的脑海中赶走。“带着一种日益滋长的温柔和感激”，他渴望着维奥拉。她是一位“最讨人喜欢的女性”，不能得到她的青睐，完全是自找的，并不是因为高不可

①《威廉·卡洛斯·威廉斯书信选》，第20页。

攀的女王轻率的拒绝。在他举行婚礼的前9个月，威廉斯曾经与维奥拉浪漫又戏谑地谈论，要是他俩“结婚”，她能感受到什么样的喜怒哀乐。他说话的语气就好像她已经绝望地爱上了他一样。他称呼她为“透明又矛盾的可爱的人儿”（“让我们飞走，一起做不可能的事儿”）。他还坦白，他的父亲“被直接问到是否料到了我是一个头脑简单的人”，父亲冷淡地回答“我发育迟缓”。威廉斯似乎同意父亲的判断，但他并没有兴趣去思考是什么导致了“迟缓的发育”。他“愉快地”随信寄了一首关于她刷牙和扮小丑的蹩脚的打油诗，这是一首与“迷人的春天”有关、模仿莎士比亚的诗。在维奥拉眼里，威廉斯是一个困于郊区，从早到晚与“懵懂”做伴的男人，他炽热的激情找不到出口。弗洛斯不过是一个小配角。

结婚还不到两个月，他又小心翼翼地点燃了他们之间罗曼史的余火：“在这儿不做撒谎者，靠近你；有你的陪伴，在这儿是真实的——懦夫”。其中表露出的希望远远超过了调情。他使用了“懦夫”一词，表明威廉斯知道这种对等不起什么作用。维奥拉立即指责他在情感上的不忠。她的信里有几处被删除的地方，好像她在非常用心地选择词语，但是威廉斯却读懂了她的心思。3天之后，他真诚地乞求她原谅自己品德方面的暗示。她和他“保留的良心”把他从可能发生的道德败坏中解救出来。

威廉斯不久就得知，维奥拉将在1914年的春天嫁给商人维吉尔·乔丹，这加速了他对他们之间风流韵事的缠绵幻想。在一封日期为“下雪的3月”的信中，威廉斯试图表达一种轻浮的想法。他引用了让-雅克·特鲁索的话，对她将不能再自由地爱慕他表达了遗憾。但是，当承认自己忌妒她的未婚夫时——他不能忍受提到对手的名字——他的句子变得支离破碎。从一处笔误就能看出他的沮丧：

> 很清楚他是——从各个方面来说——荒唐的。他说话很特别——但如果我觉得我只是想起了他的优点——我几乎要说灭绝。很显然他知道如何拥有。你知道如何拥有吗？那就是要杀死——之后你就拥有了这件东西、这个观点、这个笑话——你自己的一切。

维吉尔“知道如何拥有”，这让比尔觉得很苦涩；他甚至有一种冲动，想要谋杀她的男友。威廉斯从失望中恢复过来，将醒目的爱的意象压制成由“纺钢”做成的“薄丝网”，穿过这张网“什么都逃脱不了”。爱情是一个陷阱，他总结道。他再次发誓，在下一部诗集中，他会驾驭早期的情感。

1914年6月7日，威廉斯给维奥拉写了一封长信，里面充满了思考。就像在对自己进行精神审判一样，他试图坦白和最终回答为什么他不能娶她也不能离开她。尽管他是拐弯抹角地绕到这个话题，但是由于环境改变了他们的关系——但他不再祈求她的青睐——他的内心不再那么充满防卫，也不再那么武断。就像一位乡村医生对害羞的病人一样，威廉斯对维奥拉提出了诚恳的建议。他把维奥拉比作一只蝴蝶，从蝶蛹中露出头，却害怕展翅飞翔。他向她保证"相信你的翅膀"（关于成长和飞翔的挣扎在他内心远没有结束）。

威廉斯模仿美学圣人纠正了这位新手的错误，慢慢地，这封信就转变了风格。维奥拉非常清高地被《利己主义者》的"肮脏"震撼。这是一本由打破旧习的女权主义者多拉·马斯登创办的英国文学杂志，后来由理查德·奥尔丁顿和希尔达·杜利特担任编辑。威廉斯在这本杂志上发表了诗歌，更重要的是，他像精神病医生一样回应了她对下流写作一本正经的厌恶。首先，他温和地责备她：

> 你在《利己主义者》中发现了肮脏，可能觉得恼火，之后就忽略这本杂志的价值，这么做是不对的。你还不如因为指甲有时很脏就厌恶你的双手。在我认识的人当中，没有谁会为了阻止这种恼人的事情就提倡拔掉指甲。手是用来（《利己主义者》也是）自由地执行意愿的（《利己主义者》也是）。使用它们，学着保持清洁——这是红蛱蝶（一种稀有的蝴蝶）的品质。

之后他给她上了一节初级课：当心那些过分讲究和枯燥乏味的艺术。他坦承自己无法提供"令人满意的美的定义"。他试探性地尝试了三种意象："对于激情的反抗——茶壶里的激情是一场风暴——天空感受到闪电的刺痛，大笑而归——蔑视性行为的现实（那该死的性，它又来了）。"在他们互相对抗的舞台上，威廉斯温和地揭露了她的"谎言"，即性非常重要，它阻止了男人和女人"用同样的方式看待同样的事物"。我们不能盲目地评论威廉斯的这种行为。

从这封信里可以看出威廉斯那种由来已久的痴迷以及为了控制意志而在肮脏和干净之间进行的挣扎。他自称"喜欢快感"，这意味着他有时沉迷于肮脏、纵欲和酗酒。他很清楚，如果要成为"一个拥有自我并完美地利用自我的人”，他就必须这么做。尽管他使用了华丽的词语和副词“完美地”，在欲望和行为之间还是能感觉到一种模模糊糊的约束。然而，威廉斯向维奥拉挑战，“你怎么能说你拥有自己，如果你不能被肮脏自由地触摸（扇到一只脸颊上）……你在街上弄脏了裙角，并不是你总在家里待着的理由——尽管这是不穿衣服的绝佳借口。”

他的建议很平和，也很合理，但威廉斯却不能按照自己对别人说的那些道理行事。他强迫自己去赞美干净的东西，因为他觉得理应如此。他狡猾的超我向其保证，柏拉图式的友谊可以让他远离性欲无休止的折磨；一时便利的怯懦，至少是暂时地会把他的视线从矛盾上移开。为了挽回脸面，对于这种撤退，他给出了积极的解释：“任何能够注视我的眼睛——我是说注视，而不是瞥——并且依然选择离开的女人，都是干净、自由，并且快乐的。是的，是快乐，对于她，我已经祈求过爱情……我的法式浪漫就这么多。”（有很多怪念头，他把这称为自己的“健胃测试”。）他没有能力去巡逻潜意识广阔的疆域，并把情欲阻挡在外。但它们往往不请自来，闯入他冷静的思维：“昨晚，我梦见一位美丽年轻的高中女生——靠在我的福特车车门上——默默地、偷偷地抚摸我的手——她的灵魂从眼中钻出来。醒来后，我觉得非常不快。”尽管威廉斯把“快乐”换成了“不快”，这个梦依然描绘了一种喜悦的状态。一个被长期搁置、有些普通的男人，他的幻想得到了满足：一位适婚的年轻女子靠在车门上，抚摸着他的手。这名女性已经完全接纳了自己，他为此激动得浑身颤抖：“她的灵魂从眼中钻出来。”灵与性融为一体，这就跟威廉斯获得难以捉摸的狂喜一样。这位高中女生是维奥拉的化身，还是另一个无法企及、不合适的美女？我认为二者都有可能。威廉斯的欢愉慢慢消退，他再次用医生的口气来诊断自己和维奥拉断断续续的关系：“……我们是相似的——都饱受折磨。我们距离对方足够遥远，相互陪伴，和平共处；但是，如果用柔韧来攻击对方，我们将无休止地相互憎恶、彼此抓挠。”因此，他承认，两人最好保持真心朋友的关系，最好能和他们的伴侣们共进晚餐——弗洛斯和维奥拉相处得很好。在20世纪二三十年代，维奥拉成为庞德、诗人兼小说家布赖尔的非正式的纽约分社社长。她向他们发送新闻以及美国帮在闺房或者美术馆的绯闻。同时，她又倾听着希尔达·杜利特指责威廉斯的性格和诗歌。但她既没有与其一起责备，也没有不义地泄露希尔达·杜利特的敌意来惹怒比尔。

在回忆中，威廉斯把维奥拉和自己在1907年到1914年这7年间不稳定的发展联系起来。在他追求“完整自我”的过程中，她是一个非常重要的人物。他会多次拆掉并重塑那个自我以及诗歌，但在心中为她保留了一个充满柔情的位置，有时把她看作缪斯和失散的妻子。他们终其一生都保持了朋友关系。

在《地狱里的科拉》的日记中，威廉斯实验着达达主义，这使他的诗歌摆脱了乏味的浪漫，并且使其在诱骗他的“黑色的空虚里，寻求某些代替的风格”[①]，无论他多么无知。同时，他也捎带着或者隐秘地评价了对婚姻的失望——就像一支在节奏上无法和舞伴同步的舞蹈，并且“厌倦又从中作梗”。拥有这样一种不协调的关系，他只能退到一个情欲之梦，梦想着从“痛苦和破碎”[②]中得到释放：跳一支“炫动的塔兰泰拉舞”[③]。

威廉斯用了3年的时间才完成《地狱里的科拉》的创作。他没有办法很快地进行。他非常忙碌：一项新的业务需要照管，一个慢慢变大的家庭需要支撑，美国正处在战争的边缘，他和弗洛斯家族亲人的死亡，一场流感，这些都让他精疲力竭。因为没有任何稍微有效的武器来对抗死亡，他感到愤怒。难怪他耸着肩说：“总之很难判断得失。”[④]然而，令人惊讶的是，当疾病和战争肆意地摧毁民众时，威廉斯却精神抖擞，在生活的阴暗处发现了一片宁静之海。他抠出时间来和孩子们玩耍，照顾生病的父亲，按时上下班，开车上门看病或者去医院，甚至抽出几个小时的闲暇时间去图书馆浏览杂志或逛美术馆。日常工作也有可取之处，它能把人的思想圈住。最重要的是，在经历了一个照顾病人和垂死者的夜晚，他拖着虚弱的身体回到阁楼，打出一首又一首的诗歌。那些累积起来的损失让他伤心——流感给人们的身体和心灵带来了巨大伤亡。肆虐的死亡邪恶地触摸着他创作的思潮。就像加缪的小说《鼠疫》中的尔约博士一样，他做事时内心清醒，充满同情，并等待着对无辜者的屠戮慢慢减少。

《给想要它的人！》里的诗歌，虽然在即兴创作的技巧方面比不上《地狱里的科拉》，但在创意方面，却超过了《美国性情中》里的诗歌。它们表明，1958年，他向伊迪丝·希尔吐露“我周围的事物。我在寻找生活的本质。相当迟了，我觉得。这是一个安静的阶段，一个性之前的阶段，尽管我已结

①《想象力》，第45页。
②同上，第57页。
③同上。
④同上，第55页。

婚”[1]。在这个蝶蛹期，他滑入了一种自体享乐的独处或者进入了对其他女人的幻想状态。以《俄罗斯舞》为例，这是一部受人喜爱的虚构作品，他在里面饰演卢瑟福的尼因斯基这个角色：

如果当我的妻子睡了
我的孩子和凯瑟琳
也睡了
太阳是一个发着白光的圆盘
在丝绸样的迷雾里
在闪着光的树上——
如果我在我背面的房间
光着身子跳舞，怪诞地
在镜子前面
挥舞着衬衫摇着头
柔和地对自己歌唱
“我是孤单的，孤单的
最好如此！”
如果我赞美我的胳膊，我的脸
我的肩膀、侧面和臀部
靠着映画出的黄色阴影——

谁能说我不是
我家的幸福天才？

吹毛求疵的观众们都在酣睡，威廉斯思索着如何像《春之祭》里面的俄罗斯异教徒一样，让身体无拘无束地随诗歌起舞。尽管舞台是黎明时他的卧室，他给极简抽象的窗帘布赋予了浪漫的魔力，这唤起了肉欲和性爱的激情（嘉基列夫在委托伟大的艺术家，如毕加索来设计它的布景而做出的努力是值得一提的）。威廉斯光着身子在镜子前跳舞，像哥萨克人一样挥舞着衬衫：

①《想象力》，第23页。

刚健、怪诞（一个关键词），抛弃了爱出风头的快感。身体的能量消散了，一种沉闷的音乐响起，这有些出人意料。就像威廉斯所说的，他又成为孤独的人。在这种温柔的痛苦中，有一点儿真相，但是威廉斯渴望完全扮演这个角色（弗兰克·奥哈拉的诗歌《文学传记》在很大程度上得益于《俄罗斯舞》）。在第三个简洁的动作中，威廉斯带着自恋的快乐审视着自己的身体；之后，用演员特有的对瞬间时机的掌控，在问“谁能说我不是我家的幸福天才？”之前耽搁了一刻，马上又充满了挑战、自满和防御。这首诗故意悬在半空，就像“丝绸样的迷雾”。他似乎在暗示，他可以是幸福的，就像他“家庭”的守护神——一种尊敬的称呼——但他友善又勇敢地暴露了自己的问题，说明他期望某人能前来剪掉自己的翅膀。然而，《俄罗斯舞》从原始的风格转向对家庭的热爱，就像被改造成雅典壁炉看门狗的欧墨尼得斯。这种调整与诗歌的编排融为一体：三个句子都起于假定的“如果”，并以问号结束。然而，威廉斯并没有像他希望的那样大胆。他的独舞是以“映画出的黄色阴影”为背景的，所以邻居们看不到他在北面的房间里光着身子起舞。

从威廉斯的浩瀚诗集中找出一首欢快的爱情诗，实际上是不可能的。忧郁从一开始就抓住了他的心，或者慢慢地渗入他的幻想。体会一下《爱之歌》，此处引用的是修改后的版本：

我躺在这儿想着你——

爱情的污点
在世界上！
黄色、黄色、黄色
它渗入树叶，
用藏红花涂抹
有角的树枝重重地
靠着
光滑的紫色的天空
没有光
只有蜜一样稠的污点
从一片片叶子
一根根树枝

滴落
玷污了整个世界的
颜色——
你远离那里在
西方酒红色的镶边下

如果所罗门本想创作一首《歌中之歌》，实际上，一个妖怪却神秘地口述了《传道书》，那么，《爱之歌》可能就是其中一首。第一行和第二行中间空白的另一边是能引发犯罪的手淫和不忠的幻象。词语“污点”重复了两次，玷污了“整个世界的/颜色”。直到最后两行，说话者跟踪了一份像传染病一样蔓延的情感的进展：“渗入”“涂抹”“滴落”“玷污”。然而，这首诗却充满了绘画的美感（紫色、红色、黄色），并带有一种悦耳的声音，颇具魔力。在高潮部分，他渴望那位只被指定为“你”的冷淡爱人，想象着她在某处酒红色树叶闪闪发光的树林（收信人显然不是弗洛斯）。颇具意味的是，威廉斯从这首诗的第一个版本中删掉的，是他因为爱的关联而感到的无限的愉悦感：“爱情的重量/已将我浮起/直到我的头/碰到天空”，并且“我的头发有花蜜滴落”（无疑，他的挑剔使其删掉了最后一行）。

当威廉斯解放了游移的双眼和想象力时，他经常会注意到一些女人，并被她们唤醒，从青春期的少女，到从二楼栏杆处耷拉下一只脚的女人。他幻想着对荡妇们进行勾引。欲望是杂乱的，即使并没有付诸行动。威廉斯的职业让他能够近距离地接触女人的身体。进行接生意味着把女人看成母亲，她们分娩时的勇气让他深深地敬佩——比如，在《抱怨》中，在一个寒冷的夜晚他被叫去照料一个产妇，他观察到“这儿有一个伟大的女人/在床上在她的那边/她不舒服/可能正在呕吐/可能正在用力/分娩/第十个孩子。快乐！快乐！”可能是晚上，就像他说的，一个“房间/对恋人来说是漆黑的”，但他的角色变了：“我从她眼中取出头发/看着她的痛苦/带着同情。”他紧张的注意力被放到了紧急救治上，但是从眼角，他可以看到“警司夫人滚圆又完美的大腿”。在《给想要它的人！》中，各种女人的画像被挂在墙上，比如罗比扎夫人、一位农场主的女儿、三个“穿着深红色缎子衣服”的少女，甚至两个小女孩，从中我们可以看出他对性的狂热。实际上，《给想要它的人！》，除了威廉斯的语气听上去与其他诗歌不同之外，它还是一副哈勃望远镜，绕着地球运动，并从各种可能的角度发回关于他和女人的重要信息：俯瞰、特写、透过汽车的挡风玻璃，等等。他已经结婚很长时间了，他很清楚，尽管有时很享受做一名丈夫，但婚姻，尤其是婚姻的结局，总让他感到窒息和烦躁，就像诗歌中证实的那样。

家庭生活并不缺乏淡淡的满足感。在一首打趣诗《晚安》中，威廉斯站在厨房的水槽边，喝着水，打量着干净光洁的房间。一束荷兰芹立在玻璃瓶里，还有"一双橡胶凉鞋/并排放在/壁桌底下/为了这个夜晚一切都井然有序"。弗洛斯的凉鞋未必是一个令人兴奋的性玩具。在这个平凡的时刻，三个"模糊的、没有意义的女孩"从此经过，"充满各种气味并且/带着布料摩擦布料的/沙沙声还有/地毯上的小拖鞋——/高中的法语/被大声说着！"当"记忆扮演着小丑"，威廉斯并没有理会他的多情和痛苦，但是"喧闹歌剧的/窃窃私语的背景"却抓住了他的幻想。在这首诙谐的诗歌中，他规避了小镇好色之徒的角色。当然，他向青春期的徘徊道晚安，从玻璃瓶里"寂静而又闪着光"的荷兰芹里找到了补偿和快乐。他"美美地打了个哈欠"，朝床走去。

然而，如果被一夫一妻制惹恼，威廉斯的幻想有时就会越过被社会认可的性爱观念的边界，而进入一个无人之地。这里布满了陷阱，他努力不让自己掉下去。在《给想要它的人！》三分之二的篇幅处，威廉斯插入了两首关于小女孩，即他的病人的诗歌。《一个孩子令人同情的画像》经常被准确地挑出来，因为它大胆地选择了一位"杀人犯的小女儿"作为主题，而且它的自然主义风格宣布了与奢华的浪漫主义的决裂。更加有趣的是威廉斯关于童年性行为的观点以及他对年轻女孩的身体和动作所做出的反应。那些骚动清楚地显示出他的天性。在这种情况下，它们并不是与生俱来的。这是第一首短诗：

杀人犯的小女儿
仅仅只有十岁
耸动着肩膀
左一下，右一下
为了能瞥见我
而不用转头

她皮包骨头的小胳膊
这样合抱着然后那样

反过来裹着身子！
紧张地
她揉搓着眼前的
草帽
歪着头
以加深阴影——
兴奋地微笑着！

尽可能地
她在大太阳底下
躲藏
她绳子一样的双腿
在小花裙底下扭动
大腿中部到脚踝
裸露着——

为什么她选择我
来试那把
顺着微笑飞来的刀子呢？

威廉斯受过医学训练，知道要注意病人想要转弯抹角地隐瞒什么的行为。有时候，这种相互注视会引起猫捉老鼠的游戏，就像此处一样。其他时候，这种注视会引发战争，就像在小说《使用强制》中，威廉斯必须撬开女孩的嘴来确认她是否得了白喉一样。强制是合理的，因为这对挽救她的生命来说至关重要。然而，威廉斯也意识到，自己侵犯了她的身体。虽然这不是强奸，但他使用了身体的力量让自己达到目的。威廉斯一直很欣赏小女孩激烈的抵抗。

在《一个孩子令人同情的画像》中，从目光落在这个差不多10岁的女孩身上开始，威廉斯记录了很多关于她的突出的细节，我们毫不怀疑他的权威和能力。她在医生办公室的焦虑（对孩子来说很自然）、她紧张不安的怪癖和计谋，都通过有力的动作表现出来，既笨拙又美丽。通过左右探头，她希望侦察出这个陌生人是谁而不被他发现，这样的话，她就能确定他是敌是友。

她紧抱着自己，疯狂地寻找躲开他的安全方式；她弄皱了眼睛周边的帽子来阻挡医生看到自己的脸；她的双腿不停地扭动着。但是，“在大太阳底下”，她无法掩藏自己。在这个孩子扭动的身体、裸露的双腿和激动的微笑中，一些性感的东西吸引了威廉斯。在他眼中，她成为同谋。威廉斯的态度温和，又具有职业性，但也有些紧张不安，就像他在最后三行提出的问题所显示的：“为什么她选择我/把刀投向/她的微笑？”根据常理，人们会做出这样的回答：这个孩子并没有选择他，是她母亲这么做的，可能是因为他收费低，而且，作为儿科医生，他的声望也比较高。

但是那并不能解释威廉斯的快乐和不安，或者解释诗歌中充斥的模棱两可。谁使用了刀子？如果是威廉斯，那么，他似乎想要知道，为什么那个女孩看着我，并看到了一个威胁她的武器？如果是这个女孩，在她的微笑里有一些危险的东西，这让他成为受害者，尽管她很小而且很虚弱，但好像继承了她父亲残忍的性格。动词“投”表达了刀子猛烈的动作。“我很同情她，但是不得不小心。”对于这首诗，威廉斯是这么评论的。通过幻想，这首诗让他对那些被正人君子们认为不正当的情感产生了兴趣并转向描写它们。

《大怪物》是《一个孩子令人同情的画像》的姊妹篇，它进一步探究了被禁止的性感觉：

另外，母亲拥有甜美的孩子，
长着一双美腿的小女孩
你不能触摸
我放在你上下周围的想法
这是幸运的因为否则
它们会把你烧成灰烬
你的花瓣将会使劲儿地卷起。

这都是你不能理解的——毫无疑问，
然而你确实感觉到
细针的拂拭；
你整个身体初步的线条
向我证明了这一点；
连同你的害怕，

害羞；
你推着的
玩具婴儿车——开始
把你的头发梳成一个发髻。
这些是我的借口。

威廉斯扮演着一个神经质的童话式的怪物，他的猎物是无辜的孩子。他就像对成年人一样对这个甜美的孩子说话（她像一位妈妈一样，推着婴儿车，但是她只有三四岁那么大）。当然，她不能理解他的欺骗，或者撕碎他编织的诱陷她的网，或者压制他的情欲之火，这火会把她烧成灰烬。“你的花瓣将会使劲儿地卷起”，这种真实的语气，掩饰不住大怪物扬扬得意的心情，他对受害者的控制是那么完全——并且不适当。如果这一切都是“你不能理解的”，他的满足感就会被稀释，所以他赋予她一种早熟的直觉，能感觉到他对她有性趣。她不能“触摸他的思想”，但能感觉到他给她针灸的“细针”。然而，他的借口既怪异又不合常理：他觉得她明白自己的心意，但证据并不可信。母亲把她的头发扎成一个发髻，但这并不是女性风骚的标志。不管他的感情多么不合适，都不能伤害那个小女孩。他能够很好地满足它们：诗歌和词语充当了盾牌，抵挡着人们对他有恋童癖的谴责。事实上，这种想象在他的护照上盖了章，让他得以长驱直入长有禁果的果园，并自由地体验不正当的情感，而不用担心受到惩罚。他敢于发表这两首诗，说明他并没有意识到它们的言外之意。

在当医生的最初12年中，他的大多数病人是在林德赫斯特、帕塞伊克、帕特森辛苦工作的穷人。他理解穷人的苦乐悲欢。艰难的怀孕和频繁的分娩、丈夫的劳累（工作时间长、薪水低）和酗酒、身体和精神上的虐待通常是工人阶级女性的艰难命运——它们激起了他温柔的关怀和性趣。在《行走的女人》中，一位朴素又年轻的女士，为拍摄牛奶广告摆着姿势，并在街上大步走着。威廉斯被她吸引了，因为她看上去“善良而自然”，但是他也缩减了自己的幻想，阻止安排与她进行性约会。他的语气里有一些自负和傲慢：这样的征服没有什么挑战性。

在一首写于1916年的著名诗歌《年轻的家庭主妇》中，威廉斯采用了另外一种方法：

上午十点，年轻的主妇
穿着便服在夫家的
木墙后走动
我在车中孤独地经过

之后她又来到路边
召唤送冰者、鱼贩，羞涩地
站立，未穿胸衣，拢着
飘散的头发，我将其
比作一片落叶

汽车无声的车轮
猛然碾过枯叶，发出脆响
当我点头微笑着经过

在去上门看病或者回来行驶的车中，威廉斯坐在驾驶员的座位上。他像电影摄像机或者窥淫狂一样，四处张望，观察着沿途的城镇风景，并把它像戏剧一样编辑成3个主要的场景。在每一节中，诗人仔细地欣赏着那个引起他性趣和诗趣的年轻家庭主妇，然后以一个最终的高潮或评论结束。他首先瞥见了一位慵懒的女人——在上午10点钟，她依然穿着睡衣——并觉得她是在丈夫房子里虚度光阴的囚犯。尽管她很孤单，但威廉斯并没有做什么，忙于自己的事情。距离点燃了他的幻想。第二次，当她冒险出来走到路边向流动小贩买冰和鱼时，他才得以近距离地观察她。他注意到她的天真、羞涩和她稍微凌乱的外表。就像“未穿胸衣”暗示着一种动人的无拘无束一样，“拢着/飘散的头发”既浪漫又迷人，像某种女性惯用的伎俩。然而，让人奇怪的是，威廉斯的反应却是不动声色、出人意料的：他把她比作一片“落叶”。这个意象表现出来的秋天般的脆弱是不恰当的：一位年轻、正值妙龄的女子只是一片干枯的落叶。或许，这种诗歌技巧转移了他的欲望。如果她是一位堕落的或很难得手的女人，他就会无所顾忌地采取行动。这一隐喻有助于把她彻底老化，把她变成一位得不到或者不受欢迎的妇人。

前面两节节奏缓慢，在最后一节，诗人却匆忙地离开无罪的现场（这不是《丽达和天鹅》的乡村版本），但被诗人删掉的人物却让人不安。微笑着的威廉斯像一位殷勤的谄媚者，向这位年轻的主妇鞠躬，赞美她的美丽，然而汽车“无声的车轮”“猛然碾过枯叶，发出脆响”，这种矛盾似乎暴露出一种没有勇气表达的冲动：他意淫着自己没有得手的性对象。

第六章
威廉斯和女人：男爵夫人

在威廉斯的性幻想和出轨行为的目录中，年轻的家庭主妇仅能算作一个脚注。然而，他与埃尔莎·文·弗赖塔格–洛林齐霍芬断断续续的关系，应该能占据几个篇章。除此之外，他还没有卷入一种更加特别或者可笑的男女间的疯狂关系。在副标题“唐·乔万尼的”之后的内容，我们可以将其叫作一部喜剧。作为一种戏剧类型，它残忍地揭露了离经叛道的性欲的罪恶。当幕布落下，那些尴尬的人物开始聊天，内容模糊不清。他们发现自己成了受害者，在观众无情地注视下扭动着身体。威廉斯害怕受到公众的羞辱，但是为了男爵夫人，他把它搁置在一边，就像研究危险病毒的医学研究员那样。

威廉斯记得，自己是被玛格丽特·安德森和简·希普介绍给那些“传说中的人物”，即文学杂志《小评论》的编辑们的。男爵夫人为该杂志撰写过达达主义诗歌和热情洋溢的评论。在移民到美国之前，男爵夫人与一位比她小10岁的二流的德国男爵有过一段短暂的婚姻——她头衔的由来——后来，男爵回到德国自杀了。很快，她就成为纽约先锋派圈子里一个光彩照人的配角。她模仿杜尚，出现在各种聚会和画廊的开幕式上，并在曼·雷导演的先锋派电影中担任角色。在这部影片中，她毫不做作地裸身做爱。她的外表要比毕加索的《亚威农的少女》中的女人还要古怪：她的身体狂放不羁，头发被剃光或染成蓝色；她的服饰由不同材料、颜色和质地的布拼接起来，即使按照20世纪10年代格林尼治村的波希米亚审美标准来看，也都算得上是艳丽了；男爵夫人的煤桶帽让每个人都念念不忘。玛格丽特·安德森在自传中描写了男爵夫人是如何华丽地走进《小评论》的办公室的：

> 她穿着红色的苏格兰格子套装，裙摆刚没过膝盖；短上衣的前襟敞开着，袖子的长度到胳膊肘；胳膊被一些廉价的蕾丝覆盖着——银色的、镀金的、绿色的、黄色的。她穿着白色的高筒靴，最顶上缠了一道装饰性的穗带。胸前挂着两个茶球……头上戴着一顶黑色的丝绒帽，上

面插着一根羽毛和几把勺子——吃冰激凌的长勺子。她戴着发乌的、硕大的银耳环，手上戴了好几个戒指，小指上有几个农民那样的凸起，上面有很多小疙瘩。她的头发是枣红色的……

这种女性装扮，一半像饥饿的流浪儿，一半像荡妇。在很多年里，这都给她带来了不好的名声——还有威廉斯模棱两可的求婚。

男爵夫人的恶名也源于她大肆吹嘘性能力。“我浑身上下每一个细胞都是性感的”，她在1925年的回忆录中深情地回忆道。作为一名受过教育的女冒险家，她让男人产生了兴趣，但同时，她也排斥和恐吓着他们。胆小的求婚者，因为配不上“我这种既深沉又简单的高贵女人”，而受到她的鄙视。在《自传》中，威廉斯取笑华莱士·史蒂文斯不敢在第十四街上行走，因为他害怕撞到男爵夫人。然而，威廉斯却被这个古怪的女人深深吸引住了。她的生活非常贫困。当找不到模特工作时，她就会伸手向朋友们要钱。他对她进行过3次描写：第一次是在《三封信》里，他对两人之间的关系进行了虚构的描写，这首诗发表在《联系》(1921年)上；之后，是在1931年创作的一首没有发表的冥想诗中，诗的题目很简单，就叫《埃尔莎·文·弗赖塔格-洛林齐霍芬》；最后一次是在1951年写的《自传》中，她不合时宜地出现在他父亲和祖母去世那颇具戏剧性的一章里。这种关注表明，男爵夫人在威廉斯的心灵剧场中扮演着一个重要的角色，她就像希腊悲剧中掌握重要信息的报信者一样，尽管这么做让威廉斯饱受诟病。

威廉斯37岁时创作了《三封信》。这是一则不够严谨的小寓言。第一封信描写了乳臭未干的英雄。(诗人在《我想写一首诗》中这样评价他，“当然，是我自己；他的经历，从某种程度上来说，就是我的。”[1])男爵夫人曾因盗窃罪而被指控。她从监狱无罪释放的那个早上，埃文斯去接她，并陪她一起去了她脏乱的公寓。那里堪称一座乱七八糟的博物馆。在这种环境中，男爵夫人变成一个前牙断裂、嗜性而又粗野的塞壬。威廉斯把从她腋窝里冒出的恶臭浪漫化，把她的房间视为对“卫理公会令人扫兴的灰色浴盆”的谴责。埃文斯的清教徒思想让他既迷恋又讨厌男爵夫人。虽然不确定自己是否要做她的备选男人，但他并没有逃走。

亨利·詹姆斯从威廉斯的短信中读出了其小说的基本构思，并对它俗丽

---

①《我想写一首诗：诗人作品自传》，第45页。

的风格感到震惊，他好像踉踉跄跄地走进了一个令人讨厌的妓院。美国是一个纯洁天真的国度，视性为洪水猛兽；欧洲却没有宗教信仰，充满肮脏和罪恶，正在进行垂死的挣扎。为了寻求经验，新世界追求旧世界，向它告白，并献上一个吻——这是不是完美一幕的前戏，谁都说不准——在这个吻中，她“断裂的门牙”像一颗犬齿“使劲儿压着他的嘴唇”。埃文斯内心的狄俄尼索斯因为她的接触而陶醉，就像一位颓废者因为闻到了腐烂尸体的气味而无比激动一样。医生们习惯了身体的恶臭，但他们却崇拜健康女神。威廉斯认为，从“美国人干净朴素的灵魂中”，作家找不到写作素材，他必须贪吃恶臭的东西。本·赫克特也同样狂热地描写过男爵夫人：她是一种病；她的肉体是疯狂的；她能给人带来狂喜；她拥有神灵和一切美好事物所具有的品质。

威廉斯把男爵夫人描绘成一位充满幻想的缪斯，对传统道德漠不关心，对她自己也毫不妥协地无情。她给新手们上了很好的一课：艺术家必须生活在社会的边缘。威廉斯甚至古怪又幽默地写道，她提出，要传染给他梅毒，以此把他打造成一个男人、一位更加优秀的艺术家。他礼貌地回绝了这个建议。然而在《地狱里的科拉》中，他指出，梅毒病灶就像华丽的鲑鱼粉的花朵。在赞扬男爵夫人的美丽和“心灵的虔诚和热情”时，威廉斯的内心是欢快的。她的浪漫精神远远超过了他。

埃文斯在一封信里草率地宣布了他的爱情。为什么？他的解释在某种程度上貌似是合理的：新泽西郊区荒凉的环境以及“圣洁的婚姻”不利于诗歌创作；从男爵夫人那里，他能获得关于那些被封杀、被玷污或堕落女人的知识；尽管有些危险，但这种宝贵又丰富的馈赠，会帮他冲破限制诗歌的藩篱（她也让他想起了“狼一样的”祖母）。他用了大量的言辞，充满感激地说：“他用很多东西去划火柴，却没有点燃。当他点着之后，他朝那意想不到的火光大声喊叫。他的思维只会靠近她的，并被她的点燃。”威廉斯是诚实的，还是在胡说八道？也许，这要取决于他的心情。为了满足自己的欲望，她不顾道德规范，这让她更加具有吸引力——也是他情感教育的一部分。

当埃文斯对男爵夫人突然失去欲望时，威廉斯就像给科文特花园的妓女们画像的贺加斯一样，对男爵夫人进行了生动的描绘。一种残忍的恶意抓住了他的内心，我们可以从这个歧视妇女、让人讨厌的篇章中看出来：“一艘古老的单桅帆船（她40多岁）再一次严重倾斜，直到她的排水口（穿透船的舷墙的一道出口，甲板上的水通过它就可以排入大海）与水面齐平，并再次开始前行；先是与沙滩并行，之后轰隆一声进入大海。”当男爵夫人发觉埃文斯一直在玩弄她时，几乎要疯了。她光着身子在床上打滚，“撞到墙上，嘲笑着无趣的美国人”，之后，又朝他一顿猛打，但他躲开了（在角色转变中，她成了酒神，而不是埃文斯）。尽管这是一个“得不到回应的美国式爱情”的清晰案例，她用诗歌和那些乘着“菲勒斯的翅膀”抵达他的信函来攻击他。这一刻，她指责他是个流氓；下一刻她又流着泪乞求他不要和她中断关系。埃文斯把她的信件扔到一边，没有打开，除了一幅“她的全身画像”。画像上的她满脸皱纹，穿着“被蛀虫咬了的皮草”。他把这个当成纪念品保存起来。埃文斯用厌倦的眼神，冷静又傲慢地看着男爵夫人撒泼，他觉得这是一种粗俗的伎俩。

在第二封信中，男爵夫人请求埃文斯帮她翻译一则关于爱情和母牛的拉丁谚语：朱庇特允许的东西，母牛可能不允许。他答应了，但是这种简短的休战状态马上就被打破了。美国的朱庇特和欧罗巴各行其是。虽然在之前发生的一次小冲突中，两个人都没能克制住自己，但是，男爵夫人对埃文斯依然怀有强烈的情感，这让她觉得非常痛苦。几个月之后，她寄出了第三封信，表明了她对他的渴望。就像拍苍蝇一样，他用挖苦的俏皮话“你的记忆力真好啊”，避开了她的爱情声明。实际上，他们就像音乐厅里面两个尖叫的小丑，或者一对吵嘴的已婚夫妇。他喜欢自以为是而又让人疲倦的世俗生活——“但是，知道女人想要什么总是好的，无论付出什么代价，他想。”——然而，他还是忍不住去佩服她丰富的想象力。他承认“她知道艺术意味着什么”。

虽然威廉斯肯定已经仔细读过男爵夫人在《小评论》上发表的诗歌，但并没有正式地做出评论。今天看来，这首诗似乎既是自动写作，也是从折角的浪漫主义词典中整合了各种美妙声音的作品。来体会一下《骇人的心》：

城市在骚动——鼓膜上的风——
飞舞的风：染上了香草——
染上了鲜花——丝绸样光滑——沙沙作响——
跌跌绊绊——飕飕地——嬉闹着——
好意的——倾斜的——轻掠着
流动着——躺下——弯着腰——
挑逗着——亲吻着：树枝——草——
四肢——嘴唇。

城市在耳膜上骚动
在孤独的夜里
伙伴们：
月亮——升起！
苍白——带着惊呆的美——
那么尊贵，不可分享！
在空间蓝色的——她从我的胸部疾驰而去——
被奇怪地点亮
让人害怕的姐妹！
染了香草的——染了鲜花的——
贝壳味儿的——海上工作——
林中狩猎——丛林智慧——
沙漠凝视——
从胸部乘心而去——
用美鞭挞着——
一支舰队——
穿过烟囱——
锡箔的河——
来遇见——
另一颗黑色的心——
保佑我的双脚——①

从这首中规中矩的先锋派诗歌中，威廉斯能得到什么呢？乔伊斯式的混合词汇（贝壳味的、染上香草的、林中狩猎）和成串的分词（在没有动词的时候），会赋予诗歌微弱的动势；韵律被大量的破折号劈成很小的单位；每一行几乎都是失重的；每行的第一个单词使用小写字母；多余的空间被分配给了破折号和冒号，就像呼了很长的一口气；大多数诗行都很简短。尽管这种风格是达达主义的创造，但他能够并且也的确让它们服务于自己的目的。蹩脚的倒置（“空间蓝色的”）和德语结构（“保佑我的双脚”），体现了男爵夫人结结巴巴的英语，或者《骇人的心》里面娇弱的氛围。抒情制造的效果就像使

①《小评论7》（*Little Review 7*），1920年9—12月。

用了大量的香薰一样。他已经过了过分讲究言辞的阶段。

事实上，就像第三封信里所说的，由于埃文斯对她失去了兴趣，男爵夫人觉得心痛。她威胁要公开他们的通信，以此来敲诈埃文斯。埃文斯非常镇定又残忍地对她恶语相向：先是把她比作一条咝咝作响的蛇；接着又比作一头牛，它的情欲"被哞哞地从灵魂里唤出来"（朱庇特如今正在寻找一位年轻一点儿的少妇），然后比作"从一处破裂的污水总管"流出的粪便；最终比作"一只圆贝壳的蛤蜊，在泥沙里蠕动、颤抖、隆起并缩起它的脖子"。之前那个"让他的心灵充满奇怪的放松感"的女人，沦落为一种他不想食用的软体动物。

威廉斯的内心变得下流，男爵夫人对此并没有坐视不管。她像一位将军一样继续进攻，对卢瑟福发起了两次英勇的战斗。尽管他在1931年声称，如果男爵夫人敲门，弗洛斯会把她请进房子。实际上，因为她入侵了他神圣的地盘，他非常生气。第一次他吃了她一拳，第二次他"一拳狠狠打到嘴上，把她揍扁了"，并逮住了她（在《自传》中，他声称自己害怕"她会戳我一刀"）。男爵夫人觉得威廉斯的行为既小气又专横，对他非常失望。她回到哈得孙河对面，在另一个前线向他发起进攻：在对《地狱里的科拉》的一则评论中，她说了一堆骂人的话："我把你叫作'戴着婚戒的哈姆雷特'""啊——呸！卡洛斯·威廉斯——你这个走起路来摇摇晃晃、挎着商务包的卑鄙家伙！"男爵夫人有一点是正确的，他就是哈姆雷特。他的独白有可能是这样的，"结婚还是不结婚/那是一个问题。"

实际上，在《三封信》中，威廉斯并没有嘲讽他的密友。他可能并没有意识到，自己的描写贬低了男爵夫人，或者自己的行为具有报复性；他没有努力去掩饰——或者原谅——他曾经是多么愚蠢。"从埃文斯浮夸的灵魂中迸发的耀眼光芒"充斥着孩子气的咆哮："你这个该死的、讨厌的老太婆……你这个年老又肮脏的婊子。"对威廉斯来说，这出冗长的闹剧已经闭幕了。他同情她的穷困潦倒，并"给她两百美元以离开这个国家"[①]，但钱却"被中间人偷了"。对于中等收入的医生来说，那已经是他能支付的很大一笔钱了。他似乎要减轻自己的负疚感。

1923年4月，男爵夫人坐船去了柏林。《凡尔赛和约》签订之后，这座城市坐落在经济废墟之上，满目疮痍。男爵夫人几乎没有什么资本和它斗争，

---

①《威廉·卡洛斯·威廉斯自传》，第109页。

她靠乞讨来解决温饱问题，只为了能活下去。但她依然是一只浪漫的孔雀，给堂兄妹、旧情人、老相识写辞藻华丽的信件来说明自己的文学计划——并寻求一些施舍。两年后，她走进一所贫民院，后来又被赶出来。她甚至到精神病院寻找避难所，但是诡计被揭穿后，不得不黯然离开。

在这段悲惨的岁月中，埃尔莎的大恩人是朱娜·巴恩斯。她在力所能及的情况下给埃尔莎寄钱，并催促这位朋友写自传，以记录她的通情达理的行为和古怪的性情(男爵夫人没有想到，后人会认为她是金边文学债券)。埃尔莎很容易就被说动了，创作了《自我辩护》，里面满是痛苦的忏悔。如果不是因为这些忏悔的流畅，卢梭很可能会因为它们的狂热和坦白而大加赞美。她习惯用华丽的风格，一稿又一稿地勤奋写作。她记录了自己对理想的、浪漫爱情的追求以及无数次败在男人手里的事实。那些男人要么不关心她在物质和情感上的需求，要么患有性冷淡或者阳痿。她在回忆录中的自画像，是一个女权主义先锋和"渴望男人的"女人的混合体。她很少在选择男人方面责备自己，包括威廉斯——让她失望的、美国情人中的最后一位。《圣洁的短裙》是一部关于男爵夫人的小说，极具洞察力，也很深刻。在这部小说中，雷内·施泰克认为马塞尔·杜尚是男爵夫人最主要的激情对象，这是令人信服的。但是，尽管她热情地向这位神秘的法国人求婚，还是不能打破他的磨砂玻璃。他的沉着冷静只会让她更加努力地来诱惑他，而他对此却是排斥的：对于性，至少对于和她做爱这件事儿，他似乎没有热情。她的挫败最终成为单恋的范例。

1926年5月，男爵夫人到达巴黎。这个沮丧绝望的女人希望重新开始她的模特生涯；或者更宏伟一些，开一家模特介绍所。然而，贫穷依然尾随着她。在1927年12月，当她在沉闷的公寓睡觉时，有人，威廉斯猜测，是一个"爱开玩笑的法国人"进入了她的房间，打开煤气喷口，让她窒息而死。

这次谋杀(或者意外)没有被告破。她死亡的消息最终传到了威廉斯耳朵里。"我真的对这个女人很着迷。"1951年，在对她的最后颂词中，他这样说道。他知道，他激怒了她，并且毫无疑问，他读到了她对他性格的评判。这一评判仓促地出现在《我把你叫作"戴着婚戒的哈姆雷特"》的结尾处。男爵夫人击中了威廉斯最脆弱的地方：他的男子气概。在欧洲绅士"从不失足"的地方——彻底地放弃了快乐——麻木的感觉——潜意识里，教养会告知"该走多远——该什么时候撤退"，并且"从而沾染了艺术家在感情上的那种陶醉"。她暗示，由于威廉斯被担心和压抑所困扰，所以"不适合放纵"。像一位受害者一样，她祈求诸神来为自己报仇雪恨。她祈祷“把（诅咒）倾倒在这些叽叽喳喳、缺乏创造力、不快乐却真诚的小人物身上，他们写作、闲混、活着，对于正直的力量来说索然无味”！她对威廉斯最尖锐的伤害就是，她把他称作一个“饱受折磨的孩子”。和男爵夫人一样的朋友和批评家们都把他看成一个没有发育完全的怯懦的青少年，这深深地刺痛了他。他们这种指责的要点就是，他不想走向“他们认为的我应该达到的极限”。躲在郊区的一处地堡中，而不是走出去面对“一个危险而有益的世界”，在他们眼中，他注定是一个无足轻重的小人物。男爵夫人曾嘲笑他的住址里奇路9号，并把它改成富裕路9号。她还把他叫作“一个自满的中产阶级”。

1931年，威廉斯开始反驳这些指责。他写了一首关于男爵夫人的冥想诗，这首诗因为没有尖酸刻薄的话语而分外引人注意。他试图在事后明智冷静而又公正地评价她——以及女人对他的重要性。他把男爵夫人定义为一个“偷偷摸摸的伪装者”，就像“一位来到蒙特苏马的科特斯，她想做他做过的同样愚蠢的事情——破坏。他们莫名地想象着，通过让某人流血来得到清醒和快乐”。为了避开男爵夫人的攻击，威廉斯采取了残忍的对策。但他并没有为此而道歉。实际上，他承认“无奈地结束它”，部分是由于自己“不是世上最勇敢或最可敬的人”——男人，他补充道，是“自私的说谎者”，他也不例外。“男人对我来说一无是处，他们只对消防车感兴趣”“我觉得女人的力量是惊人的，她们被对方的身体吸引，这是真的”。在整篇随笔中，威廉斯都没有使用《三封信》里刻薄讽刺的语气。提到男爵夫人时，他怀有一些同情和羞愧，因为他不能让她摆脱贫穷或缓解她的不幸。他娴熟地触摸她的病症，就像在触诊一个肿块：

> 男爵夫人对我来说是一个极大的馈赠，她很有教养，虽然精神错乱，还有些疯狂。她是对的。她有勇气到达疯狂的程度。我觉得自己从她的灵魂中吮吸了纯净之水。我觉得就是这样。我不能和她上床。疾病对我来说没有吸引力。我不能。但我的确觉得羞愧。

此处的威廉斯逃到了阿波罗的营地。人们在饮用“灵魂的纯净之水”时，会需要一颗上帝的解药。这灵魂出自因激情而迷乱的心灵，和一个之前他因为身体肮脏而嘲笑的女人。但是他坚持说，并不是“性的热带”迷住了他。当然，作为性爱哲学家，他觉得性能促成一个好的结局，是“通往清晰的走廊”。这既不是禁欲者也不是纵情者的信条。威廉斯使用了好色者的记忆和医生的行话，徘徊在“气味、灯光、性接触里如丝一样的刺激、疲惫的快乐中……每一个阶段的收缩，从第一次触电，到更加虚弱，到对被拒绝的躲避”，他要求双重公民身份：在爱神的国度和维纳斯的星球。身体的狂热一旦消退，“后面的精神就是我的地盘。伴随内心洋溢着的对自我表现的满足感，我的思维被点燃；眼神安详，像从笼中释放而出；呼吸顺畅；思维在快速地创作。”在这一章中，威廉斯给自己列了一份关于身体健康和心理健康的清单。性交过后，他处于狂喜的状态，自由自在地徜徉在想象力的天堂。但是矛盾，就像在缓解期的疾病一样，潜伏着，伺机反攻。

第七章
威廉斯和女人：皮肉交易风云迭起

尽管20世纪20年代之初，威廉斯的婚姻和诗歌充满了不确定因素，但总的来说，他这10年过得很自由。他一向行事稳妥，如今更是如此。第一次世界大战引起的恐怖大屠杀及其余波很快便被经济繁荣所取代，这段经济繁荣期一直持续到1929年股市崩盘，而后经济大萧条接踵而至。在这些历史事件面前，玩世不恭的享乐主义和更为宽容的道德理念在美国盛行就不足为奇了。蔑视传统而追求享乐与财富一时成为主流。放荡不羁的妙龄女子，因茶壶山丑闻而锒铛入狱的企业罪犯、小走私犯，甚至麻木不仁的总统——领导无干涉主义政府而导致腐败盛行的卡尔文·柯立芝与沃伦·哈丁，愤世嫉俗的操纵家，渴望轰动一时的空想家和瘾君子——盖茨比们和布雷特夫人们，这些人物全部属于20年代的民间传说。美国似乎渴望着改变，这意味着再次反叛清教主义。然而，同以往一样，在这种过渡期，很多人都落伍了，或被人遗忘了，有的则被传统的俗套所禁锢了。威廉斯的少数患者可能身着短裙，剪着短发，喝着私人出售的杜松子酒，但大多数都在为维持生计而苦苦挣扎。他们得支付房租，填饱肚子，还要养活孩子。我们也不该忽视保守派对新自由的反应，这种反应在“猴子审判”中达到高潮。讲授进化论惊动了全国大批民众，他们认为这破坏了基督教的根本信仰。种族偏见仍是美国人生活中一个卑劣的污点。黑人没有选举权，他们深陷贫困，接受劣等教育，聚居在贫民窟，在南方长期遭受私刑，在北方备受歧视。冲突，而非共识，主宰着所有美国人——包括威廉斯的灵魂。

威廉斯与生俱来的谨慎和利己主义性格，使他无法完全醉心于20世纪20年代的欢愉和放纵。他不彻夜跳舞，不去地下酒吧纵酒，不去妓院寻欢作乐，也未曾跳入广场饭店的喷泉。他在纽约的那些艺术家朋友们，像巴黎或伦敦那些放荡不羁的同行们一样，对性禁锢嗤之以鼻，对威廉斯决定在卢瑟福定居和明显的胆怯感到不解。他们取笑他，说他明明可以找些漂亮的应召女郎，可却偏要当个“妻管严”，固守着中产阶级的保守习惯，不敢在床上放浪形骸。对威廉斯而言，这一指控恰好戳到了他的痛处。面对朋友们的嘲讽，为了捍卫自己，威廉斯嗔怒地回击：他愿意做什么就做什么。20年代实际上是他进行性探索的10年，而婚外情让他的婚姻关系一度颇为紧张。与亨利·米勒不同，尽管并未吹嘘自己的能耐，他却无法忽视、收买，抑或麻痹自己的良心。欲望与责任、自由与体面之间的拉锯战，几乎在他笔下都有所体现，尤其是在他的诗歌中。

我们来看看《酸葡萄》(1921年)中的书信体诗歌《致一个与数位女子有关的朋友》。威廉斯做了一个心理测试，以此来验证自己是否胆小懦弱。在这首诗中，他提出并间接探索了性与创造力之间的关系，这两者对他追求自由和打破陈规来说至关重要。以下是威廉斯的简述：

你知道我奢望的
并不多，零星几丛菊花
半躺在草地上，有黄的
棕的，白的
几人谈天说地，林木数棵，
也许一大片枯叶
中间有几条水沟。

然而
我和这些东西之间
隔着一封信
抑或甚至是一个眼神——恰到好处，
你知道，
这让我困惑，浑身
抽搐——趴在地上，
无法把食物送到
自己的嘴里。
她们是这样说的：来呀！
来呀！来呀！如果
我不去我就自个儿待着
发臭，如果我去——

我曾在夜幕之中
从远处眺望这座城市
心里纳闷自己为何没写诗。
来呀！就是这样，
这座城市为你闪耀
你起身看它。

她们是对的。对于某些事情，这世上仅有的好处
只出自一个女人
和某些女人。然而若是
我像只乌龟，背上
驮着房子，或者像条色眯眯的
鱼从水下到来又如何？
那不行。我必须
爱意蒸腾，周身靓丽
像火烈鸟一样。为了什么？
为了有两条腿和一个傻脑袋
为了有味儿，啪！像只火烈鸟
把自己屁股上的羽毛弄脏。
我必须满塞着一首
烂诗回家吗？
她们说：
在试过之前谁又能回答
这些问题？你的眼睛
半闭着，你是个孩子，
哦，一个可爱的孩子，正准备去玩耍
但我要把你变成男人
肩上扛着爱——！

沼泽地里
蟋蟀在洒满阳光的
堤坝上奔跑

挖洞，水
倒映着芦苇，芦苇
茎秆摇动着发出干涩的沙沙声。

这首诗采用了重复形式：宣叙调—咏叹调伴着合唱—宣叙调。威廉斯自认为谦虚自制，而非“欲壑难填”之人。出现在该诗首尾的卢瑟福周边的梅多兰兹风景，远非秀丽旖旎。这里的落叶树木让人想起寂寥的秋天，干燥乏味，令人感伤。他委婉地抱怨过郊区那单调乏味的家居生活。有人可能会认为，这位不安分的诗人很容易在幻想中接受一批新的性伴侣，就像他曾随意改变自己的诗歌一样。

就在此时，哈得孙河彼岸寄来一封信，试图诱惑他卸下伪装。一个轻浮的表情就足以令其兴奋和不安，此时，他真的举棋不定。威廉斯嘲笑自己的困惑。他扪心自问：令人胃口大开的美味佳肴摆在面前，为什么不能去尽情享受呢？一个个女郎都厚着脸皮发出了性邀请，再三重复“来吧！”，保证会有美妙的性高潮。“在一个人职业生涯中的某个时刻，要知道人生的奥秘。”[①]威廉斯在《建设》中劝诫自己，“一个人必须完全放纵自己，让自己沉溺于全方位的情感冲击”。纸上空谈放纵易，现实做到放纵难，这就是他断了这个念头的原因。“如果我去的话”——他早就算过出轨对其婚姻的威胁。然而，不接受狩猎的快感，意味着“我将毫无趣味可言”。囿于一段平淡无奇的婚姻，“我注定要像科拉一样步入压抑的地狱”。在威廉斯重新开始沉思时，他通过写诗与女性取得联系。充满诱惑力的城市满足了想象中的神奇事物——玩乐、新奇、愉快的感受。但他凝视着远处闪烁的灯光，像个观众，而不是演员。他将女人们的蛊惑暗藏心底，反复玩味“来吧！”这句神奇的话，责备自己胆小怕事。为什么在这样的刺激下，自己竟没能写出一句诗来，对此他颇为困惑，于是暗想：性爱或许会妨碍创造力。他现在提防着失控。下一节开头是威廉斯对那些女人的说辞的广泛承认：“她们是对的”，接着他陈述了无可辩驳的信念：“对于某些事情，这世上仅有的好处，只出自一个女人和某些女人。”这一命题的前半部分来源于他作为产科医生的经历；而如果他肯承认的话，后半部分，则是性背叛的一个根据。争辩“和”与“但”时，辩护律师介入，递交了他的“假使……怎么办”反驳，并选定了3个形象。如果威

---

①《建设》(*The Build-Up*)，第301页，纽约：兰登书屋，1952年。

廉斯是一只驮着房子的乌龟，这意味着他防备太重，速度太慢，而且对于开展一段偶然恋情踌躇不定；如果他是“水下一条色眯眯的鱼”，那就是一个冷血的偷窥狂。他挖苦说，这些看法不会抛给那种有女人缘的男人。第三个形象，是最复杂的一个，也是最可笑的：威廉斯是一只“爱意蒸腾”的彩色火烈鸟（翅膀和翎毛分别是红色和黑色的）。火烈鸟有两条腿和“一个傻脑袋”（可能是一种性暗示），“究竟是为了什么？”而且“将自己弄脏了”（有一坨鸟粪，而且也许是只雏鸟）。因此，威廉斯拒绝“愚蠢的颓废”（1938年，他强调“我不是一个狡猾的人”）。他反感的关键原因是，这次遭遇让他以“一首烂诗”重返。没写诗或者写了烂诗，无论哪种方式，都使这位医生进退两难。

因为控诉者们最后说了算，于是这群女人一致嘲笑他的疑惧不安，再次将他比作渴望狂欢作乐而又瞻前顾后的孩子。她们附和着男爵夫人的夸口——“我要把你变成男人”，这句话激怒了威廉斯。但当她们狡猾地以“肩上扛着爱！”（爱吃甜食就给他糖）为诱饵勾引他，谁知道他会收到哪种“土耳其软糖”？他太禁不住诱惑了。这句话只说到半截儿，还没说完。威廉斯无法反驳，也无法回应她们的说辞。于是，他重回沼泽地写诗。这片栖息地对他诗歌的保护，有理由（如同“堤坝”）让他留下。尽管那里芦苇干燥枯萎，但却像打击乐一般哗哗作响。这样做结果如何？一切都悬而未决。

威廉斯发现全新的精神风暴开始席卷美国时，还未曾有过如此令他不安的纷争。这种精神可能有利于他找到一种属于自己的风格。爵士乐发源于家庭后院，是一种充满力量的流行艺术；康斯托克派遭受了一次虽不致命却非常严重的打击。这两者让他受到了鼓舞。诗人和小说家们开始露骨而生动地描写性爱。虽然詹姆斯·乔伊斯的《尤利西斯》仍然被定为淫秽小说，在约翰·M.伍尔西法官做出里程碑式的决定——于1933年12月6日推翻禁令前，此书都无法在美国合法出版。从欧洲回来的作家和艺术家们认为走私盗版这部小说（作为早期地下出版物的代表）是一种荣耀，并且将其广泛流传。威廉斯曾在《短评》杂志上看过一点儿《尤利西斯》，这本杂志当时也连载《地狱里的科拉》（玛格丽特·安德森和简·希普反抗并骗过了邮政部门当局的审查与大规模没收行动）。乔伊斯大胆而富有想象力的丰富言辞给了僵化的传统文学漂亮的一击，也打击了威廉斯想粉碎的“恶性僵化”。威廉斯对此印象深刻，虽然他欣然承认自己的诗还不够好，无法与乔伊斯这位爱尔兰人的这部现代主义小说相媲美。罗比扎夫人和男爵夫人最喜欢莫莉·布鲁姆，但威廉斯并不完全赞同她们。

不过，强烈的野心促进了威廉斯20世纪20年代的创作。为了实现梦想，他进行了各种尝试，写了很多不同风格的作品：多首抒情短诗，几百首自然景物诗，数篇未完成的小说（1923年的古怪作品《伟大的美国小说》），几部时而优美、时而晦涩的诗文合集（1923年的《春天及一切》和1928年的《寒冬来袭》），几篇取材自他对病人和医生的观察的短篇小说，历史写照文集（1925年的《美国性情中》），勉强算得上是小说的欧洲游记自述（1928年的《帕加尼之旅》）。所有这些书中，即使他写的是历史题材，女人和性也都首当其冲，占据重要地位。1920年7月，20岁的罗伯特·麦卡蒙被自己笔下以诙谐形象"离开悬崖的老鹰"示人的马斯登·哈特雷带去东十四大街7号洛拉·里奇的公寓参加聚会。在那里他认识了威廉斯。麦卡蒙在南达科他州一个小镇长大。他的父亲从普林斯顿神学院毕业后当了长老会牧师，薪资勉强能养活家里的10个孩子（其中有两个夭折了），但他和妻子贝丝非常崇尚教育。孩子们个个优秀：既有足球场上的健将，也有事业有成的商人和教师，还有一个当了护士。鲍勃（麦卡蒙的昵称）就读于明尼苏达大学，之后又转到了南加州大学；但他厌倦了那里的课程，中途退学，奔向康庄大道，最终在纽约停下脚步。快节奏的城市生活并未让鲍勃苦恼。他和男爵夫人一样，靠给画家当裸体模特为生；寄身于港口一艘开底驳船里，也丝毫不觉得丢人。他不是很喜欢中产阶级的舒适生活。他的动力来自对文学的喜爱和成为作家的雄心壮志。早慧而骄傲的鲍勃已于1919年在《诗刊》上发表过一首诗，但他并不认为这是值得夸耀的荣誉。

在洛拉·里奇的聚会上，这位英俊潇洒的青年坐在威廉斯旁边，畅言自己对文学的见解，充满自信。他如庞德附身一般，让威廉斯这位上了年纪、更不自信的诗人赞叹不已。这次会面是两个人之间的一次即时的思想碰撞和情感交融。几次谈话证实，麦卡蒙与威廉斯一样，都认为美国作家不必屈服于欧洲模式。这样一个视艾略特的诗歌为"陈腐不堪""完美呈现了一个坏脾气的男性学者对生命的理解"①的麦卡蒙，只会让自己这样的"新贵"②赢得威廉斯的好感（麦卡蒙遇到艾略特时，诧异地发现他既迷人又可爱）。麦卡蒙酷爱争论不休的文学问题，从不保留他对侈谈"道德""灵魂"和"良知"的不屑或不耐烦的态度。凯·波伊尔注意到，这两个人"对自己严重不满"。麦卡

---

①罗伯特·麦卡蒙（Robert McAlmon）、凯·波伊尔（Kay Boyle）：《同为天才》（*Being Geniuses Together*），第6页。

②同上。

蒙是最早阅读威廉斯诗歌和小说的人之一，他注意到了它们的创意和力量。麦卡蒙于1956年去世。8年后，凯·波伊尔写道：“比尔·威廉斯是土壤，是核心，是麦卡蒙忠贞不渝地一直想回到的故乡。”[①]麦卡蒙这头豪猪能让人把他当英雄来崇拜。纽约文学界都知道威廉斯神化了他。在《同为天才》一书中，麦卡蒙态度既自嘲又极为诚实，试图在不显得自己不珍惜他们的友谊的前提下，消除这种偶像崇拜：

> 威廉斯经常说我有“生活的天资”，而同时他也哀叹自己留恋新英格兰，不敢远离出生的小镇（他就在镇上行医）。他这样说我或许是对的。在绝望时就自暴自弃，酗酒，长期无所事事，借酒浇愁，爱好社交，不热爱自然，如果这算是“生活的天资”，那我就有这种天资。但和比尔（威廉斯的昵称）在一起，我差不多一直都有好心情。他可以谈及自身灵魂，探究生命深处的阴暗面，却不会让我感到生气或无聊。这样的人没有几个。[②]

而在麦卡蒙的那一系列特质中，威廉斯羡慕的只有一个：“说放弃就放弃，毫无顾虑”，但只有跟女人打交道时才这样。他绝不会如此莽撞地毁掉自己的医术和名声。

比尔不喜欢克莱博格，也厌恶《其他》杂志刊载的那些陈腐诗篇，在他看来，那是屈尊，所以并不急于开办另一份文学杂志。但是，麦卡蒙满腔热情，愿意出资冒这个险，哪怕资金不多；而且他真的不在乎将来可能失败。这一点基本打消了威廉斯的疑虑。两人创办了众所周知的《接触》杂志，期望能进入由两本先锋杂志主导的文学市场。这两本杂志就是斯科菲尔德·塞耶和西布利·沃森创办的《日晷》和《短评》，主编是玛格丽特·安德森和简·希普。二者都以博采众长为办刊方针，英国和欧洲大陆作家占了来稿者中的大多数。塞耶做了一个大胆的举动，聘请庞德为自己物色文学作品，并充当其海外代理人。庞德非常负责，拟定了要聘请的人员名单。除了杂七杂八的事务，他还要通过协商确定基本规则，确保自己的意见不被搁置。他特别担心两件事：那些自诩为社会公德的维护者的美国邮政当局、教会领袖及

---

①罗伯特·麦卡蒙、凯·波伊尔：《同为天才》，第143—144页。

②同上，第169页。

社会组织的负责人，会迅速将法国的小说（还有乔伊斯的《尤利西斯》）判定为淫秽读物，并要求对其进行审查。安德森和希普英勇反抗思想警察的干扰行动，继续连载乔伊斯的实验小说《尤利西斯》。审查制度是一种外在威胁，不能掉以轻心。庞德提醒塞耶和沃森说，更大的威胁来自文学界内部，“你和沃森现在学的是第一课：不能发表任何毫无乐趣、不能激发憎恶感的东西。愚蠢的人之间相互仇杀，从未停息；蠢猪一旦受到惊吓，本来就是笨蛋一个，就更没有了头脑；他们永远都不会头脑清醒过来，改变奔跑的方向”。[①]

塞耶和沃森并不干涉庞德的文学选择，但也未将编辑大权交给他。纷纷扬扬的信件在欧洲和纽约之间往来不断，三人终于苦心制定出彼此都能接受的编辑方针。1920—1923年，被塞耶解雇后，庞德汇集了一众现代主义的闪耀明星，包括德·古尔蒙、乔伊斯、叶芝、福特·马多克斯·福特以及乌纳穆诺（庞德并不排斥美国作家，威廉斯也定期在《日晷》和《短评》上发表作品）。

麦卡蒙和威廉斯财力不够、魅力不足，无法与对手抗衡或招募顶尖作家将主要作品投给《接触》，来吸引一小部分读者。小说家和诗人们自然会选择一份有点声望的杂志，而不是那种装订成册、像是校长让带回家给父母看的宣传册。此外，麦卡蒙和威廉斯特意不招募海外作家，这使他们失去了一支重要力量。庞德能够从欧洲寄来的信件中筛选出精华，将其中的实验小说和诗歌寄到纽约，再由塞耶和沃森匠心独运地编入《日晷》杂志中。麦卡蒙和威廉斯打算全力支持才华横溢的美国诗人和小说家，来展示他们为创造一种仅仅出自美国本土的文风所做的开拓性尝试。这个想法不错，但注定不会成功。他们发表庞德、希尔达、福特（三人都住在国外）以及玛丽安·穆尔的作品，并向普通作家约了一期稿子。事后一想，威廉斯感到有些遗憾。他向肯尼斯·伯克坦言：“鲍勃和我以为才子们会一拥而上，纷纷将佳作抛给我们”[②]，所有文学编辑都梦寐以求那种奖赏。然而，他们憧憬着引起美国民众乃至文学同行重视的幻想，很快就破灭了；很多人都是采用法式嫁接术耕耘着达达主义花园的。《接触》的发行量一直不足200份，5期过后，鲍勃和比尔就停下不办了。麦卡蒙比威廉斯坚强，面对挫折他能处之泰然；威廉斯则需要更多的时间来重整旗鼓。感到四面楚歌和心情沮丧时，威廉斯就权当这是战争；尽管他还没能想出一个有说服力的策略将美国诗歌从“陈词滥调”和

①《庞德、塞耶、华生和“日晷”》（*Pound,Thayer, Waston and “The Dial”*），第37页，埃兹拉·庞德写给斯科菲尔德·塞耶（Scofield Thayer）和西布利·沃森（Sibley Watson）的信，1920年5月21日，萨顿。

②《威廉·卡洛斯·威廉斯书信选》，第49页。

礼仪的束缚中解放出来，但正如他对玛丽安·穆尔说的那样，他很享受狂轰滥炸带来的火药味。虽然没法指望大批志同道合的诗人团结一致支持自己的事业，但他期望激励更多孤独的追随者。至少他和麦卡蒙的友谊未受影响。

为了腾出空间孕育本土诗歌，威廉斯和麦卡蒙给《接触》杂志撰写言辞激进的社论和声明。但正如他在《春天及一切》中的第三首诗里写的那样，这位“创作—反派角色”的农民诗人，对他收集和栽培的种子能否生根吐艳委实心中无数。早在1913年，威廉斯就垂头丧气地向哈里特·门罗忏悔说：“说实话，我从未真正觉得我了解自己所讲的东西；若说是有，那也是我感到写出的东西似乎对我毫无意义。”[①] 8年后，意识到自己的某些热情和计划依然无法持久，或者“完全不成体系”（就像他对门罗说的那样），他无奈地耸耸肩，继续写下去。重要的是他付出了努力，因为不管是他脑海里层出不穷的想法，还是辛勤地看过的杂志上记下的洋洋洒洒的观点，都是他思索、检验、确定和汰旧更新的方法。这些草稿对他来说往往就像备忘录，有的只罗列了一些稍后需要评估和编辑的零零碎碎的事件与图片，就像他在药方空白处草草写下的词句，之后他把这些词句誊到纸上，划掉无用的只言片语，把有用的进行保留和修改（你永远不知道一个巧妙的自创方案何时奏效。巴·赫尔曼曾用烟头当诱饵，钓上过鳟鱼）。如果威廉斯突然改变目标或否决了自己，写的诗读起来含含糊糊，踌躇不定，他认为，那样总比固守传统原则要好些（他从不吹嘘“自己是万金油”）。他所受的医学教育告诉他不要被理论捆住手脚，要善于根据经验依据作出诊断，要相信自己的知识和直觉；如果未能达到自己预期的结果，就另找一个更好的备选方案。当然，这个备选方案可能有，也可能没有。

然而，1921年，也就是威廉斯出版《酸葡萄》的那一年，他因对自己的审美立场不确定而得到谅解。庞德从前线寄来一封急件，宣告诗歌创作的中心已从伦敦转到巴黎。即使是身处美国、对文化界的野蛮行径感到愤然的麦卡蒙，也已投奔侨民集中营。失去主要盟友给了威廉斯沉痛一击。他向艾米·洛威尔倾诉：“我希望这个孩子能跟我一起回去，而不是被恶意地留在国外。”[②] 9个月后，一贯沉着冷静、思维缜密的麦卡蒙对华莱士·史蒂文斯解释说，比尔“心绪不宁；纷纷扰扰的痛苦、疑虑，情感与意念上的怯懦和

①《威廉·卡洛斯·威廉斯书信选》，第26页。

②同上，第51页，威廉·卡洛斯·威廉斯写给艾米·洛威尔（Amy Lowel）的信，1921年3月6日。

鲁莽，让他心思难平”。在合办《接触》杂志期间，麦卡蒙多次聆听威廉斯为“生命或文学的某种‘信仰’强烈发声”[①]。而如何才能将信仰转变为优秀作品正是困难所在。威廉斯刚一点一点地慢慢有了些希望，这下又陷入了绝望的低谷。那么多欧洲艺术家朋友，又有谁能留下来加入他的开创性计划？玛丽安·穆尔——一位犀利的诗评家，一针见血地赞美《地狱里的科拉》让鲜血“再次流入我最细的毛细血管中”[②]“像我的皮肤中的鲜血一样，布满威廉斯那有些迟钝的大脑”。尽管威廉斯欣赏穆尔敏捷而另类的头脑，但她并非亲近对象（性爱对她的创造力似乎不具影响）。威廉斯与史蒂文斯偶有书信来往和诗歌交流，但在哈特福德市担任保险高管的史蒂文斯个性冷漠，无法像威廉斯所向往的那样随心所欲地进行此类谈话（当威廉斯访问哈特福德时，住在酒店里，而不是史蒂文斯家里）。他的主要交谈者就只剩下了肯尼斯·伯克这位激情澎湃的讲话人，无所不谈的信友和滔滔雄辩的专家。伯克不怕表达个人见解，他热衷于读诗，也创作过一些自己都勉强承认不太可能再版的诗。基于绝对的相互尊重，两人交换了一些想法，进行了幽默吐槽，还聊了聊八卦及各自的家务事。

于是，威廉斯感到陷入了一条熟悉的死胡同，仿佛时间停滞了。出口在哪儿？是像麦卡蒙和庞德说的那样在巴黎，还是在美国？（威廉斯直到1924年才去巴黎，那时达达主义和超现实主义的热潮早就开始消退了。）庞德正确了解事情的真相了吗？抑或这位曾经的推销能手，新瓶装旧酒，换了个方式宣扬老一套？ 1913年，哈里特·门罗开始为《诗刊》杂志设立基本章程。她让庞德在伦敦为自己解决麻烦事，裁决新事物，哪怕后者荒谬地认为美国没有写诗的文化资格。庞德早年号召进行“美国复兴”，这会将“意大利文艺复兴变成小打小闹”！如果他的信件是被威廉斯看到的，而非门罗，那么这本是威廉斯所听到的振奋人心的军歌。庞德的诗歌改革计划与威廉斯的一致：“不要丁尼生风格的叙述——可能在某些情况下，顶着某种情感压力，你实际上什么也说不出来。每一处抠字眼和书面语都消磨了读者的一点点耐心，耗掉了你在他眼里的诚意。如果一个人确有感触，认真思考，一个简单的发

① 保罗·马里亚尼（Paul Mariani）：《威廉·卡洛斯·威廉斯：一个崭新的赤裸世界》（*William Carlos Williams: A New World Naked*），第186页。

② 《威廉·卡洛斯·威廉斯书信选》，第52页，威廉·卡洛斯·威廉斯写给玛丽安·穆尔的信，1921年3月23日。

言就能让他磕磕绊绊。”[1]

但是，身为圣人、作家、巫师和立法者的庞德，却是个无能之辈。他断言，在埃兹拉·庞德作为诗歌领袖的时代，唯有遵守他的谕旨、他的“指导理念”和“区别思想”，威廉斯这个乡巴佬才能不陷入美国庸俗主义的泥淖中。庞德支持艾略特这位现代主义的宠儿，并为他编辑了《荒原》。而对威廉斯要寻找一种美国方言谴责远方殖民地的暴乱这一愿望，他却不予理睬。被老朋友的态度冒犯后，威廉斯致信艾米·洛威尔，嘲讽道：“天哪，难道庞德和艾略特这样的诗人还不够多吗？《圣林》这部散文集中，随处可见这种人和他们的气枪。”[2]当然，威廉斯既不是乡巴佬，也不是庞德常常诟病的文学沙文主义者。他和门肯一样，抱怨美国人民大众的狭隘。在《辽原》一诗中，他傲慢地斥责卢瑟福邻里的粗俗葬礼。虽然他未在图书馆下功夫钻研普罗旺萨尔或东方的艺术、诗歌和政治，但也是文人雅士，不用庞德来教他欣赏卡瓦尔康蒂、李白、但丁和拉佛格。实际上，他拥有其独特的和谐世界观：能说一口流利的西班牙语（这是他的母语），毕生都在翻译西班牙诗歌、故事和小说（庞德对伊比利亚文学毫不关心）。完全无视庞德的附带意见是非常愚蠢的，因此威廉斯也花了心思，仔细考虑过。但作为一个独立标志，他认真对待格特鲁德·斯泰因的语言游戏，后者自称是庞德和艾略特深恶痛绝的文学叛徒（庞德厌恶朋友的背叛）。正如哈里特·门罗观察到的那样，威廉斯充其量也就给他“激进的朋友们”[3]打打下手……没有哪个组织能镇得住他（正如没有哪个女人能让他收心，除了弗洛斯）。然而，庞德用污言秽语贬低他，艾略特将他视作无足轻重的诗人，这让他十分生气——艾略特从未在《标准》上刊登过威廉斯的诗歌——他发誓，几十年来都是这样。他将像惠特曼那样，通过振兴美国诗歌击败外来分子。至于如何实施，则还没确定。

如果那样意味着挑大梁，那就顺其自然吧。威廉斯习惯了当医生时又苦又累的漫长时光，靠的是惊人的体能支撑着——等到年逾花甲，身体每况愈下，他将会为辛苦操劳而付出健康的代价。闲暇之时，他几乎都浸淫在诗歌之中，但也会腾出时间陪威廉和保罗玩。他有时去纽约参加诗歌朗诵会，花1小时在德穆斯的工作室看看新画作，听听音乐会，或者参加一次聚会。弗

---

①哈里特·门罗（Harriet Monroe）：《一位诗人的生活》（*A Poet's Life*），第267页，埃兹拉·庞德写给玛丽安·穆尔的信，纽约：麦克米伦出版社，1938年。

②《威廉·卡洛斯·威廉斯书信选》，第51页。

③哈里特·门罗：《一位诗人的生活》，第389页。

洛斯有时会陪着他，但她要照顾两个孩子，所以一般都得待在家里。虽然威廉斯爱好交际，并非一个渴望“甜蜜的孤独”的隐士，但他声称自己为完善写作，曾有意“离群索居”，错失了很多出名的机遇。这件事是真也好，是假也罢，总之威廉斯没太重视，因为这位医生完完全全沉浸在了自己的世界里。

以《酸葡萄》为线索来探究威廉斯的心境，读者会发现，此人在很多方面都表现出其所谓的“随性”个性。尽管威廉斯的技艺长进不多，《酸葡萄》出版前和出版后，他还是对此书很不满意，正如生活不尽如人意，惹他生厌。他在第一首诗的开篇说，“我唱歌唱得迟了。”他知道，那番承认也无法阻止批评家们对此书如潮的恶评。但是，他为什么不在乎圈内艺术家们对他对性的谨慎态度所进行的指责，而更在意批评家说了什么？尽管如此，威廉斯的大部分作品都不及《酸葡萄》更让他自惭形秽。1921年秋天，他致信伯克（之前他曾承诺送伯克一本此书），抱怨美酒的品质和后劲：

> 在我写过的几本书中，这本书我最没兴趣。或许正是出于这个原因，它终将成为最优秀的书，虽然我认为它并非如此。此书经过“精心构思”，迄今最佳。如果你在其中有所发现，包你享受到其中的乐趣。此书的出现主要源于各种普通的压力，例如周遭杂事太多，而非其他。然而，有人希望拿出证据——证明我还不是一个艺术家。艺术家一直都没什么希望，别提醒我这一点了……①

威廉斯无法决定是对《酸葡萄》进行“精心构思”，还是随意拼凑，胡乱堆砌。他既未提前防范朋友对此书的批评，也未像许多诗人那样沮丧地祈求获得褒奖。现在看来，此书似乎不够别出心裁。他的突破性诗集《春天及一切》近在咫尺。他希望这本诗集能有所突破，开辟新的领域，而《荒原》及其所受到的赞誉功不可没——它们激发了威廉斯的创作灵感。

纵使时过境迁，威廉斯对《酸葡萄》的负面评价也并未缓和。1958年，他在《我想写一首诗》一文中描述了《酸葡萄》繁杂的内容，极为细腻地展现出一位暴脾气菜鸟艺术家的自我写照——“面对世人，我用手戳着鼻子”②，而世人对他敬而远之。他说，“所有诗篇，都是失望诗和悲情诗”（其实并非

①《威廉·卡洛斯·威廉斯书信选》，第53—54页，威廉·卡洛斯·威廉斯写给肯尼斯·伯克的信，1921年10月21日。

②《我想写一首诗：诗人作品自传》，第32页。

如此）。威廉斯在《迟唱的歌者》中问道：“是什么牵扯着我的心？”他没有回答自己的提问。这倒不是因为心存困惑，而是不愿承认自己的婚姻常常不幸福；不可否认，他在《酸葡萄》中的情绪总是很像“3月”的阴冷天气——苦不堪言的雪地，光秃秃的树木，还有“反向吹来的凛冽寒风”，这一切湮灭了他的希望，而他仍在故作幽默：“我用所有痛苦的/奚落/——嘲弄自己饥饿的凄楚。”威廉斯正在寻求温暖，来融化他冰封的心灵。

春天终于到来，驱散了他心中的寒冷阴郁；夏天接踵而至，百花送来了无限祝福。威廉斯从一系列优美的植物诗歌中，把这些花儿精挑细选出来。有时，有那么一瞬间，他甚至感到很快活。在《快活的威廉》中，他捻着胡子，把头伸出窗外，做个深呼吸，闻闻卢瑟福春天芬芳的气息；在《温文尔雅的男人》中，他嘲笑自己随时会变成一只色狼：

我在整理衣领时感到自己的
手指在脖子上的抚摸
怜悯地想起
我认识的那些善良女子

同女性的来往，哪怕是心之所向，也困扰着他。威廉斯在性爱方面很矜持。试读《到来》里的10行诗，便可知晓这一点：

可是那人还是莫名其妙地来了，
下意识地解开她裙子上的
钩扣
在一个陌生的卧室里——
感到秋天
正脱下丝绸和亚麻叶
掷在她的脚踝边
青筋凸起的俗丽身体暴出来
扭作一团
像冬天的风……

不带感情色彩的“那人”和含糊的“莫名其妙”，让威廉斯得以和此情此景拉开距离，好像他并非出自本意来此幽会，也未解开那个女人裙子上的钩扣。裙子像树叶一样窸窸窣窣落到地上，这样的描述美感十足，然而，那女子的身体俗丽，“像冬天的风”或老太婆的青筋一样扭曲，这一怪谲的意象令柔丝般的秋景黯然失色。诗人并未因见到情人而喜不自胜，也未受《向导》里那种“拘谨的情欲”驱使。相反，内疚和失望让他心里充满寒意，以致他的行为像一个挑剔的道德家。他的性伴侣显然是那些善良女子中的一个，他怜悯她们，行为上迟疑懦弱。

1919年3月，威廉斯前往芝加哥参加由《其他》杂志主办的一个演讲（之后定名为《诗歌讲座札记》，1919年的《诗刊》刊载了此篇演讲），他与《诗刊》杂志一位颇有魅力的助理编辑玛丽安·斯托贝尔一起度过了一周时间。在喧嚣的“第二城”芝加哥，他满足了自己展开一段短暂罗曼史的渴求，并且畅谈自己最喜欢的主题，即改变，或者用马里亚尼的妙语来说，他是“新世界的雅各宾”。要知道，这位诗人是根深蒂固的正统观念的破坏者。第一阶段，诗人将通过破除陈旧传统和柔情蜜语来清理战场。也就是在《春天及一切》里的散文诗中，诗人以《启示录》那种似乎描绘凄凉的世界末日的笔法描绘的那一部分。第二阶段最难。他往往根据强调美国题材和即兴的刚健节奏这一构想来创作诗歌。

自由创作那种蔑视或改革旧习的诗歌，让威廉斯春风得意。他毫不内疚，尽管他可以像任何诋毁他的人那样，严厉批评自己的成就。不过，偶尔的放荡意味着他不得不去应付一些烦人的恶魔。他写给玛丽安·斯托贝尔的以她为题材的《良宵》一诗，是一首反常的夜曲，诗句节奏紧张，刻意雕琢，意思含糊曲折，甚至从中都看不到丝毫对欢愉和暗喜的描述。威廉斯后来把他那个星期的行为说成“荒唐”。这倒不是指他与哈里特·门罗断绝来往的约定。毕竟他曾千方百计地找到了她所在的公司；而且这位志向高远的诗人也曾谨慎地向她献媚。门罗对此并未生气。在《良宵》中，城市的喧嚣让他受到了惊吓：“野鸟般的警察吹响了哨子/来往车流的咆哮，机器的尖叫。”有一幕特别凄凉：暴风雪来袭，狂风呼啸，“海鸥惊叫”，密歇根湖“浪声如雷”“树叶凋零”。从《夜》起，威廉斯就守护在斯托贝尔的床边。他将《夜》人格化为“真菌”和胡乱唱着摇篮曲的“癫狂信使”，后者气势汹汹地朝着他的窗户撒气，像个凶恶的情人，“哀鸣、指划、诅咒着”想要闯入他的房间！“你别让他进来”，威廉斯命令斯托贝尔，语气里充满不祥的凶兆。诗中的那些嘈杂似乎要消灭睡眠，就像折磨麦克白的悔恨一样（匕首是《良宵》中的一个道具，时刻准备着用于防卫或自杀）。然而，威廉斯感到心头一阵悔恨，他后悔了，快要急疯了，赶紧抚摸“睡眠”这个词。他像是对斯托贝尔说着再见而非晚安，不愿承认他们的邂逅令人满足：“夜晚过去了——但总会回来”——他满怀留恋地说道。然而，20年后再回想起这一周，他认为这是田园诗般美好的转折点，而不是疯狂的胡作非为。

《酸葡萄》中，威廉斯辗转于女性和婚姻中的另一个有趣范例是《现代浪漫》，这首诗是威廉斯38岁时写的，那时他已结婚9年，有了两个孩子。如果这个法国式题目暗示着福楼拜式的情感教育，那么这番场景就让人想起厄普代克的一部小说：两对夫妇在山路上开车，威廉斯和司机的妻子坐在后面打情骂俏。法国小说里的主人公会先和女子上床，之后再处理所有棘手的后果（威廉斯十分欣赏法国人对性坦率和满不在乎的态度）。《现代浪漫》一诗中，说话人的内心思想暴露了他的心绪不宁。多年后谈及此诗，威廉斯简要地对约翰·瑟尔沃尔说，“我希望既有自由又有个心仪的妻子”。这首诗是一首情绪激动、没有主旨的颂歌，因为威廉斯一时冲动写下了这首诗，内心却激荡着另一种情绪。想了想非法性行为的风险，这位诗人担心会阴沟里翻船，自掘坟墓。

他背后的女人是谁，无关紧要，重要的是令他心潮涌动的欲望。和另一名伴侣翩翩起舞，疯狂地“释放”自己，随着禁乐一起摇摆，这令他兴奋，但他担心弗洛斯背后长了眼睛（她确实目光犀利）。他发现在汽车后座上偷偷摸摸发生性行为十分危险，于是感到惊慌失措。

“第一欲望”之火才维持了1纳秒（十亿分之一秒），就被开创了四节诗的喋喋不休的三人帮——“培尔·金特、瑞普·凡·温克尔和戴安娜”浇灭了。培尔·金特是个好色之徒，他先是爱上女人，然后再抛弃她们。虽然他是个流氓，但女人用爱和宽恕拯救了他。在车上冒出些不忠的想法，使人产生了对易卜生迷人而又颇具毁灭性的情人的认同。威廉斯也多亏了弗洛斯克制力极强。从培尔·金特到华盛顿·欧文笔下吊儿郎当的主人公瑞普·凡·温克尔，浪漫主义的狂热一落千丈。瑞普娶了个臭名昭著的泼妇，他喝得不省人事，然后睡了100年。贞洁女神戴安娜所代表的原则与培尔·金特形成了对照。威廉斯抑制着自己放纵的欲望，不过，那只是暂时的。威廉斯分析，年轻人可能比较容易“尝试一段新关系”，但他有责任在身，不能若无其事地把婚姻撒手了事。

《现代浪漫》并非威廉斯第一次审视自己婚姻中的裂痕。1918年6月和12

月，他在《短评》上发表了两篇短文。文中提到，夫妻双方一方犯错（威廉斯“明显说了谎”）而另一方（弗洛斯）有理时，面对严酷选择，他不知道如何是好：“要么彻底分开，然后从头再来；要么分开后双方重归于好”[①]，威廉斯在《理想的争吵》中写道。后面的一段话为《现代浪漫》做了铺垫：“……分手后再开始一段新关系无异于重复，但巩固一段有毁灭性的旧感情却并无先例，完全是新的。”[②]这句折磨人的浮夸的话表明，威廉斯正盯着眼前的一个深渊，而且他将面临从深渊爬出的困难。若是像他在《理想的争吵》的姊妹篇《爱之散文》中提到的那样，“婚姻是永久的”而“爱情瞬息万变”，那么危险就是，一旦水泥出现裂缝，地基就会崩溃，婚姻的楼宇将随之坍塌。

《现代浪漫》这篇诗歌心理剧，将这些跌宕起伏的矛盾感受推到了表面：

我会单独坐着
估量一小把：这些东西上的红色泥土，
缓缓飘动的薄雾掩住了桤木
沿着手指的触碰弥漫至
矿井。所有出于轻率情绪的事物。
但是——受到触动，眼睛第一次
看到了——双眼睁开了！——
看到了一切，泥岸上铺满了
纤细的杂草结的星形绿果
在天空之下——第一次！——
或看到一条很深的鸿沟：真大啊！
在里面游来游去，穿过它——
穿往四面八方，发现
玻璃般的海水——
我多爱你啊上帝！——或者，正如我说的，
跳进沟里。结束。我坐着
检查手里红色的一把。平衡
——此间——进进出出——啊。

①威廉·卡洛斯·威廉斯：《理想的争吵》（*The Ideal Quarrel*），第39页。
②同上。

尽管威廉斯对艾略特的为人和诗歌很反感，但他的作品中仍含有普鲁弗洛克的影子。这样就有了一个悬而未决的大问题：他敢不敢？“这些东西上的红色泥土”暗指女性动人的朴实本质。威廉斯指出，“尘土和其他纤维一样，有很大的想象空间”，但是性欲一类的东西就可能肮脏不堪，让人生厌。威廉斯用“缓缓飘动的薄雾掩住了桤木”这一可爱形象与“手指的触碰弥漫至/矿井”做了平衡，女人既指夏娃，也指伊甸园中的那条蛇。这些性爱游戏，“所有出于轻率情绪的事物”，都得远离。

摒弃他无法掌握的事物并非最终的结局。的确，这种被很多破折号打断的断断续续的节奏，显示出他是多么的不安。他转向审美觉醒的补偿，深情而惊奇地注视着“沉重的空气下/泥岸上星星般的绿果/从无精打采的瘦草间露出”。徜徉在自然之中，他得到了瞬间放松，但想要避开的危险深渊却若隐若现。这一次，威廉斯要在清澈的“玻璃般的海草”间畅游。有那么一瞬，他摆脱了那种情绪的“荫翳”，但是重复“跳进沟里”这句令人沮丧的话，加上跳下去预示着遭报应而死，使这一节诗以失败告终。性仅仅成了“进进出出”的东西。他不禁慨叹，“啊”。

时至1921年，威廉斯已和很多女人同过床，足以了解到“热血中的火焰”对他的炙烤和消耗，好像“初升的太阳”，正如他在《现代浪漫》中说的一样。婚外情是一种既可怕又有趣、令人浮想联翩的新奇体验，让他觉得自己很有男子气概。但是幽会之后一回到家，他必须面对与妻子共同生活的现实，这样的生活有时让他感到味同嚼蜡。在这首诗中，弗洛斯如“灰色的月亮”般暗淡的形象在他脑海闪现，扑灭了性欲之火。尽管威廉斯感到十分寡淡，他也没做离婚的打算。在《爱之散文》中，他像个加尔文派传教士一样，痛斥淫欲是“爱情魅力的低能的一面”。多年来，他想方设法去解决一个像费马大定理那样棘手的问题。

诚实或良心迫使威廉斯在《现代浪漫》中承认了婚姻中的摩擦。弗洛斯这位饱受委屈的妻子终于发声了。威廉斯没用引号，可能完全记住了这段话，但他刻意给她受伤的心灵留出了空间：

> 啊，穿上一件法兰绒衬衫，白色法兰绒
> 或丝绸的。你看着有多美！
> 我嫁给你是因为我喜欢你的鼻子。

我需要你！我需要你
别管他们会说什么——

弗洛斯的谴责一开始带着些讽刺，她对威廉斯说，如果想去拈花惹草，就该专门买件丝绸衬衫和裙子（埃琳娜就有一件丝绸长裙[①]）。但她很快就悲痛难言。她喃喃地连说两声“我需要你”，不由得使人想起，尽管威廉斯的出轨让她感到屈辱，她当初却是不顾母亲反对，坚决与威廉斯结了婚。她嫁给他是因为喜欢他的鼻子。这个说法似乎太奇怪，威廉斯丝毫不曾在意，这话他好像听腻了（在《建设》中的重要求爱场面，弗洛斯就说了这些话）。

他们争论不休，由此引发的紧张关系在空中盘旋。最后一节诗中，我们本来期望紧张关系能有所缓解或者至少能草草休战，而弗洛斯却依然言辞犀利（这或者是威廉斯的想象）——卡特丽娜·凡·温克尔可未曾这样对待她的丈夫。她嘲讽威廉斯道：“你在镇上是出了名的贱货！”然后，她恶狠狠地诅咒比尔还不如一下死了算了，这样她就能幸灾乐祸地坐在他身边，看着他的下场。复仇真是大快人心。面对弗洛斯的诅咒，威廉斯却陷入了沉思。妻子的嘲讽他听得都能背下来了，但他还是无动于衷，凝视着“无数队伍（他混乱的思想与感情）向相反的方向行进”，如同慢悠悠的商队在脑海中穿梭。最后几行语气疲惫，“这是灰色的月亮——循环往复/这是这边的泥土”，表达了威廉斯的忧郁和无奈：他无法摆脱灵魂与性爱的僵局，也无法摆脱弗洛斯。

《现代浪漫》吸收了现代主义的经验，结构粗犷生硬，言辞闪烁突兀，表现了威廉斯混乱的情感。在此，威廉斯还小心翼翼地施展了一番自己独特的笔法。诗人伊沃·温特斯称，《现代浪漫》是他读过的最糟糕的诗之一，其结构毫无章法，韵律一无是处，是对诗歌艺术的蓄意破坏（威廉·洛根近来做出了与温特斯类似的评价）。他们误解了威廉斯的意图，也忽视了此诗的优点。此诗的标题反映了一个尚未形成某种或数种风格，或者还不知道如何形成风格的诗人所表现的现代主义浪漫。他看到的所有画家、诗人、小说家和作曲家，都在颠覆传统；无论这些人如何浅陋，他们的所作所为，无疑都鼓励了威廉斯的创作实验。因此，他尝试过意象主义、达达主义和超现实主义，就像在感情方面一样，一有机会，他就和来自不同阶层的妇女厮混。他没有莽莽撞撞就出轨，也没有把自己归到某门某派。他在朴素的语言里掺进

①《威廉·卡洛斯·威廉斯自传》，第88页。

一节又一节的自我谈心和一些刻薄的幽默，语气也会突然发生转变。尽管威廉斯动辄嗓音沙哑，有时还唱走了调，但演出效果仍非同一般。

威廉斯从未说过《现代浪漫》绝不是创作更好诗篇的有缺陷的途径。然而，在他的传记作家看来，这首诗既有糟粕，也有很多藏在珍贵矿石里的煤层。稍加探究，我们就能从中发现威廉斯内心的矛盾。尽管他可能想加入杜尚的“贪婪”单身汉之列，但却做不到像他们那样，不管是人还是诗歌，都无法轻松自然地沉溺于声色。《现代浪漫》从各个方面展现了一个男人在性欲中彷徨挣扎，然后向衰弱的良心屈服。内疚需要付出沉重的代价：这首诗让浪漫情怀无处可寻。

值得一提的是，威廉斯面临婚姻危机。在《地狱里的科拉》中，他已幡然醒悟，抱怨这场婚姻是自己咎由自取。在即兴创作的《现代浪漫》一诗中，他借用立体派的形式感和形象感，通过几何形象来抒发感情，用语无伦次的论证和阴郁的幽默来发泄愤怒和失望。他可能会借“文字的无形力量”来安慰自己，将“盲目情绪”转变成激进的，或许不完美的艺术。1921年，他不会知道完成这项任务需要一生的时间。

威廉斯根本不可能对弗洛斯承认自己的那些不忠行为，但弗洛斯显然对他的历次桃色事件一清二楚。在《现代浪漫》中，这位暴怒而委屈的妻子并非假装发怒。虽然弗洛斯没受过任何文学训练，在丈夫那些侃侃而谈的朋友面前常常感到害羞；但她很爱看书，几乎读完了威廉斯写的所有文章，因此难免知道丈夫对她以及他俩的婚姻不满，也难免感到失落。比尔的掩饰功夫一点儿都不好，然而他很有一套，在写完《现代浪漫》后，立即以《凄凉之地》来赞扬，抑或感谢弗洛斯对他的爱：

我惊讶得心突突直跳
一想到一大片灰色
的爱
恋慕着我。

他的惊讶能否安抚弗洛斯，值得怀疑，毕竟，他所表达的不是对弗洛斯的爱；而“突突直跳”不过是一两下怦怦的心跳而已。威廉斯明白，尽管他们的婚姻已出现裂痕，弗洛斯还是放不下他，还像乌云一样笼罩着他。他无法忽视她的存在，也无法忽视她维持婚姻的决心，但她的颜色仍是灰色的。

在《酸葡萄》中，夫妻争吵之余也有片刻停息。散文诗《美味佳肴》读起来像是一份小镇报纸，上面报道了镇长家的晚宴：内容主要是关于所享用的食物和葡萄酒（鱼子酱、三明治和莱茵酒）的；聊聊议员买的新车，还有药剂师半夜不点着烟不接电话的习惯。威廉斯像个鉴赏家一样夸奖那些女子，尖刻地指出年龄或性情把很多夫妻错配在一起。诗歌中间部分是对弗洛斯的素描，她与镇长夫人热烈讨论破旧的东卢瑟福铁路对面的那家日间托儿所时，“可真是年轻貌美”。威廉斯深情地写道：“上上个星期，那家日间托儿所里有65个孩子，我妻子的眼睛闪闪发光，脸颊白里透红，找不到任何瑕疵。”她不像新泽西的包法利夫人那样，因厌倦邻居而找了个情人。

《思想家》一诗中甚至提到了短暂的性冲动。诗人在和妻子穿戴好下楼时，他“纯粹因为感到幸福”而“在心中默默地”对妻子带有鲜艳绒球装饰的粉色拖鞋倾诉。其中有些小小的满足。色情味更浓的一首诗是《野胡萝卜花》。威廉斯简要地告诉约翰·瑟尔沃尔，此诗“还是写弗洛斯”的。尽管诗中所用的是临床医学语言，读者如果认为该诗作者威廉斯是医生兼植物学家，而非爱人，这么想也是情有可原的：

她的身体不像银莲花瓣
那么洁白，那么柔滑——也不是
那么遥不可及。那是一片
野地，野胡萝卜
强占的野地；杂草
无法遮掩。
毫无疑问的洁白，
尽可能的洁白，每一朵花
中心都有一颗痦子。
每朵花都有她白皙的手掌
那么大。他的手
落在哪里，哪里就有
一点小小的紫斑。在他的
抚摸下，每一部分都绽放；
她浑身的纤维
逐一立起，根根挺拔，

直到整片野地变成一股
白色欲望，空旷；一根茎，
一簇花，一朵挨一朵；
一份虔诚的希冀，对已逝的白色——
或空无。

严格说来，虽然《野胡萝卜花》如杂草一样算不得什么，但它却如常见的野生胡萝卜般肆意生长，在夏天“强占了野地”。威廉斯慢慢检视着弗洛斯的身体。在简短的前11行诗中，威廉斯像研究女性骨骼的医学院讲师一样，讲解它像什么又不像什么，在那些瑕疵（“痦子”上的瘀青，要么是女性的乳头，要么是情欲留下的痕迹）和美女身上（白色的差异）徘徊了一会儿。威廉斯所用的句法涉及多个连接词，然而表现形式非常奇特：前11行直截了当，客观平实（夫妻俩被称为他和她），就像在做科学研究；后10行保持克制冷静，但突出了自己描写她的身体达到高潮时的技巧。诗的句法以韵律的起伏节奏为基础，很少用标点。情欲中忘我的丈夫和妻子紧紧依偎，而她在丈夫的爱抚下如花朵般绽放，如同哈肯萨克草甸上的野胡萝卜花。性高潮之后接踵而来的是几近绝望的沮丧。他与上帝合一后，不知怎的就再也难以适应平凡生活。该诗结尾转而笼罩着一片阴郁气氛，像在下最后通牒：“一份虔诚希冀，对已逝的白色——/或空无。”选择“虔诚”这个词出人意料，因为威廉斯借用了他通常不感兴趣的神圣语言来描写性行为（约翰·多恩也这样做过）；而“已逝的”这个词意思模糊，模棱两可。他指的是皱眉、纠结、修正、背叛吗？破折号像是直接抛出了有限选择（读者期待“之后的空无”）：要么放弃觉悟，要么面对未来痛不欲生的虚无主义；《野胡萝卜花》的所有能量在诗的最后一行全部爆发，虽然这最后一行很不吉利，却并未毁掉这首优美的色情诗。

夫妻俩和好没多久，到下一首诗《大毛蕊花》，感情就破裂了（毛蕊花属于金鱼草科，惠特曼曾在《自我之歌》中赞颂过这种草本植物，而且那是威廉斯在他的花园中最喜欢的花）。威廉斯对约翰·瑟尔沃尔说，这首诗写的是他和弗洛斯起口角的经过。这就是主题，但威廉斯并没有使用刻薄的言辞：

这人是一株大毛蕊花
把叶子留在家里，高高竖起一座灯塔
从上面瞭望：我要遂了心愿，

我通体黄色——一根桅杆挂一盏灯笼，十，
五十，一百，它们长得越多
就越来越小——

开头活泼而离奇——一朵花高高竖起一座灯塔——与讲话者的自负不符。他像重要人物一样昂首阔步，这朵大毛蕊花为检查地平线、以防危险而爬上高处，“把叶子留在家里”（灯塔成了挂着灯笼的船的桅杆）。他从此处向下看他卑微的、形象不佳的妻子，然后放心地等待她风暴般的谩骂和指责。

那场风暴来势凶猛。弗洛斯絮絮叨叨，显然是知道了丈夫对她不忠，而且知道丈夫明白她将怒火中烧。这一连串的恶言恶语无法躲避，走投无路之下，她痛骂他（威廉斯在1960年2月18日给罗伯特·华莱士的信中掩饰道：“亲吻”是“一款很受欢迎的香水的名字，女士们曾用它把自己的内衣弄得香喷喷的”；“亲吻”中隐含着“混蛋”一词，具有讽刺意味）：

骗子，骗子，骗子！
你从她那儿来！我在你的衣服上
能闻到“亲吻”的气味……
你是牛粪，是一根
剥了皮的枯木棍。她在
朝我们俩泼水呢。她已经把你
弄到手了！——对吧？——（他勾引她）她侮辱了
我——……我身上的每根汗毛都会
把你从我这儿推开。你是个
干屎橛，是栅栏杆上的黏鸟胶——……

威廉斯不但很喜欢被她侮辱——他不否认她的控诉——还以刺激她为乐。在这场争吵中，他开玩笑说：“我爱你笔直、黄色的/上帝的手指，指着——她！”他还不客气地谩骂道：“你的花瓣又迟钝，又厚/又毛茸茸。”然而，他在《爱之散文》中谴责这种行为：“……嘲笑一位痴情的妻子是傻瓜的消遣。”[1]他补充道：“爱情不求中伤任何人，也不欲加害任何人。”威廉斯懒

①威廉·卡洛斯·威廉斯：《爱之散文》（*Prose About Love*），第9页。

得更正这些说法，他观察到“每个时代，那些完全觉醒的男人都有多个心仪的爱人，但通常只有一个妻子——无论是想象中的还是真实的”[①]。他究竟把自己看作自吹自擂的“强者”，还是金屋藏娇的懦夫？威廉斯在这两者之间举棋不定。如果长期受苦的妻子宣泄自己的怨恨，那么“怒火将这样紧随爱情接踵而至”。“固执己见”是件好事。然而，执迷不悟的威廉斯在《大毛蕊花》中明确表示，他不会改变自己的生活方式（给她起“黄色”这样一个绰号，是在她的伤口上又撒了把盐）。诗中，威廉斯获得了最后的沾沾自喜：他颠覆了原来的形象，假装自己是一只卑微的“晃动触角的蟋蟀”，而她“高大、灰暗、笔直”。狡猾的诗人再次将她描绘成枯燥无味的灰色。在给华莱士的信中，威廉斯对这首诗做了进一步解释：“这番对话被看作一位青年诗人和妻子的对话，这是正确的。他深爱着妻子，但曾对她不忠——现代世界的男女经常是这样的。引用‘少女杀手’等说法，表明他厌恶自己——然而他对此不会讳言。愿上帝做证。”[②]

从其短诗《等待》可以看出，威廉斯一直以来有多么不安。听到孩子们“尖声欢叫”着迎接他，他“心沉了下来/我被压碎了”。“仿佛更像是悲伤/绊倒了我的脚跟”，而他不知道该对弗洛斯说什么，是向她忏悔，还是提出离婚。在《作者的画像》一诗中，绝望吞噬了他。他足不出户，冷眼望着冰冷的世界，而春天里周围的白桦树叶已绽开；树叶遵循自然规律，哗哗地掉落，这让他大发脾气：

> 我的房间会接纳我。但我的房间
> 不再甜蜜，里面残留的舒适
> 在等着我。
> 一片黑暗从房间掠过。碗里的
> 大片黄色郁金香枯萎了。
> 每个熟悉的对象都被改变，成了侏儒。
> 一股力量之下，我动摇了，崩溃了
> 它打破了舒适，毁坏了
> 我精心布置的隔墙，弄塌了我的房子

---

① 威廉·卡洛斯·威廉斯：《爱之散文》，第9页。
② 同上。

然后留我一人——心有余悸
战战兢兢，眼神呆滞——盯着
外面冷冰冰的世界。

任何维护他们家庭祥和的神奇魔力，在“毁掉了/（他）精心布置的隔墙”这种无法抵挡的威力面前都显得乏力，空留他一人凄苦悲怆。“枯萎”“崩溃”“打破”“毁坏”“心有余悸”这些动词和形容词——惟妙惟肖地传达了威廉斯的恐惧，他的婚姻如他的房子一样，濒临毁灭；他快要完了。他“又急又怕”，醋劲大发，本能的愤怒在他面前一览无余；他低眉顺眼，希望能来一碗孟婆汤，然后等待结局。“而它结束了”。但他无法重新盖上潘多拉魔盒。不确定性主宰并扰乱了他的爱情生活和诗歌；凛冽的寒冬将卷土重来。但危机也让威廉斯变得有韧性和决心。“新的开端，新的构建”，这句哈特·克莱恩写在《远航》中的格言，很适合让这位医生诗人把它刻在里奇路9号的山梁上。

1922年这一年，威廉斯都在名副其实的诗歌休眠期蛰伏着。他只发表了几首诗，而它们无一例外地避开了其凌乱的家庭关系。相反，这些诗细致翔实地描写了一位艺术家在画一幅平静的生活图画，画中有一片野果园、一头公牛和鱼，还有俄罗斯蝙蝠剧院做的一场演出。语言和形式克制拘谨，令人印象深刻，但却平淡无奇。威廉斯不再写有关弗洛斯或其他女性的诗。这并不意味着夫妻二人的问题已经解决了，相反，两人三天两头互相怨怼。孩子们不知道两人不和。几年前的一次采访中，他的儿子保罗想起哥哥威廉说，他无意中听到父亲向弗洛斯求欢，却不料被一口回绝。虽然这是70年前的事了，而且是道听途说，但是弗洛斯的愤怒、顽固，似乎被说得有眉有眼：有诗为证。患帕金森症的87岁的小儿子保罗，直言不讳地谈起父亲的那些婚外情。他认为这些事深深伤害了弗洛斯，但不觉得这是多么严重的背叛，威廉也有同样的看法：

小比尔同意跟我聊聊，并邀请我去里奇路9号。但他非常维护自己的母亲，虽然她已去世多年。他一打开门就瞪着我，双颊通红，先发制人地大声说：“如果你是侦探，前来搜索家父的私事，那么无可奉告。”迎头一盆冷水，让我大吃一惊，深感困惑。他当然知道，有那些诗歌和《自传》为证，他的否认难以令人信服。我是在他父亲的前出版商和挚友詹姆斯·朗弗林的支持下来的，威廉没理由认为我的此次采访有什么淫念驱使。我猜想他是因为对弗洛斯怀有孝心，才会这样大发脾气。朗弗林后来证实了我的推测。

保罗·威廉斯进一步证实了父亲的出轨行为。他回忆起自己多次被带去医院，看望一位生了个女婴的产妇。他极力暗示这可能是父亲的私生女。这家医院离卢瑟福相当远，不是父亲工作的地方。他提到那个女人和比尔之间的电流——这一幕深深印在他的脑海中。没有任何官方记录，比如说出生证明，能让我证实这一令人吃惊的指控。但这个家丑，此时就在我们眼前摇晃。我弄不清保罗为什么要要诡计，伪造父亲生下私生女的荒诞故事，几十年来对这个秘密一直守口如瓶，却在一个陌生人面前脱口而出？（保罗的妻子意识到丈夫把没有什么根据的家丑说出来时，不禁皱起了眉头。）从我们的谈话中能清楚地看出，保罗非常钦佩父亲的成就，但也毫不隐瞒他想贬低父亲的意图。

然而，一个可望而不可即的线索出现了。在威廉斯于1927年写的日记里，有证据或许可以证实他儿子的回忆。威廉斯以医生在新生儿出生证明上签名时一样的细心劲儿，在日记里记下一个女童的名字。这个孩子的出身和父母身份都有问题。在日记开头，威廉斯坚信她是“真的”。然后，他兴高采烈地说：“一想到她是私生女，我就欣喜不已。我有了她。我是她的父亲——伴着落叶上星星点点的光亮——那一天，当酒灌进我的喉咙，我在电话里又是咳嗽又是吐痰，差点窒息。”这是不是酒醉后的幻觉：威廉斯牢牢记得怀孕时那个浪漫的户外场景，令他充满深情而又感到自豪。这也不是戏剧性地承认压抑已久的罪过，不像《红字》中的海丝特·白兰与丁梅斯代尔的忏悔，尽管从“咳嗽”“吐痰”和“窒息”这三个摧垮他身体的动词可以看出一阵恐慌和内疚。然而，威廉斯尽力不透露孩子的母亲是谁，一如他的父亲曾隐瞒自己谣传中的父亲的名字，并给出理由：如果弗洛斯看过那篇日记，那么大有可能造成感情巨变，毁掉他的婚姻和事业。道歉也不会获得弗洛斯的宽恕。威廉斯知道他是在“玩火”，因此他千方百计不让弗洛斯掌握把柄。日记被封起来锁上了。幸好没有被毁掉。

第八章
实验的十年:《春天及一切》

20世纪20年代，诗人威廉斯的时代到来了。他在诗中尝试使用一种特别的声音和风格，想使它们非他莫属、具有现代性和地道的美国风味。他意识到，要实现这些目标，需要提高语言组织能力，从而不至于牺牲自己钟爱的开放结构而去选择严格的形式。他并没有什么明确的规划或详细的纲要来指导创作，早就习惯了自由自在地进行即兴创作，无法放弃这个习惯。因此，他凭借意志和雄心，想要看看究竟能走到哪一步。在现有的所有艺术中，现代主义的范例多如牛毛，若不竞相模仿的话，他就能精心挑选那些有研究价值的类型而放弃其他。成为美国诗人，是眼下首先要解决的最大麻烦。这件事可并非寻找一种如伦敦话那么粗犷灵活的方言并运用到诗歌创作中那么简单。方言本身会足够强大、富于变化、功能多样吗，还是会劲力不足，效果不佳呢？他心中没底儿。答案将会出现在他所创作的诗中。时间和实践会暴露缺陷。如果不能弥补这些缺陷，他将重新审视先前的假设，从头再来。

地地道道的美国风格到底意味着什么呢？以威廉斯个人的鬼神学观点来看，欧洲既是大混蛋也是帝国首府，拥有文化优势，而美国是被它用锁链捆住的殖民地。事实上，包括几个朋友在内的很多美国艺术家都离开北美大陆，前往比美国更加热情、更为开放的欧洲，让他像鲁滨孙一样被困孤岛，在恶劣环境中拼尽全力求生，这让他倍感背叛之痛。在这些海外漂泊族当中，庞德最具影响力。他自认为是判断现代派诗歌杰作和现代派衍生物的权威。庞德的文学创作中心位于大洋彼岸。看到威廉斯的作品，庞德有时会帮着投给杂志或出版社，有时却狠狠地打击挖苦，把它说得一无是处。毋庸赘言，威廉斯当然感到了寄人篱下的滋味，也难免觉得自己很无能。他讨厌被人骂作毫无准备的新手。他为自己辩护，向庞德大声抗议，说他既然选择了欧洲，就该汲取欧洲的精华。实际上，他对《金雀花》《跨洋评鉴》《变迁》以及《本季》这些充满活力的实验杂志非常熟悉，还在上面发表过诗歌。这些杂志的创刊地分别是柏林、巴黎和米兰。对于威廉斯来说，这些文学期刊就是哈佛和耶鲁，给予他教育，当然也为他提供了读者，这些都是他在其他地方无法得到的。这些期刊拯救了他的创作生涯。

威廉斯不是疯狂的沙文主义者，没有让愤怒把他蒙蔽在极其明显的本土局限中。为了创造一门永恒的艺术，他必须克服这些局限。他在《接触》中发表的评论，是一堆杂乱无章的观点和恶言恶语；还有些是明显要打破其创新僵局的战斗宣言。这则发表在第一期的黯淡声明十分典型，它出现在1920年12月："美国是个混蛋国家，其腐败随处可见，但整体上又不是纯粹的达达主义，其实质不过如此而已。"威廉斯知道，纳撒尼尔·霍桑和亨利·詹姆斯等文坛前辈都曾批评过美国缺少文化传统和社会习俗，很难催生出简·奥斯汀、查尔斯·狄更斯和乔治·艾略特等人创作的那样优秀的小说。威廉斯或许视埃德加·爱伦·坡为艺术先驱，尽管他所处的环境充满缺陷又冷漠无情；他还效仿沃尔特·惠特曼的"自由选择"、包容性、打破性禁忌以及从口语到抒情，再到雄辩和叙事自由转换的语言风格。不过，他很担心自己会被当作惠特曼第二，或者小惠特曼。

威廉斯并非完全孤身奋战，本国也有一些和他一样的反叛者，特别是玛丽安·穆尔，他曾赞扬此人开创了诗歌的现代主义风格，而这种风格没有人能说是得益于欧洲诗人的。在一篇谈论穆尔诗歌的文章中，他写道：

> 穆尔小姐所使用的题材和她之前的所有人没什么两样，但她成功地创造出了新的角度，把人们所熟悉的传统古典诗歌赶出时尚的殿堂，而以自己的创作取而代之。并把自己和周身之物放到应有的位子上。老一套被丢弃掉了，这必然树敌很多。此外，还有翻倍、加快、挖掘、摧毁、飞跃等手法，因为它是现代的……所以效果显著。①

让他感触最深的是穆尔冷静地抛弃了"老一套"，找到了"新角度"，使其各就各位。穆尔从未想过自己会"树敌很多"。她将威廉斯所期望的做到了极致。令人羡慕的是，在不上巴黎诗人进修学校的情况下，她可以挖掘、摧毁或者飞跃重重阻碍。威廉斯深受鼓舞。在亚伦·柯普兰以爵士乐和布鲁斯首演《尤克里里小夜曲》时，打探欧洲作曲风尚和音乐品位动向的文化精英，又是嘲讽，又是哄笑，但亚伦·柯普兰无视这些批评者，他像威廉斯一样，

①《威廉·卡洛斯·威廉斯书信选》，第121页。

坚持寻求高尚艺术与流行艺术的结合。

威廉斯决定以长格式进行实验的第一部作品题材混杂，题目为《伟大的美国小说》。这本书既不伟大也并非小说，但其雄心和对这种雄心的嘲弄无疑是美式的。威廉斯曾在《自传》中开玩笑说，这本书中写的是漂亮的红色福特和时髦强悍的马克卡车之间的爱恨情仇——算不上什么史诗主题。两个关于汽车的矫情段落，虽然是靠威廉斯的激情写成的——威廉·艾瑞克回忆说，他“不是路上的懦夫”，即使有时犯路怒症——但其情节或主题都不尽如人意。说实话，威廉斯缺少一个要表达什么的指导思想，他只是在玩语言游戏——总之，他又在即兴发挥了。

对《伟大的美国小说》进行分类并不容易。这本书60多页的内容特别像日记，里边所写的都是些威廉斯的心事：医案笔记、与一位批评他猛烈攻击欧洲幼稚的沙文主义的俄罗斯移民的部分对话、与查尔斯·德穆斯1903年在费城一座公寓见面时的回忆，还有将水银注入温度计中的简要说明。更重要的内容还包括新大陆历史进程中的趣闻逸事，从德·索托在密西西比河的葬礼，到伯尔和汉密尔顿之间的决斗，再到摩门教徒的西行运动和草甸山大屠杀等，内容五花八门。这些像是3年后面世的《美国性情中》的一些片段。

《伟大的美国小说》被分成了好几章，但这是威廉斯唯一一次对俗套让步。他删除了穿插在《地狱里的科拉》一文各个情节之间的斜体评论，使其行文连贯，还不准有逻辑上的过渡。然而，读者几乎不会对故事感到困惑，因为重心转移到新话题上了。例如，有一个段落就讲述了一天夜里，威廉斯率性地将车在人行道上开了几码远，然后又歪歪斜斜地开回到路上。没人看见他这次任性的冒险，也没人因此而受到伤害。干违法的事还能逍遥法外，真叫人大呼过瘾。书中描绘了很多他为《伟大的美国小说》设计或意外发现的荒唐结构。有人或许会称之为“松松散散的胡乱拼凑”。

此书多次谴责欧洲：“欧洲对我们来说什么都不是。他们的音乐对我们来说简直是死路一条。我们忍饥挨饿——虽然没有濒临死亡——死神并不怜悯你——却已经饿得前胸贴着后背。”①即使是因创新性艺术而常被他称赞的乔伊斯，也被指责是“牧师和神灵的宣扬者……是浪漫的享乐者”②，其“真实的，若说是不为人所知的职责”，是成为文章改革家的西蒙·玻利瓦尔，解放

①《伟大的美国小说》(*The Great American Novel*)，第174页，巴黎：三山出版社，1923年。
②同上，第168页。

文字——“好钢要用在刀刃上”。每次谴责欧洲及其“复杂的观念”时，他就会变得歇斯底里；他效仿光明之神阿波罗，输不起就将对手马斯亚斯活剥。他也毫不掩饰对美国的鄙视，言辞激烈地贬低美国既野蛮又无知：“美国就是一团糨糊，一块果冻，一块准备接受所有你放上去的所有东西的感光板。我们没有艺术，不懂礼貌，才智低下，一无所有；我们愚昧的双眼噙满了泪水。我们只有像海一样的移民浪潮。但我们不是海。”①

每当威廉斯因突然打破旧习的骄傲感而欣喜若狂时，就会叫醒弗洛斯，说：“我给写作艺术增添了新篇章。说实话，我觉得他们对我的评价是对的，我确实很伟大，是个优秀的诗人。”弗洛斯看他半开玩笑半当真的得意样子，就总给他泼冷水。她打趣道：“我睡着了，亲爱的，你说什么？”②哪怕威廉斯只是开玩笑说说而已，自伐也并未让他走出困境。

即使将美国带出了欧洲模式，他又能上哪儿去找些美国范例来让欧洲刮目相看呢？他不知道。他给自己打了打气，写了很多话来帮助自己思考，他跟“亲爱的词语小姐”花前月下，好像她是自己的“诗歌情人”。威廉斯奉行自己的准则，“那些话一定要变成现实”。他像在内华达山的淘金汉一样搜寻各种词语，然后逐条罗列出它们的生命周期：“词语是昨日的肉体。词语会打卷，旋转，燃烧，隆隆作响，细细流淌，变成泡沫，然后势头渐弱，慢慢地失去活力。最后，它们分解成一个个字母。”③威廉斯看来是给美国语言僵尸签了份死亡证书。“美国迷失了”，他放声痛呼。然而，事实并非如此，美国仍然可以通过“那些跳动着的音节所记载的遭遇”得到拯救。怎样做呢？威廉斯像牧师爬上讲坛布道一样，向世人解释道：

> 想象力不会衰落。如果不是舞蹈或歌曲，它就会变成强烈抗议或反对；如果不华丽，它就会变成畸形；如果不是艺术，它就是犯罪。成年人和孩子一样，不会满足于实实在在的单调生活。想象力必须点缀并渲染生活，必须为其带来光彩和离奇古怪，还有美和无限深度。而仅是外在地接受这些东西还不够，想象力要求具有创造性，仅表示同意和坚持是不够的。坚信那种力量，它是欣喜的呼喊，是丰富的宣言；至少它是

---

①《伟大的美国小说》，第175页。

②威廉·卡洛斯·威廉斯：《爱之梦》（*A Dream of Love*），第167页。

③《伟人的美国小说》，第180页。

艺术的开始。[①]

威廉斯灵感一现，劝我们去发掘神奇的想象力所赋予的恩泽。如果一开始用的就是美国词语，那他要去哪儿寻找它们的化身呢？一是在阿巴拉契亚山山民的话语中，这里的男男女女“酷爱穿着黄色女式拖鞋走在山道上”，或者就像在马·邓肯的布道书里讲的那样，一个四处奔波的接生婆和大夫，像威廉斯一样，总是出门去“做好事”。她心底的虔诚让诗人心生敬畏。至于为何躺在草地上，她解释说：“这样我就能倾听古老的大地对我诉说了……我想，它说的是，‘别大惊小怪了，老妖婆。上帝不也让你们年轻过吗？他不会让你们回到从前了，就是因为你们都已经长大了。’”[②]作为自然生态的代言人，她也展示了口才：“我希望你们看到过以前这里的那些参天古树，它们是美的代表。但人们都只看钱，自私自利。当砍尽上帝为引领我们而种下的所有的树的那一天，他们会环顾四周，疑惑人类活在这里究竟是为了什么。”[③]

马·邓肯在这里代替了威廉斯。保罗·马里亚尼曾对这种观点表示反对，因为威廉斯从未去过阿巴拉契亚山，他转录的那些山民所说的话是间接得来的，不够自然。但有人猜测，威廉斯的反驳会是警告不要阻止想象力冲开意识之门，进入保存着昔日和他未曾去过的地区的故事、语言和人物的宝库——就像他在写《美国性情中》时就大张旗鼓地做的那样。他笔下的红毛艾瑞克、科尔特斯、蒙特祖马以及塞巴斯蒂安·拉塞尔神父所说的话，都是从没有诋毁这几个人的书籍、日记及信件中挑选出来的。马·邓肯与洛里适度的“欢呼雀跃”和“丰富的宣言”，类似于丹尼尔·布恩对新大陆秀丽原野的赞美。

在《伟大的美国小说》中，威廉斯讲了“美国的基本状况”[④]。诗人在这个愚蠢而年轻的国家或许不受重视，但他可以开拓创新。诗歌和其他工艺一样，需要时间和反复磨炼，慢慢熟能生巧。这本低调的书出版了，标志着威廉斯的进步；在庞德的大力帮助下，比尔·伯德的三山出版社对此书进行连载，与海明威的《在我们的时代里》和庞德的《言行失检》一起出版。

富有诗意的是，1922年对威廉斯来说，堪称具有里程碑意义的一年。

---

①《伟大的美国小说》，第200—201页。
②同上，第219页。
③同上。
④同上，第211页。

《荒原》一登上《日晷》杂志，威廉斯顿时觉得，他梦想的“一种植根于本土、也该在本土开花结果的新的艺术形式”[①]已和艾略特所引领的伟大风尚一样，被毁之殆尽了。余生之年，他常常丑化艾略特的诗。在《自传》中，他称艾略特的诗是“文学的大灾难”[②]“像扔了颗原子弹一样消灭了我们的世界，我们向未知境界英勇突围，化作了尘埃”（使用第一人称复数表明，不止他一个人的梦想受到了打击）。威廉斯认可艾略特的丰富学识和超凡技艺，称为“韵律构建”；同时，他也谴责艾略特心安理得地“将诗歌还给了学者”。“我得提防这个蠢材夺走我的世界，去拱手给敌人”。

从威廉斯的极端言语可以看出，他个人对《荒原》的反应有多么强烈，好像他的至交拐跑了自己的老婆一样。极端的反感也起了作用。威廉斯毫不掩饰地把艾略特看作势利鬼和卑躬屈膝的卑鄙小人。知道自己的风格尚未成熟，威廉斯觉得，对付艾略特他不占上风。自己充其量是个装备落后的游击队员，而他抗衡的是领导着信心百倍的大部队的将军。他的风头胜不过艾略特，也害怕没人注意自己。从1922年起，此后10年，他对艾略特的不满和两人的较量，在其笔下常有所流露。

庞德是艾略特诗歌的监护人、编辑以及狂热的宣传者，这让威廉斯深感不安和愤懑。在他与艾略特势均力敌的较量中，庞德的支持让他一败涂地。此事对他影响很大。1939年，也就是整整17年后，他致信庞德，仍强烈地表达了自己的异议：

> 欣闻阁下钟情于艾略特的诗句，但我要提醒您，它看着挺好仅仅是因为它是拼凑的。或许我说得不对，然而，当今世界随便哪一位我认识的作家，都比那个混蛋值得我信任。就算他会写作，于我而言，那也跟走进教堂一样。我就是打心眼儿里觉得不爽快。从那儿什么都学不到，因为质朴无法得到多样化发展。俯瞰到的食物，在零下50摄氏度的气温下瞬间冻结；拿出（放到）罐子后，在压力下立刻变得完全成熟。这也许和我的问题一样。我希望不是，但这种事让我极为恼火。我生气是因为在出现危机时，在可能已经变得雍容华丽时，在遇到危险时，在传统可能会带来新难题时，这种对质朴的禁锢已经上演。但该死的骗子们

①《威廉·卡洛斯·威廉斯自传》，第174页。
②同上，第146页。

> 倾向权威，喜欢死板，更青睐你是否用了“他们信奉的基督净化”的意象。结果造成文章大肆堆砌韵味，华丽浮夸，而真材实料在他们鼻子底下腐烂，他们却躲到路的另一边去了。我鄙视并痛恨这些人。他们是猪肚皮上的黑痣，而不是乳头。天哪，因为艾略特，我对他们更加恨之入骨，就像恨他那该死的庄严的木制王座一样。艾略特随身带着它来做礼拜，将现实生活取而代之，而达成现实之路却被极大地阻碍了。①

不应该将这封信完全当作一位心生妒忌的诗人的胡言乱语。撇开威廉斯的风趣谩骂不说，他的判断是极具逻辑性的：如果艾略特的诗像猪肚皮上的黑痣一样生了病害，惹人生厌，就无法哺育艺术，因为它没有“乳头”。艾略特的诗象征着一种可能会带来“新难题”的传统，但却“发展不顺利”并且缺少宗教性。到1939年，经过岁月的洗礼，威廉斯对其所标榜的艺术立场有了信心，尽管“现实生活”是一句为改变其事业而喊出的模糊口号。

然而，1922年，艾略特强势征服了英语世界，将威廉斯打入了诗歌地狱，毫无出路。威廉斯被艾略特的“讥讽的子弹”击中了，他认为，要使诗歌语言重新脱离“刻板”的俗套，得花上20年的时间。事实上，他拒绝平静地接受失败，并且开始谋划从两方面进行反击：《春天及一切》，一部把诗歌与散文奇怪地糅合到一起的诗集，出版于1923年；《美国性情中》，一部通过历史人物肖像画，对美国性格的起源进行全面而折中研究的诗集，出版于1925年。

1922年，威廉斯仍在摸索着一套软硬相兼的诗歌准则，他安慰自己，经常打开想象力的丰富宝库，会发现很多美国主题，惠特曼就是如此。威廉斯要通过《春天及一切》做实验，看看一个由想象力照亮的世界是什么样子的。阅读这部非凡之作就像穿过艺术家的工作室，墙上挂着各种画，有的是完美的成品，有的是粗糙的草稿。目光在散落满屋的东西上徘徊：浮木、一个非洲面具、一张孩子的照片、一份从亮光纸页杂志剪下的菜谱、一本看了一半的朋友的小说。气氛热烈，目标高远；人们凑在一起喝酒抽烟，打情骂俏，高谈阔论，争论立体主义的优点，读皱巴巴的手稿上的诗。想象力光顾，盘旋一会儿又离去了。标题的后半部分——“与一切”，十分恰当：除了

① 威廉·卡洛斯·威廉斯、詹姆斯·朗弗林：《威廉斯和朗弗林》（*Williams and Laughlin*），第40—41页，威特梅耶。

厨房水槽，一切都囊括在这项繁杂的工作之中。

威廉斯从不否认，自己创作的弹弓似的诗歌不可能击溃艾略特的伟大作品。他也承认："没人看到过那首诗，它根本就没有发行。"[①]麦卡蒙印制了324本《春天及一切》，大部分都没卖出去（威廉斯不想再听到来自国外的责骂声，所以从未让庞德对其进行过点评和编辑）。这篇散文又倒退到了即兴创作的《地狱里的科拉》的粗野风格，通篇都在反复使用达达主义的把戏：排版混乱，"章节标题……故意印得颠三倒四，所有章节……编号都毫无章法，有时用罗马数字，有时用阿拉伯数字，什么都用上了"[②]，将"哲学思想与无稽之谈"古怪地混在一起。

最引人关注的是，威廉斯说："我觉得这样挺好，至少我可以心神安定，因为我当时心烦意乱，但不知道其他人是否也有这样的感觉。"[③]那种"心神不安"在开篇十分明显；虽然威廉斯没有点名"剽窃的传统卫道士"，但很明显他在强烈呼吁进行末世大清洗，有时听着像一种崇尚必要的暴力清洗的未来主义宣言。这针对的是艾略特及其大批仰慕者。这篇文章夸张地咆哮着，稀奇古怪，优柔寡断，恶语不断，如同儿戏，好像一直反对流行风尚的威廉斯预料到会有读者拿起他的书，嘲笑他的为人和思想。如此大发脾气对他有益。具有讽刺意味的是，他胆大到敢不时地抄袭艾略特。《下降》就是一例。

威廉斯知道，就艾略特在《荒原》里的眼界和方法而言，自己找不到其他成熟模式了，因此，他在《春天及一切》中没有追求每首诗都达到艾略特的博学，或者去反驳《荒原》对欧洲文明衰落的悲观看法。威廉斯缺少一个统一眼光或叙事策略去这样做。在《春天及一切》的第一句话中，他就卑躬屈膝，摆出一副防御姿态："如果产生任何重要问题，那就更好了。而更有可能的是，没有人会希望这样。"接着，他把自己的诗贬斥为肤浅、异端、无视疾苦的话："让人厌恶至极……无情、残酷、嘲弄人性……去除了韵律，你可能只剩下了节奏！为什么你的作品没有任何节奏。这就是你所说的诗吗？恰恰相反，这违反了诗歌。这是你倾心的毁灭生活。"[④]如果这些指控是正确的，威廉斯就该失去写诗和行医资格，而公众反对他的试验作品就是对的！威廉斯愿意公开这种指控——每当批评家或诗人说他的诗歌是"反诗的"，他

①《我想写一首诗：诗人作品自传》，第36页。
②同上，第36—37页。
③同上，第37页。
④《春天及一切》(*Spring and All*)，第177页。

就一肚子的火。华莱士·史蒂文斯在1934年介绍威廉斯的《1921—1931年诗歌选集》时，就这样评论过他。这再次显示了他独有的鲁莽性格和带着点冷幽默的道德勇气。

这句开场白一下就说明了一个奸诈辩手的诡计。谩骂之后，批评家接着列出了一长串充满陈词滥调的伟大诗歌所遵循的清规戒律："诗歌与生活以前常常是一致的；诗歌诠释了我们内心深处的激情；诗歌给予我们灵感，指引我们发现新事物，让我们更包容，将我们提升到新高度。"[①]当控诉威廉斯的人抨击现代主义是一项刁钻艺术，会导致"诗歌终结"时，威廉斯被裁定不是唯一凶手，他是一帮国际文学刺客中的一员！

虽然这样做不会讨好保守派，威廉斯还是致力于开动想象力。《春天及一切》就充满了想象力，"优化、阐明、强化我们独自生活的那个永恒时刻。"[②]的确，诗人与想象力的结合非常幸福，没有不忠之事，哪怕有压力。在《帕特森》第三部中，威廉斯承认，"要找到一个短语/婚后躺在另一个人身旁取乐？/这似乎无法办到"。[③]然而，他相信，只要保持耐心和热情，就会摆脱这种不可避免的枯燥的魔咒；想象力像大自然一样四季交替。相比之下，"男女之间的谜题"[④]倒是很难解决。威廉斯断言，"爱情不是慰藉品，而是颅中钉。"[⑤]婚姻之中，双方都会遮遮掩掩，密谋毁掉对方。诗人"离婚是否冒险；我生活中得来的斜体。"他在《春天及一切》中这样说道。那么，通过离婚来逃离不幸的婚姻是否愚蠢。他迟迟不做任何决定，公然盗用惠特曼关于友情与恋爱的修辞手法来修饰《自我之歌》的第一节："在想象中，我们从今以后（只要你明白）都被困在友好的拥抱中，被困在作者与读者的经典相拥之中。我们是一体的。每当我提到'我'，指的也是'你'。""作者与读者相拥"令人欣喜；丈夫和妻子相拥让人忧心。想象力却是雌雄同体的。奇怪的是，惠特曼作为一位大胆创新的先驱，威廉斯在这里未能给予他足够的赞誉。他似乎需要一把推开老沃尔特，这样才能让这位狡猾的老手退居二线，给他让道。

在下一章（标注为第十九章）中，威廉斯披上了先知的长袍，打着神的名义发泄他对人类的愤怒。威廉斯预见了一场浩劫，这使艾略特在《荒原》

---

①《春天及一切》，第177页。

②同上，第178页。

③《帕特森》(*Paterson*)，第140页，康涅狄格州，诺福克：新方向出版社，1963年。第一部到第五部分别出现在1946年、1948年、1949年、1951年和1958年。

④同上，第107页。

⑤同上，第87页。

中的一切虚构都黯然失色。狂欢式写实主义贯穿全文，时而掺杂达达主义的滑稽手法。由于“沉醉于各种禁律”，想象力继而疯狂地消灭“地球上的每个人”；只有进化过程中最低劣的生物才得以存活，继承大地。威廉斯在《春天及一切》中的构想与艾略特不同：没有神秘受伤，颓废凄惨地坐在河岸的渔王；很少引用文化遗址符号（一个显著例外是“美国的纯产物”），没有提到一丁点儿基督教或梵语礼仪，而这两种礼仪则是艾略特救赎方案不可分割的一部分。威廉斯宣扬并笃信想象，他铲平了这个世界，以便按自己的想法重新打造。他的旗帜上印着半是嘲讽、半是夸张的信条：“我为灵魂的完整和空虚生活的伟大而发声；为其无聊的形式；为其愚蠢的正统……”[①]（人们会期待威廉斯称赞这种“无聊的形式”和“愚蠢的正统”，这是他所鄙视的艾略特的品质，但他这是在戏弄艾略特的一本正经。）奇怪的是，想象力如从前一样不断进展，而“一切都是新的”。从爱默生和惠特曼开始，美国诗人就崇尚新奇，这种新奇作为安全逃脱其“心灵枷锁”的钥匙，可能会吸引威廉斯，但它乍一看很像旧信仰。威廉斯重申他相信想象力“幻灭了”，但它也极其多变。总之，它糅合了很多威廉斯自己的性格特征。

对艾略特来说，土地寸草不生，“4月是最残酷的时节”；对威廉斯而言，春天预示着大自然的富饶。艾略特认为，涌入伦敦桥的人是一群行尸走肉；威廉斯认为，棒球比赛中的人俊俏、浮躁、粗暴、“活跃又恶毒”；然而，他担心在民主国家，这个沉睡的巨人会摇身一变，成为一个丑陋的暴徒。在《春天及一切》这篇散文中，威廉斯竟然写出了这样的幻想：一个工业矿渣堆上开起了自然之花，美化了丑陋。他尝试了不同风格：“这是恶臭的河边的春天，那里有棵掉光了叶子的木兰树（之前这里是一座农舍，如今成了工人摇摇欲坠的住所），稀疏的树枝上长着乳白色的花朵。”[②]这些直白的句子，离不开威廉斯在这一时期的散文中用的二元模式：“恶臭的”“摇摇欲坠的”和“稀疏的”与“木兰”和“乳白色的花朵”形成鲜明对比。

更重要的问题是，在这些段落中，威廉斯密集使用了大量语法来描述春天的到来：

在那润物细无声的悠悠岁月，犹如有一匹野马，群星映照下，在一

①《春天及一切》，第179页。

②同上，第180页。

望无际的草原上驰骋，马蹄在坚硬的草地上画下巨大的圆圈。他一刻不停歇地奔驰，直到垂暮之年，筋疲力尽，剩下一堆皮骨还有破烂的马蹄。在生命的宏伟进程中，斐狄亚斯的雕带给人留下印象。雕带上的人与兽虽然看似大理石一样坚硬，然而并非如此，他们能够以令人目眩的速度移动，尽管我们没空留意，他们的腿每千年往前挪动一点点。生命的宏伟进程似乎静止了。终于，春天就要来临。①

这段话是意象主义的大杂烩，模仿济慈（斐狄亚斯的雕带）对时间和发展夸张地进行衡量，文中充满浮夸的语法（例如，开头的排比句模仿吟诵，这是惠特曼的一种修辞标志）。威廉斯提到斐狄亚斯，也许是为了反驳把他视为半文盲拙劣诗人的看法，他怀疑文学界背后就是如此看待自己的。可以听到威廉斯拼命在这个省略段中给人们留下印象；现代主义的实验主义就要萌芽。不过，这证明了威廉斯探索新组合的夙愿，哪怕结果太刺眼。他的即兴创作法在《地狱里的科拉》中帮了他不小的忙，因此，每当一时才思枯竭，他便会再次求助于即兴发挥，就像他会将烦恼一股脑儿向一位可靠的老朋友倾诉一样。

有几首诗衔接松散，仿佛有一种结构性裂缝，他无法察觉，也无法弥合。其他诗写得很好，有新意，连贯性好，跟查尔斯·艾夫斯的尖锐节奏以及高度文化不和谐音与乡村绿地乐队进行曲混合体一样，是公认的美国式的诗歌。乱七八糟的散文里出现的第一首诗，跟艾略特的作品毫无相似之处：

在通往传染病医院的路边
在从东北滚滚
涌来、带蓝斑点的
云团下——一阵冷风。远处，那
广阔、泥泞的荒野
杂草枯黄，或直立或倒伏

一汪汪死水
零散的高树

①《春天及一切》，第182页。

沿路全都是泛红的
发紫的、分叉的、挺立的、抽条的
灌木丛和小树
下面是枯黄的落叶
无叶的枯藤——

貌似半死不活、无精打采
让人眼花缭乱的春天已经临近——

它们赤身进入新世界，
浑身冰冷，对一切都茫然
只知道已进入这个世界。周围，
风，冰冷，熟悉——
此时，草，明天
野胡萝卜叶僵硬的曲卷

一个个物什被定形——
风催促着：清晰，叶子的轮廓

但现在，只有进入的
无华尊严——然而，深刻的变化
已降临在它们身上：生根，它们
向下紧抓，开始苏醒

“在通往传染病医院的路边”描写了三种“分娩”：春天来自干燥的冬季，迷茫孕育着觉悟以及从众多细节中揣摩出一首诗的形式。这首诗开篇用了很多介词，让人不得不改变视线，上下观望，寻找关系和格局。这挺合适，因为寒冷的东北风如传染病般席卷大地，只有云彩移动迅速。“涌来”这个词让云动了起来。这一节省略了谓语。威廉斯再次更加仔细地看自己周围，然而，他看到层层落叶孕育了新的生命：春天即将百花盛开，就像婴儿即将呱呱坠地。

第三节集中出现了很多形容词，如同树和灌木上抽出的嫩芽儿一样；“直立”稍微一变，成了“挺立”，棕色变成红色和紫色。“无叶的枯藤”和“半死不活”遥相呼应，最后“无精打采/让人眼花缭乱的春天”临近。威廉斯还省略了代词，要不就是代词指代不清，仿佛不清楚其究竟要指代什么，悄无声息地就用上了，恰似一株株光秃秃的植物，甚至像诗人给美语世界带来的质朴无华的文字。对任何新生事物来说，无所谓平凡或夸张。任何事情都可能出差错，包括一首不够完美的诗。

威廉斯多次使用跨行来控制每节的节奏；分娩势必要经历痉挛，或每隔一段时间就要收缩。第一节像斑驳的云朵一掠而过，而第三节却减慢了节奏，因为其中出现了大量形容词，它们就像制动器一样。为避免句末用句号，同时为了强调过渡和迟疑，威廉斯用破折号代替了句号。就像动词“催促”和“苏醒”所强调的那样，变化势不可当，但不可操之过急。

“在通往传染病医院的路边”明确说明威廉斯掌握了诗体的基本要素：换行、格调的明暗、诗节的完整性、增加重复来调整强弱。他像细心诊断病人的心跳一样，聆听字词的声学特性。1961年，罗伯特·邓肯致信丹尼斯·莱维托夫，说：“从他成就了（它）的意义上来说，我们不相信威廉斯想象出通往传染病医院的路……但他按照旋律……把自己创造的形式嵌入了诗的韵律。”[①]

第二首诗转到了室内。寒风让位于查尔斯·德穆斯的水彩画《夜来香》（1922年）中的温暖氛围，画里有一个花盆，被放在灯旁边的桌子上（比尔和弗洛斯向德穆斯买了这幅画，把它挂在饭厅，以“感谢他在糖尿病早期所享受的吃住和护理”[②]）。《夜来香》的旁边是德穆斯送的礼物，水彩画《红粉佳人的拖鞋》。起初，花盆、桌子和灯盏，看起来都是标准的维多利亚时代的道具；事实上，若不是排版松散，这首诗读起来很像欧内斯特·道生的一首萎靡而略带色情的抒情诗。但威廉斯与德穆斯以现代人的刁钻眼光，勾勒出枝干、叶子、花瓣以及苔藓，故意将表面分割成一个个平面，或明或暗，扑朔迷离。在第二部分，传染病医院附近红红紫紫的花蕾色彩绚丽，画和诗都充满“耀眼的光线”。对威廉斯来说，浪漫的狂喜表现在喜庆的缤纷色彩和生机勃勃的辞藻中：“溢出”“飞奔”“短诗”“耀眼”“相争”“达到”。昏暗的盆心

---

①《罗伯特·邓肯与丹尼斯·莱维托夫书信集》（*The Letters of Robert Duncan and Denise Levertov*），第272页，罗伯特·伯索夫（Robert Bertholf）、艾伯特·格尔皮（Albert Gelpi）编，罗伯特·邓肯写给丹尼斯·莱维托夫的信，1961年1月12日，加利福尼亚州，斯坦福市：斯坦福大学出版社，2004年。

②威廉·艾瑞克·威廉斯（William Eric Williams）：《和父亲在一起的日子》（*Life with Father*），第66页。

和“暗暗的淡紫色花瓣”仅仅凸显了肆意的光线与人生的欢愉。这两者都未出现在艾略特的长诗中。

那种欢愉在这些散文中几乎看不到了。威廉斯在这部作品中将散文与诗歌串在一起。散文可以极度草率、陈腐老套、死气沉沉、迂腐不堪。唐纳德·戴维对《春天及一切》的点评还算公正：“很多页都是匆匆忙忙、断断续续、晦涩难懂、好辩的散文格式。那些诗不时地运用这种格式，就像来自火山熔岩的突兀的岩层。”[①]然而，戴维并没看到威廉斯使用这种方法主要是为了摆脱“粗劣的象征主义”“勉强的联想和为使作品脱离‘现实’而形成的复杂的固定形式。例如，就韵律而论，音步就是音步，而不是其基本构成元素——音步中的一个单词”[②]。威廉斯仍坚持认为，他的死敌不是音步和韵律，而是“层出不穷的、过时的措辞和形式”。

《春天及一切》中的诗歌，差不多在半数情况下，都实现了威廉斯的远大抱负。找不到灵感时，他就像其他遇到瓶颈的诗人一样，用些“过时的措辞”，或是耍些不正当手段，比如写点没什么用的句子，仿佛是自己不想使用一个暗喻，却忘了把它从诗行中删掉一样。有些诗只是生搬硬套，而非巧妙布局，形成了精美的马赛克。以第四首诗为例。该诗的题目为《飞入城中》，收录在1934年的《诗歌选集》中。诗中刻画了一个13岁的卢瑟福女学生的形象，她可能就是威廉斯向瑟尔沃尔描述的那个“初出茅庐、性格粗暴、坚韧不拔”的病人(他对勇敢的少女们情有独钟)：

复活节的星星璀璨明亮
底下的灯光一闪一闪——
黑夜的桂冠——
没人
提到它——

对着一个玻璃聚宝盆的
巨大底端
没人说：点点小孔

① 唐纳德·戴维(Donald Davie)：《惠特曼的两种方法》(*Two Ways out of Whitman*)，第64页，英国，曼彻斯特：卡卡奈特出版社，2000年。

② 《春天及一切》，第189页。

我会带她去那里

置身于光明——

将它破成数块
突破到必要的
五十字——

她头上的皇冠上
有座座城堡、摩天大楼
装满了坚果巧克力——

阵阵鸽子般驯顺的风——
颗颗闪闪发亮的星星

本着这个时节的精神，复活节的星星被誉为“黑夜的桂冠”。这是大自然之于艺术的一次胜利。出人意料的是，威廉斯给自己分配的角色，是必须念出“点点小孔”这个禁忌语的占星师。孩子们喜欢眯着眼睛从光圈里看斗转星移，除非形成与大自然抗衡的诗歌技巧，否则这个光圈为什么会是通关密钥？他在一篇散文中说：“富于想象力的人与天抗衡，为了放下或履行自己儿时的承诺而投身艺术。”[①]他暗示，这种“寻求创造和构思”[②]的行为，非常勇敢。“点点小孔”看似是很平凡的意象，但却莫名其妙地释放了一些压抑，因为威廉斯接着就荒诞地转到了冥帝哈德斯。此人在卢瑟福的街上拐走了小仙女珀尔塞福涅，将她带到了光明之城纽约，而非地狱。（在需要奇思妙想之处，威廉斯说了那句陈词滥调，“我会带她去那里。”）

威廉斯所说的“将它破成数块/突破”是何意？邓肯认为，这是“有意哗众取宠”。他是在憧憬将那个女孩破处，还是用想象力净化“牵强附会”的诗？或许，要造就一种风格，使他跻身现代主义前列，他提到的那50个突

①《春天及一切》，第188页。
②同上。

破性的词语不可或缺。他在最后两节献殷勤的手段令人担忧：他是用金丝玻璃瓶装的巧克力作为复活节礼物讨好那位少女吗？她的"皇冠"是一顶尖角帽，由很多摩天大楼（现代城堡）装点而成，如同摩天大楼点缀了曼哈顿的天际线。根据威廉斯在散文中的主张，如果诗歌体现性格，那么我们能通过这首诗（他在诗中臆想着和一个郊区少女去邪恶之城兜风）对他作何认识？没有任何证据表明他有恋童的臆想，因此这种诗必须满足一个隐秘需求——像埃琳娜一样涉足禁地，挑战社会与艺术的规则。威廉斯第四首诗的排版表明，他全然不顾重重阻碍。词语、从句、主句以及诗节的起始和结束都较随意，一到三行，空格很多，态度轻佻，无视权威；唯有偶尔出现的破折号能让人想起规则制度。威廉斯醉心于达达主义。正如罗伯特·邓肯所言："绕着房间摆出阿拉贝斯克芭蕾舞姿，蹦蹦跳跳，头上顶着一盏灯当皇冠。"[①]这种做法对释放想象力和性欲来说没什么坏处。男爵夫人会对威廉斯的头饰感到惊奇，心里觉得乐滋滋的。

第五首诗中一阵"黑风"刮过，充满残暴情绪。人类"残暴凶狠"，各种声音"尖厉刺耳"，"男人们盲目撞到一起/将他们的脑袋磕破。"无论威廉斯判断得多么准确，他都不是指奥斯瓦尔德·施本格勒的警告：西方文明不可逆转地衰落了（这是《荒原》的一个关键主题）。赞同这样一个历史观点，等于否定了自己对美国未来的信心，身强体健的青少年注定未老先衰。威廉斯的悲观主义源于自身：正如其友人马斯登·哈特雷所写的那样，威廉斯感到沮丧却又努力让诗歌和梅·沃思这位马戏团骑手的身体一样富有美感和可塑性，节奏优美，"和谐地为获得个人喜悦做好了准备"。威廉斯给性愉悦预期泼了"冷冰冰的雨水"。他忧郁的玩乐态度表现了第五首诗的露骨感情和杂乱形式；他在最后几行诗里承认，想象力踉踉跄跄，跌入"旧模式；坚持前进/是多么艰难"。因此，威廉斯在回应惠特曼，或提到庞德翻译的《诗经·叔于田》中的弓箭手"叔"（对"叔"而言，时间慢慢流逝，冻结在"冬日的悲伤"里）时，并非是在模仿艾略特《荒原》里的嗜好，将自己读过的诗行和片段交织在一起。他只是无法打破常规创作（在《春天及一切》中，他经常把自己交给"冲动情结"）。

在第六首诗中，威廉斯如第三首诗中的那个农民一样陷入沉思，心中玩味抽象的玩意儿以检查自己内心的矛盾：

---

①《罗伯特·邓肯与丹尼斯·莱维托夫书信集》，第272页，罗伯特·邓肯写给丹尼斯·莱维托夫的信。

不，不是它
我什么都没做
什么都没做
我所做的

完全
没有什么
而双元音
ae
以及
第一人称
单数
表明
要有
一个
助动词

我所做的
一切
都是这样

若是如此
就能
有
无限个
组合

包括
道德
物质
宗教的

规范

万物
和无物
是同义词
当

脱离实际的精力
能够
混乱

只有
什么都没做
才能
达到尽善尽美

乍一看，这首诗就像是一系列习作，当中的逻辑命题被分解成最小单位。我们不清楚威廉斯的意图：是要笨拙地模仿“沉思”的规范，还是要用一连串似是而非的隽语诱骗、恐吓我们，就像在虚无的深渊之上架起绳索，然后冒险地从上面走过？第一行暗指“普鲁弗洛克”（读者会自动加上“完全”）。这仿佛是在评估个人成就，威廉斯像荡子一样，习惯性地自卑。独占一行，这个语言单位可被他用来组建单词“I”和一首诗。他像一块积木一样，充满了冒险精神，所用的动词“做”与“万物”和“无物”都能浑然搭配。也许不靠谱的命题和语法都让他感到不自在，他将其诉诸犹太法典的推理。如果“我所做的/一切/都是这样”，那么他的想象力就无法重建这个世界；想象力有衍生性，会陷入重复。但如果他的诗行和动作（做）受到想象力支配，他就能将虚无的点点滴滴组合起来，生成多种意义，因为组合的可能性是无限的。

威廉斯通常会对这三种可能做出限定，将其限制在世人认可的道德、物质和宗教规范之内；最后那个令人惊讶的词独占一行，双元音“ae”显然已经成了“规范”。他在探索钟爱的用语时，被自己准备颠覆传统的十足的想法折服。真是如此吗？他的意思含混不清，有些捉弄人。当精神并未脱离实际，“一切”和“无物”是同义词吗？这首诗的复杂推论到最后才呈现出来：全诗没有一个支撑观点的主句。通过时态的微妙变换，“做”又变回到“做过”。“做过”后面暗含一个逗号，说明空虚永远无法弥补或难以达到尽善尽美，但通过省略逗号，威廉斯似乎支持华兹华斯“明智的被动”，这样“什么都没做”才能使错误变得完美。最后一节呼应了史蒂文斯的《雪人》。这位诗人听众，“自己什么都不是，看到/不存在的无物和存在的无物”。然而，史蒂文斯将“万物”和“无物”冷静地融合在了一起，而威廉斯却对他的谜语深感困惑：无论诗人是否用万物或无物创作诗歌，他创造的东西势必不够完美。这种不确定性并没有让威廉斯却步。该诗结尾没有句号，使这个探究保持着开放性：词语与引用分开；“深思”的叙述既可懒散空洞（无物），也可带有煽动性（通向一切的道路）。由于还未完全摆脱人们普遍认可的规定诗歌是什么以及诗歌有什么功能的旧规范，他不知道自己为诗歌所做的努力有什么价值。

为回答这个问题，威廉斯向几位自己崇敬的画家求助。这些人当中最著名的是胡安·格里斯。威廉斯被格里斯严谨的几何艺术所感动：他不断尝试使用“常见形式，从而吸引观众而不是吓到他们”①。格里斯使“熟悉而简单的……手在白天所接触到的物品”②富有美感、令人着迷、独立存在，这是一大壮举。虽然威廉斯只看到格里斯的拼贴画《玫瑰》的仿作（黑白相间），但他在第七首诗中对其大加褒奖。这幅画就像威廉斯的《春天及一切》一样，离“诗艺”不远：

这朵玫瑰老旧过时了
但每片花瓣都止于
边缘，双面
加固了带槽的
气柱——边缘
切割却无割痕
没有割到——什么——自我更新
成金属或瓷器——

①《春天及一切》，第194页。
②同上，第197页。

往何处去？它结束了——
但如果它结束了
就开始了
把那些玫瑰结合在一起
就变成一个几何图形——

更清晰，更整洁，更锋利
形似马略尔卡陶器——
开裂的金属板上
镀着一朵玫瑰

某些地方会觉得
有铜玫瑰
铁玫瑰——
玫瑰载着爱的重量
但爱出现在玫瑰——凋零时

在花瓣的边缘
爱情翘首以盼

脆弱，努力战胜
辛劳——易碎
被摘下、水灵、举在半空
冰冷、精确、感人

花瓣边缘和
之间的位置

花瓣边缘出现了一条线
像钢铁一样
无限精细，无限
坚硬 穿透

银河

花很脆弱
毫无划痕
穿过空间

威廉斯毫不客气地宣布，玫瑰长期以来都是“人造的物品”，作为象征，玫瑰已经过时了。他像一个美术馆的讲师，讲解着格里斯的精心设计——这种工艺丝毫不会失去其令人赏心悦目的力量；事实上，该设计中的几何图形契合了观众的思想和情感。第六首诗中有两个问题困扰着威廉斯，即“虚无”和不完美。格里斯对此却没有担心，因为他的画是建立在“真实”之上的：“没有什么”能自我更新成金属或陶瓷，而“开裂的金属板上/镀着一朵玫瑰”，即使有瑕疵，也依然美丽。

格里斯的另一个崇拜者格特鲁德·斯泰因赞赏他精心制作铜玫瑰和铁玫瑰的做法，这种处理方式剥离了画作（或诗）的情感意义。格里斯的玫瑰取代了罗伯特·彭斯的名句“我的爱像一朵红红的玫瑰”中的“粗劣的象征”。威廉斯的早期作品一直受这种夸张的抒情手法的影响。如今，他希望诗歌在抒发爱情时，要旗帜鲜明。因此，在他集中使用的7个形容词中，只有“感人的”能让人想起情感词语，而且它在这堆形容词里仅是技术性的。由于格里斯“努力战胜/辛劳”，他是威廉斯效仿的一个优秀的现代主义典范。威廉斯在脑海中探究这个过程时，意识到写一首立体主义诗歌并非易事。“花瓣边缘和/之间的位置”这种句子表明，他不确定如何把握这种韵律；一个想法取代另一个想法；他不断纠正着自己，总是重新提出一个他希望自己已经回答过的问题。相比之下，威廉斯把格里斯的画笔比作一架穿透空间的望远镜：比喻比比皆是，玫瑰富有生机，引人敬畏。两次使用“无限”这个词，巧妙地强化了这种自由。这朵人造玫瑰本身就是它自己的现实。

然而，一首诗的成功并不能保证另一首也会成功。不可否认的是，《春天及一切》中很多诗的质量参差不齐，它们都是威廉斯“即兴”写的。第十二首诗是一首亲切的小诗。开车时，威廉斯偶然瞥见自己的眼镜并没有像在前一首诗的结尾那样被折了起来，而是架在了鼻梁上准备“欣赏一切”——一幅画中有三个人物。“这副无名眼镜/至关重要/镜片加快了我的速度/一声不吭——”。尽管“至关重要”，他也没时间和兴趣停下来看看这副打开的眼镜，或许眼镜也不需要任何评论。他也明确地拒绝告诉我们他要去哪儿；他只是在潮湿的路上高速行驶着，直到被“一个一条腿担在/阳台栏杆上的女孩”看见，这才踩了刹车。威廉斯将这番情景记录下来，而没有使用道德眼光对此进行评判。诗的意象暂且令人满意，其趣味则不过如此。

集中在《春天及一切》中段的诗歌，像胡安·格里斯的铜玫瑰一样，是用零七碎八的实用物品或工业产品构成的——包括回形针、胶水、一卷线、一个箱子和几辆汽车。就其物质性而言，这些东西跟肆意生长的野胡萝卜花和大丽花一样，也是其诗歌的组成部分。没有人的景物会显得很无聊，威廉斯就在诗中描绘了一些人物。《春天及一切》中的诗歌刻画了民主美国的普通群众的肖像，他们是1923年左右正在工作和玩乐的人民，还有彼此拥抱的年轻人。职业生涯伊始，威廉斯就有幸接触到了美国普通民众的生活。他诗中的人物——他的人间喜剧——来自社会各行各业：“黑人妇女/日间工人”、镇上的醉汉、心脏不好的年轻人、“头发整齐的中年绅士/胡子修得整整齐齐/大衣洗刷得干干净净”。研究卢瑟福和帕特森的社会学家，可以通过威廉斯对这些人的观察而获取详细的坊间证据及关于郊区风俗和日常生活的分析。

因此，在第十五首诗中，威廉斯冷静地审视着“朝气蓬勃的民众”坐在电影院（新教堂）里，沉迷于荧幕上“自我唾弃”的假象中。对他来说，这只是用世俗的鸦片来代替供香和礼拜仪式上的圣歌。2000多年以来，天主教会就是用这两种办法来获取民众的支持的。威廉斯并未轻视电影诱人的“道德力量”，或只是对其进行了简单的谴责。在《伟大的美国小说》中，他敏锐地观察到电影“在观众的想象里是多么华而不实；夸大浪漫、夸大喜剧、夸大怪诞或浪漫的华丽，这些都很华而不实……这种人渴望尝试找到自己之外的这些东西；然而，这种探求是徒劳的，且常常具有破坏性”[①]。威廉斯以诗人的身份发表了一则早期影评，然而，比起电影，他更多地采用了艺术的形式和技巧。

在第十六首诗中，他以恐怖的笔触勾勒出一位老妇人，一位很像祖母韦尔科姆的住院病人，为了防止“老理发师”戴思割断自己的脖子，她奋力挣扎着。威廉斯让读者看到了她“得了黄疸”的形象——下嘴唇溃疡、肚皮塌了进去、头发乱蓬蓬的、口水黏在手帕上；读者也听到了她三次哀呼“我不能死”。然而，威廉斯借助于同情及形容词与名词的奇怪搭配，如“幸福的口水”

---

①《伟大的美国小说》，第200页。

和“藏红花色的眼球”，把老妇人刻画成一个痛苦而悲怆的人物，令人难忘。

这位奄奄一息的老妇人代表着大众；这首诗的节奏让她具有了美国身份。第十七首诗语调活泼，声音欢快，以地道的美式语调进行着快速的叙述，让人激动：

我们的管弦乐队
是猫的坚果——

班卓琴爵士乐
有一个镀镍的

扩音器
它抚慰的
不是别人

而是我——
他们无法复制
凶猛的野兽——
把握住节奏

这片东西
是很多奶酪。

男人
给我起个调

让我放纵一把——
用我的和声

让他们疯狂——
吉米快拍下来

别无他人
再无他人

除了我——
他们无法模仿

威廉斯的耳朵熟练地听出了在流行歌曲里经常听到的活泼的美语节奏和临时管弦乐队奏出的音乐节奏（“再无他人/除了我”可能是一首百老汇音乐剧的副歌）。说话人是幽默的吹牛大王，他知道威廉斯擅长即兴创作：“猫的坚果”“这片东西/是很多奶酪”“给我”和“让我”把观众逗乐了，连连叫好，直到失去理智。乐队指挥得到了威廉斯的高度赞扬：“他们无法模仿。”

为了让字词脱离“摧毁它的固定模式”[①]，使之“独立应用，从而区分诗歌语言和涉及‘情感意蕴’的散文语言”，威廉斯创造了短行诗节，基本都是两行对偶，尽管他偶尔也会把这些诗句扩展成三行、四行或六行，例如，第十三首诗：

岩石上
汗淋淋的厨房
它的壳质
楔子
高出了
海的冲撞

从拥挤的后街涌来
钢铁的冲击波
珊瑚的
壳
发明了
电

①《春天及一切》，第234、235页。

灯光
斑斑点点
洒向
埃尔·格列柯画的
湖泊
在文艺复兴的
暮光中

用杵锤
粉碎了
旧牧场的
氮气
以躲过
汽车
手脚并用——

总体
未被驯服
充满
刺激物
但却
有痛苦的尖顶
与和平
相交织

桥梁支柱
泰然
矗立
用长长的
晒黑的手指
刺穿了
左心室

在打磨这首诗时，威廉斯用了很多现代工业流程词汇："电""杵锤""汽车""桥梁支柱"（哈特·克莱恩笔下的城市景观），然后又加了少许古老的绘画元素——埃尔·格列柯和"文艺复兴/暮光"——仿佛要缓和一下纽约市咄咄逼人的生猛劲儿和精气神儿。该诗的原题目"痛苦的尖顶"指代曼哈顿拔地而起的摩天大楼，它们与珊瑚礁相匹敌。后者像一座卧式高塔，发出光和可怕的电。在这首诗里，威廉斯记录了在"旧牧场"盖新楼时，建筑工地的风镐声嘈杂刺耳、震耳欲聋的情景。（在1930年的《花儿》这首诗中，他会看着乔治·华盛顿大桥的大梁安装到位，然后写道："多年来，我一直深受那个奇迹的/折磨，楼里亮起了灯光——/无法说些非常切题的话/虽然这是此片区域的/主要景观。但却愚蠢地对串串明灯/大加赞赏，一种力量的辉煌/我占了它不止一丁点儿地方。）威廉斯发现，就像我们从第十三首诗最后两节的意象和时断时续的节奏所看到的那样，纽约的环境既壮观也"制造粉尘"。

除了诗歌艺术，视觉艺术和音乐也增加了第十三首诗的影响。威廉斯的朋友查尔斯·希勒早就从其1920年拍摄的纽约摩天大楼以及此后10年所拍的福特河工厂的照片中看出美国技术惊人的繁殖力了。希勒并未无条件地对此表示庆贺，也未谴责这是城市风光商业化的堕落。作为一位精确主义流派的摄影师和画家，他拍的公园路建筑的照片，烟雾缭绕、高楼林立、宏伟壮观，有一种抽象美。顺着一层层窗户往上看，看不见里面有任何商业往来；也没人向外张望。这样密集的建筑环境，早就把情感因素抛到脑后。同样，希勒在1927年描绘的工厂和钢铁厂既不是"黑暗的罪恶工厂"，也不代表压抑的物质性或资本主义扩张，而是"钢铁铸造的图腾"（约瑟夫·斯特拉将"支柱"和钢铁画进了自己的《布鲁克林大桥》中）。

也许因为长在郊区，威廉斯跟亨利·亚当斯和亨利·詹姆斯一样，对城市释放的活力爱恨交织。他在第十三首诗中特别突出了城市的危险、痛苦和刺激：大桥的支柱有刺穿心脏的危险；过马路时，生命都拴在了裤带上；"风镐"开动时，噪声震耳欲聋。他像个土木工程师或医生一样，有条不紊地对纽约市的摩天大楼和基础设施一一进行着检查。其语气冷静客观，不像哈特·克莱恩那样浪漫或活泼。

以埃尔·格列柯和文艺复兴时期的画家为代表的文化，此刻就像是一个崇高的追求，很可能被商业旋涡摧毁。第十三首诗多样性的效果，让人想起了零零散散等着融合的原子。这就像威廉斯接到急救电话后在便笺本上匆匆记下笔记，就冲向重症病房一样，怎料，当他再次回到诗歌中，却发现灵感早已无影无踪。写短诗可以加快创作速度。然而，第十三首诗里的那些短诗却十分笨拙，词与词上下堆叠，而后就像在“大海的冲刷”下一样，不停地翻来覆去。如威廉斯自己所说，此诗缺少节奏该有的品质：“运动的速度和运动的质量”[①]。

这首诗还唤起了现代主义音乐，该音乐有时就混合着这种噪声和力量。威廉斯一直以业余爱好者的身份喜欢和欣赏音乐，他的品位相当传统，但偶尔也去听一场《日晷》音乐评论员保罗·罗森菲尔德指挥的先锋音乐会，以求过把瘾。在写完《春天及一切》时，他还没听过乔治·安太尔的《机械芭蕾》。这首曲子没有依赖锣、警报、电铃，甚至还有飞机螺旋桨的音响效果（庞德曾帮助法国人安太尔开展他在巴黎的音乐事业。作为回报，此人也帮助庞德谱写歌剧《圣约》，其题材源于诗人在维庸的生活）。然而，威廉斯一听到安太尔1927年在卡耐基音乐厅所表演的力作（即使没有配乐所要求的16架钢琴伴奏），就成了这首曲子的铁杆儿粉丝。

这件事引起了争议和困惑，二者势均力敌。安太尔的轰鸣音乐让美国听众感到骇然。一些人吵吵嚷嚷地走上街头进行抗议。但威廉斯却感到很享受，因为他有杜尚的《小便器》。[②]音乐评论家们在攻击安太尔本人时，并未解释他们为什么把《机械芭蕾》当作音乐败笔，而只是说了“节奏幼稚”之类的泛泛之词，或者指责他没有用“轻快的抒情曲”。威廉斯对此大为震惊，于是写了一篇短文来捍卫安太尔的艺术。他明智的推论同样适用于所有陌生的艺术：“一切新事物刚开始势必都是错的，新事物总会取代一向都是正确的事物；在过渡时期，新事物必然被认为是错的，除非人们看清曾经正确的事物已经走到了尽头。”[③]

另一位作曲家是埃德加·瓦雷兹，他创作的乐曲和威廉斯的诗歌相似。然而，没有证据表明威廉斯当时听过瓦雷兹的音乐，但他不可能没在报纸上和文学评论中看过有关这位作曲家的报道。瓦雷兹被亨利·米勒称为“伟大的声音巨人”。他从城市的喧嚣中得到灵感，写出了《美洲》这首纯粹抽象的

---

①《威廉·卡洛斯·威廉斯访谈录》(*Interviews with William Carlos Williams*)，第67页，琳达·韦斯什默·瓦格纳(Linda Welsheimer Wagner)编，纽约：新方向出版社，1976年。

②1917年，杜尚从商店买来一个男用小便器，并取名为《喷泉》，然后匿名将小便器送到美国独立艺术家展览，要求作为艺术品展出，这件事成了现代艺术史上的一次重大事件。

③《伟大的美国小说》，第354页。

标题音乐。而同一时期，威廉斯正在创作《地狱里的科拉》。瓦雷兹这位优雅的、有点冷漠的现代主义理论家，痴迷于通过新电子技术制造出多种别出心裁的声效。

相比之下，第十四首诗证明，将短诗纳入质朴优美的叙事中，的确切实可行。该诗这样开头：

死亡
理发师
理发师
对我说起

接着就是剪发中的理发师与等候剪发的客人之间的对话。短行使读者能够跟上那一页上一连串快速的对话。语气可能是从一篇民间寓言里剽窃过来的；节奏轻松明快。语言风格虽有美式幽默和荒诞故事的元素——例如，长出第三组牙齿的老人——但这在全世界的民间创作中很常见。

《春天及一切》中，威廉斯最为恢宏和成功的诗《美国的纯产物》，使用了这些短诗的修改版：所有第二行都是一两个字，有一到四个音节。他写的所有作品中的每一首都很符合他认为的美国价值观已崩溃这种惊人的分析。该诗的全部内容如下：

美国的纯产物
疯了——
来自肯塔基州的山歌

或泽西岛
有罗文的北端
及其孤零零的湖泊和

山谷，那儿的聋哑人、小偷
老人
以及玩世不恭的人的

滥交
他们参与了铁路建设
完全是出于冒险的欲望——

年轻的邋遢女人们，沐浴在
污秽里
从周一到周六

那晚用想象中
俗气的饰品
打扮自己

没有农民的传统赋予她们
性格
除了晃动并炫耀

一堆破布——屈服
面无表情
只剩麻木的恐惧

在一些野樱桃的树篱下
或者荚蒾树下——
她们表达不出来——

除非是那种婚姻
也许
带着点儿印度血脉

会那么凄凉地抛弃一个女孩
周围都是
疾病或谋杀

她将被一名特工
救起——
由国家抚养

然后被派出去工作
在郊区某个
经济拮据的房子——

某个医生的家，某个叫埃尔西的女子——
搔首弄姿的水
用残缺的智力

说出关于我们的真相——
她那笨拙的
巨臀和下垂的乳房

写信给廉价的
珠宝
和眼睛好看的年轻富人

仿佛我们脚下的土地
是
某些天上的粪便
而我们是堕落的囚犯
注定
忍饥挨饿除非吃下污秽

而想象力不堪重负
当鹿
在闷热的9月
跑到开满黄花的田野后

不知何故
似乎要毁了我们

只在射出
某物的
零散斑点中存在

没有人
做证
和适应，没有人去开车

前9节的节奏有种紧迫感。威廉斯犹如一位拉响警报的流行病学家，报道了一种性心理瘟疫的坊间数据，并揭露了病因。虽然搜集的证据主要来自新泽西，但他的发现同样适用于肯塔基州山民，乃至全国各地。这种病影响到各个阶级，但就像“纯粹”（pure）这个双关语表明的那样，穷人（poor）遭受的打击最严重。平白受诬蔑，无辜被鱼肉。威廉斯在下层民众和聋哑人中展开调查，他们是受社会排挤的边缘阶层。他可能在这些人生病时为他们治疗过，也调查过恃强凌弱、奸诈狡猾、喝着威士忌的爱尔兰铁路工人，这些人模仿电影里的恶棍以及画报上明星的穿着和举止。他们的滥交伙伴和受害者，那些“沐浴在污秽里”的邋遢女人们，甚至缺乏基本的自我意识。由于她们不受农民传统的指导或保护，极易相信健壮的探险家们的甜言蜜语。周六晚上，年轻女子戴上艳俗的饰品，穿着“一堆破布”，搔首弄姿，“晃动并炫耀”自己的身体，之后在长满金银花的篱笆下把自己交给“玩世不恭的”男人们。这是她们仅有的情感恐惧。威廉斯的想象力和艺术性使他能为被残暴对待的聋哑受害者发声（“屈服”“麻木”和“荚蒾树”三个词语，是代表不可爱行为的一组特别可爱的押韵）。

该诗的下一部分从社会形式转向了具体的一个人：一个年轻女子被国家从新泽西孤儿院救了出来，安置在郊区一个“经济拮据”的房子里，也就是威廉斯家。埃尔西（真名凯思琳）是个有些弱智的15岁的保姆，被雇去照顾艾瑞克和保罗。按威廉斯在《自传》中所讲，她为得到关注，编造了一个骗局，说自己曾被来家里偷银器的小偷绑架过。埃尔西智力低下。她的名字会让读者想起博登奶牛。她像诗的第一部分中的邋遢女人一样，用“廉价珠宝”装扮自己，希望吸引到一位“眼睛好看的年轻富人”。然而，她的搔首弄姿奇丑无比，这是她“智力残缺”的表现。美国造出那么多生活艳俗的“埃尔西”，威廉斯认为我们和他自己都难辞其咎。一股斯威夫特式[①]的厌恶让他陷入绝望，“好像我们脚下的土地/是/某些天上的粪便/我们是堕落的囚犯/注定/忍饥挨饿除非吃下污秽”。换到第一人称复数没那么简单舒服。我们不能看不起那些邋遢女人和工薪阶层的情场老手：我们也是“堕落的囚犯”。炎热的夏季是一枝艳丽的黄花，绝不是希望的象征。

该诗的最后8行，威廉斯寻求一个解决方案却没能找到。面对“似乎要摧毁我们”的癌症蔓延，他这个医生有什么建议呢？射出一个模糊“事物”的“零散斑点”既不能治好，也不能缓解病症。最后一节以一抹凄凉的景象结尾。

没有人
做证
和调整，没有人去开车

正如句子中没有动词、“没有人去开车”一样，也没有任何行为守则去避免前方的碰撞事故。“咆哮的20年代”伊始，威廉斯就预料到，美国社会像汽车一样冲向灾难。该诗没有句号来表示结束。1929年10月的股市崩盘，验证了他的可怕预言。

在《美国的纯产物》中，威廉斯找到了他所探寻的独特声音，从而以近乎完美的艺术完成从“事实到虚幻现实的跳跃”。《春天及一切》中的其他诗歌，除了一小部分获得一时瞩目外，大多数的质量逊色不少。威廉斯在散文中一直痴迷于发挥想象，但在诗歌中，他的想象力则时隐时现，或者压根儿就没有想象力。《X诗十九》遵循了春天里的青春期仪式：两个男孩各戴两个偷来的“角状丁香花/插在帽子上——或者耳朵上”，像卢瑟福的贵族青年一样昂首阔步。他们的粗俗行为触怒了威廉斯，他称他们为“下流坯子”，怀疑他们长大后或许会变成“纯正美国产”的废物。不过到最后，他的敌意稍有缓和。

第二十首诗是一首拼凑的作品：既有莎士比亚戏剧里的诗歌的味道，又有点像对《荒原》中的那句“莎士比希亚小调”的恶搞。“噢噢酒吧”“乌拉噜啦噜”和“呜呜呜”这类拟声词，混合着对爱伦·坡《尤娜路姆》一诗的仿写，还

① 指犀利而平易的风格。——译者注

借用了《普鲁弗洛克》里的美人鱼——她们用迷人的歌声召唤J.阿尔弗瑞德，让他溺死在冰冷的海水中。谈起这首诗，威廉斯向瑟尔沃尔坦言：“这很尴尬，我再没试过。”他说得对——诗中的催眠曲没有脱离叮叮当当的形式。

威廉斯的《红色手推车》被收入文选的次数最多，已成为他的代表作。这首诗广受赞誉，原因很简单：意象简单易懂，对读者来说挑战性不大；现代主义诗歌可能相反。威廉斯或许是在赫尔曼斯位于纽约蒙罗的农舍或园艺店里发现了手推车这种用处很大的工具。但他在《五十位诗人：一部美国本土文集》里做了一个注解：“这里说的手推车，就立在一个黑人老人家的窗子外，这所房子在我住的郊区的一条偏僻的小巷里。大雨倾盆，小白鸡在院里走来走去。”这场雨把手推车冲刷得锃光瓦亮。威廉斯爱开玩笑说，任何东西都能成为诗歌题材，成为这首独特的诗歌测试的一个命题（这首诗没有题目，只标了个罗马数字22）：

这么多
全靠

一辆红轮子的
手推车

因为雨
水而闪光

旁边是一群
小白鸡

乍一看，第二十二首诗是俳句的美语变体，首尾的双行押韵是四音节和二音节，中间的双行押韵是三音节和二音节。的确有人觉得威廉斯这位曾经的熟练木工，一直在用自己工装口袋里的卷尺精心测量过这些诗句。他在断句上也同样非常精确。按照习惯，我们希望“独轮/车”和“雨/水”应该合为一个词，而他要驳倒这个想法。在该断的地方将这两个词断开后，他要求我们密切关注分离的组成元素。这首诗的主题是五金器具和大自然的一种相互作用，然而它也是一幅画，实用的手推车的红和小鸡的白形成了对比，自然颜色和人工色釉对比鲜明。但诗的前两句——威廉斯说，“这么多/全靠”（这种普通物象的偶然组合）这两句话怎么样？威廉斯一定是在和我们开玩笑。他能用“几乎没什么依靠”替换，而不影响这首诗的平衡和意思吗？

在某种程度上，威廉斯或许希望我们把“靠”这个词理解成“悬挂”的意思。谷仓里的物品和这首诗本身确实依靠他一开始的说法，而该诗的完整性取决于这种语法结构。由于“靠”也预示着偶然情况，威廉斯在诗里加了点儿模棱两可的话：“这么多”是关键物品，还是神秘东西？不管答案如何，对威廉斯来说，《红色手推车》都是他的得意之作：

> ……此情此景令我印象深刻，因为最最重要的是，我曾经的乐趣就是看着这个场景。尽管只是片刻，却让这种乐趣达到了极致，哪怕都有些喜不自禁了——我委实觉得这首诗太完美了。[①]

随着《春天及一切》接近尾声，威廉斯将两首以古怪多样的方式使用现有美语的诗放在了一起。第二十三首诗用数据编织了一条织锦（在纽约州/每四分钟就有人死去）；（或许是弗洛斯的）一个愤怒的诅咒，“你和你的诗都滚蛋吧——/你会腐烂然后被刮走/穿过下一个太阳系/里面还有其他气体——”；印刷怪异之处很多，“公理”（AXIOMS）的英文字母全部大写，形容词是第二十三首诗从一本宣传长岛海峡度假胜地的小册子上抄来的；一则公共服务标识完全压头韵——“倡导谨慎穿行/十字路口当心”（Careful Crossing Campaign/Cross Crossings Cautiously）；一位地铁员工悉心指导迷路旅客；病人在户外践行医生的建议：“啊！为了开放的国家/不要关在闷热的房间里。”对矫枉过正的诗歌进行温和抨击、将美国习语拼凑在一起，这样做考验了想象力能让多少事实和有用的知识大放异彩。然而，在这里，事实将想象力扼杀了。

根据现代文的一个原则，威廉斯认为，措辞必须讲究“修养”[②]。但哪些基本词汇是正宗美语呢？要如何运用这些词并使之浑然一体呢？威廉斯理智地坦白自己不确定。这种不确定性在《春天及一切》里的散文中随处可见。几近不惑之年，威廉斯心怀壮志，迫切地想进行改革。他对瑟尔沃尔所说的

---

① 理查德·B.麦克拉纳森（Richard B.McLanathan）、吉恩·布朗（Gene Brown）：《艺术》（*The Arts*），第219页，纽约：亚诺出版社，1978年。

② 《帕特森》，第193页。

话也适用于他自20世纪20年代起创作的很多诗："我在用自己的语言写作，管他写的是什么。我依据的是自己心目中的美国习语。"他没有完全克制住抒情的冲动，但总是绕来绕去，最后还是以美语节奏创作诗歌，也就是理性地使用五音步抑扬格。

在第二十六首诗中，威廉斯没有像惠特曼那样将"人民"理想化，而是探究了人民在一个喧闹的民主国家中的作用。他进行研究的背景是一个球场，那里聚了一群人，他们抱着"自己一无是处的心态"观看"所有激动人心的/相互追逐/以及躲闪/失误/天才的出彩瞬间"（他把威廉·艾瑞克和保罗带去波罗球场看纽约巨人队比赛）。他的第一个（相当夸张）的结论是，棒球比赛代表"永恒的美丽"，他早先曾否认自己说过这句老掉牙的话。然而，虽然人们谈笑风生，但威廉斯发现了一些不祥之兆：如果受到煽动，球员就会变成一群危险的暴徒，"鲁莽地""可怕地"辱骂并残忍地伤害其发泄愤怒的对象。威廉斯举了犹太人的例子。他们两千年来遭到了暴民迫害，经常是由于受到沙皇、教皇和煽动家的教唆。因此，民众必须受到"警告/赞扬和反抗"。威廉斯的结论似乎是：人民，也许吧。

《春天及一切》的最后一首诗称赞想象力让话语有了放射性。威廉斯本人的话语有时的确达到了这个状态。他最优秀的诗篇"语言都能自由变化；那些语言都源自古老的历史事实，如今通过热情重新进行组合"[①]。但威廉斯的想象力还不够强。《春天及一切》有时就会变得有些畸形、松松垮垮。不过，最后一首诗平静而短小，像溶解转化的电影画面或渐弱的节奏一样，逐渐消逝。玛乔瑞·帕洛夫正确地指出，在第二十七首诗中，除了"苏珊"这个人名之外，每个字眼无形中都使用了早期诗歌的语言，包括那句"在去传染病医院的路边"。这些模仿足以将一组诗歌的不同片段融合在一起吗？我认为不能。美国"丰富的野性"竟在此诗的最后三行被人格化了："阿拉伯/印第安/黑人妇女"等所有被大多数人鄙视、孤立的边缘人士，可谓是反映出威廉斯与疲惫的少数民族和移民们紧密地团结在了一起。美国并不是他们梦想中的乐土，它依然是一个有文化隔阂与种族分别的国家。破镜何以重圆！虽说《春天及一切》缺点重重，但对威廉斯来说，它仍是一次宝贵的实验，其中的组诗为形成一种本土风格奠定了基础。他希望这种风格会让庞德喊出山姆大叔。

---

①《春天及一切》，第234页。

然而，寻找出版社出版《春天及一切》确实是一个挑战。威廉斯不想去找波士顿四海公司的埃德蒙·布朗，因为布朗已经帮忙出版了《给想要它的人！》《地狱里的科拉》和《酸葡萄》，而这些诗集全部亏本。他试着去找门罗·惠勒，惠勒曾邀请他将诗稿投给一本名为《侏儒》的系列手册（玛丽安·穆尔是其首位投稿诗人）。这家规模很小的出版社预算相当有限，惠勒提出刊载《春天及一切》中的9首诗，但威廉斯执意要全部发表。他邀请惠勒去里奇路9号吃晚餐，讨好他，但惠勒向威廉斯解释说自己资金不足，无法出版全部诗歌。经过慎重考虑，威廉斯勉强同意让惠勒发表那9首诗。还有一首诗，名为《一部雌雄同体的电话》，同时发表在被威廉斯古怪地命名为《去吧，去吧》的诗歌小册子中。此书鲜为人们注意，大多数诗册都是这种命运。可是，玛丽安·斯托贝尔——威廉斯在芝加哥的旧情人，却在《诗集》中对其大加贬谪，称他的这首诗是“十六七岁的青少年”的作品。

然而，威廉斯仍渴望完整地出版《春天及一切》。鲍勃·麦卡蒙获悉他的困境后，向他伸出了援手。怀揣着离婚后布赖尔给他的一大笔资金（根据他们的婚前协议），麦卡蒙创办了《接触》杂志，并出版了很多他欣赏的书籍，其中有海明威的《三部短篇小说和十首诗》、米娜·洛伊的《月球旅行指南》以及格特鲁德·斯泰因的大规模实验小说《美国人的成长》。海明威完全不给麦卡蒙面子，斯泰因则以其一贯的傲慢对待他。相比之下，威廉斯对自己这位朋友所做的周旋深表感激。但《春天及一切》和威廉斯的其他书籍一样，命运惨淡。书印了不到400本，放到美国书店出售的更是寥寥无几。麦卡蒙耸了耸肩，告诉威廉斯，美国海关人员可能将大部分书都没收了——法语原版书有色情意味。如今，找到第一版的书几乎不可能了。从这里就能看出，当时的海关官员们做得有多彻底。

如果威廉斯当时退出诗歌战场，还有可能幸免于难。里德·惠特莫尔在《来自泽西岛的诗人》一文中称，威廉斯觉得被“孤立、忽视、拒绝”，这是一种近乎殉道者的变态心理，而且有点妄想狂。这个说法基本属实。威廉斯确实幻想自己遭到了迫害，至少被不公平地低估了。不过，长期的意志麻痹不符合他的本性。他屡败屡战，即使绝望到极点，也期盼自己如凤凰涅槃一样，从失败的灰烬中重生。而大多数时候，他做到了。

第九章
实验的十年:《美国性情中》

1923年，威廉斯正准备写《美国性情中》。这本书是他的代表作，表达的是他对一个核心问题的思考：美国在世界上的地位。为完成此书的创作，威廉斯需要脱离自己的日常工作以及在卢瑟福的生活。他先搬到了几英里外的纽约市，在那里完成了此书的一大半创作，接着又去欧洲游历了一大圈，最后又回到美国写完此书。虽然《美国性情中》讲的是美国，但也有威廉斯对欧洲的感受以及他在那里的一些经历。

1921年和1922年，庞德一直怂恿威廉斯到巴黎多待一段时间。他认为，只有法国的大都市才能拯救威廉斯粗野的艺术灵魂。在那里，他将接触到先锋派诗人、小说家、画家、雕塑家以及不同类型的作曲家，与他们痛饮一宵，讨论艺术的前途。庞德删掉了詹姆斯·乔伊斯和福特·马多克斯·福特的名字，他们是威廉斯想要见到的侨居明星。在另一次喋喋不休的争论中，庞德断言，由于贵族统治已终结，"更好的艺术"的前途落在了专家肩上。威廉斯很想加入那个总部设在巴黎的团体，但又心存不安，他在1922年3月29日写给庞德的一封信中大致说了以下这些疑虑：

> 我会很享受巴黎之旅。但我不太想把自己的幻想和你的做交易。我不幸偶然发现了些许关于创作的真理。我知道，如果你有这方面的技巧或知识，可能用三个字就向我指明了。
>
> 我在自己的作品中看到，除了眼前所见，等待我的是并不需要特别的陪伴或给养。我渴望智慧和善意，一如我讨厌愚蠢的本质，你所有关于我是谁、我需要什么的设想。[①]

---

①《埃兹拉·庞德和威廉·卡洛斯·威廉斯书信选》(*Selected Letters of Ezra Pound and William Carlos Williams*)，第57页，威廉·卡洛斯·威廉斯写给埃兹拉·庞德的信，1922年3月29日。

尽管威廉斯很羡慕庞德有大量时间创作诗歌或者泡在图书馆里，但他声称自己无法“就此抛弃行医治病……不切实际地渴求创作——此事深刻影响了本人的生活，引不起我的兴趣”①。

然而，1923年，威廉斯改变了立场。似乎必须休息一年换个环境了。弗洛斯提议假期从1923年夏末延续到1924年夏末，在纽约过上几个月，这段时间威廉斯将会在纽约公共图书馆的阅览室里对《美国性情中》进行研究；其余时间在欧洲旅行，他们的行程主要是消遣，但在维也纳也有工作要做；此外还要去一家先锋医学中心，威廉斯将在那里学习儿科课程（他从未说服自己只当一个游客；他也要提高医术）。

第一个任务是安排复杂的后勤工作。就学期间，威廉·艾瑞克和保罗将和他们家长期雇用的靠谱黑人女佣露西住在里奇路9号。卢瑟福中学的足球教练，“剃须刀”沃特金斯会照看这俩孩子；庞德会定期去看看，以确保家里一切平安如常。只要父母人在纽约，孩子们就会在周末去看他们。最后一个难题是：威廉斯不在时，需要找个医生来替他照顾病人。幸运的是，他的表弟艾伯特·霍赫伯同妻子凯思琳刚在帕塞伊克综合医院做完实习。他们主动提出照料病人，这样就能吃住在里奇路9号。1923年夏天，一得到休闲，比尔和弗洛斯就住进了曼哈顿东区的高级住宅。他们曾和朋友路易丝·布勒歇尔说过这个街区，而比尔也定下心来开始写《美国性情中》。

威廉斯把《美国性情中》看作双折记事板的一面，而《春天及一切》是另一面。《春天及一切》以全局眼光观察语言多元化的美国民众——威廉斯很熟悉卢瑟福附近这些城镇的人，突出了他们的种种忧虑、期望、谈话、礼仪、恋情、顽固和娱乐消遣（看电影或棒球比赛，去歌厅跳舞），片面记述了当地的部分历史。相比之下，《美国性情中》则高瞻远瞩，时间跨度上下将近900年。它考察了发现美洲、移民美洲的起源和后果，还追查了组成美国身份的那些支系。威廉斯关注的历史人物都很熟悉那些高学历人士，克里斯托弗·哥伦布、丹尼尔·布恩和埃德加·爱伦·坡等人，个个如此。

由于威廉斯的父母移民后一直没被同化，他对公民身份的性质思考了良久。接下来他思考美国身份与民主的前提，是合乎常理的。虽然他从未提过亚历克西斯·德·托克维尔，但他要是看过《美国民主》，就会在这段话中承

①《埃兹拉·庞德和威廉·卡洛斯·威廉斯书信选》，第57页，威廉·卡洛斯·威廉斯写给埃兹拉·庞德的信，1922年3月29日。

认美国人对历史不理解：

> 美国人生活在一片充满奇迹的土地上，周围一切都在不断运动；每次运动似乎都是在前进。因此，在美国人的心目中，更新的观念与进步密不可分。他从未看到大自然对人类的努力有任何限制；在他的眼中，现在没有的只是还没尝试过。[①]

这正是他所反对的限制。他希望美国人明白，历史是如何给当代造成负担的：美国的历史是其同时代诸多问题的根源。在此过程中，他将深刻思考清教主义、唯物主义等重要主题以及移民，尤其是欧洲移民，所做出的独特的巨大贡献。

时机已经成熟。范·威克·布鲁克斯的《美国时代的到来》(1915年)只是一系列丛书中的第一本。别的书还有沃尔多·弗兰克的《我们的美国》(1919年)、D.H.劳伦斯的《美国经典文学研究》(1924年)以及保罗·罗森菲尔德的《纽约港》(1925年)。这些书严格地重新审度了美国价值观的各种影响因素。例如，虽然角度不同，这些评论家一致认为，清教徒心态阻碍了艺术创造力的发展，而且使人们不能正确看待性。威廉斯的目的是把所有这些影响放在一个更大的范围内。

虽然威廉斯不知道亨利·亚当斯的《托马斯·杰斐逊和詹姆斯·麦迪逊执政期间的美国历史》——直到1927年，路易斯·佐考夫斯基才向他介绍了《亨利·亚当斯的教育》和《圣米歇尔山与沙特尔》——他的提议却与亚当斯1800年所写的精彩的美国概观极为相似，虽然他的作品规模要小一些，在图书馆所查阅的资料也少得多。威廉斯像亚当斯一样，努力维持本土历史的细节——被侵略者无辜杀害的旁观者们，或者一个印度青年身上的诸多文身——与大幅历史画卷之间的平衡。不过，《美国性情中》显然不是亚当斯所理解的历史；相反，它完全是以一种非正统的混合方式进行的历史叙事。

时至今日，一般来说，美国历史学家要么完全忽视《美国性情中》这本书，要么不理解该书对美国历史的奇怪看法，他们仅仅将此书当作一本印象派的速写集。责任人威廉斯用诗歌寓言和生平梗概代替了周详冷静的分析，并使用历史叙事法来达到纯粹的审美目的。艾伦·特拉亨伯格在《二十世纪

① 亚历克西斯·德·托克维尔(Alexis de Tocqueville)：《美国民主》(*Democracy in America*)，第404页。

二十年代的芒福德》一文中简要提及了这个案例：

> ……一个“有用的过去”，在形式和内容方面以及创造和挖掘之际都会暴露。因为形式，或者说与形式相关的各个方面及其所呈现的样子，暗示着“历史”本身需要创造性的呼应，过去的事只有在个人经历过以后，才能变成“今天的”。当然，这是威廉斯与哈特·克莱恩的极端审美观。对他们来说，“过去”一直是一个实现过程，需要经历新事物；历史如果不能成为个人经验，那就一无是处。①

诚然，威廉斯不总是像传统的历史学家那样处理文献。他常常用拼贴画家的艺术，巧妙地用部分代表整体。应该指出的是，几个世纪以来，历史学家一直都是有选择地进行引用；有时他们也用省略号来表示删节。就拿哥伦布的日记和科尔特的信来说，威廉斯会重新排列其中的句子甚至段落的顺序，以强调他认为重要的主题。要不然，他会策略地把科顿·马瑟的《隐秘世界的奇观》删去几部分，因为这些跟他说的不一致。但是，他从不放弃客观评价而代之以极其主观的判断（个人经验）。此外，虽然他对形式很感兴趣，但这在很大程度上是因为把它作为对内心满足、精神盲目或思想广度、英明治理或滥用权力的表达。从威廉斯或他人所讲的故事中就能看出，《美国性情中》的每一章都有不同的“表现”形式或风格：未能得逞的暗杀塞缪尔·尚普兰的计划、塞勒姆女巫大审判、英法魁北克控制权之战以及与印第安部落频繁发生的血腥冲突。威廉斯援引文献，为那些美国人提供佐证。例如，约翰·保罗·琼斯写信给本杰明·富兰克林，讲述了“好人埋查德号航空母舰与西皮斯战舰搏击战”。琼斯的信和惠特曼在《自我之歌》里的叙述一样，既有官方电文，也有短篇故事，但并未通过虚张声势来夸大其词。

对待历史，威廉斯喜欢标新立异和大胆创新。这表现在他赋予风格的主要作用。风格像历史的洪流一样变幻万千，时而一泻千里，时而蜿蜒流淌，时而奔腾汹涌，时而温婉舒缓。《春天及一切》与《美国性情中》所呈现的散文风格跨越性很大，给人印象深刻。威廉斯为了将含糊不清、拐弯抹角的想法写成一个连贯故事所用的夸张句子，不见了。《美国性情中》里的诗文风格

---

① 艾伦·特拉亨伯格（Alan Trachtenberg）：《林肯的微笑和其他谜团》（*Lincoln's Smile and Other Enigmas*）中的《二十世纪二十年代的芒福德》（*Mumford in the 1920s*），第226页，纽约：希尔和王出版社，2007年。

独特、稳健、动人，而且姿态丰富、变幻万千。

如果威廉斯最初的动机像他在《自传》里所说的那样，是“弄清我多少有些意外出生地可能意味着什么”[①]，那么，他很快就把这个目标放弃了，因为它过于含糊。相反，“他的计划倒想弄清某些创始人或‘英雄’心里在想什么，如果你会通过查阅他们的原始记录这么做的话。我没想从我和他们的记录中得到什么。”

威廉斯不信奉任何历史理论；他避而不谈爱默生那句意义深远的笼统表述：“自然界赋予了特定的人和物以价值。”[②]他也不同意康科德圣人的论点，“我们总是以个人经验提出显著的历史事实，并就此予以验证。一切历史都是主观的；也就是说，世界上就没有历史，有的只是传记”。[③]这个激进的说法，用爱默生的名言概括起来就是“任何历史都是某个人的影子”；而对于人类在历史长河中如何成就其命运，威廉斯的看法却并非如此。谈及顽固的人性本质，爱默生太过无忧无虑地一句话带过：我们的权力欲望极大，邪恶顽固不化，最不幸的人们的权利被肆意践踏。威廉斯并非不切实际的超验主义者；他尊重自己在医学院学到的事实，这种尊重在与病人的接触中日益加强。因此，他在《美国性情中》刻画的代表人物，有时会非常英勇，但他们却往往过于自信，认为自己掌控了乾坤。而事实上，他们陷入了一个经济、精神、军事以及心理力量等相互对抗的巨大旋涡。这些都是传统和教育并未教授过他们的东西。

《美国性情中》没有女性人物，但女性在书中却起着重要作用，因为威廉斯将美国比作一位魅力女郎，屡遭追名逐利和贪图绝对权力的男人的侵犯，这些男人不受约束地驱逐、奴役或屠杀土著居民。纵观《美国性情中》，对威廉斯而言，了解美国的民族身份的形成及其中的矛盾有两大试金石：一是男人如何对待女人、土著居民部落如何与土地共存、保持生态平衡；二是殖民者是如何像清教徒那样忽略周围的自然景观的。

第一章《红胡子艾瑞克》采用了戏剧独白形式。艾瑞克既是一位真实的历史人物，也是一位宫廷诗人，他讲的一个北欧传奇故事让听众痴迷不已。虽然讲法简练，但他所讲的故事有华格纳般的夸张风格，叛变、谋权、诅咒和谋杀在故事中俯拾即是。好像所有人，包括艾瑞克的女儿弗莱狄——阿玛

---

①《威廉·卡洛斯·威廉斯自传》，第178页。

②拉尔夫·沃尔多·爱默生：《历史》(*Hisotry*)，第238页，纽约：美国图书馆，1983年。

③同上，第240页。

宗女神与瓦尔基里的综合体在内，都在千方百计地获取莱茵黄金、力求掌控世界。艾瑞克声音粗哑，辨识度很高，口气严厉粗犷，所用的句法像剑刺般又快又准；他讲话粗暴，声音如雷，充满男子汉气概。这是他性格中的“唯一优点”。这从下面一连串的主动动词就能看出来：

> 艾瑞克关心朋友、喜欢睡、好吃、钟情于打猎、深爱着儿子。他会扔长矛、泡妞、开船、耕种、养牛、剥狐狸皮；他也会唱歌、跳舞、跑步、摔跤和攀爬，游起泳来像一只海豹……他能在大雾或暴风雪里，通过星星判断船的位置；他的住处臭气熏天，喝的水肮脏污秽；他顶着凛冽的寒风在幽暗的冬天，带着100号人来到新国家，并在那里成家立业……[1]

威廉斯煞费苦心，逐一列举了艾瑞克的多才多艺和英雄壮举。然而，尽管艾瑞克身形如橡树般高大，却还是被教会请来对付他的“角斗士”给抓住了。他力求将基督教的使命和道德伦理弄清楚。他以自己的异端想法，将其解读为孱弱的狐狸，用“扭曲的法律”侵扰着一个个强调个性的猎物。主教们判定艾瑞克犯了谋杀罪，默许将其从冰岛流放到格陵兰岛。艾瑞克之子和挪威国王加入了把他当歹徒和奴隶的教会，其妻索希尔德“禁止”他这个“无神论者”跟自己睡一张床。虽然艾瑞克试图割断围困自己的伪善与阴谋之网，但他的道德准则不会让他屈服或欺骗自己。他粗率的身体体现了人的本质：“亡命之徒没有朋友。杀人犯像穿梭在石头堆里的兔子。瘟疫袭来，牛病倒了……苦难包围了我。我所容忍的是自己——我比水还急，比风还快。”

尽管遭到驱逐，在其儿子利夫带领一支探险队去往北美洲传奇的文兰时，艾瑞克就在这艘南去的船上。“命运让他不再局限在自己的眼界里，而是再次将他抛向大海”，威廉斯写道。在美国史前史中，大约在哥伦布发现之旅前的500年，这个地图上没有的新大陆上充斥着残酷的屠杀，屠杀者冷血而麻木，如同把人冻得发麻的北大西洋一样。虽然那对吵闹不休的兄弟和弗莱狄，从前宣誓忠于基督教，但原始的暴力和贪婪吞噬了他们。弗莱狄无情地对待自己的宗族，大肆杀戮妇女儿童。而在殖民过程中，文兰人、原住民及侵占他们地盘的外国人之间爆发了战争。威廉斯根据《长岛书志》中的历

①《美国性情中》(*In the American Grain*)，第2页，纽约：阿尔伯特和查尔斯·伯尼出版社，1925年。

史记录（他的第一手信息来源）写了一篇序诗，介绍了他在后面的章节将要探究和延续的主题。

做历史考证时，威廉斯用的是并置方式。第二章“发现印度群岛”参考了很多哥伦布的日志。他航行的方方面面都记录在日志里：经纬度、每天航行的英里数、暴风雨危及船只的险情祸患，还有妙不可言的美好时光：阳光洒在热带海洋的海面上，燕鸥在头顶翱翔，太阳如“神奇的火焰”坠入海中，“和煦的微风”拂面而来，这一切让哥伦布想起了“安达卢西亚的4月”。这些美妙的时刻转瞬即逝。哥伦布时刻担心船员会因害怕再也回不到西班牙而发动叛变；内乱行将发生，“天意”无常，他动摇了自己的信念，进而引发了这场祸乱。他是因此而获得前所未有的荣耀或遭受惨败的吗？条理清晰的航海日志临时挡住了他的恐惧。

在威廉斯看来，历史上有很多这样的讽刺和不确定性。仿佛一些恶魔力量乐此不疲地玩弄男人，让他们满脑子都是自欺欺人的想法；用其无法触及的庞大财富和权力诱惑他们，然后无情地粉碎他们的希望。美国就像塞斯女巫，美艳性感，体味如香水般令人陶醉，征服了大部分企图强暴她的男人，然后把他们变成野兽（更喜欢过苦行僧生活的丹尼尔·布恩，在寂静的森林里过得十分舒适；荒野是他纯洁的情人）。美国在威廉斯的比喻中，也是秋季前后的伊甸园。欧洲人吃下“命中注定的反常苦果，还没等它开出白花，竟然就被第一次的神奇航行给暴露了出来。因为它如同一朵花，尤其是与后来被哥伦布证实味道辛辣的毒苹果相比，它纯洁、白净、馥郁芬芳、蜡一般光滑，令哥伦布痴迷的航程都具有了被描述的价值”[①]。西班牙人入侵所得到的报应，像亚当和夏娃得到的报应一样，来得很快。

叙事过程有一个奇怪的反转，威廉斯首先简要评论了哥伦布后来在马德里败给了绘图员一事，然后评论中又穿插了8页左右哥伦布的日记节选。哥伦布遭到的背叛、侮辱和毁约让威廉斯大为震惊。首航前，费迪南国王和伊莎贝拉女王满脸堆笑，支持他的远征，帮他筹款装备船只，并请教会为他祈祷祝福。哥伦布和儿子、兄弟们带回了黄金珠宝，其数量之多，大富豪克罗伊斯都会感到忌妒。可费迪南和伊莎贝拉及其继任者却自食其言，夺走了哥伦布父子兄弟应得的那份。他们一下子变得一贫如洗，并被关进了监狱。哥伦布被处以枷刑、受尽了羞辱；他的功劳被抛诸脑后。因此，“发现印度群

①《美国性情中》，第7页。

岛”是一个警世故事。发现之前已先有寓意：

> 古老的美国面带笑容，发现哥伦布是它的首个牺牲品。
>
> 这很好，甚至很仁慈。至于另一些人怎么看，谁会说出来呢？这些人一旦凌驾于广博的大自然之上，借自然的光热，就能霸占其巨大力量的分分毫毫，使他们在与同类所霸占的丝毫力量的对抗中走向毁灭，哪怕他们和任何其他人一样，是大自然和计划的一部分，也无济于事。①

威廉斯很欣赏哥伦布喜欢沉思的天性。这与西班牙殖民者埃尔南·科尔特斯目中无人、咄咄逼人的态度形成了对比。他也钦佩哥伦布对其航行中的困难所做的从容分析。哥伦布的朋友彼得·古铁雷斯曾评论他说，他用自己和同伴的生命“为一个完全投机的想法奠基”②。哥伦布认可这一观点。但他绝不是脑子发热的赌徒。他精明地计算过成功的概率和失败的风险。在写这一章的过程中，威廉斯为如何避开年代这个问题而煞费苦心。他说，“我遇到了大麻烦，要以哥伦布的大发现作为本章结尾”。而他的办法奏效了。

哥伦布撞上了人间天堂。他对这片富饶的土地感到惊叹不已，像着了魔的博物学家一样，在日志里写下了这样的句子：“树枝长得都不一样，而且都是同一个树干上的……因此，一根树枝上的叶子形同藤叶，而其他枝叶又跟乳香树叶类似；一棵树上就有5个样子。”③他望着印第安人的欢迎派对，满心好奇，没有丝毫敌意；看到帅气的青年毛发粗糙、身上绘满图案，看到妇女们大大方方地袒胸露乳，他也并未感到诧异。哥伦布不是掠食者，而是这个新世界产生的第一位诗人。

当威廉斯遇到他的第三个也是最困难的挑战时，“埃尔南·科尔特斯给西班牙国王菲利普及查尔斯五世的信”以及其他信息来源派上了用场。它们组成了一个章节，将会如实反映科尔特斯将阿兹特克国王蒙特祖马拉下王座一事。用威廉斯的话说，这是一个引人入胜的戏剧性事件，彻底摧毁了高度成熟而美丽的文明。他没有怪罪科尔特斯——此人“既不心怀恶意、愚蠢不堪，也不轻率盲目，反而跟其他征服者差不多。遭遇不幸时，他异常勇敢、

---

①《美国性情中》，第10页。

②同上，第22页。

③同上，第26页。

机智、足智多谋，是最适合担当此任的天才人手”①。尽管科尔特斯曾是地地道道的军人，他第一次看到特诺奇提特兰城时也禁不住感到“惊异”万分。但在威廉斯看来，这位勇猛的西班牙下级贵族被蒙特祖马的形象掩盖了光芒，后者是委拉斯凯兹画笔下的太阳神。

威廉斯扮演了导游一样的历史学家的角色。他似乎充满了希罗多德侨居波斯人身边的那种好奇心。他带着读者领略阿兹特克人建立的这座非凡的城市，将这个高度发展的世界的奇特准则、风俗习惯以及建筑奇观一一道明：宽敞的宫殿、寺庙、游乐大厅、市场、房屋还有花园。威廉斯眼花缭乱，工艺品、书籍、服饰这些做工精湛的物品让他列了很多目录——这只能是对特诺奇提特兰城声色犬马的回应：

> ……特诺奇提特兰城的奇特结构几乎毫无原理可言，但却表现出了智谋、精美的思想活力。这算是它的与众不同之处。街道一半是陆地，一半是河流，靠轻舟和桥通行，路口的一架架巨木桥可供十匹马并行……城里有很多广场，其中一个大广场四周全是门廊，在12位主要地方官员和数位巡视员的监督下，每天有6万人在此进行交易。在这里，“这个世界所能提供的一切”都被出卖，从工人、搬运工的劳动力，到珠宝首饰的最后加工。金、银、铅、铜、铜、锡，加工过的石头和原石、烧好的和没烧的砖头、劈好和没劈的各种木材；各种猎物、家禽、鹌鹑、鹧鸪、野鸭、鹦鹉、鸽子、芦鸟、麻雀、鹰、隼、猫头鹰，还有某些猛禽的皮、毛、头、喙和爪子……一切应有尽有。这简直就是一个汇集了果蔬、谷物、鱼和陶器的神奇聚宝盆。②

但它不是转动威廉斯脑袋的聚宝盆。它是阿兹特克人对这片土地的“富饶美丽的感触”。他们扎根于此，形成了“神秘、积极、独立的强大精神力，拥有自然财富”。

在《我想写一首诗：诗人作品自传》中，威廉斯对伊迪丝·希尔说：“特诺奇提特兰城那一章是用如印加砖石建筑般的大段落写成的。我喜欢尺寸合适的建筑上的巨墙，没涂墙泥，只有尺寸合适的石头。我以此作为一个很好的

①《美国性情中》，第27页。
②同上，第32—33页。

例子，说明我真正想要写什么样的散文。不要东拼西凑。”[1] 在这篇散文中，他确实手法巧妙，多次介绍了阿兹特克令人惊叹的城市规划者和工程师在设计该城时所用的理念。对于如此奢华的一处世界，威廉斯所用的语言如皇家鸟舍里鸟儿的羽毛一样，绚丽多彩。

与此同时，威廉斯用华丽的巴洛克式散文哀悼，一个辉煌的文化消逝了。威廉斯知道阿兹特克文明中致其种族灭绝的缺陷。最突出的一点就是，他们实行野蛮的活人祭献。供奉“主要偶像”的教堂和会堂是黑暗的庇护所：

> 木制偶像上装饰着石质奇特图案，上刻浮雕，还绘有人物和巨兽等；路面没有铺砖，屋内阴暗血腥；令基督徒大为震惊的宗教习俗在这些教堂里上演着。在这里，部落对渊源久远的现实传统有深厚的感情，不肯改变。这是他们逻辑的世俗化延伸；血液和泥土；他们对黑暗笼罩一切的这片土地从一直保有的原始认同感实现了……这是正式承认强烈的无性冲动，承认饥肠辘辘的动物和一切其他的潜在力量；是存在的神秘，活着的人从死去的人那里将其残酷的美继承下来。[2]

威廉斯经过冷静分析，发现唯有借助艺术才有拯救的可能：“地球暗无天日，并且一直存在，只有艺术在不断向前发展。”[3]但艺术像恐龙一样，易于灭亡。

对威廉斯而言，有个“深不可测”的谜，那就是为什么蒙特祖马有办法镇压寡不敌众的科尔特斯，却容忍这位西班牙人的侮辱和挑衅行为，比如对方把教堂里的异教神像拆掉，换上圣母马利亚和耶稣圣像。蒙特祖马似乎倒向了他的西班牙对手，科尔特斯成了野蛮人，而蒙特祖马成了天主教徒。蒙特祖马的行为十分反常，因为这从根本上打破了阿兹特克人数个世纪的王朝原则和军事政策：万万不可附敌，若有必要，就英勇就义。

当代历史学家的共识是，蒙特祖马一定是相信西班牙人科尔特斯的到来实现了很久以前的一个预言，那就是让他取悦陌生人。这很接近威廉斯的猜想：蒙特祖马的行为处事类似于历史不眷顾他的事业，就算人们再怎么愿意保卫自己的帝王和生活方式，召集人马也是白费力气。他的臣民在“围攻那

---

①《我想写一首诗：诗人作品自传》，第42—43页。
②《美国性情中》，第33—34页。
③同上，第34页。

些令人忍无可忍的入侵者，决定与他们拼个你死我活”[①]时，被科尔特斯囚禁的蒙特祖马试图说服他们放下武器。那些人的回应是掷了块石头过去，击中蒙特祖马的头部，送他上了西天。经过一场激战，科尔特斯侥幸逃脱。他重整西班牙军队，而后镇压了由蒙特祖马的侄子危地莫曾领导的迟来的叛乱。科尔特斯判断正确，火烧鸟舍会挫伤敌人的士气。他赢了吗？一个伟大的文明在他四周化为一片废墟。科尔特斯后来试图重建这座城市。威廉斯十分明智，没有对这个具有讽刺意味的举动加以评判。他用一句西班牙谚语作为墓志铭：生还者为王！“胜者万岁。”

西班牙人除了戴上他们不加检讨的有色眼镜，眼里再看不到对手。对威廉斯而言（其母在波多黎各长大），波多黎各州长庞塞·德·莱昂是这种愚昧无知之徒的典型：此人是个虚荣、残暴、贪婪的贵族，他“杀了印第安人的王储，奸杀抢掠，屠戮妇孺，还把无辜者逼进深山”，然后有计划地奴役印第安人，把天堂变成刑场。

这一章，威廉斯通过尖锐而生动的叙述含蓄地提出了一个疑问：德·莱昂和加勒比印第安人（高傲的德·莱昂谴责他们是“异教徒”，应该通通消灭掉），谁是真正的野蛮人？威廉斯的短句就像过去割掉加勒比女人乳房的弯刀，断了西班牙人的妄想。他像是说，美国创造假象也破坏假象。例如，他描述了历史来了个讽刺性转折，实施了报复：贪婪的庞塞·德·莱昂上了一个老太婆的当，相信比米尼岛有很多金山，后来又被骗去佛罗里达州寻找长生不老泉：“但这一次，他一登上岸，亚马斯人就把箭射进了他的大腿——要了他的命。他们涌向海滩，嘲笑他被手下架着肩膀抬走了，成了臭尸一架。”[②]

威廉斯对邪恶的描写和分析并不浪漫，没有轻信之处或闪烁其词的地方。从雷夫·艾瑞克森驶进长岛，到科尔特斯洗劫特诺奇提特兰城，还有庞塞·德·莱昂和多·索拉的四处劫掠、屠戮、背叛、残暴、忌妒、贪婪和土地掠夺都是常事。威廉斯认为所有国家都有“狼的凶残性”。这一章，他将华丽壮观与政治阴谋以及莎士比亚历史剧中流利的诗歌表达，几乎全都融合在了一起。

威廉斯喜欢在《美国性情中》打破传统。一提到早期的征服者，他就会滔滔不绝，一股脑儿写上几页，内容多得让专业的历史学家都害怕。写乔

①《美国性情中》，第37页。
②同上。

治·华盛顿用了5页，写奴隶制用了4页，写林肯有5段，而杰弗逊、亚当斯和麦迪逊一概略过；汉密尔顿仅分到了一个小角色，来衬托主角阿龙·伯尔；埃德加·爱伦·坡则占了20页的篇幅。乍看似乎不合理，但这种安排既非没有道理，也非比例失衡。威廉斯按主题将这些共和国建国初期75年间的风云人物（那时美国性格已经形成）与美国史前史及殖民地联系了起来。

这解释了为什么他用了3章的篇幅来评价清教徒的思想道德：《五月花号之旅》《欢乐山的五月柱》及科顿·马瑟的《隐秘世界的奇观》，都写到了久而久之渗透到所有机构和社会生活的方方面面的清教精神。另一个原因是，在过去所有束缚的影响下，威廉斯特别清楚地理解清教主义，在他的想象中，他知道清教主义的影响与自己以前所受的影响相似——包括社会、父母和性格的影响。

如果威廉斯引用了约翰·温思罗普在五月花号上发表的部分讲话，那也是因为他对神学方面的激烈论战、宗教分歧或激荡新英格兰心灵的“形而上学的奥妙”[①]没兴趣。相反，他在《五月花号之旅》中，以外科手术般的精准度剖析了清教徒先辈们的不良心理。他们“身无所长、柔柔弱弱”，对于新大陆上等候自己的事物毫无准备。例如，恐惧、寒冷、饥饿，还有印第安部落居住的土地令他们失望透顶，与他们所憧憬和向往的福地大相径庭。威廉斯认为，按“上帝的旨意”选择避难的朝圣者们，失去了一个获得超凡个性的天赐良机。具有讽刺意味的是，那些传教士严厉地谴责他们中的所谓罪人，而威廉斯采纳了这种尖刻的谴责风格。根据威廉斯的说法，清教徒的过错是缺乏想象力和死守教义，这使他们只有精神躯壳，而无法开花结果。此章充斥着病恹恹的比喻：“他们的宗教热情被误以为是一股向着太阳的狂奔力量，实际上却是深深的一棒重击——不是向着萌芽，而是向着坟墓。”[②]“那些最初的朝圣先辈们撒下了种子，却没有成长，他们怒视着这个世界，咒骂它虽被赞为完美，而对自己来说却是个零起点。”

《五月花号之旅》的最后3段读起来既像尸检报告，也像《旧约》的血泪史，介于两者之间。在威廉斯看来，17世纪的清教主义精神如一个跨越3个世纪的变异基因，流传了下来：

---

①《亨利·亚当斯的教育》，第1卷，第79页。

②《美国性情中》，第66页。

> 朝圣者们英勇启程，导致阻挠与破坏隔代出现。饱受苦痛的魂灵像白痴一样尾随而来，以其强健的肌肉进行统治，在已逝岁月的文本中喋喋不休。这里，悲惨消亡或逃离的灵魂倾心于暴力和绝望的怪异设计。[①]

威廉斯审度了1923年的美国，也仿照了《美国的纯产物》的节奏，他怒不可遏，有时甚至夸大其词，斥责美国像个愤怒的先知，它的蛮荒如同“胡作非为的鬼魂”，困扰并纠缠着当下时代：

> 美国已成为“文明世界里最无法无天的国家”，随处可见谋杀、堕落，到处充满着桀骜不驯的可怕力量。出现这种状况的唯一托词是因为大机器有可怖的美。现在是个一无所知的时代，一个如同从糊里糊涂的丛林传来悠悠赞歌的黑暗教堂时代。这个时代人们普遍渴望交换永久价值（这是所有贵族的梦想），换来机会主义优越的物质条件；这个时代听谁指挥，人们就憎恶谁。[②]

威廉斯的结束语有乔纳森·爱德华兹或雅典的泰门的风范。在此，他谴责了激进的利己主义，认为利己主义主导了这个国家的政治。他用清教徒的语言呼吁大家关注民族危机——“灵魂悲惨地消亡”。威廉斯的反感和他的谩骂相似，听起来甚是极端。这种反感和谩骂来自哪里？

威廉斯认为，美国是一个分崩离析的社会。从1919年到1920年，“帕尔默搜捕”运动杜绝不同政见，无论是无政府主义、社会主义还是和平主义，一概受到清算。这让人想起17世纪。1920年也是禁酒令开始实行的一年。原教旨主义的布道席卷全国——就像1925年的“猴子审判”所证明的那样，其对科学和现代性怀有极大的敌意。身处这样的一个美国，威廉斯忧心国家的命运，也忧心自己尚在孕育中的诗歌的前途。

他的下一篇文章《欢乐山的五月柱》，研究了托马斯·莫顿与清教徒群体关于莫顿常常寻欢作乐一事的争执。威廉斯主要通过对比各个历史学家的记述，发现了它们都有不足之处，从而对这个奇怪的关键性事件进行分析。奇怪的是，他忽略了霍桑那部与他的题目几乎一样的短篇小说《欢乐山的五月

---

①《美国性情中》，第68页。

②同上。

花柱》。这部短篇小说追溯了诸多起源，包括欢乐山殖民者的享乐庆典、英格兰集市、假面舞会、剧院以及喧闹的街头生活和伦敦的酒馆重获性交易许可。这一切都令清教徒深恶痛绝。在普利茅斯附近的清教徒看来，住在欢乐山的人是危险的暴政勋贵，他们可能会与可怕的野蛮人同流合污（威廉斯指出，清教徒对莫顿怀有敌意，并非只是因为他的下流行径；他们还试图控制利润可观的皮毛贸易，担心莫顿会和印第安人签协议，而且不让他们参与）。霍桑支持爱神厄洛斯一组。尽管这样肯定会败给清教徒们，但他通过威廉斯作品中极为普遍的开花意象，敏锐地总结出这个事件所标志的高危风险：

> 这一关键争执牵扯到新英格兰未来的局势。一旦北美那些圣徒们确立对同性恋罪人进行管辖，那么他们的精神就会影响遍地，使这里变成一个一直乌云密布、人们筋骨劳累、永远充满训诫布道和赞歌的地方。但若是欢乐山的领导者幸运的话，阳光就会洒落山头，花儿会点缀森林，后人会参拜五月柱。[①]

对与霍桑看法一致的威廉斯而言，历史学家们还未能掌握清教徒破坏欢乐山的真正动机——根除性欲。威廉斯评论说，他们反对“莫顿荒诞的暴力过失”[②]。“他们的人文体验不可信，不知道该想什么，失去了理智，迷失了方向。马瑟为巫术迫害辩护。”

这是到塞勒姆女巫审判那一长篇的文雅过渡，其中完全附上了科顿·马瑟的《隐秘世界的奇观》中的长篇内容。我们听的时候就像法庭上的旁听者，被法官和检察官对证人和被告等人的审问迷住了。威廉斯不做任何解释，马瑟的生动语言就足以控诉清教徒信仰的不合理之处，这种信仰使大家对塞勒姆歇斯底里，结果被指控犯了巫术罪，无辜被烧死。法院诉讼的严苛程序与平民百姓的荒唐证词形成鲜明对比，他们控告邻居听从魔鬼的吩咐。这些证人做假证——形似邪恶的猫之类动物的女人——是对威廉斯尽力发挥他所重视的想象力的嘲弄。马瑟认为，这些说辞是定罪的铁证。他没料到这些控诉会有更加现实的缘由。例如，农场边界或者未还贷款长期存在争端。马瑟在一篇文风大胆、极具吸引力的散文中的记述表明，他相信恶魔附身是

---

①纳撒尼尔·霍桑（Nathaniel Hawthorne）：《重讲一遍的故事》（*Twice-Told Tales*）中的《欢乐山的五月花柱》（*The Maypole of Merry Mount*），第40页。

②《美国性情中》，第80页。

真事。威廉斯陈述了自己的观点，但并未总结那些事件或概括论据。在他看来，马瑟自顾自地给清教主义定了罪。

《美国性情中》介绍完科顿·马瑟，就轮到了他的对立者，耶稣会传教士塞巴斯蒂安·拉塞尔神父。他代表了新大陆对宗教信仰的另一种看法。到了要去巴黎之时，威廉斯的这一章几乎没有什么进展（他还将末章改成写哥伦布，并对德·索图、布恩和伯尔的篇章作了修改）。他不得不把手稿拖到巴黎去。在那儿他遇到了诗人瓦莱里·拉尔博，深受启发，于是考虑将这件事写进拉塞尔那一章。

埃德丽安·莫尼埃，是名为"朋友看书"书屋的老板，也是希尔维亚海滩的合伙人，她坚持让拉尔博与威廉斯见面。威廉斯起初不肯。他假装谦逊地问："以前那么不屑于跟我说话的拉尔博是谁？"但最终还是礼貌地做了让步。他对拉尔博的第一印象并不好："我曾认为他是学者，我是笨蛋。我一眼就能看出他远比我更了解我写的是什么。然而，他是一个学者，而我——本就蛮不讲理。"[①]"本就蛮不讲理"这句话体现出威廉斯的狡黠：一个落后的美国笨蛋，一个心拙口笨、毫无准备的新手，肯定经不住教授装腔作势的盘问。但就像他们的对话所清楚表明的那样，他并未输给窝在自己对面椅子上的博学的"河马"。

法国人拉尔博是位博闻强识、头脑敏捷的辩论能手和诗人，同时他也翻译了柯勒律治的《古舟子咏》、惠特曼的作品以及乔伊斯的《尤利西斯》。然而，威廉斯最感兴趣的是拉尔博为西蒙·玻利瓦尔写的传记。此人见多识广，全面诠释了西班牙殖民主义和美洲新大陆。拉尔博和威廉斯一样，都对清教徒过于节俭的行为表示反对，这可看作对新大陆的评价。威廉斯这位美国访客称赞说，"拉尔博用一双巧手培育了我的私人土地"，尽管他对拉尔博赞扬西班牙人"高尚、有学识、高贵"持有异议。一提到清教徒，威廉斯就毫不留情地攻击美国，说它是个没文化的堕落国家，对自己的历史一无所知。拉尔博劝他不要言辞这么激烈。威廉斯认为，美国公民未能认识到，"在当代美国我们思考和做的一切都有一个源头"[②]已经对一个能养育艺术的成熟民主国家产生威胁。

来到拉尔博的高雅客厅，威廉斯突然放松了。他像狮子一样怒吼，滔滔

①《美国性情中》，第107页。
②同上，第109页。

不绝地声讨清教徒让他想起自己在《五月花号之旅》中的控诉。主人拉尔博此时插进几个温和的问题，建议略微修正一下威廉斯的观点。不然，他的这位客人还会继续坚持自己的看法。每当拉尔博把清教徒称作巨人，威廉斯就面带怒色。如拉尔博挖苦的那样，他是肩负斩掉清教徒巨龙的重任的圣乔治。威廉斯的反驳很有说服力：

> 不，不！他们确实很有道理，但面对肆意横行的野蛮行径，就显得很不够用。这种不相称的情况不能代表当代清教徒的想象。清教徒于唯有在“永恒”中才注定繁荣昌盛的世界找到了相似之物，此时此地，任何灵魂、任何“无知”都无法理解印第安人。他们从未意识到苟延残喘的印第安人是潜在的清教徒。伤风败俗的行为、惨无人道的行为，还有他们心里和精神上遭受的残酷影响，这些他们从未怀疑过。[1]

威廉斯十分厌恶清教主义所造成的恶劣影响，这让拉尔博大吃一惊。[2]威廉斯先将这种影响比作“幽灵般的瘴气”，又比作“一个把死尸当尾巴的美人鱼”，最后是“某个习俗瘆人、不复存在的部落的遗风”。他称清教主义是“美国社会的道德沦丧”[3]，必须对其斩草除根；而一向谨慎的拉尔博抗辩说，这不可能。但威廉斯厌烦这种“斯文的宽容”，坚持己见：“我只想解开压在我心头的种种难题，找到其根源，予以铲除。”他的新“朋友”拉尔博不相信有人能“根除历史”[4]，但威廉斯宣称自己只为寻求“历史的支持”，更好地“正确理解历史，让历史自我呈现”。拉尔博提醒威廉斯，“解开那些难题”[5]难如登天。他敏锐地注意到威廉斯满脑子都是——“你说的这三件事：清教徒式的秩序感、耶稣会士身上那种务实的神秘主义以及遭到贵国野蛮人的否决、败给前两者的所有品质”。但威廉斯专注于阐述自己的论点，因而要么不做评论，要么拒绝回应。

拉尔博一针见血地指出，每当威廉斯觉得自己遭到了文学上的敌人的攻击，他就会激烈反击，挑起论战。然而，与拉尔博谈话期间，另一个威廉斯

①《美国性情中》，第113页。
②同上，第115页。
③同上，第116页。
④同上。
⑤同上。

戏剧性地出现了，抛出之前他一直隐藏的两个惊喜：首先，他展示了自己对非利普国王参战的了解，接着又展示了他流利的法语。他写塞巴斯蒂安·拉塞尔神父的主要依据是耶稣会神甫们的《耶稣会士通信集》，威廉斯引用了这本书原文中的一段内容。

本章的最后几页，威廉斯用一位魅力非凡的演员似的声音，震动了巴黎沙龙界。威廉斯介绍说，这位“儒雅、朴实的人”“思想开阔，足以接纳新大陆”，这时拉尔博坐着，听入了迷，不愿打断他的话。“精力旺盛、积极向上、思想开阔、锐意拓新”[①]的拉塞尔是“反清教徒”的典范，他如“河流般给我们带来甜美的河水”。拉塞尔在南缅因州阿布纳基部落住了约34年（1689—1723年）。为了逗乐部落的人，他想方设法，终于学会了他们的咽喉音，还编了一部阿布纳基词典，并且把《圣经》翻译成了这个部落的语言。他与部落同甘共苦[②]，与他们一起打鱼狩猎、种植玉米，与战士并肩作战。他很钦佩这些人的勇气和绝妙战术。他也“拉架”，带着“自己的松树圣坛”走在路上，像位友善的牧羊人一样照顾他们的灵魂。他不畏惧“结婚、触摸或者付出，因为他有，而非一无所有”。这是威廉斯所能给予的最高荣誉。这说明了拉塞尔对印第安人胸怀坦荡的“母爱”。他能超越责难或恐惧去理解他们的观点。

死亡与拉塞尔如影相随。英国人试着刺杀了几次拉塞尔，最后终于狗急跳墙，要了他的命。“他死在自己立在村子中央的简陋的十字架下。为让妇女儿童逃走，他试图以此为掩体将敌人的火力集中在自己身上。英国人还用乱刀将他砍成了肉酱，身上的骨头都完全碎了。”[③]英军里的施虐狂和清教徒们沆瀣一气。1924年，威廉斯打算用拉塞尔的利他主义，还有他的死，教导他无知的同胞们，他们之所以遭受苦难，是因为清教徒感情冷漠、精神空虚。这一章的事件有一半都发生在当代巴黎。威廉斯使拉塞尔不再默默无闻，而是跻身于美国名人堂的重要位置，并且没有被神化。

看完丹尼尔·布恩和乔治·华盛顿后，就该轮到本杰明·富兰克林了。威廉斯之所以反对富兰克林，并非完全出于个人偏见，而是因为他分析过富兰克林的作品《美国移民须知》（威廉斯对全篇内容进行了转载）。富兰克林在这本书中向潜在的移民们显示诸多机遇，如工匠变得富有、农民获得土地，后代还可继承。果真如此的话，他们要恪守富兰克林所宣扬的信条：勤

---

①《美国性情中》，第121页。

②同上，第121页。

③同上，第127页。

俭持家。对缺乏土地的欧洲人来说，阶层等级体系阻碍他们进步，尽管富兰克林警告说，身处美国这个殖民国家，“大多数人都平凡地过着快乐的生活”，如果都想拥有自己的土地，只会导致人们涌向大西洋上的轮船。富兰克林远非清教徒。他的确颠覆了清教主义，不仅是因为他性格开朗，还因为他关注现世而非后世。

《穷理查年鉴》虽然未被引用，但它显然是威廉斯敏锐评价富兰克林的另一依据。他像D.H.劳伦斯一样，嘲弄费城的老手，说他们“奸诈狡猾、偷偷摸摸，有些谄媚”[①]。“他是大家心中聪明的诡辩家、超级小丑。他的头像被印在廉价邮票上。”[②]威廉斯并未淡化美国带给富兰克林的艰难险阻，或者贬低他的超凡才干、实用的独创性以及他给共和国带来的诸多帮助，包括发明避雷针和成立宾夕法尼亚大学。威廉斯就毕业于宾大医学院，但他对富兰克林扬扬自得的伪善和广受欢迎的箴言感到不齿（他称富兰克林是美国18世纪的“最大赢家”）：他指出，《穷理查年鉴》这本自助指南，“和佩恩的《理性时代》一样，对美国建国十分重要。他拥有这两本书，感到很骄傲。”[③]哪怕是身处宾夕法尼亚边境的原野，富兰克林也很少注意周围的美景。如果他真的注意了，也仅仅是为了想办法将其整平，以用作公共设施和商业用途。

不同的是，威廉斯对阿伦·伯尔表示赞许，此人当年被诬蔑为既直率坦荡、思想开化，又贪图权势、毫无诚信、道德沦丧。若有那么一个人让威廉斯觉得感同身受的话，他就是伯尔。以他为主人公的那章题目有点诙谐，名为“历史的美德”（弗洛斯为此做了大量研究）。威廉斯将他对这位器宇轩昂的军人政治家的评价设定成一段对话，对双方分别是热情的追随者（威廉斯）和身份不明的怀疑论者（佚名历史学家）。威廉斯认为，伯尔当年被敌人和对手诬蔑成一个为谋求权势而煽动叛乱，背叛了年轻的共和国的无耻政客，这是莫名其妙的误解。伯尔有三个品质为他所称道：他是一名英勇的军人；他是美国骑士精神的典范，不太懂女人（她们拒绝了他的柔情蜜意）；最重要的是，他代表自由，“无拘无束地生活”[④]。威廉斯研究的是他的第二和第三个特质。

伯尔公然蔑视传统道德规范，这一点让威廉斯十分看好。他本可以和一个贵族家庭联姻，从而获得政治利益。然而，他却娶了一个带着两个儿子的

①《美国性情中》，第154页。
②同上，第156页。
③同上，第154页。
④同上，第203页。

年长寡妇。此人“姿色平平、脸上有疤，但却是他见过的最温文尔雅和知书达理的女人。这一切都为他所喜欢，因此他公然对抗整个世界”[①]。富有教养的妻子给伯尔生了个女儿，名叫西奥多西娅，父女二人十分亲密，亦师亦友。报纸和政敌诽谤伯尔是有100个私生子的好色之徒。威廉斯不在乎此番控诉的真伪，因为伯尔“蔑视那些掌声”[②]，并且谴责“这个世界”，就连女儿西奥多西娅葬身大海、孙子早早夭折的双重打击也没有让他灰心丧气。威廉斯对伯尔的近乎偶像崇拜一想就明白。他也和伯尔一样，既好色，也爱献殷勤，女人们的困境极易让他产生同情。

伯尔也用另一种方式过着威廉斯激情梦想的生活，他体现了“良知的自由，全新的开始，要离开欧洲”。而汉密尔顿为人谨慎、工于心计，在《美国性情中》（之后在《帕特森》一书中）被刻画成一个为富人谋求利益的奸佞小人；伯尔则是“液体里的酵母，是不露痕迹的力量，或许能流向任何地方；这是新世界的春天，万事皆有可能”[③]。威廉斯可能写过那句话来评价自己，他深信变化，变化是他的诗学理论基础。问话人被威廉斯对伯尔的热情逗乐了，说他的热情好似女学生般的迷恋，但对威廉斯的赞美并不极力否定。威廉斯的言辞充满感情，经常重复“自由”一词。他的描绘足以把伯尔变成一名骑在马背上的理想化的英雄，塑成雕像，放置在帕特森大瀑布城的公园里。汉密尔顿在那儿建有自己的工业园区。但D.H.劳伦斯在其对《美国性情中》的评论中很有见地地说道，威廉斯“将这位大陆才子看作细致入微、温柔至极，又隐隐有些残忍的女子。这位神秘女子让我不得不洞幽烛微、体察入微，同时还要坚韧不拔、不屈不挠”[④]。在威廉斯看来，伯尔抵制普世观点，是美国英雄的榜样。

埃德加·爱伦·坡是《美国性情中》中倒数第二长的文章的主人公。选中他出乎人们的意料，而且他身上的问题更多。奇怪的是，威廉斯鼓吹坡“完全是由时势造就的天才”。坡用美国本土语言中十分罕见的歌唱节奏来创作诗歌，常以女性之死为主题，读来令人毛骨悚然。他是可能获得“重新觉醒的一流天才表达的第一个伟大突破”[⑤]殊荣的特别人选。但威廉斯认为，坡是美

①《美国性情中》，第200页。

②同上。

③同上，第193页。

④D.H.劳伦斯（D.H.Lawrence）：《国家》（*The Nation*）中的《美国英雄》（*American Heroes*），第414页，第3171期，1926年4月。

⑤《美国性情中》，第216页。

国首位“清理”“殖民模仿”的作家（庞德在《合同》一诗中勉强承认，惠特曼早就这样做了，他挥舞着自己的自由诗之斧“砍掉了新的丛林”，从而为庞德的创作技巧铺平了道路）。坡的《创作的哲学》不是威廉斯案头的诗歌指南，威廉斯的“想象力的集锦”也并非像坡的那样“极其精准”。两人都有一个狂热的信念——“新世界要么必然属于我，因为我想拥有它，要么是个一文不值的烂泥塘。没有任何让步的余地。”[①]坡的独创性在于他对语言的运用：

……在坡的笔下，文字冲破了依靠联想意义的老套，打开了煽情之门。对坡来说，文字是图画。语言固然古老，但他仅保留其最基本特性以达到新的目的；这是他找到的一种来呈现自己的灵魂的方式。他有时玩文弄字，句子似乎没有什么意义，一派解构主义的来头！这预示着对格特鲁德·斯泰因有保留地进行摒弃。语言必须句句清晰。[②]

坡立刻成了文学始祖和红毛艾瑞克似的开拓者（威廉斯重复这位北欧海盗的挑衅性说辞：“宁为玉碎，不为瓦全”）和有远见的现代主义者。他预见了斯泰因的抽象语言实验以及威廉斯在《美国性情中》杂乱无章的观念。坡的开拓创新如同“危难之中的一束光”，其代价是遭到了彻底的孤立。他日日借酒浇愁，最后潦倒不堪地死在巴尔的摩的街上。虽然坡对方法和推理的强调与威廉斯的大不相同，但他是威廉斯的战友，“身处他那个时代，为这个时代而流泪，甚至心怀更多怨恨，但他一刻也没停止战斗，从未懈怠。”[③]在这一章中，威廉斯并没有因为坡的穷途末路而怪罪清教徒，但他们像乏善可陈、了无生气的庞然大物一样躲在暗处，作者要进行拼命抵抗。

威廉斯并未忽视坡的局限性。的确，他对坡的局限性进行了精彩分析，但这些局限性可能会引起现代主义者对传统、立体主义以及抽象表现主义的反感：

他的散文语言创造了美国的辉煌历史。他的所有语言风格乃至亮点，都未脱离思想和理想；将字词像理念那样并置，冷冷淡淡、模模糊糊，像是不断倒退到一片光秃秃的地面，因传统之中无法立足而筋疲力

①《美国性情中》，第219页。
②同上，第221页。
③同上，第226页。

尽。富有美感的长句少之又少，但重复之处很多，仿佛一句套一句。[①]

威廉斯简洁有力地描述了坡的诗歌风格，这一点无人能敌：

> 尤其是在《死亡傲视着下面的一切》这首诗里，一股可怕的无形阻力反对、激怒、摧毁他，这种恐怖将诗中人物赶到了空中、风里、神圣的画廊内，底下是一个郁郁寡欢、了无生气的世界，那里的人生活在阴影、沉默和绝望之中——这是他的孤独的力量造成的。[②]

如果威廉斯不时遭受被孤立之苦的话，他的职业使其摆脱了极度的“虚幻”（坡就死于这种虚幻之中）。坡大胆尝试，希望在既冷漠又充满敌对的环境里成为一个独立的作家，但他却像一位记者所认定的那样，一生穷困、失意潦倒。试图恪守美学原则、毫不妥协的作家，其结局将是像坡那样遭到社会排斥，或者像庞德一样局限于唯我论之中，并被关进真正的监狱。威廉斯躲过了这些命运。

创作《美国性情中》期间，威廉斯和弗洛斯前往弗吉尼亚的法姆维尔拜访诗人华莱士·古尔德，他的作品令比尔倾心已久。弗洛斯和孩子们非常喜欢古尔德。有一次，古尔德在纽约花光了钱，免费在威廉斯家住了好几个月。作为报答，他下厨做饭，教威廉·艾瑞克弹钢琴，帮着做做家务活，还像专业的故事作者那样编故事。古尔德生在缅因州，他决定到南方去，于是住在了法姆维尔。这是一个离阿波马托克斯和蒙蒂塞洛不远的小镇。在那里，他靠卖饼和在镇电影院弹钢琴勉强度日。最终，他搬去和玛丽·杰克逊同住，此人是当地一所高中的退休校长，出身于弗吉尼亚的一门望族。对威廉斯而言，古尔德代表了本土一个微弱而真实的声音。威廉斯喜欢沉浸在历史古迹的氛围中，而此次出行，他发现自己对弗吉尼亚新旧融合、乡下人和董事长并有、奴役与自由共存等现象很感兴趣。

他走在同盟军曾安营扎寨的战场上，捡起印第安人的箭头和锈迹斑斑的炮弹。罗伯特·E.李将军曾在附近的阿波马托克斯法院庄重地向尤利塞斯·S.格兰特将军投降。当时的情景萦绕在威廉斯心头。格兰特远非李将军

---

①《美国性情中》，第224页。
②同上，第231页。

那样品格高尚、举止优雅，后者骑上战马，在郑重签署官方文件以终结两败俱伤的流血冲突前，还饮了杯茶。尽管威廉斯为弗吉尼亚写一篇短文，发表在散文集《一部中篇小说和其他散文》上，但讲完赋格曲式的暴力主题（《美国性情中》穿插了这个内容）后，结尾处并未探讨内战。相反，他为亚伯拉罕·林肯写了一篇包含5个段落的散文挽歌，伴随着查尔斯·艾夫斯《未答的问题》的神秘曲调，国旗降了一半。威廉斯大胆地将林肯刻画成一个女人，“脸上长着大胡子，戴着高耸的黑帽，神秘而真实。”[①]这个隐喻很恰当，融合了母性舒适与圣母怜子，惨淡地说明了“当时的美国生活十分凄惨；但仍欣欣向荣”[②]。

这是《美国性情中》的最后一章。由于威廉斯准备将书稿拿给查尔斯和阿尔伯特·伯尼看（他们曾表示愿意看看），他觉得自己没有把它变成一部有偏见的年鉴，别让其成为政府指使的恶行。他明确表示，第一批征服者中也有一些杰出人物。他们对新世界的文化十分着迷，充满同情地记录下了那里的语言、服饰、建筑、饮食、宗教仪式以及他们居住的部落的风俗习惯。威廉斯描述了几位谦逊的人，如塞巴斯蒂安·拉塞尔神父；还有某些文明礼貌、沉稳务实的人，如塞缪尔·尚普兰，这个人具有“我们所缺少的完美性情”，对人体贴入微，有“近乎女人般的柔情”。第三个主人公是丹尼尔·布恩。他是一名修道者和猎人，自由自在地生活在广阔神秘的山谷和阿巴拉契亚丛林中。阿伦·伯尔（其好色之处让我们看到了威廉斯的影子）一定程度地丰富了男性形象，这些人成为威廉斯笔下新世界快意人生的代表。除了写这些人物，他还表达了对新世界的好奇心，想做些创新，试图这样创作诗歌。

查尔斯·伯尼不仅同意出版《美国性情中》，还想出了这个题目。然而，尽管这本书获得了如潮的好评，但伯尼很快便褪去了热情，拒绝进行大肆推广。此书销量惨淡，几乎寻找不到了。沃尔多·弗兰克和D.H.劳伦斯等批评家对威廉斯的成就表示钦佩。伊沃·温特斯这位曾经刻薄地贬低威廉斯诗歌的批评家，高度赞扬《特诺奇提特兰城的毁灭》一文。哈特·克兰的长诗《桥》受到该书的强烈影响。然而，此书的遭遇不由得让威廉斯心灰意冷，似乎命中注定只有一小部分读者能够读透他的心思。

---

①《美国性情中》，第234页。

②同上。

第十章
实验的十年：
《寒冬来袭》《帕加尼之旅》《巴黎最后几夜》

在1924年的第一个星期，《美国性情中》基本创作完成，弗洛斯和比尔开始为他们的欧洲之行做最后的准备。对于这次旅行，他们非常激动，并充满期待。威廉斯已经订好了罗尚博号轮船的票，这艘船将在1924年1月9日从纽约起航，前往勒阿弗尔。这次旅行将耗时9天。他们的行李已经收拾妥当，只差跟亲友们道别了。比尔从来没有跟儿子们分开很长时间，他患了很严重的离别焦虑症（弗洛斯、威廉·艾瑞克和保罗并没有这样）；他整天闷闷不乐、长吁短叹、充满内疚，但却从未想过放弃这次旅行。

出发前夕，几个朋友在哥伦比亚大学俱乐部宴请威廉斯，大概是想让他提前准备一下，因为一旦去了浮靡的欧洲，他将经常面对烈酒。美国人在出国之前都会举行一个派对，第二天清晨，就在这样一个派对上，亲戚们和“小团体”（几个朋友）带来了鲜花和水果，以表心意。他们涌进威廉斯一家所在的游轮客舱，向他们表示祝福。

这次横跨大西洋的航行的确非常艰苦。在强风暴中，这艘旧轮船不停地摇晃，就连在甲板上走动都随时可能发生危险。威廉斯讨厌被关在甲板底下，他更喜欢站在栏杆旁，凝望庇护“流亡中的野外之神”[①]的大海，抬头看看彩云在狂风中不断地变幻着形状和颜色。他要么观看鲸鱼在海里喷水，鸟儿在轮船上空盘旋，就像在尼娜号帆船上一样；要么就一连做好几天的白日梦。而弗洛斯却享受着船员们的照顾。一路上有惊无险，他们顺利到达了目的地。过完海关，弗洛斯和比尔在勒阿弗尔火车站与凯·波伊尔见了面。凯·波伊尔劝他俩在这个港口城市过夜——她过着僧侣般的孤寂生活，渴望有人陪伴。弗洛斯和比尔却急着赶往巴黎，鲍勃·麦卡蒙早就给他们在鲁特西亚酒店订好了房间，并准备带他们体验一下巴黎南区（塞纳河左岸）不受世

---

①《帕加尼之旅》（*A Voyage to Pagany*），第3页，纽约：麦考利出版社，1928年。

俗陈规约束的生活。

在巴黎逗留期间，威廉斯在精神上受到了触动。他要把这些能够留在记忆里的人和事都记录下来，以便将来可以回顾一番。后来，他用这种自由体日记形式创作了小说《帕加尼之旅》和他的《自传》。几个世纪以来，巴黎的景色和魅力已经吸引了无数游客，也深深吸引着威廉斯和弗洛斯。他对玛丽安·穆尔坦言，在巴黎，“欧洲病毒注入到了我和弗洛斯的体内。”[①]这没有让他们免于精神上的狂乱，却使他们饱览了这座城市的文化财富和浮靡至极的生活。这一切暴露出人们的内心世界，“犹如用一把刀刺穿了自欺欺人的外衣”[②]。巴黎允许他们笃信快乐主义信条。正如海明威后来所言，巴黎是一场“移动的盛宴”。他们几乎每天都去参观博物馆、书店和美术馆，去杜伊勒里花园和巴黎圣母院闲逛，去酒吧、咖啡馆和餐馆享受美食和酒饮，去听西德尼·贝彻和约瑟芬·贝克的演奏，去看让·科克托戏剧的首演。他们还去看了由儒勒·罗曼的喜剧《诺克医生》改编的电影，该剧讲述了“一个年轻的法国乡村医师的发迹史，在他的热心救治下，全村人的健康几乎都被毁掉了”[③]。罗伯特·麦卡蒙好像什么人都认识，在他的帮助下，比尔和弗洛斯卷入了旋风般的社交活动。

麦卡蒙像一位给臣子留下大笔财富的国君一样，移居到了一个大型侨民区。布赖尔有钱的父亲约翰·埃勒曼爵士发给他的迁居证使他能够赞助乔伊斯、乔治·安太尔以及我们所知道的先锋派创作，而他也借此融入了法国文艺圈。麦卡蒙最近温和了很多，但仍是一个忧郁、好斗、叛逆的年轻人。他与威廉斯一起编辑了《接触》。他的门生和朋友那种自我激励的方式让比尔大为惊讶——“不管是肉体上还是智力上的诚实都没有限度”[④]——他担心，这种疯狂的激励最终将导致精神上的崩溃（事实也确实如此）。

麦卡蒙喜欢喝酒，一喝酒就会变得非常粗鲁，在酒席上他竟能为罪恶举杯庆祝（此举冒犯了乔伊斯）；喝醉时他也会辱骂那些一拳把他打倒的人。威廉斯注意到，“威士忌对于当时巴黎人的想象力的作用，就像牛崽离不开牛奶一样重要”[⑤]，它打破了压抑，激发出了欢乐的风流、煽情的赞美、野蛮的揭

---

①《威廉·卡洛斯·威廉斯书信选》，第59页。

②《帕加尼之旅》，第13页。

③《威廉·卡洛斯·威廉斯自传》，第191页。

④同上。

⑤同上，第194页。

露，还有诙谐的妙语。喝酒的风气就像快递一样迅速传遍了法国的20个郡。酒喝多了以后，画展上被人不小心碰了一下很可能就会升级为一场咖啡馆里一样的冲突，继而上了报纸。报纸都喜欢添油加醋地渲染一番，以此刺激销量。巴黎人似乎也很爱看报纸上的这种八卦新闻。

一天下午，麦卡蒙带比尔和弗洛斯去了布朗库斯的工作室。威廉斯的目光被一座苏格拉底的雕塑吸引住了。这座雕塑是布朗库斯最近刚刚完成的。威廉斯很欣赏布朗库斯在军械库展览会上展出的空灵的“飞鸟”雕塑。而现在，在喜欢上这个淳朴的罗马尼亚农民时，他一下子就捕捉到了这幅新作品的寓意：“雕塑中间的大洞表明，讲话者苏格拉底嘴巴（和思想）大张，正在阐述他的观点。”[①]那宽广包容的心胸是这位伟大的希腊哲学斗士的标志，象征着层次多样、有时狭隘排外的巴黎艺术世界。在这个世界中，有诗人、画家、作曲家、商人、批评家，也有逢迎者、忌妒、世俗偏见、热情，形形色色，混杂在一起。喋喋不休的争吵，此起彼伏的评论，时而尖锐刺耳、令人生厌，时而轻松愉快、冥思苦想，无休无止。几乎每个人都在关注着诗人和画家们名声的变化，这可能会变成惨烈的人格诋毁，或是引发戏谑的挑衅。因此，当温文尔雅的布朗库斯谴责庞德的歌剧《维隆》只是一种浅薄的幻想时，威廉斯也欣然地加入他的行列。“庞德还写歌剧？”[②]我问道，“什么啊，他连音符都不认识。”威廉斯在《自传》中评论道：“这一定会激怒庞德，因为在这个世界里，他不是主宰者。”[③]威廉斯曾经多次被庞德谴责为诗歌不专业、愚昧无知，现在他体会到了复仇的快感。

西尔维娅·比奇的“莎士比亚与同伴”书店，犹如一个不太正式的信息集散地，里面有关于中介、编辑、吃住和聚会的信息，也有关于某人和某人幽会或将要离婚的八卦新闻。埃德丽安·莫尼埃是比奇的合作伙伴，她在奥德翁路上开了一家法国书店。这两家书店商业往来频繁。的确，比奇和莫尼埃之间的友好往来是法美两国友好的一个例证。

威廉斯喜欢热情的西尔维娅·比奇，但不喜欢埃德丽安·莫尼埃——这个又矮又胖的法国女神“十分善良”[④]，性格直率。威廉斯如此评价她，“她乐

①《威廉·卡洛斯·威廉斯自传》，第188页。
②同上。
③同上，第225页。
④同上，第193页。

于追求感性”[①]，这决定了她“要维持和丰富她那个时代的文学生命”。作为一个二流诗人，莫尼埃翻译了惠特曼和海明威的作品，之后，她编辑了一份杂志，把整个版面都留给了威廉斯。[②]像仙女充当文化专员一样，她充当了非正式媒人的角色，凭直觉可以感受到两个人相匹配的品位和兴趣。威廉斯与瓦莱里·拉尔博富有成效的约会，就是她的指导成果之一。

有一次，莫尼埃把威廉斯从恐惧中拉了出来。两个人一起盯着布鲁盖尔的画看了一个小时，很喜欢一条被切开的大鱼的形象。后来他们发现，在大鱼的腹中有条小鱼，把这条小鱼切开后“钻出来”很多更小的鱼。这是一种关于权力和欲望的自然规律及其后果的象征。这些问题威廉斯在其所有的作品中都探索过，而莫尼埃的作品也有适度的体现。

麦卡蒙把威廉斯介绍给比尔·伯德和莎莉·伯德，威廉斯很快就对他们产生了好感。他与和蔼可亲的比尔·伯德成了好朋友，此人原来是做生意的，后来就成了出版商。威廉斯欣赏伯德的谦虚、活泼和彬彬有礼。伯德是个典型的有胆量的出版商，愿意冒险尝试先锋派写作，并且从不吝啬使用高档纸张和装帧。伯德的高雅品位延伸到了葡萄酒上，他是这方面的权威。1924年，法国品酒行家会嘲笑美国专家对法国葡萄酒的看法，但伯德的鉴赏力经受住了第戎和波恩的检验，并为比尔和弗洛斯带来了难得的享受。

由于詹姆斯·乔伊斯是当时的文学之王，对于前去巴黎的文学朝圣者来说，见一次乔伊斯和见一次格特鲁德·斯泰因一样，都很有必要。威廉斯很愿意跟这位爱社交的爱尔兰人打交道。有乔伊斯相伴的那些夜晚非常值得纪念。乔伊斯视力不好，但说起话来口若悬河，话锋怪谲。一天晚上，正在写《芬尼根守灵夜》的乔伊斯对弗洛斯严加盘问。他听说弗洛斯有挪威血统，因此希望收集一些故事或辞藻来调节自己的语言。酒喝到了一定的程度，他就会用颤音哼起爱尔兰小调，情感真挚动人。很多个夜晚，在酒会结束后，受够了丈夫醉酒折磨的妻子诺拉，会在朋友的帮助下，把乔伊斯扔进出租车里，带他回家醒酒。

威廉斯很喜欢巴黎，他甚至想到要在这个法国大都市临时开个诊所，坐诊儿科。但这真是异想天开。要让一名美国医生招揽到巴黎病人，就好比让亨利·詹姆斯《美国人》中的主人公——富豪克里斯托弗·纽曼去攻克贵族

①《威廉·卡洛斯·威廉斯自传》，第222页。
②保罗·马里亚尼:《威廉·卡洛斯·威廉斯：一个崭新的赤裸世界》，第222页。

世家圣雷家族的世俗堡垒去迎娶他们的漂亮女儿克莱尔一样没有可能。威廉斯既然预想到了巴黎人会挤对他这个从美国来的土包子，他又怎么会认为他们能摒弃偏见，接受他当家庭医生呢？他会被孤立，因为他是外来的医生，医术并不可靠，就像拥有一副唱歌剧的好嗓子的莎莉·伯德一样，被巴黎剧院的保卫挡在了门外。才华并非成功的保障。

之前一连9天不间断的活动给他们的生活造成了不少损失。如今比尔和弗洛斯终于松了口气，准备开始他们规划好的在卢瑟福的行程。他们在寒冷潮湿的卡尔卡索纳短暂停留了几天，参观了标志性的中世纪堡垒，这个地方让威廉斯感到很压抑。到达马赛后，他们点了一份当地的马赛鱼汤，然后在港口四处逛了逛，之后又到了维尔弗朗什。他们在潘西恩多纳特待了整整1个月，其中有几天是跟麦卡蒙一起度过的。从坐落在悬崖边上的旅馆就能一览海港和地中海的壮丽风光。旅馆里虽然餐饮一般，但却温馨舒适。比尔和弗洛斯按照各自的节奏，自在地做着自己感兴趣的事情。情人节那天，他们沿着山崖上的滨海路漫步。雄伟的阿尔卑斯山在他们面前高耸入云。他们就这样一路步行到了摩纳哥。在那里，他们欣赏着花朵盛开的含羞草和柠檬树，还在蒙特卡洛赌轮盘下赌注，并且还赢了一把。下雨或天冷的时候，他们就蜷缩在房间里的火炉前看书。威廉斯仔细阅读了卡明斯的《郁金香和烟囱》和麦卡蒙最近创作的小说。他们甚至还接待了从巴黎来的比尔·伯德以及埃默拉尔德·库纳德夫人。埃默拉尔德·库纳德夫人是来监督这对美国夫妇的，她对自己的所见所闻感到非常满意，有几次，她坐在他们的走廊边，谈谈书，聊聊“她有礼貌、有教养、无畏的心”里想到的任何东西。

她的漂亮女儿南希·库纳德（Nancy Cunard）也来了。南希出生在一个相当富裕的英国家庭，家里的财产足以让旅客乘豪华游轮作跨越大西洋的航行。她的性格渐渐变得叛逆，常常与美籍母亲争执不休，因为母亲对女儿的朋友、爱情生活、她的黑人丈夫（诗人亨利·克劳德）以及她无视社会礼节不认可。尽管如此，母女二人都热爱艺术，库纳德夫人一直在鼓励女儿进行写作。南希是巴黎文学和艺术社会的美女，当她在巴黎遇到威廉斯时，就已经把他迷得神魂颠倒。曼·雷和塞西尔·比顿为她照相，奥斯卡·柯克西卡为她画像，温德姆·路易斯把对她的印象用画表现出来，布朗库斯用两尊抽象雕塑表达了对她的敬意。她收集非洲艺术品，积累了许多来自基里柯、唐吉和皮卡比亚的特殊画集。她是魅力和时髦的典范。她收集的每一幅画像都抓住了一个不同的特征。在比顿和曼·雷的照片中，她不自然地倚在带有条纹、波点和花朵的壁纸上，戴着的手镯(她的标志性装饰)从她的手腕滑到了拐肘——而她则用犀利的大眼睛凝视着这个世界，仿佛在寻求某种玄奥的真理。她人没有动，身份却在变化，从一个头戴钢盔样钟形女帽、身穿华服的模特变成了圣女贞德或女飞行员——一位像《战争与和平》里的娜塔莎一样的天真少女，抑或是一位厌倦了自己浮躁的生活但又无力打破它的主妇。难怪崇拜变化的威廉斯在他写诗的楼阁里挂了一幅南希·库纳德的画像。尽管他喜欢她，但也只有在她提醒自己去质疑权威，并且尽可能按自己的想法生活时，她才是他的女神。

弗洛斯和比尔在维尔弗朗什逗留期间，南希就和母亲待在蒙特卡洛，因此威廉斯就有机会来了解她的个性。根据南希热情洋溢的性格，他把这个"高个儿金发女人"比作一位"燃烧到骨头"的烈士。她是一个无拘无束、纵情享乐的人。她传奇般的滥交——她与庞德、特里斯坦·查拉和路易斯·亚拉贡都有过风流韵事。用一个矛盾的说法来说，她就是"堕落的圣洁"。她和朋友爱丽丝·特里"不承认犯了错，她们经常这么做，这种错非但不肮脏，反而纯洁无瑕"[①]。威廉斯从未将自己的性放荡视为精神的纯洁，因为他不像这两位似乎从不感到内疚的妙龄女子，他必须同自己的良知作斗争。有一次，他随口逗弄说南希"非常喜欢弗洛斯，后来在多个野蛮的场合中保护了她"，但他从来没有讲清楚究竟是什么"野蛮的场合"需要南希介入。不过，她对情欲之乐的肆意追求，似乎已经点燃并助长了威廉斯和弗洛斯的性关系。

南希对艺术的欲望和她对性的欲望一样强烈；艺术与性交融在了一起。她爱上了庞德英俊的容颜，但更喜欢他宽广的心胸(威廉斯是否知道他们的关系，我们不得而知，但能够确定的是，这个绯闻传到了他耳边)。庞德把她当作学生，鼓励她去创作诗歌。她像庞德一样拥有孤立的自由精神，虽然庞德只对达达主义和她时常触及的超现实主义者圈子有点儿兴趣。她并没有受到自己强迫性的不安分的影响，这种不安分驱使她从欧洲的一个城市转向另一个城市，很明显是为了摆脱内心深处的孤独。但她有自己的道德指南。庞德娶了奥尔加·拉奇又当了爸爸后，她就与他断绝了关系，虽然她的《实时报道》在1930年刊登了《某某诗章草稿》。不过，在随后的10年里，庞德支持法西斯主义，作了关于种族主义和反对犹太人的种种宣传。库纳德对此深感厌恶，就和他断绝了所有往来。威廉斯的左翼政治倾向与她更加一致，她钦

①《威廉·卡洛斯·威廉斯自传》，第222页。

佩他无私地医治工人和穷人。

威廉斯下一站的行程是罗马。1910年，他与曾获得农业罗马奖的埃德加在这座城市待过。在这次旅行中，他和弗洛斯在一起待了三个星期，其间只去庞培和阿马尔菲海岸待了一阵儿。和吉本、歌德、霍桑以及其他众多作家一样，威廉斯走遍了这座城市的街道。在一封写给肯尼斯·伯克的信中，他把这座城市称为"一切事物的成熟的中心"[①]。然而，罗马不再是美国艺术家们的中心，威廉斯可以安全地放松警惕，再也不用担心给一些国外侨民留下不好的印象。如此一来，与小说《南风》和很受人推崇的旅行书籍的作者诺曼·道格拉斯见面就不会让他感到焦虑了。他很清楚地记得英国人那些无礼的格言，尤其是一条关于生儿育女的评论："在一个父亲欺骗了儿子后，他能为儿子做的最好的事情就是孩子一生下来他就死掉。"[②]由于与儿子长期分离，这种诙谐的忠告并不是作为父亲、产科医师和儿科医师的威廉斯所能认同的。

罗马给威廉斯留下了深刻的印象，他开始构思一部名为《罗马》的作品，里面包含好几个部分。他在意大利首都草草记下了这部作品的梗概，在维也纳又补充了部分片段，然后又在往返卢瑟福的途中对它进行了修改。也许，他不满意《罗马》背离了一系列令他着迷的主题——艺术、性、医学和历史，便把它放回了抽屉里（直到1978年，这部作品才得以出版）。然而，它理应得到更多的关注，因为它和20世纪20年代的其他实验性作品一样，在某种程度上属于即兴创作。

威廉斯面临的挑战，是探索奴役和自由在罗马历史中是如何紧密共存的。他评论道："罗马的古迹，是奴役的遗迹。它们被各种艺术自由攻击。"[③]他并未信口开河地提及美国生活的有关内容。但在《罗马》中，他再次强调，美国的自由令人恐惧，并且是遭到削减的，它像朱庇特神殿的维纳斯暴露的雕塑一样，将永远无法通过国内的审查。说来也怪，纵观《罗马》早期的草稿，威廉斯像个码头装卸工似的，用了很多粗鄙的词语，但在后期的草稿中，他将它们大部分都删掉了，要不就用一个委婉语进行替换，例如，把"阴茎"换成"阳具"。他不能明确践行自己笃信的率真。他要摆脱这种已经妨碍到他创作直抒胸臆的诗歌与散文的坏习惯，但如他所言，"只有在轻松走

①《威廉·卡洛斯·威廉斯书信选》，第60页。

②《威廉·卡洛斯·威廉斯自传》，第207页。

③《罗马》（*Rome*），第42页，史蒂文·罗丝·洛维（Steven Ross Loevy）编，1978年。

出自我的时候才会摆脱。”[①]

威廉斯在《罗马》中常常提到“快乐”和“清晰”这两个词语。后来，他在《帕加尼之旅》中回归了二分法，明确地把罗马与快乐联系在一起。他在这部小说中的至交德夫·埃文斯欣赏并忌妒尼禄、卡利古拉以及“其他鲁莽的罗马皇帝们”[②]，因为他们的“完全放任”等同于“他们的骄奢淫逸和轻率的幽默外加完美生活”。为达到这种极乐境界，罗马皇帝们无所不用，包括使用极端的暴力。威廉斯未受诱惑，也不支持这种令人骇然的不道德的行径。但正如史蒂文·罗丝·洛维所指出的，“威廉斯把罗马看成一个危险而混乱不堪的中心。在这里，人们会感到眼花缭乱，很容易迷失自我，但是，人们可能会散布‘保守的陈规和道德’，在恢复自我的过程中改变观点，恢复精神。”[③]去散布这种“保守的陈规和道德”是威廉斯二十几岁时一直追求的目标。“混乱不堪”的梦想是无意识的发源地，通过改变它得以发生，他全身心地投入到《地狱里的科拉》的创作中。在随后的实验性作品里，虽然他在改变包容性方面取得了显著的进步，但他仍不满意。他说要恢复自我，这表明沿途丢失和放错位置的东西令他很烦躁。身处罗马，他强烈地希望能将其恢复。这个过程是一种升华的快乐。

“清晰”与“愉快”同等重要。尽管它是至高的追求，但在《罗马》中它只是偶尔得以体现。最明晰的短文是关于医学的——结核菌素、梅毒、疟疾，因为这些是他已掌握的知识体系中一个必要的组成部分。它们敞开了“穷人学习的一扇窗”[④]。有时候，威廉斯会巧妙地使用警句：“知识的总额就是对愚蠢的毁灭”[⑤]“我们断掉肢体变渺小，并把这叫作智慧”。或者他会在一些段落中运用首语重复法，使之看起来像一首散文诗，就像他在思考对暴力的狂热中所做的一样。然而，散文在其他地方就类似于一篇日记，其内容有一种漫谈的倾向，篇章之间互不关联。

在表面上的悖论中，“一致性”与清晰性是相对的。威廉斯认为，一致性扼杀了理解力。在关于弗吉尼亚的散文里，他断言，一致性“是所有作品中

---

①《罗马》，第13页。

②《帕加尼之旅》，第115页。

③史蒂文·罗丝·洛维：《威廉·卡洛斯·威廉斯的“爱之梦”》（*William Carlos Williams's "A Dream of Love"*），第5页，安·阿伯：UMI研究出版社，1983年。

④《罗马》，第23页。

⑤同上，第52页。

最肤浅、最廉价的欺骗”[①]。平凡的理解力是最常见的。相比之下，清晰就像能穿透一切的太阳光线照耀着细节。“理解力是一种穿越多重性的运动，但它的结果不是一致性，而是明晰性，是解放许多不同的事物。”[②]这种破裂和“相反势力的交杂”是作品的副产品，威廉斯并未受此干扰。思绪与易怒的情绪可能会混乱无序地铺陈在行文中，因为“清晰是变化的，停滞马上会破坏它”[③]。是什么让言语节奏能自由地发挥？早在1913年，威廉斯就在自己头脑中争论过这个问题。他坚持这样一个说法，“每一部在整体上有韵律的作品，实质上都是各种潮汐、波浪、涟漪的集合——简言之，是大大小小的韵律粒子被有规律地重复或破坏。”[④]

这不免让作品远离了高雅。但在实际创作过程中，包括威廉斯在内，诗人是如何“收集”这些潮汐、波浪和涟漪的？有节奏感的粒子，像随波逐流的碎片，能阻碍运动；它们被“有规律地重复或破坏”，从而引起威廉斯想要避免的致命的停滞。因此，威廉斯对控制运动的方式进行实验：加快一行诗的节奏，然后在意想不到的地方打破它，凭感觉或按主题的规定改变句法的使用，变幻节奏来打破单调。

因此，威廉斯希望《罗马》能够传达出美国生活法律缺失、暴力横行的本质。这部作品的节奏杂乱无章，几乎是语言碎片的集合。迈克·韦弗解释道：

> 威廉斯认为美国生活中残忍堕落的元素是有价值的，他在《罗马》中表明了这一激进的思想。他对自己说，一个国家纯粹的产品变得空洞或染上梅毒，这是堕落的，是英雄先锋社会的残余。野蛮、堕落、注定的事物体现了高贵的思想，其身体服从冲动，即使这种冲动对社会无益，也表现出了保守思想令人钦佩的独立性。倒置比反常更糟糕，无论反常是多么出乎意料。倒置起源于对特定形式的过分尊重；对女性的过分尊重导致了男同性恋；对特定形式的过分尊重造成了短语中的倒置。抗拒改变的力量和荒谬的禁止，使之变本加厉。像培雷火山一样的爆发是不可避免的，因为无论在性还是诗歌方面，“释放的快感”都无法避

①《想象力》，第321页。

②《罗马》，第59页。

③同上，第58页。

④迈克·韦弗（Mike Weaver）：《威廉·卡洛斯·威廉斯：美国背景》（*William Carlos Williams: The American Background*），第82页，英国：剑桥大学出版社，1971年。

免，其发泄途径只能被歪曲……[1]

罗马曾是一个酒色横行的地方，这种情况差不多是常态，威廉斯可能想在这样的行为中看到“保守思想令人钦佩的独立”“给定的形式”和对“反对变化的势力”的颠覆。但如果他想把美国代表“高贵思想”的“野蛮、堕落、注定了的事物”理想化，这不太可能。恰恰相反，根据《美国的纯产物》可以看出：“释放”的堕落是对胆怯和走向毁灭的社会中的心灵与才智的极度讽刺……

威廉斯在《罗马》中写的散文充满能量。文中的句子表明他所主张的经验是开放性的：“万物所成的艺术是心之所向——艺术来自维纳斯的大腿或犹太人的数学——来自《圣经》或阿拉巴斯特的品质——来自希腊遗迹，或一间浴室的拱门。”威廉斯告诫自己要包容。这个构思以前就有，它继承了惠特曼主张的一部分，但威廉斯在《罗马》中创造了一种新的紧迫感。这是号召他和美国“打开种子”，创建一个能够结出硕果或超越欧洲的诗学的集结号。

在《罗马》中，他的想象力异常丰富，零碎的片段又一次占据了主导地位。哪怕是那些喜欢多样性、欣赏威廉斯对变化的不懈追求的耐心读者，或许都能感受到诗人夸大了“一致性”的超凡效果，他们希望在《罗马》中看到“清晰”和“愉快”在融合的过程中更趋一致。威廉斯显然是看错了这部作品，因为在他的一生中，他从未为了出版它而进行过修改。

在筹备欧洲之行时，一开始威廉斯并没有把维也纳列入必到之地。后来是因为他想游览其著名的建筑纪念碑，看看几个闻名世界的歌剧院和爱乐乐团，才决定在那里落落脚。他和弗洛斯确实参加了“卓越的”《圣马修耶稣受难记》的演出，他称这是一个“美妙的音乐迷宫”，同时也参加了《女武神》的演出。在前10年及20世纪的上半叶，威廉斯也许对维也纳先锋派造成的骚动，尤其是音乐、艺术以及歌剧方面所受到的影响，了解得不多，甚至一无所知。古斯塔夫·克里姆特、埃贡·席勒、阿尔班·贝尔格、阿诺尔德·勋伯格、亚瑟·施尼茨勒以及卡尔·克劳斯，并不在美国的冒险文化爱好者的视野范围内。然而，在激进推翻传统的情况下，勋伯格不再理会调性，举个例子来说，维也纳人能够大胆地与立体派画家和野兽派画家比个高低。克里姆特对性欲的痴迷正好跟弗洛伊德的解析学说相吻合。他们的坦诚未能取悦

[1]《威廉·卡洛斯·威廉斯：美国背景》，第132—133页。

统治阶级。当时的统治阶级在社会上思想保守，有严格的阶级性。因为维也纳不是美籍侨民的移居目的地，威廉斯到达那里时就找不到麦卡蒙这样的人为他引路，给他介绍具有开拓精神的艺术家，陪他去他俩曾举办画展的画廊，去他们见面的咖啡店和酒吧聊聊天、谈谈合作，放松一下，或是随便找个人一起过夜。游客几乎不会踏足于这个秘密世界，因此，威廉斯失去了一次深入比较这两种先锋派的机会（他确实遇见了两位匈牙利游客，安德里亚斯·加斯帕和拉约什·卡萨科），令威廉斯感到震惊的是，他俩在《金雀花》上看过他的一些作品，虽然他们从未听说过乔伊斯的大名。他和弗洛斯在孔斯特博物馆度过了一个愉快的下午，站在布鲁盖尔的画作前，就像他曾经和埃德丽安·莫尼埃浏览布鲁盖尔的一本画册一样。这两种经历让威廉斯的信念更加坚定，借助想象力，本地的事物能够成为伟大艺术的源泉。寒冷多雨的3月悄然过去，人们又迎来了4月的阳光和春花盛开的时节。威廉斯和弗洛斯在普拉特和维也纳森林中漫游了很久。怀着对所有植物的强烈兴趣，他俩不辞劳苦，走了很远的路来欣赏这鲜花盛开的地方。

威廉斯在维也纳停留了1个月，其主要目的是做儿科研究。一位新泽西州的同事告诉他，维也纳拥有世界上最出色的内科专家，他们致力于治疗儿童疾病，所做研究居于该领域的前沿。事实证明，这个建议相当宝贵。他在儿童诊所报名参加了一系列的课程和讲座，主题从乳突到猩红热。威廉斯专心观看医生们展示亲身与患病儿童互动时的最新发现。这些医生的教学方式完全不同于他15年前在莱比锡城那种让人难以容忍的机械学习。他们代表着医学，正如毕加索之于艺术，乔伊斯之于文学。威廉斯花了3年的时间才得以吸收他在维也纳所学到的一切，并将其在小说《帕加尼之旅》中表现出来（我将在下一章详细分析）。

在从维也纳回巴黎的途中，威廉斯觉得很伤感，他绕了一点儿路重访朗西城堡——青少年时期，他曾在那里玩耍过。到达巴黎后，比尔和弗洛斯又接二连三地出席晚宴，听音乐会，参观博物馆，没完没了地进行社交活动。意外似乎总会发生。在蒙马特小酒馆吃晚餐时，莎莉·伯德无意中看到滑稽歌剧的男高音主唱也在那里。当她开始和鲁道夫唱米米的二重奏《波希米亚人》时，这位男高音也跟着唱起来。演出高潮迭起，竟成为餐馆里的美谈。当最后一个音符落下时，莎莉因为太投入竟然晕了过去。她被抬了出去。尽管她的音乐才能和发声都表现得极好，但这位男高音并不想利用自己的名望帮她赢得在巴黎歌剧院登台演唱的机会。歌手们往往需要一位有权势的行内人的支持，通常得有某人的推荐信，要么就得被潜规则，好莱坞就是这样，但莎莉不愿意这么做。

威廉斯在《自传》中重述了乔伊斯和普鲁斯特之间相见恨晚的有趣故事。随行的两个人本想看到这两位现代小说巨匠相见时唇枪舌剑的情形，他们歪着身子想看个究竟，却只见到两人优雅地互相瞋了一眼。他们听到普鲁斯特和乔伊斯像老人一样各自抱怨着自己的疾病，然后就消失在巴黎的夜色中。

在威廉斯心中，巴黎虽有过得很好的人，但其对立的一面也很明显，即也有严重不满于现状的人。在他的日记和《自传》中，威廉斯没有隐藏自己比较爱面子的事实，不管是眼前的还是想象中的轻视，都令他恼火。威廉斯说，在巴黎的第一个夜晚，给他和弗洛斯上烤牛排的服务员把那份牛排偷去了一半。还有一次，他吃晚餐时点了一瓶莫索特酒，这时他看到了酒侍的嘲笑，好像美国人品味不了如此高档的葡萄酒似的。在多次与他人起冲突后，他的怨恨更深了。在同意曼·雷为他照相后，威廉斯穿着正装，领带整整齐齐地扎在西装背心上，肩上披着一条围巾。在曼·雷所拍的照片中，他脸庞英俊，但毫无笑意、表情古怪。高高的额头说明他智商超群，但眼神却深邃莫测。曼·雷把账单交给他，威廉斯见后顿时火冒三丈，觉得自己吃了大亏。可他别无他法，只得咬咬牙付了钱。他真想毁了这张照片，在他看来，照片里的他看着卑微可怜，但幸运的是，事实并非如此。

在弗洛斯和比尔到达后的几天里发生了一件特别离奇、有预示性的事。麦卡蒙在特里亚农为他们安排了一顿既丰盛又昂贵的晚餐，以示庆贺。在纽约参加的聚会和画廊的开业典礼上，威廉斯认识了30位宾客中的许多人——包括曼·雷、杜尚、米娜·洛伊——在巴黎的波希米亚圈子里，他又结识了乔伊斯、福特·马多克斯·福特以及路易斯·亚拉贡。到1924年，虽然即兴创作对于威廉斯来讲很容易，但一想到要在这些人面前毫无准备地讲话，他就感到害怕。不过，出于礼节，他还是得进行一个简短的发言或致辞。在27年后的《自传》中，他的解释很粗暴，仍然会把人吓一跳：

> 当然，我向鲍勃道了谢，感谢他们的善良，然后告诉他们，我在巴黎就注意到，一辆或朴实或华丽的灵车载着尸体穿过街道时，妇女们会停下来低下头，男人们通常手拿帽子，立正站好行注目礼。我所表达的意思不关别人的事。我没有解释，而是像傻子一样坐下。

威廉斯是中了什么邪，才讲了这样一番叫人摸不着头脑的话？难道是葡萄酒喝多了被冲昏了头？就算他确实喝多了，这也不是一个充分的理由。他的坏脾气似乎和当时的场合丝毫不相称，因为他跟这伙作家与艺术家有很多共同之处。被冠上“这个美国人”的称谓让威廉斯感到很不自在。这剥夺了他的个性，还有他的沉着和智慧。他先是把紧张的时刻转变成令人窘迫的失礼，就像马克·吐温曾讽刺过的身在海外的幼稚的美国笨蛋一样。威廉斯看不上法国人，因为当一辆灵车驶过，出于对死者的尊重，法国人通常都会停下手中的活，摘下帽子，他因此而瞧不起他们。于是，他就陷入了尴尬的沉默，其中还有些失态。他控制着形势，所以胆敢冒犯来聚会的宾客。这是对自我形象的公然破坏。

第二天，受到责罚的威廉斯去散步，想要除除闷气，祛祛俗气。他无意中发现“一个叫弗朗索瓦二世的中世纪遗址”[①]，这里的一草一木、一砖一瓦都散发着法国气息。朴素的建筑设计，整齐的灰色石块天衣无缝地垒在一起，恰像拉辛的亚历山大韵式的诗行。他的兄弟埃德加在其设计的大楼里赞美古典主义，这让他宽慰了个把小时。古典主义让他暂时远离了喧闹的现代主义戏剧和他自己尚不明确的部分，给了他片刻的休闲。

《上流社会》里的一个社会庆典活动又引发了一阵恐惧——《上流社会》是《萨拉德》(讽刺萨蒂的芭蕾舞剧《游行》)的附赠演出。威廉斯已决定要穿一件破烂的燕尾服，结果因为不妥当而让他感到很难堪。他说，“本打算以此表示不屑”[②]，“可是收效甚微。”他阴沉着脸发泄了一通，使他在与瑟赛蒂兹的竞争中拔得头筹。他的毒液不仅瞄准了法国上流社会、消费者和高端文化的赞助者，也对准了希尔达·杜利特和布赖尔这些熟悉的面孔，那天晚上她们也在观众席中。他责骂所有人的“贪心”“低贱行为”[③]以及“近乎哭号的歇斯底里……那个圈子是一个抱团的群体，坐拥财富。它也是莱茵之金般的音乐”。这个唯利是图的精英群体愿意把他们卖给出价最高者。引起威廉斯愤怒的部分原因还有观众的物质主义和无上的优越感。这体现在对他的那种假定性的冷漠。布赖尔讽刺地说，她视威廉斯为没什么品位的美国人(她的恶意可能部分是被他与麦卡蒙的亲密关系激起的)。

①《威廉·卡洛斯·威廉斯自传》，第195页。
②同上，第217页。
③同上，第215页。

威廉斯表现得像“我眼中的一个缺乏经验的乡巴佬”[1]，但他又补充道，“毫无疑问，我绝不会被穿着讲究的人所影响……我气得咬牙切齿，尽管我承认他们有权踩我的脸，如果他们愿意这样的话”。有那么一会儿，他被人羞辱，丢了脸面，因为他无法将剧院里那些“社会机器人”的呆滞面孔毁掉，也不知道他们对他或他公开赞美的台上的芭蕾舞女演员的真实看法。再过一会儿，他断定，把他们看作等待喂养的四海为家的鲨鱼，一点儿都没错。紧跟潮流的观众可能既警觉又冷漠，这使威廉斯很烦恼。他试图制造自己的冲突模式，但徒劳无功，在社会与艺术不对等的斗争中，艺术被打败了。他问道，如果富有老到的观众们只是瞥一眼这个表演，新的作品怎么能找到买家呢？威廉斯的内心独白，滑稽、易怒、矛盾，听起来令人怀疑，好像他的诗歌在美国得到的冷淡反应让他很不满意。

尽管威廉斯与世界各地作家精英群体都有来往，但他还是摆脱不了那种失落感。他被其“顽固的核心”击退，感到自己“热情没有释放，就被浇了盆冷水；在这个古老世界的文化中心，每个人都在为自己撕咬一口肥肉，他们看到新来的人，也不感到好奇，就连了解的愿望也没有……”[2]这种深刻的自我解剖和对释放的渴望，在威廉斯的书信、诗歌以及杂文作品里频繁出现，只是背景不同罢了。

他说别人身上有“恼人的刻薄”，他虽然有时也拥有，但从没竭力隐藏造成这种行为的动因，即他的不安全感。尽管有人大声指责他的作品形式，但他并未因为被觉得无足轻重而对别人的轻蔑感到闷闷不乐。他在巴黎周边东奔西跑，将当地的各种享乐都体验了一番：美食、葡萄酒、诗歌、美术馆、芭蕾，还跟很多现代主义传奇人物进行了交流。此外，他擅长结交新朋友——伯德、菲利普·苏波女士以及福特·马多克斯·福特。这说明他心理健康，很多作家想跟他结识。

威廉斯在13岁时被引见给菲利普·苏波，两人一见如故，尽管他们在一起的时间相对来说很短，只不过在一起吃过几次晚饭，在聚会上或咖啡馆里聊过几次。苏波是个好伙伴，他风趣健谈，能“谈论毕加索，他白手起家，慷慨大方，这是他成功的重要原因之一。还有来往于他的生活中的女人们以及他对她们的忠诚”。[3]苏波的现代主义观点无可挑剔。一开始，他给阿波利

① 《威廉·卡洛斯·威廉斯自传》，第216页。
② 《美国性情中》，第105—106页。
③ 《威廉·卡洛斯·威廉斯自传》，第213页。

奈尔当助手，信奉了达达主义。不久后，他又跟安德烈·布列塔尼一起创立了超现实主义，两人合写了《磁场》这部由超现实主义者自主创作的原始文本。虽然威廉斯从来没有被列入超现实主义者名单，但对于他们故意推翻陈规陋习的做法，他十分赞同。

或许，苏波的超现实主义诗篇吸引了威廉斯。他不关心诗的形式，也很少去作修改。1926年，苏波被逐出了超现实主义运动，他就投身新闻业，成了一名报社记者。他于1928年出版了小说《巴黎的最后几夜》。威廉斯得到了一本，决定翻译它。

《巴黎的最后几夜》的原型是莱斯缇·布列塔尼写于1793年的同名小说，这本书因为超现实主义者的努力而不再被忽视。在9月大屠杀（1792年9月2—7日）的5天内，莱斯缇在巴黎的街道上徘徊，目睹了暴民对牧师和囚犯使用暴力，把他们从巴士底狱拉出来，打成反革命分子。然而，在苏波的小说中，政治被一种超现实主义的侦探故事取代。一名罪犯犯了谋杀罪，警察会用一种迂回的方式处理此案。如果经常缺少情节，作者和读者也猜不透人物动机，苏波就巧妙地加上一段夜访巴黎黑社会的情节，那里住着犯轻罪的罪犯、妓女、流浪者、逃犯、醉汉，还有上岸休假的船员。

在苏波的小说里，超现实主义者的最爱——偶然性，主宰着反复无常、激烈狂暴的宇宙。人们被迫沦为奴隶，"遭受宇宙严酷而恶毒的力量的剧烈侵袭"①。偶然性也左右着小说的形式，各种迷幻如同在噩梦中一样，彼此从未十分契合。叙述者是苏波的一个隐形替身。他心神不安地走在巴黎凶险的街道上，有时跟踪乔吉特，此人是一个身世不明的妓女，跟他上过床。而他是一个更加沉默的观察者，一个不情愿地记录自己所见所闻的抄写员，而非演员；他又是一个被无聊折磨的男人，就像波德莱尔城市地狱的遗迹，四面八方都是幻影。他跟陀思妥耶夫斯基的叛逆或倔强的地下人不一样，不会去挑战社会现状：他渴求的对神秘的追求缺乏训练。的确，叙述者大部分是超现实主义诗人，其语气冷静而真实，就像他每天早上看的报纸一样，每页上都记录着零散的短语——例如，"恐惧的卫生""沉默的暴动"，等等。这些语句既具有煽动性，又空洞无聊。一个精神错乱的意象或一句不祥的警句会忽然出现，吸引读者的注意力："一个路人抵着栏杆拽着自己的手杖，流浪者愚笨的木琴"，或"一个尸体永远面对着我们"。奇异或空想的事情司空见惯：17个

①菲利普·苏波（Philippe Soupault）：《巴黎的最后几夜》（*Last Nights of Paris*），第119—120页。

钟表在11∶35分停止；巴黎变成女人，乔吉特成为一座城市："她就是夜晚，她在夜间很美。"叙述者和其他人物不像文学的幽灵那样，成为迷失的灵魂。火焰燃烧，尸体腐烂，叙述者饱食令人作呕的意象——"身形庞大的谄媚的麻风病患""皮肤脓包"，还有一片"阴暗的森林"。据说，巴黎的"夜里是残忍的"，一种险恶的不真实感弥漫在城市的上空："我们穿越的这些区域，已经失去巴黎的色彩，就像极地地区在地图上已经消失。"

在《我想写一首诗：诗人作品自传》中，威廉斯称乔吉特是"一个非常漂亮的年轻妓女，头脑聪明、行为独特、性情怪异，无论用什么方式人们都捕捉不到她的情绪。相反，这很可笑"[①]。记忆一定给威廉斯开了个玩笑，因为她这个人很不真实，比"聪明的"妓女还过时，还冷酷。也许，他的赞扬源于这样一个事实："无拘无束地"生活，但"有一定的习惯"，她使用了一种他所不了解的融合。不过，她和其他人的依恋是针对巴黎这座城市的，这既束缚也哺育了他们。苏波是他所在城市的制图专家。

然而，和《那场政变》一样，《巴黎的最后几夜》并不是令人满意的作品。这本书的哪些地方吸引了威廉斯，对此我们只能猜测。翻译让他母亲埃琳娜有了事情可做；虽然环境并不好，可能吓到了她这个谨小慎微的人，但翻译能够激发她的思想，使她分散一下注意力，不再总是对儿子发脾气。他希望她流利的法语能够确保译文的准确通顺。

在翻译可怕的阴影、荒谬的暴力及黑暗边缘世界的诱惑时，威廉斯的笔触干练而灵活。《巴黎的最后几夜》是他巴黎之行和20世纪20年代的一部实验作品的一个注脚，但它同时也反映了他对超现实主义日益增长的兴趣以及他对如何把其融入诗歌这一问题的思考。

假期一天天减少，威廉斯增加了他的社交活动。他一直没有停下，只是在弗洛斯发烧时的一两天暂时少了些应酬，因为他担心她可能得了白喉（他也被叫去海明威儿子的床边，小宝宝很健康，只是体重太轻）。但她很快就恢复了健康。他们一起参加了告别午餐、晚宴、茶会和聚会。米娜·洛伊走过来，把威廉斯画成一个"野蛮的印第安人"，又特别"细腻地"为弗洛斯画了像。在关于这段疯狂时光的记录中，人名就记了一大堆，如同舞会上受欢迎的漂亮姑娘的跳舞卡。即便这样，威廉斯经常一个人在布洛涅森林散步。在其内心深处，他比巴黎左岸的花花公子还要严肃。在为科克托举办的一次接

---

①《我想写一首诗：诗人作品自传》，第47—48页。

风会上，他“厌恶醉酒欢闹的场景”，于是就寻找夜晚的气息来恢复平静，这种情形很常见。

他和弗洛斯、伯德一起去了兰斯，在那里，与宴会上的其他人不同，威廉斯在哥特式大教堂外惬意地散步，欣赏着它的庄严肃穆，而没有去看其同样令人印象深刻的内部结构。之后，他们参观了凯歌香槟酿酒厂，在那里，他们学会了香槟的酿制方法，并狂饮泡沫丰富的啤酒。在一条更加庄严的便道上，他们三个参观了马恩战场，那里的壕沟战曾给法国、德国、英国的士兵造成了惨重的损失。即将离开的时候，他和伯德都很伤感，两人的友谊早就让他们情同手足了。

在回卢瑟福前不久，威廉斯跟庞德聊了几个小时。他和庞德的关系仍旧是理念与决心的紧张较量。当庞德扮成学者诗人用令人厌恶的傲慢语气教训威廉斯这个笨手笨脚的学生时，威廉斯被压抑的怒气发泄了出来：“在缩小我的浅陋和他的博学之间的差距时，埃兹拉总是很体贴。”[①]（威廉斯可能没有意识到，庞德把他看成“小比尔”，叶芝是“大比尔”。）尽管如此，威廉斯尽量安排更多的时间和庞德待在一起。他们之间专业性的谈话饶有趣味。在谈到音乐的“节拍”时，威廉斯欣然承认，庞德听力过人，他“长于在诗歌中巧妙地运用韵律”。然而，在评价庞德及其圈子时，威廉斯很难做到不讽刺揶揄。当庞德带他去同性恋作家娜塔莉·巴尼长期举办的沙龙时，威廉斯确信只有他才能进去，因为埃兹拉承诺要把他当作一个美国“原始人”的样本来展现。看完巴尼的花园和日本侍从后，他不安地盯着亲密跳舞的女同性恋情侣，把粗俗的美国原始人的行为演绎到了极致：“我走出去，站起来痛快地小便。”[②]威廉斯对庞德和主人表现出的粗鲁和蔑视虽然没有消除他对同性恋者的不适感，却使他颇为振作。他钦佩庞德，但无法忍受一直和他在一起。在威廉斯这个笨学生面前，庞德动不动就会扮作博闻强识的学者。离开巴黎时，威廉斯意识到，对于他这个朋友来说，通过邮件来竞争、揶揄、争论或许会更好。

他们在火车站等待去瑟保的列车，到那里送行的只有比尔的堂姐爱丽丝和玛格丽特·特鲁弗莱。在齐兰轮船上，威廉斯这个疲惫的饮酒狂欢者早早就睡下了。而一两天之后，补足了睡眠后，他开始修改《美国性情中》里有

①《威廉·卡洛斯·威廉斯自传》，第228页。
②同上，第229页。

关布恩的章节。幸运的是，回家的旅途一帆风顺，海面风平浪静。回到卢瑟福后，他和弗洛斯看到孩子们在他们外出期间过得很好，便如释重负。

令威廉斯惊讶的是，重操旧业居然比较容易。虽然没有放弃全科或产科，但他决定专事儿科。他一心想加入帕塞伊克总医院，在那里开了一间诊室。结果，病人数量成倍增加，他的写作时间也就越来越少。从医术上来讲，这一步很有必要，他对待医术就像对待诗歌那样认真。另外，休假花掉了家里的积蓄，威廉斯知道他再也不能通过写小说和诗歌来赚点小钱了。成为医院的员工后，他把将近30年的时间投入了医院的工作中，并成为医生协会和医委会的负责人。

欧洲之行让威廉斯更加觉得，美国仍然是一个矛盾综合体，一半是异教徒，一半是清教徒。走私犯把杜松子酒和其他烈酒卖给非法经营酒吧里的巴克斯爱好者，卖给其他秘密俱乐部，甚至卖给很多像比尔和弗洛斯这样的人，从而大赚一笔。“走私犯罗伊是里奇路的常客。”威廉·艾瑞克回忆道，“从思高到苹果白兰地，什么都带”“来自林德赫斯特的意大利殖民地的病人们把成箱的葡萄放在地窖的酒桶里压碎，以此来抵账”。威廉斯不酗酒，但1924年和1927年的日记证明，他会喝并且确实偶尔喝高过，而且不仅仅是为了放松心情。

如果说美国和他6个月前到访的国家差别不大的话，那么，威廉斯在艺术上和精神上就有不同的立场，因为在国外获得的经历和理念太过丰富，需要他花掉多年的时间去分类、回味和践行。欧洲文化人大多把他当作聪明的对手、诗人以及有品质的人，认为他的意见值得倾听。这次旅行是一次非常珍贵的浸入式体验，为他提供了一次深入体验帕加尼并将其与美国进行对比的机会。他所了解的美国文化在许多方面既肤浅又不成熟，常常使他对其“花岗岩般的顽固不化”感到绝望。

在1924年的美国，他在梅利山看到了被压抑的道德和性自由之间的斗争，此后，这种斗争再次上演，并持续了近300年。20世纪20年代的美国可能不像欧洲那样为性自由提供一个港湾，但有很多异教徒怀着高度成熟的社会良知在抵制教会与国家的种种限制和规范。威廉斯密切关注着成为头条的特大腐败事件，比如，茶壶山丑闻。柯立芝和哈丁伙同共和党所控制的国会，对缺乏管理的经济视而不见。看来汉密尔顿的经济政策已经获得胜利，并催生了资本强盗阶层。美国的民主是为富豪统治阶级而非为人民服务的。美国生活正在上演威廉斯在《美国性情中》里所描述的景象。

就在1924年的圣诞节前夕，威廉斯给庞德写了一封语气沉郁的信，当时庞德已经搬到了热那亚附近的拉帕洛："欧洲似乎更近了，因为我们在那儿待过；但是又好像无限遥远。我想去那儿的愿望在最近的旅行中变得愈加强烈了。"威廉斯对欧洲充满了留恋，试图以此消解自己的焦虑，毕竟，美国可能不会为他创作诗歌开辟新的方向。他用朴实的语言道出了自己的困境："我一定是个不幸的蠢人，或什么都不是，或是一个美国人，我不知道哪个最糟。"[①]

这个说法似乎再次引发了关于威廉斯所宣称的不真实的美国特性的旧争论。庞德炫耀自己是一个真正的美国贵族，经过一次命运的转折后，他在欧洲定居了，认为威廉斯是个假装美国人的欧洲人："你是外来的，美国的某些异国特质（糟糕但怪异）引起了你的兴趣。"[②]两个人都说错了！当庞德再次建议威廉斯扎根在世界诗歌中时，威廉斯答道，"我需要一个别的东西，一种我无法完成的电路连接。"[③]如果他至死还没有发现那个至关重要的电流，那就顺其自然吧；至少他不会屈服于追求欧洲传统的"错误复制品"。"当你重复你的遗传性时——你来自哪里，或我来自哪里。"威廉斯回击道，"你就像只乌鸦。"[④]

威廉斯满怀希望地认为，外来人拿不下所有的王牌。在美国本土艺术、诗歌、小说和批评中，有许多卓越的成就——查尔斯·希勒、查尔斯·德穆斯、玛丽安·穆尔、华莱士·史蒂文斯、司各特·菲茨杰拉德、纳撒尼尔·韦斯特以及肯尼斯·伯克。威廉斯很快就会把他的名字加入这个令人钦佩的花名册中。1924—1928年，他仅创作了几首诗歌，主要是因为在工作和出诊后，长时间的医务工作像虹吸管一样吸走了他所剩无几的创作精力。

他的诗歌以风格迥异著称，如节奏轻快、感情真挚的《祖母的临终遗言》；游览美国国会大厦圆形大厅的雕塑（《它是一只活珊瑚》）；一首列举了童子军、将军、印度士兵、先锋队以及爱国人士名字的散文诗（《诗歌》），读起来像是战争博物馆中的一系列奖章；写于1927年的《帕特森》，他的美国史诗就是以该诗为核心展开的；《年轻的美国梧桐》，一首从一个句子开辟出来的优秀的自然诗，这个句子像树一样欣欣向荣；两首关于他母亲的短诗。

---

①《威廉·卡洛斯·威廉斯书信选》，第66页，威廉·卡洛斯·威廉斯写给埃兹拉·庞德的信。

②《埃兹拉·庞德和威廉·卡洛斯·威廉斯书信选》，第76页，埃兹拉·庞德写给威廉·卡洛斯·威廉斯的信，威特梅耶。

③同上，第73页，威廉·卡洛斯·威廉斯写给埃兹拉·庞德的信。

④同上，第78页。

1925年，《新大众》向他邀稿，威廉斯从抽屉里翻出一篇根据他听来的逸事写成的小说——《五块钱伙计》。他没有再看一遍这篇小说，就把它装在信封里寄了出去。这个粗心的行为几乎使他倾家荡产。他在故事里使用了真实的姓名，被指控犯了诽谤罪，罚款15 000美元。幸运的是，他在庭外和解了：据估计，威廉斯损失了5 000美元，虽然处罚严厉但还不至于让他倾家荡产。《日晷》奖给他2 000美元如同天赐之物；他设法东拼西凑，凑足了剩余的钱，虽然不久前弗洛斯还指责他犯了错误，虽然是为了避免将来做蠢事。

1927年，弗洛斯提议，威廉·艾瑞克和保罗应当跟随他们的父亲和叔叔埃德加到位于日内瓦郊外科佩新区的兰西庄园上一年学。让孩子们和他一样也去那里学习，威廉斯赞同这个主意。根据他们的计划，父母陪孩子们到了欧洲后，弗洛斯会待在瑞士照看他们，而比尔则回家行医治病、并进行新诗创作。认为弗洛斯和比尔都同意这次夫妻小别是为了暂停他们之间的摩擦，这种想法是合情合理的。至于孩子们，回到美国后，他们的宗教思想会得以清除，还能讲一口流利的法语，这非常符合父母的希望。

很快就出现了一次危机来考验弗洛斯的勇气：10月，保罗患上了白喉，他固执地不肯就医。威廉斯给校医发了封电报，开了很大剂量的抗毒素，但他的建议并未被采纳。由于担心儿子的性命，弗洛斯把他带出学校，送到了日内瓦医院的儿科病房。保罗出院后，弗洛斯细心地照顾他，直到他度过了危险期并康复。校长施瓦兹博士对保罗进行了威胁恐吓，严厉批评他的学业和能力。私底下他的道德“让人无法忍受”——他向威廉斯家收取辅导费，威廉斯家答应付却没有付。弗洛斯拒绝付款——她把保罗转到了一所国际学校，在那里，他将得到老师们的特别照顾，帮助他养成守纪律的学习习惯。不久，她把威廉·艾瑞克也从科佩送到了国际学校，令她高兴的是，他成功了。紧要关头，弗洛斯再次表现出她的冷静判断和果断决定的能力。威廉斯敬佩她“惊人的勇气”。

横渡大西洋的回乡之路颇为艰难，威廉斯向弗洛斯汇报说，这是在波涛汹涌的大海里“缓慢的旧船”与强烈逆风的抗争。像其他乘客一样，威廉斯并没有晕船，反而喜欢站在船尾，凝视着“波浪的拍打”①，放飞思绪。“我的部分困难是孤独的心境。我是个可悲的混合体。”②威廉斯致信妻子，但实际

①《威廉·卡洛斯·威廉斯书信选》，第86页。
②同上，第76页。

上，他无法避免军团士兵的成群涌入，曾去法国参加美国加入第一次世界大战的10周年庆典的他们继续在甲板上举行嘈杂的聚会和沙龙，打扰了很多乘客（最后，船长关闭了酒吧）。威廉斯被他们的滑稽动作逗得发笑。在社交方面，他有西尔维娅的妹妹奥利·比奇这个好伙伴一起谈谈文学；有时，他早早地就回到房间睡觉，或者看看闲书。他已经快看完阿尔弗雷德·诺思·怀特黑德的《科学与现代世界》了（他把这本书推荐给了弗洛斯），并开始看果戈理的《死魂灵》和乔伊斯的《都柏林人》。《都柏林人》帮助他初步构思了《帕特森》。

弗洛斯不在身边，威廉斯变得很痴情，每天都至少给她写一封絮絮叨叨的信（9天写了12封）……对一名来自田纳西州的飞行员来讲，飞行是极有趣的，就像诗歌之于威廉斯，或者一个漂亮的孤儿逃跑去参加马戏团，最后成为妓院的间谍一样。威廉斯回忆过去，发现在他的童年里，有这么即兴的一两段：

> 我真是个不快乐的、沮丧的孩子——总之——在我的孩提时期。这是由于我家的氛围和我热切的欲望，这些日子里，整个世界，当然还有卢瑟福都没令我满意。我不是说它对我没有好处，而是我从来都不能做自己真正想做的事——在体育运动、研究或是友情方面——所以我一整天都纠结难过。
>
> 可是，在它下面，却有着巨大又顽强的信念。在我心里，我就像块铁，怀着对世界的爱，有决心在这个海一般的世界上做善事。我有着巨大的自尊心，坚信我能承担风险并为自己做决定。[①]

理想主义和满足性爱这两种欲望，究竟让哪个主宰自己，威廉斯这种巨大的挣扎并没有让弗洛斯感到惊讶。在这些信中，威廉斯热切地声明，自己是个幸福的男人，全都因为她。确实，尽管他怀疑“爱”这个字，但他渐渐变得多愁善感，像英勇的情郎给自己的情人写情书一样：她对他来说是“世界女王”[②]；“那种感觉就像最甜的花蜜一样穿过我，我知道它会永远持续下去。”[③]情话从他嘴里倾泻而出。她是他的“可爱女郎”和“猴子”。他发誓会永

①《威廉·卡洛斯·威廉斯书信选》，第80页。
②同上，第81页。
③同上。

远忠诚于她："我克服了自我怀疑和犹豫，走到你身边，从第一次做决定的那一刻起，我就从未改变过。"[①]"让你离我更近一点是世界上唯一值得做的事。"如此夸张的语言，什么样的女人不会交枪缴械？除了在《水仙，那朵绿色的花》里，再听不到这样的话了。唯一可能表示异议的是船上一位老成的南方单身汉，他告诫威廉斯，让他把妻子留在欧洲一年。这个男人怀疑一个丈夫抵制诱惑的能力："一个女人能轻易地摆脱麻烦，除非她自找，但一个男人总是在这方面或那方面不顶用。"对于这种冷嘲的妙语，弗洛斯可能会不屑一顾。

威廉斯确实跟弗洛斯提到，他正在构思一部新的诗歌集，暂时叫作《神圣与世俗》，实际上，他草拟了3首诗，日期为9月27日、29日和30日，跟他给她写信的时间一致。这些信件和日记成为《寒冬来袭》的一部分，庞德于1928年在他的杂志《流亡》上发表了这首诗。《寒冬来袭》在威廉斯20世纪20年代的实验性长诗里是最冗长的。人们皱着眉头阅读这些即兴创作的作品，被这些近乎自嘲的劣质写作搞得晕头转向；这首诗不讨人喜欢，既草率又乏味。虽然语言优美，但威廉斯似乎已经没有多少想象力了。在9月30日的诗里，他对自己的诗歌进行极具讽刺性的批评：

没有完美的波浪——
你的写作如大海一样
满是错误的拼写和
错误的句子……
波浪像词句一样支离破碎——
单调的情绪起伏

这首诗并未有新的突破，尽管他大胆地宣告："我将制作一幅我这个时代巨大的、严肃的画像。"威廉斯嘲弄卡尔文·柯立芝（一个容易攻击的对象）麻木不仁、能力不足，悲叹"碎片式的愚蠢"、美国农村坍塌的场景、市民面无表情地做生意，但这种讽刺就是以数量进行的抱怨，甚至他对莎士比亚的赞扬也仅仅是重述了他在《春天及一切》中的要点。《寒冬来袭》的日记结构让写作的素材显示出一种表面的一致性。有人感到，威廉斯想打破限制他

①《威廉·卡洛斯·威廉斯书信选》，第81页。

的那些规矩，但一次次错误的尝试和半途而废的努力让他感到沮丧。

回到卢瑟福后，冬天慢慢来临了，他给弗洛斯写信的积极性逐渐减退。虽然依旧信誓旦旦，但对来他办公室的一位年轻女子从不拒绝，这个女人还厚颜无耻地要和他发生关系。他告诉弗洛斯，只有把她的模样记在心里，他才有毅力把这个荡妇拒之门外。《寒冬来袭》中有两段讽刺性的箴言，从中可以听出他深深的忧郁："实干家最完美的类型就是自杀""一只舔自己的猫能解决大部分感染的问题。我们洗过头了，最后杀害了自己。"枯萎病无处不在。美国的河流像《漫游者》里的帕塞伊克河一样遭到污染；贫穷像华而不实的艺术、单调的工作和政治欺骗一样，到处都是。威廉斯似乎是凭直觉感知到大萧条即将到来。在《寒冬来袭》中，只有在"孤立的斑点"上，尊严和团体才可以幸存。不足为奇的是，威廉斯感到很难过："损失、损失、损失。从我喜欢的事物上下手——如果我喜欢的事物还有的话。"

《荒原》问世6年后，他找到了自己的诗歌格调——而非读者们的。确定的是，《日晷》和《流亡》这种杂志为他的作品提供了安身之地。他很感激玛丽安·穆尔和庞德的支持。在《获〈日晷〉嘉奖有感，1927》的谢词中，威廉斯把读者对《日晷》的认可比作"抵抗腐败的/时刻/像报纸一样绕着我旋转"。但他担心人们会认为这个奖背后有黑幕，怀疑他在接受来自朋友们的宣传。最糟的是，他已经45岁了，竟然还找不到一家出版商来定期出版他的诗歌，并热心地支持他。这令他感到十分窘迫。他的大部分书都是一些小型出版社以极小的印数出版的，而书店已经找不到这些书了。

一直以来，威廉斯都很诚实，严厉地批评自己诗歌的缺点，发誓会在下一阶段做得更好；适应力使他从之前的失意中（可能又会出现）振作起来，但这一次，有弗洛斯和她的赏识及安慰，他舔了舔伤口，沉思着，向他的老敌人T.S.艾略特发泄出愤怒。威廉斯在1927年的日记里强调了他不高兴的一面。这篇日记不是优美的读物。虽然他知道喝酒会损害医生的诊断技术，毁掉他的名声，但他喝的酒比平常还多。一些不满的蠕虫正在侵蚀他的内脏。然而，他并没有收回在《齐兰》这篇爱情书信里对弗洛斯的浪漫誓言，他重提里德·惠特莫尔所称的"他婚后的悔意和争吵出乎意料地混合在一起"。[1]日记中有一首写给弗洛斯的诗，威廉斯在诗中承认自己是个笨拙的人：

---

① 里德·惠特莫尔（Reed Whittemore）：《威廉·卡洛斯·威廉斯》，第212页。

上帝啊 我对你
撒了谎
在细小的事情上
卖淫以及
别的地方
但我从没
忘记你爱着
我而我也爱着你
爱我吧
在我还不让人反感的时候
像那样——
在我仍旧温暖、热情
还是骗子
诗人 间或
全心全意的情郎
爱你但也骗你
永远

这里没有欺骗，只有揶揄的幽默、自我厌恶和蔑视的零散混合——他重复了3次自己是个顽固不化的骗子，认为卖淫是“小事”（他对弗洛斯的赞赏之一就是她从来不对他撒谎）。“你必须接受真实的我，别无选择。”他直率地警告她，“因为在我传统的思想里，我爱你。”

弗洛斯没有因丈夫最近的夸夸其谈而慌乱不安。他的最后通牒和讽刺的自白是婚姻中常见的声音；她斥责他易变的“情绪和痛苦”以及他意识不到的孩子气和不成熟（如果他的写作进展不顺利，会犯“少量愚蠢”，这也有助于他创作三部曲）。在弗洛斯从日内瓦、巴黎、慕尼黑寄给他的长长的情书里，她很少抬高嗓音。她很自信，哪怕所有的女人都投入他的怀抱，他也永远都不会背叛她。“听闻你在进行性实验，这很好笑。我不能说，我很烦恼。”[1]她开始说道，“我比大部分女人都能容忍你的脾气。”她为他仔细分析

① 弗洛斯·赫尔曼写给威廉·卡洛斯·威廉斯的信，1928年1月25日。

了他俩不同的性格："我很冷漠——让我去交朋友并渴望与他们结交，这并不容易。你吸引了每个人——并很容易喜欢别人。"[①]但是她确信，丈夫知道她不是懦弱或摇尾乞怜的人。她瞧不上卢瑟福无聊的俱乐部和教会生活。趁着人在巴黎，她与伯德、乔伊斯、劳伦斯以及克洛蒂尔·韦尔、西尔维娅·比奇、埃德加丽安·莫尼埃和鲍勃·麦卡蒙等老朋友们一起用餐，去歌剧院，逛卢森堡公园，谈论最近的独立沙龙展览，有时还一起去酒吧喝酒。她堪称社交上的苦行僧。不过她也不是道貌岸然的道德家，看不惯她在侨居国外的朋友圈里所看到的乱交行为。相反，她对此倒很感兴趣，若无其事却不无讽刺地对威廉斯说："在巴黎找个出轨的机会并不难。"她这么说为的是引起威廉斯的注意。后来她又补充道，"但欲望一点儿都没有了，所以我有很多时间来减少痛苦，除了想念你。"[②]她肯定能听到他在大洋彼岸长长地松了口气。

巴黎(在较小程度上，还有日内瓦)是个实验室，在这里，弗洛斯收集了有关婚姻对比的数据。男人和女人们都痴迷于性。莎莉·伯德"对她的丈夫比尔既亲切又顺从"。她认为这个女人是个"敏感的人"，她流产以后又对别的男人以及她的助产医师心生爱慕。比尔·伯德也有风流韵事，因为婚外情被法国制裁了好几个世纪，当南希·库纳德落落大方地与比尔调情，并威胁要抢走他时，莎莉的妒火爆发了，一时变得歇斯底里。喝多了的劳伦斯·韦尔在妻子外出时邀请弗洛斯来家里过夜，她礼貌地拒绝了。巴黎的性道德比纽约更加宽容，通奸行为很少被认为是弥天大罪。放荡是自由的产物，不会被过分关心或定罪。

在对法国人或侨民性习惯的逸事调查中，弗洛斯发现，最狡猾复杂的人物就是鲍勃·麦卡蒙，此人是威廉斯夫妇的老朋友。比尔不在的时候，麦卡蒙的形象颇像一位热切的追求者。他带弗洛斯参加各种派对和饭局。这种消夜消遣的方式没什么坏处。麦卡蒙是个富有刺激性的同伴。他性情乖僻却颇有些口才，一肚子反叛者的异端邪说，满嘴下流话，口一开就好像话是刚刚出炉的，热气腾腾，芬芳无比。8年断断续续的交往中，弗洛斯有足够的机会去仔细研究他的性格。1920年，麦卡蒙与比尔进行了短期的密切合作，他们发行了5期《接触》。麦卡蒙来卢瑟福吃晚餐，并策划杂志的编辑原则，决定出版诗歌和故事。麦卡蒙比威廉斯小12岁，是家里的第三个儿子，他鄙视

①弗洛斯·赫尔曼写给威廉·卡洛斯·威廉斯的信，1928年1月25日。
②同上，1928年1月27日。

谨小慎微的生活方式，追求活在当下。在自传体短篇小说《后青春期》里，麦卡蒙虚构的替身建议威廉斯不要怕冒险："你只需要跳一下，如果滑倒了，摔了个屁股蹲儿，这就是生活。"①麦卡蒙靠这个信条活着。一个傲慢的未婚年轻男子肯定不会向生活妥协，不会背叛梦想和理想。他也不必为养活一个家操心。

1924年，在威廉斯夫妇出访巴黎期间，麦卡蒙热情地接待了他们。布赖尔相当富有的父亲约翰·埃勒曼先生给了麦卡蒙一笔资助，他很喜欢自己的这位准女婿。鲍勃为他的朋友们及跟着来吃饭的人们在穹顶咖啡馆的吃喝及其他消费埋了单。麦卡蒙总能在弗洛斯四处打听之前，就像神秘的雷达一样发现蒙马特的流浪歌手。弗洛斯也注意到他较阴暗的一面。酒一喝多，他就变得好斗、粗暴、无礼，不是打架，就是斗殴。一喝上酒，麦卡蒙就自吹自擂起来，就像一个海明威式的壮汉。鲍勃"愚蠢地一次又一次"的酗酒令弗洛斯十分烦恼。她骂他简直就是个酒鬼，竟然任凭软弱的意志和放荡的恶习浪费了自己的文学天赋。他悄无声息地从巴黎消失，躲到普罗旺斯旅馆的房间里(就像住在僧房里)，像斯巴达勇士一样专心创作未完成的小说。然后，好像受到无形的提示，他又溜回巴黎，重新开始整夜整夜喧闹的酒会，像酒神巴克斯的女祭司一样狂野地跳舞，或在乌烟瘴气的俱乐部入迷地听爵士乐。与他的朋友和酒友不同，她对这种做法很不习惯。但在巴黎，人们很崇尚在外面的这种愉悦的感觉。政府也绝不会去监视一个人的性嗜好。美国的禁令冲击着法国，因为这是一种荒唐的对隐私的侵犯和一种危险的对自由的剥夺。大批美国人来到法国都是为了感受巴黎这种奢侈逸乐的气息。麦卡蒙就是一个很好的例子。

弗洛斯没理由怀疑麦卡蒙怀着某种淫荡的欲望来引诱她。他一直以来都对她彬彬有礼，无可挑剔。跟社交圈里的每个人一样，她情不自禁地注意到他结实硬朗的身体，但这会在她的心里种下贪欲的想法吗？他没有隐瞒同性恋倾向和双性恋倾向，导致流言四起。坐在咖啡馆，弗洛斯和伯德会就麦卡蒙夜里寻找性伴侣一事交换意见。他们或弗洛斯有这种暗示吗？觉得自己是同性恋群体的头儿，他聪明地把这个群体称为"巴黎夜浪"。这不太可能，但他们不会被他做的任何事情吓到。

弗洛斯谈论着朋友们的朝三暮四，故意刺激她可怜的丈夫——他被无趣

① 鲍勃·麦卡蒙(Bob McAlmon)：《后青春期》(*Post-Adolescence*)，第12页。

的卢瑟福限制住了。她向他提到的麦卡蒙的事既有趣又矛盾。鲍勃会像“温柔男孩”一样勾引她上床。给一个处事娴熟、为自己粗野的男子气概感到自豪的青年起这样一个绰号，非常怪异——爱德华·达赫伯格，一个声名狼藉、不靠谱的人性裁判，称赞了麦卡蒙高尚而下流的本质。此人经常猛烈地把惹怒他的情绪和斗争表现出来：与其说他是一个无知的男孩，倒不如说他是个处于后青春期的人。“温柔”说明鲍勃的举止像骑士一样，而不是试图用甜言蜜语勾引她跟他上床。但弗洛斯暗示（这不是自夸），如果她发出愿意做他情人的信号，他就会欣然接受这个机会，而不会担心她对丈夫所谓的忠诚。这个直接的评论足以把这个好忌妒的怪兽从新泽西揪出来，检验她是在吹嘘自己还是只是为了刺激他。在通奸或短暂的风流韵事这样的事情上，他不是平等主义者，所以弗洛斯似乎欣赏他的羞怯。从她的书信看，她不支持他没有信仰，但并没有诋毁他们之间的爱，也没有诋毁他们的婚姻。威廉斯断定，他的苔丝德蒙娜不会与卡西欧偷情，给他戴绿帽子。

威廉斯究竟怎样处理弗洛斯对麦卡蒙的评论，我们只能猜测，他在随后的信里并没有回应：“鲍勃变得沉闷了——与他过放荡生活——我认为你可能爱上了他，我完全理解怎么会这样。他对男人和女人都有性欲。”她语调轻松愉快，这很明显是丈夫和妻子以前讨论过的话题。弗洛斯承认鲍勃的性欲，但她认为他的消沉让人讨厌，她不得不把他从自己的脑海里赶出去：“让他见鬼去吧。”根据我们听到的语调，这可能表现了一种不满，一种回绝，比如说，她遭到了麦卡蒙的虐待。他现在是比尔的问题孩子。如果像弗洛斯所说的那样，威廉斯真的爱麦卡蒙，那么，问下面这个问题就不会让人觉得淫乱：威廉斯希望和这个年富力强的男子上床吗？或者，更有可能，他对麦卡蒙压抑着同性恋倾向的感情吗？麦卡蒙像是从托马斯·伊肯斯的绘画里走出来的人。鉴于威廉斯的档案中充满对同性恋者淫乱的评论以及他在同伴中明显感到的不自在，没有丝毫证据能去证实这种关系。与查尔斯·德穆斯的友谊也表明，他对同性恋艺术家的厌恶是多么传统。如果有证据证明他确实跟麦卡蒙或其他男人上过床，那么，威廉斯理应被冠以世界级伪君子或完美演员的称号。无可争议的是他对打破性禁忌的入迷和幻想。但他不是安吉洛的堂兄弟。安吉洛是莎士比亚《一报还一报》里尊重法律的残忍的代表，他抑制了自己的性欲，却秘密地关注着他最痛恨的事。

另一段潜在的浪漫情史是关于弗洛斯的，这次是在离家很远的日内瓦。一个英俊的苏格兰青年医生在他30多岁时被国际联盟雇佣，他在家庭旅馆里开了间房。当麦肯齐博士（在威廉斯的短篇小说《跨越海洋的手》里叫作麦克法兰）和弗洛斯相遇时，他为她的风韵所倾倒。在那些上了年纪的美国妇女鄙夷的目光下，他们成了好朋友，享受着在一起的时光，常常一起坐在咖啡馆里或去城市花园中散步。像比尔一样，这个花花公子是一个医生诗人（他从未给她看过他的诗），这很有讽刺意味。她有点孤独。她被他活泼的交谈迷住了。他曾去过美索不达米亚、埃及和非洲监督旨在消除疟疾和采采蝇感染的项目。他风趣健谈，举止优雅，而且善于倾听她的想法和经历，仿佛她是雷卡米耶女士那样魅力四射的交际花。他消失了1个月之后，她非常怀念他们之间的亲密关系，但并未觉得失落。她在写给威廉斯的信里，严厉地指出，麦肯齐就是苏格兰男子气概的代表，他似乎在传递一点，"我就是它。"巴黎有教养的男人希望自己在勾引女人时，对方能束手就擒，这个苏格兰医生和他们一样，对女人们不上他的钩感到百思不得其解。这些品质令她觉得好笑，也使她烦恼。

麦肯齐医生向弗洛斯坦言，自己已经在追求一个英国寡妇，不过毫无头绪。虽然他说爱她，但却不愿意对她负责。弗洛斯发现，让他谨慎和胆怯的原因是那位寡妇"先进的理念"让他感到不安。她建议他在其他男人向她求婚之前拿下这个女人。作为一个骄傲而独立的美国妻子，她又补充道，"拥有这种类型的妻子总比永远得不到更有趣"。她自己可能只为一个人所有，或许在与丈夫的争论中她在策略上略占上风，但她不会缄默不语。在一封写给威廉斯的信里，她给苏格兰医生提了一个建议，即将现代写作和现代婚姻有趣地结合起来："我跟你在一起，绝对是因为你对现代写作的渴望。这是我们爱的反映——然而，它是到目前为止最强烈的。"[①]然后她又分析评论道，"已成定局的写作与很多婚姻相似"。婚外情虽然吸引人，但它将是"对我和我理想中的你的一种侮辱"（已被证明）。在一篇关于保罗在学校里的表现的文章里，弗洛斯大胆地提出，这个孩子有着像他父亲一样的想象力，于是她要求保罗和他人分享这种天赋，尽管她的父母曾粗暴地抹杀了她的天赋。像回到卢瑟福的丈夫一样，她向往一种不受医务的紧张工作影响的轻松生活：幻想在业余时间写诗、旅游。总之，逃离日常琐事这些潜伏在充满生机的婚姻中的敌人。

看完弗洛斯关于苏格兰医生和他们柏拉图式爱恋的通信以后，威廉斯

① 弗洛斯·赫尔曼写给威廉·卡洛斯·威廉斯的信，1928年5月7日。

写下了《跨越海洋的手》，他没有表现出愤恨或紧张，也没有冲动地去讽刺那位幽灵般的对手。他宁可重新思考婚姻中的矛盾混合体——自由和幽闭恐惧症。

> 尽管看起来很奇怪，但这是她喜欢的男人，也是一个医生，过着让人羡慕的生活。那正是鲍勃所渴望的生活，一个自由自在的单身汉，一个自己的主人。他真正渴望得到的是什么？自然，他想有个妻子，有个家，自己的家，在这里，他能和孩子们停止流浪，安定下来，如果停不下来，至少最后能有个安身之处。他需要一个认真的、有魅力的，当然还得有智慧的女人，她愿意用爱和兴趣追随他。如果没有这些，一个男人的生活还有什么价值呢？①

威廉斯并不是要嘲笑这人人都会有的渴望，即使经验告诉他，这种渴望并不符合现实——自我与理想、金钱忧虑、养儿育女的紧张、性缺乏阶段等肉体所继承下来的所有不可兼容性之间不可避免的冲突。他对逃避日常工作折磨的那种几乎不可抑制的冲动并不感到陌生。他有能力占据弗洛斯的心（在故事里，她被叫作安德鲁斯夫人），并嘲讽自己。“无论鲍勃想安静，想休息，还是想继续工作，安德鲁斯夫人总是听到他满嘴泡沫地表达和别人相反的意见。一想到这些，她就忍不住暗自发笑。什么他的家，他的孩子们，她本人，都见鬼去吧。她经常想，如果能逃出去该有多好，不管去哪里都行。”

如果没有谅解，婚姻就不能存续。这决定了丈夫和妻子都不能试图去管束对方。与小说中虚构的麦克法兰博士不同，威廉斯并不想拥有一只漂亮的老鼠，因为它除了思考你告诉它的，从来不思考其他任何事情。1928年7月，弗洛斯回到里奇路9号，变得更加自信和自主。分居已经给了她很多好处。威廉斯并非不知道这个富有戏剧性的重大变化。但恐怕要很多年之后，他才会满意地解决内心的自由和自我满足之间的斗争。

在罗马，威廉斯把“对古罗马的大量记录和不必要的恭顺比作我们的无能”②。美国的文化，甚至连这个国家的年轻人也算在内，都在欧洲之下。虽然这使他不安，但他心里明白，欧洲不是他的：“在罗马，没有什么东西属于

---

①威廉·卡洛斯·威廉斯：《时间之刀》（*A Knife in the Times*），第17页。
②《威廉·卡洛斯·威廉斯书信选》，第60—61页。

我。重力肯定会把我拖下来。”关于妖艳的巴黎，他挖苦道：“如果我是法国人和弗约人，巴黎会很美妙。如果我只想忘记地球上的一切，那么它会更加美妙。既然我无法做到这些，那么，只有美国至少仍是生我的地方。”[①]这不是对他返回美国的响亮的支持。在10年的创作生涯中，向欧洲起航的思潮和情感，在他心里仍然没有得到平息。20世纪20年代是时候告一段落了。

1924年，威廉斯在日记中以及在他写给家人和朋友的信中，草草记下了他对那里的人们及其生活节奏的印象。一旦有时间，一旦为某种精神所感动，他就会做些记录。1927年，他开始专心创作第二部小说《帕加尼之旅》，其中包括了同样的素材。他此时所面临的主要问题是如何组织题材才能符合现代的要求，才不会显得粗糙而被人挑剔，或令自己感到难为情，这些问题必须解决。打算写进小说的自传材料让他想到了一种简单而文雅的构思：他会把医生作家的生活戏剧化，他是，但又不是威廉斯，他在寻找自己能够顺从的美国，寻找在欧洲帕加尼的“来来去去”中表现出来的成年人迟到的追求。

作品的主人公德夫·埃文斯博士的旅行路线跟威廉斯1924年的旅行路线完全一致。埃文斯在一次巴黎聚会上感到很尴尬，这与威廉斯的经历很像——他也在维也纳医院花了4周的时间和奥地利一流的医生们在病房来回踱步，听他们做讲座，尤其是在听他们讲患有肺痨和神经性疾病的孩子的病历时，发现“对知识忘我追求的奇迹”[②]。但这种相似是表面上的。要真正成为《帕加尼之旅》的主角，威廉斯博士和埃文斯博士之间还有不小的差距。

弗洛斯已经从《帕加尼之旅》里被删掉。取代她的是三个向德夫暗送秋波的浪漫女子。她们都已完全脱离了美国，都央求德夫和自己在欧洲结为伉俪。他在维尔弗朗什的情人璐·哈里斯扮演了一名艳丽但乏味的年轻女子。她可谓是一个冒险家，轻而易举地拿德夫做交易，得到了一名腰缠万贯的英国网球手的青睐。德夫幸好没有深深地爱上璐，虽然对她的背叛感到很生气，但却并没有受到伤害。

他在维也纳与格蕾丝·布拉克的罗曼史更是纠结缠绵。格蕾丝年轻，有教养，欣赏这个城市的音乐财富。在一场颇具理想化的谈情说爱之后，经过认真考虑，德夫决定与她结婚。但是，婚后究竟住在哪儿呢？欧洲还是美国？这个问题让他们的婚姻基础坍塌了。在一场满怀激情的演讲中，格蕾丝

①《威廉·卡洛斯·威廉斯书信选》，第64页。
②《帕加尼之旅》，第155页。

大谈美国是个道德沦丧的糟糕国家。她愤怒地说，“它从上层拿走民主去供养蛆虫”[①]，美国“被四处爬行的空虚所束缚”[②]，它的教育理念只不过是“傻子的下流笑话”。她的演讲听起来很像言辞恶毒的威廉斯。当陶醉在“德夫的温存中”时，她是快乐的，但一提到美国，她强烈的厌恶感就会再次猛烈发作。她骂他是个懦夫，从他拥有贵族本性的、优雅美好的欧洲逃离，但她的指控丝毫未能改变德夫。他解释道：“我没有逃避优雅，但一点点优雅就够了。我很快就感到了疲劳。我需要下里巴人。我以前被指控过逃跑。我想种植它，看它能否生长。优雅过多会麻痹我，使我变得野蛮。我不想要。”[③]终于，他们的婚姻破裂了。德夫离开维也纳去了瑞士和巴黎，与他的妹妹贝丝约会。

最后苦劝德夫相信只有欧洲才适合他的人是贝丝。贝丝是反美复仇女神三姐妹中的第三个执政者，也是他心中的女王。她坦然地利用他对她的爱，恳求他与自己一起生活。她的话语让人着迷，虽然感情真挚但绝无乱伦的意味（他们不是盲目缺德之辈，就像《女武神》里的西格蒙德和西格琳德）。贝丝的观点与格拉斯·布拉克的观点遥相呼应，即德夫“不是美国人”；一回到家，他就“哪儿都不去”。他对她的反对不予理睬，并告诉她，“欧洲对于我们美国人来说是毒药，美味可口却令人痛苦。”[④]然后他又补充说，“我在这里永远不会感到自在，我心里有种遗传带来的深深的失落。多年前我迷失了。我从不属于这个俱乐部。这就是我自己，一个大大的空壳。”她说，“德夫，你从来没有释放自己。走进你的内心去吧！”他立刻谦卑地打断她：“在我心里，有一小片烂泥，里面满是蠕虫的卵。”[⑤]她无法改变他返回美国的想法，即使在那里他成为一个伟大作家的前景非常渺茫。起初，他只能结结巴巴地说出一个朦胧的希望：“埃文斯沉思地说，美国，那儿仍然有一些我想要收集的事。”他下面说的话，仍然嗫嗫嚅嚅，含含糊糊，暴露了他耶稣受难般的使命感：“如何才能找到一个方法，让我成为一个伟大的作家，不会被击退、被驱逐，或者被打败、被玷污。没错，这就是我的生活。”[⑥]最后，他找到了一个平凡却直截了当的理由：“艺术本身就是一个国度，一个学习如何做的问

①《帕加尼之旅》，第160页。
②同上，第163页。
③同上，第213页。
④同上，第240页。
⑤同上，第242页。
⑥同上，第250页。

题。”[①]贝丝被德夫坚强的意志彻底打败，只能趴在他怀里一个劲儿地哭泣。第二天，她强忍着泪水，看着他的船驶向新世界，驶向一个没有她的未知命运。

威廉斯淡淡地勾勒出这3个女人的形象。她们浑身散发着魔力，有足够的空间来表达自己的观点。然而，在威廉斯对她们的描述里，对她们的过去却只字未提；我们永远不知道她们如何或为什么会有恶意的反美主义情绪。它似乎像多发性硬化症一样，在隐藏多年后，被隐蔽的遗传或环境因素激活。这真是无可救药。

德夫痴迷于写作，痴迷于在象征爱与美的女神维纳斯的大理石雕像前顿悟。维纳斯体现着一种完美，这种完美让他惊异万分。小说里没有一个女人可能有那种优美的形体，高雅、文静。因此，假如有个小姐出现在一家罗马家庭式旅馆的餐厅里，身边还陪着一个上了年纪的监护人，那么，即使他和一个漂亮的德国小姐相互瞥了几眼，也不可能因此而发生任何事情(关于J.冯小姐的这一章，名字为“维纳斯”，应威廉斯的出版商麦考利的要求，从小说里被删掉了。麦考利认为，这一部分内容脱离了主题，没有必要。后来，威廉斯把它作为一个短篇故事单独发表，在新方向的版本中，它被当作该小说的附录)。讽刺的是，这个白肤金发碧眼女郎——她与爱神都有着粗大的脚踝——在罗马，变成一个修女，进入了女修道院。身体对她来讲已经毫无意义了。

当谈到美国这个主题时，事实证明，J.冯小姐并不像3个美国命运女神一样，她机敏过人、好奇、敏锐，且毫无偏见。他们坐在弗拉斯卡蒂附近的“异教小树林”里，她问的第一个问题再普通不过了：“美国是什么样子的？”德夫装模作样地回答这个问题，既滑稽又倒霉。

> “在这个世界上，除了悲伤，没有人敢了解其他任何和他密切相关的事情。因为如果我们知道了欢乐，它瞬间便会被一群饿狼吞食。这个狼群就是我们，在这个世界上，我们相互忌妒。”[②]

> “我最好把一切对我自己来说秘密而有价值的东西都藏起来，不然

---

①《帕加尼之旅》，第251页。

②同上，第261页。

就会弄脏它。成群结队是如此安全。”[①]

“美国似乎很少为死者拖累。我在那里看不到别的。它比欧洲给予的少，有价值的东西更是少之又少，只有写作用的纸，别的一无所有。”[②]

“美国是个悲惨之地。在这里让人昏聩的事情总会发生，唯恐我们清醒。”[③]

“这是一种困难又空洞的生活。在这里，我很‘孤独’，没有苦恼。”[④]

“很难知道。”[⑤]

“它了不起，非常繁荣。”[⑥]

由于德夫不能用语言解开美国之谜，他从口袋里取出在弗吉尼亚麦田里发现的燧石箭头。J.冯小姐像个训练有素的人类学家，把这个图腾似的家伙放在手里不停地摆弄，一会儿摸摸它的尖，一会儿摸摸它的刃，努力领会其象征性的含义，然后说它是野蛮人的武器。让她沮丧的是，德夫是一个在教堂里没有信仰的异教徒。与那3个美国妇女不同，她完全理解他回美国的决定，她说："你想发现别的方式，一个真正的美国方式，很勇敢。"[⑦]

在小说里，威廉斯把做那个决定描写得十分痛苦。像作者一样，德夫是个神情严肃、精神分裂、热情奔放、乐于沉思的男人，也有着女人喜欢的脆弱的一面。他和那个下流卑鄙的年轻医生毫不相干，这个医生曾经玩弄了男爵夫人埃尔莎·文·弗赖塔格-洛林齐霍芬。"他是一名出色的一线医生。"[⑧]在他的出生地新泽西州从医。威廉斯对职业中一些传奇故事的歌颂是他最抒情的诗，自然和诗歌交织在一起。

---

①《帕加尼之旅》，第262页。
②同上。
③同上，第261页。
④同上，第263页。
⑤同上，第265页。
⑥同上，第267页。
⑦同上。
⑧同上，第5页。

但是，他真的很喜欢郊区没有规律的工作。在那里，任何时候都可以一头冲进大自然里。在春天的时候，凌晨4点把车停下，聆听初醒的雨蛙；夜晚观看风雪中道路上的人影；雷声隆隆，闪电霹雳，侧耳倾听雨水形成湖泊的噼啪弹奏；日落时，烟尘和神秘的层雾徐徐落幕，星光满天，新月即将露出半遮的粉面。在这一切面前，他思绪飞扬，满腹话语想对它们倾诉；但当这些话呈现在他的眼前时，又不时有一种令人迷乱的新鲜感，似乎来自他大脑中心的某个地方。①

作为一名有抱负的作家，德夫在现阶段远远落后于威廉斯。巴黎对他来讲并不重要，就像它对作者一样。怎么会这样？他仍然对自己的写作技艺缺乏信心。他使出浑身解数，也无法让笔下的词语用“迷人的新鲜感”歌唱，也没有足够的经验应对与欧洲顶尖作家进行竞争的挑战。《帕加尼之旅》不是威廉斯的《中世纪早期艺术家的肖像》。德夫缺乏斯蒂芬·迪德勒斯时髦的美学风格，也缺乏他在辩论和提出关于悲剧的伟大理论时那种快乐的虚荣心。迪德勒斯曾大胆地修订亚里士多德的理论；最重要的是，他相信，即使被流放，他也要把天堂捣毁，然后把他的现代主义之星悬挂在那里供人们赞美。德夫是一个浮躁、孤独的歌手。他在灵魂的铁匠铺里打造着自我怀疑，觉得自己不可能成为能工巧匠。威廉斯喜欢德夫坐在家庭旅馆的房间里搞创作……沉闷，孤独——被他沉重的思想击败。

正是在罗马的这些天，他真正爱上了写作，让他渴望通过抄写从不断侵扰的反应里释放自己——这样驱赶了他的苦恼，使他安然入睡。但如今，从早到晚，他特别痛苦。他盲目地乱写乱画，本能地一写就是几个小时，笔下源源不断地流出令人费解的词汇和短语，直到他筋疲力尽才停止。②

所有作家的语言都表现了这些令人沮丧的堕落。这是“放荡的情感”喧嚷着要“聪明地表达”与“美好事物”之间的巨大断层，是“飞逝的现在”在逃

①《帕加尼之旅》，第4—5页。

②同上，第108—109页。

脱语言之网的追捕。德夫坦白承认，他很困惑，但勇敢地与恶魔作斗争，从这座城市混沌的历史中锻炼了宝贵的洞察力。罗马古代史教导说，“不可思议的现代化一定要建立在将来良好的经营基础之上”①，但它必须与过去“连接在一起”。

德夫被他易变的情绪和精神漫游困扰着。到达维也纳后，他“准备在职业中进行新的冒险”，去“开阔视野”；但令他惊讶的是，他在拉泽莱特·加斯著名的医院发现了“高度的科学完美”。在莱比锡城，日耳曼人古板的思想和生活方式让他感到窒息；而在拉泽莱特，它们已被另一种东西取代：“布局上的美感，建立在贵族思想之上的对科学节欲法的热情，已经产生并传遍了整个世界。”②威廉斯经常认为，科学比诗歌低等。但在维也纳，一流的内科医生，如克诺布洛赫·奥奇缪勒、瓦尔德海姆和克恩，他们就像打开通向新发现、新技术，甚至是医学伦理哲学广阔天地的先锋派诗人。鉴于济慈作为医科学生所做的早期研究，在医院里悬挂着济慈的格言——“真理即美，美即真理”——这很真切，绝非浪漫的梦。这些维也纳医学天才就是活的证明，即“邪才”不是诗人独有的天地。德夫陶醉在医生们的“完全放任”中。这个短语和威廉斯关于尼禄和其他堕落的罗马皇帝的评论是一样的，但在此，放任是“对知识的无限追求。知识的美一次又一次把德夫迷住”③。

他全神贯注，忘记了“回忆在美国时那令人厌恶的病态的青春”④，在那里，对生活的狂热被阻止，随之而来的是毁灭。的确，在奥奇缪勒关于听觉的演讲中，那是威廉斯唯一出版的医学论文题目，德夫体验到了享乐主义者的快乐。这种快乐是对他在解剖、外科手术和临床检查中所表现出的清晰的思维能力的自然补充。当奥奇缪勒给病人做乳突手术时，他“平静地拿起一个凿子和木槌，猛力地一击，凿子就插进了骨头，然后用咬骨钳像海狸一样，把骨头一点点啃掉”⑤。像威廉斯一样，德夫很讨厌病理学，但在瓦尔德海姆所讲的儿童疾病课程中，病理学完全被“那个高大亲切的人改变了。他天生对人肉好奇，小心翼翼地打开不幸夭亡的儿童的躯体，然后解开佝偻病、肺结核、梅毒和腺缺陷等病症背后的秘密”⑥。瓦尔德海姆连篇累牍地写

①《帕加尼之旅》，第113页。
②同上，第152页。
③同上，第155页。
④同上，第159页。
⑤同上，第156页。
⑥同上，第157页。

文章，解释生死大道，解释和有瑕疵的诗歌一样的病例。

德夫忍不住把美国的医学比作比维也纳高一级的同行。他得出结论：在美国，“我们救人而没有太多好奇心。在这里，他们渴望知识，渴望完整的生活。这些美的传播者挽救了人们，但又远离了他们。”①他绝望了，觉得“他自己国家那褪去的灵魂”②将永远不会理解这个黄金标准。就像《魔笛》中的萨拉斯特罗和文明牧师的行会，维也纳卓越无私的医生们把德夫带进对医学和诗歌无私的狂热中，向他证明那份清晰和快乐能够在成功的婚姻中进行结合。美国可能是块浑金璞玉，胆小怕事。但威廉斯和德夫都来自变了形的异教，“他们像异教徒一样独立。”③

评论家哈利·勒万无疑是正确的，在《帕加尼之旅》完成后，威廉斯“保持了真实的自我；他写作显然是为了使自己高兴。他的兴趣不在于给人留下印象，而在于产生一种影响”④。影响确实产生了：他创作了大部分长篇和最重要的作品，勇敢地面对欧洲和外来艺术家群体，地位可与庞德比肩，收获了与弗洛斯稳定的婚姻，并在医学事业中确立了稳固的地位。20世纪30年代的写作和冒险就在前方。

①《帕加尼之旅》，第156页。
②同上，第159页。
③哈利·勒万（Harry Levin）：《帕加尼之旅》的序言，第13页。
④同上，第20页。

第十一章
大萧条：政治经济大衰退

1

20世纪30年代，经济大危机席卷美国。所有家庭几乎无一幸免。弗洛斯和比尔与大多数美国人一样，在股市崩盘中损失惨重，不得不缩减开支；比尔不得不延长工作时间。虽然他们还没到身无分文、无力送威廉·艾瑞克到威廉斯学院读书的境地，但是额外的工作让比尔"吃尽苦头"①"异常烦躁"②"弯腰驼背"③，正如两年前他自我嘲讽的那样："我一事无成，不过是职业习惯使然，浑浑噩噩混日子罢了。"④随着他渐渐老去，境况越来越糟，尤其是在寒冷的午夜，他跌跌撞撞下床，摸黑穿上衣服，发动引擎，开车去加菲尔德或帕塞伊克为一名未来的"卡车司机"接生，或眼睁睁看着一个病人死于心脏衰竭，却无计可施。经济大萧条对工人阶层的打击最为沉重，威廉斯对此再清楚不过。他可怜的病人们不仅要排长队领取救济面包，还要争抢寥寥几个难以糊口的工作机会。1938年，在《帕塞伊克河岸的生活》中，威廉斯描绘了一幅"帕塞伊克的敦提区街道上"艰难时期逼真的生活画面：一群鞋匠吊儿郎当地站在角落里，抽烟打发时间；他们已经被命运折磨得"麻木"，口袋里空空如也，就连想喝个一醉不醒也没钱买酒；孩子们到处捡腐烂的食物或硬币，有时到臭烘烘的水里钓条鱼当晚餐。老人和失业者一旦染上病，通常都没钱医治。威廉斯向来不是唯利是图的人，早年行医时常常给人治病不收钱。

威廉斯所到之处，日常见闻更加坚定了他对民主危机严重性的认识，这对他的诗歌创作产生了巨大影响。多年以来，无论与人通信，还是写文章，

---

①《威廉·卡洛斯·威廉斯书信选》，第62页，威廉·卡洛斯·威廉斯写给路易斯·佐考夫斯基的信。
②同上，第64页。
③同上，第124页。
④威廉·卡洛斯·威廉斯写给路易斯·佐考夫斯基的信，1928年10月4日。

威廉斯都在反复悲叹一个主题：正是因为美国只注重商业和物质，它的文化才如此庸俗、小气、肤浅。正如他在为凯·波伊尔的《短篇故事集》所做的评论文章《梦游者》中写的那样："民主政治中有一条无法逾越的思想界限，即假定所有的人都是平等的，如果超出这条底线，就会引起众怒。"[①]在这样迟滞、低迷的环境中，威廉斯这样有抱负的先行者会怎么做呢？他决定充当"牛虻"的角色，却也难免发发牢骚："的确，我是平民堆里的一个呆子……像开路先锋一样，试图在这个污秽的国家为艺术开辟一块净土。"[②]（平民漠不关心，他继续在"这可怕的冷漠气氛中"苦苦挣扎。）在写给路易斯·佐考夫斯基的一封信中，威廉斯嘲讽地说："遗憾的是，在这块土地上，雨后的人行道上爬满了蛆虫，所有工作都是徒劳的。我应该说，每个人一定程度上拥有的精致的香味，在这儿已不见踪影。它在我们心里，我们使用它就像用喷雾瓶把香水喷到窗外，来阻挡堆货场上飘散的恶臭一样。"[③]

威廉斯对自己诗作的品质，仍是刚才还欢快欣喜，转瞬便郁闷和怀疑起来：尽管已经过滤掉了太过感性的空谈，但他还是时常认为诗篇缺乏"明智的控制"。威廉斯仍然推崇想象力的重要性，这一信念还是他的向导，他的"雅典娜之盾"。如果灾难的狂风将其吹离正轨，他的"奥德赛"成功与否并非由时间主宰：他不可能永葆青春，或许不得不等到70岁时，才能推出"臻于完美"的作品。他对佐考夫斯基说，自己常常对此沮丧不已。

20世纪30年代初，威廉斯的文学前景一片暗淡。没有一家出版商青睐他的作品。被退回的稿件越垒越高，他的士气一落千丈。20世纪20年代发表了大量实验性作品之后，他的作品创作数量开始减少了。他用1928年创作的诗歌进行弥补，其中最著名的是《春天的寓意》组诗。这组诗歌共有10首，形式灵活，格调轻松，表现了拉伯雷的《巨人传》中刻在德廉美修道院大门上的格言，并与莎士比亚《第十二夜》副标题上的"请随君便"相呼应，而这恰巧是第一首诗歌《四月》的第二行。威廉斯创作诗歌和诗歌系列的灵感来源，汇成了一幅民主政治的乱象：卢瑟福拥挤的街道生活图景，以四季的更替为背景，无赖的懒汉、店主、主妇、儿童、水管工，形形色色的人都在这里讨生活。对各种事物（例如汽车、工具、摇摇晃晃的房子和家具）的牢固性

①威廉·卡洛斯·威廉斯：《梦游者》（*The Somnambulists*），第338页。

②《威廉·卡洛斯·威廉斯书信选》，第73页，威廉·卡洛斯·威廉斯写给埃兹拉·庞德的信。

③同上，第60页，威廉·卡洛斯·威廉斯写给路易斯·佐考夫斯基的信，1931年2月17日。

和轮廓也有描绘，其中还夹杂着有关爱情、婚姻、家庭的思考。尽管发现玫瑰被“折出形状/在铁架上”，他偶尔会搭一个框架，把自己醉心斟酌的词句和细节修理成想要的形状。东拉西扯、蓄意找乐和文字游戏形成的序列不禁让人困惑：这些诗作是抽象的拼贴画呢，还是拿手边的材料随手拼凑的呢？我认为有时是前者，有时是后者。

在《四月》和后续的诗歌中，威廉斯开始讲述一个古老的主题：挣脱情感束缚的可能性。“放开它！/让它（随其所愿）再一次来临。”他这样劝告自己。结果肯定有好有坏。有些诗行、诗节就像是随意落在纸上，起承转合没有了，或者只是乍然一现。当他的思绪撞到一个屏障，比如一个恐吓的标牌，上面用粗体的大写字母写着：“买下这栋房子。”这首诗就“随其所愿”，蜿蜒流淌，换上了私下里才说的晦涩难懂的语言。刚迈第一步就碰上了一个自相矛盾的指示牌——停：行。那么，他到底是该停还是该行呢？他拿不定主意，决定两条路都走走看，一路上断断续续收集印象和观感。因而在诗作中偶尔插入幽默的欲望和天真的性幻想，让他心情轻松。看下面这首诗，我们可以想象他在咧着嘴笑：

——她
打开了那扇门！几乎有
6英尺高，我……
想建立一个新国度——

这美妙的一瞥匆匆而过，威廉斯还没来得及在新的王国树立自己的旗帜，便又转向一丝不苟地描绘春天的降临：新芽冒出，花朵绽放，万木抽条，灌木长叶，草地返青。突然，他又推出了自己的首条诗学准则——诗歌应该传达“韵文/的喧哗和真正的声音”——这真是奇怪又笼统，令人困惑。我们可以听到路面上卡车刮擦的咔嗒声，但“真正的声音”对威廉斯来说是什么：是引人入胜的和声，是咆哮的狂风，还是他从厨房窗户边无意听到的街头俏皮话？在《四月》中，尽管声音深化了意义，但毕竟是生硬的句法、胡乱的用词占据了主流；声音仅是次要的东西（而在《满月》中，威廉斯把元韵当作一种韵律进行试验：“好奇成型/让我清醒/困顿不宁”，正好是灵巧、简短的三行诗节）。

在威廉斯创作生涯的这个阶段，关于诗歌形式的发展态势，这个序列可以启发我们什么呢？一方面，清晰缜密的结构仍然不是他的追求或特点。他不担心不规则的形式是否表意清楚，而是要尽力避免读者因为韵律可以预测，而迷迷糊糊走了神。他写的诗行有时像用计算尺和分度器画出或者靠节拍器创作的那般规整，例如《四月》中用首语重复法写的两段冗长烦琐的内容。第一段内容是为一个未透露的故事定下8条“道德戒律”，这是一种单调乏味的驱邪仪式，从“我可以大笑”到“那个红头发坐/在床上她的腿交叉着说着/下流话”，然后，他又插入了第九条陈腐的道德教条：“——道德是爱，哺育来自/心灵、眼睛和手——”（省略了心脏）。但是，爱不能保证个人满意。正相反，他反思：

……在逆流中
在双手能触碰到的地方

与目之所及之间
看到了饥饿

只是想着自己饱了，
无济于事

这一节止于一个双标识号“停：停”。

接下来，威廉斯转向措辞华丽的公共演说：一个政客在政治演说中陈述信条，通篇是陈词滥调。威廉斯不时打断演说，有时是嘘声（“嘘——！嘘——！”），有时是一个抒情的装饰乐段（“追忆海/招摇的李子树/它那花苞/枝叶——”），有时是一个城镇的条例（“树木和角落中间禁止停车”），或者一阵令人想起爱意和放纵的对白（“世界在你身上——/迷失了”）。接着，他不动声色地幽默了一把，可能是一间冰激凌商店的墙上钉着的一张单据，上面标有冰激凌的价格和口味，从昂贵的意式冰激凌一直排到便宜的饼干果子冰激凌，单据前写着“我相信”。这个篇章无法满足诗人早先郑重谈及的精神渴求。

突然，威廉斯的视线又回到树上，只有“看上去已经死了”，接着眨着大眼睛抛出两个性暗示：

枫树，我看到你
分叉处有只松鼠——

悬铃木，有只啄木鸟，
在你的树洞里

他瞥见“一个金发碧眼的胖女人，穿一身紫装”走在街上，便用模板印下大大的“有毒”两个字，并附上药品公司通常用来提醒用户瓶子里有致命物的骷髅旗标志。接着，医院里的箭头指引病人和访客走到“女士病房”或“私人病房”。读者看多了威廉斯的诗，渐渐习惯了他笔下的随意转向，就像《四月》的结尾一样，他循着箭头走进一个完全封闭的空间。“愉快地犯罪之后”，他试图采用扭曲的句法来理解那些回转以及“感情/形式”，然而，他无法把它们解释清楚。

这种随意性是一种现代主义者的痉挛，渗透在整个系列中：树木、大风、鬼怪“逆行、尖叫/狂笑、咒骂”。这像是在一间鬼屋，又是一首诗；荒谬怪诞的词语突然插进来，一起拟声吟唱：“喂——/咔嗒咔嗒咔/嗒咔咔嗒/哇哈哈哈哈/哈哈哈”。所有的一切都服务于自我和超我之间“随心所欲”的搏斗。这首诗飞越了一切，一时滑稽，一时讥讽，一时忧郁，犹如模仿大风猛烈摇晃蓁蓁的树木。排版和间隔表现了威廉斯对挣脱束缚的渴望以及为之付出的艰辛。比起单调的规则，他更偏爱狂欢的激情。他临时将诗人定义为：

一个
其话语会
咬住
他们回家
的路的人——真正
拥有运动的
形式

“运动”是个关键词。有些时候，比如《树木》，韵律整齐，令人愉悦；四行诗《房子》则节奏平淡，但不管话语如何环环相扣，还是不能完全回归到令人信服的自由“运动/形式”。

唯一的例外是《海象》。“海象”是以美国的马戏团经理P.T.巴纳姆为原型塑造的一个怪人（威廉斯曾带儿子去过林林家族巴纳姆和贝利兄弟的马戏团）。海象犹如可以提取鲸蜡油的鲸鱼，因身上长有油脂而遭捕杀，因其长着象牙一样弯弯的鼻子而得名。威廉斯用精确的、令人反感的艺术风格来描述这种奇怪的生物：“一条条鱼落入它的胃囊/囫囵吞下//让鱼滑落到底/反冲回来/半是唾液/半是海水。”它不时吼叫：“嗷！嗷！”这让花钱来参观的观众感到不安。一位女士愤愤不平地抗议这种表演对动物太不人道：“它很了不起，但他们/应该/把它/送回大海/它的故乡。”《海象》的形式开放而灵动。四行诗可以让视点灵活移动，韵律交替转换，轻重相间，缓急有度；音调从招揽生意似的连声叫喊，转换到海象突然爆发的巨大吼声（但我/就是爱。我/从大海里来——），再到奇怪的咕哝和隐晦的类比。显然，诗虽然没有抒情的节奏，但充分渲染了诗歌的声音效果。海象在一群雌海象中间腾跃，象征着性欲的力量，犹如它出没的海洋一样，浩瀚无穷，从中拥有了奇怪的王权。省略号之后，诗歌引用了13世纪的民谣《春天的脚步近了——》，其中的树木和草地迸发生机，布谷鸟在歌唱，处处可闻，并得出一个明显不合理的结论。在诗歌结尾，威廉斯用这种揶揄的方式，嘲讽传统诗歌机械的结尾方式。

在《雨》中，威廉斯重拾旧时风格，大量堆砌词语。后来在戏剧《爱之梦》中，他收录了《雨》这首诗。诗的内容令人苦闷。认真思考一个女人的爱情之后，他总结道，她的爱看似“滋润每一个/开放的/世界上的事物”，“所有的淫荡/在我们的/喜悦中”却不留丝毫希望；根本无力去“改变世界/取悦它”。因为这场雨像“不正当的爱情”，并不仁慈，妨碍了“善良的医师”。他坦言，“我的一生都在/远离爱情”。这些复杂的感情令诗行的排列方式毫无规律，一时聚在一起，一时又碎裂成大量零乱的短语或单个字词。

在接下来的《死亡》一诗中，爱神厄洛斯心绪不佳。威廉斯一反常态，使用了一连串残酷的意象，辱骂解剖台上的死尸，称它是个“老混蛋”“倒霉、凄凉的古董/没有/一丝呼吸”“分文不值”。为什么单单这具尸体冒犯了威廉斯，使他发狂和感到耻辱，个中缘由不得而知；或许是因为它唤起了他心中无法企及、令他备受挫折的爱之幽灵了吧。威廉斯并不担心无限这个命题，也不相信“死亡乃美之母”，更不会像史蒂文斯《周日清晨》中的贵妇人那样做梦怀念“旧时灾祸”或寻找“不朽的极乐”。威廉斯的诗里既没有神性，也没有形而上学的潜台词。直到20世纪50年代得了中风之后，他才开始谨慎地探讨死亡和精神信仰的命题。成年之后，威廉斯一直是公开的无神论者，除了偶尔运用圣经式的韵律和重复之外，从不到宗教中寻找答案和慰藉：他不信来世，却相信自己的诗会走过千秋万代，永世传颂。“梦/要紧追！”紧追艺术上的完美。如此而已。

这个序列以优美的抒情诗《波提切利树》结尾。这首诗曾让威廉斯在1930年获得了《诗刊》保证人奖及100美元奖金。它巧妙地运用干脆利落的对偶句，从慎重的概括到富有音乐性的赞美，因“渴望爱意增长”而“节奏轻快”。字词是诗的构件，它们被安排到句子中，就像自然界中“严格简单的/法则/平直的枝条/通过去尖的方式/被修剪过/假设的颜色、虔诚的/环境/爱的微笑——”。声音、景象、爱意、信念和怀疑交织成清新的结构：这次《夏天》来了，带着平和的心境。生长、衰退、重生，循环往复，略带浪漫色彩，缓解了之前一阵阵的过度紧张的情绪。最终，“感情/的形态像水晶般透明/有个几何面”。

路易斯·佐考夫斯基主动提出精简这一系列作品，威廉斯乐意接受他的帮助。“随意改草稿就是……无论是诗歌、诗歌片段、诗行、词语，所有作品都可以删减，也可以什么都不动，只要随你的喜好或良知。”对佐考夫斯基如此全权授权，表明威廉斯对这位小他20岁的晚辈非常信任，也说明这位年轻人有杰出的编辑能力。佐考夫斯基兑现了承诺，将《黛拉·普里马韦拉·特拉斯波塔塔》精简至30页。1930年版的《意象派选集》是包含前4首诗作的删节版，1934年版的《1921—1931诗汇编》是有轻微改动的完整版。

威廉斯是经过庞德牵线才结识佐考夫斯基的。1928年3月5日，庞德写信给他最新的诗歌助手佐考夫斯基：“关于/私人生活，你一定要去拜访比尔·威廉斯，他是医学博士，住在卢瑟福里奇路9号，见到他就说，是我让你去的。在我所交往的人中，数他最有人文价值。”庞德一直鄙视美国，认为这一片贫瘠的土壤无法培育天才诗人。他一直用老到的眼光审视海外丰富的资源——快速查阅小杂志和书籍，寻找出类拔萃的天才诗人的踪影。这就像一个农民可能会通过浏览波比目录，筛选能顶风抗雨、顺利长成健壮果株的种子一样。要不然，就是像往常一样，年轻的诗人会去找庞德，送一打诗稿给这位拉帕洛的领袖人物，期待获得赏识，得到他的建议或点化。

收到庞德来信的这个人就是路易斯·佐考夫斯基。他是个年轻的犹太人，身材瘦削，相貌平平，有些书生气。他在下东区狭窄的棚屋里长大，自小家境清贫，成年之后生活依然拮据。20世纪20年代，很少有犹太学生能拿到奖学金，但他做到了。在哥伦比亚大学，他加入了一个学术团体，惠特克·钱伯斯也在其中。马克·范·杜伦对佐考夫斯基颇为关照，后来艾伦·金斯伯格、理查德·霍华德、约翰·霍兰德也由他引荐加入了这个团体。佐考夫斯基早期创作的诗歌通常深奥难懂，附庸风雅，但也充满罕见的激情和少年老成的气质。毕业之后，他在东哈莱姆区租了间屋子，打些卑微的零工，闲时拼凑几篇文学新闻稿。

1927年夏，佐考夫斯基将《那》寄给身在拉帕洛的庞德，希望可以在他最新的文学杂志《放逐》上发表。庞德回信说："多谢。首表欢喜。信已收悉。忙过这几周，或几个月后再议。"[①]为了向庞德的《休·赛尔温·莫伯利》表示敬意，《那》从中引用了很多诗句，并像庞德一样把诗行进行排列。这并无大碍，因为这是"出于古老的细脉，心怀善良信念"。为了打动读者，佐考夫斯基在《那》中旁征博引，援引了包括《圣经》、苏格拉底、莎士比亚、马洛、巴赫、海涅、弗吉尼亚·伍尔夫、《荒原》等在内的多部经典作品，并穿插意第绪语、德语、法语、意大利语的片段加以装饰。庞德肯定发现佐考夫斯基回避了传统诗句的排布方式，将《那》分为6个部分，长度和韵律不等，每一部分都有副标题；整首诗330行皆用数字标注，宛若奏鸣曲乐谱上的小节线，音调从诙谐到抒情，再到虔诚。在基础诗学上，这个年轻人无疑是庞德可以通过书信加以提点的人选。

佐考夫斯基听从了导师的建议，写信给威廉斯。威廉斯很快便写了回信："就'人文价值'而言，我想埃兹拉的意思是认为我不能创作。"[②]不过，威廉斯很快缓和了语气。毕竟佐考夫斯基不应因庞德的挑衅而挨他的批评。接着，他邀请佐考夫斯基到卢瑟福来吃一顿"乡村晚宴"。（詹姆斯·朗弗林在《里奇路9号》中替威廉斯记下了这次会面："一次初相识/顷刻变挚友。"）他们一见如故，友谊一直持续到1963年威廉斯去世。

佐考夫斯基的言谈以及对《春天及一切》的赞赏令威廉斯十分高兴，他致信庞德：

> 我欣赏路易斯。他与众不同，见多识广，却谦和达礼，不会被自己所学引入歧途。我对他充满好奇。他的心底如此温柔。这在将来有何用，只有上帝知晓。他没有工作，好像也找不到。他住在出租屋里——

---

①埃兹拉·庞德写给路易斯·佐考夫斯基的信，1927年8月18日。

②《威廉·卡洛斯·威廉斯书信选》，第93页，威廉·卡洛斯·威廉斯写给路易斯·佐考夫斯基的信，1928年。

> 这情形即使不让人绝望，也未免窘迫了些。但他依然过得从容，也很坚强。我很少碰到像他这样的人。他目光敏锐、意志坚定、道德高尚、理性明智、文质彬彬，即使有过错，也令人信服。很有趣。[①]

威廉斯热情评价佐考夫斯基的诗作："好，很好。你的才华世所罕见。"但他的赞扬也有所保留。例如，他对这个年轻人诗中的"平稳轻快的韵律"不太满意。这从下文可以看出：

> 诗是发明，首先在思想，其次才是意象。你早期的诗，思想新而有力，但还没有将新鲜的观察具体化。前面已经讲过，如果这是音乐，这样还不够别出心裁，无法弥补意象上的平淡无奇。诗的语言呆板，受诗歌理论束缚太深。我标记的那一篇除外。
>
> 诗人的眼睛总是最重要的。如果你专心倾听，肯定能够更清楚地听到比以前更新的旋律。
>
> 我愿意向你保证——用心倾听吧。[②]

威廉斯的批评既不是吹毛求疵，也没有盛气凌人，佐考夫斯基对他也没有丝毫怨怼。威廉斯对自己所谈论的内容十分清楚，多年来他一直努力清除自己早期作品中毫无新意的词语。《那》这部作品备受庞德青睐，却没有打动威廉斯。或许是因为意象"被辞藻掩盖"了。庞德经常激烈批判的语序颠倒和禁忌在这首诗中比比皆是，但此时他却视而不见了。威廉斯还恰当地挑出大量抽象的表达："一切生动的过程""战栗的轨迹""我们的意识""存在的根源"，等等。他认为这些都是空想的呓语。

数十年来，虽然年轻的诗人各自坚持不同的路线，但威廉斯一直是他们所敬爱的先辈和赞助人。虽然时间紧迫，但威廉斯总是乐于去阅读新手的诗，或者评论上几句，或者在初次发行的书上写篇序言或简介。每一代新兴诗人都会去卢瑟福拜访他，在那里一谈就是整整一下午。他们的话题海阔天空，小杂志上吹捧的新奇事物、来自波希米亚的小道传闻、行医生涯中的苦乐、查尔斯·希勒的画作，等等，可谓无所不谈。1960年，詹姆斯·赖特

---

①《威廉·卡洛斯·威廉斯书信选》，第65页，威廉·卡洛斯·威廉斯写给埃兹拉·庞德的信，1928年4月18日。

②同上，第101页，威廉·卡洛斯·威廉斯写给路易斯·佐考夫斯基的信，1928年7月5日。

拜访过威廉斯后，对詹姆斯·迪基说道：“威廉斯平等真诚地对待每个年轻人。”[①]佐考夫斯基到威廉斯家拜访时，威廉斯对他大加赞赏，并将他视作终结老一代、引领新一代的代表人物(佐考夫斯基并不喜欢艾略特的诗)。

《日晷》的诗歌编辑玛丽安·穆尔，收录了路易斯的部分诗作。出人意料的是，威廉斯对此不以为然：“《日晷》对我来说，就像是旧年的鸟巢，已经废弃。人人都相信蜘蛛会吐丝结新网。”他向庞德抱怨：“我不喜欢《日晷》的三心二意，任谁说它毫无价值，我都赞同。”[②]不过，威廉斯看到了佐考夫斯基的进步。他对庞德说：“路易斯的第二首长诗写得很好，很严谨，且有怀疑精神，他对抽象的东西有冷静而清楚的认识，这些东西有时会冷冰冰地爆炸，丝毫不动感情。”[③]从这个评论明显可以看出，威廉斯是公正的。别的诗人做了他所反对的事，他仍然可以给予赞扬。

众所周知，穆尔专横霸道，经常改写其他诗人的投稿。威廉斯怨恨《日晷》的缘由却不是这个。与其他同行一样，威廉斯讨厌她过度专制，对诗稿审查太过分，她擅自删减词语、调换行序，为此，威廉斯与她争论多次，要求恢复原样。有时她也会轻微做些让步。不过，最终他也很少会转投别家刊物。威廉斯认为穆尔也有可敬之处——她是批评者的同盟。有时他觉得，她是一个特别的、唯一可以与他并肩为美国现代主义诗学奋斗的诗人。他称赞她既是破坏者也是创造者，这正是他想要扮演的英雄角色。然而，穆尔从未到过里奇路9号，因为她很孝顺，与母亲住在一起，从不离开布鲁克林远游。多年来，威廉斯给穆尔写信一直都很随意，而穆尔却从未成为他的知音。她恪守礼节，从不谈论自己的家庭生活。威廉斯与佐考夫斯基的关系则不同，他们之间哪怕是争论起来也是很愉快的，不过，他们的争吵“像蛇羽一样少”。威廉斯这样评价他与佐考夫斯基之间的谈话：佐考夫斯基既尊重前辈，又敢于表达自己的见解。发现了这样一位年轻的诗人，威廉斯感到喜不自禁。他“鼓励我的构思”并且“激起我对记笔记的渴望”。总之，威廉斯摆脱了郁闷的无用感：“不管我们怎样被人忽视，遭人中伤和冷落，通过诚实的

①《疯狂的完美：詹姆斯·赖特书信集》(*A Wild Perfection: The Selected Letters of James Wright*)，第231—232页，安妮·赖特(Anne Wright)、桑德拉·罗斯·梅利(Saundra Rose Maley)编，纽约：法勒、斯特劳斯和吉劳克斯出版社，2005年。

②《威廉·卡洛斯·威廉斯书信选》，第91页，威廉·卡洛斯·威廉斯写给埃兹拉·庞德的信，1928年8月11日。

③同上，第96页，1929年10月10日。

努力，我们终于找对了人。”①

威廉斯经常委托佐考夫斯基编辑诗作。怎么解释他对这位年轻诗人的信任呢？在诗作中补充“一些清晰或重要的细节”②这方面，威廉斯倒是不必作指导，但对于“解析词语，并将其构思过程融入结构和设计”，他多少还是有点担心。不过，佐考夫斯基在这方面的技艺更娴熟。威廉斯评论自己的诗歌创作：“也许是我那无甚价值的意象派习气作怪，我只是在表面上整合了一堆注定会破碎的东西。”③或许他也相信佐考夫斯基可以帮助自己熟悉美语的韵律，尽管佐考夫斯基并不擅长这个。路易斯听过爵士乐和忧郁的布鲁斯歌曲，对流行音乐喜剧也颇有见解，可以在《那》这部作品中插入一个蹩脚的笑话，但他的品位还是主要偏向古典音乐。他催促威廉斯去看巴赫的《圣马修遇难记》的演出。其实，1924年威廉斯在维也纳早已听过这部大作，并且深为感动。佐考夫斯基希望威廉斯能多关注神圣的宗教剧中庄严的结构及复杂的复调。如果说威廉斯最初不擅长创作复调，到20世纪30年代中叶，在佐考夫斯基的鼓励下，加上自身能力的提升，威廉斯已经可以写出具有复杂音乐结构的诗：尤其是他为老友查尔斯·德穆斯写的挽歌《深红色仙客来》以及《无穷动：城市》。35年来，威廉斯和佐考夫斯基互相阅读诗作，彼此影响，受益匪浅。周五一有时间，威廉斯就会开车去纽约与佐考夫斯基共进午餐。诗歌是他们交流的平台，两人的友谊也因此得到升华。

2

1930年秋天，佐考夫斯基到威斯康星州大学执教。威廉斯觉得佐考夫斯基就像一只飞离巢穴的小鸟，他很想念这位年轻的朋友。虽然经济低迷，佐考夫斯基也不在身边，但学术氛围依然浓厚。很多诗人、艺术家、编辑聚集在格林尼治村的饭馆里，在晚餐桌上热烈讨论政治和文学，互相评论，甚至猛烈攻击对方所写的文章。有时，他们会为引领审美革命而出版一本新杂志；为关系到支持或反对长篇自由诗体的决定性事例作辩护；展示下一个兰波（或者编辑们的个人作品）的诗作；拯救美国诗歌，以免它们落入伺机模

①《威廉·卡洛斯·威廉斯书信选》，第96页。
②同上，第13页，威廉·卡洛斯·威廉斯写给路易斯·佐考夫斯基的信。
③同上，第33页。

仿、自我吹捧的野心家手里；或者替被压迫的群体发声。他们利用所收集到的有限资源，设法赶在杂志停刊前出版一两期。20世纪20年代，英国诗人基思·普勒斯顿创作了一首有趣的四行诗，可以看作这些小杂志[①]的别名：

在所有的文学场景里
这幅景象让我最难过：
小杂志的坟墓密密麻麻
为了诗篇解放而献身

不过，对威廉斯来说，小杂志有力地传播了他的作品。这些小杂志的名字往往极具异国情调， 例如《冲击波》《异教世界》《猎犬与号角》（庞德将其改名为《母犬与喇叭》）、《分离》《金雀花》；只有很小一部分是精心制作的成品，大部分不过是油印纸或是廉价纸张装订制成的。编者通常拿不到任何报酬。20世纪30年代，很多杂志难免就“美学和社会运动孰轻孰重”这个问题争执不下（威廉斯涉足了双边阵营）。以《新大众》《铁砧》和《冲击波》为代表的杂志，受意识形态驱使，坚称个人才干必须为“集体”需求服务。高度的写实主义和宣传鼓动只有像锤子砸在铁砧上一样有力，才能激发美国人的需求，引发变革。这些左翼杂志认为风格、色彩、精妙都是奢靡之物，是特权阶层自我放纵的象征，既琐碎又不相干，应该全部舍弃。为了更好地传播无产阶级的声音，不管他们的诗作和故事如何笨拙平庸，都应该视为艺术。左翼作家提醒大家，经济崩溃正在报复美国普通大众。

失业者和穷人的绝望唤起了威廉斯的同情心，但他一直对从政治局和编委会下达的政治隐语和文艺法令心存警惕。他认为，文学杂志虽然不尽完美，但有助于保持艺术家的想象力不受任何教条的束缚。这并不意味着要取消高雅艺术，将文艺形式和风格视作上等的浮夸风气，或者用抽象的标准来诋毁画家创作的试验性作品，就像唯我论者对自己的邻居所遭受的不幸漠不关心一样。比如，《猎犬与号角》密切关注着像格特鲁德·斯泰因一样的先锋派作家。尽管现代主义文艺作品晦涩难懂，它仍理所当然地将其奉为中心，并定期出版了诸如庞德、史蒂文斯、艾略特等人的作品。亨利·詹姆斯的最新小说备受称赞，因为这些作品风格复杂而文雅，深入探究了意识

① 刊登试验性文艺作品的非商业性、发行有限的杂志。——译者注

和道德生活。另外，它也允许林肯·柯尔斯坦用敏感有力的笔触去描绘詹姆斯·卡格尼的电影。电影中，一个演员扮演了出身于贫困工人家庭、依然“系在妈妈围裙带上”的爱尔兰流氓[①]。

理查德·约翰斯的《异教世界》热切地约稿威廉斯的诗歌和故事。约翰斯是一个富商的儿子，自身也是非常好学的读者，自学了现代主义的主要课程。约翰斯意识到自己的诗作无法登峰造极，便决定发行一本小杂志。父亲为了鼓励他，提供了启动金。约翰斯是威廉斯的狂热粉丝。威廉斯的小说《异教世界游记》完成后，他问威廉斯是否可以将杂志命名为《异教世界》，主动邀请他担任合作主编。威廉斯很高兴，同意将杂志如此命名，却拒绝担任主编。威廉斯乐于做一个顾问和侦察员，而不想为琐碎的编辑工作操心。

杂志尽管名为《异教世界》，却不想发表欧洲作者的作品。其实它的副标题《本地季刊》已经说得很明白。约翰斯偏向折中主义，在政治和文艺问题上既不独断专制也不会实行沙文主义。从1930年春到1933年2月，他推出了12期，从花名册上的各色诗人和小说作者身上，我们可以看出杂志的取向：格特鲁德·斯泰因、肯尼斯·雷克斯罗斯、约翰·多斯·帕索斯、E.E.卡明斯、厄斯金·考德威尔、帕克·泰勒、佐考夫斯基、庞德。1933年2月，约翰斯办的杂志因缺乏资金被迫停刊。威廉斯在《异教世界》上针对小部分有辨识力的读者发表了一些试验性作品，包括诗作、白话短篇故事和连载小说《白骡》的几个章节。约翰斯是一个“对现代作品相当狂热、执着的人”，一个“古怪的家伙，十分可爱，颇有本事”，威廉斯这样写道。

受众不广一直是威廉斯心中永远的刺。几乎所有与他相关的文学杂志，《其他》《过渡》等，都销量很低（《诗刊》是例外，但是订阅量也不大）。现实令人沮丧。但威廉斯没有退却。他先后担任了多家杂志的创办编辑、顾问、投资人、投稿人和审稿人。他怀揣着浪漫的梦想，渴望发现一个新的艾米莉·狄金森，重整美国诗歌。为此，他不惜向朋友和陌生人征稿，编辑诗歌和故事，既写拒绝信，又写措辞严厉的批评稿，终于出版了几期刊物。这份苦差事让他身心俱疲。筹集印刷资金也让他十分头疼。杂志的债权人上门讨债，弗洛斯看到威廉斯掏空口袋打发讨债人，很不高

---

①《猎犬与号角》（*Hound and Horn*）1927年由林肯·柯尔斯坦（Lincoln Kirstein）和瓦里安·弗里（Varian Fry）创办，他们都是哈佛大学的研究生。柯尔斯坦的父亲是法林百货公司的总经理，为他们提供赞助。1930年，他们转移到纽约，刊名最初为《哈佛杂记》（*The Harvard Miscellany*），后来易名，不再强调哈佛特色。这份刊物中刊载了少量威廉斯的作品。

兴。当发现那些来稿者已经才思枯竭时，他突然有了一种醒悟：这么辛苦地写作，到底有什么意义呢？

尽管工作琐碎，满心失望，威廉斯还是决定重办《接触》，由年轻的天才纳撒尼尔·韦斯特担任副主编。韦斯特得到了马丁·卡明和大卫·摩斯的举荐。他们是韦斯特的达达主义作品《巴尔索·斯内尔的梦幻生活》的出版商，也为《接触》的再版筹集过资金，威廉斯无条件地答应下来。不过，他很快开始欣赏韦斯特细腻的风格和他对很多美国人古怪地与社会隔绝的看法。尽管无须背负财务责任，威廉斯还是无法全身心地投入这场冒险；他比摩斯更欣赏卡明，但觉得这两人对一本文学杂志的影响怀有不切实际的期望。威廉斯希望出版商不要损害他作为编辑的独立性，但这是他必须处理好的另一个敏感地带。他尽职尽责地从特立独行的作家那里收集材料，其中有很多是他的朋友——卡明斯、佐考夫斯基、伯克、诗人乔治·奥本，等等。他在第一期杂志上就一扫过去的萎靡气象，开门见山，挑起了论战，与他在20世纪20年代早期旧版《接触》中吹响的战斗号角遥相呼应。这本杂志要“抛开欧洲的指南针，在美国丛林中独辟蹊径”。威廉斯步履维艰地“穿过丛林”，发行了3期杂志，唯一点燃他热情的诗歌是查尔斯·列兹尼科夫的《我的祖国“属于你”》（后来更名为《证言》），唯一让他满意的小说是韦斯特《孤心小姐》的节选。每当与佐考夫斯基提起《接触》，威廉斯的语气总是充满阴郁、沮丧和懊恼：“（对这本杂志）我几乎绝望了。枯燥烦琐——不是什么好工作。我说不清：季刊不能仅用作消遣，如果可能，还要有意义。”[1]几个月之后，他发牢骚说，“当一个人想做些真正的事情时，墓碑的灰烬会将他埋葬。”[2]韦斯特动身去好莱坞寻求更好的发展；杂志的赞助人纷纷对发行杂志的开销及威廉斯个人表示了明确的不满；比尔递交了辞呈。《接触》很快就停刊了。

3

多年以来，威廉斯一家避暑的去处有两个，一个是祖母韦尔科姆的小屋，在西汉文市附近的长岛湾；另一个是纽约门罗附近的赫尔曼农场，偶尔

① 《威廉·卡洛斯·威廉斯书信选》，第133页，威廉·卡洛斯·威廉斯写给路易斯·佐考夫斯基的信。
② 同上。

他们也去佛蒙特州威尔明顿市。1931年夏，他们的儿子都长大了，有了自己的规划，比尔和弗洛斯可以自由地旅行了。弗洛斯提议来一次为期两周的水上旅行。从加拿大的蒙特利尔出发，顺圣劳伦斯河而下，横穿圣劳伦斯湾，到达纽芬兰岛。这条路线是逆流而上的水路，只有小部分来自格陵兰和冰岛的勇敢航行者们曾经过这条路线去探索新大陆。弗洛斯和比尔都很享受蒙特利尔的大都市气氛。但比尔又迫不及待想去拉布拉多了。他在《自传》中提到“我见过的人、去过的地方都深刻影响了我的后期创作。我头一次渴望放弃城市生活回到原野的怀抱。原野就在我的眼前，一望无际，如果我想去旅行，可以从北岸、戈德布、七岛地区一路到达北极”[①]。儿时当一个森林居民的梦想又涌上心头。原野拥有粗犷的魅力，即使在夏季也一样。数百条爱斯基摩犬嗷嗷叫着争抢投给它们的鱼肝，这一情景使威廉斯想起一群“野蛮的野兽”。他得出结论：“我们生活在污秽之中，在污秽里进餐、饮水、沐浴；我们千方百计，靠它生长/我们在原始与纯粹之间窒息。”“美国的纯产品”长成一大群邋遢的女人。在“原始与纯洁之间”没有过渡地带。这次旅行的尾声令人难忘，威廉斯感觉自己就像一位苦行僧在苦修肉体。他脱掉衣物，一头扎进“极度冰冷”的北大西洋海水中，“贝壳似的岩石”割伤了他的肚皮。“在北冰洋中独自沐浴，有种很奇怪的感觉。”最后他这样写道。这次旅行激发他写了一首短诗——《鳕鱼头》。这首诗自然韵律结构复杂，所以比较知名。海浪“汹涌澎湃”；“杂草/绳索、茎叶、残骸”漂在海面；几㝷深处，鱼群“疾翔”“海底”“滑动/绿影斑驳/沙堆后移”。威廉斯印象最深的是沙滩上碎裂的鳕鱼头，海浪将它们冲洗得干干净净，“遍布在红色的粗砂之间”，或漂在水面上（鳕鱼是拉布拉多和纽芬兰海域的主要水产）。

4

威廉斯以短篇小说作家的身份，发表的第一个成果是1932年的小说集《时代之刀》，由科内尔大学年轻的西班牙语教授安杰尔·弗洛里斯出版，头版印刷了500份。安杰尔经营着一家名不见经传的出版社，他在两个月内就成功出版了这本包含11篇故事的书，但大多数都没卖出去。威廉斯在《自传》中回忆，3年之后，他的一个医生朋友在大西洋城参加会议，看到一个商

①《威廉·卡洛斯·威廉斯自传》，第274—275页。

人在木板人行道上叫卖100本《时代之刀》，每本只要50美分（降价90%）。他的朋友干脆将这些书打包装船，运到里奇路9号，将其束之高阁。

在《我想写一首诗：诗人作品自传》中，威廉斯提到：

> 这些故事都跟我在乡下认识的人有关，是我那些朋友的群像。大萧条时期的生活画面，穷人的困境，给我留下了深刻的印象。我能够强烈地感觉到它的真实性。乡下缺少进步的观念，这让我怒不可遏。我觉得自己好像是个算不上激进分子的激进分子。在一个富裕的国家里，穷人的生活却很贫困，我记下了所见到的一切。时代是一把屠杀他们的利刃。我满怀同情，对他们在磨难中创造的奇迹感叹不已，而他们对待周遭环境却是如此乐观。我甘愿为他们做任何事，不愿意把他们看作一事无成的废物。这一点，我想我做到了。

这篇文章重点在于突出威廉斯对贫穷病人的倾力付出。这些病人有的来自帕塞伊克，有的来自林德赫斯特以及临近的城镇。契诃夫对农民穷困潦倒的处境表示同情与愤慨，威廉斯对他的病人也有同样的心情。在故事里，威廉斯探讨了“萧条时期”对穷人的毁灭性打击，但这不是他唯一的主题。他的故事里有各个阶层的代表人物——如流浪者、骗子、自我沉醉的乡村俱乐部成员、无私的护理人员、强硬的种族主义者、占有欲强的母亲和被遗弃的儿童、受虐待的主妇、农民等，还有不听威廉斯劝告、拒服抗梅毒药的病人。遇到不顺心的事，威廉斯通常都一笑置之。他同契诃夫一样，很少盛气凌人地对心怀疑虑的病人进行说教；他容忍人类的种种缺陷，但有时不免流露出怒气和厌恶。在《石头脸》中，他对一对犹太移民夫妇心怀敌意与成见：“这对夫妇一提到钱，脸色就变了。”①在开始谩骂之前：“我心想，这种人就该进诊所。我可不是为了他们自找麻烦，总之不是那一天。他们只是傻大个儿。凭什么让他们到这个国家来？看看他们那副样子，充其量是半个蠢货。”在故事的结尾，威廉斯又重新回归一贯的善良形象。

然而，读者不免感到好奇，他的内心隐秘处究竟是多么黑暗才会滋生出这样浓重的仇外情绪和扭曲的言辞（说话人并不是一个虚构的代言人）。不幸

---

① 威廉·卡洛斯·威廉斯：《威廉·卡洛斯·威廉斯故事集》（*The Collected Stories of William Carlos Williams*）中的《石头脸》（*A Face of Stone*），第167页，纽约：新方向出版社，1996年。

的是，威廉斯还有恶劣的语言攻击行为。他在写给庞德和肯尼斯·伯克的信中，随意使用了“犹太佬”和“黑鬼”这些词语，虽然他并不认同庞德的观点——犹太银行家参与了控制货币供应的国际阴谋。威廉斯也不认同T.S.艾略特高高在上、道貌岸然的反犹太招牌。但是，恰恰就是因为他尊重不同种族的病人，尊重他们的宗教，与佐考夫斯基和列兹尼科夫一类犹太诗人交好，才让他陷入了混用歧视性国际语言的尴尬境地。

另外，威廉斯在《时间之刀》中还用了一种迷惑性的朴实技巧。同契诃夫一样，他将欢笑与痛苦、分离与亲密结合在一起。节奏舒缓，音调轻快，却不会像在餐桌旁纺成的丝线那样松松垮垮。威廉斯曾在娜塔莉·巴尼的花园里情绪失控，在巴黎遭遇女同性恋时很不自在，但他却讲述了两个已婚妇女之间的感情，她们从少女时期就是好朋友，各自成婚生子之后仍然感情亲密，威廉斯是以微妙的开放心态揭露女同性恋之间的激烈感情的。他理解曾经压抑的情感突然爆发会是多么强烈。艾瑟尔想要挣脱束缚，是非常强烈的肉欲，而莫拉更谨慎些。友人的情欲感染了她，她感到既新奇又“害怕”，但情感上却不怯懦：“艾瑟尔曾经乞求莫拉去拜访她，去找她，至少陪她待上一周，和她一起就寝。何乐而不为？”[①]在《水手之子》中，威廉斯对同性恋的恐惧有时会转换成对非正式的同性感情平静而公正的理解。同样，在《帕斯耐克的多彩女孩》中，他欣赏黑人女子的美和性欲，称赞她们生机勃勃的独立性。他超越了狭隘的种族偏见，故事中没有丝毫厌女症的痕迹。

5

身为马克思主义者团体成员，佐考夫斯基认识了乔治·奥本。乔治是纽罗谢尔的一位富商之子。他们结交后创立了一个团体，成员除了佐考夫斯基和奥本之外，还有查尔斯·列兹尼科夫和卡尔·拉科西，威廉斯也在其中。哈里特·门罗给他们贴上一个标签——客观主义派。佐考夫斯基不喜欢这个称呼，拉科西认为这个标签不能如实描述他们的工作，因为他们没有公认的确定的诗学观念。他们非常谦虚，认为自己不像未来主义者一样发起运动，没有包含革命内容的任何宣言。如果一定要说有什么不同，那就是他们过于沉默谨慎了。1930年秋，门罗邀请佐考夫斯基编辑一期诗歌精选，出版一

① 威廉·卡洛斯·威廉斯：《威廉·卡洛斯·威廉斯故事集》中的《时间之刀》，第6页。

期《诗刊》，他非常不情愿地接受了任务。他自然而然开始选编包括威廉斯在内的朋友们的作品。所有人都没有预料到，这期杂志后来以《客观主义派选集》的书名再版，竟成了美国诗学的一座里程碑。

客观主义可追溯到意象主义。庞德一直倡导用简洁的方式来描述客观事物，威廉斯发现，意象派的简洁有助于抑制自己浪漫派的冗长啰唆。事实上每10年，都可以在他的诗歌中找到意象主义的痕迹。作为医生，他习惯于关注疾病本身的真实情况和症状。他必须了解肌肉萎缩程度，心脏瓣膜是否出了问题，肿块是否会导致失明。他明智地提醒医生和诗人“紧紧抓住事实”。但他自己从来不迷信科学事实。他强调说，客观性非常重要，但客观性不能诊断复杂的疾病，也不能形成令人愉快的演讲韵律。他认为，客观性需要适当的主观性来平衡，主观性属于直觉和想象的领域。这种观点（“哲学”用在这里太浮夸）体现在他细致观察和描述周围一切事物的方式中。他和佐考夫斯基是好友，自然会与客观主义派诗人联盟，尽管他一贯身处这场运动的边缘。

在诗学中心有一个不情愿的路易斯・佐考夫斯基，在金融中心有一个谦逊的乔治・奥本。尽管家里的钱足以让奥本和妻子玛丽在国外生活，但他们对此事从不感兴趣。奥本是个有原则的人，他的政治行动始终发自内心：他认定希特勒是个可憎的危险人物，参加了第二次世界大战，在突出部之役中负过伤。在议院反美活动团体的听证会上，他英勇无畏，拒绝透露其他同伴的姓名。尽管他们厌恶国外社会的混乱，但更不喜欢美国国内的“恐怖”气氛。他们逃到墨西哥，在那里居住了很多年，直到1958年才返回美国。无论如何，1932年，奥本在人才济济的客观主义派学者中都是一位重要人物，与其说是因为他写的诗，不如说是因为他资助了其名古怪的《敦促》。这本杂志虽然发行时间不长，但地位卓越，出版了庞德的《阅读基本常识》和《浪漫精神》以及威廉斯的《一部中篇小说和其他散文》，其中包括了一系列即兴创作的文章。与威廉斯在《地狱里的科拉》中的评论、文章和声明相比，这些作品才思更敏捷，经验更丰富，其中还有格特鲁德・斯泰因和玛丽安・穆尔的经典篇目。威廉斯与奥本关系一般，但他们的交往关系是诚恳而专业的。《敦促》将《一部中篇小说和其他散文》从低潮中拯救出来。[1]

①威廉・卡洛斯・威廉斯曾在《过渡》（*Transition*）上发表了其中三个章节，南希・库纳德拒绝在自己的“时分出版”（House Press）丛书系列中发行。

威廉斯称《一部中篇小说和其他散文》是自动写出来的，这种说法容易引起误会。这可不是他的打字机从一个沉迷于毒品、酒精或词语而意识不清的人那里自动听写完成的。像瓦格纳的《齐格弗里德》一样，《一部中篇小说和其他散文》里有很多主乐调。1929年的流感传播逼迫威廉斯加快行动，他的洞察力迅速提高："无时无刻不在观察。"他写道。脑海中掠过一个又一个想法和意象，却没法停下车，在前座垫上把它们记录下来。他一定相信其他想法和短语会取而代之。这没有错。但创作的渴望是"一副强烈的迷魂药"，一种"难忍的孤寂"急需在纸上发泄。他写作是为了告诫我们，"寻求放松，寻求安慰。清空我的头脑，擦亮我的眼睛，直到可以看到、听到、了解、推论，最终构成现实。"[①]这位医师这样治愈自己。威廉斯对写作的贡献与对病人的付出一样多。流感肆虐期间，他在一个个病人之间奔波。在创作《一部中篇小说和其他散文》期间，不断响起的电话铃声时常打断他的写作。威廉斯无法对此置之不理。

威廉斯承认，《一部中篇小说和其他散文》吸收了达达主义元素，并显示了"超越传统散文的一大飞跃"[②]，但这不是野蛮的无政府主义。虽然有时他会把逻辑与线性关系抛诸脑后，但还是会注意设计和结构。他断言，"对教条主义条条框框的膜拜是我们真正的敌人。"[③]即兴创作混合了嬉皮笑脸的幽默和深刻的沉思，摒除了迟钝和陈腐。《爱召唤我们去亲近世上的一切》，理查德·威尔伯用这个题目创作了一首美妙的诗歌，《一部中篇小说和其他散文》呼应了这首迷人的旋律。威廉斯的散文像蜂巢一样，充满了"真实"的细节，节奏匆忙、散漫，但一些细节仍会显现出来。有时候"这个世上的事物"传递的消息冰冷残酷，比如从流行病疫区发来的调遣令就是这样。有一次，威廉斯开车去诊治一个患者，他像被施了咒语，迷上了一棵光秃秃的核桃树，在凛冽的寒风中裸露着身躯，形状、纹理和木质都清晰可辨，盛夏时繁茂的树叶却掩盖了一切。实际还包括一些夫妻之间的对话片段。在《一部中篇小说和其他散文》中，弗洛斯和比尔的对话重现了这对和合夫妇之间彼此逗趣的场面。弗洛斯可爱迷人、意志坚定，在书中很早就出场了。她

---

①威廉·卡洛斯·威廉斯：《一部中篇小说和其他散文》(*A Novelette and Other Prose*)，第289页，1921—1931年。

②《我想写一首诗：诗人作品自传》，第49页。

③马克斯·纽伯格(Max Newburger)：《一部中篇小说和其他散文》中的《想象》(*Imaginations*)，第279页。

在追一只逃跑的猫，小心躲开利爪，成功捉到了猫。威廉斯将内心想法和对创作的痴情用简单的词语解释给弗洛斯听。“你、我、我们。”[1]他总结道。“在这几天的专一生活中，婚姻和写作融合在一起，现实生活中既有生命的严谨态度也有日常琐事，我把点点滴滴汇总起来，所写的不正是你所观察到的吗？”弗洛斯的确理解和欣赏他的“专一”，并且不会被吓到。这种“专一”意识以及没有其他女人试图引诱她的丈夫，让这对夫妇在《一部中篇小说和其他散文》中亲密无间。“威廉斯在压力下对现实形成的观念”[2]，韦伯斯特·肖特明智地指出：“就是这部疯狂、专注又充满爱心的作品。它就像生命本身一样，既有理性又有非理性。”

尽管《敦促》停刊了，奥本还是继续投资支持新的工作。客观主义出版物《诗刊》的成功令人倍感意外，他们决定由客观主义学派出版社赞助将其重新刊印成书。在《自传》中，在布鲁克林的哥伦比亚高地奥本的公寓里，威廉斯描述了这本探索性新刊物的创办过程。查尔斯·列兹尼科夫也参与了创办，值得一提的是，威廉斯在列兹尼科夫的姓名后附加了一条注释“与众不同的法学家和诗人”，却没有为奥本写一句赞美的话。威廉斯很尊重奥本的第一本书《离散系列，1932—1934》，因为其“技艺高超”“结尾行文紧凑，结构契合，毫不突兀，既没有洛可可式的过分华丽，也没有水泥圣像般的僵硬”。这些评论恰到好处，因为奥本曾经在工厂里做木匠活，重视工艺。回顾《诗刊》中的这本书，威廉斯称赞它“紧抓本质，严肃的新秩序得以实现”[3]。他补充道，“某种意义上，它是实验室里的实验品，当一个人认为他所相信的利益有迹可循，很可能会沿着这条路继续调查下去。”他并非极力赞同奥本的方法或材料；他支持他“质朴的语言”和“取自演讲的韵律”：极简抽象派的艺术架构可能只是当代诗人立足的基础。

奥本《离散系列》的题目指的是列克星敦市大街地铁的站点——14、28、32、42——也指数学概念，其中“每个词都来自经验，是合理的，不是来自前一个词”，这是奥本在《纽约城市生活》中所使用的结构。理论上这个概念行得通，但在实践上，由于他用同样平白的语调描述交通、人群、窗槛

---

①威廉·卡洛斯·威廉斯：《一部中篇小说和其他散文》，第294页。

②韦伯斯特·绍特：《一部中篇小说和其他散文》中《想象》的序言，第271页。

③威廉·卡洛斯·威廉斯：《有话要说：威廉·卡洛斯·威廉斯致年轻诗人》（*Something to Say: William Carlos Williams on Younger Poets*），第57页，詹姆斯·E.B.布雷斯林（James E.B.Breslin）编，纽约：新方向出版社，1985年。

花箱里的天竺葵、躺在床上的穿丝绸长袜的女人，他的句法便难以有韵律地推进，语言显得相当涩滞。长久以来，奥本认真建立起“一道抵抗主观主义的防火墙”（借用评论家罗丝·菲尔德的话），诗歌好像被打倒了，茫然无措，为了自身的利益而过分谦卑，各自为战。请看两个有代表性的例子：

（一）
这片土地：
这些山，稻草下圆圆的；
一间房子
僵枯的树木
招摇
一个家庭洗衣坊，
窗户上的玻璃

（二）
没有风俗的间隔
你的身体在阳光下。
你？一个坚硬的，这条裙子
坚持，
你的信念不重要，你附和别人的话？
现实的膝盖：
是你，真正
超越那些植物，
草地所有的——比那些
更直白。
弯着腰，你的肘拄在车边
像夏天隐姓埋名于
力学。

第一首诗读着像意象派诗人的习作，死气沉沉，毫无魅力，像房地产代理商出售房子的告示。句法像大树躯干般僵硬，讲话人声音遥远，置身于情景之外，诗句的跨行和空白间隔让读者无法理解。第二首诗的措辞既正式又古板。“是你，真正/超越那些植物”，这是他对妻子奇怪的赞美——玛丽是奥本一生的挚爱。谁也不会期待一个吟游诗人说一些放肆的言论或者色欲暗示。奥本在《离散系列》中一直保持清醒。但是，读者们也期盼能在一整篇的单调中听出一些富有激情的变化。从诗人冷淡的语言中，人们可以领悟正直的道德，但是将女人弯曲的肘比喻成“像夏天隐姓埋名于/力学”，实在太牵强。奥本一心追求精准的概念，摒弃了情感共鸣，他的诗歌常常缺乏音乐性，平淡苍白。为公平起见，后来他把韵律学定义为“严密的音乐——拒绝所有不应存在的鼓吹，所有欢快的和声，所有的欲望和感情，它是一种非常简单的音乐，只有意象和真诚的言语”①。批评家艾略特·温伯格巧妙地将奥本的观点总结如下：

> 奥本的标准，或者说他执意追求的，是诗歌中的“真诚”，庞德塑造人的表意符号就是以此为依据的。他坚持认为，写作只能是自己看到的事物和“看”本身的动作：他在诗中提到的天使都是沙特尔（法国博斯首府）的窗子上真实存在的（这种坚持导致了对超现实主义表现形式的彻底摒弃，他将其看作逃离而不是进入当前现实的路径）。在美国诗人中独树一帜，他的作品中几乎没有神话参照，没有神话人物，没有新奇事物，没有虚构人物，只有一两个从过往历史中摘取的参考事例，几乎没有明喻：在奥本的世界里，事物不会“相像”，它们就在那里，就在你眼前，带着醒目的感叹号。②

奥本一直坚持这种对语言自我克制的观点，“真诚”和“诚实”迫使他藐视菲利普·西德尼爵士著名的诗歌定义“虚构的、显著的道德形象”以及“都是鼓吹，都是甜蜜的和谐”。恰恰是那教条的“都”，极大地限制了虚构。奥本的“诚实话语”往往代表着单调乏味、平淡无奇的写实主义。他后期的诗作只是比《离散系列》中的稍稍柔和一些而已。

1934年，《离散系列》出版后不久，奥本宣布放弃诗歌创作，加入了共

①乔治·奥本（George Oppen）：《散文集、日记和报纸》（*Selected Prose, Daybooks and Papers*）中的《论诗歌》（*Statement on Poetics*），第49页，斯蒂芬·科普（Stephen Cope）编，加利福尼亚伯克利大学出版社，2007年。

②艾略特·温伯格（Eliot Weinberger）：《待售的橘子和花生》（*Oranges and Peanuts for Sale*）中的《当时的奥本》（*Oppen Then*），第5页，纽约：新方向出版社，2009年。

产党，把时间和金钱投入共产党组织的日常事务中去。客观主义派出版社倒闭之前，出版了威廉斯的《1921—1931诗汇编》，这是首部怀旧诗歌选集，他称之为"我这一派的一个可爱姿态"①。威廉斯51岁那年，已经到了他多产的创作生涯的晚期。这个时候推出他的典范作品，委实有些为时太晚。但威廉斯没有抱怨。这部选集有134页，足以让读者充分认识到他的多才多艺：《只能这么说了》和《像猫一样》这样和蔼可亲的诗，即便是刚接触诗歌的读者也能读懂；同时还有达达主义风格的系列诗歌《黛拉·普里马韦拉·特拉斯波塔塔·奥·茉拉勒》。

即使有庞德和玛丽安·穆尔的大力宣传，诗集也才卖出500本。这个数量即便是在萧条时期也少得可怜。更糟糕的是，华莱士·史蒂文斯写的序言比诗集本身更加引人注目；史蒂文斯批评威廉斯"反诗学"，这个词语深深刺痛了他。虽然威廉斯有时也会用这个词将自己的诗和胡编乱造的抒情诗区别开来，但他觉得史蒂文斯的话会误导别人。威廉斯认为，对于创作来说，现实与想象力同等重要。史蒂文斯认同这一观点。但比起威廉斯，史蒂文斯更是个酷爱幻想的唯美主义者，威廉斯即使是在最顽皮嬉闹的时候也比不过他。在威廉斯的诗歌里，长者不会像花花公子一样，透过单片眼镜凝视这个世界。威廉斯的《1921—1931诗汇编》收录了《佛罗里达：1924》，诗中嘲笑史蒂文斯在《小风琴》中类似希巴利人淫乐的措辞："橘色/麦芽酒和百合花//黄玉的橘色，红头发的橘色/陈皮酒的橘色/台伯河的橘色//浑浊的，底部的橘色/缅因州河水里的石头……"他戏称史蒂文斯在诗歌中的人物角色是木槿花，嘲笑他爱用韵脚、抑扬格和规则。威廉斯开玩笑说，他曾告诫自己要避开这些。"通过模仿无知觉的/混乱的野生事物"他嬉皮笑脸地兀自站着，像一个扔炸弹的、危险的诗学无政府主义者，像"品评断瓦残垣的鉴赏家"一样自我谴责。在诗的结尾，他对患者佩吉·莱德做了一次尿检，"扔进酸里"，发现她的尿液里"清蛋白含量很低"。这也并没有得罪史蒂文斯。

史蒂文斯的确对威廉斯偶尔的多愁善感有一些合理的抱怨，但诗歌多面性的本质最让这位挑剔的哈特福特诗人恼怒。他还在早期的一封信里对威廉斯喜欢用零碎的片段表示了同样的反对。威廉斯曾经在《地狱里的科拉》的序言里转引过他的话以作嘲讽。也许是因为史蒂文斯拥有贵族式的品位，爱好无韵诗和柔和的抑扬格五音步，对丰富的文字的结构有种温和的直觉，因

①《我想写一首诗：诗人作品自传》，第5页。

此，没有抓住或者说误读了威廉斯在《1921—1931诗汇编》中的努力。在这些诗中，威廉斯认真探讨和试验了符合美国语言特质的新句法模式、新韵律组合，他并非是迷恋惠特曼“粗俗俚语”的自由诗的草莽之徒，也不是只建空中楼阁、不顾根基的空想诗人（威廉斯偶尔也会扮演一个喜爱违反正统礼仪、吓读者一跳的俗人。他并不反对这样做）。怀旧集里的《海象》《年轻的美国梧桐》以及《春天及一切》中的所有诗篇，可以让史蒂文斯看到，威廉斯的诗歌并非无缘无故地胡乱拼凑，而是字斟句酌地认真创作出来的。史蒂文斯的想象力确实不凡，他比威廉斯更能理解哲学的抽象，就像一个仔细注视精算表的保险总经理那样精细。而威廉斯是一个不断探索体肤之痛的医生，他的想象力根植于具体的事物。他脑子里铭刻着肌肉、器官、关节、组织、神经等的联系。他不是反传统诗体的“堂吉诃德”，史蒂文斯有时想把这个名声安在他的头上。

1935年，《1921—1931诗汇编》出版后仅隔一年，《早年殉道者及其他》由阿尔克斯提斯出版社出版。就自我肯定、形式控制和内容而言，新的诗集取得了重大进步。由于整个国家陷于经济大萧条，威廉斯回归到了社会这个主题，但他对“无产阶级”（反语）的描画让理论家沮丧，因为他并不认为穷人是资本主义不幸的受害者。相反，他捕捉了他们作为普通人的生活瞬间。在《致一位贫穷的老妇人》中，老妇人在街上吃李子，完全沉浸在吮吸李子甘甜的愉悦之中。但是诗人的魅力在于用韵：他在安排“她觉得滋味不错”的句子结构时，用了两个不寻常的断句方式——“她尝着滋味/不错。她尝着/滋味不错”，就像稍稍断裂的圆一样，用微妙的切分音来增加听觉效果。这个重复不同于传统的副歌，尽管其中隐含一丝回声效果。通过这个变化可以看到：威廉斯正面描述了这个场景，角度又稍微偏离了中心。

“工艺是完美的注意力”，这是诗人罗伯特·克里利的格言，与威廉斯和《无产阶级肖像》的主题都很契合。背景还是大街。“一个没戴帽子的高个儿年轻女子/穿着围裙”，停下来拔掉鞋里一直扎脚的钉子。还有什么能比这样的诗句更简单？在11行诗句里，威廉斯唤起了成功创作诗歌及顺利完成动作所需要的专注与平衡（身材高大增加了她的动作难度）。年轻女子的无产阶级身份只是捎带一提而已。她是她自己，而不是受压迫阶级的代表——一个没钱修鞋的工人阶级女子。

威廉斯描绘过两次穷人的困境，一次是在标题诗里，一次是在《游艇》中。两首诗中，《早年殉道者》迄今为止都不尽如人意。这是一首政治寓言诗，曾招来很多愤慨的社评。诗中讲述了爱尔兰年轻人约翰·科菲到约翰·沃纳梅克的商店里偷皮衣，目的是得到在法庭上申诉的机会，把不公正的经济制度押上审判台。可是，他反而被送去了新泽西的马塔瓦精神病院。他与另外两位室友几次逃跑未遂，最终获释，表面上的理由是收容所太拥挤了。以上是故事的梗概。在威廉斯的手中，它变成号召人们继续反抗的战斗口号(他将其比喻成尖厉的“工厂汽笛”的号声)，继续坚持抗争，与腐败、堕落的民主战斗到底。

威廉斯用《早年殉道者》向科菲致敬。科菲不是为神圣事业牺牲的革命圣徒，他只是个善良天真的普通步兵，被警察逮捕，单独监禁起来(这位英俊的爱尔兰青年，被捕前在格林尼治村的波希米亚边缘地带活动，与诗人露易丝·博甘有过短暂的暧昧关系)。这首诗很平淡，一副说教腔调，偏向于政治话语。《游艇》则正好相反，是一首技巧熟练、扰乱人心的政治诗歌，其中有33行结构紧凑的诗句，描述了贫民与富人阶层在美国大萧条时期的巨大差距。海洋——“没有管束”“冷酷无情”，淹没了很多条大船。但顶尖富豪们可以购买豪华游艇以躲避狂风和大海的冲击。威廉斯用灵动的语言描述游艇平静的美和傲慢姿态：“像迷雾中的飞蛾，不时闪光//晴空下闪耀，鼓蓬蓬的帆/顶风滑行，尖锐船首/翻搅碧波。”平和闲适的韵律表现了船主的高枕无忧和自鸣得意。所有船员像蚂蚁一样“匍匐”在船上，“整理”船首的、放帆的、变帆的、把握风向的，各司其职。大萧条时期的船员各有一手绝活。诗的第五节，威廉斯又一次将我们的注意力转移到了游艇的卓越性能上。与之形成对照的是，“大大小小的手艺，奉承者，缓缓地/匆匆地跟着他们”，朝气蓬勃的游艇“稀少/像欢乐的眼中射出的光芒，优雅动人/一切完美无瑕，自由/自然令人向往”。游艇驾驶员占据优势，乘风破浪，腾跃自如，在生命中顺利航行。接下来，诗歌的最后3节突然转向：

胳膊和手贪婪地抓紧船艏。
身体悠来荡去，被甩到一边。
所有人满脸挣扎与绝望。

这场搏斗才开始，就让人惊恐不已，
海里横七竖八全是湿漉漉的尸体
迷失在这个无所把握的世界。破碎，

挫败、孤寂、从死亡中伸出手，等待被救起
他们号哭着，完了，完了！他们的哭喊声
在波浪间回荡，此时，轻捷的游艇从旁边划过。

把穷人突然安置在一个完全陌生的环境中，对他们而言，一场帆船赛是聪明的尝试。威廉斯可以揭露无视穷人、残酷地凌驾于穷人之上的富人，将他们弃如敝屣。一旦海上失事，人漂浮颠簸在水面上挣扎，或紧抓船首哀求救援，“等待被救起”，这样的场面让人心惊胆战；发自波涛间的呼喊（恰当的双关语）会让读者脸色煞白，却打动不了冷漠的富人。威廉斯巧妙铺陈，将悲惨气氛推向高潮，丝毫未减弱杀戮带来的震惊。这不是寓言，而是现实，它会以图像的方式留在人们的记忆里；这些“湿漉漉的尸体”不是撩拨人心、发起政治运动的符号。《游艇》不仅控诉了富人，还有不愿意“救助”遭难的穷苦人的冷漠的美国人。《游艇》是富有艺术性的少数本土政治诗之一。

《早年殉道者》中的另外3首诗，也可圈可点。《悼念D.H.劳伦斯的挽歌》是献给一位像威廉斯这样严格细致地描写花朵、树木和动物的诗人的。这首诗没有因循挽歌惯例，威廉斯只是透过作品对这位古怪的英国作家略有了解。威廉斯对劳伦斯对《美国性情中》所做的评论心存感激——认为他的评论语气客观。威廉斯将他最喜欢的劳伦斯的意象组合在一起：“开花的蓝海葱”、毒蛇、“闷热干旱的/墨西哥高原”“地中海的夜晚”“克里特岛上篝火/的灰烬”（暗示劳伦斯这位不安的旅客和旅行作家）、“不衰的欲望”和男女之间的挑逗，拐弯抹角，一直写到英国人不太喜欢劳伦斯的小说和诗歌，如同美国人不喜欢威廉斯的作品一样，而劳伦斯也讨厌英国。这首诗的结尾是：

年轻人悲伤
劳伦斯遭到
英格兰厌弃。
在连翘花园里
在树林中
皱皱的蜡梅
现在开花了。

《天主教徒的钟声》是一首艺术大手笔，展现了威廉斯非凡的音乐鉴赏能力。威廉斯以一段持久的低音为基调，夹杂着些许变奏，记录了四季里的钟声变化，宣布“克兰兹夫妇/的新生子/脸颊胖嘟嘟/眼睛都无法睁开”（克兰兹夫妇是一对无法适应卢瑟福生活的比利时夫妇）。周日早晨，钟声把一群十字街区的居民聚集起来，其中有虔诚的老人，还有一位跛脚的/年轻人身穿黑衣/脸颊枯瘦，戴一顶/德比帽（威廉斯注释，这是一幅挂在教堂的墙上的/年轻牧师的油画通知/上周为圣·安东尼所作的/连续九天的祷告）。威廉斯强调，他不是天主教徒，但钟声让他与家乡的乡亲更亲近，尤其是一位年长的女性友人，虽然她听不见别人说话，但总是微笑着轻声细语。他平凡的语调和神圣的钟鸣交织在一起，构成了整首诗的气氛。最后6行诗句展现了一阵骚动的声音，既自我愉悦又像祈祷，这是对生与死以及生死之间的斗争的纪念：

噢，钟声
响起，多么明亮！

开始和结束
都响亮！当——当
当——当——当——当——当——当！
天主教堂的钟声——！

如果说阁楼是他的密室，威廉斯于疲惫与狂喜中在这里进行诗歌创作，那么办公室就是他行医的核心地点。在《单一的真实符号》中，威廉斯邀请我们进入这个房间，进行一次愉快的参观，展示充实生活散发出来的精神力量。这首诗深情地描述了桌子上摆放的各种东西：他作为医生和诗人的随身用具、钢笔、铅笔、记事簿、一个超现实的“墨水瓶，想象从瓶子的/顶上威尔士王子/已经爬上来，拼命地/扔下一个高尔夫球”（威廉斯家里的温莎城堡）、一本小册子，其中介绍为期3天的讨论不知名医学课题和诗歌题目（想象和现实是室友），各种各样的纸胡乱堆在一起，只有经过训练的考古学家才能将它们进行分门别类，还有“打印在两个电话簿/背面的字”。翻译成英语的话，这个拉丁文的题目寓意“保持简单”，或者可以解释成“朴素是事实的标志/印章/根基”。这是威廉斯的自我打趣：当医生和创作诗歌都不容易。

威廉斯是个敏锐的业余画家，可以把他的诗作以及办公室里散乱的物体当作立体派画家的静物写生来看待。看似随意的物品实际上是精心设计的。例如，一根蓝色的铅笔旁边摆着一块“暗红色的橡皮”。毕竟诗人和医生两种职业都不会远离世俗，所以我们可以跟随威廉斯的目光看到窗外的景象：一栋黑色的银行大楼、一片蓝色的天空、“一团团白色的云雾”和一块“浅绿色的草坪”。不出所料，“远景”是诗歌里的一个关键词。句法无须依靠中心动词便可伸缩自如，而清晰和秩序在威廉斯为“单一的真实符号”所收集的跌宕起伏的细节中自然而然地显现出来。

第十二章
烦恼的十年间的新方向

1

威廉斯与庞德的友谊长达60年。在这60年里，两个人之间有过争吵，讨论过诗学话题，彼此调侃过，还曾无数次彼此劝告，甚至互相侮辱（威廉斯认为自己容忍庞德更多），相比之下，威廉斯和画家查尔斯·德穆斯却很和睦，两人亲密无间。1903年，威廉斯和德穆斯因为“一盘李子干”相识，当时他们两个都住在钱恩夫人的费城公寓里；威廉斯就读于医学院一年级，德穆斯则在德雷克塞尔学习艺术。威廉斯不想当画家（或许他的天分遗传自母亲），德穆斯也不想当作家。两个人互相欣赏对方所学的专业。因为感情深厚，彼此敬重，两个人之间的关系十分亲密。这段友谊一直持续到1935年，那一年，51岁的德穆斯，死于糖尿病。

虽然威廉斯在和同性恋者相处时总觉得心里有些不安，但他和德穆斯之间的友谊是真挚的。德穆斯公开了自己是同性恋：他在1916年创作了一幅画作《和自画像一起洗土耳其浴》，画中的两个男人赤身裸体，落落大方地站着，悠闲地交谈着。德穆斯非常谨慎，但不会偷偷摸摸，更不会因为喜欢男性而愧疚。经常被唯美主义者劝阻，威廉斯也就不那么讨厌德穆斯了。德穆斯4岁时变成跛足，威廉斯为其诊断出，病因是“臀部结节”。德穆斯在20岁刚出头时，就像摄政时期的花花公子一样，衣着优雅，手持尖端镀金的手杖，在纽约和巴黎的大街上漫步。德穆斯为人风趣，聪慧开朗。他嗓音低哑，大笑起来很有特点，很像庞德。德穆斯在艺术圈里如鱼得水，交友广泛。与威廉斯不同，德穆斯不需要为生计问题操心。他从父亲那里继承了大笔财产，足以让他专门从事绘画创作，并四处挥霍游乐。他的母亲奥古斯塔与埃琳娜几乎一样执拗，德穆斯深深地依恋着母亲。但是，德穆斯在家里待的时间太久，就像在埃及披枷戴锁的以色列人一样，不得自由（《我的埃及》是德穆斯在1927年画的一幅立体派画作，风格粗犷）。威廉斯慢慢厌倦了单调乏味的家庭和工作生活，只要1个小时，他就能开车到城里，与斯蒂格里茨谈论马蒂斯或康定斯基，或者在聚会上饮吉布森鸡尾酒，与女人调调情。德穆斯曾在1917年和1921年去巴黎游玩，这两次经历让他接触到现代主义艺术家的核心团体。那里的气氛宽松自由，充满诱惑，令人头晕目眩，德穆斯尽情地享受其中，流连忘返。无论如何，德穆斯与威廉斯一样，不愿意移民到国外。1921年，他被确诊得了糖尿病，只能尽量待在国内。他的母亲在宾夕法尼亚州的兰彻斯特有一栋房子，二楼有一间小工作室，德穆斯将之改造成一间舒适的画室。窗户正对着粮仓和花园，德穆斯可以用绚烂的油彩将窗前的美景描绘下来。一味待在这里休养很烦闷，他便逃去了纽约。斯蒂格里茨有一间名为"一个美国地方"的画廊，德穆斯常去那里造访。在那里，他可以仔细端详墙上最新的现代主义画作，还可以与很多朋友聚会，这些朋友个个阅历丰富，德穆斯经常与他们通宵宴饮。去纽约旅行令德穆斯重新振作了精神，他可以重返兰彻斯特，回到他的"欲望阁楼"。

德穆斯的身体愈加虚弱，他和威廉斯见面也越来越少。作为首批注射胰岛素的糖尿病患者之一，德穆斯大部分时间都住在新泽西州的莫里斯敦疗养院。他没有严格遵守疗养规则，结果糖尿病引起了心脏并发症，身体状况越来越差。两人的通信一时中断。1923年，德穆斯写信给威廉斯说，"好久没和你联系，实在抱歉。"他们的友谊依然深厚，彼此一直都在关注着对方的诗歌创作和水彩画。威廉斯的诗集《酸葡萄》中，最后一首诗是《大数字》；1928年，德穆斯的画作很明显取材于威廉斯的诗《金色数字5》。就像舒伯特取材于歌德、舒曼取材于海涅的诗歌一样，威廉斯和德穆斯的作品既有自我特色，又相辅相成，相映成趣。

威廉斯的这部伟大作品非同一般。1921年的一天，威廉斯从一个研究生的诊所里走出来，他已经忙了一个下午，疲惫不堪，打算去朋友马斯登·哈特雷那里喝喝酒，聊聊天，顺便欣赏一下哈特雷的最新画作。哈特雷的公寓位于韦斯特街15号。威廉斯描述了自己摁响朋友家门铃前发生的事情。"我走近他家门口，这时身后传来刺耳的喇叭声。消防车呼啸而过，驶向第九大道，转瞬消失在街头。我转身的一刹那，恰好看到金色的数字5在红色的背景中闪了一下。眼前的景象极大地震撼了我，我立刻从口袋里掏出一张纸，写下了一首短诗。"①

① 《威廉·卡洛斯·威廉斯自传》，第172页。

诗的内容如下：

雨
和光影中
我看到金色的
数字5
在红色
的消防车上
紧张地
飞驰
没人注意
锣声铿锵
警笛长鸣
车轮隆隆
穿过黑暗的城市。

诗的开头采用了典型的意象派手法，描绘了“锣声铿锵”“警笛长鸣”“车轮隆隆”等一串刺耳的嘈杂声。扬扬格和扬抑格的节奏，加之“铿锵、隆隆”等词语极大地增强了喧嚣的效果。隆隆声不断增强，又渐渐消失在幽暗中，像是滞后的回声缥缈地从远方传来。间隔出现的重音凸显了诗句所描绘的“紧张”气氛，每一行诗句都很简短，中间3行，每一行只有寥寥数语，这些字虽不在同一行，却是连续不断，体现了消防车和威廉斯的眼睛捕捉到这一景象的速度之快。这是一个一闪即逝的瞬间，整首诗就是一个不断“运动”的句子。从某一方面看，这首诗就是一篇报道，一个路人目睹一辆消防车呼啸而过，这出乎意料的情景，让他本能地感到畏惧。诗歌中间部分有两个意想不到的形容词：“紧张”和“没人注意”。“紧张”可能是指消防车冲向一个危险的火灾现场，也可能是指兴奋的诗人走在街上，噪声或者闪光让他紧张，或者两种情况都有。“没人注意”遣词有些奇怪，因为诗人的感觉非常敏锐才注意到每一个细节。这种场景和声响，对普通的纽约人而言，早已司空见惯，诗人却不会熟视无睹。正如威廉斯的研究者皮特·霍尔特所说：这个金色的数字“变成文章学的一个标志，是现代的一种特殊的美”。

1928年，德穆斯用广告颜料作画来表现这首诗，奇迹般精准地再现了诗中的场景，却没有任何彻底的现实主义色彩。第一，德穆斯别出心裁，创造性地用两根线条来表现卡车的运行轨迹。卡车是鲜明的红色，占据了画布的中央位置，车前灯映照出车的整体轮廓，突出了整首诗的“亮点”。第二，一个硕大的镀金数字5跃然纸上，像一道闪电直往看画人的脸上劈来。这就是“紧张”，不可能“没人注意”。在突出的数字5的下方，画布中间还有另一个数字5；后面背景里还有一个小一点儿的金色数字5，像一轮落日在渐渐沉没。所有这些数字5的形状都像一弯新月，尾端呈球形，与消防车的车头灯连接在一起。“BILfL”几个字母是黑体，紧邻消防车的一个车前灯。“卡洛”（Carlo）这个词漂浮在硕大的5背后的阴影中（德穆斯称呼威廉斯卡洛或者卡洛斯）。首字母CD和底部的大写字母WCW是两人的姓名首字母缩写，暗示两人都是这幅画的创作者。

德穆斯曾向威廉斯展示这幅未完成的画作，威廉斯称之为“我生平所见最出色的美国画作”①。因为它“颜色鲜明、题材新颖、线条清晰、思想饱满、富有张力、创新求变——完美无缺”。他也坦诚地指出自己不喜欢“大片单调的红色”。在给德穆斯的信中，他写道：

> 要从这幅画本身读出线索，也就是说，这幅画要运用很多重叠的位面，一个位面的轮廓渐渐消融于邻近的位面之中。如果能在画幅中央的大片红色中运用更多位面的话（如在四周环绕的数字之间所用的红色那样），整幅画的处理方式可以表达一致的感情。你在画中央的功夫很出色，但还不够。②

德穆斯根据威廉斯的建议，做了很多修改，尤其是“位面的重叠”。消防车稳稳地停在行车道的格子上，一道光线呈对角线斜穿过那片红色。奇怪的是，车里并没有司机。

这幅画是德穆斯讽刺画的代表作。画完成后3年，德穆斯就去世了。这对威廉斯来说是莫大的损失。为了纪念德穆斯，威廉斯写下了《深红色仙客来》，一首结构复杂、情真意切的长篇悼亡诗（这首诗与1936年的诗集《亚当、夏娃与城市》一同出版，后者是威廉斯为寄托对父母和弗洛斯的深切思

①《威廉·卡洛斯·威廉斯书信选》，第97页。
②同上，第97—98页。

念而作。这足以表明威廉斯与德穆斯之间深厚的友谊)。尽管《深红色仙客来》基调悲伤，但没有遵循同类诗的惯用写作手法，而是专注于剖析深红色的仙客来(一种樱草属的普通家养花草)自身。首先，威廉斯将仙客来的根、茎、梗、叶和花瓣逐一分开研究，接着简要描述每一部分的轮廓，最后重现了发芽生长、花逐渐开放、然后衰败枯萎的过程。这首诗的节奏犹如仙客来一点点地开放，十分缓慢。威廉斯很赞同博学的布莱克的名言，“大自然脚步从容，不急不缓。”仙客来破土而出，“因为地下未知的变革/成为黑色，现出复杂的形状/放出恼人的气味”，然后叶子逐渐变形，“第一个/尖尖的粉红嫩芽”冒了出来。

在诗的每一节，威廉斯都探讨了植物的表面形状及其所隐藏的本质。老叶子的边缘开始“起皱”“卷曲”，老叶嫩芽相互更替。这个意象象征着威廉斯日渐迟暮、德穆斯的身体也不如从前。威廉斯像个园丁，一层一层地挖掘，一直挖到了花的根部。他想探求仙客来的结构，却一直很明白其核心和四周边缘之间的联系。读者有时感觉自己是在一所医学院的实验室里，与威廉斯一起仔细地解剖一具尸体，学习组织、关节、器官、静脉和动脉的功能。威廉斯将他所揭示的结构比作纯粹的思想，可以从逻辑上理解，形式上却总是不规则的、不连贯的、奇怪的、“畸形的”。将仙客来条分缕析非但没有削弱威廉斯对仙客来的好奇，反而让他兴致倍增：

真的不可思议
这株花竟
从花朵开始生长
漂亮可爱——
仿佛映射出
一些尽善尽美
恨不能经常展现——
沉默牢牢抓住它们
禁锢在这个空间里。

《深红色仙客来》的前6个诗节很长，分别有16、13、15、18、20、27行。这些诗句都相对比较短小。诗人可以使用复杂的句法，将从句、短语和位置奇怪的破折号织成一张复杂的网，来进行精细的区分，从而不着痕迹地树立论点。这首诗里的声响，有时刺耳，有时悦耳，推动这首诗的情节向前发展，使它圆融和谐。诗的中间部分，主题变成感情、狂热、欲望和花的颜色，诗节随之变成四行诗节和双行诗节，这种韵式更适合使用复杂的语言，以此宣泄欲望。最后一个诗节，威廉斯描述了仙客来逐渐变得枯萎、苍白的过程，犹如白天转成黑夜，枯萎和苍白都是德穆斯死亡的预兆。在此，威廉斯又一次延长了诗节，放缓了节奏。

威廉斯钦佩德穆斯的画技。《深红色仙客来》需要他深入地理解德穆斯的想象力和精确主义画法。在这一段中，他以一个艺术评论家的身份详细诠释了德穆斯的画作：

茎杆上的粉色凸起，
是明显的标识，
坚守在脆弱的边缘，
渐渐分开、变得稀疏
透过粉色、长满绒毛的
网格——圆圆的茎杆
也是粉红色——弯成
铅笔线
瘦削，灵巧地
穿透一切，连在一起
不露痕迹地延伸
直到最后皱起的边缘
无论是上面还是下面
交叉又分开
空气独自开始
从那一处上升——
尾端
圆钝、飘浮
卷曲，别致的斑点
变白了，化作条纹
停留在
茎杆扭成的结上。

威廉斯对德穆斯的技巧赞不绝口，尤其喜欢他俏皮的抽象手法和画里蕴藏的饱满热情。由于德穆斯对色彩的驾驭出神入化，威廉斯煞费苦心地引导读者留心画家细腻的色彩处理方法。在第一个诗节中，“白色和红色混杂/玫瑰红比深红色更多”，光亮“环绕/刺入”蓝色和黄色，但深红色压倒性地占据了主导地位。在最后一个诗节中，花瓣从紫色“褪”成白色，红色看上去淡了很多，“一层层褪去/肉眼难辨”。威廉斯以狂想曲的音符平稳地结尾，赞美德穆斯一生中伟大绚烂的艺术成就。这抚慰了他的悲痛，让他平静地接受了朋友的离世：

白天渐渐过去
在层层的色彩中
色彩融合，
变得柔和
花瓣飘落，回归原点
直到花朵碰上花朵
圆形的
花瓣尖
组合成花一朵——

伊塔洛·卡尔维诺对威廉斯这部作品的评价很到位：“如此细致地描述仙客来的叶子，我们可以想象出花朵在叶片之上安然绽放的情景，用诗句展现了仙客来的美妙姿态。”[①]

2

20世纪30年代，对威廉斯的文学事业助力最大的人，或许其中一人就是庞德，而另外一人应该是威廉斯的合作人，22岁的新手詹姆斯·朗弗林。朗弗林在庞德的催促下创办了新方向出版社，日后成了20世纪出版先锋派诗作

①伊塔洛·卡尔维诺（Italo Calvino）：《新千年的六份备忘录》（*Six Memos for the Next Millennium*），第75页，马萨诸塞州，剑桥：哈佛大学出版社，1988年。

的大型出版社。在乔特，达德利·费茨就已经向朗弗林推荐了《地狱里的科拉》和《春天及一切》。朗弗林是《哈佛推荐》的编辑，曾向威廉斯约稿（1934年，《哈佛推荐》登载了威廉斯的文章《时间要素》，1935年登载了故事《石头脸》）。朗弗林是庞德最新的门徒。威廉斯第一次和他见面时，内心充满疑虑。尽管如此，威廉斯还是勉为其难地邀请朗弗林来里奇路9号做客。朗弗林在怀旧诗《里奇路9号》中回忆，那时的自己像一个忐忑不安的朝圣者，迫不及待想踏入圣殿。朗弗林原以为自己会见到一个衣着庄重的领袖人物，但见到威廉斯本人后，他便打消了这种朝圣的念头。威廉斯从办公室里迎出来，脸上满是笑意，一见面就与朗弗林谈起自己刚才正诊治的病人，宛如面对一个相熟的旧友。“所有的门都/打开了。比尔不是个虚伪/的人。他对别人坦诚以待。”①

朗弗林没什么经营出版社的经验，庞德说他也没什么写诗的天分，这难免让他伤心。尽管如此，朗弗林还是迅速执行了导师的建议。父亲和姑母为他提供了资金支持：资金来源于约翰斯家的部分家产和朗弗林钢铁公司的收益。他身上既有苏格兰人的节俭天性，又颇具商业头脑，很快成立了新方向出版社。“新方向”这个名字是为了宣传公司的宗旨：他不会固守文学领域的原有界限，而会勇敢地去探索新的方向。朗弗林尊敬自己的长辈。在匹兹堡学会的礼仪早已渗入他的血液，那些礼仪无可挑剔。他也相信自己的品位。在朗弗林早期的几项安排之中，其一便是允诺出版威廉斯的作品《白骡》。后来这部作品与后续的两部作品组成三部曲。多年以来，威廉斯四处推荐出版这本书，结果处处碰壁。他给朗弗林写信，其中的想法很是古怪。

> 亲爱的上帝：
>
> 你偶然提到，愿意出版我的《白骡》并承担所有费用。如果这是真的，那出版后所得的任何收益，哪怕只有一点，都应你我共享！我的上帝啊！多亏了你！你高瞻远瞩！你可以拨开笼罩人们头上的云雾，让人们看清本质，不像一般人，只会做惯性思考。②

朗弗林计划把威廉斯打造成新方向出版社里的闪耀明星。他像一个经理

① 詹姆斯·朗弗林：《里奇路9号》（*9 Ridge Road*），第6页。

② 同上，第5页。

人一样，制订了一份展示文学才华的规划表，确保威廉斯一直都占据公众的视野：在第一期《散文和诗歌的新方向》中，《无穷动》是一本年度诗集，是实验新的创作手法的一个重要开端；《帕塞伊克河岸的生活》是一部短篇故事集；《美国性情中》得以再版重印；《后期诗集》则是最出色的作品。对威廉斯来说，这一切犹如虚构的好莱坞剧本。《白骡》面世后，获得了一片赞誉声，而不是像"等待斩首的囚犯坐在一群严肃的陪审团面前，等待冷酷的批判"[①]，威廉斯为此大感欣慰。更令人惊奇的是，这部小说非常畅销。唯一令人遗憾的是，书店里的书售罄时，朗弗林这个滑雪爱好者，正在新西兰指挥着一支美国滑雪队。新方向出版社的办公室在康涅狄格州的诺福克郡，那里有加印的500本小说，只可惜没有装订封面，只能白白地放着。威廉斯驱车前往，询问自己是否可以决定出售这些印本。朗弗林的父亲在料理这些事务，虽然也同情比尔眼下的处境，却无法给他一个肯定的答复。威廉斯不得不返回卢瑟福，失去了吸引读者和赚取版税的机会，这让他既窝火又郁闷。朗弗林回来后，又装订了300本小说，但这时的销路已大不如前。

也许是因为这件事，威廉斯开始质疑朗弗林的忠诚。他向朗弗林提出将自己正在为母亲创作的传记《没错，威廉斯夫人》交给西蒙和舒斯特出版社出版，并借助《白骡》的名气打开销路。朗弗林是个初涉出版业的新手，听到这种威胁，犹如被情人抛弃，根本无法保持平静。"你是新方向出版社的基石。如果你离开了，我就只能关门大吉。我的一切计划都是为你打造的。你是代表新方向出版社写作才能的金字招牌，如果你投入我对手的阵营，我不敢想象自己会落到怎样的悲惨境地。""你是文学的化身，不是商品。"[②]他这样责怪威廉斯。威廉斯意识到了自己的错误，这样做对朗弗林和自己都有害无益。他感谢朗弗林独自挑起推销书的重担：他承认："你会遭受的损失可比我大多了！"这个小插曲就这样很快过去了。直到20年后，《没错，威廉斯夫人》才在灯塔出版社出版。

弗洛斯和比尔结婚25周年时，《白骡》面世。早些年还会引起夫妇俩的冲突，到这时大多也都一笑置之了。儿子们都已长大成人，埋头开创自己的事业。这些不足以说明为何威廉斯决心为弗洛斯写一本书，以小说的形式讲述她出生以来的故事。威廉斯写故事时态度还算客观，但也不乏溢美之词。《白

①詹姆斯·朗弗林：《里奇路9号》，第7页。

②《威廉斯和朗弗林》，第13页，詹姆斯·朗弗林写给威廉·卡洛斯·威廉斯的信。

骡》轻松地将两条故事主线编排在一起。一条主线写弗洛斯从孩提时期到蹒跚学步积极探索身边的世界的幼童时期的成长过程。这是首部深刻研究儿童成长发育历程的美国小说。另一条主线是写对美国社会既憎恶又欣赏的移民的弗洛斯一家，努力挣扎着融入社会的过程。苏格兰语三部曲（包含1945年出版的《在金钱里》和1952年出版的《建设》）是以弗洛斯的父母赫尔曼夫妇为原型，紧贴他们的生活和性格构思而成的故事。他们的爱子保罗惨死于一场手枪走火事故。弗洛斯的姐姐夏洛特颇有音乐天分，与一个年长她几岁、两度离异的波希米亚画家费迪南·厄尔私奔，让赫尔曼一家又惊又痛。除去以上两件事，不管从哪个方面看，赫尔曼一家都是美国成功者的代表。

威廉斯非常钦敬岳父赫尔曼，因为他诚实、敬业、技艺精湛、仁慈慷慨。他出钱帮助比尔和弗洛斯买下了里奇路9号的房子。威廉斯对岳父的感情可能比对亲生父亲还要深。《在金钱里》刻画了以赫尔曼为原型的人物乔的朴素形象，赞颂了他坚定不移的信念。乔遵从传统，主张“男主外女主内”。他不会推着童车去公园遛弯，但在与孩子独处时，他喜欢观察她的一举一动，不停地自言自语：“孩子们总是试图破坏你为他们制作的一切，真有意思。他们讨厌衣服的束缚。一旦挣脱出来，就乐不可支。他们还像青蛙一样蹬着小腿儿。他们蹬啊蹬，一不留神，就会挣脱你的怀抱。真是小傻瓜。”[①] 乔梦想着在乡下有一块地，建一座让孩子可以自由玩耍的花园。他担心孩子们会拔光花园里的草木，于是又突然开玩笑说：“他们想拿走不属于他们的一切。这就是工会，革命者。都一样。”[②]但是，乔对着弗洛斯微笑，称她是“小社会主义分子”，任凭她调皮捣蛋。“想拿什么就拿吧。让别人去操心照管这些植物。只管随便拿。”

与乔相比，乔的妻子葛莉要逊色得多。她脾气急躁、专横刻薄、固执贪婪，总是唠唠叨叨催促乔创业，赚大钱让她在邻居面前炫耀。她挑剔美国人的穿着打扮、家政管理、父母教育子女的方式。她很贪财，对乔坚持互助互惠的道德准则嗤之以鼻。威廉斯既没有掩饰葛莉专横的缺点——她是个趋炎附势的人，渴望出人头地、引人羡慕——也没有对她冷嘲热讽，把她写成自私鬼。葛莉的姐妹一批评她，她就立刻躲到乔身后寻求保护。她在挪威的一处农场长大，身上还保留着北欧维京海盗的冒险精神。这些特质让她的性格

①《白骡》，第47页。
②同上。

稍柔和了一些。

威廉斯以娓娓道来、发人深省的方式讲述《白骡》的故事，这大概与他是一个既通产科又通儿科的医生，自身拥有丰富的从医经验有关。无论他描述如何剪断婴儿的脐带，婴儿如何笨拙地试着吮吸母乳、大口喘气、放屁、扭来扭去、歪着嘴笑，还是描写产妇“沾满秽物的大腿和塌瘪的肚皮”，这些细节都文笔老到，水准极高，故事的真实性强，令人信服。威廉斯没有忘记自己现代主义者的身份，从不用华而不实的语言技巧欺骗读者。《一部中篇小说和其他散文》中经常改变写作方向的风格折射出威廉斯任性的思维模式，但这种模式若用在《白骡》中就不合适了。在评论H.L.门肯的《美国语言》时，威廉斯写道：“我们的思想被引入歧途，就这一点看，美国仍然是殖民地。我们不敢宣称拥有自己的语言。我们没这个胆量，不是吗？”但《白骡》实现了他的目标，那就是证明美国语言所包含的韵律可以表达“多种多样”的情绪和意义。

项狄在劳伦斯·斯特恩小说的前几百页才出现，而弗洛斯如同歌剧中的女主角一般，在小说最开头的几个段落里就高傲地出场了。这是威廉斯写的开头：

> 她来到人间，像从海中诞生的维纳斯一样，浑身湿淋淋的。周遭的空气包裹着她，她能感受到空气的包围，接触空气的感觉唤醒了她。维纳斯从海洋出生后，感觉到崭新的轻浪在胸前涌动，她张开双臂，从快乐的大海的胞宫脱胎而出，没有大声哭喊。这一位“维纳斯”却哭喊了。她紧皱着脏兮兮的小脸，发出三声尖尖的惊叫，然后就静静地躺着不动了。
>
> “别哭了，”助产士D.夫人说，“你应该为来到人间而高兴。”

威廉斯为弗洛斯的诞生裹上了一层神话色彩：她像维纳斯一样，从子宫中来到一个陌生的新世界，身上还不断滴着羊水：她皱巴巴的小脸上带着血污，助产士觉得很丑，就把她出生前的这层蜡样保护膜擦洗干净。弗洛斯吸入的空气对她来说，既是解脱，也是束缚。她好像从一个围场进入了另一个围场：读者可以真切地感受到新生儿接触空气的感觉。助产士的话里包含着接生上百次后才获得的朴素智慧，她和婴儿说话，仿佛婴儿能听懂似的。D.夫人的话听起来简单朴实，却也有点专横和俗气。这个婴儿是个柔弱的小淘气，非常执拗，嗓音尖厉，就像自酿的玉米威士忌一样刺激。这个女孩让葛莉很恼火，因为她想要个男孩，但只能在后台等待。弗洛斯才是台上的主角。

《白骡》是一部在金钱至上的世界里的变形记。弗洛斯是个玩物，是别人好奇的对象。薇妮是个年轻的黑人女孩，临时充当一回保姆的角色，仔细检查了弗洛斯的双手和外阴，她像儿科医生一样认真，像孩子一样好奇，是一个“天生的母亲”。薇妮与乔一样，提了这样的问题：“这么小的一个人儿——薇妮目测有‘半条胳膊’那么大——知道什么呀？”“你看到了什么呀？”她问道。威廉斯善于总结经验，他摒弃了华而不实的心理学解释理论，记录下婴儿能发出的多种声音——动物般的咆哮、哀鸣、满足的咯咯声、持续很久的“逼人发疯的尖叫”；她一会儿要人抱，一会儿不让碰；她通过模仿来学习一切，比如模仿15岁的保姆玛吉咧着嘴笑。弗洛斯能分辨感官印象（公园里的鸟鸣）、刺激（有人不断摆弄她的身体）、身边人温和或者愤怒的情绪。威廉斯用大量的细节来描述弗洛斯身心成长的各个阶段，没有刻意使用冰冷或者煽情的语言。我们透过她虽有限却又不断发展的头脑来认识整个世界。这种认知随着内在的生物钟不断变化，威廉斯还增加了其他移动的视角，比如家人、医生、素不相识的陌生人。有些人很有魅力、有些则很顽固、无知、缺乏耐心。在故事的一章中，威廉斯带着读者走进一个贫困的爱尔兰家庭，带着孩子的母亲能做的选择少得可怜，因为丈夫不能像乔一样养活家庭。所有的孩子都一样，而每一个却又独一无二。年龄和主观经验会影响人们对待弗洛斯的方式：祖母用家乡的土法子退烧；葛莉认为呼吸新鲜空气有好处；5岁的夏洛特不欢迎新来的妹妹，认为她是个讨厌的竞争对手，怒气冲冲地狠扇婴儿的脸；乔则私下表达了自己的意见。育儿不是一门精密的科学，而是有瑕疵的艺术。威廉斯从来不会简化发育过程，也很少为此感伤。这是他的意外收获。

弗洛斯是众人瞩目的焦点——也是变化的焦点。到小说结尾时，甚至连她的母亲都发现，丑小鸭已经长成漂亮的幼童，话已经说得相当流利，对身边的一切充满好奇，在家里和公园里自信地跑来跑去，时不时地发发小脾气。这张出生时沾着黏液、脏兮兮的脸庞，称不上“尊贵显眼的／降生”；在小说结尾时还沾着黑莓汁。这个神秘又可爱的小家伙加入了这个家庭，成为家里最小的成员。

在《白骡》里，乔与葛莉的分歧大部分是由格蕾丝·佩里所说的“人的小烦忧”构成：家里发生的争吵往往是因为钱、搬到城里的公寓还是郊外、要不要买农场这类琐事。尽管小说里的故事发生在19世纪晚期，主要社会背景是劳工斗争，但威廉斯一直没有忘记经济大萧条。像乔一样，他试着不去参与政治专制主义者和空想家团体，坚持自己的道德信仰。持中间立场的人引发了老板和工人两头的愤怒。资本家业主宁肯花钱去压制罢工，也不愿意给工人们加薪，哪怕“花的钱用来发工资也够”。对乔来说，这种执拗简直不可理喻。但是，温尼伍德老人抱怨他的经理太过诚实，妨碍了生意。乔在自己工作的印刷所坚持正当行事，反对印刷工人把螺丝刀丢进印刷机怠工的行径。乔赞同工会的要求，但他素来一丝不苟，罢工的时机和方式令他反感：一次罢工意味着公司与政府的合同可能无法按期完成。一贯内敛的乔拥有钢铁般的坚定意志，他在危急时刻转变成令人敬畏的对手。他警告那些心存不满的工人，别想用什么要求和他纠缠。如果他们拒绝返回报社，就会丢掉工作。暴力冲突消弭了，政府订单也按时完成了。停业了一段时间之后，在人人都满意并且乔继续负责业务的前提下，店铺重新开张了。

一次气势汹汹的罢工就这样落幕，实在是非比寻常。资本家和小商人都不情愿对工人做出让步；如果他们想镇压罢工的话，通常会请警察或者私家守卫来保护工贼，用警棍驱散聚集的人群，甚至对纠察员开枪。与德莱塞在《嘉莉妹妹》中对布鲁克林电车司机罢工事件的描述相比，威廉斯在《白骡》中对罢工的描写很平淡，他不想把笔墨浪费在弗洛斯这个中心人物以外的地方。乔的职业道德让他忍不住破口大骂，“让你全家长天花”。他之所以骂葛莉，是因为她受美国松懈的商业准则诱惑，认为拿回扣或者给回扣是理所应当的。威廉斯无疑将乔这个人物浪漫化了，认定乔通过正当途径获得了成功，没有背弃自己的道德准则。威廉斯从一丝不苟地坚守道德规范的乔身上看到了年轻的自己。他不也是宁愿辞去自己的医生职务，也不愿意在被篡改过的文件上签字吗？

经济大萧条引发并推动了热火朝天的政治辩论和小规模的冲突，威廉斯犹如陷入了一场旋涡，但他并没有袖手旁观。他不见得多么擅长辩论，但无法对那些自己认为愚蠢的政策、油嘴滑舌的狡辩、庸俗的争论视而不见，只好仓促应战。他的政治立场来自行医经历，他父亲所推崇的社会主义，还有他与右派友人（庞德）和左派友人弗瑞德·米勒（《冲击》的编辑）以及中间派友人肯尼斯·伯克的部分观点。1936年，威廉斯从《党派评论》的编辑那里接到一份问卷，询问他以及其他有代表性的作家和知识分子对“美国风格是什么，对马克思主义和美国传统”这个话题如何看待。菲利普·拉夫及其他编辑并不是特意为了给威廉斯挖陷阱，对他作何回答也没什么设想。但威廉斯的天真和坦率给自己挖了个陷阱。威廉斯经常会被一时的冲动主宰理智，不免造成一些追悔莫及的后果。在回复问卷时，威廉斯写道，美国人的“民主政治情结……会挫败美国的社会主义运动以及其他控制行为和思想的企图。法西斯主义也会遭到失败”[①]。威廉斯的回答并不是为了作试探，更不难理解。马克思主义学者及其追随者认为，“马克思主义一定会胜利”是颠扑不破的真理，在他们眼中，美国的民主精神就是向大财团献媚，是政府和资本相互勾结。难道威廉斯不承认美国的民主政治精神让“利己主义者的残忍在‘只要有民主就会胜利’的错误观念引导下愈演愈烈”？难道在施粥场排队的一列列流浪者、在街上游荡的庞大失业者队伍不能证明资本主义的失败？如果他到布鲁克林的布朗斯维尔走一走，或者开车行驶在亚拉巴马州的偏僻路段，一定会看到穷人的伤亡和刻在他们脸上的绝望——佃农弯腰驼背的躯体，成群结队的乞丐、流浪汉和卖苹果的小商贩。沃克·埃文斯和多罗西亚·兰格用照片清晰地记录下阿巴拉契亚地区站在茅屋前的母亲们是怎样的绝望和痛苦，她们身后的丈夫脸上满是沮丧和挫败，孩子们沉默麻木地注视着镜头，他们的童年完全被贫困和绝望笼罩。难道这些形象不是民主政治的堕落以及资本主义制度腐朽的象征吗？毫无疑问，威廉斯肯定会承认，时代正呼吁人们铲除衰败的经济结构。

威廉斯一定曾经坐在穷人的厨房里，亲眼见证了饥饿和痛苦如何践踏他们，愁苦如何爬满他们的面庞。他的观点并不是为了投机取巧，他也不会冷眼旁观穷人忍受痛苦的折磨。他曾写过两首谦卑的诗，都以《穷人》命名，很有教育意义。1921年的第一首诗《酸葡萄》就讲述了威廉斯作为学院医师枯燥乏味、节衣缩食的生活：

不断提醒他们
孩子头上
有虱子
折磨他们
学院医师起初
惹他们憎恶

①《威廉·卡洛斯·威廉斯书信选》，第167页。

彼此熟悉之后
他们习惯了他，并且
最后
视他为朋友和顾问。

父母们很懊恼，因为自身的疏忽，没有采取最简单的方法保护好自己的孩子，不禁憎恨那个喋喋不休提醒他们要负责任的人——“憎恨”的感情色彩很强烈——起初那个可恨的人变成他们信任的朋友和顾问。彼此熟悉会让人互相尊重，但是必须经受长时间的考验。1938年的第二首诗，可能曾让那些空想理论家既迷惑又厌恶。诗的开头写道“贫困带来的混乱/让我愉悦”。威廉斯基本算是一个街坊保护主义者。他描述穷人家的老木头房子和铸铁阳台，还有异常的“木篱笆铁篱笆/在没有保护的/时代封闭几乎/毫无用处”。穷人的生活反映出“每一个阶段/必要的风俗”，但是打扫自己10英尺长的人行道的老人身上有华兹华斯笔下捉蚂蟥人的尊严，试图在“席卷整座城市”的狂风中维持秩序。

威廉斯是个医生，与工人频繁打交道，与那些从《资本论》中了解无产阶级的马克思主义者不同，他不会对他们提出的抽象概念感到困惑。

在1936年4月的那期《党派评论》上，威廉斯写的评论一发表，立刻招来了反击。因为他亵渎了真理的庙宇，应当受到惩罚，像《李尔王》中的肯特那样关押在货仓里，作为一个挑战圣人权威的粗野蠢人，游行示众。惩罚无法实现，编辑们便脱去公正的伪装，极力要求“制裁”威廉斯，嘲笑他愚昧无知，仿佛威廉斯是一个流氓政府。这本杂志上还刊登了一个名为查尔斯·弗里斯特的人写的信，轻蔑地宣称“历数整个现代主义流派，威廉斯先生竟是这样一个明星”[①]。弗里斯特讥诮威廉斯的评论“不会在美国人的意识中留下丝毫痕迹”。威廉斯不能理解他人的敌意从何而来，只是更加不信任知识分子和专业学者以及他们珍视的所谓正统说法。在第二次世界大战及战后时期，《党派评论》比以往的专横政治姿态柔和了很多。颇为讽刺的是，最终胜利的是顽固派的现代主义诗歌，哪怕是T.S.艾略特写的作品，他的政治、社会和宗教观点都是极端反动的。

不到10年，欧洲逐步滑入了战争的深渊。美国有相当一部分人支持孤立

①保罗·马里亚尼:《威廉·卡洛斯·威廉斯：一个崭新的赤裸世界》，第389页。

主义，声称欧洲的民主政治崩溃与美国无关。在这个问题上，威廉斯感到难以决断。他毫无保留地支持西班牙内战中的共和党一派。他担任博根郡医委会主席，积极帮助西班牙民主运动筹集资金，购买急需的医药设备和药品，但是没有一个同事响应他的呼吁。这让他非常震惊。他再一次感受到横亘在自己和其他美国人之间的鸿沟。西班牙内战是他和庞德争论的另一个话题。庞德将佛朗哥轰炸共和党的城市乡村，例如对格尔尼卡的大轰炸，比作清除蚊群的侵扰。威廉斯严厉地批评这种病态的观点。庞德的疯言疯语触及了他们的友谊底线：威廉斯几乎无法将这个可以写出技艺精湛的诗篇的“语言大师”与脱离现实的政治狂徒截然分开。1939年春天，庞德来美访问，在威廉斯家住了一晚。庞德像一位来自德尔菲神殿的大使那样，瘫坐在长沙发椅上。他散漫的姿态代表着他说的话也不着边际，“经常含糊不清”。后来，威廉斯写信告诉朗弗林这件事：

> ……这个人堕落了，我确信不疑，除非接下来的几年他能够不再迷信法西斯主义，但我怀疑他根本做不到。推崇法西斯主义很快就会毁灭他。在管控经济体制下，新经院学派就可以肆意屠杀无辜的妇女儿童，根本没有这样的道理。希特勒竟然表扬他的飞行员在西班牙大肆屠杀干得好，呸！放狗屁！如果庞德的观点站不住脚，不能直面别人对这一点问题的质疑，那他也是在放狗屁！①

威廉斯的预见应验了：庞德很快陷入了政治上的精神错乱，再也没能恢复。尽管威廉斯已经尽最大努力去维持对庞德的敬意，尊重这位诗人曾取得的成就，但庞德的观点实在是太过骇人听闻，让威廉斯无法忍受。埃兹拉根本没有羞耻之心，这是他的疯癫已经步入晚期的征兆。威廉斯决意与这个旧友决裂。“我想忘掉与他相识的记忆。他恶毒的反犹太主义观点以及其他很多观点，都削弱了他在我心中的地位。我曾经非常尊敬他。万万没想到，他会变成这样的人。”朗弗林一定非常痛苦，他昔日的导师、备受尊敬的文学巨匠庞德在威廉斯的眼中已经变成面目全非的陌生人。

在卢瑟福，威廉斯继续利用办公时间接诊病人、不分昼夜地给婴儿接生。在等待产妇分娩的时间里，他要么打个盹儿，要么匆匆写几句诗。在

---

①《威廉斯和朗弗林》，第49页，威廉·卡洛斯·威廉斯写给詹姆斯·朗弗林的信。

《自传》中，威廉斯曾经满怀感激又谦虚地提到，他的“医学身份”让自己找到“进入内心秘密花园的门户”[1]。在那里，他可以密切地观察“穷人，落入旋涡和洞穴的受伤肢体；坐骨到直肠的部分化脓腐烂，散发着恶臭”，目睹“残忍的母亲和女儿之间疯狂地彼此折磨”。他没有错过这些转瞬即逝、宝贵的瞬间。这些经历组成《帕塞伊克河岸的生活》大半的精彩故事。1938年，这部小说由新方向出版社出版。

威廉斯写过一篇关于耳朵的文章，发表在一本医学期刊上。这篇文章对于威廉斯来说至关重要，因为他既是医生又是诗人。他对讲话的韵律、不连贯的句法、音调的变化、“黑人、意大利人、波兰人”的俚语都非常敏感。在《帕塞伊克河岸的生活》中，他传神地再现了穷人们（以及其他人）的说话方式，像一个研究人口统计学的语言学家一样，能够准确地区分不同的口音及分布地域，甚至精准到每个街区甚至每一家。他是斯达茨·特克尔的前辈，虽然没有使用磁带录音机的便利，却可以与各行业的人搭上话，让他们放心地打开话匣子。他按时间顺序记录这些人的生活：他们讲话不会咬文嚼字；他们彼此用绰号称呼，比如“胡蜂（指意大利人）”“波兰佬”。受过教育的威廉斯有时也会使用“犹太佬”和“黑鬼”这样的称呼。他们言语粗鄙、心思狡猾、怠惰懒散、说话总是那一套，与别人交谈也是这样。威廉斯一直为穷人的困境忧心忡忡，他生动地描述了大萧条时期的死伤情况。穷人们“处境困难”，很多家庭流离失所，有些家庭所有成员都挤在两个房间里，三个孩子一张床。“懒惰的”父母总是磨磨蹭蹭，不愿意带生病的婴儿去医院，也不愿意到学校签字给他们的女儿注射疫苗。

在威廉斯描绘的画卷中，有一个面包师的助手，他不愿意闷在酷热的厨房里，喜欢在开阔的马路上闲逛，哪怕有一顿饭不吃，或者到陌生人家的后门讨口饭吃也心甘情愿。男孩子们用“桶箍和旧帆布做船”，有人做起了摆渡生意，往返于去康尼岛的水路上。威廉斯不是贫困的“哑巴波兰佬”街区的社会工作者，他记一点笔记，然后就回家写报告。他当然知道另一半人的生活现状，甚至能想象出来。他向我们展示艰苦的现实生活的真实面貌。与他对立的是政治上的那些空想社会改良家，例如约翰·里德。约翰偶尔从波士顿过来到此拜访，“信口开河地说……我们该做什么。”一位当地居民犀利地说，这种人将工人视为政治斗争的上等炮灰，这种事情普遍存在：

①《威廉·卡洛斯·威廉斯自传》，第288—289页。

谁会赔偿被警察殴打的孩子和妇女？那个家伙会租下门罗街的房子，在未来10年中，每次支付50美分帮助清理那些垃圾吗？他不是一直鼓动我们去这样做吗？他可啥都没干。波兰佬为他们的行为付出了代价。这是肯定的啊。养大的男孩也当上了警察。我不是在责备他们。必须得有人做这些工作。为啥兴奋起来了？但他们可没有搬走，这正是我所说的。他们仍然住在这里，还是那样麻木。放弃的不只是那个家伙，曾经有许多人想要帮助他们，最终都放弃了。①

美国的马克思主义者中大多数高官贵族从来没有与工人接触过，哪怕是一次。可能只有少数人会勉强承认，一位失业的工匠会燃起对马克思和革命的热情。比如弗瑞德・米勒，他东拼西凑了25美元，发表了一期《冲击》。他是怎么做到的，威廉斯实在想象不出来。在《又一个黎明》中，威廉斯用带有威士忌和情欲色彩的美国本土方言，简短介绍了一位马克思主义者与一位怀疑论者之间的一场辩论。故事发生在停靠在码头的一艘船上。一个年长的醉汉和他年轻的助手在争论美国发起革命成功的可能性。弗瑞德是船主，自豪地说自己读过3遍德语原版的《资本论》。埃迪是个爱尔兰人，打算"靠自己走出困境"。弗瑞德嘲笑这种想法像爱默生手稿里所写的骗人的万能药："美国精神就是依靠自己。"在这次交流中，他们争论的要点提炼如下：

我反复读这本让人恶心的书，该死，我差不多都能背下来了。那个老家伙说得不错。让掌握国家资源的资本家见鬼去吧！你要知道，美国5%的人掌握着95%的财富。95%的人只拥有5%的财富。这是不公平的。我们应该发起一场革命，从那些家伙手中把财富夺回来。

你不需要任何奇特的革命理论，让无产阶级通过革命来做到这些。做你自己就好，弗瑞德。我们不会重新回到上个世纪。俄罗斯曾经是这样，它得到了更多权力。我支持俄罗斯。如果不参与他们的游戏，我们就会变成堕落的傻瓜。让他们去做吧。但他们只不过是一群猴子，一群傻瓜。美国永远不会发生这种事。我们可不傻。你只需要用脑子。看

---

①《农场主的女儿们：威廉・卡洛斯・威廉斯故事集》(*The Farmer's Daughters: The Collected Stories of William Carlos Williams*)，第114页，新方向出版社，1961年。

着、听着就好。你想打破资本家的游戏规则吗？你真想知道怎么做吗？[①]

弗瑞德所说的事实没有让埃迪动摇。后来，威廉斯在回应《党派评论》主办的一场研讨会时，写到了这个脾气好的“利己主义者”。埃迪没有因美国民主的不公正而愤怒，他相信问题最终会自行消失，这多少让威廉斯感到欣慰。故事的精彩之处不在于辩论时使用的语言多么精准、复杂，而在于威廉斯充分利用了美国习语的多变节奏。一个评论家曾在《国家》中将此称为“X光写实主义”[②]。

1938年2月，《帕塞伊克河岸的生活》出版发行了1 000册。过去少得可怜的350册或500册的销量一去不返。朗弗林正在帮助威廉斯逐渐累积声望。这一次，又获得了广泛的好评。虽然版税不多，但威廉斯至少可以大胆地期待，以后会越来越多。不过，这本书没有收录在《1906—1938年诗歌选集》里。1938年11月出版的这套选集，印了1 500册。罗纳德·拉蒂莫是阿尔科提斯出版社的总裁，尽管早年曾因出版《早年殉道者及其他》和《亚当、夏娃与城市》赔本，但他还是想要出版这本怀旧集。朗弗林听说威廉斯可能将《1906—1938年诗歌选集》交给拉蒂莫出版，他不清楚威廉斯这样做的用意。虽然威廉斯一直暗中寻求打破这个出版社所代表的学院派意识和品位，但他心里明白，牛津大学的作者身份可以提高诗歌的知名度，因而仍期待着由牛津大学出版社来出版这部作品。就像上次威廉斯打算出尔反尔，让西蒙和舒斯特代理出版事宜一样，朗弗林怀着同样悲愤的心情去找他说理。威廉斯不是朗弗林曾经指望的新方向出版社的压舱石。威廉斯太浮躁，很容易幻想着借出版商的势力为自己博取名声和财富。结果，威廉斯再次改口，授权朗弗林出版《1906—1938年诗歌选集》。为了挽回脸面，他自嘲道：“好吧，詹姆斯，背着老爸过河，就全靠你了。”朗弗林是特洛伊战争中的勇士亚尼斯，威廉斯是他孝敬的对象安喀塞斯。

威廉斯在一两年内一直埋头于汇编诗歌，抑郁症和自我厌弃对他影响很大。尽管很多诗歌质量不错，但大多数都是“陈词滥调”，内容苍白无力，主题太过分散，方向过于多变，形式上也多有缺陷。他已经无法达到自我期望的高标准。评论家们一股脑地批判这本书。大多数人的批评很尖锐，甚至

---

①威廉·卡洛斯·威廉斯：《威廉·卡洛斯·威廉斯故事集》中的《又一个黎明》(*The Dawn of Another Day*)，第148—149页，纽约：新方向出版社，1996年。

②埃玛·卢·沃尔顿(Emma Lou Walton)：《国家》(*Nation*)，1938年。

到了蔑视的程度。“某个诗人不能自吹自擂，他知道自己无关紧要。”大名鼎鼎的哈特·克莱恩的传记作者菲利普·霍尔顿这样评价威廉斯的风格：“松散”，缺乏真实的感情和智慧；“过度利己主义”，善变，受制于“精神洁癖”（最后一个古怪的词语将威廉斯描述成神秘主义者戈齐福的追随者，而不是医师）。霍尔顿迷恋克莱恩的写作方式，追求声调高亢、狂想曲似的风格，自然认为威廉斯的风格平淡乏味。霍尔顿重提史蒂文斯过去对威廉斯的批评，认为威廉斯的诗作带着危险的反诗学的病毒。这是最恶毒的、伤人至深的攻击。布特·R.P.布莱克默仰慕T.S.艾略特的诗作，认为威廉斯的诗太过伤感，尖锐地批判他的诗是“非凡而乏味的消遣”；威廉斯无法躲避这些批评，也无力恢复自己的声誉。布莱克默可能早已认定威廉斯在《1906—1938年诗歌选集》中的措辞“肤浅又病态”。他将这部收录了长达30年的作品的诗集与另外4本诗集和评论混在一起，由此可以看出他的蔑视态度。布莱克默一叶障目，没有看到威廉斯将本土的口语转变为诗的语言的能力（只有贺瑞斯·格雷戈里欣赏威廉斯的成就）。虽然威廉斯已经听惯了评论家众口一词的尖锐批评，但这仍不能消掉他几分怒气。他无计可施，只好从头再来。所有的质询与对答，威廉斯简直都能背下来了。

对威廉斯来说，20世纪30年代末的结尾不是悲剧，而是闹剧。1924年，威廉斯和福特·马多克斯·福特有一次热忱的会面。尽管之后的见面机会寥寥，只有零星的书信往来，但威廉斯还是非常欣赏福特的三部曲《队列之末》。1937年的福特，身体肥胖又有哮喘，很像狄更斯笔下在密歇根州奥利韦大学教授文学的一个人物。在乘船返回法国前，福特与威廉斯在纽约度过了一段温馨的时光。回到法国没几个月，福特就去世了。出于一腔善意，福特曾制订了一个奇异的计划，建立了一个社团，取名为“威廉·卡洛斯·威廉斯的朋友团”。这一举动让威廉斯左右为难：他怕人们误会自己已身陷绝境，这让他感到尴尬。但他也不想让朋友失望，便没有表示反对。入会没有任何要求。每个月，朋友们会在一家饭馆或者一个会员的家中见面，一起进餐、饮酒、聊天。主人或者来宾还会朗诵诗歌。会员花名册上的名字个个如雷贯耳：除了福特、庞德、玛丽安·穆尔、阿尔弗雷德·斯蒂格利兹、查尔斯·希勒之外，詹姆斯·朗弗林也参加了。查尔斯·奥尔森有时会开车去纽约参加聚会，以示他对威廉斯的欣赏，佐考夫斯基偶尔也会来拜访。可是几年后，“朋友团”就解散了。同时，20世纪30年代也走到了尾声。

第十三章
医学与诗歌：妻子与情人

威廉·卡洛斯·威廉斯的病人很少毕恭毕敬地称呼他威廉斯医生，更多时候，他们只叫他“医生”。威廉斯身着白大褂，走进了病人们的情感世界。在大家心目中，他坦率真诚又谨小慎微，脾气暴躁又谦和诚实，幽默智慧而顽皮有趣。“一旦生病的孩子或成人成了教师”，如果主题是爱情、性或诗歌，他心中翻腾起伏的那种矛盾，就很少出现。

威廉斯创作的那些有关医学和治疗的故事和诗歌，为我们观察他平凡的日常生活打开了一扇明亮的窗户。故事情节大都源自他自己，也有与同事谈天时听到的奇闻逸事。文中虚构的医生，通常就是威廉斯本人。故事多采用第一人称，把故事中的这个人物深刻地揭示出来。事实上，很难将威廉斯与这些虚构的形形色色的“医生”区分开来。所以在本章，我们会和作者本人一样，交替使用医生和威廉斯这两个称呼。

威廉斯体会到，在给病人做检查时，医生会将“他人内心深处的秘密”透露给患者或者说是读者。这些行为日积月累，使他探入“事物的本质”，将它们“赤裸裸地放在我们面前，尽管我们想尽力改变，但最终都难以摆脱”。对威廉斯来说，日复一日，与病人的每次邂逅，都可能会让他心生迟疑、倦怠的感觉，甚至和他们产生摩擦，暴露他本人无法摆脱的局限。但是，就是那些单调乏味的东西，竟也会给他带来意外的快乐和顿悟。医生扮演着多种角色：侦探、怀疑论者、社会工作者、小说家，还有解剖家。威廉斯性格谦逊，他认为自己“善于观察、权衡利弊，善于比较他本人和病人或许都不知道是否重要的那些价值标准”。这位医生诗人把智者的冷淡也列入了这些客观标准中：如果患者不善言辞，难以表达自己，或者后背上的疖子让他困惑不已……他会静静等待线索出现，然后把整个社区一系列暗藏的情感思维方式揭示出来。威廉斯曾虔诚地谈道，这些难以捕捉的珍贵瞬间是想象赐予他的礼物。“在那股暗流一触即发之际，我们所有人生活中的这眼神秘清泉便会喷涌出甘洌之水。”这些倾其一生悉心聆听来的东西，成了他的艺术中不可或缺的一部分。

作家罗伯特·科尔斯表示，每当应邀作为一名医科生陪同年长些的威廉斯去病人家中看病时，自己都深受这位兄长的影响。在病人所在的社区，威廉斯对自己周围的一切都体察入微。“人们在哪里吃饭，在哪里买生活用品，在哪里买阿司匹林、绷带、胶带，在哪里领节日卡，在哪里小酌一杯，等等”，事无巨细，无一逃过他的眼睛。甚至在敲病人家的门之前，在开始听孩子出生前的反应时，他也都会全神贯注。威廉斯对当地人的这份好奇心，为他的诗歌和散文创作奠定了基础。

威廉斯敏锐地意识到，医患关系相当复杂。有一次，他与科尔斯谈道：“患者会向我讲述自己的情况。他们说话时会盯着悬在我胸前的听诊器，这时我的神经的小锤就敲上一两下，手腿动一动，身体也会随之动一下，算是回应他的打量。”威廉斯的3章《自传》中，《练习》这一章对他漫长的从医生涯作了思考；言辞简洁，语气委婉。他思考着那种关系，思考着这份职业对他的创作产生的影响：

> 他们来找我。我照顾他们。至于与不与我交朋友，那是他们的事。而我的工作，除了做些身体诊断之外，还要根据病情做些具体分析，当然不必说，还要给他们提些医疗建议。这样的生活，让我如醉如痴。起初，它对我的吸引力远远出乎我的意料。无论我在哪里，但凡我所能想象到的每个人，他所处的人生发展阶段，从最高点到最低点，都会在某个时刻浮现在我的眼前。我丝毫不怀疑自己亲眼看到了他们。这一切，都是我的新收获。让成功者带走他们荣誉的蓝绶带吧。我对那些失败者的了解，远远胜过那些比他们幸运的兄弟们。这一切，都是我的新收获。

就拿《身体和心灵》中唠唠叨叨的主人公英格丽来说，有一次她去办公室找医生——也就是威廉斯——让他看她的结肠炎病，一副悻悻的样子，对医生这个职业满脸瞧不起。原来，医院曾为她误诊过一次，这件事令她十分恼火。起初她在那儿喋喋不休地自言自语，一会儿是自己的生活，一会儿是病历，她说：“我是我们家中唯一有勇气为自己而活的人。”她说起话来无拘无束，自命不凡，显得一脑门子聪明智慧。她教医生的妻子如何做时髦的发型；吹嘘自己有未卜先知的特异功能，说哥哥在她看他之后的第二天就会离世；她还嘲笑读书无用。然而，话说得越多，就越容易让人看到她生活中隐藏着失落感。她焦躁不安，无法守住一份好工作；她的婚姻虽然幸福，却是她用对丈夫母亲般的爱换来的，而她最终成了一名爱的殉道者，一位被自己斥为“变态”的殉道者。威廉斯提示她需要“某个女人来爱”，英格丽表示赞同。心灵与身体互不相让，形成一种紧张的对峙。

从头至尾，威廉斯彬彬有礼，体贴周到，说起话来专业却不专制，甚至还护送英格丽到公共汽车站。在为她做检查时，威廉斯发现她的身体没有任何问题，她只是过于敏感罢了。威廉斯根据一些科学事实和最新的理论——毛细血管镜检查理论，向她解释了目前出现这种状况的原因，但多数解释都遭到了她的排斥。任何时候威廉斯都不会催促她做这做那；英格丽在他面前大大方方地宽衣，表明威廉斯在她心里所激发的信任增加了。威廉斯不要求她将自主权拱手送给他。他认为，作为病人，她有自主权，这明显给了她一份独立的生活。

在威廉斯的故事中，患者像国王和王后一样主宰着舞台。他们性情多变，对权威时而尖刻蔑视，时而温顺驯服，将多变的性格尽现在憔悴的面容中。忧郁症来袭之时，死亡盘旋于妻子床头时丈夫冷漠的表情里，甚至在一些小小的举动中，无处不表现着他们性情的变化无常。比如，有一位老妇人为了感谢医生在病房中对病人的和气与宽容，特意为医生沏了一杯咖啡放在厨房桌上。每一个故事都是现实中上演的一幕独特的小剧，一幕接着一幕，瞬息变幻；而变的只有演员，有的招人喜爱，有的令人鄙夷。

在他最有名的作品《使用强制》中，主角既有病人也有医生。白喉疫情在镇上的小学肆虐，威廉斯被一家人请去检查家中9岁的女儿是否患上了白喉。威廉斯的“对手”是一位名叫马蒂尔达的俊俏的小姑娘。他打量着她，像是坐在棋盘旁、面朝对手，又像是通过望远镜观察敌情。小姑娘发着烧，面容焦躁，满怀疑虑，一言不发。起初，威廉斯两次向她献媚，试探她对他有无戒心。结果，在这场博弈中，他手里握的是白棋子，两次都被对手击退了。当他第三次试图靠近她时，女孩竟先发制人，一巴掌打掉了他的眼镜。孩子失礼，女孩的父母感到很尴尬，对女儿又是责怪又是恳求，要她听医生的话，说这都是“为她自己好”。这让威廉斯颇为生气。但是，“接下来，他们被小姑娘折磨得越发可怜，简直都要崩溃了。因为，由于害怕我，小姑娘被他们说得变得异常暴怒，拼命地挣扎。”

还是威廉斯换了戏谑的语气，他仿佛是阿喀琉斯附身，对手不是一个小姑娘，而是特洛伊勇士赫克托。这场激战不断升级，因为博弈的赌注很高：

他必须设法让小姑娘张嘴，看看她的喉咙是否因白喉而红肿；如果他失败了，小姑娘就可能会丢掉性命。马蒂尔达歇斯底里的尖叫声充斥了整个房间。第一个回合的交锋，她一口咬碎了木质压舌板，鲜血染红了舌头。她赢了。面对她的激烈反抗，威廉斯简直气破了肚皮，真想撕烂这个孩子。但他转念一想，在报复中取乐，该是多么荒唐。保护好这个小姑娘，使其他人免受感染，这才是他的责任。威廉斯像战地记者一般讲述这场战斗的结局：

> 在最后一番猛烈的进攻中，我卡住了孩子的脖子和下颌，将银勺使劲塞到她的牙后，又沿她的喉咙伸下去，直到她打起呃呃。我终于看清，她的两个扁桃体上都结了一层膜。而她奋力反抗，不让我知道这个秘密。这个秘密她保守了至少三天，她对父母撒谎，也是为了逃避今天这番折磨。
>
> 此刻的她是真的怒不可遏了。她开始转守为攻。尽管泪水模糊了双眼，但她还是奋力从父亲的腿上挣脱下来，一头向我猛撞过来。

威廉斯并不会因为征服对手而幸灾乐祸，也不会停下来问她为什么要保守嗓子疼的秘密。无论是什么原因，用他的话来说，这绝对是件“蠢事”。她这般年龄，足以知道这一危险是致命的。此前她的学校就有两个学生死于白喉。威廉斯利用医生的优势，这一点情有可原。但他清楚，这是以牺牲孩子自尊心为代价的。威廉斯说，他喜欢这样“野蛮的小家伙”。威廉斯坦言，他平日里就喜爱反叛者，喜爱男子气概和女子的脆弱。同样，在《粉刺女孩》这部作品中，威廉斯爱上了一位脸上长有严重痤疮的14岁女孩。别的医生蔑视她，说她是骗子和妓女，但是威廉斯却欣赏她的勇气和傲气，为她开了一剂药膏，帮她治疗粉刺。

多年来，威廉斯一直尽力帮助卢瑟福周围镇上贫困的移民、黑人和少数民族。这让他接触到了很多因为贫穷而得的病。这些病也暴露出了隐藏在人们眼皮底下的社会病态：嗜酒，吸毒，丈夫弃妻儿逃跑以及从小偷小摸到人身侵犯再到谋杀等各种犯罪。这一切不仅使帕塞伊克和帕特森地区贫民窟里的家庭一个个破裂，也对家庭成员造成了心灵上的伤害。这些社区中的弱势群体遭受着残暴虐待，威廉斯对此从不袖手旁观。他与几内亚山上的移民妇女们的关系十分融洽。这些妇女都生育了几个孩子，说一口蹩脚的英语。几个世纪以来，她们受尽了性别禁锢以及根深蒂固的宗教和民俗的桎梏，她们没有自主和权利可言，生活中历尽了困难，但还是努力维系着各自家庭的完整。

然而，在描写那些帕塞伊克医院门口的弃儿和受尽虐待的儿童时，威廉斯不是天真的理想主义者，也不是圣人。他写道，这些"可怜的弃婴简直就是一副副活着的骨头架子，个个都头上裹着块破布，蓬头垢面；眼角的眵黏在一起，眼都睁不开；双腿从脏兮兮的尿布中露出来，没有人愿意给他们按时换尿布"。还有一些弃婴患有各种致命的疾病：晚期佝偻病、急性肺炎、脊柱畸形和其他不治之症。这些禽兽父母竟如此狠心地虐待自己的亲生骨肉，把威廉斯恨得咬牙切齿。但他不会谴责他们，也不会粉饰他们。如果一个女人为几个男人生下了孩子，那也仅是一种现实而已，他绝不会将义愤浪费在这些浑蛋男人身上。

就奉献精神而言，威廉斯与另一位名医作家安东·契诃夫十分相像。霍乱流行时，契诃夫放下自己的写作去照顾当地的农民，挨家挨户，风雨无阻；不仅分文不取，还自己掏钱为他们购买医疗用品（当然，契诃夫在文学上的收入丰厚，而威廉斯的收入却是锱铢可数的）。威廉斯也有契诃夫固执的现实主义精神：伊恩·班福思指出，"（契诃夫）笔下的农民是醉汉，不可救药；我行我素，闯劲十足；毫无情有可原的性格特点，也没有可疑的'神圣简朴'。"对俄国病人日常的堕落和暴力行为，契诃夫从不去美化、辩护，或对它们进行道德评判。威廉斯对待他的美国弟兄们也是如此。

对于各种类型的女人，无论是焦虑不安、马虎毛躁、酩酊大醉、自我毁灭、沉闷忧郁、顽皮狡诈、心怀敌意型的，还是多愁善感、体贴仁爱、天真无知、百依百顺型的，与她们交往时，威廉斯的交流艺术都堪称完美，无可挑剔。为妇女做检查时，他从不催促，而是见机巧妙地插上句评论，问个问题，只是偶尔才说上句吓唬她们的话。如果有的妇女不听他的建议，转而向别的医生求医，比如，甚至会有医生向她们推荐不必要的阑尾切除手术。对于她们的拒绝和不信任，他也一笑置之。

如果威廉斯面前坐着的是一位想要堕胎的女子，或是一位强奸案受害者，那么，他会一边聚精会神地听她诉说，一边察言观色，猜度她思想情感的节奏。请看下边这首《冷面》[①]：

---

①威廉·卡洛斯·威廉斯：《威廉·卡洛斯·威廉斯诗选》，第339—340页，傅浩译，上海译文出版社，2015年。

这个满脸死气沉沉的女人
收养了七个孩子
而自己又新生
了一个婴儿，她想要

打胎的药片，说了声：
嗯哼，来应我，而
她襁褓中的婴儿
自个儿打着嘟噜。

她张着嘴看着我
眨着她那双呆呆的
割过的眼睛，像树枝上的猫
累得无法爬得更高

来躲避施虐者。婴儿
依然吐着泡泡欢笑；
女人的脸上泛出一丝红晕
近乎美丽

她看着我，平静地
说，我不想再要了。
这时，我才知道
快速行动是首要的事情。

这首整齐的四行诗里，负担着8个孩子的女子，此时需要做一项重大决定——终止妊娠。她似乎不善言辞，说出自己的愿望仿佛需要超人的气力。乍一看，她长相平平，“满脸死气沉沉”“张着嘴”“呆呆的/割过的眼睛”。但“近乎美丽/红晕”一语改变了这种印象，也为她最后说出的那6个不可挽回的字“我不想再要了”增色不少。这个明喻占据着诗歌的核心位置，道出了她走投无路、身处崩溃边缘的感受。这个决定寒冷刺骨，正如她的内心。即使是宝宝在俏皮地“自个儿打着嘟噜”“吐着泡泡欢笑”，这些都无法改变她要终止妊娠的决心。威廉斯对此事着墨甚少，我们不清楚当时是他亲自开了堕胎药为女子堕胎，还是让她去找了秘密堕胎的内科医生。在那时的新泽西州，堕胎是违法的，并且可能会被吊销行医资格。

如果《冷面》像是一部字幕最少的无声电影的话，那么，《帕森纳克来的强奸犯》[1]就像一首时断时续的三声部赋格曲。威廉斯，一位记者医生和病历学者，开场所说的“帕森纳克的强奸犯非常和善”，就让读者感到迷惑。强奸犯愚蠢地自伐：“好啦，孩子，我来照顾你。”含糊不清的美国方言气息，回荡在他的字里行间。他已心志迷乱，说起话来像一个热情的朋友，还得意扬扬地夸耀，她成为他的性爱俘虏，应该心存感激。威廉斯插话道：“她多么狼狈。”仿佛是在更正病历，给受害者一个机会，让她从昏厥中苏醒过来。强奸犯在第二节中延续这一主题：“现在你永远不会忘记我了/然后开车送她回家。”大多数强奸犯不会假装是勇敢的求爱者与乐善好施之辈，但这个男人却不承认自己侵害了她的身体，犯下了罪行。

后来，这一主题转移到了受害者身上。这位女子讲述了自己的凄惨经历，情绪愤怒而神情茫然。她说自己当时用嘴咬那个男人，但还是被他制住了。她时而因为反击罪犯而自豪，时而又因当时昏厥了而懊恼。此时，这位女子正挣扎着要夺回自己对身体的控制权，还有她已失去的珍贵的贞洁。遭到强奸的经历使她心有余悸，神情恍惚。她害怕感染上疾病，发誓如果从强奸犯那里感染上性病，她是绝不会去接受治疗的。她高喊：“你将第一个发现我死在床上。”她希望亲手处决他，“用我能想到的各种恶名骂他”，但又承认“被送回家，我很高兴”。那种行为留下的羞耻和“梦魇”不可能医治，只能随着时间慢慢地消失；“还有恨/对所有男人的恨和厌恶”如恶臭一般，根深蒂固，挥之不去。

威廉斯在诗中扮演的角色十分敏感，引人注目。受害人是他所喜欢的一位护士，这在之后给约翰·瑟尔沃尔的评论中有所提及。她对威廉斯医生信任有加，所以将自己的隐私吐露给他。威廉斯意识到，作为知己，他知道了她的隐私，但只能作一两句评论，和她最初所说的一样，“男人有病，才会干那种事。”或者说：“她是那样说的。”诗中没有任何粉饰成分或经严格审查过的话，也不曾引用著名神话或文学中像夜莺、卢克丽斯和拉维尼亚这样的强

---

①威廉·卡洛斯·威廉斯：《威廉·卡洛斯·威廉斯诗选》，第219—221页。

奸受害者的典故。我们所听到的，只是受害者本人发出的纯朴的声音。她的焦虑体现在吞吞吐吐的语句和诗歌前半部分的问句中。而她为恢复自己的尊严和冷静所做的努力，则随着诗歌的节奏复杂地展开。而这一切都是在不牺牲受害者理性的前提下进行的。

在威廉斯漫长的职业生涯中，医学行业是由男性主宰的。医生就是神，或者说，至少是父权人物；他们的话有圣典般的权威，但威廉斯并非如此。女性没有多少机会去施展她们的才能，哪怕是受过大学教育的女性中也没有几个人，但在威廉斯看来，女性并不是弱势群体或下等性别。虽然在他的信件和诗篇中偶尔会见到带点儿性别歧视味道的只言片语，但是在诊室或出诊时，在小说、散文中，在描写病人的多数诗篇中，他都严肃地对待女性所遭遇的困境。他不是一位接生技术熟练的妇产科医生，但是他不会漠视躺在担架上的女人。他写的《生产》这首诗，讲述的是一次特殊的难产经历。诗中那位母亲的勇敢，极大地激励和鼓舞了威廉斯。他宣称自己是"一位女权主义者"。出生的婴儿重达13.5磅。登记体重时，这位医生禁不住大声叹道："我的圣母！"[1]他对这位母亲由衷地赞美："我们当中没有一个/能比得上/她。"

与病魔不懈地较量搏斗，使威廉斯尝尽了酸甜苦辣。当他挽救一个早产儿生命时，当他推着病人冲向医院，及时阻止了阑尾破裂发展为腹膜炎时，他都会感到兴奋不已。但是，在经历一番艰难之后仍败给死亡之神，最终没能保住一个女孩的生命时，他会眉头紧锁，半晌闷闷不语。他在《事故》中观察到的"死亡"，很难让人用感觉去捕捉那种滋味，那种感觉无法用心体会。"然而，他在散文中对一位奄奄一息的女孩的描述，却给人一种亲临戈雅版画的感觉：她躺在那里，一魂缥缈，奄奄一息：口微张，眼半睁，眼珠向上翻去，只露出眼白，皮肤冰冷，毫无血色，体温低得好似软组织都结冰了似的。"

在诗歌《死婴》中，无法否认"事实的力量"——"孩子死了"。挽歌部分像钟声哀鸣，倾诉着眼袋青黑的母亲肝胆俱裂的悲痛。请看威廉斯与一个绝望的母亲在《关闭》中的电话交流：

求您快跑来看看
我的孩子。您知道的，就是

---

①威廉·卡洛斯·威廉斯：《威廉·卡洛斯·威廉斯诗选》，第451—453页。

我昨晚向您谈到的那个

您是哪位？

您是儿科专家吧？

是的，你说的可是我的儿子，
你可否等到？

我，我，我觉得他已经没有气了

这首只有8行的小诗，短小精悍，感人至深。我们与威廉斯一起聆听到了母亲悲痛欲绝的声音。动词“跑”表达了她的恐慌；“专家”一词表现出她渴望了解全部儿科专业知识的心情。电话中，医生误认为她是因儿子才这样精神恍惚，所以委婉地问她是否可以稍等一等。按正常情况来说，医生这样回答是合情合理的，但这却加剧了她内心的恐惧，这份恐惧猛然抑塞了她的心，她的回答顿时变得语无伦次。表示生命之本的那个单词的拼写，由于上档键按错，连大小字母都混在了一起。

无论在家里还是在医院，威廉斯都会将医院比作一座城市，其中我们所能想象到的人生百态，应有尽有。病人和医生为威廉斯的创作提供了丰富的素材。30年来，他看到了各种各样的医生。他给他们特写，或者让他们在作品中当个大大小小的配角。这些人中，有像他自己这样忙忙碌碌的全科医生。他们与患者相处和睦、情同手足。也有被人请到家中去治疗罕见血液疾病或神经系统疾病的专家。还有无偿给人治病的“救死扶伤的仁慈牧师”。这些医生就像维也纳杰出的医生们一样，只要有机会能够“展示自己高超的才能”、追求知识、享受新发现所带来的乐趣，就心满意足了。

另一方面，威廉斯也丝毫不差地捕捉到了医学界丑陋的一面：从态度恶劣的病理学家，到“缺乏教养的下流坏子和不学无术之辈”（借用契诃夫的话），再到江湖骗子，样样都有。首先，威廉斯鄙视巧取豪夺的无德医生，他们会掏光病人的25美元钱；这25美元的医疗费足以让穷人债台高筑，而他们却把这些钱像丢垃圾一样挥霍掉。威廉斯蔑视那些庸医。庸医们往往懂得推销自己，所以很受患者喜爱。更可恨的是，这种商业骗局在医药公司大行其道，这就给医生们增加了压力。他们不得不拿出最新的“大众化万能药方”，以防自己的行医收入骤减。虽然威廉斯没有时间，也没有这个兴趣去对这些心术不正的医生做长篇的专题研究，但上天却赋予了他一种预见能力，让他可以看清这些医生的秉性和医术。这一切在《老医生瑞沃斯》中都得到了很好的表现。

老医生瑞沃斯是个传奇人物。他多才多艺，性格古怪无常。故事追溯了瑞沃斯人生轨迹的3个阶段：第一阶段，在结束短暂的学徒期之后，他凭自己高明的诊断医术，声名大噪。在作者笔下，他还是一位神医，危急时刻，无论是醉酒还是清醒，都是人们首选的医生。第二阶段，他长时间地沉迷于酒精、可卡因、赌博、性，甚至还高谈阔论，自吹自擂。这是一种短暂的释放，从威廉斯所说的“过度劳累的狂热中”解放出来。即使过着这样的生活，他仍然一如既往地行医治病，医术丝毫不减当年。最后一个阶段，是他职业的迟暮之年。那些根深蒂固的恶习摧残着瑞沃斯。他变得鲁莽和“疯狂”，判断力一落千丈，幸好双手的灵活性和直觉尚在。这让他在手术室里最后一次缝针时依然表现出色。所以，哪怕镇上有谣言传他犯了某某罪，而且他真的犯过罪，那些内心崇拜他的患者对他仍忠诚有加。

瑞沃斯医生和威廉斯有很多相似之处。他们都同情穷苦患者，为他们采用经济有效的疗法；他们对那些“成功的掘金流氓”都态度冷淡；他们都不拘小节，又都有那么一丝多愁善感。然而，故事并不是蒙上面纱的自传。事实上，这篇故事中，个人经历与虚构之间的区别，要比威廉斯所写的多数故事和诗歌之间的区别更加清晰。威廉斯没有说教，他只是详细地叙述了一个行业中的伤亡情况。而这个颇负盛名的行业，并没有让医生们免受疾病和压力之苦。对于前方可能会面临陷阱的威廉斯来说，这是一个前车之鉴。

为了构建人物肖像的层次，威廉斯虚构了一个叙述者，这位叙述者将故事与作者的生活拉开了更远的距离。这位无名无姓的叙述者远非一个无所不知的人，他是瑞沃斯的一个同事，也是一位医生。他像医学人类学家一样，从各种来源收集证据，从事实中筛选出传闻和传说，同时做了两类对比：一类是那些信任瑞沃斯医生医术的感谢信（多数情况下，他行事准确、迅速、主动）；另一类是谴责信，信中咒骂他是个愚蠢的恶魔，冷漠地将一个又一个体面的市民推向死亡。生动滑稽的细节描写，使威廉斯摆脱了创作中朦胧抽象和心理模式化的弊端。

故事从头至尾，这位叙述者的研究方法严谨而周密。他先从外部着手，进而探索到内部。举例来说，他在圣迈克尔医院做调查，查阅了该医院1905年至1908年的注册病历，以查清瑞沃斯所负责的各类外科手术。病例中的疾病目录极长，种类繁多，从子宫切除手术，到鼻腔隔膜修复手术，简直就是个“苦难大清单”。在对这两年进行对比时，叙述者对照其他医生的成败率，并对瑞沃斯的治愈率进行评估，发现他的治愈率是最高的（其实多数时候，威廉斯对公众和行业内对治愈率的关注，是抱有戒心的。他将这比作棒球迷对全垒打的崇拜，因为尽管我们可能会从一种身体的打击中康复，但是“调来调去的致命细胞阵营之间的战争”，可能会导致整个身体崩溃，也可能引发新的“知识模式”出现）。

因此，数据很重要，但叙述者并不满足于让这些数据来说话。当一页页翻阅重重的登记簿时，他慢慢地端详着，注意力徘徊在所使用的墨水以及变化的字体上。他罗列了表中用过麻醉的病人们的职业，他们当中有“水管工、园丁、农民、酒馆老板（患有酒精肝）、画家、印刷工、家庭主妇、茶商”。乍一看，这些注册内容像是消遣或题外话，但它可能蕴含着一条宝贵的信息：医生的家庭生活凌乱不堪。医生无法治好自己的病，这样的命运，对性格软弱又焦虑的瑞沃斯医生以及他行医来说，都是不无影响的：

> 在医生名录这一栏有瑞沃斯的名字。他当然是死于酗酒。但是这里还有一位因绝望而自杀的医生。据说他自杀是因为与另外一名医生的妻子有染，这名医生是他的好朋友，与妻子离婚后与一位年轻女子结了婚。还有一位，在他60岁时，安静地躺在办公室的沙发上，说了声再见，便一命呜呼。再来看这位，匆匆离开家乡小镇，只身去了海边，抛弃了自己的妻儿，或许是为了逃脱地狱般的生活吧。还有一些医生，他们在自己的行医生涯中慢慢老去，尽管活着，但却早已为众人所淡忘。其中就有一位医生，他已过耄耋之年，双耳失聪，却依然孑然一身，常常漂泊街头，几乎无人记得他曾经是名医生。奇怪的是，这一切记录都是从1908年才开始的。

叙述者孜孜不倦地拓展自己的调查研究，视野也渐渐宽阔起来。如同当年契诃夫在库页岛上细心收集萎缩病、营养不良病例和监狱囚犯的死亡率一样，他采访了一些在手术中协助过瑞沃斯的医生；这些医生欣赏瑞沃斯在压力面前所表现出的冷静与智谋；他也采访了另外一些医生，他们对瑞沃斯的吸毒行为表示愤慨，谴责他违反了医学伦理，呼吁取消他的从医资格。有一位年轻女子对记忆中瑞沃斯医生的善举，依然心存感激。还有一个男孩，算是一个福星，他是瑞沃斯的一个准契约学徒，也是这位单身医生的半个伙伴，他讲述了瑞沃斯的这样几个荒唐的故事：在闷热的凌晨2点钟，瑞沃斯会突然把他从床上拽起来；男孩坐在单马车里拍蚊子，而这位大男人先是在大厅里喝到酩酊大醉，接着又唤醒屠夫要他去买羊排；周日办公时间，他会让这个少年冒充年轻医生，去满满当当的候诊室传唤那些可怜的病人。弗洛斯甚至还发表评论，怀念瑞沃斯恍惚的眼神、热切的笑容，还有她记忆深处瑞沃斯驼背的样子。尽管多数都是传闻，叙述者还是坚持收集着这些头绪纷乱的证据。他写作的对象有时是一名杰出的小提琴家，有时是一位厌恶女人的男子，有时是一个在丛林中杀了人的猎人，有时是一个以抓响尾蛇为乐（其实是为了它畅销的毒液）的猎人。简言之，瑞沃斯是一个进过两次国家精神病院的病人；他也是一位外科医生，一位在手术前先为自己注射海洛因或吗啡来自我镇定的外科医生。

叙述者尽力克制住自己，不去谴责瑞沃斯那些精神错乱的行为，也不去保护这个有缺陷的职业，但是他赞赏瑞沃斯，认为他是业内的艺术家，拥有激光般的超群想象力。瑞沃斯一眼就能看出一名男孩的疾病是因为他没有接受割礼造成的；他也能快速做出决断：战胜一个大酒鬼抵制手术的唯一方法，就是给他灌上一整瓶氯仿。威廉斯意识到阶级差别和文化差异影响着我们对瑞沃斯的判断，只有在叙述者完全陈述完他收集的证据之后，他才谨小慎微地做出结论："虽说经历了几个世纪的文化洗礼，但要理解并接受像瑞沃斯这样复杂的秉性，还需要我们有一颗宽容的心。"在那个时代，新泽西州的底层医生还从未尝试过用这样的另类方式来排解自己的苦闷。瑞沃斯在他居住的"乡野底层"寻求解脱时，遇到了这样的困难，威廉斯十分清楚这个问题。他在结尾处通过援引瑞沃斯的例子，悄无声息地实现了自己的创作目的。

在除了《老医生瑞沃斯》以外的几乎所有作品中，威廉斯都将自己的角色摆出，供大家见证和评判。他敏锐地意识到，不管医生采用哪种疗法，都"可能出乎意料地引发爆炸"——病人会死去。如果治疗可以保证一切的话，那么，一旦出现问题，就一定是医生造成的。举例来说，在诗歌《生产》中，这位医生坦言，他曾经因忙于日常事务而昏昏欲睡。当时，一位40岁的意大利女子即将分娩，但是子宫没有宫缩，这让她的丈夫疑惑不解："咋回事哩？大夫。""娃儿不想出来吗？"威廉斯立刻从昏睡中醒来，开始为孕妇引产。他将床单裹到这名女子“下垂的肚子”上，然后变着方向按压。这样，宫缩恢复了，胎儿“头朝下/靠近出口”。这一招十分奏效。威廉斯熟练而缓慢地把婴儿的头和肩膀从“紧闭”的出口接出。随着这幕小剧慢慢展开，威廉斯责备自己太傻，没有早点想到把床单裹紧些。

小让·贝克的故事更为糟糕：“她的胳膊和腿软绵绵地垂下来，就像廉价的玩具娃娃。”威廉斯与护士们都十分喜欢她，他们竭尽全力，还是没能挽救她的命。他连声哀叹：“我们用尽了法子，可就是一件事也没有做对。”验尸报告证明是医务人员的失误：医生们错过了“左侧严重化脓的乳突炎，而继续将时间浪费在了侧面的静脉窦和脑膜上”。威廉斯后悔没能排干小让耳后的化脓，是自己的失误让孩子丢了小小的性命；事已至此，他必须辞职。

医生每天面对这样的责任，这样的失败，这样的赌注，靠讽刺和幽默获得片刻的放松，是再自然不过的事。他们“与各种疾病不停地斗争”，整日里疲惫不堪，这也是对付疲劳的最好的方式。在流感期，威廉斯会草草写下这样几句对话，听起来有点像电影《劳莱与哈代》中的一幕配角戏：“医生在吗？（通常是门铃响）是哪位？（卧室窗口传出）我的孩子吞下了一只老鼠——告诉他，一会儿再吞一只猫。嘭！”如果当场受到挖苦，威廉斯会对着护士喊——她们对那些骨瘦如柴的婴儿，可都是百般呵护——“给它（皮包骨头的婴儿）一支灌肠剂，或许长大会成为一个稀烂贱的站街女什么的。”此时的他，可不是在愤世嫉俗，也不是轻率无礼。对医生来说，超脱与同情同样重要；对于作家来说，或许也是如此。

一次，威廉斯半夜被叫到一户人家，那里有一位即将临盆的女人，这个女人体重300磅，正在疼痛难忍。她的丈夫是一名警察，身材高大，背阔腰圆，在门口等着接待威廉斯，手中摆弄着一把45式左轮手枪。一见威廉斯他就警告说，如果女人或孩子有一个丢了性命，他会拿子弹打穿他的脑袋。威廉斯平静地走进卧室，看到一个年轻的主治医师蜷缩着身子，正在那里为女人做检查。产妇的宫颈已完全打开，威廉斯给她注射了一剂催产素，这是一种新的引产药物，他一直小心地将它藏在药箱里。分娩很是顺利，但婴儿出生后，他发现产妇肚子里还有一个。接生现场几近陷入一团喜剧性的混乱，但威廉斯始终沉着稳健。

威廉斯觉得，医生和作家这两种职业之间没有什么不和谐之处。他的病人对其所从事的这份“超人”工作心存敬畏，心想怎么还会有时间写诗。他解释说：“一份职业和另一份职业相辅相成，它们是一个整体的两个部分，绝不是两份工作；一份工作折磨他，另一份却让他得以休养生息。”说到这里，他又很像契诃夫。契诃夫曾有一句名言：“每当想到自己有两份职业而不是一份时，我就感到分外清醒和满足。医学是我的妻子，文学是我的情人。”（但必须承认，契诃夫对医生们承受的无聊的例行工作，确实抱怨过：“有的姑娘耳朵里长了虫子，有的闹腹泻，有的闹呕吐，还有的闹梅毒——呸！！！诗歌啊，你甜美的声音，在哪里？”威廉斯有时害怕与诗歌长期疏离，这时他会比契诃夫还要苦恼。）

传统观点认为，威廉斯只是个表面上杰出的诗人，因为他并不了解心理学。然而，一些诗歌和故事，无论是与病人有关还是与他对医学的思索有关，都表明他对自己的这两份职业之间的关系有深刻的见解。他说：“没有人可以像一个困境中的病人那样，让我们看清面前的自己。”“查房和出诊时，我学到了很多；有时我感觉自己像个小偷，因为我听到了一些话，一些诗，看到了一些人，去过一些地方，并把它们都写进了我的作品中。我记得我曾把这件事告诉过一些人，但是没人对此感到惊讶。每次邂逅都有一股力量，但还有一些更为深刻的东西在向前涌动。我一次又一次放松了警惕，结果却陷入了自我。”正是那些邂逅，滋养出了一串美妙的诗歌和故事。

第十四章
战时的诗人

在《休·赛尔温·毛伯利》一书中，幻想破灭了的埃兹拉·庞德为整整一代人撰写了一篇悼词。那代人由于深信政客们的谎言，曾经“走进无底的地狱”[①]，并在第一次世界大战中丧命。大肆屠杀吞噬了理性。把精神浪费在耻辱中意味着吞下苦艾，究竟是为什么呢？[②]“因为一个老婊子意外死去/因为拙劣的文明。”[③]然而，20年后，世界又到了另一场灾难的边缘。“拙劣的文明”仍未得到修正。法西斯主义占了上风，而民主主义处于下风。野蛮的暴力肆意横行，另一场世界大战如箭在弦。这一次，庞德转换立场，加入了野蛮人的阵营。

威廉斯认为，希特勒、斯大林、墨索里尼以及佛朗哥是一群大吹大擂之徒和政治流氓；而庞德自以为是又冷漠无情的吹嘘，也让他感到厌烦，于是，他在卢瑟福对庞德进行了猛烈的抨击。

> 此刻，你野蛮又愚蠢透顶地提到，草原上到处都有肉，那简直是异想天开。你会发现更多的肉装在自己的脑袋里。我曾以为你很有头脑，现在却不这样认为了，你的脑袋看上去更像块圆滚滚的牛腿肉。
>
> 每当你试图揭开它的真相……
>
> 你就是一个无知的婴儿，想拼命敲掉婴儿床的围栏……
>
> 你问我，我对未曾读过的学说了解多少。那么，你对你读过的学说究竟又懂得多少呢？这些假说并未让你变成笨蛋，否则，你不会写下这么猥琐乏味的东西。我想，你已经拜读过所有愚蠢的（原文如此）领导人的高谈阔论，并且连他们的唾沫都一起消化了。这些言论是真的吗？来来来，快点，说说你究竟支持哪种言论，或是支持哪个人。是希特勒

---

①《休·赛尔温·毛伯利》（*Hugh Selwyn Mauberley*），第四部分，《诗选》，第64页。

②莎士比亚，第129首十四行诗。

③《休·赛尔温·毛伯利》，第五部分，《诗选》。

还是墨西(墨索里尼)，还是两个都支持？我想要的是事实……[1]

但是，由于受到教条主义思想的羁绊，抑或是出于“见鬼的妄自尊大(原文如此)”，庞德竟丝毫没有理会威廉斯对他的侮辱及其合理性。

很多美国人认为，这4个极权政体并没有对他们造成什么威胁；他们也认为，希特勒妄想征服世界的美梦是欧洲人自己的事，跟他们毫不相干。他们有这种自欺欺人的安全感和堡垒心态，是因为3 000英里的海洋把东海岸与德国空军轰炸伦敦以及纳粹军队侵占捷克斯洛伐克和波兰的战争远远隔开了。尽管威廉斯懂得政治体和癫痫病人都有惊厥生理机能，但西班牙共和国政府军的溃败让他心灰意冷。这次失败在1938年的诗《这些》中有所反映。耳闻目睹战争的血雨腥风，他诗中的基调悲惨而凄凉：

这几周荒凉又黑暗

大自然一片荒芜
如同愚蠢的人类

一年光景稍纵即逝
心也突然陷入谷底
比夜还深沉

到一个空无一人、冷风袭袭之地
没有阳光，没有星星，也没有月亮
只有思想一般的独特光芒

闪现着黑暗之火——
在自己身上旋转
直到冷却下来，它才会重新燃起

---

①《埃兹拉·庞德和威廉·卡洛斯·威廉斯书信选》，第209页，威廉·卡洛斯·威廉斯写给埃兹拉·庞德的信，1941年11月26日。

让一个人忘记一切他知道的事
唯独记住孤独本身

全球性灾难并不会导致虚无主义；威廉斯也绝不会陷入空虚和绝望，因为他心中的一把火能够驱赶精神上的寒意。但是，在爆发毁灭性狂潮、自然面临荒芜，愚蠢懦弱的人类走向死亡时，他问自己，什么类型的诗歌符合现实？同样，他质疑抒情诗，比如“最甜美的音乐”，或是不带感情的诗歌“看见钟表不走了，他说/那只钟表昨天还转/现在却不转了”①。这些诗给出的理由勉强说得过去。在可怕的黑暗中，他坚信不切实际的希望，认为石头终将变成“湖水/溅出的声音”。

诗歌《这些》于1938年出版，收录在威廉斯的回顾展《1906—1938年诗歌选集》里。这部作品大多收录了一些中立的或是消极的评论。他很失望，然而，这也可以理解。但是20年后，威廉斯在他的诗歌《我想写一首诗：诗人作品自传》中，的确批判他们的评论太随意、“太传统、太学术”②。但是，作为前辈，他却没有怀疑他们的结论。在重新思考作品的时候，最让他吃惊的是，他“不知道如何将一首诗改写成我那种风格的抒情诗”③。他解释说，已经在尝试“去掉诗中的冗余部分，并且……加快诗歌节奏”。他与“僵硬的接点”和“摇摆/前进”中描写的诗人不同，在《诗人和他的诗歌》的第二部分中，“是谁在追逐 /那模糊的身影，思考着——/因为他们感到/在心灵的乐器上跳动的/欢乐的动作——/那是因为他们有天赋异禀。”在诗的第一部分，他大胆地对这首诗下了一个定义。而在严苛的自我批评之后，他又否认了自己的定义，认为定义下得不够准确：

诗歌是这样的：

声音中的微妙差别
能巧妙地影响
感觉的洪流

模模糊糊，多么愚蠢的

①《诗选》，第1卷，《写于1938年的诗歌》（*Poems 1938*），第459页。
②《我想写一首诗：诗人作品自传》，第65页。
③同上。

意象。是谁在影响？
谁又在被影响？
如此细微的差别

如何影响了世间万物？
一切尽在
声音之中。一首歌。
却不仅仅是一首歌。

就像罗伯特·弗罗斯特一样，威廉斯在考虑声音和感觉的联系。你可以期待“一场声音的洪流”，但却实在难以通过这喧嚣的“情感洪流”想象出声音的细微差别。因此，反过来就实在牵强。沉重的三和音“正在演奏”“常常演奏”“演奏过”，就像铅一样沉重地撞击耳鼓。因此，威廉斯舍弃了几行无用的诗句。接下来，他又简单地讨论了如何从“声音”转变成“歌曲”。威廉斯非常熟悉讲话中的音乐，比对歌曲中的音乐还熟悉。他并没有坚持说自己经常使用这种诗风，只是偶尔使用。但是他把诗歌中多余的词句编排起来，很自然地转变成游吟诗人的色情语言：

这应该是
一首歌——包含着
许多细节，黄蜂，
还有一根龙胆根——某些
直接的，打开的

剪刀，一位女士的
眼睛——歌曲中的细节
在一段声音中苏醒

这抒情的旋律是从精致和感性的细节中分离出来的，令感觉和声音融为一体。在《帕特森》中，他可以借鉴普通人政治学和话语中的细节来“作一首曲”，然而这些人的政治和话语毫无头绪也没有意义，“在这些人和他们赖以生存的永生、无情、忘恩负义、没有希望的尘世之间，这些可怜的灵魂在这个世界上只剩下宏伟的教堂……”[①]在最后3本书中，威廉斯会自由地将演讲和歌曲巧妙地融合起来。

在随后几年，威廉斯的诗歌创作数量一降再降。他向《纽约时报》的专栏作家哈维·布莱特坦白，“我现在不写诗了。我写不出来。我希望自己能克服眼前的困难。”他还对朋友查尔斯·阿尔伯特说，他渴望“漫长的安静和孤独”。他当时正准备开始撰写《私酿酒》的续集《在金钱里》，并像雅各布在《创世记》中所做的那样，与一个天使决斗，希望能得到一样恩赐：关于《帕特森》究竟可以用什么形式的秘密。他想去里奇路9号做一次探访，看到那忽隐忽现的“美妙东西”在它的门槛翩翩起舞，他张网将其捕获，但没能成行，这让威廉斯倍感受挫。1941年，他完成了名为《致帕特森》的15篇短抒情诗，但权衡之后，只在定稿中添了3行题词。

《在金钱里》继续讲弗洛西的成长过程。这次讲的是她从一个瘦小、顽皮的婴儿长到一个能独立学步的两岁幼童。小说结尾处写道，小女孩儿小心翼翼、稳稳当当地走下一节楼梯，这让乔十分惊讶。洛蒂和弗洛西这两个斯特克女孩儿天性相差万里。洛蒂长得漂亮，有“派头”，仿佛从她母亲那里遗传了势利的基因。她表面上很顺从听话，但却是个两面派。弗洛西脾气执拗，对这个世界充满好奇，哪怕是蹒蹒跚跚摔个嘴啃泥，也会挣扎着爬起来，再次去抢她想要的东西。她腼腆又可爱，而且自带幽默感，因此被大人们给宠坏了。孩子面前有很多个成年人，各自性格不同，他们对培养孩子也持不同的态度。格力的母亲是一个脾气暴躁的挪威人，她是典型的老一代，凭直觉随意给孩子们定下多条规矩，规范他们的行为，抑制他们的欲望（特鲁德太太也是一个女版的李尔，她的女儿格力像贡纳莉和里根一样，是个自私自利、忘恩负义之人）；奥尔加阿姨有爱心、慷慨大方，但她是个对孩子过分溺爱的老单身。她表面上生怕孩子们弄湿双脚，经常警告他们不要做这做那；但因为天天唠叨老一套，所以总被格力当成耳旁风。奥斯瓦德是乔的兄弟，单身汉，又矮又胖。他是个退伍军人，在芝加哥一个牲畜饲养场做屠夫，声音沙哑、嗜酒如命、无拘无束又精力充沛。他善用剪刀和纸张，在圣诞节的家庭聚会上，他会用剪纸和小礼物逗孩子们玩儿（奥斯瓦德与乔完全不同，他花钱如流水）；格力的姐妹希尔达和马格纳都是宽容型的家长，然而格力却不时急躁地给孩子们立各种规矩；对于孩子们需要什么她很上心，

①《帕特森》，第二部，第二章，第62页。

但却十分严厉，因为喜欢做当富婆的美梦，所以又常常忘了关心孩子。乔对于父亲这个角色的想法很老套（他可以给女儿洗澡，却从来不换尿布）。他会被孩子们滑稽的举动逗乐，也对他们十分慈爱。有一次，弗洛西因为受到冷落拿嘴咬他，这实在是挑战了他的忍耐限度，但他也只是躲开，并没生气打她屁股。他天生就有想象力和忍耐力。

格力带孩子们去第五大道，找一位傲慢的医生接种疫苗。回来时带着乔读过的一个小册子，内容是关于学步儿童的行为的。塔尔波特的观点竟然与典型的弗洛伊德式观点完全吻合。他明确指出，孩子的性格是在有记忆之前，也就是刚出生的那几年形成的，与此同时，孩子开始学习语言。“小囚犯不得不去适应父母强加给他们的偶然的生活方式，而这样的生活时而受经济环境影响，时而受遗传环境影响。”[1]这种决定论的信念在《在金钱里》中得到了充分的说明和修正，故事的背景就设置在佛蒙特州乡村地区的一个农场，成为《在金钱里》的整体故事架构。对于斯特克的孩子们来说，这是一种让他们能够接触到大自然和动物（斑马、奶牛、小狗、小猫和绵羊）的田园诗。这两个孩子，还有村里的几个小伙伴们，都学着不听从大人们的话。他们关系很好，经常一起取笑别人，帮忙跑腿，欺负弱小，即兴玩个小游戏等。一个农场少女能分辨出可以吃的蘑菇、梯牧草叶子和有毒的茄子。在这里，没有办法挽回、拯救一个患肺结核快要死去的孩子；对死亡几乎失去理智的恐惧就像噩梦一样紧紧揪住孩子们的心，而父母明智的照顾和安慰能够帮助他们缓解这种恐惧感。在这部小说最精彩的部分，威廉斯生动形象地描写了弗洛西时常出现的恐惧；有时仅仅是因为一个路灯或者外面传来的一声怒吼，她就会惊醒并大声呼救。每当这时，格力就会变得十分焦躁、冷漠，满脸不耐烦地让弗洛西回去睡觉。这些抽搐总算过去，也没有在弗洛西的心理上留下永久的伤痕。可威廉斯竟然让一个两三岁的小孩产生深深的痛苦和恐慌。作为一个儿科医生的他非常明白，所有的孩子为了充分发掘自己的潜能，要跨过哪些障碍。

如同在《私酿酒》中一样，《在金钱里》的大部分也描写了乔从联盟工长成长起来，建立了他自己的印刷厂。乔是个憨厚的人，一些恶资本家企图阻挠他拿到印刷支票的合同，然而乔以智取胜，得到了这份合同。乔因此成了扒粪记者的死对头，他们编造假新闻打击中伤他；受贿者蓄意诽谤他，因为

---

①《在金钱里》（*In the Money*），第156页。

移民暴发户霍雷肖·阿尔杰打乱了他们想坐收渔利的小算盘；乔以周密的布置对他们进行了迎头痛击，这让他的对手大为吃惊（他的创业计划得到了更高层资本家的资助。这些资本家非常欣赏他的手艺和刚正不阿的品性）。乔的老板温尼伍德先生，伙同乔的朋友们要尽鬼把戏，用尽政治手腕，毁掉了乔买印刷机、墨水和租用阁楼办业务的机会。他们精心策划与乔进行对抗，甚至威胁、恐吓乔，但乔毫不动摇。他甚至开始在白宫里会见泰迪·罗斯福总统。总统起初也听信那些中伤乔的流言蜚语，有人说他是一个狡猾的幕后操纵者，为了夺取关键的合同而不择手段。他们污蔑乔说，"利己主义是一个大恩人。"[①]但是，乔以他不屈不挠的品格和卓越的口才征服了罗斯福总统。乔向自负的格力汇报说他已经击退了敌人，格力称赞他是"了不起的小拿破仑"，成功就在眼前。乔虽然明白钱财有用，但对为勒索钱财而抬高物价感到不满，谴责这是丧了良心，是一种不道德的行为。"华盛顿是全国最难以将地痞流氓绳之以法的地方。"[②]他在谈到商务或国家事务中习以为常的暗箱操作行为时显得十分无奈。在贪婪和贿赂的社会风气影响下，普通百姓一心想着多求得一份利益，哪怕是不义之财。他们一味地抱怨："我为什么不能再多得一点？"而在政府和商业活动中，从来都见不到一句医治人心的道德口号。

威廉斯用刚正不阿（他不是唯利是图的人）、内敛、严以律己等优秀品质美化乔（巴·赫尔曼）："难能可贵的是一个人能专注于他正在做的事情，并通晓一切。"[③]乔与人打交道时脚踏实地、头脑灵活又公正，他是印刷机一般的诗人，很受威廉斯的尊敬。相比之下，格力却总是受到姐妹们的批评，因为她在财富面前无情无义。她们认为钱不能使人快乐，而她总是像赶蚊子一样把她们都赶跑。"他要让我变成一个富婆。"她吹嘘道。诚然，她就是托斯丹·范伯伦在《有闲阶级论》中所分析的那种对奢靡挥霍趋之若鹜的典型范例。格力向往名利地位和随之而来的财物利益：精致的房子里布置着顶级家具；在豪华的餐厅用餐；坐在电影院最高级的雅座上看电影；在国内拥有一套花园洋房。而最重要的是，成为一位其他女人都会羡慕忌妒、争相模仿的社会名流。在这件事情上，她提出"喧嚣与肃静"："我为什么要变成有钱人？我为什么而活？我当然不满足于现状。我想成功……我想去看看所有我感兴

①《在金钱里》，第174页。
②同上，第170页。
③同上，第180页。

趣的东西。”[1]她已经完全掌握了注定要进步的美语。如果“在这个国家，金钱凌驾于万物之上”，她将会精心策划，尽力去赢取相当可观的一部分财富。然而事实却是，她是一个空有无限野心的势利鬼，赚不到几个钱。她把乔当成发家致富的工具；她会撺掇“拿破仑·斯特克违背自己的道德准则，大敛钱财”。格力的字典中根本没有其他的幸福。为了家中安宁，乔通常都会忍受并纵容妻子的蛮横无理；威廉斯很擅长将妻子描述成一个对物质生活欲望极大的泼妇：她忠诚、热情，又忙里忙外给孩子们提供优渥的生活。然而，我们可以从小说中清楚地得知，威廉斯找了一个简直和他的母亲一模一样的尖酸刻薄的妻子。让他略感庆幸的是，弗洛西继承了自己的性格。

多年后，威廉斯在《在金钱里》中阐述了他的观点："我希望这是一本好书，但它还比不上《私酿酒》。”家庭生活需要技巧，而且并不容易，因为夫妻间的对话都是口头的，很实际，而且孩子们都很有个性。即便真心想参与起诉贪污腐败，这也多少是件老掉牙的事情了。这可能会花掉威廉斯十几年的时间，这之后他才完成斯特克三部曲。1952年，《建设》出版发行了。

日本袭击珍珠港事件过后，美国向德国宣战，举国上下迅速展开了面对两个敌人的艰难战争。威廉斯想要摒弃以前的中立立场，但萦绕在心头的顾虑已经烟消云散了。这场战争对威廉斯和他的家庭都有一些影响。美国新泽西州的大部分年轻医生应征到意大利安奇奥和瓜达康纳尔岛战场。威廉斯和几个年纪比较大的同事接到这个任务，通过隐藏行医经历来收拾这个烂摊子。威廉斯将这个额外的服务算作公平爱国的行为。这是后方的一条“军纪”。他的大儿子威廉·艾瑞克近期离开了医学院，参加了海军预备队，随舰队到达了南太平洋上的一个荒岛。因为这里不在日军的包围圈内，而且是个人迹罕至的地方，相对来说还算安全。他不需要做截肢手术和脑外科急诊，而是主要治疗一些小病。虽然艾瑞克和海员年纪相仿，但他却承担起了家长和精神病学家的责任，教他们怎样避免性疾病传播。威廉斯的小儿子保罗在哈佛大学攻读工商管理硕士，后来在俄亥俄州的马西隆市找到一份工作。他丢下新娶的妻子弗吉尼亚和刚出生的儿子小保罗，也参加了海军。保罗被分配到奥尔登号驱逐舰，负责在北大西洋航线巡航。

威廉斯和两个儿子一直保持通信，尤其是和威廉·艾瑞克。他会把家中近况分享给艾瑞克，比如照看花园里的花花草草，修补屋顶的漏洞等一些家

---

①《在金钱里》，第195页。

务事；也会把最新战况传给他，如英国军队在沙漠里围困了侵略阿尔及尔的罗梅尔部；他和大儿子谈如何修复破裂的阑尾，诊断病毒性肺炎，检查应征的新兵，感叹如何能够在28天多点的时间里治好14例妇产科病人以及由人们的“战争恐惧症”引发的上门出诊。父子相隔万里，他却感觉离儿子非常近，他佩服儿子的成熟和独立。威廉斯坦言，他后悔从来没有为儿子做该做的事情，还曾让威廉·艾瑞克在夏令营中在朋友面前丢脸，尽管他总想为两个儿子准备最好的东西。儿子有文学兴趣和天赋，但他却不愿意给他们邮寄诗歌，威廉斯这样解释这件事：

> 你说你想看我的诗集。你究竟想干吗？不要为这些东西费神。因为我想做我自己，我不喜欢这个世界上的许多事情，所以我要努力奋斗，把自己变成我梦想中的样子。正是因为我想要做自己，才会写这些东西。这些诗歌就是我，我有许多错误的观点，我以自己的方式生存——并且不做别人的复本，也不是为了受人称赞。我曾想把自己和传统艺术联系起来，去感受我一直想要它变成的样子，但即使这样做，它的发展仍仅存于进化的艺术传统中。我想知道我在那个方面到底有多成功。我还没有成名，拿不准我的创作技艺影响力如何，到底算不错还是很成功。[①]

威廉斯那时并没有忍受屈辱。相反，他对“从完全打破父子关联中所受的益处”[②]非常敏感。他称赞威廉·艾瑞克的散文有自己独特的风格，没有照搬父亲的；威廉斯还承认“你我的写作方法大相径庭，但是我们却趣味相投”。

1941年，威廉斯把所有写作时间都用于翻译一部作品。只要一有空暇，他就翻译诗歌。那是一篇伊凡·哥尔的押韵诗，诗中主人公的原型是一名真正的水手，名叫简·约翰·特里；另一篇是尼古拉斯·卡拉斯的具有超现实主义色彩的诗集。卡拉斯的诗歌修辞生硬，价值不高，诗人深陷于痛苦和绝望的泥潭中。疯狂和死亡的气息四处弥漫；“受苦受难也无人同情”（《人间疾苦》），“我深陷于痛苦中，溺死了我的星星。”卡拉斯说。四周充满恐慌，这种气氛简直有如瘴气；诗中所缺少的是一位值得纪念的主演，使卡拉斯的

---

①《威廉·卡洛斯·威廉斯书信选》，第202页，威廉·卡洛斯·威廉斯写给威廉·艾瑞克·威廉斯的信，1942年9月25日。

②同上。

悲剧世界变得清晰透明、富于戏剧性，比如彭透斯、安提戈涅或者麦克白这样的主角。痛苦像利刃一般刺伤多个说话人（甚至那耳喀索斯），他们的讲话风格虽然相同，但效果却有差别。请看《手中的镜子》中的一节：

无情，几乎成为永恒
撕碎了埋在沙子里的回声
囚于骨头化石中的烟雾
夺走了豺狼们的美梦
和未来的婴儿
背叛了它怀中的仇恨

卡拉斯的诗长短不一，不拘一格，而其中的情感虽然披着超现实主义的外衣，骨子里却是非常传统的。威廉斯很少能将生活融入这种不温不火的诗。

简·约翰是戈尔系列叙事诗中一个有名无实的英雄。他是一个虚构的人物，就像流浪的犹太人和满天飞的荷兰人，或是梅尔维尔《白鲸》中的伯林顿，一辈子漂泊游荡，无法上岸休息。约翰·兰德里斯和他幽灵般的船员曾环行地球7次。即便一想到建造韦斯特伯利斯城就让他感到胆寒和毫无意义，这也将是另一个“钢铁之城”：

再一次，幽灵被遗忘的工厂里的商店
再一次，正直的家园坍塌在无神明的街道上
和吊死朋友们的智慧树上
清早，约翰·兰德里斯独自逃回东方

然而，简·约翰的旅程中有个潜台词：他孤独又烦躁的意识反映了反复出现的噩梦——暴政、战争、痛苦、恐惧以及欧洲和远东的愤怒。他是一个犹太人，面临来自纳粹的危险，索性飞到美国寻求庇护（威廉斯就是在斯蒂格利茨的画廊里遇见了他），戈尔懂得迫害、驱逐给人的深刻创伤，所以从不提供任何催眠药似的虔诚来安慰读者。诗歌的基调凄凉而宿命，结尾处不用标点，加强了无尽的恐惧感。戈尔独立的个性，还有他那整齐的格律，就是用来对混乱和痛苦不堪的世界中“人类理性规范”的失败进行讽刺的。威廉斯认为，自己给戈尔的翻译绝非平庸，因为他确实能够熟练地处理尾韵和四行诗。这位法国诗人认为，威廉斯已经吃透了他的诗歌风格。

威廉斯就像着了迷一样，继续通过报纸、广播和百代新闻短片了解战争动态。即使是删减版的片子，投放在荧幕上的人物也能让他深刻地认识到战争的后果有多可怕，尤其是对老百姓来说。所谓暴力有净化、保健作用这一老掉牙的未来主义信条是一种病态的谎言。希特勒表现出一种意识形态上的疯狂，这种疯狂绝非马里内蒂和他那群傲慢的同伙所能预见，也不是他们所希望的。希特勒有一套畸形的种族理论，这套理论催生了一种疯狂的、复仇的清教主义形态。借用华莱士·史蒂文斯的话来说，他就是一个"顽固透顶的疯子"[①]。威廉斯已经在斯大林主义统治之下的俄罗斯探索了极权主义意识形态的各种表现，并且确诊了一种像黑死病一样将死亡蔓延到国外的邪恶疾病。希特勒更像是一个致命病毒的携带者，他所携带的病毒如同1918年爆发的流感一样势不可当。1940—1941年，威廉斯还无法得知希特勒为什么赞同以种族灭绝——灭绝欧洲犹太人为目标的最终解决方案。在这样一个世界上，艺术家对独裁主义讲述真理是极度危险的，但却很有必要。对于威廉斯来说，这种大胆说出真理的勇气将艺术家与犹太人等同起来，成为国家的敌人，而这些人最终会被残忍地除掉。而另一条出路则是像庞德那样做一个无耻的宣扬者，去散播卑鄙的谎言。庞德因傲慢自大而蒙蔽了心智，他的道德观念完全堕落了。他已经与现实背道而驰。威廉斯坚信"不要伤害"这句希波克拉底式的誓言，这使他可以完全免除蒙蔽庞德的毒药的毒害。

威廉斯不赞成那种认为诗歌毫无用处的看法。早在1908年，他就反对"为艺术而艺术"的教条。他也绝不会选择沉默。那么又能做什么呢？他怎样用诗歌去描绘战争？他既没有激情也没有多余的时间，像史蒂文斯一样去冥思苦想出邪恶美学。《美学的邪恶》是人类的思想，当能够触摸崇高的美德时，它既能被人感知，又能被表达出来。但是有人常常感到，史蒂文斯诗歌中的苦痛过于形而上，过于高尚，反而让人觉得有一些空洞了。史蒂文斯把士兵们失血过多的伤口比作红蔷薇；维苏威火山呻吟而不是爆发。史蒂文斯创作美文的想象力非常丰富，但过分强调美学的优雅却让罪恶和战争像隔了层薄幕一样。这恰恰是一个可能已经从包含"反诗意"的素材中获得启发的主题，这种"反诗意"正是史蒂文斯经常所说的被毁的威廉斯式诗歌，传达

---

①华莱士·史蒂文斯：《美学的邪恶》(*Esthetique du Mal*)。

了对零散乏味的练习的印象。1941年，威廉斯创作了两首战争诗，每一首都很独特。第一首诗《狂喜》可以追溯到过去所受的冤屈：据祖母韦尔科姆说，她遭受了英国人戈德温家庭的无情虐待。这一点让人匪夷所思，此处值得引出全文：

英格兰，承认你的罪行吧！向那些穷苦的人们，
向我祖母的尸体。让毁灭的代理人
用战争净化你，净化
你罪恶的物质欲望，让你
感受不到放弃的痛苦。
她没有死！你也不会死，如果
日复一日，你学会了放弃
就像她那样，你要给那些
为你雪中送炭的人送去感谢。
谢谢你！感谢这个公正宽容的天堂
因为这里的光如同熊熊的火焰
烧毁了你贫穷的堕落
和你最高尚、有历史意义的大厦，永远不会
被替代！
设想一下！你将会得到拯救，如果你接受了它还有它的感谢
当你就像她一样，魔鬼缠身
你终将会像她一样，得到保护，
一个纯洁的灵魂，变成有史以来
最有名的国家领导人和改革家，即便是
那些十恶不赦的掌权者
他们也无法理解
为你创造了纯洁的秘密。

威廉斯扮演了《旧约圣经》中一位像伊利亚一样的先知，强烈谴责亚哈和杰泽贝尔的罪行，并警告他们，如果不忏悔，将受天谴。让他大发雷霆的原因无从得知；毕竟他的祖母去世已有20年了。在威廉斯的诗歌中，有种可恶的复仇快感的基调，而诉求中却掺杂着不合逻辑的成分。每天学习自我克

制很难，英国人无法做到；闪电战会保证让他们这样做。即使这个帝国通过大规模抢掠获得暴利，遭受剥削的穷人生活在令人作呕的贫民窟里——这些指控可以针对美国在内的很多国家——威廉斯曾经声援过纳粹，把这些人种纯洁化理论的无耻贩卖者美化成“毁灭的/代理人”，他怎能为自己的这一行为作辩护？他真的相信英国，或其他任何国家能够“变成有史以来/最有名的国家领导人和改革家，即便是那些/十恶不赦的掌权者/他们也无法理解/为你创造了纯洁的秘密？”当《狂喜》发表在1941年7—8月的《党派评论》上时，威廉斯附上长长的注解，说明他继承了艾米莉“对在生养她的土地上那些残忍待她的人深深的憎恨……”他又说，或许这是为了对英国人进行全面攻击而给出的虚假的说辞，“我一直憎恨英国统治阶级，因此才会在许多方面感觉到，无论英国现在有什么遭遇，那都是它的报应。”这种怨恨从他对T.S.艾略特的蔑视以及与他的对抗中滋生出来，后者继承了统治阶级傲慢的举止行为。当威廉斯转而称他对自己拥有英国血统感到骄傲，并深深地爱着英国血统时，这听起来有些虚伪。在其战争抒情诗中，“狂喜”是一曲怪异的独唱。

威廉斯也曾把他创作的另一首战争题材的诗，《战争，毁灭者》献给玛莎·葛兰姆。威廉斯曾在查尔斯和慕斯雅·希勒家中的派对上见过她。葛兰姆是一位极富创造力的舞蹈编剧，同时也是魅力无限的舞蹈家，她曾经致力于开创现代主义和美国风格的诗歌形式和主题。芭芭拉·摩根是一位摄影师，发表过主题为舞蹈和葛兰姆的图书，威廉斯与葛兰姆、芭芭拉·摩根聊过之后，即兴创作了一个项目。西班牙内战时期，这位女士一直仰慕他的诗歌，尤其是关于共和党人反法西斯主义的诗歌。威廉斯问摩根她是否可以为葛兰姆照一张照片，以表现战争的灾难。两位女士做了一下设计，让炸弹在葛兰姆的头顶上爆炸，舞者代表恐怖战争的受害者。威廉斯很可能用《战争，毁灭者》这首诗来解释这一形象，但是在他27行的诗中，根本找不到一处炸弹爆炸的痕迹。

相反，这首诗讽刺反战浪费了艺术创作的宝贵时间的说教。威廉斯断言，“恐怖爆发之时”恰恰就是需要放松之时；舞蹈是他为煽动性的想象力能够自由“跳跃/旋转”所设的隐喻，它反抗停滞和死亡。诗歌、音乐和祷告无法停止战争的血腥，但舞蹈是一种对感性生活的图腾崇拜式的肯定，在这里，身体和音乐可以完美结合。葛兰姆在她的编舞中将酒神和阿波罗神元素，将动作的僵硬和优雅以及她生命中既定的主角结合在一起，比如勇于面对黑暗势力的安提戈涅，最终为他们不受欢迎的信仰而死。对威廉斯来说，葛兰姆是一个大胆的美国式幻想中的榜样，她头脑冷静、激情满怀，威廉斯通过她来描绘“战争，毁灭者”。威廉斯的诗歌节奏很快，而且是整齐的三行体。但是，即使秉承了她的反传统艺术，他的韵律和节奏仍然跟不上葛兰姆的编舞。也许正是激励的语调影响了他。恐怖无法成为他诗歌中的花朵。

1943年1月，当威廉斯努力把《帕特森》的碎片拼接起来时，他向朗弗林提出了一个想法，即在新方向出版社出版一部新诗集(威廉斯称这些诗歌为“终结流浪”)：其中短篇抒情诗取自诗歌《帕特森》系列和畅销故事书《破碎的跨度》，他把这几部作品留在了剪接室的地板上；新韵文取自《疯狂的奥兰多》《诗集》《新共和国周刊》以及《纽约客》等杂志；诗歌取自《楔形鞋》。朗弗林婉拒了威廉斯的提议，因为他无法找到足够的作品(政府定额分配图书出版商的出版发行量)。为了不让威廉斯太失望，他承诺愿意在诗集中收藏其中的一部分，这样他就可以在手稿到手的时候立即出版《帕特森》第一部。

或许是因为内心深处对E.E.卡明斯怀有敬意，威廉斯赞赏卡明斯诗里的语言游戏并为其辩护，但他绝对不会去模仿，所以将手稿暂且命名为《楔形鞋》。测试出版之前，他把大量的手稿寄送给路易斯·佐考夫斯基审查、剪切粘贴并重新排版，将其组成相互连接的部分(每当威廉斯对新作品的质量没有信心时，他都会将作品委托给佐考夫斯基；这几乎成了惯例)。佐考夫斯基进行大面积编辑、评阅后将手稿返还给威廉斯，“给你！不要接受复杂的评论，除非它证明了你的担忧。”[①]佐考夫斯基还建议题目简化为《语言》。威廉斯仔细研读了编辑后的稿件，用了几天时间就砍掉了33页的篇幅。他告诉佐考夫斯基，他的评语简直“精彩绝伦”“无懈可击”“言语犀利但切中要害”[②]。手稿投了出去，却很快被西蒙与舒斯特出版公司、迪尔出版社以及斯隆与皮尔斯出版社退了回来。无数个“不”让威廉斯受挫，他们没有将这部作品与法勒和莱因哈特出版社所谓的哈佛人的下流评论作比较，而只是说“这部作品还不够完美”。

威廉斯的事业坠入低谷。朗弗林出面将威廉斯引荐给哈里·邓肯和保罗·惠特曼·威廉斯，这两位年轻人创立了小小的卡明顿出版社，他们的主要任务就是出版一些优美的、用于手机版本的诗集，因此印刷量很小。邓肯

---

①《威廉·卡洛斯·威廉斯和路易斯·佐考夫斯基通信集》(*The Correspondence of William Carlos Williams and Louis Zukofsky*)，第326页，路易斯·佐考夫斯基写给威廉·卡洛斯·威廉斯的信，1943年4月6日。

②同上，第328页，威廉·卡洛斯·威廉斯写给路易斯·佐考夫斯基的信，1943年4月11日。

和保罗接到初稿后，热情地接下了这个项目。威廉斯在把手稿寄送给他们之前，做了最后一次修改，并且又请佐考夫斯基阅读了一遍（威廉斯最终将诗集的题目确定为《楔形鞋》）。威廉斯觉得还是去会一会小出版社里的那些新手们比较放心，他去了邻近佛蒙特州边界的马萨诸塞州卡明顿市——在向华莱士·史蒂文斯描述这个小镇时，他将其说成“威廉·卡伦·布莱恩特的出生地，一个不折不扣的世外桃源”——去会见两位业主并与之商讨出版事宜。威廉斯提供100美元用于图书装订，一位年轻的纽约朋友在“巧妙的谎言”的帮助下取得了成功。《楔形鞋》总共印刷了380册，于1944年9月27日出版发行。4年半之后，威廉斯将诗集的创作史告诉了庞德：“这本诗集是在战争期间一点点写成的，各种各样的地理信息给了我动力，他们在信中说想要一本我的小诗集，这样就可以随身装在口袋里。”[①]他用亦真亦假、诙谐幽默的语气向庞德描述自己最“受欢迎”的《楔形鞋》：“你可能还没见过这本诗集。它小巧玲珑，也就一磅左右。市面上简直供不应求，几乎脱销了。”

两条战线上的战火正酣，这时威廉斯打算在他于纽约公立图书馆所作的演讲的基础上，为他的诗集写一个序言。序言涵盖了若干个主题，尤其是诗人在战时的作用。他抨击“艺术试图逃避挫折”[②]的弗洛伊德式的观点。如同战争一样，诗歌就是“把欲望驱赶到一个复杂的结局”。行动与挫折并存。威廉斯认为，诗人和他的作品并不是“凝滞的现象”，因为诗人一直处于变化之中，“今天还是哈姆雷特，明天就变成恺撒大帝了”。他在内容和形式之间纵横捭阖，毫无拘束。他可以像威廉斯在《楔形鞋》中所做的那样，任意将暴力和文雅相提并论。如果“没有形式上的发明就没有出色的诗歌”——他在《帕特森》中所唱的圣歌——那么诗人必须像陶匠糅合黏土一样去塑造语言和素材……“一个人所说的话不能算得上一件艺术品，能够算作艺术品的只有他的创造。这种行动带有一种深刻的认识：创造与自身的内在运动共存来证明它的真实性。”[③]威廉斯不太喜欢这种狂喜的抽象，尽管《春天及一切》中的散文作品都比较抽象。

威廉斯有“两句话：机器并无感情可言；诗就是由几个单词组成的大大小小的机器”[④]。这让他变得十分傲慢。对很多诗人而言，格言听起来就像是

① 《威廉·卡洛斯·威廉斯和路易斯·佐考夫斯基通信集》，第260页。
② 《诗选》，第2卷，第53页，作者为《楔形鞋》写的序言。
③ 同上，第54页。
④ 同上，第55页。

给一首诗下的生硬的定义，也像机械的诗学公式。他们确信威廉斯的诗歌在形式上非常潦草，不愿意相信他会认真考虑诗歌的形式。他们非常愤怒，根本不听他解释："我说诗歌没有感情，就是说诗歌像其他机器一样，没有多余的零件……就像在所有机器中一样，诗的运转都是固有的，起伏的，其物理特性比文学特性更明显。"[①]威廉斯是一个现代主义异教徒吗？当然不是。他把机器当作在剧烈变化的世界中阐释有机形态的最重要比喻，始终跟随现代主义的主流。在给《楔形鞋》写的序言的倒数第二段中，他巧妙地将艺术与战争相联系："因为正是在基本的形式中艺术作品才获得最准确的意义，在这里，艺术作品最像机器，它们赋予语言以崇高的尊严及其原生环境的光彩。这样的战争能够使艺术生存和呼吸，永不停歇。"[②]诗人的想象是改变、创造和净化形式的最本土化的实验室。

威廉斯充满激情的说教将标杆抬得很高，而这看起来只有最伟大的诗人才能越过它。如果我们读《楔形鞋》的诗篇，来看看他是否在按照自己的理想生活，能发现什么呢？让我们先把几篇几近愁苦的情诗放到一边不说（《观察家报》《流河》《罗利是对的》），有几首诗显示了威廉斯的创造力，比如《类》和《畸婚》，而诗的语言照亮了"它的原生环境"。威廉斯主张，诗的运动"因其言语特性而变得超凡卓著"[③]，然后他打开几扇大门，通过这些门户，一个独特的美国习语可能进入并丰富诗歌。有一首这样的诗是"作者的韵体戏剧序言"。它没有沿用莎士比亚在《罗密欧与朱丽叶》中的惯例，例如，演员站到观众面前，要求观众们的想象力飞往维罗纳5号。然而，威廉斯发表了一篇文章，论述戏剧观众观看他的韵体戏剧时可以期待什么。诗歌前10行左右的亮点在于诗人能够在不同的意象之间飞速切换，并且不会不符合莎士比亚球形大剧院的要求，这里的剧作家认为，所有阶层的观众，哪怕是站在正厅后排的戏剧小白，也会紧随故事情节并理解词语和隐喻的意思：

> 在你心里，你穿过大门
> 走向悲伤的离别，恐怖的鸽子和噩梦
> 走向大教堂；鞠躬，
> 抵抗，膝盖颤抖，走向紧闭无钥的大门

---

①《诗选》，第2卷，第54页。
②同上。
③同上。

或是通过一道拱门、
一片海浪翻滚的海洋
海浪拍打出来的泡沫为你的快乐
甚至是一块木头铺上了地毯
老鹰和乌鸦一群群
你推我挤争夺
一个位置或者别的什么

然而，这首漫谈、演说式的诗的其他部分，是由威廉斯热心为文化程度低的民主观众所写的演出开始之前的讲演，说明他们应该期待什么。演讲者努力争取机会，就像政客从疑心重重或漠不关心的选民那里争取选票一样。他诱骗他们，恳求他们，教他们诗歌的基本知识以及他们与诗歌的联系："你会生气吗，如果我说/除了诗歌你没有言语？/我指的是你，就是你本人。"可以想象得出，诗人面前的听众眼神呆滞，还透出怀疑。他是一位医生，专门给道德疾病开药方：吞服药片可能会有点吓人，但是这样做是为了你身体健康。这首诗的语言表现了他内心深深的疑问：他们会考虑他的建议吗？就像他给霍勒斯·格雷戈里的信中所说的那样，"美国文化是浑金璞玉，同时也新异而危险，但是奖赏丰厚，敏锐的感觉可以去收获那些奖赏。"[①]那些在他眼前晃来晃去的奖赏无疑是值得争取的。但是，这浑金璞玉真的能发生质变，成为文化精品吗？世界总会改变，他无法放弃这一希望。

《灾难性的诞生》和《所有的温柔》这两首诗较长，都争论改变的关键因素是暴力还是温柔这个问题。如同令人匪夷所思的《灾难性的诞生》所证实的一样，威廉斯并不是一个坚定的和平主义者。暴力引人入胜的地方就在于"它能独自破开坚硬的外壳"，亦即打破根深蒂固的观念和"老套"，并带来效果上的改变。有时大自然就是导火索，就像1904年佩琉斯火山爆发，结果岛上无一幸免。人生来就"坚信一切都不会改变"："生命永不停息。橘子树枝繁叶茂/老妇女叽叽喳喳说个不停。"这位"伟大"的快乐女人生了7个孩子，并且"含辛茹苦"地抚养孩子们，对即将发生的灾难毫不知情。尽管政府人员打包票说一切顺利，但是"可怕的火山爆发"无法阻止。暴力周而复始且

①《威廉·卡洛斯·威廉斯书信选》，第227页，威廉·卡洛斯·威廉斯写给霍勒斯·格雷戈里（Horace Gregory）的信。

具有欺骗性。诗歌结尾写道：

秋雨将至，风儿鸟儿
携来种子，河流改
道，鱼儿故地重游。
海风从东方袭来。
破裂的果子在天际轻轻地
呼吸，暴力卷土重来。

《灾难性的诞生》并没有直言人为暴力导致的第二次世界大战。战争中“死亡”炸弹像大雨一般降下了毁灭，但这一点诗中说得很含蓄。和平将会在“灰烬之上”重生，却又在一场新的战火中消亡。我们无法保证改变就一定是往好的方向发展。

温柔也并不能完全替代暴力。“大片的/粉红玫瑰在雨中低垂凋零”，这引发了威廉斯对“所有温柔及其耐力”的思考，并将它们视作一个迹象，那就是“新生事物和不可能发生的事物”都“紧密联系在一起，无法分开”。战争两次违背了《所有的温柔》的主旨。一架飞机坠海，强烈的撞击力把飞行员抛进大海。求生的本能开始迸发，一连14个小时，他不停地游泳，直到“得救”。海浪能淹死一个人，也能将另一个人托起，并把他送到安全的地方（威廉斯诗歌的节奏就像海浪一样，跌宕起伏）。飞行员在海水中获救被隐约地看作温柔可以“把我们的生命弥合”的证明。

威廉斯对于战争的第二个意象是一例恶性暴力事件：

炸弹瞄准器调整了计划摧毁的地点
差一点就从几个城市之上投下——炸弹飞走了！
一个合成词落了下来——并且
理应如此。

诗人的意象预示了炸弹将会投到德累斯顿和广岛。这个“合成词”造成了大规模死亡，史无前例。威廉斯明白，《抽搐的狂喜》为炸弹开辟了通往地狱之路，城里的人瞎的瞎、聋的聋，他们再也感受不到大自然的美妙了。威廉斯的短句“并且/理应如此”令人不安，因为它超脱又冷酷（在《抽搐的狂喜》中，他回忆了德国定点在几个英国城市投炸弹的许可，这个许可既随意又变态）。诗结尾之前，他又插入了一节，是关于另一个女人和一次完全不同的生产的：这是一位造船厂的女领班，她就像《灾难性的诞生》中的一个意大利农民一样健康，曾经3次流产（都是男孩），但她决定再试一次。解释为什么一个人的出生顺利，而另一个人的出生并不容易，这有如理解温柔和暴力。威廉斯将人的出生写进诗里，以此来淡化战争中普遍存在的死亡。这不是一剂良药，但却是他作为一名医生每天必须经历的不可改变的生命事实。因为“温柔包含所有的暴力”，两者无法分开。它们在生命与死亡之舞中结成舞伴。

威廉斯把形式净化提到了诗歌创作的首要原则的高度，但《灾难性的诞生》和《所有的温柔》并没有遵循这一原则。有时语言措辞很恰当，但是节奏涩滞，就像想象力忘记给威廉斯递上一张通往目的地的地图一样。但是《楔形鞋》中的两首诗《舞蹈》和《点燃圣诞之树》确实形成了一个比较让人满意的形式。《舞蹈》描绘了著名风景画家布鲁盖尔的画作，1924年威廉斯夫妇在维也纳艺术历史博物馆见过这幅作品。诗歌篇幅不长，可以全部印刷出来：

在布鲁盖尔的画中，露天集市，
舞者跳啊跳，一圈又一圈
地旋转，风笛的尖啸声、嘟嘟声
还有鸟鸣声，喇叭和小提琴斜靠在
他们的肚子上（他们的肚子就像厚厚的玻璃杯
一样圆滚滚。衣服被谁没收了）。
他们的臀部和肚子使之无法
平稳转身。在露天市场上踢踢腿、打打滚
摇摇屁股，那些腿长的舞者肯定很健康能
撑得起这样欢快的节奏和腾跃
在布鲁盖尔的画作中，露天集市。

将一幅图画的韵律转变为一首诗的声音和节奏，几乎是不可能的。然而，威廉斯却用他的文字抓住了这种充满活力的精神。诗歌的第一行和最后一行完全相同，是对称的，这种对称性融入了一支在集市上轻盈旋转的民间舞蹈。《在布鲁盖尔的名画中，露天集市》就是发令员的枪，能推动所有事和所有人前进。“一圈”反复出现，乐器名词集合到一起，发出奇怪的声响（“吱吱声”“嘟嘟声”，还有刺耳的“呜叫声”，是风笛那种低沉又富有异国情调的音色特征），这一切都表现了舞者身体动作上的放纵。诗行中的插入成分也不能打破舞蹈或诗的连贯性。威廉斯对“臀部”“长腿”和“肚子”的评论没有使用他所擅长的行话和委婉语。诗人并不是一个场外的旁观者，他通过表现爱使用俗词和性感字眼，积极地参与舞蹈，诗中“欢快的节奏”，用失去平衡又摇摇晃晃的音步和内在韵律，以一种绝妙的形式贯穿到最后一行：“我的结束即我的开始”。

《楔形鞋》中最出色的一首诗为《点燃圣诞之树》。诗歌以描绘“火焰的景色”开始：读者进入一个房间，一堆火在噼噼啪啪地燃烧，生火的人却不在场。故事的背景不神秘也不凶险，不像坡的故事背景。但有迹象表明，我们已经步入了一个捉摸不透的残余场景中。因为纵使威廉斯和弗洛斯在里奇路9号对面的长老会教堂成婚，他还是不信奉任何宗教教条。在威廉斯全家人的心目中，《点燃圣诞之树》不是正式的基督教仪式，倒像是异教徒的仪式。他对树充满敬畏之心——“为了留住粗犷的/冬青树，凤仙花和/铁杉的绿色”——半夜把它们砍掉了，“在一片漆黑之中/那时天气冰冷/寒气刺骨”。是那鲜活的青绿填饱了它们饥饿的灵魂，而不是圣母马利亚所崇拜的婴儿耶稣诞生的情景、三位东方圣贤、圣徒、天使和农场上的家畜。显然，标志基督徒的虔诚的随身用品也没有。威廉斯家中的装饰只表达了对自然的虔敬。他们把绿色的树枝“别”在窗里（“别”字是典型的威廉斯式用语），地上“种上一片绿油油的树林，在星星点点的铁杉中间/放一群幼小的/洁白的小鹿，仿佛它们正在/那里闲步”。做手工能让夫妻俩心情愉快：如同神灵一般，他们把这个称作“温柔和善良”。

但是这种魔法稍纵即逝；房间里不得不回归之前光秃秃的模样，然后举行一场盛大的仪式。比尔和弗洛斯把草塞进废弃的壁炉里，并放置在“烧掉了一半的/木头灰烬巨大的眼睛”中：烧掉圣诞树所用的柴堆。就好像牧师负责指挥一场葬礼一样，威廉斯念了一篇悼词：

> 圣诞树是慰藉
> 是和平的承诺，是抵御
> 寒冷的堡垒（即使我们
> 并没有这么说过）一个比

雪的外壳还坚硬困难的
挑战。圣诞树（我们可能
这么说过），是
小鸟栖身、避难
并引吭高歌的地方，挡掉风暴那
不长眼的子弹。圣诞云杉的树枝
被雪压断了
——变形了！

绿色是生命的象征而受到赞颂：它是祝福，是慰藉，是和平的承诺，也是小鸟和人类抵御这些具有杀伤力的“不易发现的风暴般的子弹”的保护壳。威廉斯的语言保持一种平稳、对话般的语调，语法就像云杉树枝一样密集，上边的鸟儿“隐藏和躲避”，树木“拦截并击倒”接二连三的危险。强有力的单音节动词使危险清晰可见。

但是一旦点燃，火就被人格化为一个懦夫（一个胆小鬼），猛烈地燃烧，向生命发出怒吼，把绿树推向死亡。威廉斯就像手里拿着缤纷调色板的画师，描绘了绿树惊人地变成“黑山/黑红相间”又化为白色灰烬。他和弗洛斯已经来不及为消失的绿树哀悼了，因为取代它的东西，“一个微微闪亮的/灰烬与火焰的景色”让他们心醉。他们已经沉浸在幻想和惊奇之中：“美妙的东西”竟然选择了壁炉展示其绚丽多彩；而他们的选择仅是世俗的顿悟而已：

无法呼吸之后才成为证人
仿佛我们自己站在
那明亮的火焰之兽中
神清气爽。

《点燃圣诞之树》的狂欢高潮经过了精心设计，形式上很成功，巧妙地呼应了诗歌的开局。为避免老一套的线性叙事，威廉斯在开局的逸事中就已经开始酝酿诗歌的高潮。最终的启示自然就放到了诗的结尾，即改变可以出人意料地使人恢复精神，并充满活力。

回顾过去，威廉斯将《楔形鞋》视为他诗歌创作过程中的里程碑，对此我们并不感到惊讶。在《我想写一首诗：诗人作品自传》中的一篇评论文章里，他以一种特有的轻描淡写的口气说：“这本书一直让我感到骄傲。”[①]它大大提升了他的信心，竟让他想驾驭《帕特森》桀骜不驯的风格，而那种风格让他恼火了很多年。在欧洲和亚洲进行的战争还没有打赢，而在公共领域里的变化已经悄然发生。德国8个月后就会投降；再过3个月，日本也会跟着投降。在暴力与温柔之间的持久战中，原子弹会把恐怖的天平压向暴力的一方，并成为威廉斯诗歌中的强大象征。威廉斯对《帕特森》这部作品一直很失望，他希望这种失望能尽快消失，而现在看来，这并不是自欺欺人。在危险的严峻考验之后，他终于可以彻底解决一直困扰自己的诗歌形式的问题了。1946年，他的第一部长诗终于面世，赞扬声纷至沓来，这让他高兴万分。

①《我想写 首诗：诗人作品自传》, 第227页。

第十五章
雄伟的躯干塑像——《帕特森》

1

尽管威廉斯对自己在20世纪20年代写的长诗有时会持怀疑态度，但是，这些诗却是他作为一名现代诗人的必要凭证。他创作的诗歌《春天及一切》，是其第一次尝试将诗歌和散文进行融合。这部作品标志着他的创造力得到了爆发。这主要依赖于他的直觉和他进行的不断探索和改进，而非靠现成的方法。受某种动态力量的推动，《春天及一切》的情节不断往前发展又浑然一体，展现了威廉斯在韵律变换方面的技艺，也表明他能够用或高雅或通俗的美国语言把众多主题整合到一起，使其形成一个合理、连贯的整体。

《帕特森》在形式方面延续了这种叙事诗的传统。正如大多数现代主义长诗一样，威廉斯的诗并不注重故事内容或情节。事实上，叙事诗的顶梁柱在浪漫主义时期已经坍塌。华兹华斯1850年所写的长诗《序曲》中的英雄人物就是他自己。在隐喻和虚构的领域，众神已无迹可寻。威廉斯诗歌的主题经历了从孩童期到成年期的发展变化。在亲近自然的过程中，他的品性得到了自由发展。种种经历不仅教会他要多做善事，也指引他养成良好的品德并步入写诗生涯。几段插曲，比如，法国大革命骚乱时期他对自己在法国的冒险经历的吟诵，隐约回响着史诗《伊利亚特》和《埃涅阿斯纪》中的战争压力。但是当他祈求灵感的时候，我们可以评定他所带来的巨大变化：

> 当成为一个愿意为如此光荣的事业而做准备的人时，
> 我自己进行严密的探索，报告经常会让人欢欣鼓舞，
> 我似乎并不缺少，这最美好的礼物！这生命的灵魂，
> 普遍的真理，它们本身是一种
> 元素或动因，力量弱小
> 也不能使活跃的思维助手屈服。

我没有裸露于外界事物，
亦没有形式、意象；也没有其他
无关紧要的援助，尽管辛劳之后倍感疲倦，
需要增进的是对于一个诗人的赞美。

此处，华兹华斯仿佛正在试演一位英国吟游诗人，为完成一项“光荣的工作”——创作一首长诗，而列举着自己的资质。他已经清楚地表明，虽然已经读过弥尔顿的作品以及像马洛里的《亚瑟王之死》这种描写骑士精神的“浪漫故事”，他也不会试演“史诗”中的角色。然而，令人吃惊的是，尽管诗人谦虚地断言自己并没有“裸露于外界事物”，他依然成为诗歌《序曲》中那个“我”的中心形象。故事，更准确地说，情节是内省的必然结果，而非其动因。这并不是在轻视华兹华斯风格中常见的雄辩（济慈曾巧妙地将其称为“崇高的自我本位”①），但是与那些叙事诗的杰作相比，人们感觉《序曲》所描绘的世界并不宽广，反而有些平淡。

美国诗歌为大西洋两岸的长诗创作提供了一种新的模式：沃尔特·惠特曼于1855年创作了《自我之歌》，最终使其成为一首真正意义上的美国之歌。诗中歌颂着国民的多样化、人民的无穷力量、美国历史上的胜利和战绩以及千变万化的语言，从抒情的、激昂的，到粗俗的、高贵的，再到有性别指向的。惠特曼认为《草叶集》整部书以及国家本身，就是一首史诗，诗中有些章节尤其对得起这一尊称。对约翰·保罗·琼斯参加海战的描述，产生了完全不同的习语，即使在亚里士多德的《疯狂的奥兰多》和拜伦的《唐璜》中都不过时。第十五章里丰富的目录，让人回想起荷马的《伊利亚特》中勇士们聚集于特洛伊之门这一章。尽管如此，民主英雄遍布于《自我之歌》的整首诗中，就像卫星围绕太阳运转一样，这个太阳就是沃尔特·惠特曼。

威廉斯有时不得不承认，惠特曼就像约翰尼·爱珀斯德一样，开垦土地，播种美国诗歌，这种诗歌可以与英国诗歌相媲美，甚至在其之上。每当这时，他的声音听上去就有些暴躁。或许，威廉斯时不时会对这种影响感到焦虑。对于人们议论惠特曼自由诗的火把已经传给了他这类话，他感到大为恼火。这份有待考究的殊荣，他压根儿就不想要。惠特曼的读者和威廉斯的

①《约翰·济慈书信集》（*The Letters of John Keats*），第1卷，第387页，1814—1821年，约翰·济慈写给理查德·沃德豪斯（Richard Wodehouse）的信，1818年10月27日。

一样少。不管怎样，他似乎从未把惠特曼的《草叶集》作为他长诗写作的一种蓝图或写作模式。

包括威廉斯在内的大多数现代诗人，都从未想过要将叙事诗作为创作的首选，当然，他们都曾读过也非常赞赏古典叙事诗。有时，他们会使用但丁诗歌中的一个场景、一个人物、一行诗，或者一个意象来表达敬意。艾略特在写《荒原》时便是如此。

在庞德的作品中，重要的人物角色大多取材于历史，像马拉泰斯塔、约翰·亚当斯和托马斯·杰斐逊等，他们在很多篇章中都是中心人物。为了支持他写的治国之道、经济理论或培养恰当文化和艺术的理论，他在引用这些人的书信、文章或书中观点时总是精挑细选。但是，与阿喀琉斯、奥德修斯和撒旦这些角色不同，他们并没有给人们留下什么深刻的印象。史诗英雄会经历惊心动魄的冒险和考验，有时他们还会命悬一线：愤怒之神因仇恨制造了海难；塞斯和卡吕普索遭受了性虐待、性奴役；就像奥德修斯努力从独眼食人者手中逃脱一般，一对一的决斗更能凸显战斗的力量与尊严、计谋与策略。这些英雄在历史的大舞台上演绎着属于自己的命运：一种文明毁灭了，另一种文明又从废墟中诞生；艾尼阿斯逃出被大火吞没的特洛伊城，最终发现了罗马。读者们被史诗丰富的人物经历迷住了。《诗章》中，除了《比萨诗章》，也许再也没有一个小角色，能够像内斯特、卡珊德拉、迪杜和佩内洛普那样吸引读者的目光了。实际上，《诗章》中的叙述手法早就不存在了。历史已被简化为几种思想，所有的思想都在这位博学的抄写员庞德的脑海中涌动。无论《诗章》具有何种价值，显然，其戏剧性的情节已经丢失。

在写长诗的准备过程中，不需要庞德的激励，威廉斯就会主动去读那些伟大的经典史诗。然而，它们并没有像影响庞德那样影响到他。《诗章》开始出版后，他就密切关注着每一期的内容，还对部分篇章进行了评论，还和庞德以及后来的詹姆斯·朗弗林互通信件以交流写作的进程。庞德也希望这部作品能够成为他的代表作。詹姆斯·朗弗林出版了这两个男人的作品，他认为威廉斯写《帕特森》，部分原因是他在不自觉地与庞德进行竞争，尽管非常明显，他对烹饪出历史语言学的马赛鱼汤并无兴趣。但无论是作为缅因州夏令营里的游戏玩家，作为必须捉住儿子朋友的中年男子，还是作为一名在诗歌大赛中急于打败老朋友的诗人，威廉斯都显得十分好胜。但庞德的世界主义观和他创作的语言都与威廉斯的处于不同的环境之中。威廉斯所有的关注点都集中在以“本土性”表现普遍性方面。

尽管《荒原》迅速成为现代派长诗的标志，但它宏伟的主题表现了西方文明的衰落，威廉斯不能将这首诗作为他的写作目标。对艾略特而言，但丁时代的“讽喻不只是意大利当地的风俗习惯，还是欧洲普遍运用的一种方法”①；欧洲的文化统一，也达到了无法超越的巅峰。从莎士比亚时代开始，英国的局势一路下滑，最终令人绝望地走向分裂。道德沉沦、理性丧失，到20世纪这场灾难达到了顶峰。威廉斯看到，毕业于哈佛大学的艾略特像庞德一样博学，并且掌握了多种语言，但他却销毁了自己在美国成长的所有印记。在《荒原》中，艾略特没有引用美国文本中的只言片语。威廉斯为此感到悲痛。这首诗散发出图书馆里发霉的味道。威廉斯在《帕特森》的第三部中将其描述为“荒凉、停滞与死亡”②。

美国的问题不是老龄化，而是青少年不够成熟。国家长期推行反智主义、庸俗主义、性欲的清教主义以及不容异己的宗教观，这让威廉斯感到沮丧。倘若他没有苦心研究诗歌的分析、改编，没有置身于诗歌、书信、文章以及《美国性情中》的写作中，美国还会缺失道德界限吗？外部环境变了，人们也一代代地更替，但美国还是一个敷衍了事、机能混乱的大社会。威廉斯不屈不挠的精神没有让他因绝望而屈服。毕竟，他已经成功地与魔鬼进行了搏斗，并在诗歌界赢得了自己的声音，尽管过程有时非常艰辛，但结果却毋庸置疑。他对美国语言充满信心，认为它作为一种激昂而微妙的工具，能够创造出伟大的艺术，这种艺术可能会被动摇，但绝不会被破坏。他希望《帕特森》能够汇集并描绘出他所了解的这个国家的堕落与虚伪，描绘出那些怪人和骗子，那些普通人以及他们烈焰般的理想。最重要的是，他会在演讲时高声喊出那些“不确定的变化”——威廉斯的野心从来都不是渺小的——《帕特森》也不仅仅是一首“个人的叙事诗”。

《帕特森》的创作灵感源自1926年在《日晷》上刊登的一首中篇诗歌。威廉斯写出来的东西，与艺术家随笔集中的人物和风景极为相似，是为创作更加伟大的作品而对各种想法和观点的尝试，但是作品的形式和概念都未成型。威廉斯诗中的主人公——帕特森先生出场了，他因“野蛮而又柔美”的构思和音乐，被赞颂为一个“伟大的哲学家”，但这些构思仍然尘封于诗人的想象之中。我们所知道的是，尽管帕特森先生的思想被罗列在广为人知的

①T.S.艾略特：《随笔选》（*The Collected Stories*）中的《但丁》，第205页，1917—1932年。

②《帕特森》，第101页，纽约：新方向出版社，1995年。

"电话/指南"文件中，然而诗人却认为这种思想的节奏在"燃烧与散射"。在帕特森城发展初期，帕特森先生便成了这座城市的化身。《帕特森》中的几处内容再次出现在他的诗歌中，最有名的就是威廉斯那句备受争议的格言——"说吧，没有观点，除非在事物中"①。人们对这句格言进行了猛烈的抨击，声称这证明了威廉斯对于"这与现实相距甚远"这一观点的厌恶。威廉斯的精神生活对他产生了深远的影响，但是，由于他的感情主要来源于经验，所以他更喜欢把观点根植于现实，根植于"事物"，根植于众多具体的意象，这也是威廉斯喜欢在诗中铺陈的。詹姆斯·朗弗林认为，"没有观点，除非在事物中"是对中世纪哲学观念的一种解释，它强调感觉是第一位的，之后才能形成思想。

大瀑布的轰鸣声是贯穿《帕特森》的标志性力量。在其早期的诗歌中，读者可以听到，"河水从城市上空倾泻而下/击打着峡谷的边缘/形成反冲的喷雾和彩虹迷雾"②。这里，焦点仍然是帕特森的民众，他们在诗歌最后成为作品的主角。他们被描绘成一种"复杂的运算"，疲惫而又拼命地为日常工作奔波：工厂里的工作，"启动汽车/去买肉"，或者"为了填满孩子的集邮簿"，从主教每月两次写给帕特森市民的信上撕下不常见的邮票。教皇公报的"崇高礼仪"③在描写工薪阶层城市的诗歌中是没有什么价值的，这里的居民操着多种方言，"这是他全部概念中的/分歧和失衡之处，这分歧正因遗憾与渴望而变小"：

他们
徘徊于廉价的图画、家具
填充丝、纸板鞋和糟糕的牙科
打不开的窗户、有毒的杜松子酒
坏血病、牙痛——

意识到病人们不健康的习惯、贫穷的身世以及内心的绝望，威廉斯——在诊所里，他从根源上为其诊治——冷静又客观地描述着他们的症状。

《帕特森》给威廉斯带来了难以解决的问题。为了第一部书的出版，威廉斯准备了近20年时间。从1927年到20世纪30年代中期，他忙于应付各种项

①《里奇路9号》，第24页。
②《帕特森》，第7页。
③同上，第27页。

目和合约，没有多余的时间进一步思考《帕特森》。为了便于进一步构思，他把《帕特森》的相关资料进行归档，以确保它们不会遗失在待处理的文件里。1936年，在罗斯福以绝对优势获得连任之后，威廉斯在写给庞德的信中再次提到这件事（信中没有提罗斯福连任的事，罗斯福的名字必定会使庞德发疯，他绝对会诋毁总统是经济上的白痴或者比这更糟糕）。“然后是这部我一直以来最想创作的巨作：《帕特森》这首诗。天哪，我是多么想完成它呀！这些年来我一直尝试着追求某种形式……”[①]这句话的语气从省略号处开始减弱，因为除了计划之外，他并没有什么实际的进展可以宣布。

一年之后，威廉斯完成了《帕特森：片段17》的创作。虽然从中看不到有关前面任何片段的痕迹——这个数字让人想起达达主义对《春天及一切》中章节标题的争论——“片段”的确预先表明了《帕特森》时而即兴、时而杂乱的结构。威廉斯沉迷于“美丽的事物”，他忙着担任舞台导演，也可能是主角，还可能是掌管精灵的普洛斯彼罗。“美丽的事物”总是兼有两性特征：一位感情充沛却缺少性欲的女性，坐在“爬满藤蔓的/教堂旁边，一只胳膊挽着你/纤长的手指拨弄于/翠绿的草尖之间”，一个女人“摆出一副极其冷漠/的姿势/立誓/向热烈的夏日”。这正如柴可夫斯基的《天鹅湖》中的女演员奥黛尔/奥德特，“你身着白色蕾丝裙/扮演‘一只垂死的天鹅’/你穿的高跟鞋——让你看上去很高/就像你早已如此——直到你的头部/经过十足的夸张/与天齐高/你便一阵阵窃喜”。但是，像卡利班这样的男性却非常暴力，无法控制自己的兽欲与无知，“醉酒之后，浑身脏兮兮地需要释放/无可挑剔的美/在繁星密布的夜空。”这些帕特森和纽瓦克的莽汉们就边界和所有权问题展开了无情的地盘争夺战。但这连带着给妇女们带来了极大的伤害，其中一人的鼻子被猛击了一拳——女性虐待问题一直未得到解决，这使威廉斯感到非常烦恼——但是更糟糕的是，他们轮奸了一名黑人妇女，威廉斯可能需要帮她们治疗心理上的创伤。保罗·马里亚尼恰当地把《帕特森：片段17》的内容和威廉斯草稿中的“帕森纳科的黑人女孩”（见《水中刀》）联系在一起。这是一首赞美诗，赞美他欣赏的3位美丽而性感的黑人妇女。诗中第一位主人公是乔治·安德森，她是威廉斯父母的管家，总是非常邋遢。她给比尔和埃德加留下了深刻的印象，他俩一个11岁，一个12岁，因为她技艺高超，投的球比他

---

①《威廉·卡洛斯·威廉斯书信选》，第163页。

俩投得都要远，她谈话风趣（是一个“搞笑的人”[①]），女性气质突出。她是威廉斯见过的第一位裸体女性，“像猫一样野”，这也引发了他对性的好奇。

第二个黑人女神是梅布尔·威克斯，她按照自己的计划来到威廉斯的诊所，脱掉衣服，把裸体展现给他看（作为一名妓女，她成功地俘获了很多卢瑟福的白人男性）。因其像“具有戈雅风格的裸体的玛哈”[②]，威廉斯记住了她。她一边像非洲人一样打着手势，一边嘻嘻地笑着。威廉斯不得不聚集全部的意志力来抵制她的诱惑。最终，威廉斯成了她的知己和医生，帮她接生了两个孩子，安慰她走出小女儿惨死的阴影，威廉斯觉得，这个小女儿是被一个房客勒死的。第三位让他着迷的漂亮的黑人妇女，是他在出诊时遇见的一位“伟大的、金光闪闪的人物”。她默默地站在门口，但他已感受到她身上的王者风范。“她身上有一股力量——某样东西，她思维敏捷，外加挺拔的身材，充满力量的肌肉，年轻人的那种认真——她的存在——让我想在这个地方创造一个新的种族。我从来没遇见过这样的人。”这种夸张的手法是威廉斯处于性兴奋和性幻想时惯用的方式。如果马里亚尼是正确的，这些女人都是科拉式的人物，那么，她们残暴的男人，就像哈德斯的继承人一样，一次又一次地诱拐、强奸着珀耳塞福涅。

1939年3月，朗弗林的办公桌上放了一份题为《诗歌〈帕特森〉的细节与戏仿》的手稿。诗歌的主要类型是以“爱情”为主题的短诗，比如“一朵花/扎根于干涸的地下”。关于爱情，威廉斯坚信“结局”“细节代表一切”，但是诸多细节的罗列都那么缺少创意，就像这些句子“一旦/赋予有节奏的旋律/充满甜蜜的气息”，如此无力，既不能歌唱，也不能演讲。这些诗缺少创造性，形式也不够简洁，所以，它们似乎完全不适合《帕特森》。这些显然都是威廉斯的观点，因为他已经对“细节”潦草地修改了3次。他对所有的版本都不满意，于是便弃而不用，或把它们用在其他的书中，如《破碎的跨度》和《楔形鞋》，他只为《帕特森》保留了4行诗句，并非常显眼地将其放在了第一部中。

1941年1月初，威廉斯在写给朗弗林的一封信中提到了《帕特森》。这表明他还在继续写作：“我想最终把它集中到一个焦点上。”[③]5个月后，他详细阐述了自己面临的挑战，这挑战“多年来一直在撕扯着他的思维”：如何确

---

①威廉·卡洛斯·威廉斯：《威廉·卡洛斯·威廉斯故事集》中的《帕森纳科的黑人女孩》（*The Colored Girls of Passenack*），第50页，纽约：新方向出版社，1996年。

②保罗·马里亚尼：《威廉·卡洛斯·威廉斯：一个崭新的赤裸世界》，第315页。

③《威廉·卡洛斯·威廉斯书信选》，第60页，威廉·卡洛斯·威廉斯写给詹姆斯·朗弗林的信。

定适合长诗写作的现代诗歌模式[1]，像演讲一样简单，像最缜密的大脑根据《韵律》所想到的那么微妙。这也是自惠特曼的《草叶集》以来的重大问题。至今还没有人能够解决。几乎所有的长诗对我而言都是废话，因为它们的韵律都很平淡，尤其是艾略特的作品，他总是善于运用巧妙的语言，只有上帝知道，他的作品不适合使一个向善的心灵受到洗礼。这只能使那些对威廉斯的诗歌不怎么热心的人感到惊讶，他关心的竟不是《帕特森》的内容，而是格律的多样性。最后，他把这些内容进行了分类整理（对于在现代主义诗体学方面的贡献，威廉斯并没有得到足够的赞誉）。“韵律”是一个多义词，其中一些意义甚至可能相互矛盾，但威廉斯更担心笔记和信件的主题以及他后来舍弃的诗歌草稿。第一部书“前言”的标题使用了斜体的单词和短语，威廉斯确实通过《帕特森》这部作品吸引了读者的目光，但这就像是一个告诫的声音，让他久久不能平静。

一个错误的开始让威廉斯的自责有增无减。1943年12月27日，他给朗弗林写了一封信，在信中承认自己似乎无法摆脱这令人难堪的僵局：“上帝降罪了，我的意思是上帝诅咒了《帕特森》这首诗，我感到失望。我疯狂地来完成它，但我却不知道该怎么做。我边写边改，边改边写。这首诗的基本框架已经成型，含义也很明确，需要思考的主体部分已经完成，但技巧、方式和方法的问题，到目前为止还没有眉目。我苦思冥想，却徒劳无益。”[2]他努力将所有的想法汇聚成一种可行的方式，最后的结果呼之欲出，威廉斯感到非常紧迫：“它必将诞生，无论如何，它必将从我的脑海中拽出，以一种完美的形式。但是，这种形式，关系到未来和过去，远非我微薄的力量所能及。尽管有时我会面临致命的恐惧，但绝不会承认我不具备拥有它的能力。”[3]这位技术娴熟的产科医生发现自己正处于妇女难产的境地，在痛苦的分娩过程中苦苦挣扎，却无法让婴儿诞生。《帕特森》有可能胎死腹中，或发育不全，而非“形式完美”，这些威胁足以把他压垮。

像往常一样，当在创作中遇到死胡同时，威廉斯就会重新开始。他会阐述一些基本的信条来让自己相信放弃是合理的：“现在最需要的是有诗意的建构，遣词造句的能力，以便从那里开始创作，重新开始做，并做得更好、

①《威廉·卡洛斯·威廉斯书信选》，第64页。
②同上，第95页，威廉·卡洛斯·威廉斯写给詹姆斯·朗弗林的信。
③同上，第90页。

更新。”[①]很难想象会有哪个不同风格的诗人会不赞同他这些老套的道理。然而，当再次审视这个问题时，威廉斯可能像是为了寻找被忽略的线索而浏览患者慢性贫血或血栓病历上的医生记录一样，他希望找到自由和自律之间的最佳平衡。过度的自由可能导致诗篇杂乱而冗长：

大量的种子，
每一处都包装紧密，却发了霉，
它随着不断地演变而流逝，思想，
不再集中，漂进了同样的
浮渣中。

然而，过度地遵守准则往往会产生监狱般枯燥的形式，“思想像河床一样总是变化/（往往比海岸更无情）/不管你是不愿意还是不能接受”。他主张，“秩序是仆人，而非主人”[②]，并用通俗的术语进一步解释，“秩序是在经历了事实之后才发现的，它不是我们用来撒尿的小夜壶，讨我们满意。”理想的方法是“控制性地放弃”这一矛盾修饰法，这种方法非常灵活，它包括了美国“共同言语”中不同的旋律，混杂着尖刻的现代主义音质和节奏、欢快地描述自然的抒情乐曲、简短的轮流对白、移民的方言、古朴的田园诗、科学术语以及政治和宗教上慷慨激昂的演说（罗伯特·洛威尔巧妙地把这种形式称为内心独白）。这些要素构成的语言大熔炉，使诗歌显得不那么单调，也向我们传达出美国广阔的地域，正如惠特曼在《草叶集》中提到的，这些体现的是“美国人民富于变化的情绪”。

一年以后，威廉斯就全身心地投入《帕特森》的研究中去了。他告诉朗弗林“我每天都有惊人的发现”。总之，他相当乐观地宣布，他很快就能发表一部分了，不过又很不好意思地承认，由于战争给他增加了很多医疗方面的工作，他可能需要更多的时间来修改手稿。到1944年，威廉斯解决了最令他困扰的形式问题，即如何把不同的部分统一起来，他对此相当满意。1945年，尽管他已经可以相当自信地把第一部书拿给朗弗林看了，但是手稿中仍然有用红色铅笔涂改的痕迹，划掉几行或是一段文字，调整一些片段的位

①《威廉·卡洛斯·威廉斯书信选》，第97页。
②《帕特森》，第83页。

置。他想出了一种高效实用的方法：把每部书分成三部分，这样他可以在一个很小的范围内，一节一节地扫视，着眼于一个单一的主题，就像蜜蜂在一朵花上采花粉一样。他可以慢慢地思考与这个主题相似的相邻章节，也可以转而思考一个截然不同的主题。转换是一种变化的格律和节奏。20世纪20年代，转换在他的新诗中发挥着重要意义，如今，它又凸显出新的地位。这种转换表现在：威廉斯可以非常自如地从四行诗转到四行诗、自由诗和同韵三行诗；可以巧妙地安排诗句的长度；在处理节奏时，可以时而缓慢，时而间断，时而层层推进，就像大瀑布城的瀑布回旋坠下，直至撞击瀑底的岩石，这曲优美的乐章方至高潮：

> 它们直接跳到终结
> 在空气中下落，下落！仿佛
> 在飘浮，它们的重量减轻，
> 分裂开来，如丝带；眩晕，迷醉
> 面临着下降的灾难
> 没有任何支撑地飘浮
> 直到撞击岩石：发出雷鸣般的响声
> 仿佛闪电来袭

威廉斯不可能在《帕特森》整首诗中一直保持这样高的水准。既然叙述是次要的，尤其在长诗中，那么灵感就不可避免地打着想象的旗号溜出去喘口气或者在里面歇一会儿(即便《伊利亚特》也有冗长乏味的地方)。不过，威廉斯对此并不否认。他在诗集的题词中阐明了自己的指导方针：“通过乘以一个约减后的分数得出一，在减少中继续，一次分裂，一次质变”，它就像“卷起来”所指的代价，实施起来可能没那么容易。尽管每部书都有其独特的风格和连贯的主题来引起人们的关注，但从来没有一部书能完全凭其整体结构吸引读者。威廉斯担心，他没有把诗中零散的部分连缀成一个令人满意的整体。一些评论家觉得他失败了。尽管评论家们一致赞美他的第一部书和第二部书，但随着其他书的出版，相关的负面评论也随之增加，绝大多数的负面评论都针对诗歌的组织结构，他们觉得诗歌结构混乱，没有章法。而威廉斯也总是愿意和大家一起探讨其中的疑问。通过搜索“不亡之歌”“闪光的要点”和“完美的形式”或至少是与之相似的作品，或是一种能明确表达“不变的语言”[①]的声音，威廉斯在第三部书中严厉地批评了自己。他告诉自己“面对艺术，不要犹豫不定”[②]，因为你是“来自天堂的诗人”。

一般来讲，《帕特森》所产生的分歧主要分成两个方面。第一方面与帕特森先生本人有关，威廉斯将他想象成象征现代化城市和现代化思想的重要人物。但随着诗歌的发展，诗人却忘记了他，而且从未赋予他一种可以辨识的声音："帕特"受到了他的"儿子"威廉的排挤。帕特森先生撤掉了空想的概念支撑，揭开诗歌的帷幕，竖起了一座雕像来纪念这位家乡的英雄，就像国会大厦里罗马皇帝的半身像一样。

他已长眠，
梦想还游荡在这个他一直
默默无闻的城市。蝴蝶落在他的石耳上。
他已成不朽，纹丝不动，也不恼怒，更很少
为人察觉，然而他却保持着呼吸，运用精妙的
计谋
从倾泻而下的滔滔河水中吸收
能量
使上千个机器人焕发生机
在那个让他隐姓埋名的城市，
他永世长眠了，梦想却依然在行走。
蝴蝶定居在他用过的石上。
他纹丝不动，也未被激怒
何等不朽的精神！
纵使他呼吸急促，微妙的诡计也未被察觉。
从河流宣泄的吵闹声中
抽取养分
使千万个古板的人焕发生机。[③]

对《帕特森》这首诗持怀疑态度的批评家们，如玛乔瑞·帕洛夫，提出

①《帕特森》，第108页。
②同上，第109页。
③同上，第6页。

了一个更为深刻的问题，即帕特森这个美国新泽西州以制造业为主的城市，经济急剧衰退，从来也没有什么重要的文化或历史影响力，威廉斯却将它作为诗歌统一的标志和中坚力量。它能够承受住如此的厚望吗？帕洛夫认为，它只能断断续续做到这一点，而且主要以散文节选的形式。威廉斯早就预料到了这些反对意见，但他并不苟同。1951年，外界对他提出的“一个人就是一座城”以及选择帕特森作为合法代言的观点进行了批判，威廉斯奋起反击，两度解释为什么选择帕特森作为他的“现实”。他在第四部书简短的序言中指出，他“了解这座城市，了解这座城市的点点滴滴”，而且，这座城市“与美国的建立有着确切的历史关联”[①]。纽约的规模庞大，大量移民挤在廉价公寓里，街道的生活嘈杂混乱，巨富与赤贫形成鲜明的对比。餐馆、剧院、歌剧院以及金融市场和公司总部都过于庞大、过于复杂，不能成为对当地生活的真实写照。威廉斯在《自传》的最后一章评论道：“这太出乎我的意料了。”“我希望，除了写鸟和花，我的写作范围能够更加广阔，写写那些与我息息相关的人：详细地了解我所要谈论的一切，从他们的眼白，到他们的体味。”[②]帕特森“大到足以呈现与我相关的整个可知的世界”[③]。威廉斯对这座城市的记忆，可以追溯到他童年时期的冒险经历，比如他在加雷特山的徒步旅行，在山间池塘游泳；追溯到他在附近的帕塞伊克医院当主治医师的岁月，他照顾过很多以帕特森为家的妇女，并和她们成了朋友；他曾在法院替人做证，研究过帕特森从荷兰创始人到新族群到来的这段历史。惠特曼也许喜欢曼哈顿万花筒般的变化，并加速了曼哈顿区的节奏，他将其视为美国都市生活的中心。在这里，他作为一名记者，开始了自己的写作生涯。他与公交司机和调酒师亲切地交谈；在教堂听神剧（通常以《圣经》故事为主题）；观察游行队伍和各色政治家；在犯罪率高的街区，打探鸦片馆和妓院；在海滨码头潜水。这些经历让他感到舒适。但是，威廉斯知道，要了解这座城市的全部历史，他必须花上几年的时间，从大量存档的旧报纸、书籍、艺术品以及警方和人口普查报告中搜集资料。然而，他根本没有时间全身心地投入到这样一个巨大的项目中去。虽然有关“帕特森”的过去需要学习和研究，但它的历史相对有限，而且当地人已经比较全面地了解了这段历史。[④]

①《帕特森》，第13页。
②同上。
③同上。
④同上。

作为《帕特森》所描述的中心，帕塞伊克瀑布的确在某个短暂的瞬间启发了亚历山大·汉密尔顿把帕特森城设想成未来工业的枢纽和财富增长的引擎。如此年轻而耀眼的美国将在国际贸易中扮演重要的角色。威廉斯在《美国性情中》亚隆·伯尔一章中把汉密尔顿描写成“一个精明的恶棍”。在《帕特森》的第二部书中，威廉斯插入了几个有关汉密尔顿的小段落，写他曾暗中操纵使联邦政府承担债务；他创建了美联储系统，并赋予它其他各州都没有的发行钞票的垄断权力，并收取高额利率：这是银行家的福音。除此之外，汉密尔顿也获得了制定“扶持富人”的财政政策先驱的称号，被视为“股票恶棍”，而他将人们视为“巨兽”。

“内战”期间，帕特森负责为联军生产制服，但这从来没有吸引到汉密尔顿所期望的那些雄心勃勃的企业家。发展的引擎不断向西推进，这座小城市被留在了资本主义的死水中。1913年，制帽商工会进行了长期罢工，我们看到的是无比血腥的场景。爱玛·戈尔德曼、伊丽莎白·葛莱·弗林和大比尔·海伍德等老牌激进分子在集会上发言。为支持工人们的斗争，麦迪逊广场花园举行了著名的游行集会，但罢工最终还是失败了。这是帕特森最后一次受到举国瞩目的重大时刻。大萧条加速了城市的衰退，现在，它已经成为城市衰败和积贫难返的象征。

《帕特森》中的散文节选是一张非正式的图片新闻报道剪贴簿，它涵盖了当地将近两个世纪的社会历史。威廉斯就像一名嗅觉敏感的记者，从发黄的报纸、古文物或当地历史社会的公共档案中挖掘信息，讲述有关帕特森和邻近城镇的趣闻逸事。很多像卢瑟福这样的小城镇，养育了像威廉斯一样的儿女。他们的大部分生活都在家乡度过，成为熟知当地传说、地理、建筑、宗教、政治偏好和学派等方面的专家。他们是自学成才的历史学家，了解城市百万富翁豪宅的山墙风景如画，从意大利采石场买来的进口花岗岩价格不菲，也知道穷人的房子摇摇欲坠，教堂却华丽无比，花园里种着异域风情的兰花。他们是现实的百科全书，似乎与每一位安葬在城镇墓地的居民都有着密切的联系，通过他们，可以洞察趾高气扬的诈骗者、威逼妻子的恶丈夫和城镇酒鬼。他们可以不假思索地说出一大堆事儿：邮局和第一座电影院建成的日期；市长因贪污腐败被指控；两个体面的商人从情妇的卧室逃离时被捕（一名银行家被警察误以为是窃贼而遭到射杀，丑闻成了八卦者以及道德家们津津有味的盛宴）。这些消息灵通的人士甚至知道死者的秘密！威廉斯有时能一字不差地引用他们说过的话，有时把它们稍加整理，有时扩展一下，或者只是编造一些传奇故事。作为一名短篇小说作家，这些技能使他塑造的人物形象更加生动有趣。

威廉斯的散文涉及的主题多种多样。其中有小报读者喜欢的骇人听闻的犯罪故事，诸如夙仇导致攻击；一个残酷成性的美国原住民明明杀害两个美国人，却被指控杀了三头猪；诈骗计划；国内争吵。也有人性化的故事：或是好笑的警察追貂的故事，或是结局悲惨的故事，比如刚结婚的莎拉卡明斯，前一分钟还站在一个平台上注视着瀑布“美丽、野性而浪漫的景象”，突然就神秘地跳下去死了。她的丈夫发了疯似的想随她跳下去，幸亏被一个年轻人给拦住了。这个凄凉的故事堪比马戏团的气氛，也像假期一大群欢乐的人出来围观“笨重的桥被拉归位”的场面。一颗松动的钢钉掉落到水底，一个叫萨姆·帕奇的当地人便疯了似的，勇敢地跳进水里，捞回了这颗钢钉，从而避免了大桥的坍塌。这一章描绘了一幅令人难忘的场景，叙事者说：“这是帕特森古城伟大的一天。”帕奇的纵身一跃使他即刻成了名人，他也因此操起了一种玩命的职业。他成了一个精明的表演者，由一只狐狸和一只熊陪着，游遍了整个西部。他的举动总能吸引到一大群人，但也因此变得臭名昭著（这是伐木巨人的领地）。后来，帕奇对自己提高了要求，他宣布：“将于1829年11月13日，从杰纳西河上125英尺高的瀑布平台上跳下去。”（威廉斯在确定他在散文中插入的零散事件的日期时非常谨慎。）在一次试跳成功后，帕奇在做了一个简短的演讲之后，就又跳下去了，然后就不见了踪影。人们看得出了神，屏住呼吸，惊恐万分。威廉斯是这样给故事结尾的：直到来年春天，帕奇的尸体才被打捞出来，它已经冻成一个“冰蛋糕”。像这样紧扣诗歌抒情旋律的逸事每天都会发生，1746年帕特森居民的生活和希望与1946年的紧紧联系在一起：

……大量的细节
在一个新的地方上相互联系，却充满困难；
一个半押韵，一个同源
三层堆积
为了把不同的东西拉到一起澄清
并压缩

《帕特森》中的散文形式各异，包括大量的文学通信的节选，比如与艾伦·金斯伯格和爱德华·达赫伯格的通信，这两个人都是名人。还有一些是名不见经传的小人物，如阿尔文·特纳和玛西亚·纳迪。书中的通信通常与诗歌并列，选取的内容也有些古怪甚至不通情理，经常会出于私人或者诗歌的原因而抨击威廉斯。请看下面的类比：

> 男人像一座城市而女人像一朵花
> 他们相爱了。两个女人。三个女人。
> 无数的女人，每人都像一朵花。
> 但是
> 只有一个男人像一座城。

这一诗节后面，紧跟着威廉斯写给玛西亚·纳迪的几封言辞激烈的信中的第一封。威廉斯赞扬过她的诗歌，并说服朗弗林在《新方向》上发表。朗弗林不太情愿这样做。很多女人在读到这些诗行时，可能会责怪威廉斯，因为她们从中似乎看到了对男尊女卑的肯定：男人是单数，女人是复数而且都十分相似，尽管她们像是一束花。大量的留白非常符合“男人等于城市”这个方程式。这些留白与诗的前三行分隔开来，强化了这种不对称性。威廉斯本人也一定意识到了这个隐喻里面包含的沙文主义。他之前对弗洛斯不忠，两人的关系受到玷污，他对此感到懊悔和自责。于是，他在诗中不合常理地详细引用了纳迪对他义愤填膺的谴责，她指责他缺乏想象力“站在我的角度，充分理解一个女人失调的心理和无能为力”[①]。她指责他“逃避真实自然的生活，躲在自己认为安全的玻璃墙里”[②]，这些话很像男爵夫人嘲笑他是一个胆小的资产阶级男人时所说的话。同样的指责也出现在达赫伯格的信中：“对你来说，这部书是一回事儿，写下这部书的人，是另一回事儿。”[③]

的确，威廉斯的内心生活和他在真实世界的行为通常是相互矛盾的，但是这种不一致也使他特别能够体谅纳迪的痛苦以及她的自我感觉。她认为自己是一个局外人，因为没扮演好一名“标准”的女性角色而受到惩罚。他也曾努力寻找“一种作家的生活方式与方法”，在这方面确实和她感同身受。他曾劝告纳迪要在诗歌方面多下功夫，并欢迎她去他家做客。但是纳迪从他

---

①《帕特森》，第88页。
② 同上，第87页。
③ 同上，第28页。

那里得到的帮助和互动远远没有达到她所希望的程度。纳迪的脾气总是很暴躁，她后悔自己由于误信了关于自己养父的那些令人失望的事，而将自己满腔的不满怒气冲冲地发泄在一连串的信件中。有一段时间，他非常理解她的攻击性，但最终还是中断了和她纠缠不清的通信：他不可能成为她想要的那种人，那种可以把她从情感的监狱中解救出来的英雄，这监狱会使她“死于孤独”。

伊丽莎白·毕晓普是一位孤独的鉴赏家，她站在纳迪这一边。她对罗伯特·洛威尔说：“那些没有经历过长期绝对孤独的人，永远不可能与之产生共鸣。”[①]她认为印刷信件对威廉斯来说是很“卑鄙”的。洛威尔却不以为然：“……实际上，我从两个方面思考过它们的价值：第一，它们太可怕，又如此真实，到现在我也想读它们——它们简直太单调，太病态了。但是，把它们放在诗中，就没有病态可言，痛苦也可以理解。第二，难道这对威廉斯本人（帕特森）来说，一点都不难接受吗，是对他感觉迟钝的一种诅咒吗？她疯了，但他像埃涅阿斯一样，不知如何应对她，表现得很糟糕。我认为这是他们的目的。《帕特森》对我来说就像是水，当然我的判断可能带有主观性。尽管这种方式是看透作者的唯一途径，但这种方式，不能算是真正的评论，一段时间后，直觉也会变得比较客观。”[②]

威廉斯的诗中包含了这些信件的内容，可能是出于无意识的动机，其中掺杂有内疚和受虐倾向，但作为一名诗人，他的直觉是非常敏锐的。詹姆斯·朗弗林认为，在各种男性声音占主导的诗中，纳迪女性化的声音尽管有时会很刺耳，但是对于调节平衡来说还是很有必要的。

帕特森的前两部书于1948年问世。威廉斯对华莱士·史蒂文斯以前批评他“把反传统的诗体作为高格调的手段”[③]仍然十分恼怒并坚决抵抗。在给帕克·泰勒的信中，他详细地驳斥了他的指责：

> 《帕特森》中所有的散文，包括关于摇尾巴的狗那一节，主要的目的是在所运用的词语间赋予一种格律意义或强调格律的连续性。这不是反传

---

①《挂在空中的词语：伊丽莎白·毕晓普和罗伯特·洛威尔通信全集》（*Words in Air: The Complete Correspondence Between Elizabeth Bishop and Robert Lowell*），第41页，托马斯·特拉维萨诺（Thomas Travisano）、萨斯基亚·汉密尔顿（Saskia Hamilton）编，纽约：法勒、斯特劳斯和吉劳克斯出版社，1987年。

②萨斯基亚·汉密尔顿：《罗伯特·洛威尔书信集》（*Letters of Robert Lowell*），第102页。

③《威廉·卡洛斯·威廉斯书信选》，第265页。

> 统诗体的一种手段。一次次地重复对哪个细节的考量有误，真让我心烦。我要说的是，散文和诗歌都是写作，都是有关词语的问题，是把词和词相互关联以达到阐释的目的，或者达到其他更加明确的艺术目的。请不要强调除此之外的其他“意义”。我想说散文和诗歌对我来说都一样，诗歌（如在乔叟的故事中）属于散文，正如诗人也应归于“矿主”，他曾对乔叟说了很多话，“纳莫尔，所有的押韵都不值一提。”像艾略特先生可能会坚持的那样，诗歌无须与散文分开，它本身就一直和散文相伴而行，无须帮助，没有理由也没有必要将它们分离，或者加强它们之间的关系，它自身就可以表明它的意义。无论在哪里，它都始终不变：它就是诗。①

罗伯特·洛威尔赞扬了他的这一事业，对《帕特森》评价道：“读完了这4部书，我想说，这是美国人写得最好的诗。”②兰德尔·贾雷尔也满腔热情地说：“读者如果没有领会到它（《帕特森》第一部）非同寻常的广度和真实性，必然会对现代诗歌毫无感觉。它清晰贴切，有时近乎完美。”③尽管威廉斯受到了同时代文学大家的赞美，但他对自己作品的评价却很沮丧：“我审视自己所做过的事，例如，我写的《帕特森》，尽管我也曾经佩服过自己，但有的时候，我发现自己的努力没什么值得称赞的。庞德的某些诗章体现出的活力，不仅仅包括那份热情，还包括他对生活的感悟，而我觉得自己就像一个野人，一个粗人，一个假的艺术家。”④让人感到遗憾的是，洛威尔没有把他对“埃兹拉史诗”做出的敏锐判断传给威廉斯：“我刚刚读完了所有已出版的《诗章》——这是英语世界最无拘无束的长诗，无处不优雅啊！真应该编一本50页的选集啊。”⑤这可能会让他的精神为之一振。

2

最重要的是，威廉斯在《帕特森》中的诗歌语言可以说是随机应变、变

---

①《威廉·卡洛斯·威廉斯书信选》，第263页。

②《挂在空中的词语：伊丽莎白·毕晓普和罗伯特·洛威尔通信全集》，第16页。

③兰德尔·贾雷尔（Randall Jarrell）：《诗歌与时代》（*Poetry and the Age*），第28页，纽约：克诺夫出版社，1953年。

④《威廉·卡洛斯·威廉斯书信选》，第264页，威廉·卡洛斯·威廉斯写给巴贝特·多伊奇（Babette Deutsch）的信，1948年5月31日。

⑤萨斯基亚·汉密尔顿：《罗伯特·洛威尔书信集》，第75页，罗伯特·洛威尔写给格特鲁德·巴克曼（Gertrude Buckman）的信，1947年11月30日。

幻无常的，时而晦涩，时而含蓄。在第一部书中，他利用排版，创造性地使用空格和标点符号“以使词语表达的思想/自由灵动，无拘无束”[①]。他自己有一套独到的风格。一首描写岩石或“开蓝花的/鸢尾草”的抒情诗后，可能会带着一段低俗的俚语、方言或故作聪明的文字游戏。例如近乎荒唐的错误用词：把“嗥叫”写成“号角”，把“拖欠”写成“拖钱”，像许多诗人一样，威廉斯也经历过这样一段时期。他厌恶自己的诗像“鲸鱼的呼吸”一样没有新意，抱怨他在韵律上卡壳。他还承认曾努力“寻找一个短语能够/跟另一个搭配起来为乐”，但是“似乎无法达成目标”。但是，在《帕特森》的前两部书中，因为他没有把自己的诗局限在某一种韵律、一种诗节形式或一两种句法结构中，诗歌的中心也随着他思想节奏的变化而转移。这种情况在其他3部书中零零星星地也存在着。这首诗让人情绪高涨，也使威廉斯信念坚定。不对称的结构至少也可以像整齐的工程设计一样，成为一种美学上的享受。

在第一部书的结尾，他引用了约翰·阿丁顿·西蒙兹的《希腊诗人的研究》中的一段文字，从中发现了他所追求的诗歌的早期雏形：“使诗歌风格变得奇怪而呆板”的格律，即便是抑扬格，之前也因其“跛脚”而不入流，实际上却与现代主义的“散文和共同语”相适应。西蒙兹指出，希腊人认为“晦涩的诗文和他们所探讨的扭曲的主题之间维持着一种和谐的关系”。《帕特森》的这些诗节是对“不成形的道德规范”的嘲弄，这些古希腊新奇的韵律，实际上是一种珍贵的文体资产。对于抒情的韵律或者断断续续的故事，诗人应该选择进行创新或即兴创作：

没有创造，任何事物都无法安置妥当，
除非思想改变，除非
星星是最新揆测的，根据
它们的相对位置，
界限也不会改变，必要性不会存在
除非有一种新的思想
才会有一条新的
线，在反反复复的截止日期内，

① 詹姆斯·朗弗林：《纪念威廉·卡洛斯·威廉斯》(*Remembering William Carlos Williams*)，纽约：新方向出版社，1966年，第19页。

过去的将继续反复
没有发明
金缕梅林里什么都不会有，
桤木不会从
小丘的边缘生长
但是古老的洼地的水渠，
丛生的草里
老鼠的小脚印不会再现：
没有发明，这条线
将永远不会呈现其古代
的分类，那时一个词，一个柔软的词，
住在里面，粉碎成现在的粉尘。[①]

威廉斯通过重复使用“没有”和“除非”两个词强调了紧急的警告，他冷静地处理了诗中出现的界线、跨行、声音、标点符号、节奏和“柔软”等词语。整首诗中并没有呆板的诗句。

威廉斯有时也会反思自己诗歌的不足之处，但是，在《帕特森》的第一部和其他几部书中，威廉斯最为担心的还是美国英语的名誉受到破坏和腐蚀。这个主题是威廉斯诗人生活的核心，也是《帕特森》内容的核心。他对自己写诗的依据感到震惊，不禁沮丧而惊恐地摇头。公民独自在“不与他人沟通”中行走着并死去，因为“思想与语言的分离”（“分离”是威廉斯用的代称，指代人们之间贫乏的表达——诗中没有和谐地连在一起的音节——指代夫妻之间严重的甚至可能无法补救的分歧，没有感情可言，也指代不同阶级之间不公平的划分）。威廉斯公正地指责这些分歧：他机智地放下过去那些让他感到头痛的问题，学术阶层“向固定的概念吐唾沫/像烤猪一样”；特殊的利益关系使现状有利可图；无所事事的人，“工人阶级因被偏废而思想贫乏/于是便发生了/一连串的动乱。”[②]在《美国的纯产物》中所描述的1923年的社会变态，已经进一步恶化。

第一部书的总体基调是忧伤的，它的节奏紊乱，反映了威廉斯内心深深

①《帕特森》，第50页。
②同上，第32、55页。

的痛苦。

> 思想的再次重现：为什么我没有
> 但是在这里并没有，想象中的美，
> 很久以前，也没有找到什么，
> 这是故意要将我自己置于死地吗？

与其说威廉斯陷入了致命的虚无主义，不如说他陷入了对哲学的绝望。他说："我的全部生活/已在局部胜利中徘徊太久。"在写完两页纸的痛苦之后，他承认自己羡慕那些"可以奔向/周边，奔向其他中心/为了追求清晰/为了楚楚动人/直接奔向世界上的权威——"的人，但他并非在宣布自己的生活或诗歌是一种失败。他的竞争精神依然没有减弱。他半带挑衅地说，为了赢得长跑比赛，他仍坚持训练。但他清醒地意识到了自己已过耳顺之年(他已经63岁)，努力地与事实相抗争，思想更可能从"流着雨水的"树叶而非树干中"吸吮渴望"，"对快乐的美好想象"将是对他逐渐失去性快乐的补偿。

帕特森的自然历史景观，尤其是壮美的帕塞伊克瀑布，让人们感到了些许安慰，也激发了威廉斯的灵感：自然风光对于他的诗来说是一种完美的创作背景，可以是舞台，是背景，是象征(浪漫主义诗人和画家因激流壮美的瀑布标志着自然的力量而格外青睐它)。瀑布下的公园吸引了众多家庭、无业游民、情侣们，甚至性情古怪者前来游玩。老人们坐在长凳上，闭目养神，时不时地打个盹儿；孩子们玩着即兴游戏——一幅布鲁盖尔名画中新泽西州的场景映入眼帘。第二部书的副标题就是"公园里的星期天"，威廉斯漫步于当地民众中——他把这种行为称为"突然侵入"——观察着他们的怪癖和笨拙的举动，偷听他们的谈话、争吵，看着他们寻欢，拒绝或接受性要求，各种声音和口音混杂在一起，"冲击着从四面八方吹来的空气"，就像是美国康塔塔清唱套曲中不和谐的复调音乐。威廉斯的耳朵好似敏锐的触须，不仅能捕捉到大量的声音，还能察觉到只言片语的对话，不管这声音是刺耳的、粗暴的、诱骗的，还是令人厌恶的以及"狂野的笑声、嘲笑声"。他的声音，就像是独奏者的一样，把他们的谈话编织成旋律。如今，当他扮演一位沉思的偷窥者时，从前他用爱怜和同情的口吻所描绘的同一群人，已经和他没有了那份用以维持关系的舒适与幽默。他甚至曾用汉密尔顿的嘲讽措辞将他们称为"巨兽"。

这个周日下午的野餐者，有各个年龄段的人，他们分散于公园的各个角落，以各种方式进行着自我娱乐。有的大吃大喝；有的尽情享受阳光；有的在斗嘴；一个乡绅派头的男子在梳理着自己牧羊犬一样的长发；一个年轻人在弹吉他，而一个老妇人则旁若无人地提着裙子开始随着音乐翩翩起舞；一对夫妇在百无聊赖地做爱，“他们卑微的思想通过肉体的结合而相交。”威廉斯评论道——这就像是再次表演了普赖亚帕斯和阿芙罗狄蒂编排的古代情欲舞蹈一样。可惜，他们不是“象征爱情礼仪的传递者”。这种荣誉是为鸟类保留的。当诗人沿着小路爬到峰顶，或者绕过长满荆棘的田野，他总是警惕地注视着周围的自然景色。例如，“一只乌鸦‘之’字形飞行/在黄蜂前边张开了巨大的翅膀/小鸟在它身边上下翻飞/从上面俯冲而下只为冲击它的眼睛”。或者一只“飞行中发紫的翅膀”突地冲下来，消失了。但它留下的是“闪光的/翅膀和颤音的歌唱”。这一景象活跃了威廉斯的思想（这是威廉斯向华莱士·史蒂文斯的《星期天早晨》致敬）。

在第二部书的第二章，“费图”，威廉斯的一个化名，取自他在卢瑟福的朋友、博学的戴维·莱尔的名字——这个化名暗含着“做一切”“制造一切”的意思，也可能是一个愚蠢的纨绔子弟——溜达到了瞭望塔底部。这里破旧的长凳成了“无聊集会”的座位，其中有猎奇者、妇女、儿童以及沉闷的“短号、单簧管、长号”和风琴管弦乐队。克劳斯·埃伦斯牧师是一位上了年纪的德国移民，头顶已经光秃，没穿华美的礼袍，只穿了件衬衫，礼拜仪式一开始，他便像换了个人似的，成了一个痴迷的布道者。他声称自己听到了上帝的声音，他对着风和虚空布道，并不停地打着手势。威廉斯不会猛烈地抨击克劳斯是一个宗教骗子。事实上，他把男人的演说技巧比喻成“贝多芬用管弦乐器奏出的渐强音”。布道的场景夸张而怪异：“光/爱抚着”（“他的棱形的额头”），仿佛在他的头顶上形成一个光环。克劳斯被自己的声音、笑声、慷慨激昂的演说声、尖叫声和低语声催眠得昏昏欲睡。他侃侃而谈的布道内容让人如坠云里雾里。他说“金钱是一切罪恶的根源”。他的经历是人们所熟知的移民故事：克劳斯被美国大街小巷铺满金子的传说诱惑，于是就积累了一笔财富，但金钱并没有带给他快乐。在一次滑稽地模仿“美丽的美国”时，他开始说“金色的美国！/充斥着诡计和金钱/真是可恶”。一开始，他并不愿意听从主的建议来放弃自己所有的钱财，后来，他终于成功地把玛门（指金钱、财富）扔出了圣殿，他说，他再也不会幸福了（克劳斯是《比利星期日》中人物的对照，这位有魅力的传教士吸引了大量的信众，并成功地把他们的钱增值到一个大银行账户)。克劳斯的咆哮既乏味又牵强。他看上去并不在乎只有少数人在听他讲，也不在乎根本不能吸引任何一个人皈依基督。他就像一名古代水手一样，被迫进行演讲，他的话语带有祷告者的抑扬顿挫和先知告诫罪人的节奏。他的讲话主要围绕着基督教肖像画展开，例如，被钉在十字架上的基督、“开放的坟墓”；他也曾提到伊利诺伊州州长约翰·阿尔·茨吉尔德，因为他赦免了在海马基特大轰炸中受到指控的3个无政府主义者，还写了一部书，认为穷人没有得到公平审判的机会；基督是伯里克利的儿子；女性实践；文昌鱼，一种没有脑和心脏的海洋动物，等等。

在第三章中，公园关闭了，随着诗歌地位的下降，威廉斯(或费图)变得爱抱怨，诗中的语言包含了“没有风格的话语”，在瀑布的喧嚣声中再也听不见任何音节，他的“耳朵变成毒蘑菇”，他的声音“淹没在瀑布声里”。他认为克劳斯是个假的诗人“救世主”，便拒绝了他。他只能不停地喃喃自语，但是“并没有诗人来到”。他的想象很悲观:“花被连根拔起”“树木被分割”“妇女学识浅薄”，男人懒惰。“爱情不是安慰者，而是头骨中的/钉子。”在这种礼崩乐坏的情况下，语言“词穷墨尽”，诗人怎样才能与他的世界和谐相处呢?奇怪的是，这一章节之前的部分，威廉斯插入了《下降》一诗，这几乎可以堪比艾略特的《灰色星期三》，他确实也做到了。当在无言的绝望中走近死亡时，他开始思考重生的可能。

3

在第三部书《图书馆》的中间部分，威廉斯这样写道:

> 写出糟糕的东西是很危险的。一个苟且的词，一旦落在纸上，可能会导致整个世界的毁灭。我告诉自己，你要细心观察，消除那些消极的影响，权力仍然掌握在你的手中，因为所有一切都已经放下了，一旦逃脱，它就可能会腐蚀通往上千种思维的路径，谷物就会变成灰垢，所有的图书馆，必然都最终化为灰烬。
>
> 答案只有一个:因为写得不仔细，所以只有成熟的人才能得以生存。

这些话再次萦绕在威廉斯耳边。他在《地狱里的科拉》这本书中做了同样的评论:“粗心如星星，是一种高尚的品德。”这一格言非常有价值，因为他初学写诗时，曾试图挣脱阻碍他进步的衍生派诗的束缚。然而，在66岁那年，他正努力使自己的诗歌走向正规，这个时期的“粗心大意”听起来无异于迷失。在第一、二部书中，他找到了无所顾忌和严格地道之间的平衡。但在第三部书中，他再次将行走作为主要的组织结构的手段，他所遵循的原则经常会误导他。

费图(威廉斯)穿过帕特森“废弃的街道”，附近瀑布的咆哮声在他耳边回响。他在“旧/报纸和文件”中翻找，挑选出各种信息：一个孩子因为没能爬到安全的地方，在田野里被烧死了；一个男孩和女孩在运河里被淹死；一名女性游说者；一个帕特森板球俱乐部和“城堡”般的艺术画廊。这个画廊因此成了这个城市重要的地标，它是移民工厂的老板卡瑟琳娜·兰伯特为他的妻子建造的。据说因为这里“没用处”，而被夷为平地(专断独行的兰伯特是工会激烈的对手)。在整个章节中，“旋风，大火/和洪水”等自然灾害肆虐，把新泽西变成地狱。1902年，一股强风引发了一场大火，毁坏了帕特森图书馆以及城市的大部分地区，威廉斯便寻找一种“救赎的语言，它也许能够避免一个人的夭亡”①。

然而，威廉斯对毁灭帕特森的大火的描述毫无针对性，远不是救赎的味道，甚至毫无吸引力。令人惊讶的是，这个戏剧性的事件开始变得笨拙臃肿，几乎没有什么连贯性，节奏成了一种阻碍，甚至可以说是无趣味可言，例如：

> 醉醺醺的
> 火焰。就是这样。一个瓶子，任火焰
> 摆弄，它笑弯了腰：
> 黄色，绿色。就是这样——在火焰的大笑中，
> 喝醉的得以生存。大火炽烈地燃烧着！
> 就这样吧。大火在吞噬。那就
> 这样吧。大火中笑声在扭矩，
> 就是这场大火。那就这样吧。对着火焰大笑
> 吞没，笑声如此多样，
> 火焰的引力超出了火焰自身的

①《帕特森》，第279页。

清醒，这是忠贞的毁灭。怯懦的，
对它叫好。对这火叫好。
那就这样吧。

但是，火并不好，威廉斯的语言也不好；火不会燃烧，也不会树立起文体上的权威。人们对瓶子的名誉被火焰“玷污”几乎没什么兴趣。所用的词语有胡乱重复或浮夸造作之嫌（如“多样”“怯懦的”“扭矩”），而火灾的发生就像是一个冷笑话。因为省略，它的效果变得更加怪异，其中还夹杂着听天由命的语气，就像面临灭亡时却急迫地哭喊：“那就这样吧。”

恶意的狂风刮过诗的第一部分，这与“灵”（希伯来语指“风”和“精神”，《创世记》中指上帝创造天地的工具）毫不相称。威廉斯认真思考了书籍的力量，它能使读者的思想远离现实，可以诱使他们相信从书页中听到的风是真实的：图书馆是“死去之人梦想”的存放处，也是“我们恐惧的避难所”。所以，他认为“书籍的咆哮/是在反抗图书馆的压迫”。有时，书籍会使他那势不可当的瀑布般的思想得到短暂的休息，瀑布的咆哮不知不觉地影响了他。有时河床是干燥的，书使“思想意图衰弱无力”。图书馆本身散发着“停滞和毁灭”的恶臭，在经过“智慧手术”之后，又散发出脑外科手术的气味。对于威廉斯而言，摆脱这种困境的唯一办法就是将这种臭气融入他的诗歌中，而不是逃避它。但是，如果他相信：

诗的王国将是整个世界。
太阳升起时，也在诗歌中升起
太阳落下时，黑暗便降临
诗也成为黑暗

这太简单了，只是在重复过去的老话“十分之九的问题/是生活”，这太简单了。而且艺术必须在丰富的经验中形成。令人烦心的是，世界和诗歌之间的关系十分脆弱：语言和隐喻之间的关系时而清晰，时而模糊，这经常会使读者抓耳挠腮，或嗤之以鼻。在卢瑟福有个男人，他认识威廉斯的父亲，一见面便问：“天呀，医生，我知道这没关系/但是到底是什么意思呢？”

在第一部书的第四章中，威廉斯的控制欲开始下降。以第一部分“奔向大海”为例。其副标题是《一首田园诗》，没有丝毫讽刺意味。科里登、菲莉丝和从埃德蒙·斯宾塞的《牧人月历》中借用的人物帕特森，正在进行一场三角恋爱，帕特森因不明原因的顽疾而长期住院。与此同时，老绅士还是喜欢动手动脚，喜欢给对他丝毫不感兴趣的菲莉丝读诗，并垂涎她的姿色（性爱场景令人难堪的幼稚）。威廉斯诗中名义上的英雄帕特森先生，似乎只关心菲莉丝是否还是个处女。所以，诗人是尴尬的。威廉斯似乎要重现对于女性的未酬幻想，把女性分为处女和荡妇。在我们期待他关于性和女性的诗变得更成熟时，他却回归到幼稚的说笑中去了。

在第二章的开头，威廉斯恢复了平静：他带着年轻的儿子威廉·艾瑞克去听“原子裂变”的讲座，希望借此能激发起孩子对科学的兴趣（威廉·艾瑞克确实被迷住了）。但威廉斯仍保持着一种奇怪的矛盾情绪：他把医生比成“猪，我自己/也在其中”。他将居里夫人的智力探索与福音派传教者的《比利星期日》相提并论，曾邀请他的听众接受耶稣的救赎（“劈开苦难/的原子”），然后去账房里数他赢的钱。集中讲述居里的家庭生活以及她发现“铀的原子价”的这部分诗颇令人费解。威廉斯无法确定被他称为“污染物”的知识有什么用，像皮埃尔·居里这样为了支持妻子而甘愿奉献自己的科学成果的人又有什么用，女人的天性之谜有什么用：

女人是脆弱的船只，但
思想却是中立的，头连接
着大陆、眉毛和脚趾
至多是取出
很多
而不谋杀
莎孚对阵厄勒克特拉

然而，威廉斯的最终观点绝不是“女性是弱者”。在与《帕特森》第四部同年出版的《自传》中，他责骂丈夫是“部落里技术上的笨蛋”。尽管女性对他而言还很神秘，但她们是更强大、更完整、更迷人的性别。不过，威廉斯在第四部书第四章运用的混杂法非常有代表性。他突发奇想地改变了主题，不再提女性问题，而是捡起了单调乏味的金钱这个老话题，说个没完没了。

艾伦·金斯伯格傲慢无礼又侃侃而谈的书信，激发了威廉斯这部分的创作。他向威廉斯自报家门，说自己是帕特森一个不太出名的年轻诗人，还随信附上几首诗让威廉斯评论。在一篇可以驱散周围黑暗的强有力的散文中，金斯伯格把自己描绘成一个“帕特森穷苦潦倒的老流浪汉口中的”、梦想成为一名伟大的吟游诗人的乡村男孩。思想单纯的他也善于奉承这位“彬彬有礼的智者”，但是又拒不承认自己能完全理解威廉斯对“节奏、诗行长度、句法”或“韵律”的处理方法。像威廉斯一样，他“为自己设想了几种新的（诗歌）演讲方式”①，但也知道模仿这位大师会抹杀掉一切创新的机会。金斯伯格敏锐地察觉到，威廉斯将会重视这样的事实，“你的社区里，至少有一位公民曾汲取你的经验，追求他的爱情，并通过你的作品了解了他自己的城市，这个城市就是他的世界。这是一个你几乎无法希望获得的成就。”

他从艾伦·金斯伯格的第二封信中获得了暗示，这位年轻的诗人叙述了他在帕特森最破烂街区的街道上行走的情景，街道就在帕塞伊克河附近，住满了“黑人、吉卜赛人和一个口齿不清的调酒师”②。威廉斯带领读者领略了帕特森的历史，从村庄到城市，还像导游一样指出了这里的地标——乔治·华盛顿的一个小酒馆的幌子，可爱的花园，拉斐特将军经过的桥，老房子，教堂和商用建筑（一个生产钉子的工厂）。这里的历史不是田园诗。诗和散文都讲恶意谋杀的故事，比如“惨无人道的屠杀”，尸体遍布帕特森鄙陋的街道和硫磺岛的沙滩。在向惠特曼的《从这永不停止地摇摆着的摇篮里》的点头致意中，这首诗演变成处于持续狂喜状态的死亡的化身，《塔拉萨》的结尾充满讽刺地描述了1850年的那次公开的绞刑：

> 这是一次大爆炸
> 也是永远的结束
> 螺旋式的上升
> 最后的翻滚
> 结束③

这读起来更像是他对自己死亡到来的预感。

①《帕特森》，第173页。
②同上，第193页。
③同上，第202页。

4

在《自传》中，威廉斯回忆起自己在塞维利亚（那时是1909年）遇到的一个妓女，当时她示意他跟她走。他在诱惑面前虽然犹豫了半晌，但最终还是拒绝了她。他对这件事的评论暴露了他的幻想和矛盾心理，他说："如果那天晚上，在附近的广场，她朝我扭屁股，我犯神经病或者发了疯，跟这个小妓女走了，那我真不知道这个世界上有哪里我还不能去，或许我早已离开这个世界了。但我并没有这么做，所以我成了一名作家。"①他对妓女们身上的香水味很敏感，发现这香味会使自己陶醉于情欲，但清教主义的一些思想残余让他没有屈服于这种欲望。在《帕特森》第五部中，威廉斯重印了小说家及诗人吉尔伯特·索伦蒂诺送给他的一本手稿，名为《边塞》。吉尔伯特·索伦蒂诺告诉这位年轻人，要集中"精力"去做自己不想做的那些事。然而，在描述声音的嘈杂、恶臭、酗酒和粗鲁的讨价还价方面，索伦蒂诺是一位处女，也是一位荡妇："看到一个脸皮光滑的女孩背对着一扇门，浑身上下白皮肤……雪，处女；噢，新娘……"②这里有纯洁也有污秽，就像威廉斯心里想的那样，他把这些都转化成艺术，就像生活在妓院里为了画作而献身的图卢兹·洛特克一样（《帕特森》第五部主要写他的故事）。年迈的威廉斯身体状况不断恶化，他说索伦蒂诺的故事很"迷人"。在《帕特森》中，他指导他的代理"无论事实怎样/都请你打起精神"③。这并不让人觉得奇怪。

1958年出版的第五部是威廉斯以一种压抑伤感的离别口吻书写的。这时的威廉斯由于多次中风以及与癌症抗争，形容日渐枯槁。在最后的10—12年里，他创作了诗歌《沙漠音乐》《走向爱的旅程》和《布鲁盖尔的画作》，这些诗长度适中，都不需要《帕特森》那样煞费苦心的旋律相配合。威廉斯知道"永远的结束"④和"最后的翻滚"就在眼前，但他不畏惧即将到来的死亡，也不会过分谴责在工作中产生的失误以及身体的衰老和记忆的衰退。他把自己的记忆力与一只桀骜不驯的鹰的头脑作比较，从所有让他的生活意义非凡的豪华而平凡的必需品中获取快乐：窗外，"机灵的麻雀在唱歌"，卢瑟福的花园里百花盛开，也在他的诗歌中盛开（和枯萎）（他不知疲倦地数着它们的名

①《威廉·卡洛斯·威廉斯自传》，第122页。
②同上，第212页。
③同上，第231页。
④同上，第202页。

字：獐耳细辛、耧斗菜，雏菊“桃金娘，或明或暗/和金盏花”）；还有那些被缝在独角兽挂毯上的、出现在无数早期绘画大师画中的花朵。

最终给了威廉斯莫大的安慰，并让在他情绪波动的情况下仍能心平气和地完成第五部书的，是他对艺术的热爱和他对那些天才画家们的喜爱——想象力使那些天才画家们描绘出现实中的惊人变化，无论是博世的“备受折磨的灵魂和魔鬼的聚集/来捕食他们/鱼儿正吞舐他们自己的内脏”的景象，还是老布鲁盖尔的《耶稣的诞生》。《耶稣的诞生》这幅画不是描绘圣母马利亚、儿童和智者那种理想而完美的版本，而是描绘了这样的场景：“老人凌乱的头发/散落到他耷拉的嘴唇中间”“士兵们衣衫褴褛/张着嘴巴/他们的膝盖和脚/在30年前的/战争，艰苦的战役中受了伤，他们看着早已备好的盛宴/口水都流了出来”[①]。威廉斯从来没有说他和那些艺术家们属于同一类人，但是他能够通过自己丰富的想象力，把他所见的人类残忍、破灭又重新燃起的希望描写下来。下面是他对第二次世界大战的描述：

召唤这个犹太人
到战壕里
来到同胞中间
当那个冷漠的家伙
用机枪
扫射人群
幸运的是，他还尚未被击中
而是微笑着
安慰他的同胞们
安慰
他的同胞们

邪恶的士兵用机枪扫射着无辜的受害者“人群”，犹太人在被杀之际仍微笑着安慰自己的同胞，这些诗句证明了摩尼教徒在这两件事上的思想分歧，这些分歧就像换行符一样割断了生命和来自犹太同胞的慰藉。虽然这首诗见证了道德上的可怕暴行，但饱受指责的人类精神最终能够取得胜利，因为它

---

①《威廉·卡洛斯·威廉斯自传》，第220页。

也给人们保留了希望。正如威廉斯早期的诗歌：

通过这个
在死亡之穴
底部的洞口，想象
毫发未伤地逃走。

经历了写作风格的东游西荡之后，威廉斯在《帕特森》的结尾部分把许多关键因素放到了一起。它们相互联结，让他的长诗前后贯通。

我们什么都不知道，什么都不知道
除了
跳舞，按一种节奏和谐
好色地，
跳舞，不幸的脚。[①]

威廉斯嘲笑自己就像是滑稽牧羊剧中的一个好色之徒，擅于讥讽众神和神话；由于好色之徒们与狄俄尼索斯仪式相关，因此便与希腊节日相关，过节的时候会有悲剧上演。“不幸的脚”有效地调整了他狂暴的情绪，也巧妙地讽刺了淫荡之人的邪恶。如果在他最好的年纪和承受巨大的痛苦时，他不能再在古希腊酒神节狂欢庆典上纵情地运动，他的言语和想法有时可能会踢到他们具有隐喻意义的脚后跟。他注视着萨福，听着她安静而紧迫的声音，他感到颤抖，感觉不到味道。威廉斯兜了一个大圈，又重新爱上了济慈的作品。萨福是济慈《谷瓮颂》中的人物，他已经有权说“真理是美丽的，美丽的真理”。尽管他一生中像我们大多数人一样性格分裂，但他依然是一位诗人，一位语言爱好者，直到生命结束。

在接受迈克·华莱士的采访时（这一部分现在已经重印了），节目主持人追问威廉斯，卡明斯（美国诗人）写的那些晦涩的诗歌有什么意义，还请他讲述一段他自己的诗。威廉斯鲜明而清晰地回答道：“我会说诗歌是一种充满感情的语言。它是许多词，按照节奏被组织起来……一首诗就是一个完整的

①《威廉·卡洛斯·威廉斯自传》，第236页。

小宇宙。诗歌一直单独存在着。任何有价值的诗歌都可以表达诗人的全部生活。同时，它还诠释了诗人。”[①]《帕特森》再次成功地诠释了威廉斯的“整个人生吗”？罗伯特·洛威尔告诉伊丽莎白·毕晓普，“帕特森的前两部书呼唤着后面两部的问世，也许这个比例只有到最后才能出现。”[②]洛威尔的赞美之词是最好的例证：“帕特森是惠特曼笔下的美国，它正变得凄惨而可悲，因不平等而变得冷漠无情，工业混乱使城市变得杂乱无章，走向灭亡。没有一个诗人会用自己的才华、同情心和经验，用自己的机警和精力来描写美国。”[③]人们可以赞同，也可以不完全赞同洛威尔的评价，这主要是因为威廉斯并没有完全解决诗歌的统一问题。尽管它华丽而闪耀，但永远留在人们心中的仍是书中的那些部分，而整部作品只是一个有明显缺陷的美丽雕像而已。

作为一名挑剔的评论家，我的语气过于严肃了吗？如果是这样，就让《帕特森》写完之后去见艾伦·金斯伯格吧！他曾经满怀深情地给威廉斯写了一封狂热的信，信中写到一个年轻人的北极旅行计划，在那里他将“写下伟大的白色极地狂想曲”；这个好色之徒承诺会重新回到帕特森，“只要开心地赤身裸体于帕塞伊克瀑布四溅的水花中，市政厅必将调出防暴队来解决。”（他可不是惠特曼笔下那个被压制的第29位入浴者。）这幅景象吸引了威廉斯，使他回想起他的诗歌“流浪汉”，让他不是那么无忧无虑地，像往常一样沉浸在同一条河里？虽然不能那么肯定地说，但是经过时间的洗礼，威廉斯确实从一个好色之徒蜕变成一个半人半马的怪物。他一定被金斯伯格粗俗的舞蹈震撼了，否则他怎么会把他的来信放在第五部书这么重要的位置上呢？1958年，威廉斯不断受到中风的折磨，尽管无法抱怨别人缺乏同情心，这时的他的确像“一个坏大叔”。我猜测最令他感到高兴的话会是：“无论如何，美丽就在我挂帽子的地方；在眼前；在美国。”这是威廉斯对他的诗歌创作以及《帕特森》创作的基本原理最确切、最有力的表达。

①《威廉·卡洛斯·威廉斯自传》，第216页。
②《挂在空中的词语：伊丽莎白·毕晓普和罗伯特·洛威尔通信全集》，第40页。
③《帕特森》，第320页，克里斯托弗·麦高恩（Christopher MacGowan）所作的附录，1995年。

第十六章
冬日雄狮

1945年8月，停战的消息传到卢瑟福，威廉斯和同胞们一起欢庆美国的胜利。在太平洋海军服役的威廉·艾瑞克和保罗也都平安地回到了家中，这让威廉斯和弗洛斯欣喜万分。虽然后方的医生免不了夜以继日地忙碌，累得疲惫不堪，但是威廉斯仍然不辞辛劳，毅然坚持，并一如既往地挤时间写诗。《帕特森》第一部即将付梓（将于1946年出版）。威廉·艾瑞克很快就要来里奇路9号和他一起办公，替他分担一半的医疗工作，这样他就可以少受点劳累，想到这里他便满心欢喜。而且在他看来，保罗也已经准备好开启成功的商业生涯。威廉斯沉浸在正常生活的喜悦之中，感到心满意足，丝毫没有料到自己的健康状况会迅速恶化。

1946年5月，威廉斯住进了帕塞伊克综合医院做疝修补手术。但是手术并不成功。“给我缝补疝的这些家伙……不相信我的技艺（他们的确这样说）。”[①]威廉斯跟朗弗林说道，“结果这该死的东西彻底坏掉了，我现在的情况比手术前更糟糕。真是烦透了。我绝不能这样度过这个冬天（他一只手插在我的右侧口袋里，抓得我肠子都青了）。”于是，12月13日，他在纽约医院又做了一次手术。威廉·艾瑞克是这里的实习医生，正好可以监督父亲的手术进展情况。在医院“度假”13天后，威廉斯又开始接待病人，并宣泄自己的愤怒，“亲爱的，蠢驴埃兹拉”成了他的口头禅，最近又开始嚷嚷“胡扯”“废话”这样的粗话。两个月后，他读了庞德的《中国诗篇》，对朗弗林说，尽管庞德“长于韵律”“但他好像根本就没有长大”[②]。

1947年2月，威廉斯当选帕塞伊克医委会主席。他担心自己力不从心，难胜此重任，但是经不住同事们一再苦劝，只得接受了这一职务。父亲曾常教导他，责任心是最高的美德。更难能可贵的是，威廉斯20年来在工作岗位

①《威廉·卡洛斯·威廉斯书信选》，第130—131页，威廉·卡洛斯·威廉斯写给詹姆斯·朗弗林的信，1946年12月28日。

②同上，第139页，1947年3月6日。

上忠心耿耿，常怀感恩之心。他在《自传》中回忆道，医院的工作“挑战了我的能力，而且让我有更多的机会帮助那些不幸的人和不快乐的人”[①]。美好的事情不可能从天而降，也不会在吵吵嚷嚷的会议室中出现。

这份管理工作的确给威廉斯带来了一些尽情放松的欢乐时光。7月，他带着弗洛斯和她的姐姐夏洛特一起，驾驶着他的“老伙计别克1940”，开始周游全国。他们的足迹到达了落基山脉和西南部沙漠。庞德曾嘲笑他不了解真实的美国。作为诗人，威廉斯曾对此心生不悦。这次旅行也为他提供了一次机会，可以饱览雄伟的落基山脉和“传奇的河流”，特别是在西南部，他拜访印第安居民，参观西班牙砖坯教堂，与弗里达·劳伦斯一起拜访淘斯族。这些都在他的脑海中留下了难以磨灭的印记。这次难忘的旅行结束之前，他探望了淘斯族的鲍勃·麦卡蒙。这次重聚之后，他们之间长期的隔膜开始冰融。

这次重大旅行还带给了威廉斯一些其他的新经历。在盐湖城犹他大学的作家研讨会上，他是一位独具特色的诗人。艾伦·泰特也是如此。艾伦·泰特像他的盟友约翰·克罗·兰赛姆一样，是一个形式主义者和古典主义者，忠实地捍卫T.S.艾略特。威廉斯担心在这种联盟之下，他会被视为野蛮人。因此，临行前，威廉斯为了避免遭到攻击，对自己进行了一番武装。他发誓不让自己蒙羞，不让别人视为门外汉，背地里认真研读了乔治·森茨伯里的《英文韵律学史》。这可谓是一桩趣事。但在会议上，他跟泰特相处得很融洽。泰特温文尔雅，十分健谈。他跟夏季教师队伍里的其他同行也很投脾气。威廉斯不仅深入学生中间，与他们一起探讨诗歌或故事创作，还应邀做演讲。演讲的主题就是“守旧的威廉斯”。他在讲演时小心翼翼，尽量避免让人觉得他像一位现代派破坏者那样热衷于揭旧诗歌的伤疤。他解释说，旧诗歌非常完美，“像海岸边各种各样的贝壳。人类居住在这些诗歌的国度，就像鱼类居住在贝壳里；但是，贝壳是我们从古老的化石中找到的，现在已经不复存在。”[②]那些规则和形式成就了莎士比亚、多恩和济慈等人丰富多彩的抒情诗，它们完全符合那个时代英国的“社会经济形势”。但是，它们会妨碍对1947年美国独特现实的自由表达。所以，诗人尽管心里怀着敬意，但仍然要推翻尊贵的传统：“任何事物都将走向灭亡，不是出于嘲笑，也不是无视它古

---

①《威廉·卡洛斯·威廉斯自传》，第238页。

②《1947年英语学院论文》（*English Institute Essays, 1947*）中的《诗歌探讨》（*An Approach to The Poem*），第55页，纽约：哥伦比亚大学出版社，1948年。

老的尊严，而是要追求它本质的、纯粹的形式单位。”[①]威廉斯期望其所设计的革命必须摆脱旧形式的束缚，确立“一种与时俱进的新韵式”。尽管赞赏惠特曼“破除旧的形式”以及“抛弃所有诗歌创作的固定程式”[②]的主张，但他也力求与自由诗体保持距离：“诗歌是一种韵式——这是唯一可用的术语。”[③]因为诗行是诗歌韵式的基本单位，在创作过程中，我们就必须回归根本，回归诗行更简单的建设性元素——摆脱原来诗行中生成的压缩单位以及诗节组合——允许更加自由的（由思维支配的）元素的结合。诗人就像是探险家，“在神秘的海岸边小心翼翼地前行”[④]，但是还未勘探到大陆。他们在冒险精神的驱使下，“开拓新的情感王国，领先于前辈语言（践行者）”[⑤]。通过重构诗歌来表达其所处时代的现实，“重新构想世界”。这样的愿景令人激动不已。与此同时，威廉斯坦言，这些都是航行途中险恶的潮流，整个事业可能以惨败而告终，落得声名狼藉的下场。众所周知，创新是喜怒无常的造物主。

他满腔热情地投入到诗歌创作中去，这在他医院行政职务之外又增加了新的负担。终于，在65岁时，他的身体垮掉了。1948年1月初，在一个寒冷刺骨的夜晚，威廉斯疲惫地爬上汽车，汽车开动后一头扎进了雪堆里。他从医院借来铁铲，开始铲雪，突然间感到胸部阵阵刺痛。这时他才意识到，可能是心脏病发作。他咬紧牙关，总算坚持着开车平安回了家。第二天早上，他打电话请来心脏病专家戈尔德医生，医生证实了他的推测，让他卧床休息几周。检查的时候，弗洛斯也在场，威廉斯便拿她打趣，问戈尔德医生，恢复期间是否可以行房事。这位心脏病医生一本正经地回答，把“一小片硝酸甘油片放在舌底，就无所碍了”。

但是，纵然威廉斯再不肯承认，他的病情也已经十分严重：6周多以后，他才恢复到能够下楼跟家人一道进餐的地步。在写到自己的心脏病时，他总是用一种诙谐的口吻，好像黄段子能阻止死神随时来临一样。跟罗伯特·洛威尔，他谈到“心绞痛（不是私处痛）”；跟他的好友、爵士乐小说《兰花人》的合作伙伴弗瑞德·米勒，他模仿起行话和詹姆斯·卡格尼的口吻：“他们逮到我了，孩子，他们逮到我了！但是我骗了他们‘我还没有咽气。那又怎

① 《1947年英语学院论文》中的《诗歌探讨》，第75页。
② 同上，第68页。
③ 同上，第64页。
④ 同上，第58页。
⑤ 同上，第57页。

样，嗯？现在他们又冲我来了。这一次，我要把他们都捶死'。"帕塞伊克综合医院的儿科护士们非常担心"可爱的比利叔叔"的健康状况，给他送来了卡片、睡衣，还有剃须刀（因为他曾打趣说，自己"死里逃生"），他则扮演老色狼，坦言枕边书弗洛伊德的《梦的解析》搅扰了"如此醉人的春梦"。3月底，危险期一过，弗洛斯便立即带着威廉斯来到大西洋城，吹吹咸丝丝的海风，欣赏一下海洋美景，彻底休养了10天。

在养病的漫长日子里，威廉斯趁机如饥似渴地读书。像他早期的偶像济慈一样，他开始迷恋查普曼的《伊利昂纪》译本，沉浸于路易斯·昂特梅耶的《英国诗选和美国诗歌》中。卡洛·利瓦伊的《基督停在恩波利》、桑塔亚那的《最后一个清教徒》以及弗兰克·奥康纳的短篇小说集，构成了一套不拘一格的小说三部曲。7月，威廉斯应西奥多·罗特克之邀到华盛顿大学做演讲。爱德蒙·威尔逊对现代主义进行研究之后所撰写的经典著作《阿克塞尔的城堡》，为这次演讲提供了思路，尽管威尔逊对艾略特大加赞赏、对威廉斯却只字未提令后者感到不太高兴。谁知，威尔逊再三提到艾略特的名字，比如1947年在弗利克美术馆所做的关于弥尔顿的演讲中就是这样，这使威廉斯大为光火，醋劲儿大发。在给朗弗林的信中，威廉斯谈到自己"被迫用粗鲁的手指"所进行的恶骂，这封信被刊登在一家名为《四页纸》的不起眼的小杂志上：

> ……我谈论艾略特的内容，无关乎他对国王旧内衣的传承，而是始于他在这个国家对我们提出的忠告。也许现在我们再读弥尔顿，就不必担心会伤及我们的要害了。他就是一坨屎，我必须坦言，他最终不过就是吹嘘自己的魅力，还可以忽悠一帮美国痞子们。并非说他不是一个好诗人，或者说像个好诗人，我想说的是，从他们点头哈腰地亲吻他所吹捧的象征性的服装——寿衣那副做派，你会禁不住认为，他简直就是可与圣·安东尼相媲美的旷世奇才，而不是一个弱不禁风的修女。①

威廉斯以一种较客观的口吻，对W.H.奥登的《忧虑的时代》提出批评。5月25日，在写给巴贝特·多伊奇的信中，威廉斯勉强承认这本书"才能令

①《威廉·卡洛斯·威廉斯书信选》，第148—149页，威廉·卡洛斯·威廉斯写给詹姆斯·朗弗林的信，1948年1月18日。

人钦佩，凭借才能构思了此书，著就了此书”[①]。但他断言，奥登的辞藻华丽，诗行却“死气沉沉”，毫无“创意”。威廉斯无意通过揭奥登的短来大肆美化自己，也没有对奥登肆意抨击；翻开《帕特森》，你就可以看到他对自己进行了一番炮轰，还作了各种评论。他埋头创作长诗，草创《帕特森》第三部，思量再三后决定着手写《自传》；但是，严肃的文学创作压力太大，他只好暂时搁置了这些创作计划。

他的身体恢复得非常缓慢。在这个过程中，威廉斯有时心急如焚，有时逆来顺受。为了打发时间，他反复甄选可以纳入《诗歌选集》的诗篇。诗歌必须从期刊中，从卡明顿版的《楔子》中选出来，必须出版印刷全新的诗集。虽然威廉斯非常担心胸腔内有“肿块”，担心心脏病复发，但他依然跟朗弗林谈笑风生，商讨《美国性情中》法译本的稿酬及出版前景（他曾经为《建设》写过三个“体面”的章节，这是斯特克三部曲的最后一部分）。医生让他放宽心，虽然心脏有些问题，但未来还是乐观的。不管怎么说，至少他读起书来还是饶有兴致、涉猎广泛的。他研读了佐考夫斯基的“开山之作”《尽头：关于莎士比亚》。好友这篇深奥的散文对他来说是一剂良药。他还研读了艾瑞克·本特利对萧伯纳戏剧的研究。

5月，威廉斯几乎完全康复，在得知他与艾伦·泰特共同推选为罗素奖获得者后，他的精神为之大振。这个奖项以及随之奉上的1 000美元奖金，实在是让人喜不自禁。之前，威廉斯心里总觉得，裁决这个奖项的先贤们一直把他看作一个不起眼的小诗人。实际上，威廉斯来到纽约，在社交场合跟奥登见了面，又跟美国艺术和文学学会会员打交道。不难看出，美国诗歌界已经把他当成自己人了。罗伯特·洛威尔在国会图书馆担任诗歌顾问，他即将期满卸任，便极力举荐威廉斯接任这一职务。1949年1月29日，威廉斯踌躇满志地写信给洛威尔，表示同意暂代此职。但是过了不久，他又改变了主意。由于心脏病的困扰，他的身体仍然有些虚弱，对他来说，在华盛顿从事这样一份可以说相当正式的全职工作，很难做到集中全部精力，心无旁骛。

大约一年后，威廉斯全票当选国会图书馆研究员。这本是一桩大喜事，但未曾想过他的老对手艾略特也同时当选，这完全搅坏了他的心情。他怒不可遏，扬言不会接受这一职位。在他看来，艾略特早已宣布放弃美国国籍，完全是一副英国佬和老顽固的做派。他已经是英国人了，所以没有资格当

① 《威廉·卡洛斯·威廉斯书信选》，第26页。

选。最终，还是泰特凭着三寸不烂之舌，在两人中间好话说尽，威廉斯才没有坚持拒绝。

1949年秋，对威廉斯一家来说，真是悲喜交加。10月7日，威廉斯的母亲去世。他对母亲又爱又恨，感情复杂，真想梳理出个头绪。他母亲善于隐匿和保密，手法之高明让人捉摸不透。比如，1877—1879年，她在法国美术学院获奖，可是她却把获得的奖章藏了起来，她为什么要这样做？威廉斯写信给华盛顿大学的学生海伦·罗素。在信中他毫不避讳，生气地写道："我们到底为什么活着？为了隐藏自己吗？我自己的母亲几乎都不跟我说她是什么样的人，有什么梦想，一想到这里，简直恨得我咬牙切齿。这样做毫无意义。我们没多尝试一种方法，去努力冲破限制，从史前的洞穴中勇敢走出来，这是一种严重的罪过。这也太小家子气、太不可理喻了……"[①]把埃琳娜想象成任性的穴居人不免可笑，但这样说也不是毫无来由的。她把自己某些方面的特点和过往的生活都妥善地隐藏起来，手法非常高明，而且还把一些"小家子气"的遮遮掩掩的心理，传给了她的大儿子(不难看出，隐藏的习惯在这个家族里血脉相承：祖母韦尔科姆和威廉·乔治也擅用此法)。不过，基于他对埃琳娜性格的了解，他说"恨得咬牙切齿"，并不符合常理。

紧接着，更多的新发现浮出水面。威廉斯一直认为母亲埃琳娜去世时是93岁。但是，1956年一位朋友在马亚圭斯发现了一份洗礼证明，里面披露的事实让这个儿子大吃一惊，母亲去世时又聋又哑，竟已满102岁高寿。威廉斯到处翻查她的箱子，找到一份专门为她祷告用的祈祷书。在这个精制的祖传宝贝里，埃琳娜塞了一封折起来的信。信中显示，她曾经拒绝过一个法国人的求婚，两年之后才嫁给威廉·乔治。威廉斯迫切想知道，还有什么真相可以大白于天下，以便填补这本传记的空白。他曾蹲守在卧床不起的母亲身边，一个劲儿地鼓励她，把青春年少的往事都倾吐出来，从而为母亲撰写详尽的传记。但她性格依旧，对威廉斯闪烁其词，这让他十分沮丧。

哀悼会被草草地搁置，以便全家做好准备来庆祝11月19日威廉·艾瑞克与达芙妮·斯彭思的婚礼。但是欢快的气氛很快又被打断，12月20日，弗洛斯的母亲在疗养院去世。威廉斯向来不喜欢马·赫尔曼，她总是言语聒噪，行为专横，摆出一副暴发户的臭架子，这让他格外厌恶。

---

①《威廉·卡洛斯·威廉斯书信选》，第275页，威廉·卡洛斯·威廉斯写给海伦·罗素(Helen Russell)的信，1949年10月22日。

1950年，各种荣誉雨点般落到威廉斯的头上。除了被推举为国会图书馆成员和美国艺术和文学学会会员，他还因《帕特森》获得了国家图书奖诗歌金质奖章。《纽约时报》记者哈维·布莱特对他进行了独家专访；而《时代周刊》则决定为其写一个专题报道，拍照时，一再要求他穿上医生的白大褂，还要怀抱婴儿，并当场从威廉·艾瑞克的办公室里借来这身行头。威廉斯忍不住向布法罗州立大学的图书管理员查尔斯·阿尔伯特发牢骚，“我必须非常兴奋！要微笑！扭曲自己去迎合别人，这完全不是我的风格，总的来说就是出各种洋相——一切都是为了宣传（我迫不得已视它为宝，实际上我视它如粪土），为了票子，为了娱乐。”①回头想想，威廉斯向来都是急不可耐地渴求赞许，现在这么多荣誉一股脑儿登上门来，“要人命”的摄影师让他摆几个假姿势，他却表示不耐烦，这是不是有点太过了？惠特曼在1855年版的《草叶集》前言的最后一句中写道：“对诗人的检验，是看他对祖国的挚爱和理解，能否得到祖国同样的回馈。”②尽管他认同惠特曼的这一观点，但并没有错判这场宣传风波可能收到的效果。40年来，面对同胞们对诗歌漠不关心的态度，他奋力抗争，那么，现在他为什么应该期待大众对他又是喜爱，又是吹捧呢？人们或许以为，他是觉得这些迟来的奖品和关注，来得太多太迟，这样他便情有可原。事实上，人们却将他置于一种反常的、好战的情绪状态中，“一个小型地狱”③。他恨恨地说，他所需要的是足够多的钱，可以让他爬上小阁楼，远离喧闹，专心完成《帕特森》。写诗赚不了多少钱，顶多只是增加几百美元的零花钱而已，他的收入早已减少，这不过是杯水车薪罢了。等上了年纪，他又拿什么应付花销呢？

威廉斯十分担心钱的问题，内心的怒火一触即发，导致他跟詹姆斯·朗弗林的友谊几近破裂。数十年后谈起他们的争吵，朗弗林仍感到十分痛苦，他气得脸红脖子粗，指责威廉斯“豪壮的唇枪舌剑”，不过他更加指责大卫·麦克道尔为“毒蛇”。大卫在担任《新方向》编辑期间，曾经承诺稿酬非常丰厚，但却私吞了这位无辜诗人的钱财，造成了这样的局面（他们从未兑现诺言）。朗弗林想请比尔与兰登书屋签订3本书的合同，但却迟迟说服不了

---

①《威廉·卡洛斯·威廉斯书信选》，第279页，威廉·卡洛斯·威廉斯写给查尔斯·阿尔伯特的信，1950年1月29日。

②沃尔特·惠特曼：《草叶集》，第24页，1855年；纽约：企鹅经典出版社，1955年。

③《威廉·卡洛斯·威廉斯书信选》，第287页，威廉·卡洛斯·威廉斯写给亨利·韦尔斯（Henry Wells）的信，1950年4月12日。

他。朗弗林说，这简直就是背信弃义，着实让人吃惊。难道他们不是共同反对诗歌庸才的战友吗？难道他没有主动提出每月支付比尔250美元的生活费作为稿酬的预付款吗？在1950年，那可不是一笔小数目啊。不过，威廉斯当时拒绝了这个提议，现在看来，算是目光短浅了。诗人们常常抱怨，朗弗林不专心做好销售，不去想办法为他们的书打开新销路，而是像个花花公子一样，跑去阿尔塔或格斯塔德恣意滑雪。庞德曾给他的出版商寄去一张明信片，冷嘲热讽地质问“您有事可做吗？当然，如果您3/4的时间都拿来在锡茶杯上慢慢滴制冰激凌甜筒的话”①，那么，没有人会想着去光顾诗歌商店。保罗·威廉斯又在旁边提到，《新方向》的推销员从来都不去亚伯拉罕和施特劳斯，这更是煽起了他父亲的怒火（很难想象，去逛百货商场的中产阶级会买本席琳的小说或者一卷庞德的《马拉泰斯塔列传》）。尽管朗弗林觉得，威廉斯转而怒目相向，对他是一种背叛——他们这场拉锯战持续了10年，他还是同意摒弃私怨，继续出版《帕特森》以及后续的诗集。而比尔，或许是认识到冤枉了老朋友，内心有愧，便全力投入到《粉红色的教堂》和《后续诗歌集》的创作中，回报曾经支持他的诗歌、维护他的声誉的老朋友。

1951年和1952年，威廉斯遭受中风折磨，整个人都病倒了。神经科医生称它导致了脑损伤。第一次发作时间是1951年3月28日，在家中。在这之前，威廉斯卷入了工作的旋涡：保证上班时间；督促自己完成《自传》；沿从新学院到耶鲁大学，再到威尔斯利学院这条东北走廊，提供一系列读本；还对病中的肯尼斯·白森提供经济援助，这位《新方向》诗人穷困潦倒，连保险都买不起。这样的工作时间表不免让人过于劳累，折损寿命。威廉斯中风发作，病情危急，被送往帕塞伊克综合医院重症监护室。弗洛斯通知朗弗林，比尔不得不住院3周，然后要有一段“长时间的休养”——威廉斯对这个疗养方案很不情愿。“这个人体内的能量已经消耗得太多了，他已经燃烧不起来了！他恨不得马上离开这里——做什么都行，就不想做个安安分分的病人。谢天谢地，这是在医院里！——如果他在家，我会疯掉的。他痛恨现在的状态，总想着能少待一天是一天。”②当最危险的状态过去，他可以调查这次差点夺去性命的事故时，他想给华莱士·史蒂文斯写一封信，诉说疾病

---

①巴特利特（Bartlett）：《雷克斯罗特与朗弗林通信集》（*Rexrth and Laughlin*），第3页。

②《威廉·卡洛斯·威廉斯书信选》，第202页，威廉·卡洛斯·威廉斯写给詹姆斯·朗弗林的信，1051年4月7口。

“完全出其不意地攻击了他”[①]，尽管他在医院已经打电话给巴德学院的诗人希欧多尔·韦斯，结结巴巴地说出“出血”一词，解释他缺席的原因。他本来应该出席并主持史蒂文斯的追悼会。他通向大脑的颈动脉很可能已经阻塞，中风会造成更大范围的伤害，他告诉罗伯特·洛威尔，它“让我右半身瘫痪，口齿不清，而且还会持续很长一段时间”[②]。心脏病发作会让人感到惊慌，但是中风却是一把匕首，直接刺向他创造性的诗人生活。如果他只能像鸟一样在打字机上用嘴敲字，或者用颤颤巍巍的手写下一行诗，他将受到声讨，将被流放到内心的荒芜之地，这将比奥维德的遭遇还要恐怖。

思维能力恢复得很快，这让他舒了一口气。他继续撰写《自传》，并简略将其描述为引人入胜的、东拉西扯的回顾，是“我的创作历程及创作由来”[③]。最初的书名是《花·果实·种子》，更加准确地捕捉了他创作《回忆录》的意图。他的童年是纵横交错的根系，对他来说至关重要。从第二部分第三章开始，他回顾了这段童年时光。好像他的记忆有失，遗漏了某些重要的人和事，他需要把这些故事填满，以便完整地叙述在他性格形成初期发生的那些事儿。

《沙漠音乐》是他在这个时期创作的唯一一首有影响力的诗歌。在哈佛大学的毕业典礼上，这首诗作为优秀诗歌，由威廉斯亲自朗诵。威廉斯说，这首诗毁誉参半：“从讲台上某些（不是全部）面孔的表情来看，”他跟洛威尔开玩笑说，“我觉得，他们一定在我离开后，在纪念堂熏蒸消毒了。而学生们却不一样，我读完这首‘15分钟’的诗后，他们兴高采烈，掌声此起彼伏。”[④]有人认为，对威廉斯而言，诗歌是抚平中风引起的“精神紊乱”[⑤]的最佳慰藉，对此，他对大卫·麦克道尔解释说，它“痛至骨髓，确实如此。我忠心的妻子和朋友们的耐心，都被它消耗殆尽”[⑥]。

弗洛斯非常担心比尔的精神状况，她决定寻求美林·摩尔医生的建议。摩尔是波士顿的一位精神分析学家，也是一位平庸而多产的十四行诗人。在弗洛斯的敦促下，威廉斯跟摩尔协谈过几次。1952年6月24日，在威廉斯写

①《威廉·卡洛斯·威廉斯书信选》，第295页。

②同上，第302页。

③《威廉·卡洛斯·威廉斯自传》，第203页。

④《威廉·卡洛斯·威廉斯书信选》，第302页，威廉·卡洛斯·威廉斯写给罗伯特·洛威尔的信，1951年6月。

⑤同上，第314页，威廉·卡洛斯·威廉斯写给大卫·麦克道尔（David McDowell）的信，1952年6月24日。

⑥同上。

给麦克道尔的信中，有一行不太起眼的简短评论："他给予了我莫大的帮助，人很不错。"[1]摩尔非常同情比尔的遭遇——他告诉弗洛斯，威廉斯是"我最喜欢的美国诗人"——经常用一种热诚而殷勤的口吻给弗洛斯写信，他对比尔的精神状况直言不讳，并预见性地说："他出现了一次丧失说话能力的症状，意味着后面还会有血管疾病发作。我们爱莫能助。这样的事情我见多了。他会接连出现这样的情况。他还将有一次很严重的发作，之后就再也不能下床了。"

在威廉斯第二次中风发作一个月后，1952年9月17日，摩尔在信的附言里写道："这次发病似乎没有对他的艺术创造性造成很大的影响，这真是很奇怪。我觉得他的这种创造性，埋藏在大脑深处，有更加充足的血液供应。"人们不免怀疑，摩尔做出这样的推测，可能是出于神经科医生的惯例，但这确实让弗洛斯，或许还有威廉斯，安心了许多。摩尔温文尔雅，敏锐地感受到弗洛斯对比尔医疗问题的担忧——他称她为"我亲爱的弗洛斯"，明显想要保持在她心中对自己医疗诊断的信任。依据对比尔病情的了解，他开出了最基本的医疗方案：威廉斯应该保证每天的工作时间不超过4个小时；放松紧张的情绪，不能接见太多人，订阅太多书；不应该自己开车；应该前往佛罗伦萨，"远离疯狂的人群"，"谨遵医嘱，不可超量"；如果他不遵从这个方案，就"用棒球拍打他的脑袋"。1952年，威廉斯和弗洛斯在布法罗郊外的格拉特维克农场度假，为期6周。在8月份度假即将结束时，威廉斯再次中风。他们曾在好几个夏天都来拜访阿尔伯特一家和格拉特维克一家。这个地方的田园风景非常优美，有助于威廉斯恢复元气。第一次来访的一个晚上，他被推到了一辆拖拉机的前车盖上。比尔·格拉特维克开车载着威廉斯，率领着一队神情庄重的人们来到一个凉亭。在这里，他喜爱的哈丽特·格拉特维克为他加冕，封他为牡丹桂冠诗人。[2]为了纪念这个特殊的时刻，他改编了瓦尔在法兰西学院的演讲，然后在仪式上致辞，就像"放飞"的恺撒大帝，或者一个"造访地球的半神半人"。旧友们的陪伴给他带来了温暖——"绝对的友谊"，威廉斯称道。查尔斯·阿尔伯特向比尔和弗洛斯透露，他想"搜集健在诗人写的手稿，这些材料经常被扔掉，或弄丢了，而它们可以串联起来，为后人

①《威廉·卡洛斯·威廉斯书信选》，第314页，威廉·卡洛斯·威廉斯写给大卫·麦克道尔的信，1952年6月24日。

②《威廉·卡洛斯·威廉斯自传》，第320页。

所用，让他们全面了解诗人的生活及创作”。[①]阿尔伯特向威廉斯请求惠赠，而诗人十分慷慨，给他运去了好几箱子诗歌和手稿。现在这些资料都保存在布法罗洛克伍德图书馆，是全面了解威廉斯的核心资料。

1952年7月，弗洛斯再次回到农场的羊肠小径和花园里散步。威廉斯回想起这一切：葡萄藤爬满一座座院墙，鸟儿的歌声那么嘹亮，宛如赞美诗一般，“我一生中，从未聆听过如此奢华的听觉盛宴，从未欣赏过如此美妙的乡村盛景。”[②]但是，在为期6周的世外桃源旅居时光即将结束时，灾难却像一道闪电一样将他击倒：中风严重损伤了他的左脑，他开始胡言乱语，右手臂也不能活动了（再也没有完全恢复活动能力）。由于他视力“严重受损”，医生禁止他读书。因为病情严重，他不被准许搬回到卢瑟福。阿尔伯特一家和格拉特维克一家坚持让他们留在这儿，威廉斯就住在了车库上面的房间里，那里就变成了病房。医生们进进出出，弗洛斯也承担起护士的职责，另外一名当地妇女也很会照顾人，这让威廉斯感到很愉快。护士在他的成年生活中总是扮演着重要的角色。在《自传》中，他认为护士们的命运通常是不幸的，她们能细致地思考，她们“看见了爱，得到了保持身体健康的机会，但最后却无知地离开，她们健康的身体受到劳损，精神也未得到满足”[③]。威廉斯满怀同情，准确地道出了医疗文化的弊病，护士们到处被使唤，却无人关心她们的困苦，只有为数不多的几个护士可以嫁给医生，幸免于难。

护士康妮是威廉斯的最后一部话剧《活着》的中心人物，这部话剧源于他在漫长的康复期间对护士产生的依赖感。这部平淡的戏剧从侧面反映了一个护士想要发挥自己才能的心理。故事的情节非常老套：一个年轻的摩托车手横冲直撞，闯入偏僻乡村的一所住宅，撞死了自己，撞伤了乘客。这位乘客是从普林斯顿大学辍学的学生，名字有点怪，叫普洛斯彼罗——他是一个自作聪明的人，一个败家子，一个小犯人，而不是什么圣者贤人；他想要隐姓埋名以逃脱法律的制裁，便狡猾地称自己为约翰·济慈——他曾抢劫了一家银行。康妮没有把他交给警察，而是把他藏了起来。康妮是典型的技术精湛的护士，她给这位俘虏注射了吗啡，这样他就可以把腿伸直。她一直照顾着他，直到他最终康复。慢慢地，她被这个具有男子气概的病人吸引了，有一次还亲吻了他，但最终她还是选择了忠于自己的矿工丈夫。

---

①《威廉·卡洛斯·威廉斯自传》，第323—324页。
②同上，第325页。
③同上，第294页。

跟威廉斯自身情况相关的是话剧开场的场景。舞台上挤满了消防员，争论着怎样把尸体从废墟中解救出来；救护车驾驶员努力想办法将其送到太平间；一位州警察例行公事地在写事故报告；好奇心重的人们在低声说着闲话；一头雾水的夫妇看到起火的农舍，努力克制着内心的惊慌，想要弄清楚这场混乱到底是怎么回事。在威廉斯的工作生涯中，这样的事故和犯罪现场他再熟悉不过了。他会从睡梦中被叫醒去签署一份死亡证明，死者在酒吧被击毙，或者在正面冲突中被杀死。现在他就是那个病人，可能会成为《活着》这部话剧中的尸体，被拖进运尸袋，送往验尸台。

在话剧的结尾，普洛斯彼罗在腿伤痊愈后便离开了，他是继续走向犯罪生活，还是去做一些更加有用的事，剧情并没有呈现出来；但是，这个体弱的诗人知道，他的身体状况已经没有治愈的可能，只愿不要再加重。在“《自传》医院之城”一章中，他取笑说：“治愈，对医生来说，纯粹是个意外；对实验室里的病理学家来说，则几乎是无望。”[①]他不否认在从医的这些年里，医学知识增加了上千倍，但是他不相信奇迹。尽管奇迹不是没有，但它们属于“巫术王国”；他也不相信制药公司兜售的药物能够疏通他阻塞的血管。不过，护士的双手服侍着他孱弱的身体，对他来说仍然是一种极大的安慰。厄洛斯已经变成了博爱。

威廉斯等身体恢复到可以出去旅行后，便坐火车从纽约北部到了霍肯博，又在威廉·艾瑞克的密切监视下，从那里坐着救护车回家。这次旅行再次还原了40年前威廉斯作为年轻医生的旅行。那时他护送一位富有的、病入膏肓的墨西哥人返回自己的家乡。他的任务是保证病人活着回家，然后在自己的床上离世。幸运的是，他做到了，而且收到了一笔可观的费用。现在他也活着回到了家中，但是第二次中风让他半身不遂，要面临长时间不稳定的康复期。他感到很沮丧，对紧接着在下一个季度来袭的另一次痛苦的发作没有任何准备。

我们先来回顾一下：4月底，威廉斯和康拉德·艾肯见面，一起商谈1952年9月出任国会图书馆诗歌顾问的事宜。威廉斯第二次中风的前一周，报纸宣布了他任命的消息。那些凶残的鹰身女妖们马上就蹲守在了里奇路9号的墙外。威廉斯受到的第一次攻击来自弗吉尼亚·肯特·康明斯。弗吉尼亚是罗诺克《抒情诗》的打油诗人和编辑，谴责威廉斯是共产主义的同情者。威

① 《威廉·卡洛斯·威廉斯自传》，第292页。

廉斯是特立独行的人，不会加入任何政治组织，他本能地回避所有的驯化教条。他知道工人阶级联合起来了，不是抽象地联合；数十年来，他走入了他们的家庭，给他们治病、接生。他瞥见了钉在墙上的十字架，或者壁龛里的临时圣坛，醒目地供奉着圣母马利亚。尽管如此，威廉斯经常会使劲掏掏腰包，捐一小笔钱给一个组织，这个组织专门帮助失业者，抗议不公正的事，比如对萨科和万泽提实施的绞刑。威廉斯时不时与他们同行，20世纪30年代末，他签署了一份请愿书，在人民阵线组织传阅。但是他发现，美国人怀有“民主情结”，反对“严格控制思想和行为的企图”①。

如果说威廉斯之前还没有在联邦调查局被记录在案，那么，1939年庞德在一次广播中情绪激昂地为墨索里尼政府所做的宣传，便使他进入了联邦调查局的视线。庞德提到，他在美国新泽西州卢瑟福的朋友比尔·威廉斯赞同他的金钱观。两天后，两名特工敲开了威廉斯的家门。怎样才能向特工们解释他那老朋友轻狂、专横、自恋的性格以及他那半清醒、半糊涂的观点？他无法解释，没有人可以解释，即便是集弗洛伊德、威廉·詹姆斯和查理·卓别林的智慧于一身的哲学家，也无法解释。庞德也未曾想到，他的言论竟然会陷威廉斯于不义。1945年，庞德以叛国罪被逮捕；威廉斯因为他们长期的来往不可避免地受到牵连。政府官员从来不以思考问题细致入微著称，往最好处说，他们会认为他受人蛊惑，往坏处说，他们会认为他是个危险人物。

威廉斯从父亲那里继承了“左倾”主义政治观点。他的父亲曾是社会主义者，是亨利·乔治单一税制理论的拥护者。在20世纪20年代的诗歌中，威廉斯对新苏联政权的迷恋时隐时现，也许是因为对试验和变化的怂恿以及对根深蒂固的意识形态的颠覆，吸引了他心中的诗性背叛。在布尔什维克统治的早期，苏联那些建构主义艺术家们，马雅可夫斯基、茨维塔耶娃、阿赫玛托娃、肖斯塔科维奇、普罗科菲耶夫，这些人的确都是现代主义前线傲慢而又久经世故的先锋；他们大胆地打破正式的模子，即兴创作比威廉斯的《地狱里的科拉》更稳健。1925年，比尔到格林尼治村参加在罗拉·里奇公寓举行的聚会。聚会上认识了弗拉基米尔·马雅可夫斯基。威廉斯被这位俄罗斯人朗诵的诗歌《哈瓦那清洁工威利》所感动：“他是个身材魁梧的人，朗诵的时候一只脚踩在工作室的桌子上。这个姿态非常完美。他嗓音动听，尽管我们一个词也听不懂，却都被他雄浑的声音和严肃深沉的样子吸引……对我而

①《威廉·卡洛斯·威廉斯书信选》，第157页。

言，听上去就像是从激情昂扬的希腊人嘴里朗诵的《奥德赛》。”[1]在斯大林的命令下，苏联政府要彻底铲毁创新精神，把艺术家们统统抓起来送往古拉格集中营。威廉斯得知这一消息后，感到既愤怒又惊骇。斯大林政党操控国家机器残酷地残杀自己的人民，其恐怖统治人所共知；颇为讽刺的是，斯大林还与希特勒签订了一份协议。这时，威廉斯更加谴责这两项政策是对理想的背叛，是令人恐惧的。俄罗斯已经成为洪水猛兽，胡作非为，他在1923年的诗歌《春天及一切》的开篇中对此早有预见。

康明斯夫人的指控被富尔顿·路易斯发现，他是一名反动记者和广播评论员。虽然有这样一场骚乱，但是威廉斯仍然相信他能够担任图书馆顾问一职。然而，就在比尔和弗洛斯准备坐火车去华盛顿的前几天，弗洛斯收到维尔纳·克拉普写来的一封信，措辞生硬，而且狗咬耗子多管闲事。他是首席馆员，国会图书馆忠诚委员会主席路德·埃文斯的副手。他在信中写道，威廉斯将会面临行政事务委员会和联邦调查局的调查，因为初步的调查并没有澄清对他的指控，他仍然有参与可疑行动的嫌疑。弗洛斯感到不解，打电话向克拉普询问一些细节。尽管这次谈话没有那么伤人心，但可称得上是一部荒谬的戏剧。克拉普举例说，威廉斯1909年曾去德国旅行，1924年曾去巴黎和澳大利亚旅行。好像这位诗人去旅行的真正目的不是研究小儿科，也不是去接近医学前沿，而是去策划秘密的恐怖行动。克拉普的解释只能让这些事情变得更加神秘。弗洛斯做事向来雷厉风行，12月8日，她便与他及其同事会面(比尔也在场，但是弗洛斯并不偏袒任何一方)。她很快就看出了克拉普认定威廉斯有罪。他还透露了一些别的指控：威廉斯曾向《党派评论》和《新大众》这样的“反动机构”投稿；据称，他曾呼吁废除众议院非美活动调查委员会；他曾写过一首可耻的诗《俄罗斯》。在会面中，克拉普似乎很喜欢自己的角色，他像个中级检察官，再三用拳头朝威廉斯的脸挥来挥去，好像要胁迫他承认自己“有罪”。会后，弗洛斯跟康拉德·艾肯说：“我走开了，我深信这个副手要么对比尔极度敌视，要么就是非常害怕什么。”

很难说清克拉普为什么这么仇视威廉斯。克拉普出身卑微，1947年成为国会图书馆第一副馆长。他建立了早期国会研究服务局，用尼科尔森·贝克的话说，他是“微型摄影的主要信徒”[2](克拉普在中央情报局有很多朋友

---

①《威廉·卡洛斯·威廉斯自传》，第163页。

②尼科尔森·贝克(Nicholson Baker)：《双重》(*Double Fold*)，第84页，纽约：兰登书屋，2001年。

和关系，他们都走在那些致力于微型摄影人的最前沿——微型摄影是一种可以储存信息、节约空间的工具）。与文学相比，技术对于克拉普来说更为重要。在参观了一座小型公共图书馆之后，他使用头韵这种修辞手法，不带讽刺意味地评论道，图书是“陈旧的、沉闷的、陈腐的、死气沉沉的”[①]。但是，第二次世界大战后，他在日本建立起一座图书馆，据那里的同事回忆，他是一个很幽默的人，对他人非常恭敬。但他对威廉斯却没有表现出丝毫的恭敬。国会图书馆是一个庄严的机构，本可以远离政治仇恨，但是在麦卡锡时代极无理性的气氛里，公务员们忧心忡忡，他们甚至会因为无意中支持和教唆了某个嫌疑颠覆分子而遭到攻击。克拉普最大的忠诚是献给国会图书馆的；他表现出来的是一个公司人对扰乱现状的恐惧。也许这就是弗洛斯从他的眼中读出来的恐惧之所在。

弗洛斯向诺曼·福尔摩斯·皮尔森寻求帮助，他是耶鲁大学的英文教授，也是自己的朋友，战争时期曾有出色的反间谍表现，而且在华盛顿有良好的社会关系。联邦调查局从比尔的《粉红色的教堂》一诗推断，他同情共产党。很显然，联邦调查局的培训课程中漏掉了新批评主义的一门课程，这本来可以帮他们认识到，开篇的几行诗中“粉红色”暗指荷马的“玫瑰色黎明”。令人奇怪的是，威廉斯在这首诗的最后几行，给约翰·弥尔顿贴上了共产主义的标签，弥尔顿从来都不是他喜欢的诗人。大概是因为弥尔顿拥护奥利弗·克伦威尔，后者有点像暴君先驱斯大林。

威廉斯默不作声地熬过12月8日跟克拉普的会面，这一天着实让人揪心，他一直耐着性子，压制着心中的怒火。他和弗洛斯都担心，紧张的情绪若再加重会导致他的血压升至危险的程度，从而引发致命的中风。所以，他极力控制着自己不要爆发。但是，就职一事仍未解决。虽然他还没那么出名，不至于去国会听证会的某个厅，在强光灯下遭受煎熬，但也少不了要在国会图书馆内部的忠诚委员会上亮相，而忠诚委员会正是由克拉普领导的。威廉斯惊慌不安，记不起他曾经在请愿书上签过字，或者曾经给斯科茨伯勒男孩辩护基金开过支票。克拉普认为，他的回答即使不是彻头彻尾的谎言，也证明他是在拖延。威廉斯的记忆已经受到中风影响，记不起来这样的细节并不足为奇（对金钱交易的事他经常心不在焉。弗洛斯是他的办公室主任，负责处理账单和支票）。

---

①尼科尔森·贝克：《双重》，第84页。

威廉斯决定雇佣律师詹姆斯· 默里，为自己的利益辩护。默里给路德·埃文斯写了一封措辞直白的信，直言威廉斯对就任国会图书馆职务一事十分挂心。而埃文斯却磨磨蹭蹭，迟迟不回信，这让威廉斯心里有些疙疙瘩瘩的。好在1953年的博林根诗歌奖授给了威廉斯(和阿契博得·麦克利什)；这个奖项颇有名气，结果一出，威廉斯终于得到了一丝安慰。博林根奖诞生于1949年的争论风暴，那时，庞德被监禁在华盛顿特区圣伊丽莎白医院，他得了博林根奖的第一名。因为第二次世界大战结束才短短4年，人们的情绪仍十分高涨，这可以理解。一个是反犹太分子、法西斯主义的聒噪宣传者庞德，一个是听觉敏锐和取得了不可否认的文学成就的庞德，有没有可能把他分开来看待呢？回答是肯定的。他的崇拜者们都这么认为，其中也包括几乎每一位重要的诗人，也包括威廉斯在内。《比萨诗章》是庞德最新创作的一卷诗集，无可辩驳地证明了他的艺术造诣。诗集中，他几乎没有表达任何悔意，而是描写了他在破烂不堪的比萨军事监狱里的拘留生活，让人感动。在狱中，他仍像一只不知疲倦的鹰，在历史、经济、艺术和书信王国中徜徉。庞德凭借精湛的技艺和诗歌创作才华，让这场斗争黯然失色。哈佛大学保守派诗人罗伯特·希利尔带领庞德的反对者们诋毁他，称他为叛国者和反启蒙主义者，但是他们很快便溃不成军。

埃文斯单方面终止了对威廉斯的任命，并矢口否认是对这位诗人的忠诚产生了某些怀疑，他的托词是威廉斯身体欠佳，不适合任职。默里对此提出了抗议，埃文斯没有得到任何授权，不可以对威廉斯的健康状况发表意见；他也敦促联邦调查局为威廉斯正名。但是联邦调查局也左右为难，他们反驳道，由于威廉斯不再受雇于政府部门，不能再对他是否忠诚进行调查。除了已经对外公布的内容，也就是威廉斯对左翼事件的指控和讽刺一事，威廉斯和默里不知道在他的档案里还有什么其他的信息。约翰·埃德加·胡佛一向以擅于调查出名，长于挖掘人们身上的污点，一些告密者可能已经向他透露了威廉斯的一些风流韵事，其中可能有真的，也可能有捏造的。不过，克拉普并没有去挖掘这些私事。

就职一事一直悬而未决。于是，图书馆研究员莱奥妮·亚当斯和克林斯·布鲁克斯奋起为威廉斯辩护，并面见埃文斯，劝他重新任命威廉斯。埃文斯总算松了点儿口，提出如果威廉斯能够提供一份医生为他写的证明，表示他的身体状况允许他履行职责，他就同意威廉斯的任职，任期至1953年9月14日，但是威廉斯必须首先宣布放弃这个职位上所有的法定权力。如果这两个附带条件都能处理妥当，他就会召集忠诚委员会董事会和联邦调查局，调查并决定是否为他正名。威廉斯无力再继续斗下去，便答应了埃文斯的要求，但是他从没有真正当过一天诗歌顾问。

顾问的工作泡汤了，威廉斯也为此付出了惨痛的代价：他患上了重度抑郁症。他的医生罗伊·布莱克建议弗洛斯最好让比尔去精神病医院待一段时间。他推荐去山坡医院，这是皇后区的一所私立医院。弗洛斯同意了这一重大决定，这表明她对比尔不稳定的精神状态感到了恐慌。从此，夫妻二人两地分居，隔海相望，心理上也因为几次感情不和而变得疏远。但是1948年以后，两人的关系又变得亲密起来。威廉斯像孩子依赖母亲一样依赖着弗洛斯，向她寻求支持，寻找希望。她忠诚地满足了他的要求。为表示感谢，他给妻子写信表达爱意，文采非凡，情真意切，仿佛是一个男人临终前的诉说。言语中，他毫不掩饰自己的柔情万种，这在他的诗歌中难得一见：

> ……我的身体不可能再恢复好了，我感到绝望。但是，我知道还会有下一次中风发作，我可能会从此卧床不起，还可能会失明，真是不敢再往下想。在所有的人中，你应该最清楚这意味着什么。我甚至可能都无法像现在这样跟你交流。眼睁睁看着你累了，就像你曾向我诉说的那样，你已经疲惫不堪。请允许我信口夸张和虚张声势，你知道，我就是这个样儿。把这封信撕碎了扔掉吧。它记录了一个男人不顾一切地爱着你，爱着孩子们，只要一息尚存……我一直都是个傻瓜。这其中有各种原因，连我自己都弄不清楚。但是相信我，我真的爱你，我也全心全意地相信你爱着我。无论什么都无法改变。

从这段话可以看出，他格外担心弗洛斯身上的重担。他对自己谜一样的性格和缺点老老实实地做了一番倾诉，让人感动。这是灵魂的自白。他已经不顾一切了，也不再试图逃避。弗洛斯是怎样去理解这份充满挚爱的表白的，她没有透露。她集中精力应对着当前的困境。威廉斯将如何适应医院里监禁一般的生活？她十分了解他的脾气，担心他根本没有做好心理准备。威廉斯不是一个特别善于反省的人。在成年生活中，他蔑视精神分析，从来都不认为无意识中可能蕴藏着想象力。他到圣伊丽莎白医院看望庞德，去会见老朋友都要经受相对比较温和的限制，这令他感到焦虑不安。在《自传》中，威廉斯坦然承认“精神失常，一直都让我本能地感到畏惧，就像面对未知的世界一样”[1]。

1953年2月18日，保罗开车送父亲去山坡医院。医院大门咣当一声关上以后，比尔就开始受到这里的规章制度的约束。管束之严，如同监狱。他大部分时间都被关在病房里，哪怕起身走动走动，都有人密切监视。山坡医院所在的这座城市显然不“正常”。这里的市民，威廉斯的病友们，遭受着各种精神病的折磨。他们精神分裂，孤僻寡言，对自己的侵犯行为不能控制，直勾勾地盯着别人，抑或无缘无故地亲近别人。他们根本不了解自己心里究竟发生了什么。威廉斯自己也经受着心情的瞬息变化，早上还觉得自己“在世界之巅”，一小时之后却又“轰然倒塌”。1952年8月，他中风发作，思维变得凌乱、健忘，“晕晕乎乎，一团糨糊”。他精神萎靡，陷入了“极度沮丧”的境地。他往常的机智不再，自我检点的习惯不再；他受到了情感上的禁锢，想要逃脱，却又感到万分无助，就像科拉被囚禁在了那荒凉的地狱王国一样。在精神还没有完全分裂的时候，他意识到了自己被带到山坡医院的严重危险性。他告诉弗洛斯，病因可能是“从孩提时，就在骨子里酝酿”[2]。让他平静的思维变得动荡不安的问题是，他能否挖掘并直面那些深藏的原因？能否忍受长时间的监禁？能否康复如初？

威廉斯去山坡医院时，已经年近70岁了。他一向自由行动惯了，又喜欢跟人接触，现在这样的环境的确令他惶恐。弗洛斯勉强同意了罗伊·布莱克的建议。作为威廉斯的私人医生，他建议要密切关注比尔起伏不定的精神状态，否则他的精神崩溃会更加严重，有可能再也无法挽回。弗洛斯真切地感受到了比尔急躁和绝望的情绪，她十分惊慌。她努力克服着内心的不安，不再把精神医疗想象成卑鄙的杀手，同意把比尔交到山坡医院有声望的医生手中接受治疗。第一周对比尔来说很难适应。他发现这里几乎所有的工作人员和医生都是犹太人，包括他的室友，这让他有些不安。他感觉自己就像一个外星人一样降落在一个陌生的星球上，对这里的官员（医生们）和他这些丢了魂儿的同伴，都存着很强的戒备心。一种难以忍受的孤独感涌上他的心头。但是，当他对医院的生活方式变得熟悉起来，也就慢慢开始合群了。负责医生对他实行“谈心疗法”，这使他的怀疑情绪慢慢放松了下来。他终于明白，这些医师大都是实实在在的指导医师，心地善良，根本不像监狱看守；这样

①《威廉·卡洛斯·威廉斯自传》，第335页。

②威廉·卡洛斯·威廉斯写给弗洛斯·赫尔曼的信，1953年2月26日。

他就可以安心地放下警惕，知道他们不会给他脆弱的自尊心猛然一击，令他变得仓皇狼狈。他非常担心医护人员有可能会对他采取休克疗法，以把他从深度抑郁中拉出来；他知道在这件事上自己没有发言权，于是央求弗洛斯去和医生谈谈让他们不要这么做。威廉斯很少提及他所接受的治疗，有的只是寥寥几笔，什么都没有说清。但是从他写给弗洛斯的信中，我们可以推断，跟精神病医生的谈话有时会缓解他的焦虑，使之变得更放松一些，甚至还时常为其带去一线希望，让他感到未来也许不像自己想象的那么黯淡。

医院的规定非常严格，但并不极端。威廉斯可以随时给弗洛斯写信；一周给她打一次电话；一周跟她见一次面。这期间他写的信件读起来非常费劲。中风使他的右手瘫痪，他不得不沮丧地一个字一个字地慢慢写，费好大劲儿才能写成一封信。他哆哆嗦嗦地用铅笔记录着自己的感受，就像是麻痹症患者。他埋怨自己漏掉了单词，或者拼错了单词，比如，把“灾祸”写成“灾锅”。不过他的句法还很清楚(威廉斯的单词拼写功夫向来就不是很过硬，过去他没觉得这些错误有什么大不了，只是觉得是自己写得太快，太粗心了)。受心脏病和中风的影响，他的健康情况恶化，有时说话也变得结结巴巴。他们家族的人说话本来就有点儿结巴，这一点他在《自传》中提到过。威廉斯对弗洛斯的依赖感急剧增强。她总能滴水不漏地操持这个家，及时付账单，督促比尔跟病人要医疗费；如果他被请去接生，她会在桌子上给他留好晚饭。但是他的恐慌不安和心神不定，有些还算理性，有些纯属神经质，让他一惊一乍，像个孩子。所以弗洛斯对他既要做个好妻子，又要像个技术娴熟的护士，还要像个能安慰孩子的母亲。

庞德因为在广播节目中发表叛国言论，曾被关在一个离比萨不远的破败监狱里候审。山坡医院虽然不像监狱那样，但威廉斯还是觉得受到了限制和隔离。所以，他给弗洛斯写信有时能达到一天两次。这就像一根结实的绳子，他可以紧紧抓住以防溺水，直到弗洛斯来解救他逃脱限制。这是他最大的希望。她艰难跋涉，如期到达皇后区；她在电话中温柔地和他聊天，安抚他内心的惊恐，以免惊慌将其吞噬。他的情绪已经接近爆发的边缘。这对她来说并不是件容易的事。比尔把他一箩筐的不忠行为，一件件地细数出来，她感到天都快要塌下来了。保罗·马里亚尼在他写的威廉斯的传记中谈道，她之前并不知道他的任何丑事[①]，所以当威廉斯坦白自己的罪过、倾诉自己

① 保罗·马里亚尼：《威廉·卡洛斯·威廉斯：一个崭新的赤裸世界》，第661—662页。

被压抑的情感时，他谈到的这些事像潮水一样涌来，让她目瞪口呆，震惊不已。但这种解释是基于一种不太确定的前提：弗洛斯是一个聪明过人，又有洞察力的女性，她故意转移自己的注意力，不去关注他拈花惹草的行为；他的诗歌《酸葡萄》和《地狱里的科拉》就是证据，从中就可以很明显地看出他的出轨行为。除了《自传》，弗洛斯总是第一个读他写的作品，她珍视这份婚姻给自己带来的这个好处。威廉斯当时没有勇气再敞开心扉和她坦白，他担心她一气之下会结束他们的婚姻。1928年他们之间的通信表明，她对丈夫的缺点和不检点行为，采取了一种非常正确的处理方式——出国旅行，为的是用生活中的快乐把这些烦恼事儿冲淡。跟富有魅力的诗人和艺术家们共度时光，是让人感觉忙碌而又充实的社交活动；诗人和艺术家都是引人入胜的谈话者，他们曾怀着共同的志向来到里奇路9号，就现代主义将把人们引向何方进行辩论。更何况，她还有让她既疼爱又牵挂的两个儿子。她知道他爱着她，最终总会回到她的身边，所以选择了容忍丈夫的出轨行为，为的是保持他们婚姻的完整性。

尽管如此，威廉斯的信还是非常残酷地考验了她的自控能力。威廉斯乞求妻子宽恕他，说对自己的所作所为感到后悔，并自我贬损地说："天哪，我把生活弄得一团糟。你不知道我坠入了多深的深渊，但愿你永远都不要知道……就好像我的整个头顶都被削掉了，这就是我感到无端恐惧的原因。"①那份恐惧"看不见摸不着，却又无处不在"。在他灵魂的漫漫黑夜中，威廉斯害怕自己也许会变得糊涂。他的愧疚感令他一再道歉，不断地乞求原谅，发誓要弥补自己的过错。他的情感已经崩溃，无力再去编造谎言或者寻找什么借口。他把一切都赌上了，相信她可以跟他和解："不管过去发生了什么，你就是我的整个世界，无论如何，你都是。"②诗人是那么强烈地相信妻子有力量可以拯救自己，一想到未来可能会失去她，他就无法忍受。当随从走进他的房间，"要我接你的电话，这有多么美好！！我心灵上的重荷顿时烟消云散。我觉得我简直可以展翅飞翔！"③

当然，有那么一阵子，他觉得跟其他病人无法合群。每一个行为都受到严格限制，这让他很难接受。他的内心一直紧张不安，焦躁地说："我不能看书（他的视力不好），不能做游戏，也不能参加小组活动""我不知道该如

---

①威廉·卡洛斯·威廉斯写给弗洛斯·赫尔曼的信，1953年3月27日、5月13日。

②同上，1953年3月16日。

③同上，1953年2月23日。

何是好。我甚至连饭都吃不好”。他偶尔会获得准许，在医院的空地上溜达溜达，这样的机会对他来说如获至宝；空气清凉，又可以暂时摆脱束缚，他感到精神振奋。威廉斯应邀在病人大会上朗读自己写的诗歌，这令其十分高兴，尽管一想到自己是否跟柯勒律治和兰波一样“古怪”，他就觉得颇难为情。诗人说，他听到一只北美歌雀和两只乌鸦的叫声，这使之想起童年时在草地上的漫步；他目睹了樱桃树开花，花朵“似乎发着幽暗的光”。就大自然而言，他的感觉仍然非常敏锐。威廉斯告诉弗洛斯，他曾有过一次冒险行为，这是他急切想要逃离医院的前兆。斯坦利·莱文是威廉斯在山坡医院结交的病友，他俩获许在棕树节去做礼拜（医院很明显也没有发现，一个犹太人斯坦利·莱文和一个堕落的一位论派威廉斯，两人竟然想去庆祝一个基督教的节日）。让他们惊讶的是，教堂里挤满了人，他们只好站在人群后面。这对威廉斯来说实在是辛苦，他的手颤颤巍巍，很难抓牢椅子的后背；他摇摇晃晃，幸亏还没有跌倒。一个引导员向他们走来，分发棕榈树枝，威廉斯腾出左手，抓过一根棕榈枝，匆忙跑出了教堂后门。斯坦利·莱文吓了一跳，也赶紧跟着跑出来，以免留在那里尴尬。这段小插曲是对异常信仰行为的有趣的教训。

如果说威廉斯最初害怕山坡医院会是可恶的情感地狱，那么，最后他慢慢承认，它更像是炼狱之城，在这里，脆弱的意志得到救赎。医院花园里的春天再次对他产生了神奇的作用，他悠闲地漫步，灵敏地觉察到鸟儿筑巢或者准备“新建”的第一丝信号（在他的诗歌中，这总是一种美好的征兆），还有橙红色的花簇初绽的气息。他恢复了活力，又忍不住继续写诗，充满同情地写了一首最可爱的诗，《精神医院的花园》，语言十分简约。圣弗朗西斯主宰着花园及其里面苦难的居住者，他充满说不尽的同情和无私的爱，帮助受折磨的人战胜心中的绝望，其中也包括威廉斯。威廉斯身体康复和作为方济会门徒的一个标志，是他对年轻收容者的温和、慈祥和关心；他们像他一样被隔离，跟医院之外的“同伴们分开”，跟他当年一样，在性和爱的萌动里迷惑而又沉醉（医院允许两性同居）。威廉斯把他们比作薄伽丘《十日谈》中的年轻夫妇，为了躲避瘟疫，在一所乡村别墅避难，为了消磨时光，每天都讲些淫乱故事。山坡医院的年轻夫妇们，缺少他们的托斯卡纳同伴们那样的信心；他们继续挣扎，想要掌控自身自由和抑制（以医院的围墙作为象征）的冲突。他们在草地上游荡，羞怯地拥抱，但是却感觉“一无所有”。威廉斯被其困境触动，向圣弗朗西斯祈祷，保佑这些被剥夺了思想的夫妇们，尽管他们的思想还是一片黑暗，“看到/一束伟大的光/从他们淫乱的额头上发出”。他向禁欲圣徒厄洛斯请求，厄洛斯是“爱的圣光”的一个更加博大的说法。

诗歌进行到一半，舞台说明写道，“时间流逝”。春天到了，现在恋人们“被光芒照得眼花缭乱”，弄不清他们是否已经痊愈，“半信半疑地/再次逃/回黑暗”。一想到从山坡医院放出去，与门外的世界打交道，恋人们就感到害怕。尽管阳光明媚，他们的想象力却显得匮乏；仍然想要寻求一朵“熟悉的花朵”来温暖自己；“在慷慨的馈赠面前”感到难为情，“他们捂住眼睛……从指缝间小心翼翼地偷觑”。威廉斯播种的情感不够稳固，这从他们在怀疑和希望之间摇摆不定可以反映出来。圣弗朗西斯坚定不移的目光，散发出同情，但是随着季节推进，他的心情也渐渐变得晦暗。威廉斯观察到，年轻人“像孩子/从长长的睡梦中醒来”。当圣弗朗西斯“巧妙地”从花园里撤退，对威廉斯以及被“爱的第一次戏弄”搅得心神不宁的年轻人来说，问题似乎是：我怎样才能安全地返回墙外充满冒险的生活，而不必重受把我送到这里来的那种精神上的痛苦？威廉斯没有给出随意的回答。在诗歌结束、帷幕落下之前，朗读者站在舞台上，塑造出一个焦躁彷徨的病人的形象，她不想再去为生存而挣扎。她“野蛮推测”的表情胜过千言万语：

她
大胆地，
拨开面前的树叶，
站在灿烂的阳光里，
独自
又遮住眼睛
当她的心
疯狂地跳动
她的思想
饮尽了
它
所有的
意义！

1953年4月18日（弗洛斯的生日），威廉斯离开山坡医院，怀着显然更加充满希望的心情回到家中。不过，他没有奢望烦恼已经结束，没有回到无忧无虑的天堂。他在1942年的《黄色的季节》一诗中写道，“死亡发出恶臭的确定性/噼里啪啦地响”；他用通感手法，刺激了听觉，也刺激了嗅觉。威廉斯意识到，自己有可能还会接受进一步检查，也许会在更加严重的绝望面前屈服。没有什么可以保证他的想象力还会像习以为常的那样充满活力。《沙漠音乐》描绘了他内心的波动起伏，此时的他用最后的问题和濒死求生般的努力挣扎着。书中有3个主题交织在一起：爱与性、死亡和宗教信仰；其中宗教信仰是最出人意料的，因为威廉斯向来都宣称自己是不可知论者。

在1953年的诗歌《天主教的钟声》中，威廉斯相当快活地说，慌乱的铃声“周日早上响起，铃声慢慢退去时，像是增加了晚年的沉重”。但是，在《致埃莉诺和比尔·莫纳汉》中，老年所带走的远比带来的多，因为他陷入了精神危机，想要解救自己。莫纳汉一家是虔诚的天主教徒，曾是他的病人，后来成了他的朋友。1943年，怀有身孕的埃莉诺焦急万分，向威廉斯寻求建议。威廉斯向她解释，因为她的胎盘在子宫的下部，胎儿可能吸收不到营养和氧气；生产可能会对母亲和孩子都相当危险（莫纳汉一家不会考虑选择堕胎）。这对夫妻在好几个月中心急如焚，却仍坚守信念，直到埃莉诺顺利诞下婴儿。这给威廉斯留下了深刻的印象。威廉斯很难理解这种坚定不移的信念，但意志消沉时，他也向天主教寻求安慰。他在诗中向圣母马利亚表示，是她的骑士和一个乞求宽恕的罪人。在诗歌的前几段——罗伯特·洛威尔把这首诗比作赞美诗——威廉斯使用第一人称复数，好像他的痛苦使之有资格为所有戴着荆棘王冠、不能摆脱人性痛苦的人说话。威廉斯寻求圣母马利亚庇佑和祈求内心平静的旅程是痛苦的，就像苦行僧的双脚在灼热的沙漠上遭受炙烤。尽管这是一首赞美诗，贯穿了对圣母马利亚的款款柔情，但威廉斯努力缩小他们之间的巨大鸿沟，退让了一步，说“内心是桀骜不驯的主人”，即便是在向马利亚祈祷“让我们谦卑，顺从圣意”时，他也很难屈服自己的意志。

在中间部分，威廉斯向圣母马利亚坦白，他“一半是男人，一半是/女人”。一个挣扎在死亡边缘的老头儿，怎样统一他本性中的两面性，是他再一次想要努力解决的难题。他认识到，自己复杂的婚姻关系仍然是矛盾的来源。

我看到常青藤

攀附
在一段残损的
墙上 因此
你无法说清
是谁依附谁
站立：也就是说
如果我依赖的她
松开 我们
两人都会倒下

威廉斯可以悄声跟圣母马利亚诉说他内心感觉几乎不可能直接向弗洛斯吐露的心声：只是他多么需要她，如果“残损的/墙”坍塌，他将会多么孤独。在诗中最抒情的部分，威廉斯描写玛丽俯身摘一束“最卑微”的花，用女性最温柔的动作把它贴在脸颊；但是，尽管众多信徒崇拜她，他仍然宣称她没有英勇的恋人，尽管她也“适合被爱”。

这个形象也有弗洛斯的影子，威廉斯写她的最深情的诗都以花园为背景，她在花园里采摘鲜花。但究竟能否修复他们婚姻的裂痕，对此他的信念不够坚定。正如P.D.詹姆斯所说：“过去不是那么容易抹掉。过去的罪恶又回来了，而且一年比一年沉重。”①

有些男人
他们在生活中
肆无忌惮
女人却赞赏他们
也因此爱上他们

威廉斯无疑把自己也列入这群男人当中，但是在开玩笑的同时，他还是小心翼翼地保护自己的婚姻。在经过一番神秘的思考之后，他撇开语法规则评论道：“残酷得像猫的/爪子……”他一如既往地间接表达自己的愧疚之情：由于到处鬼混，他的爪子抓破了弗洛斯的皮肤，并开始流血。在断断续续的

①P.D.詹姆斯（P.D.James）：《谋杀案调查室》（*The Murder Room*），第263页。

祷告最后，他总结自己生活的帆船正驶向最终的目的地——死亡。有时，他会揣摩另一种结尾：如果“他们的船/被指引向内航行”。威廉斯用句号结束了整个句子，让这个想法悬在半空中，不予解决——有些启示也许出现了，也许没有。进一步挖掘这个问题过于疲劳，他从“他们”转成了自己：“但是我/是一个老人。我拥有的已经足够多了”。这可以从两个方面去理解：一方面是他厌倦了生活，因此欢迎死亡的到来；另一方面是他对自己赖以为食的盛宴感到满足。但是，好像为了确定他搭上了所有的赌注，在这首颇为混乱的诗的末尾，他用了天主教拉丁语的祈祷文：“哦，克莱门斯！哦，皮娅！哦，多尔奇！马利亚！”在“极度”悲痛的时候，他从3个“女性原则”的化身那里寻求宽恕，她们分别是玛丽、戴安娜、弗洛斯。

威廉斯在《致埃莉诺和比尔·莫纳汉》中表达对圣母马利亚的崇拜时，作了一些“错误的说明”。有关信仰的话题继续吸引着他。在《主人》这首“韧性”有加的诗里，诗人坐在餐馆的桌子旁，注视着就餐的人，他们代表不同的基督教派：“肥胖的（黑色的）福音”“薄嘴唇，眼睛明亮的修女们”和一个“高挑个的白发英国教徒”，都有着“相同的需求”。威廉斯说，“没有东西吃/随心去找，却是为了找到上帝之躯”，但是他不是字面上认可对圣餐仪式的信念，因为在他的信条里，上帝最终是想象力的主宰，没有行迹，但却无所不能；胃口也受到它的支配。这首诗是亦庄亦邪的比喻，其中要表达的意思是“只有想象是真的”，这非常神圣，但与宗教无关。

《深深的宗教信仰》是另一首创新的赞美诗，潜藏在心底的力量迸发成诗（他自己的、法国诗人勒内·夏尔的、忒俄克里托斯的）、艺术（米开朗琪罗的、埃尔·格列柯的）和宗教。创新不是僧侣们的群体特质，但威廉斯尊它为天主教耶稣会。我们可以看到，威廉斯在诗中说教，最早在《地狱里的科拉》中，如今在《帕特森》圣经中依然如此。在最新的书中，他像作抒情诗一般简练地说：

它（信仰）在生活中可以引领我们
赞赏音乐
和岁月沧桑
或者坐在朋友身边
陪他度过最后的时光
让梨树成熟

让诗行流出的一切
变成真!
创新是它的心
创新不奇怪
也不古怪
中风患者确信了自己中风
因为他的身体已经瘫痪……

从最后一句明显可以看出威廉斯的恐惧。他害怕自己创造性的生活和特性正在面临着危险，就像他谴责诗人已经“停止创新工作”；他的想象力将会“在罂粟花里/沉睡”，这是一种遗忘，就像喝了遗忘河里的水，或者被吗啡麻醉。这种害怕就像一种慢性疼痛；在《沙漠音乐》中，几乎每一首诗里都有这种情感在剧烈爆发。

值得称道的是，威廉斯没有自我欺骗，幻想着用顽强的意志就可以治愈“备受折磨的身体”，除去痛苦，尽管在《致路上受伤的狗》的最后，他打趣地说，赞同勒内·夏尔“在美的力量中/纠正所有的错误”的观点。在《黄色的花》中，他最初试图相信能够奇迹般地痊愈，不需要去卢尔德朝拜，而只要凝视“弯曲的”“丑陋的”“不近人情的”黄色花朵，向“芬芳的”“水仙花和郁金香”点头。夏尔在他的诗中曾提到过这些，为的是抹掉第二次世界大战期间那些不堪回首的记忆。这朵黄色的花有着“畸形的茎”和“扭曲的花瓣”，象征着威廉斯被中风摧残的身体。奇怪的是，花朵挑中了他，并且发出催眠的咒语；这时，作为男人和诗人，他开始沉思这样一个令人费解的谜：“为什么花中/有折磨/和逃亡?”换句话说，想象如何将残酷的现实转化成艺术？通过跳跃式联想，他把自己的困境与米开朗琪罗不朽的奴隶雕塑作了精心的类比联想，想要弄清这花朵是不是也激励着米开朗琪罗“让大理石绽放”。对于米开朗琪罗来说，灵魂是被禁锢在身体里的。这种说法对于年轻时的威廉斯没有什么吸引力。但是在这个时候，对他多病的身体来说，却是非常恰当的比喻。这首诗的关键，也是人们公认的他倾泻内心积郁的出口，是诗的结尾：

那片花瓣，才能解释
这些备受折磨的
奴隶们的

身躯
还有
我的花朵的那饱受摧残的身体
这根本不是一株芥花
而是某种不为人知的
超脱世俗的花
我把它移植到这里
帮它适应新环境
是我自己选择了它。

威廉斯意识到奴隶的苦难程度远比自己的高得多。这朵花只是他身体虚弱、意志萎靡的象征，他必须寻找一种方式去接受，“移植/并适应新环境”。这时，他颇微妙地一改早些时候的被动习惯，为自己选择了这朵花。

在《沙漠音乐》中，威廉斯的语气不停地转换，从插科打诨到一本正经，从格言警句到祈求祷告，从杂乱无章到意韵和谐，每隔几句就会有些变化。他像个老人一样，一边漫步，一边念念有词：“这是音乐/（诗歌）不断重复主题的原则”，每说一遍都会和前一遍有所不同，他在《管弦乐队》中这样自我评论道。这描述了他在《沙漠音乐》中的创作方法：几行诗形成一个小段落，瞬间碰撞，突然脱落，或者因情感的重复而停止。有时他耸耸肩就改变了主题，尽管他经常注意不到，或者忽略了自己的失误。因此，《管弦乐队》是为了纪念“死在自己病榻上的人们”，哀叹他们的“光明/永远消逝了”。诗歌用低沉的三和音叹息着“啊！呀！嗳！”，三种音“叠在一起，很不协调/但仍在寻觅一个共同的音符”——爱。死亡一天天接近。他对弗洛斯特别的敬意更加凸显出来，这成为《管弦乐队》的主题：威廉斯通过羞怯而狡黠的设计，努力将自己婚姻中没有旋律的音符融入作品中，使其回响起充满魅力的爱的和弦。但是，恰恰就是这些无序的声音，削弱了这首诗的韵律感和可信度。他缺乏应有的想象力，表达感情时措辞太笨拙、直白，跌跌撞撞。

现在是时候了
尽管“音符不和谐”
我仍爱你。我的心是
纯真的。

从世界之初
到世界之末

诗行排列显得死气沉沉，“冗长/拗口”，音节错乱；诗的末尾好像鸟儿在喳喳乱叫。用词平淡无奇，无论如何去深刻地感受，也无法掩盖其拙劣的诗艺。

《沙漠音乐》大部分都是三行押韵，这是1955年威廉斯最喜欢的韵律。有人可能会猜测，这是因为他中风后需要重新一点儿一点儿地学说话，内心比较谦卑。他再也不能把流利地说话当作理所当然的事。他把句中随处可见的苦力——介词，搞得一团糟；名词和动词也经常调换位置。难怪在1952年3月到1953年10月这一年多的时间里，他一首诗都没写出来。三行押韵诗是一种语言疗法，可以让他暂时放缓速度，喘口气后再继续引领思维的列车驶向下一站。一个词或几个词便可写成一行，句号可以从原来句末的位置挪开，把韵律扩展到更大的空间，后来的想法或者次要信息就放在圆括弧里。威廉斯发现，三行押韵诗把他的冲动变成一种陈述，还可以避开意象和比喻的使用。时光沙漏慢慢地流逝，他迫切感受到自己像一个年迈的老人，亟须总结生活经验，即便这有时意味着武断。

威廉斯《沙漠音乐》的开篇《下降》，就是一个恰当的例子。早在6年前，这首诗在《帕特森》第二部中第一次出现，对此他解释说，这种安排是为了展示这首诗为他的可变音步实验奠定了基础。他希望这会打破“传统抑扬格五音步的格律，即便这种格律出自莎士比亚之手，因而延伸更加广阔的领域”[①]。在评论家看来，这些声明等同于他撼动了诗歌的地标大厦，打算用偷工减料的自由体诗取而代之。但是他并不太喜欢自由体诗，认为它单调乏味，没有什么发展前途。威廉斯在反思和重组诗行的微观动力方面值得赞扬，特别是在力量、速度、韵律、跨行连续和冲力方面。早在1913年，威廉斯就致力于对全诗的宏观动力进行重组，对他而言这就是诗的韵律。他著名的（或臭名昭著的）即兴说出的格言——称诗歌是一个“单词拼凑成的机器”，或者说他的语言来自波兰女人之口——源于他对古怪评论的热衷，这使一些评论家认为他是一位诗学狂人，到处扔炸弹，而不愿理睬他。但是，威廉

① 《威廉·卡洛斯·威廉斯诗选》（*The Collected Poems of William Carlos Williams*），第511页，附录3，克里斯托弗·麦高恩编，纽约：新方向出版社，1991年。

斯毕竟有深刻的一面。此时他思考美学理念，与当年作医学诊断一样小心翼翼，一样理性。他对既有观点持怀疑态度，认为从事实中归纳出的结论最具有说服力。当一个前提或者理论在客观分析之后，或者在诗歌写作中被证明是错误的，威廉斯很少会坚持这个前提或理论。

让我们来见证一下他对韵律的讨论以及他用自然与之类比所作的解释："整体上有韵律的每一部作品，是……本质上潮汐、海浪、涟漪的集合体，简言之，就是大大小小被有序重复或破坏的韵律颗粒的集合体……"威廉斯像其他诗人一样，也经常采用重复和规则性手段。但是，一旦判断出这些手段已经变得可以预知，他便会及时将之摒弃。对他而言，韵律的关键"不是声音，而是运动。运动有两种方式：前进和起伏，运动的速度和质量"。他主张，"为此，诗的音步由于依赖组成它的声音的数量，就不能体现韵律单元，个别情况除外。"威廉斯想要规避的是传统韵律中"刻板的重音和数量固定的音节"。这便是他所界定的"新方式"："相同的节奏，如果快读，可以有三个音节，如果省略两个，也可以只有一个音节；反之，如果慢读，可能会由四个或者七个音节，或者与意义相符的任何数量的音节组成。这才是现代诗歌所要求的灵活性。"

现在来谈可变音步。威廉斯对自己的方法所做的零散的界定，并不总是很明确，也可以说是防御性的：他在专题论文集《党派评论》中写道，"我自己使用的省略方法"[①]"也许不容易理解，但并非不可行，而且我认为也不是完全空洞的。"显然，他要把可变音步定位为鲜明的美国"腔调"。到20世纪50年代中期，当他既没有时间也没有耐心和精力支撑自己暴躁的辩论和对韵律学冗长的总结时，抑扬格五音步和韵律的幽灵时常光顾他诗歌碉堡上的城垛。威廉斯变成一名老航海家，仍然专心致志地绘制着表格和地图，以发现通往激动人心的辽阔语言学"视野"的西北航道，即美国的话语节奏。即便依然看不到它，他也不会放弃自己的追求。

乍一看，用《下降》去宣传美国的韵律和词语，是一个非常奇怪的选择。它那冷酷无情的抽象词汇距离美国本土语言之遥，犹如土星之于地球。令人惊讶的是，威廉斯的诗在严肃性和痛苦性上，最像艾略特的宗教诗《灰色星期三》和《四个四重奏》。对威廉斯来说，《下降》应归于这一卷，因为从其中可以看出，他奋力使自己虚弱的生命力及濒临危险的诗歌力量变得有意

① 《党派评论》(*Partisan Review*)，第19页。

义。《下降》带有庄严而隆重的乐感及悲凉的雄辩，思考着他还能从吞噬自己的绝望之海中打捞出些什么。他小心翼翼地感受自己的道路，用一种充满希望的语调大胆地询问：“召唤”这个动词，带有引诱的意思，它把体面的死亡描述得不那么可怕，因为这是自然循环往复的一部分，也是他的生命所依靠的节奏。中风发作击碎了他的自信心，损害了他的健康，之后他试图重新建构生活。“新”这个词总是一种集结号，鸣响了5次，其中有“恢复”的意思，也有点“现在”的意味。由于无法确定智力是否受损，他不断搜索着新的词汇。于是便有了这些惯用语：“某种”或者“有点”成就、恢复和萌发。一旦他接近最后的话，阻碍演讲的某种东西便开始碎裂，句子随之变得复杂起来；在平行从句中，明显可以看出他内心在反复思考。这些定义解释了在诗歌中并列动词的优势地位以及对因果关系的探索。威廉斯所用的“萌发”一词的意思，是指一种迟到的人生旅程的仪式。它所开辟的领域，标志着他的思想动脉还没有被中风堵塞。“成群结队”暗示着许多可能性；抑或暗示着一大堆未加工的材料，如果令其将这些材料组织起来，他会感到力不从心。朝向新目标的行动（这些目标是先前没有实现的或者被像许多思想外衣一样丢弃的）预示着要摆脱停滞，开始新的征程。但是，一朵乌云笼罩在头顶，让精神黯然失色。

在下一个诗节里，威廉斯提出了补偿法则。其中，他的力量没有绝对缩减。他没有欺骗自己，知道自己在精力、自信、性能力或诗歌灵敏等方面都不如从前。但是，如果“失败”还不是决定性的，他还可以扭动着身子钻过一个小孔，从而产生新的发现和诗歌。

在第三节和第四节，记忆用一种勉强可以听得到的声音开口说话。随着爱的苏醒，性魔不再搅扰他；他像个孩子一样，进入梦乡，温柔的话语像摇篮曲，或者像“死”这个词，在《从这永不停止地摇摆着的摇篮里》中，大海喃喃地向惠特曼诉说。因为爱消除了身体上的骚动，他不再害怕漫长的黑夜或死亡的空虚，内心只有平静。但是，这种平静开始烟消云散。诗的最后11行分成两股支流，好像威廉斯在预设两种结局。第一种依赖于对“新的觉醒”的神奇承诺，美化血统，由“绝望/没有成就”转为“绝望的逆转”。这多少有点一厢情愿的意味。第二种符合失望，清楚地看到并承认，死亡“是没完没了的，是不可毁灭的”。这行诗浇灭了之前的大部分希望。

《下降》是一首单调的诗，读起来有些拗口，因为威廉斯费力地用一种抽象的语言创作它，而抽象的语言对他来说既陌生，又没有幽默可言。它被幻想的“游牧部落”占领，而不是真实的人类游牧部落。在死气沉沉的《下降》之后，读者可以跟随《致达芙妮和弗吉尼亚》来到格拉特维克农场，在室外舒一口气。这里弥漫着黄杨木的香味，知更鸟在筑巢，一只老鹅在泥土中摇摇摆摆地迈步，即便是心中的烦恼也被认为是“大脑里的蠕虫”在作怪。威廉斯声称自己有老年特权，无所顾忌地四处漫步，不去管自己的读者，他的儿媳达芙妮和弗吉尼亚以及其他倾听这段独白的人是否会对他的唠叨和迂腐的说教感到心烦。弗洛斯出现了。对于威廉斯来说，她只是他的欲望和神秘感的猎取目标，就像达芙妮和弗吉尼亚对于她们的丈夫一样。威廉斯承认爱“所有女人”，又为她们所迷惑。男人无法抗拒地受到女人吸引，落入温热和黄杨木香味（性欲的力量）的陷阱，但是一道栅栏将两性隔开，使其双双感到“痛苦”。威廉斯试图分析“女性的世界”，他创造了“交叉的木棍”的意象，女人编织或者裁剪男人的生活，就像《命运三女神》雕像中的3个女神一样。这个形象还让人想起了伊西斯：女人是更高级的存在，天生具有预测能力，而且可以给人温和的安慰。根据传说，伊西斯让她的丈夫奥西里斯死而复生，但威廉斯这样的男人却“不容易接近”女神，实际上，也不容易接近自己的妻子，她们也许会使丈夫们变得完整。

威廉斯感到了他的爱所带来的阻碍，但是没有为此沉默。老年的威廉斯承认，因为欲望减弱，他的爱不如儿子们的多。尽管有一点吹嘘，他声称自己的爱是“绵绵不绝/更具渗透力”的。他头脑中的爱更加高尚，几乎是柏拉图式的，其源泉无可比拟；但是，同样的思想又是狡猾的，“飘忽不定的”，是“我们苦恼的原因”。因为思想跟诗歌是和谐一致的，所以升华是有可能的：

简言之，有
一种逆向的压力
产生于性休克
它存活下来
与月亮合拍
它说话算话

在对女性做决定性发现时，威廉斯转向了说教。但是，他承认自己的身体日渐虚弱。让他高兴的是，自己还能写诗，还能跟自己的思想和蔼地对话。如果他失去理性，冒险地“谈论爱情”和“所有女性”，那就是令他感激的自由。根据契诃夫的解释，诗歌必须提出正确的问题，虽然不一定要做出回答。不像一只老鹅，在泥沼里摇摇晃晃地乱叫，然后被关进围栏，以免破坏整个花园，威廉斯能够用界限构建一个“新世界”。他的想象力在联系事物时也许有些迟钝，但不会消亡。曾经整日忙碌的他现在安静地坐着，轻松自在，准备随时乘着思维的翅膀“翱翔”。

1958年10月，威廉斯又经受了第三次重度中风，再也无法参加社会活动。这使他沮丧抑郁，意志消沉。他言语不清，精神恍惚，连走路、写字都感到困难。医生命令他不要再阅读诗歌，因为那会产生太大压力。自然而然，他对弗洛斯的依赖越来越多。在《爱的灵巧》中，弗洛斯看到一片完整的粉红色花瓣从花朵上掉落，“灵巧地/把它/再一次/放到/花茎上”。她也许不能像女巫那样，挥一挥魔杖，让他的身体康复，但是威廉斯在他最后的诗歌《重新觉醒》中承认，她的爱像一股自然的力量，努力地把他在地球上的生命无限延长，“直到整个/春天/把那双女士的鞋拖/重新点燃成紫红色/因此/你的爱那真正的太阳/得到重生”。这首诗就像《布鲁盖尔的画作》中的大多数画作一样，拒绝在结尾使用句号。四个带前缀“重新”的动词，好像她忠诚的爱能够温暖他，使他沉寂的信念获得新生；诗中最后4个词的节奏，听上去仿佛是诗人欲说还休的感激之情。

尽管威廉斯在医疗问题上一直是个现实主义者，但是对自己的病情并不乐观。他知道，正如在自己所翻译某一首纳瓦特尔人的诗中写的那样，“我们只能消失一次。”一只啄木鸟在光秃秃的树枝上唱着已经被毁掉的唱诗班的歌，“刺耳地尖叫”，这让他想起了一首关于死亡的诗。他在评论这首严肃的“诗歌”时写道：“美丽只不过是小小的面包片/当我们的时间/消耗殆尽，衰弱不堪/它促使我们/吃相同的一碗！”1959年8月，威廉斯在医院小住了几天，之后，写了一首包含两个四行诗的诗，题为《世界缩为一个可辨认的影像》。他受损的大脑能够依靠的就是一幅“愚蠢的”日本彩色木刻水印画。谁可以将他从思想的监狱中解救出来？圣•弗朗西斯没有在其中。

从1958年到1963年，威廉斯经受了一连串的暂时性缺铁性中风，即暂时性脑缺血发作，也叫小中风。他视力模糊，口齿不清，四肢麻木。他大都默默地忍受了这些疾病，但是身体和精神却背叛了他，这令他感到失望；这一切都毫无征兆，威廉斯猝不及防地一下落入了无法摆脱的忧郁之中，甚至做出了自毁式的举动：在准备出版最后一本书时，他把手稿撕成碎片，倒进了垃圾堆。幸运的是，弗洛斯把碎书稿找了回来，寄给了朗弗林。朗弗林像拼七巧板一样把那些碎片拼了起来。1961年6月，又一次脑中风使威廉斯在医院住了好些时日。“唉，这一次，我真不敢奢望他能恢复好。”[①]丹尼斯·莱维托夫在写给罗伯特·邓肯的信中写道。事实证明，她的预感是正确的。威廉斯就是连用一个手指打字都不能了；他的笔迹也难以辨认，就像失语症患者通常的表现一样。在这期间，诗人海登·卡鲁斯整理詹姆斯·朗弗林从1936年到威廉斯去世前几个月的信件，这些信件后来被运到了哈佛大学霍顿图书馆。卡鲁斯曾经保证不做笔记或者复制任何信息，他信守了这一承诺。威廉斯的信件，在数量上仅次于庞德。当拿到这些信件时，他留意到中风所带来的影响，不禁大为震惊：

> 在最后一次生病的前几年，他写了一封很有特点的信；信里有几处特别的错误，单词重复，次序颠倒，内容也无关紧要，因为他从来不重新读自己的信，所以也意识不到这些错误。但是，在最后几年里，他退化得越来越快。有时甚至只写下：
>
> 死 死 死 死亡 亲 亲爱 亲 死亡 亲 亲爱的[②]
>
> 整页纸都在重复这样的字迹，纸张被他愤怒地从打字机上拽出来，揉烂了。信剩下的部分经常是由他的妻子弗洛斯代写的。弗洛斯用蓝色的墨水书写，笔力遒劲，工整有条理。我无法理解在这些信件中究竟发生了什么。失语症似乎是大脑受损的一个合理症状，毕竟舌头和大脑联系得那么紧密；但是，打字机是一台机器，可以退格，也可以把错误删除；就连打字也结结巴巴，这真是让我难以理解。我甚至不知道这应该叫什么。我所知道的就是这些50年代后期和60年代早期的信件，于我而言，是我遇见的最令人悲伤的事情之一。读着它们，我忍不住潸然泪下。

各阶层、各行业的人对失语症都一无所知，直到自己亲近的人得了这种病，世界变得混乱不堪。一次出人意料的巧合，卡鲁斯在野营地遇见了一位神经科医生，他认得威廉斯，并向卡鲁斯简单介绍了中风对大脑的危害。卡鲁斯没有指出，他所引用的断断续续的小写诗行，对于耳朵来说，就仿佛残酷地模仿扫描一个诗行。但是他最后评论道：“威廉斯身未亡、语先死。但

---

①《罗伯特·邓肯与丹尼斯·莱维托夫书信集》，第294页。

②《帕特森博士的痛苦》(*The Agony of Dr.Paterson*)，第32页。

是，我无法用语言表达这样的悲伤。”[1]这令人心碎。因为像威廉斯这样的失语者，卡鲁斯无法确定他究竟是在哪里丢失了单词，所以也无法补全诗句的结构和诗人的思想。

威廉斯后期的诗歌收集在《布鲁盖尔的画作》中，于1963年获得普利策奖。在威廉斯有生之年，这种荣誉总是躲得远远的，却在他死后降临，而他，已不能为此纵情欢呼了。除此之外，美国艺术暨文学学会还授予他金牌诗歌奖。从某种意义上说，普利策奖是一种终身成就奖，也是对威廉斯颇遭诟病的后期诗歌的肯定。朗弗林非常精明，决定把《沙漠音乐》和《走向爱的旅程》也编入《布鲁盖尔的画作》中，在平装本中将三组彼此相连的诗作一同发行。

威廉斯在创作和汇编《布鲁盖尔的画作》中的诗歌时，精力、注意力和耐性已经明显匮乏，无法继续在技法上做出改进；形式大都是老样子。但是，如果说功率不稳定，诗的题目也反映出威廉斯仍然担心设计的问题，不管是像在《寻找作者的十四行诗》《锻炼》《度量图》和《歌》中那样是传统的，还是像在《美国风格和可变音步的简单韵律》中所宣称的那样是美国土生土长的。这部古怪的作品，是一支由9个短乐章组成的舞曲，这是威廉斯最后一次尝试设计可变音步。从军械库展览会开始，他的诗歌像叶芝的一样，将现代诗歌与舞蹈融合。威廉斯诗歌多家集注本有对舞蹈艺术和舞蹈意象的大量借鉴。在将身体从思想铁一般的束缚解放出来的过程中，他是一位先行者，首先使用诗歌新的抑扬顿挫，而那是玛莎·葛兰姆现代舞蹈的语言表达。

有时，威廉斯像普罗米修斯把火种赠送给人类一样，一心一意想给美国诗人留下一笔遗产，试图照亮一种新的美国韵律学，然而，他过高地估计了可变音步的独创性。这种狡黠的命名法，甚至让最热衷于威廉斯的爱慕者都感到困惑。毕竟，任何时期的诗人都在寻求各种各样的方式避免沉重和单调，因为它们让耳朵变得麻木不仁，再也无法为美妙的韵律而陶醉。像威廉斯在诗歌101中所学的那样，莎士比亚没有受制于抑扬格五步诗。他省掉一个扬抑格或者扬扬格，诗不就变成可变音步了吗？如果在讲话中没有韵律的变化，那么埃古蓄意的恶行和奥赛罗自视为英雄的观点之间，就不可能产生鲜明的对照；正是这些变化，他们的性格特点和行为动机才十分清楚。所有

---

①《帕特森博士的痛苦》，第32页。

有天赋的诗人，从乔叟到罗伯特·弗罗斯特，都通过把句法和声音完美结合而获得细致入微或令人吃惊的效果，比如，在诗行中间使用标点符号打破韵律，或者出其不意地穿插使用扬抑格、扬扬格、扬抑抑格、抑抑扬格以及其他音步形式。这样韵律就摆脱了读者可以预见的单调节奏。

威廉斯在漫长的职业生涯中，对这些做法并不感到陌生。尽管现代主义大胆革新，但是并没有把诗歌的韵律学基础完全摒弃；即便是狂妄的达达主义者，他们嘲笑传统用法和意义，也没有摆脱语言的皮肤；超现实主义者探索无意识，也不赞成诗歌无韵律化，或者宣称无理性可以废除句子结构。威廉斯对这些都一清二楚。在思考美国人讲话的节奏——他想要寓居诗歌前沿时，他曾经想到把可变音步作为通用工具。有时，它变成一个标语、一个战斗口号和一种强迫症。但是，如果读一读《美国风格和可变音步的简单韵律》，来验证他的想法和韵律，我们不禁会感到失望。这组诗歌是一套迷人的缩影；但是舞台太小，对于复杂的格式来说，过于狭窄。如第一首诗的题目就是这样，它是一种“定时锻炼”；像一个芭蕾舞女在酒吧热身，威廉斯弯臂秀出肌肉，跨步登上舞台，向前迈了几步，又迅速退了回来：

哦
漆树已死
这是
第一次
我
注意到它

这首现代主义诗歌简省到了只剩下微元素，刚好能维持它作为诗的生命；结构上一个音节跟三四个音节交替出现，像单细胞动物一样简单。这组诗的下一首诗《组织学》，是史上最短的鲸解剖学研究，好像在反驳，也好像在讽刺梅尔维尔在《白鲸》中详尽地展示他的鲸类学知识：

有
这
显微的
对

鲸的
解剖
这
让人宽心

威廉斯运用了双诗节，将有的词单独成行，如“这”和“对”，之后添上揶揄的评论“这让人宽心”。但是对于诗的韵脚，没有办法变得轻松自由，也没法使用可变音步。

这样一个少有的开头之后，《无穷动》在自由步态上自由行动。威廉斯像芭蕾舞教练一样，当舞者按照节奏随心所欲而又不逾矩地跳跃时，他在一旁数着拍子：

所有的女孩
大大小小
她们来回走着

在这座小镇的街道
或沉默或闲聊
落下

她们的脚
一二
一二 她们

有时驻足在
商店的橱窗前
改变线路

从这儿
到中国的每个角落
向前

向后向前向后
向前向后

舞者们列队前进，有时“来回走”“双脚一前一后”，按着典型的“一二”规则节奏行走。女孩们落脚的地方就像这首诗重音所在的地方一样，仿佛经过了精心设计。在两两诗节之间的地方，如“落下”和“他们的脚”，俏皮地向我们展示出，脚也许会失去平衡或者优雅地落地。一行诗也可以切分，“向前向后”变换动作，可以形象化地展现出来。与他常挂在嘴边的抱负一致，“改变诗行”，威廉斯机智地玩弄句法游戏，允许做些许变化。但是，跟爵士乐反复乐节的发展过程不太一样，《无穷动》的独奏过于简单，诗的标题表现出一种讽刺，它指的是一曲音乐，就像帕格尼尼的随想曲，以“一致而不间断的模式的快速表达”①为特征，目的是展现演奏者高超的技艺。威廉斯的诗歌不太符合这个定义，但是可变音步不能支撑这些东西，也不能用独创性音步给我们带来惊喜。

《冠蓝鸦》是《一些简单的韵律》中的第四首，它模仿了鸟的飞翔和想象中对强健运动的爱：

它蜷起身
即将起飞

抓拍
在电影放映

机中思维的羽翼
的动作

正开始传播一个
动画 一个

①《新普通音乐词典》(*The New Everyman Dictionary of Music*)，第493页，艾瑞克·布洛姆(Eric Blom)编，纽约：韦登菲尔德和尼可森出版社，1991年。

蓝色诅咒
对你的记忆

我的朋友
向我尖叫

——为艺术服务
如同往常

这首诗展现出一些威廉斯诗体学的标志性特点。节奏紧凑的短小诗行，模仿并控制着句子在哪里起飞，在哪里落地。同样地，威廉斯把冠词“a（一个）”放在第四节诗最后一行诗的末尾，而不是像平常所做的那样放在下一节诗行的开头，以此将韵律节奏视觉化，使一两个音节自成一行。耳朵适应了这些选择，感受到它们是韵律词组的一部分，而非古怪的、偶然的样式。但是，可变音步似乎在双行诗之间盘旋，有时则出现在诗行末尾，像是一个过于腼腆的求婚者。

在组诗中的第七首诗《克洛伊》中，威廉斯使用了更加复杂的节奏和重音模式：

年轻女孩子们的
小腿
她们非常健壮

膝盖
柔软地隐现
在她们夏日的衣裙
展示于她们
随时开始的飞奔
或舞蹈

花蕊
那

品红色的花匀称

懒洋洋地
倾斜腰肢
从一只脚

到另一只
变换着
视线避开我

在我去
寄信的路上
冲一个朋友莞尔一笑

这种描写风格很有美国本土风味。威廉斯盯着年轻女孩子们的身体，她们踌躇于紧张（“飞奔”）和运动（“舞蹈”）之间。然而他的挑逗，令一个婚龄的芭蕾舞女孩感到羞涩不安，从一只脚到另一只脚变换舞步，躲开他的眼神。他喜欢暗暗模仿没有恶意的色鬼角色。毕竟，他只是一个要去寄信的老年男人，却给她带来了不安。这首诗的吸引人之处在于，它不合常规地运用平衡和重量，比如，在最后三节中使用分词，但以传统的方式描述；由于诗行简短，可变音步像壁花一样，只能在旁边观看这场舞蹈。

威廉斯开始写最后一首诗《被偷走的牡丹》。其中戏谑地写道：“我从女人那里所得到的/不可/估量。”但是他不会尝试找到答案。相反，他回想起一件往事。结婚10年时，有个小偷从他们家的花园里偷走了“一株牡丹”，这让夫妻俩一同为他们的损失而倍感痛心。这首诗使用了流水句式，但是在这里，可变音步也丢失了。

诗人在创作后期往往不加节制，诗句冗长，好像它们获得了特权，不必数单词的数量，也无须避免重复。对修饰持怀疑态度的其他人，也许更喜欢通俗易懂的朴实风格。威廉斯选择了这两种方式。技艺精湛从来都不是他的长处，他无法在没有帮助的情况下在卢瑟福附近散步，更不用说在没有安全网保护的诗体学上走钢丝了。美国方言足以让他的诗歌自成一派。选择类似的主题是比较舒服的：对弗洛斯和他孙子孙女的勾勒，小镇上的老头们一起闲聊“俄罗斯新闻/一睹/月球的/背面……”这是《布鲁盖尔的画作》中倒数第二首诗《脚跟和脚趾到趾尖》的主题，目的是向俄罗斯宇航员尤里·加加林致敬。然而，死亡的阴影笼罩着威廉斯。他获得了一种冰冷的平静。他平静地说，“或早或晚/我们的奋斗必须终结”。太阳在西边落下。如果第二天早晨他再也看不到旭日东升，那也就此作罢。他不会对正在消失的光明感到愤怒。

这本书以10首温和地描绘布鲁盖尔画作的组诗开始。这些直白的，有时甚至平淡的描述，提供了一个简短的课程，跨越了文化和时代来讲述诗人对佛兰德大师艺术的鉴赏。威廉斯所用的语言完全没有立体派式的棱角分明的特点，也没有他在《春天及一切》中对胡安·格里斯的拼贴画《玫瑰》剖析时的那种神韵。1924年，威廉斯和弗洛斯一起在维也纳花了一下午，流连于欣赏布鲁盖尔的画作；但是对于他的诗歌来讲，这本艺术画册中的复制品足以引起他的敬意。他努力把自己的诗歌变成模仿，而不是复制。就像布鲁盖尔站在他的时代一样，我也立足于我自己的时代。威廉斯似乎在说，由于布鲁盖尔继承了宫廷画师的职业，他的作品植根于当地文化习俗，诠释了威廉斯的坚定信仰，即家乡的素材可以激发伟大的艺术。威廉斯选择的画作，为布鲁盖尔的毕生创作提供了一个概括图像（从威廉斯所选的画作大致可以窥探布鲁盖尔毕生之作）：一幅自画像，一个神话主题（《伊卡洛斯的坠落》），两幅《新约全书》主题画（《国王前来朝拜图》和《盲人的寓言》），但是大部分场景都取材于描述农民辛勤劳作的“平凡世界”，在《收割》中，农民们“挥舞着镰刀唰唰割倒/一排排小麦”，庄稼收完后，在烈日下慵懒地休息，或者庆祝婚礼。威廉斯喜欢布鲁盖尔画中热闹的生活和粗俗的社会群体，他们的善良里混合着幽默、滑稽，更重要的是，别出心裁的细节会不经意地悄悄爬上画布的一角：“一扇卸下来的谷仓门”用作支架搭起临时桌子；一个服务员“穿着红色/外套一把勺子系在帽子的饰带上”，或者一个“旅馆标记/悬挂在一个/坏掉的铰链上……一只牡鹿一个十字架/挂在两个鹿角之间”。在布鲁盖尔的画像中，人物随着季节有节律地运动，这是这位画家深受威廉斯喜爱的另一个特点。还有布鲁盖尔毫不费力地聚集起来的一群人：狩猎者带着一群猎犬，女人们围在一个“巨大的篝火”旁取暖，孩子们在膝下玩耍，像由三部分组成的“儿童游戏”。他们是天生的即兴诗人，随意拿起手边的任何物体，巧妙地玩耍，或者拿它当进攻武器。单单是边跑边翻跟斗，攀爬摇晃，这些动作对于久坐不动的诗人来说，就十分令人兴奋。这首诗简直就像是惠特曼风格的短诗系列中的一首，短短的诗行里描绘了儿童的玩具和游戏　　高跷、铁圈、纸风车，甚至“一个大空木桶一个男孩子朝里面大喊”，这个形象，如马里亚尼指出的那样，是威廉斯生命之末的缩影，“他的话减少成慢慢消失的点。”

在这些诗歌的其他地方，威廉斯称赞布鲁盖尔的创作技巧，他在空间布局人物上训练有素且有天赋，就像在《盲人的寓言》中乞丐们彼此引导着“向斜下角走/从画布一边穿过/最终踉跄跌足在一个泥沼/在这里图画/和构图结束/没有一个视力正常的人/得到再现”。威廉斯没有把自己抬高为布鲁盖尔的对手，也没有把自己当作与他地位平等的人，因为他缺少佛兰德艺术家高超的组织才能；他对《寓言》评论说：“没有无关的细节/出现在作品中。”尽管威廉斯思维中神经火焰减弱，但是他认同布鲁盖尔的“灵活思维/掌控全局/灵敏的思维感到不满/它被要求有些事情要做/有些事情不做”。这位画家“隐秘的断言/为了艺术，艺术，艺术”，令威廉斯感到惊异。他避免陷入唯美的陷阱：在《自画像》中，布鲁盖尔把自己描绘得既鄙陋（他长着“蒜头鼻”）又高雅（他有“精巧的双手”）。威廉斯在《农民的婚礼》中的措辞尽量符合非自我意识的细节，使这幅作品充满生命力：风笛手们，“头上顶着/成熟的麦/穗”（丰收的象征），挂在墙上；一只猎犬在桌子底下懒散地伸开四肢躺着，一个害羞的新娘“局促不安地默默不语”，而“妇女们戴着/浆硬的帽子”，她们无疑参加过很多这样的婚礼，在“大胡子市长”身边“正斗嘴饶舌”（威廉斯狡猾地用“斗嘴饶舌”和五行以外的诗行“凝结”押韵）。

因为威廉斯没有跟自己的童年切断联系，所以能用适度的喜悦写对孙子孙女充满深情的诗歌。有时，他会陷入圣贤呆板的口吻，传递一些名言警句，比如《苏西》这首写威廉斯最疼爱的孙女——保罗的15岁女儿的诗的第二部分：

生活就像一朵花当她
绽放你会
战战兢兢地凝视她不确定

这传统的
镜子会暴露什么
在希望和绝望之间然而

一个胆小的老人

疑惑地

转过他傻傻的头

中风之后，威廉斯的情绪更加容易表现出来。在那个镜子里，威廉斯看到自己像一个衰弱、困惑、饱经风霜的老人，像在荒野中遭遇暴风雨后的李尔。威廉斯很少胆怯，但是他转身离开，仿佛是因自己的状况不佳，因背叛了感情而感到羞愧。在三行连韵诗歌的第三部分，他立刻镇静了下来，承认自己是多么爱苏西。但是他转身背对着她，讲述了另一个故事："他渴望得到/她只为呵护/无望无欲"。"无望"几乎抵消了"呵护"，这首诗以"无"字结尾，令人心酸。

死亡的气息弥漫在《孩子们》一诗中，这是一首庄严的回忆诗，回忆起威廉斯儿时的一段时光；当时他和朋友们在墓地的树林中嬉闹，经过一户人家的家族墓地，里面有几个孩子的坟。出于敬意，孩子们在每一块墓碑上都摆放了紫罗兰。这首诗写得似乎漫不经心，但是对于孩子们的情感和生命无常却不然。在《礼物》中，威廉斯重温了《三圣贤》的故事。"朝圣者们可能不知道/一位母亲的需要/或者一个孩子的/食欲"，像威廉斯所做的那样，但是他们的"迷惑的眼睛"入迷地听着点金术的物质和精神奇迹，"爱坚硬的金子/母乳！"威廉斯在艺术上（和医术上）如此努力地克服缺点，却简单地问道，"除此之外/什么是死亡？"而他的回答"一无所有"中，没有任何虚无主义的踪影。但是这个时期他的心情非常沮丧。他不可否认，虚无即将来临。他不是那种人，即便是疲惫不堪，也会在黑夜里吹口哨壮胆。

下面这首诗《乌龟》中的宇宙学，削弱了基督教宇宙学《礼物》，代表了威廉斯一向的观点。威廉斯的孙子保罗痴迷于他的宠物龟，委托爷爷为其写一首诗。这里的世界没有充满爱和崇拜。这个男孩子似乎读了太多的漫画书，动辄认为乌龟好动"杀机"。威廉斯把这件事融入他的故事，并加以润色。

逃脱监禁以后，乌龟

……将跨步周游世界

毁掉一切

用它的

锋利的喙

无论什么忤逆了它

在城市的所有街道
会
瘫痪
车辆将会倾覆

威廉斯知道孩子们对接近危险感到兴奋，他不会减弱他们的尖叫：有喙的乌龟是可怕的敌人，它可以伤人，使人感到恐惧，尽管它也可以被制伏、被控制。他对保罗说话，就像梅林向亚瑟王的骑士说话一样，语气里带着斯文的夸耀，句法也颇为讲究：

而且将会
骑在，
它的背上
无往不胜，
我的主，
你！
你将是主人！

诗本可以到此结束，但是威廉斯抓住机会，编造了他自己的古代创世神话：

开天辟地之时
有一只巨龟
它支撑起这个世界。
在它上面
所有的一切
最终
得到依靠。
如果没有它
任何东西都无法立足。
他智慧超群
可以跑过兔子。
在夜晚

它的眼睛带他
到未知的地方。
它是你的朋友。

像这只乌龟一样，威廉斯走走停停，但是眼睛看得清楚；他很快会被带到“未知的地方”。他最后一行简短的诗，让保罗感到安心，也给自己带来了慰藉。

在他生命中最后的15年里，威廉斯的健康状况逐步恶化，整个人最终倒下的时候，也没让人感到意外。他能从心脏病、接二连三的中风和乙状结肠癌（结肠—直肠癌）手术中幸存下来，已经是奇迹。据他的主治医师回忆，最后那几年，他脾气暴躁，坐立不安，甚至难以驯服。但是，这并非毫无缘由：他对自己所能把握的事情日益减少而感到绝望。但是，创作的火花并没有完全熄灭。他有时会走到打字机跟前，猛敲键盘，潦潦草草地打出一两行字，但大部分难以辨认；即便是弗洛斯也很难破解这些密码式的字母。他的思想是一个黑洞，光线被困在里面。他别无选择，只能切断与诗人们和朋友们的大量通信。这本来是一种非常好的集会形式，他可以在这里就诗学开展辩论，对美国文化中喧哗的诗歌场景和有问题的诗行，做出一连串的评论——或充满灵感，或草率，或充满刺激，或迷人，或慷慨——对于美国文化，他已经观察了半个世纪。这些信件表明，威廉斯毫无戒心和自我意识，它们也是关于友谊的丰富的档案材料和漫画长廊。威廉斯可能在一封信中抨击庞德，而在另一封信中因为其有见地的评论而感谢他；可能会赞赏佐考夫斯基《韵律学》对形式和措辞的敏锐分析，讲述一位65岁英国人的下流故事，“完全是自我感觉良好”，或者嘲笑奥斯卡·威廉斯对现代美国诗选所做的保守选择。现在，他的大脑偶尔会起一点作用，或者完全不听使唤；他处理信息时非常缓慢而又充满痛苦，无法一次连续写下两个像样的句子，甚至连跟弗洛斯说话时都口齿不清。

威廉斯视力下降，理解力又跟不上，也就无法读书了。他瘫坐在椅子上时，目光呆滞，像一个死去的灵魂，弗洛斯不忍心看到他这副样子，便拿出很长时间为他读书（婚后他们经常为对方读书）。有时，笼罩着他头脑的阴影也会散去片刻。他们一起读的是一部经典的写给年轻人的小说《一岁的小鹿》。在《布鲁盖尔的画作》中，威廉斯在神志正常的情况下为该书作者写了一首挽歌《致玛·金·罗琳斯》。这位作者从马上摔下来，摔断了脖子。“你活着的神经/拉紧”，他这样写道，把她的不顾一切和英勇抗争跟自己的联系起来。他为耶安·西贝柳斯写的挽歌《塔皮奥拉》，引起了更加隐私的回忆。在赞赏这位芬兰作曲家“把声音汇到一起/边缘对边缘”的同时，威廉斯也许正回想起深夜自己在阁楼工作室创作诗歌时的孤独时光：

> 你熬到子
> 夜 在檐下的小阁楼里，创作
> 悄悄，记下，一阵又一阵，
> 风在呼啸。闪电霹雳！屋顶
> 在你耳旁吱嘎作响威胁着要
> 倒下！但是你还有一首诗没有完成
> 不能等待。暴风雨冲进你的脑海 这里所有
> 美好的事物都安然无恙，写下来，为了爱
> 和对空虚这个恶魔的反抗。

“空虚这个恶魔”没有完全挖空威廉斯的记忆。过去的事情零零散散地回到脑海，有时，就像在《塔皮奥拉》中一样，是全部回来。这让人颇感意外。礼物带来了愉快：他的孩子和孙子孙女们来看望他，让他暂时摆脱阴郁的心情，就像从前年轻诗人们叩开里奇路9号的大门，前来表达他们对这位久经诗歌战场的老将的崇高敬意一样。威廉斯总是热情地接待他们；弗洛斯摆出茶水和饼干招待他们。然而，在大部分时间里，相聚的气氛令人感到辛酸和尴尬：威廉斯几乎无法顺利地和他们进行交谈。

在关于失语症患者的文献记录中，的确有一些这样的病例记载，有时，一天中有那么几个小时，笼罩着失语症患者思维的雾霾散去，病人恢复到自己以前的状态，能够思考，并能清楚地说话。1960年7月7日，这种激动人心的变化也在威廉斯身上发生了。那天，诗人A.R.阿门斯、约翰·洛根和罗伯特·勃莱前来拜访威廉斯。据阿门斯回忆，威廉斯“像以前一样和蔼、亲切、精神饱满”。威廉斯提议去帕特森瀑布，他最近就是在这里完成了一首长诗。

“他知道所有的小路和捷径。”阿门斯说道。威廉斯不顾自己的虚弱，又一次来到外面的世界：记忆的闸门打开，他的讲话“实际上没有了磕磕绊绊，也没有了话在嘴边就是说不出的时候”。威廉斯自以为是，言语粗俗，机警

的眼神格外引人注意："他特别留意情人们。他们有的停在瞭望台的车里，有的躺在草地上。他骂骂咧咧，满嘴下流话，说他自己再也不会有这样的好事了。后来他又提到，有了避孕药，对女孩子们来说比以前更安全，她们从前真是宁愿冒险。"

他喜欢讲关于诗人汉密尔顿和山姆·帕奇的故事，他们是跟帕特森和瀑布有关、但又各不相同的人物。对于自己不稳定的健康状况，他唯一肯作出让步的事情，就是站在靠近峡谷边缘的地方，紧紧抓住阿门斯的胳膊，下面是让人眩晕的峭壁。他发表对唐·艾伦的《新美国诗歌集》的看法，言语粗鄙："大部分诗都是狗屎。"他看到自家的小镇发生了"深刻的变化"，让其难以辨认，他十分高兴，兴致勃勃地指认帕塞伊克大街131号他出生时的房子和里奇路9号他住过的地方。他透露了自己小时候在卢瑟福发生的两件事："他说，小时候，印第安故事是他的夜宵；他曾经打过很多次猎，但枪法不怎么好。"日常生活中能有这样的休闲时光令威廉斯兴奋不已。但不幸的是，这样的自由生活太短暂。失语症又回来了。

威廉斯去世前几周，丹尼斯·莱维托夫曾去拜访他，她向罗伯特·邓肯描述："他实在是再也不能说出感受或想法了。一个句子结结巴巴地说到一半，就只好悲伤地放弃。他'哦，呃'地说着，头慢慢地摇晃，这是在缓慢地结束一个转瞬即逝的生命。"①弗洛斯尽其所能地翻译着他那些杂乱无章的想法。尽管如此，这些近乎沉默的交流，看上去也是神圣的时光。

作为医生，威廉斯曾守在成百上千垂死的病人床边；他了解人们各种各样退出生命舞台的方式。有的人接受临终涂油礼，温和地离开了尘世的牵绊；有的人去世前尖叫着，或者产生了幻觉；有的在说出最后的格言警句后离开了人世；也有的始终一言不发。有些在孤独中死去，有些去世时家人守在身旁。"我不为自己感到遗憾，"威廉斯对采访者说，"因为我可以躺在床上，像任何一个人一样无所抱怨地死去。"②威廉斯没有追随宗教幻觉，幻想死后灵魂将会移居某个神圣的地方。

1963年3月4日，威廉斯因冠状动脉血栓在他的病榻上去世。临终前，他实实在在地跟弗洛斯商量自己死后应该埋葬在卢瑟福的墓地还是火葬。稍作权衡之后，他便决定采用土葬。他先前在山坡墓地买了一小块地，旁边埋葬

①《罗伯特·邓肯与丹尼斯·莱维托夫书信集》，第381页。
②同上，第456—457页。

着他的父亲母亲，还有弗洛斯的父母和兄弟。葬礼在一个寒冷的雨天举行，地点是在柯林斯殡仪馆的一个小礼拜堂，而不是教堂，礼拜堂的墙上连个窗户都没有。威廉斯曾向弗洛斯表示，他不想让惹人愤怒的“宗教气息”充斥空气。在美国诗人中，他写花卉诗也许是最多的，他的棺材上也就适当点缀了些花枝。小礼拜堂里挤满了家人和朋友们，还有一大批镇上的乡亲，从威廉斯接生到这个世上的一名警察，到邻居，到病人，还有大大小小的店主。这表明，威廉斯对当地人的贡献得到了大家的尊重和认可（很少有在小镇上出生的艺术家能像威廉斯一样落叶归根）。葬礼由一位一神论派牧师主持，果然，他反对铺张的葬礼，倒在葬礼上朗诵起了威廉斯的诗集《辽原》。家人提议，随从人员要按照诗歌要求，徒步走到公墓，不然就会歪曲威廉斯长久以来坚持的生活不应该复制艺术的信念。

当哀悼者们纷纷走出殡仪馆时，雨停了。据莱维托夫回忆，当大家到达墓地时，天气变得“令人难以置信；明媚的阳光洒下来，天空蔚蓝，风在树从中低吟”。就像是想象力赐予了威廉斯一个机会，让他最后看一眼“美好的事物”“城市清晰地屹立在东北方，越过沼泽，越过看不见的河流”[①]。到达墓地以后，葬礼队伍正蜿蜒着向前行进，这时，一辆旧汽车从后面赶了上来，车上载着吉尔伯特·索伦蒂诺、乔尔·奥本海默、鲁瓦·琼斯，还有其他文学弟子。他们从纽约赶来为威廉斯送行。他们穿着不太合体的黑西装，把手中的鲜花放进了坟墓里（格林尼治村尊重郊区的风俗），为这庄严的气氛增添了一丝喜剧的意味。威廉斯肯定会欣慰地微笑，并很受感动。“当你一生有性爱，有野心，一个老人还能创造什么？”[②]他在《我想写一首诗：诗人作品自传》中这样问道。“当然是艺术。”他回答，“一件艺术作品可以超越自己，走进年轻人的生命……这位老人与年轻人在诗里相会，并继续他的生命。”从这个目标上说，威廉斯是十分成功的。

慰问信和电报纷至沓来。据莱维托夫说，弗洛斯读着庞德写来的动人的赞美之词，声音哽咽，不禁洒下两行细泪：“他为你进行了一场伟大的战斗；他容忍了我60年。我将再也不会有像他这样的诗人朋友。”[③]对于弗洛斯来讲，穿上遗孀的丧服，也许是一种解脱，15年来，照顾威廉斯的重担，无论是身体上的还是精神上的，终于可以卸下了。在接下来的漫漫长夜，她将有

①《罗伯特·邓肯与丹尼斯·莱维托夫书信集》，第387页。
②《我想写一首诗：诗人作品自传》，第22页。
③《罗伯特·邓肯与丹尼斯·莱维托夫书信集》，第388—389页。

时间仔细回想他们磕磕绊绊的婚姻旅程，给这个跟她生活了半个多世纪的男人的性格和行为作出评定。在给玛丽安·穆尔的回信中，弗洛斯朴素而又平静地总结了这段婚姻，而对他不能说话的最后这几年的艰难岁月只字不提。“这几年是值得珍惜的。分分秒秒的陪伴，起起伏伏，这就是我们的生活。”当然，很明显，她的话里漏掉了一个字——“爱”。这个字她很难说出口，她的丈夫也是。弗洛斯不会掩饰自己真实的情感。

弗洛斯不是那种捍卫丈夫永恒光辉的凶悍的文学遗孀。她继续低调地在里奇路9号生活，直到1976年5月19日去世。威廉斯的稿酬不断增加，可以确保弗洛斯晚年生活得非常舒适。威廉斯生前反复无常，时不时打乱她的生活，而现在，不会再有这样的风暴烦扰她。日子虽然过得平常，生活却相当充实。儿子们和孙子孙女们住得不远，常膝下尽孝；她兴致勃勃地听他们分享成功和挫败，而且，她也没有丢掉读书这个给人带来快乐的习惯。还有熙熙攘攘的文学朝圣者们，他们来到这里，希望能获得准许沿楼梯爬上威廉斯曾创作诗歌的小阁楼去看一看，或者去他给病人诊断时用过的房间瞅一瞅，或者瞧一瞧庞德曾坐过的椅子；庞德曾坐在那里，一边给挑剔的威廉斯读诗，一边品着主人上乘的金水酒：这位诗人生前用的器物很快成了珍品。钟爱威廉斯的传记作家、读者的队伍迅速扩大，他们满怀好奇，想和弗洛斯见一面，来打开她记忆的闸门。

对于大多数访问者来说，在里奇路9号待1个小时就是得到了一张通往魅力无穷的圈子的门票，它的魔力可以由这位谦恭朴素的女主人召唤出来，她的魅力是卢瑟福神殿最高女祭司的两倍。他们相信她可以揭开秘密，也能隐藏秘密。她能做到吗？我表示怀疑。终究，她仍是一个具有隐私的女人，能够守住自己一两个秘密，不让世人窥探的眼神触碰到。她没有向世界透露她对丈夫不忠的看法以及别人对丈夫性格的评论。在《双重火焰》中，他对爱情和色情做了细致的研究。奥克塔维奥·帕斯指出，“如果只跟一个伴侣，它（出轨）就会给另一方带来痛苦和耻辱。不忠的一方是麻木的、残酷的，缺少了爱的能力。”①尽管在《水仙，那朵绿色的花》中，威廉斯将弗洛斯比作特洛伊的海伦，但是，她并没有在性爱上令其着迷，燃起他的幻想，使之恪守一夫一妻制。20年前，我认为弗洛斯是一个没有脾气的女人，乏味、顺从，而且甘愿受虐待，但是，我错了。我们无法得知她和比尔的枕边夜话，但是

①奥克塔维奥·帕斯：《双重火焰》，第144页。

从诗歌和剧本中可以知道，当威廉斯夸耀自己的风流韵事而奚落她缺少性爱的魅力时，她并没有温驯地容忍他这种轻蔑的态度，而是进行了讽刺挖苦和激烈回击。对于自己朝三暮四的行为，威廉斯强词夺理地辩解，声称这是诗歌创作的需要，而且可以使他们的婚姻保持新鲜，这让她怒不可遏。这毋庸置疑。但是，也许有人会猜测，她做出让步，部分原因是觉得他的辩解中有几分实情。15年来，她一直在权衡继续维持这份不完美婚姻的利与弊。她明白，也许比丈夫更明白，冲动会时不时地将他从她身边带走，但也会重新把他带回到自己身边。

在弗洛斯的葬礼上，长老会牧师应威廉·艾瑞克和保罗的要求，朗诵第二十三篇圣诗和《水仙，那朵绿色的花》。在这样让人悲伤、让人缅怀的场合，儿子们为什么会选择这样一首曾长期炙烤母亲内心的诗？为了缓解父亲沉溺女色给他们造成的尴尬。这是合乎逻辑的答案。弗洛斯的骨灰被收集起来，于1976年5月19日埋葬在山坡墓地，就在丈夫的墓地旁边。没有哪一位女预言家可以洞悉弗洛斯的内心，也无法了解她对多少年前自己所嫁的这位帅气的医生诗人究竟作何感想。

致谢

这部关于威廉·卡洛斯·威廉斯的批评性传记，是根据我与诗人的好友，出版家詹姆斯·朗弗林的数次谈话完成的。我曾在我的《虚构生活》（*Fabricating Lives*）一书中写过一篇热情洋溢的文章，探讨美国传记作品中的风格与性格和作者自暴其短之间的关系。但是，由于我着重把传记作为一种体裁来讨论，对威廉斯的诗歌，我在书中鲜有评论。他写的诗，虽然我喜欢，但总还是有所保留。詹姆斯读了我的文章以后，约我到他康涅狄克州诺福克的家。在那里，我翻阅了威廉斯大量的亲笔信、书和手稿。晚饭后，我俩经常坐在一起，谈论威廉斯脾气暴躁而慷慨大方的性格以及他对美国诗歌的贡献。詹姆斯曾写过一首脍炙人口的诗《里奇路9号》和几篇人物描写性散文纪念威廉斯。这些作品中提到了威廉斯爱情生活中的许多逸事、其交游天赋以及威廉斯与其他几位诗人之间的竞争。詹姆斯在其作品中对那些一直不能欣赏其独特的艺术性和耿直性格的诗人们毫不留情地进行了尖锐的批评。说实话，在这一点上，我和詹姆斯的心情是一样的。

在我们的谈话过程中，詹姆斯问我是否愿意写一部威廉斯的传记，来专门详细讨论这位创作等身的医师诗人的诗歌和其他作品。想到写传记，我心里十分明白，这个过程中肯定会遇到不少困难，会走弯路乃至走进死胡同，可能会遭到许多挫折。要写出一部令人信服的威廉斯传记，谈何容易！然而，写作开始以后，我很快便发现，我之前低估了自己所面临任务的艰巨：威廉斯近八旬的高寿，令他著作等身；其医师生涯跌宕起伏，历尽艰辛；家庭生活几度充满矛盾，正如他在诗歌中所描绘的一样，并不是一个温馨而静谧的世外桃源。

威廉斯是一个复杂的人，作为诗人，有过之而无不及。关于他在美国文学中的地位，我不赞同许多文学界人士所提出的传统观点。我决定，我的书应该聚焦威廉斯作为诗人的成长历程及其生活与多种工作之间的相互作用，这些东西才值得玩味。詹姆斯同意我这样做，认为这对抓住威廉斯多变的性格及其成功和挫折，都十分重要。写作开始以后，我定期做了一些随机测试，看看读者对威廉斯的诗歌究竟有多熟悉。结果发现，85%的受试者认为，《红色手推车》和《只能这么说了》是聪明之作，但它们还不能代表威廉斯在其非凡的创作生涯中所写下的实验性创新诗歌的整体面貌。最近，爱荷华大学出版社出版了一部受威廉斯及其诗作启发的诗人所创作的诗歌选集。该选集中，诗人们反复提到了这两首被多次选编过的诗，次数之多引起了我的注意，甚至可以说，简直令我感到震惊。他们为什么如此依赖这两首被广泛阅读却不甚起眼的小诗？难道这是一种下意识的刻意，为的是破坏威廉斯作为现代主义诗歌大师的声誉？难道这是那群造就也破坏了诗歌世界声誉的读者的懒惰、忌妒之心以及对威廉斯诗歌作品的浅薄理解？这些原因或许都在起作用，或许部分地在起作用。然而，17年来，在反复品味威廉斯海量的诗歌作品之后，我终于得出了另一种结论。在诗人的每一个创作时期，我都发现了优秀的作品。而这些作品在以前的阅读中，都被我忽视了。

任何人若想了解威廉斯的诗，都离不开他最有权威的3部诗集：两部《诗选》，一部《帕特森》。这些书都是由克里斯托弗·麦高恩编辑的，并做了详细的注解。这些注解是编注者的一大贡献，使我们能够信步于威廉斯诗歌创作的殿堂，欣赏他如何将一首诗写得更加优美和抒情，这里删掉一词，那里添加一节，踟蹰数日，然后决定用什么样的形式、语调和节奏来进行创作。有关威廉斯的间接资料多如牛毛，其中许多都颇具价值。譬如，《威廉·卡洛斯·威廉斯评论》（*The William Carlos Williams Review*）就是一个深入而详细地讨论威廉斯及其作品的园地。但是，在这里，我想特别提到两本书。一本是迈克·韦弗的前沿著作《威廉·卡洛斯·威廉斯：美国背景》，这是一本可信度极高，全面研究威廉斯创作主体、创作来源和创作个性的著作；另一本是保罗·马里亚尼1981年撰写的传记，《威廉·卡洛斯·威廉斯：一个崭新的赤裸世界》，这是一部我放在案头、需要时常参考的百科全书。马里亚尼对威廉斯的创作动机和创作实践的解释，虽然我不太赞同，但这本书的确令我受益匪浅。书里有许多有价值的线索，让我得以最终确定如何去叙述或者修改令我旬月踟蹰的人物关系、如何去评价一首诗的夺人之处，或者对评价做出修改。

对帮助过你的人和机构表示感谢的传统，似乎在某些领域已经被斥为一种陋习。但是，表达谢意，并非仅是虚情假意，也非仅是陈规陋俗。能完成这部传记，我必须向以下几位学者和友人表达我的谢意。他们是：顾根海姆(Gugenheim)研究员，他敦促我开始对威廉斯诗歌的研究；耶鲁大学白耐克图书馆的约翰·D.(John D.)和露丝·H.杰克逊(Rose H.Jackson)研究员，他们的帮助让我有机会深入研读馆内收藏的威廉斯和庞德的海量诗集；在贝拉焦洛克菲勒中心作研究员时，我撰写了有关威廉斯和埃尔莎·文·弗赖塔格-洛林齐霍芬男爵夫人私人关系的一章；还有纽约公共图书馆学者和作者中心的同事多罗茜(Dorothy)和路易斯·B.卡尔曼(Lewis B.Cullman)，在他们的帮助下，我一边研究《美国性情中》，一边阅读威廉斯研读过的许多书籍。对以上所有的帮助，我表示衷心的感谢。本书中的几个章节已经在许多文学杂志上刊登过，所刊登的基本是我修改过的版本，我想再次向这几位编辑表示感谢。他们热情友好，在润色散文、节奏和强调语气方面提出过很中肯的建议。他们分别是：在《PN评论》上对《威廉·卡洛斯·威廉斯与妇女们》(2003年三四月卷、五六月卷、七八月卷)和《情人和妻子：威廉·卡洛斯·威廉斯平生创作的诗歌和所从事的医学》(2010年一二月卷)做过评论的迈克尔·施密特(Michael Schmidt)、在《圣母院评论》(2008年冬春卷)上对《冬日雄狮》做过评论的约翰·马蒂亚斯(John Mathias)、在《文学评论》(2007年8月卷)上对《通往地狱的途中：威廉·卡洛斯·威廉斯的地狱的〈古兰经〉》做过评论的雷奈·斯泰恩克(René Steinke)和沃尔特·卡明斯(Walter Cummins)，还有对《同床异梦：作为传记证据的诗》做过评论的《传记和根源研究》已故主编弗雷德里克·卡尔(Frederick Karl)。

剧作家马克·圣·杰门(Mark St. Germain)是一个地地道道的卢瑟福人。他慷慨帮我采访他的乡亲们，包括诗人的朋友、病人和相识者。我向他表示衷心的感谢！他们的口音和回忆让我懂得了这个地方，并感受到了它的氛围，它使诗人对这个诗歌和故事的发源地所具有的力量产生并增强了信心。安德里亚·汉斯兰格(Andrea Haslanger)，在难得的国家档案里搜索信息、文献，乃至谣传，作为研究者，他做了十分出色的工作。杰罗米·安克瑟罗德(Jeremy Axelrod)、希拉里·德波尔(Hilary Dobel)、杰夫·格莱格斯(Jeff Greggs)、阿莉萨·瓦纳(Alyssa Varner)，他们在网上搜索有关威廉斯冲动的念头和诗歌作品，搜索他的参考文献以及引文，一丝不苟，不辞辛劳。我特别向他们表示感谢！

威廉斯的论文收藏在几家学院和大学的图书馆里。在此，我要感谢帕特莉莎·威利斯（Patricia Willis）以及白恩耐克图书馆和耶鲁大学图书馆的所有热情好客的工作人员，他们学高德厚，对我提供了热情的帮助；感谢桑尼布法罗洛克伍德图书馆已故的罗伯特·波特豪夫（Robert Bertholf）和米契尔·巴辛斯基（Michael Basinsky），他们为我提供了威廉斯的旅游摄影集和诗歌手稿；感谢诗歌专集的编者大卫·默克耐特（David Mcnight）；感谢宾夕法尼亚大学，它们收藏了威廉斯与哥哥埃德加以及父母的大量通信；感谢哥伦比亚大学图书馆提供了威廉斯与夫人弗洛斯的大量通信；感谢印第安纳大学图书馆、马里兰大学图书馆、弗吉尼亚大学图书馆，它们为我提供了有关威廉斯与他的同行作家们的文献和手稿。这些文献使威廉斯的血肉丰满起来，它们让我们看到了一个朋友，或者说一个敌手对他自己的野心、过错、共鸣等心理变迁史的精明评价或者说狡猾而恶意的诋毁。

在对本书进行研究的诸多年间，我邀请了许多朋友到寒舍，在餐桌旁对威廉斯的诗歌和故事进行了真诚友好的讨论。我们对《帕特森》的每一部书进行了分析，其中包括《春天及一切》《地狱里的科拉》《亚当、夏娃与城市》《早年殉道者》《没错，威廉斯夫人》和《自传》。这些不眠之夜，朋友们有的支持威廉斯，有的对威廉斯的实验性语言认识不清，因此对其展开了批评，两种观点针锋相对，讨论十分热烈。我想向他们表示感谢。他们是：迈克尔·柯林斯（Michael Collins）、本·唐宁（Ben Downing）、亚当·德莱斯勒（Adam Dressler）、罗宾·布莱尔·弗雷克（Robin Blair Flicker）、杰夫·克莱格斯、苏珊·拉沙（Susan Lasher）、威廉斯·梅叶兹（Williams Mayers）、吉利·奥迪（Jilly Oddy）、萨拉·萨姆斯（Sara Sams）、纳赫玛·桑德罗（Nahma Sandrow）、阿莉萨·瓦纳、苏珊·妍口薇慈（Susan Yankowitz）和大卫·耶兹（David Yezzi）。如果我在此漏掉了任何我应该感谢的人的名字，请原谅我可怜的记忆力。他们的智慧使我受益匪浅。

本书初稿经过了反复的审核和修改。这些工作由几个人轮番进行，有时是一部分一部分地，有时是对全篇统一地进行检查修改。我想特别感谢纳赫玛·桑德罗，她于1920年就开始编辑我关于“威廉斯的医生和诗人双重身份”一章的初稿。感谢大卫·格罗夫（David Groff）详细指出，“作为传记依据的诗歌”和“医学与诗歌：妻子与情人”两章应该在哪些地方芟除冗赘；感谢南希·尼古拉斯（Nacy Nicholas）对我的初稿提出了周密而严谨的批评，这激励着我沿着正确的方向前行，避免对威廉斯作出草率的判断。我的挚交尼克·里昂（Nick Lyons）仔细研读了整部书稿。他能敏锐地察觉到诗歌分析的风格是否一致、表达是否清晰以及能否给读者带来愉悦的阅读体验。他的热情滋润着这本书的成长。曾与我共同编辑《诗歌评论》的好友本·唐宁，他用炉火纯青的激光术般精确的水准，剔除繁言冗语，使论证更加紧凑严密。有时，他故意对威廉斯的诗歌提出反对意见，迫使我不得不仔细斟酌揣摩，从而使论述更具说服力。通过他的“手术”，尽管有时不免经历些痛苦，但是这本书却愈加焕发出光彩。在我搜肠刮肚地寻找书名之时，我的合作编辑和好友迈克尔·施密特（Michael Schmidt）及时出手相救，建议我用《来自天堂的诗人：威廉·卡洛斯·威廉斯传》当作书名，我立即悦以纳之。在整部本的写作过程中，格洛里亚·卢米斯（Gloria Loomis）代理公司的代理人沃特金·卢米斯（Watkin Loomis）一直是我坚定的支持者、聪慧的读者和现实的指导者。我的妻子苏珊·妍口薇慈，在我酝酿这部传记的漫长日子里，一直相伴相守，陪我尝尽了万般滋味。其间有她爱意融融的安慰，也有难以按捺的唠叨和俏皮机智的讽刺；她时而鞭策，时而激励。这一切都是为了敦促我坚持下去。她针对许多问题给我提出过具体的批评建议，大到书的框架结构，小到空洞的遣词、语焉不详的句子以及段落位置的调整等，以避免阻碍意思的流畅表达。

令我倍感幸运的是，自我战战兢兢地把本书的写作计划交给乔纳森·盖洛斯（Jonathan Galassi），直到书最后付梓，始终有其做我的编辑和指导。他是法勒、施特劳斯和吉鲁的出版商和董事长。他本人也是非常优秀的诗歌翻译家。他曾对我说，生活和象征着诗人职业的工作之间的相互作用是至关重要的，它影响了诗人努力造就其可能引以为傲的风格。这一理解十分深刻。乔纳森·盖洛斯相信我有能力成为威廉斯作品的传记作者和公正的解读者，这是让我信心坚定的力量源泉。我也要感谢杰西·科尔曼（Jesse Coleman），他安抚了一位紧张的作家那颗惴惴不安的心，热诚而又耐心地回答了包括文字编辑、书封、授权、脚注等一连串的问题，这一切都使本书最终得以问世。在此，我也要感谢出版编辑张万明（音译）以及文字编辑杰娜·多兰（Jenna Dolan）和英格莱德·斯特纳（Ingrid Sterner）。

最后，我要把这本书特别献给我可爱的儿子加布、我的儿媳弗朗西斯卡、我的孙子朱利安，还有这部传记自始至终的呵护人詹姆斯·朗弗林。令我感到遗憾的是，詹姆斯已经无法读到这部传记了。

参考文献

LETTERS AND INTERVIEWS

Ahearn, Barry, ed. *The Correspondence of William Carlos Williams and Louis Zukofsky*. Middletown, Conn.: Wesleyan University Press, 2003.

———. *Pound/Cummings: The Correspondence of Ezra Pound and E. E. Cummings*. Ann Arbor: University of Michigan Press, 1996.

———. *Pound/Zukofsky: Selected Letters of Ezra Pound and Louis Zukofsky*. New York: New Directions, 1987.

Bamberger, W. C., ed. *Selected Letters: Guy Davenport and James Laughlin*. New York: Norton, 2007.

Barth, R. L., ed. *The Selected Letters of Yvor Winters*. Athens: Swallow Press/Ohio University Press, 2000.

Bartlett, Lee, ed. *Kenneth Rexroth and James Laughlin: Selected Letters*. New York: Norton, 1991.

Carter, David, ed. *Allen Ginsberg: Spontaneous Mind: Selected Interviews, 1958–1996*. New York: HarperCollins, 2001.

Cooper, David D. *Thomas Merton and James Laughlin: Selected Letters*. New York: Norton, 1997.

East, James H., ed. *The Humane Particulars: The Collected Letters of William Carlos Williams and Kenneth Burke*. Columbia: University of South Carolina Press, 2003.

Gordon, David M., ed. *Ezra Pound and James Laughlin: Selected Letters*. New York: Norton, 1994.

Hamilton, Saskia, ed. *The Letters of Robert Lowell*. New York: Farrar, Straus and Giroux, 2005.

MacGowan, Christopher, ed. *The Letters of Denise Levertov and William Carlos Williams*. New York: New Directions, 1998.

Magid, Barry, and Hugh Witemeyer, eds. *William Carlos Williams and Charles Tomlinson: A Transatlantic Connection*. New York: Peter Lang, 1999.

Morgan, Bill, ed. *The Letters of Allen Ginsberg*. Philadelphia: Da Capo, 2008.

Nadel, Ira B., ed. *The Letters of Ezra Pound to Alice Corbin Henderson*. Austin: University of Texas Press, 1993.

O'Neil, Elizabeth Murrie, ed. *The Last Word: Letters Between Marcia Nardi and William Carlos Williams*. Iowa City: University of Iowa Press, 1994.

Pacernick, Gary, ed. *Talking Together: Letters of David Ignatow, 1946–1990*. Tuscaloosa: University of Alabama Press, 1992.
Paige, D. D., ed. *The Letters of Ezra Pound, 1907–1941*. New York: Harcourt, Brace & World, 1950.
Parisi, Joseph, and Stephen Young, eds. *Dear Editor: A History of Poetry in Letters: The First Fifty Years, 1912–1962*. New York: Norton, 2002.
Phillips, Robert, ed. *Delmore Schwartz and James Laughlin: Selected Letters*. New York: Norton, 1993.
Pound, Omar, and A. Walton Litz, eds. *Ezra Pound and Dorothy Shakespear: Their Letters, 1909–1914*. New York: New Directions, 1984.
Pound, Omar, and Robert Spoo, eds. *Ezra and Dorothy Pound: Letters in Captivity, 1945–1946*. New York: Oxford University Press, 1999.
Rollins, Hyder, ed. *The Letters* of John Keats, 1814–1821, Volume 1. Cambridge, Mass.: Harvard University Press, 1958.
Sutton, Walter, ed. *Pound, Thayer, Watson, and "The Dial": A Story in Letters*. Gainesville: University Press of Florida, 1994.
Witemeyer, Hugh, ed. *Pound/Williams: Selected Letters of Ezra Pound and William Carlos Williams*. New York: New Directions, 1996.
———. *William Carlos Williams and James Laughlin: Selected Letters*. New York: Norton, 1989.

BIOGRAPHIES

Baldwin, Neil. *To All Gentleness: William Carlos Williams, the Doctor-Poet*. New York: Atheneum, 1984.
Berry, Wendell. *The Poetry of William Carlos Williams of Rutherford*. Berkeley: Counterpoint, 2011.
Burke, Carolyn. *Becoming Modern: The Life of Mina Loy*. New York: Farrar, Straus and Giroux, 1996.
Gammell, Irene. *Baroness Elsa*. Cambridge, Mass.: MIT University Press, 2002.
Guest, Barbara. *Herself Defined: H.D. and Her World*. Tucson, Ariz.: Schaffner, 2003.
Koch, Vivienne. *William Carlos Williams*. Norfolk, Conn.: New Directions, 1950.
Mariani, Paul. *William Carlos Williams: A New World Naked*. New York: McGraw-Hill, 1981.
Scroggins, Mark. *The Poem of a Life: A Biography of Louis Zukofsky*. Emeryville, Calif.: Shoemaker & Hoard, 2007.
Whittemore, Reed. *William Carlos Williams: Poet from Jersey*. Boston: Houghton Mifflin, 1975.

MEMOIRS

Carruth, Hayden. *Beside the Shadblow Tree: A Memoir of James Laughlin*. Port Townsend, Wash.: Copper Canyon, 1999.
Epler, Barbara, and Daniel Javitch, eds. *James Laughlin: The Way It Wasn't*. New York: New Directions, 2006.
Laughlin, James. *Byways: A Memoir*. New York: New Directions, 2005.
———. *Remembering William Carlos Williams*. New York: New Directions, 1995.

McAlmon, Robert, and Kay Boyle. *Being Geniuses Together, 1920–1930*. Baltimore: Johns Hopkins University Press, 1984.

Ohannessian, Griselda Jackson. *Once as It Was: A Memoir*. New York: New Directions, 2007.

Sorrentino, Gilbert. *Something Said*. San Francisco: North Point, 1984.

CRITICAL WORKS

Ahearn, Barry. *William Carlos Williams and Alterity: The Early Poetry*. New York: Cambridge University Press, 1994.

Altieri, Charles. *Painterly Abstraction in Modernist American Poetry: The Contemporaneity of Modernism*. University Park: Pennsylvania State University Press, 1989.

Beach, Christopher. *ABC of Influence: Ezra Pound and the Remaking of American Poetic Tradition*. Berkeley: University of California Press, 1992.

The Beinecke Rare Book and Manuscript Library: A Guide to the Collections. New Haven, Conn.: Yale University Library, 1994.

Bremen, Brian A. *William Carlos Williams and the Diagnostics of Culture*. New York: Oxford University Press, 1993.

Bromwich, David. *Skeptical Music: Essays on Modern Poetry*. Chicago: University of Chicago Press, 2001.

Burt, Stephen. *The Forms of Youth: 20th-Century Poetry and Adolescence*. New York: Columbia University Press, 2007.

Conarroe, Joel. *William Carlos Williams' "Paterson": Language and Landscape*. Philadelphia: University of Pennsylvania Press, 1971.

Conrad, Bryce. *Refiguring America: A Study of William Carlos Williams' "In the American Grain."* Urbana: University of Illinois Press, 1990.

Copestake, Ian D., ed. *Rigor of Beauty: Essays in Commemoration of William Carlos Williams*. Bern: Peter Lang, 2004.

Costello, Bonnie. *Planets on Tables: Poetry, Still Life, and the Turning World*. Ithaca, N.Y.: Cornell University Press, 2008.

Cushman, Stephen. *William Carlos Williams and the Meanings of Measure*. Yale Studies in English 193. New Haven, Conn.: Yale University Press, 1985.

Davie, Donald. *Ezra Pound*. New York: Penguin, 1975.

———. *Ezra Pound: Poet as Sculptor*. New York: Oxford University Press, 1964.

Dewey, Anne Day. *Beyond Maximus: The Construction of Public Voice in Black Mountain Poetry*. Palo Alto, Calif.: Stanford University Press, 2007.

Diggory, Terence. *William Carlos Williams and the Ethics of Painting*. Princeton, N.J.: Princeton University Press, 1991.

Dijkstra, Bram. *Cubism, Stieglitz, and the Early Poetry of William Carlos Williams*. Princeton, N.J.: Princeton University Press, 1969.

Duffey, Bernard. *A Poetry of Presence: The Writing of William Carlos Williams*. Madison: University of Wisconsin Press, 1986.

Fisher-Wirth, Ann W. *William Carlos Williams and Autobiography: The Woods of His Own Nature*. University Park: Pennsylvania State University Press, 1989.

Giorcelli, Cristina, and Maria Anita Stefanelli, eds. *The Rhetoric of Love in the Collected Poems of William Carlos Williams*. Rome: Edizioni Associate, 1993.

Golston, Michael. *Rhythm and Race in Modernist Poetry and Science*. New York: Columbia University Press, 2008.
Halter, Peter. *The Revolution in the Visual Arts and the Poetry of William Carlos Williams*. New York: Cambridge University Press, 1994.
Karl, Frederick R., ed. *Biography and Source Studies, Vol. IV*. New York: AMS, 1998.
Kenner, Hugh. *A Homemade World: The American Modernist Writers*. New York: Knopf, 1975.
———. *The Pound Era*. Berkeley: University of California Press, 1971.
Kinnahan, Linda A. *Poetics of the Feminine: Authority and Literary Tradition in William Carlos Williams, Mina Loy, Denise Levertov, and Kathleen Fraser*. New York: Cambridge University Press, 1994.
Koehler, Stanley. *Countries of the Mind: The Poetry of William Carlos Williams*. Lewisburg, Penn.: Bucknell University Press, 1998.
Laughlin, James, ed. *New Directions 47: An International Anthology of Poetry and Prose*. New York: New Directions, 1983.
Leibowitz, Herbert. *Fabricating Lives*. New York: Knopf, 1989; New York: New Directions, 1991.
Lenhart, Gary, ed. *The Teachers and Writers Guide to William Carlos Williams*. New York: Teachers & Writers Collaborative, 1998.
Markos, Donald W. *Ideas in Things: The Poems of William Carlos Williams*. Cranbury, N.J.: Associated University Presses, 1994.
Marling, William. *William Carlos Williams and the Painters, 1909–1923*. Athens: Ohio University Press, 1982.
Marzán, Julio. *The Spanish American Roots of William Carlos Williams*. Austin: University of Texas Press, 1994.
Miller, J. Hillis, ed. *William Carlos Williams: A Collection of Critical Essays*. Englewood Cliffs, N.J.: Prentice-Hall, 1966.
Morris, Daniel. *The Writings of William Carlos Williams: Publicity for the Self*. Columbia: University of Missouri Press, 1995.
Morrow, Bradford, ed. *World Outside the Window: The Selected Essays of Kenneth Rexroth*. New York: New Directions, 1987.
Orvell, Miles. *The Real Thing: Imitation and Authenticity in American Culture, 1880–1940*. Chapel Hill: University of North Carolina Press, 1989.
Paul, Sherman. *Hewing to Experience: Essays and Reviews on Recent American Poetry and Poetics, Nature, and Culture*. Iowa City: University of Iowa Press, 1989.
———. *The Music of Survival: A Biography of a Poem by William Carlos Williams*. Urbana: University of Illinois Press, 1968.
Pound, Ezra. *Literary Essays of Ezra Pound*. Norfolk, Conn.: New Directions, 1935.
Qian, Zhaoming. *Orientalism and Modernism: The Legacy of China in Pound and Williams*. Durham, N.C.: Duke University Press, 1995.
Rapp, Carl. *William Carlos Williams and Romantic Idealism*. Hanover, N.H.: University Press of New England, 1984.
Riddel, Joseph N. *The Inverted Bell: Modernism and the Counterpoetics of William Carlos Williams*. Baton Rouge: Louisiana State University Press, 1991.
Sayre, Henry M. *The Object of Performance: The American Avant-Garde Since 1970*. Chicago: University of Chicago Press, 1989.
Schmidt, Peter. *William Carlos Williams, the Arts, and Literary Tradition*. Baton Rouge: Louisiana State University Press, 1988.

Simpson, Louis. *Three on the Tower: The Lives and Works of Ezra Pound, T. S. Eliot, and William Carlos Williams*. New York: William Morrow, 1975.

Terrell, Carroll F., ed. *William Carlos Williams: Man and Poet*. Orono, Maine: National Poetry Foundation, 1983.

Vendler, Helen, ed. *Voices and Visions: The Poet in America*. New York: Random House, 1987.

Weaver, Mike. *William Carlos Williams: The American Background*. Cambridge, Mass.: Cambridge University Press, 1971.

Zukofsky, Louis. *Prepositions: The Collected Critical Essays of Louis Zukofsky*. Exp. ed. Berkeley: University of California Press, 1967.

Special issue on William Carlos Williams, *The Massachusetts Review*, Volume 12, 1, 1971.

BOOKS ON MEDICINE

Campo, Rafael. *The Poetry of Healing: A Doctor's Education in Empathy, Identity, and Desire*. New York: Norton, 1997.

Carter, Albert Howard, III. *First Cut: A Season in the Human Anatomy Lab*. New York: Picador, 1997.

Cleaveland, Clif. *Sacred Space: Stories from a Life in Medicine*. Philadelphia: American College of Physicians, 1998.

Coles, Robert. *The Call of Service: A Witness to Idealism*. New York: Houghton Mifflin, 1993.

———. *The Mind's Fate: A Psychiatrist Looks at His Profession*. New York: Little, Brown, 1995.

———. *The Secular Mind*. Princeton, N.J.: Princeton University Press, 1999.

Crawford, T. Hugh. *Modernism, Medicine, and William Carlos Williams*. Oklahoma City: University of Oklahoma Press, 1993.

Davis, Robert Leigh. *Whitman and the Romance of Medicine*. Berkeley: University of California Press, 1997.

Flitter, Marc. *Judith's Pavilion: The Haunting Memories of a Neurosurgeon*. South Royalton, Vt.: Steerforth, 1997.

Gawande, Atul. *Complications: A Surgeon's Notes on an Imperfect Science*. New York: Picador, 2002.

Groopman, Jerome. *The Measure of Our Days: New Beginnings at Life's End*. New York: Viking, 1997.

Holub, Miroslav. *Shedding Life: Disease, Politics, and Other Human Conditions*. Minneapolis: Milkweed, 1997.

Konner, Melvin. *Medicine at the Crossroads: The Crisis in Health Care*. New York: Pantheon, 1993.

Lowenstein, Jerome. *The Midnight Meal and Other Essays About Doctors, Patients, and Medicine*. New Haven, Conn.: Yale University Press, 1997.

Loxterkamp, David. *A Measure of My Days: The Journal of a Country Doctor*. Hanover, N.H.: University Press of New England, 1997.

Ludmerer, Kenneth M. *Learning to Heal: The Development of American Medical Education*. New York: Basic Books, 1985.

Mullan, Fitzhugh. *Big Doctoring in America: Profiles in Primary Care*. Berkeley: University of California Press, 2002.

Osler, Sir William. *Osler's "A Way of Life" and Other Addresses, with Commentary and Annotations*. Durham, N.C.: Duke University Press, 2001.

Porter, Roy. *The Greatest Benefit to Mankind: A Medical History of Humanity*. New York: Norton, 1997.

Simmons, John Galbraith. *Doctors and Discoveries: Lives That Created Today's Medicine*. New York: Houghton Mifflin, 2002.

Starr, Paul. *The Social Transformation of American Medicine: The Rise of a Sovereign Profession and the Making of a Vast Industry*. New York: Basic Books, 1982.

POETRY

Doolittle, Hilda. *Collected Poems, 1912–1944*. New York: New Directions, 1983.

Oppen, George. *New Collected Poems*. New York: New Directions, 2008.

Pound, Ezra. *ABC of Reading*. New York: New Directions, 1960.

———. *The Cantos of Ezra Pound*. New York: New Directions, 1993.

———. *Selected Poems of Ezra Pound*. New York: New Directions, 1957.

Wright, C.D., ed., *Spring and All*. New York: New Directions, 2011.

Zukofsky, Louis. *Complete Short Poetry*. Baltimore: Johns Hopkins University Press, 1991.

索 引

关于作者

赫伯特·莱博维茨（Herbert Leibowitz），古根海姆学者，现居纽约。1973年，他帮助创办文学杂志《文坛：诗评》，并担任编辑一职。2002年，他获得诗人之家颁发的伊丽莎白·克莱奖的诗歌贡献奖；2007年，他获得诗歌协会授予的兰德尔·贾雷尔奖。

关于译者

李玉良，教授，南开大学英语语言文学专业博士。中国翻译协会会员、中国翻译认知研究会常务理事、全国高校海外汉学研究会理事、中国英汉语比较研究会会员、中国比较文学学会翻译研究会会员、山东省翻译学研究学会副会长。现主要从事翻译理论、文学翻译和典籍翻译研究、《诗经》翻译研究、跨文化传播研究和翻译教学等工作。目前重点从事《十三经》及诸子翻译研究、儒学翻译与海外传播研究、《诗经》翻译文本的文化与文学研究。出版《〈诗经〉英译研究》《儒家思想在西方的翻译与传播》《诗经英译探微》等专著3部、翻译研究论文40多篇、译著15部。

付爱玲，讲师，2001年7月毕业于山东师范大学英语专业，获文学学士学位。2013年12月，获山东大学汉语国际教育硕士学位。2011年7月至2012年6月，赴美国加利福尼亚州圣地亚哥市教授汉语，并进行文化交流。曾发表论文数篇。

关于本书

《来自天堂的诗人：威廉·卡洛斯·威廉斯传》全方位、多角度地展示了一位常人难以理解的诗人医生：好斗却很仁慈、有着强大的雄心壮志却缺乏安全感、自律甚严却充满想象力，有理有据地描述了他的那些作品如何成为激起美国文坛革命的种子。本书既是对这位美国文坛重要人物的一份姗姗来迟的评估报告，也是关于20世纪的前卫艺术和诗歌的一个有趣考场。

人，贵在读正确的书

大师馆

DASHI GUAN

01 贝尼尼传：他的人生 他的罗马
02 全新的但丁：诗人・思想家・男人
03 不寻常的男人：塞万提斯的时代和人生
04 魔戒的锻造者：托尔金传
05 理查德・瓦格纳：作品—生平—时代
06 阿尔贝・加缪：自由人生
07 吸血鬼家族：拜伦的激情、嫉妒与诅咒
08 威廉・福克纳：成为一个现代主义者
09 马里奥・巴尔加斯・略萨：他的文学人生
010 E.E.卡明斯：诗人的一生
011 蒲宁与纳博科夫：一生的较量
012 查理・卓别林自传：喜剧梦想
013 父与子：信仰与偏见
014 洪堡兄弟：时代的双星
015 永恒：埃德加・爱伦・坡与其世界之谜
016 爱丽丝梦游仙境的创造者：刘易斯・卡罗尔传
017 爱因斯坦自述
018 发明世界的巫师：托马斯・爱迪生传
019 里尔克和女性：挚爱诗心
020 马基雅维里：一个被误解的人
021 打造玛丽・居里：信息时代的知识产权与名人文化
022 在骄阳和新月之下：伊塔洛・卡尔维诺讲故事
023 用人生写作的J.M.库切：与时间面对面
024 领悟年代：卡夫卡的一生
025 一段未被记录的历史：E.M.福斯特的人生
026 爱默生传：生为自由
027 意志力：海明威传
028 斯陀夫人传
029 爱中痴儿：菲茨杰拉德传
030 来自天堂的诗人：威廉・卡洛斯・威廉斯传
031 超验 神秘 浪漫：美国作家霍桑传

人，贵在读正确的书

大师馆
DASHI GUAN

032 莎士比亚的九种人生

畅销作家系列

哈利·波特背后的魔法师: J.K.罗琳传
纳尼亚世界的构建者: C.S.刘易斯传
魔戒的锻造者: 托尔金传（第二版）